TURING 图灵计算机科学丛书

电子商务
从愿景到实现
（第3版）

Electronic Commerce: From Vision to Fulfillment
Third Edition

[美] Elias M. Awad 著

于红华·蔡晓平 译

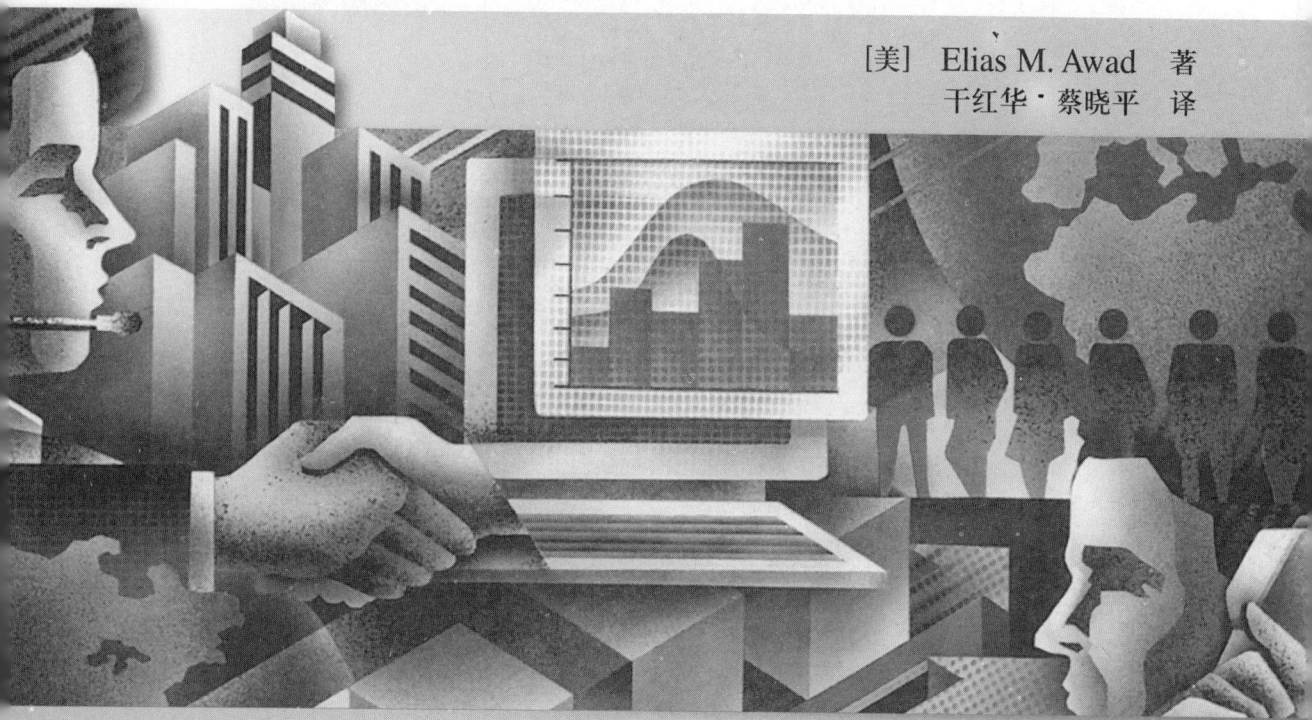

人民邮电出版社
北　京

图书在版编目（CIP）数据

电子商务：从愿景到实现：第3版/（美）阿瓦德
(Awad, E. M.) 著；干红华，蔡晓平译. —北京：人民邮
电出版社，2009.1
（图灵计算机科学丛书）
书名原文：Electronic Commerce From Vision to
Fulfillment，Third Edition
ISBN 978-7-115-19227-1

I. 电… II. ①阿… ②干… ③蔡… III. 电子商务 IV.
F713.36

中国版本图书馆CIP数据核字（2008）第179986号

内 容 提 要

　　本书按生命周期，整合了电子商务的概念、方法、过程和技术等各个方面，是一本综合性的介绍电子商务理论和实践的好书。全书分为5个部分，分别讨论了电子商务的起源和发展、技术基础和体系结构、商业策略、安全系统和支付体系，以及管理与客户关系问题。本书内容丰富，案例分析详实，涉及了一些诸如博客、间谍软件、广告软件等最近流行的对电子商务发展产生很大影响的新话题。

　　本书可作为高等院校计算机、电子商务、管理、MBA等专业电子商务课程的教材。

图灵计算机科学丛书

电子商务：从愿景到实现（第3版）

* ♦ 　著　　　[美] Elias M. Awad
　　译　　　干红华　蔡晓平
　　责任编辑　杨海玲
　　执行编辑　刘　静
* ♦ 　人民邮电出版社出版发行　　北京市崇文区夕照寺街14号
　　邮编　100061　电子函件　315@ptpress.com.cn
　　网址　http://www.ptpress.com.cn
　　北京顺义振华印刷厂印刷
* ♦ 　开本：787×1092　1/16
　　印张：26.25
　　字数：757 千字　　　　2009 年 1 月第 1 版
　　印数：1 - 3 000 册　　　2009 年 1 月北京第 1 次印刷
　　著作权合同登记号　图字：01-2007-0541号
　　ISBN 978-7-115-19227-1/TP

定价：69.00元

读者服务热线：(010) 88593802　印装质量热线：(010) 67129223
反盗版热线：(010) 67171154

版 权 声 明

译 者 序

因特网上电子商务的蓬勃发展正在深刻影响着人们工作、生活和思维的方式。跟随着世界性的电子商务浪潮，中国的电子商务创业活动方兴未艾。

本书是一本全面反映电子商务理念、模式、形态、技术、营销、服务、安全、信任、道德、实践等方面的专著，第3版又在第2版的基础上增加了反映当前电子商务最新发展的内容，并对相关例子和说明材料进行了更新或重新组织。本书作者是电子商务领域的著名专家，有着40年的学术和行业经验，在世界上26个国家和地区从事过教学和咨询工作，在国际上有较大影响。在写作方法上，本书通过一种生命周期的方法把电子商务的概念、方法学、过程和技术整合在一起，内容丰富多彩、包罗万象，论述深入浅出、明白易懂。书中有大量的方框和图表，每一章还附有配套的讨论题和Web练习题，以帮助读者学习和理解。

全书分为5个部分，分别讨论了电子商务的起源和发展，电子商务的技术基础和体系结构，电子商务企业的商业策略，安全系统和支付体系，以及管理与客户关系问题。读者可以根据自己的学习目标和知识背景对本书的内容进行合理取舍。对于偏向电子商务管理而不想深入了解技术层面的读者，可以略去第二部分的内容；对于偏向电子商务技术而不想深入研究电子商务企业运行的读者，则可以略去第三、第四部分内容。希望本书的翻译出版能对中国电子商务的快速发展提供有益帮助。

本书的翻译工作由干红华组织和主持。干红华负责翻译第一、第二和第五部分以及最终统稿，蔡晓平负责翻译第三和第四部分。下列人员参与了部分初稿的准备与翻译：邹秧珍（第4章）、陈颖（第6章）、余建挺（第7章）、周俊锋（第9章）、王蓓菲（第3章和第11章）、廖鸿裕（第5章、第10章和第12章）和尉金燕（第8章、第13章和第14章），朱思达（第15章）、尉金燕和廖鸿裕帮助校对了全部译文。同时，浙江大学软件学院部分研究生也参与了本书的部分翻译工作。

感谢浙江大学电子服务研究中心的陈德人教授和郑小林老师在平时讨论中所给予的专业性指导。

本书内容十分丰富，涉及的领域和知识面很广，给翻译工作增加了难度。由于译者水平有限，译稿中难免存在不妥和错误之处，敬请读者指正。

前　言

　　欢迎你通过因特网这条连通当今国内外商务的高速公路来到在线、实时、即时的电子商务和电子业务的世界。不管是电子商务、电子业务、供应链，还是联网的全球商务，它们共同的目标是提高生活质量和时间效率。实际上今天已经没有什么东西不受电子设备的影响，它把人、技术和过程都结合到一起，为的是节省时间、提高效率和生产力，并使人们的生活更加舒适。甚至那些非赢利性行业，如教堂和学校，都采用万维网来树立形象。

　　因特网是建立一个新产业秩序的基础，因特网拒绝平庸。电子化公司把计算机、网络和企业软件结合起来，改变了它所有的运营方式。网络给予人们选择、自由和控制，它为商品和服务"拉"（而不是"推"）广告，做市场营销。客户现在可以明明白白地进行消费，零售商们再不像以前那样对待客户了。什么事物都可以拍卖，没有了地理划分。产品以及关于商品和服务的信息可以在方便的时候获得。

　　著名科学家阿尔伯特·爱因斯坦曾说："想象力比知识更重要。"如果电子商务出现在他那个时代，他可能就会说："我愿意通过想象获得创新，通过经验获得知识，通过竞争优势获得利润。"电子商务提供了所有这些。这是一项源自美国、惠及全球客户的发明，可作为因创新而领先的标志载入史册。无论你是学生还是风险投资商，都能从这些促使电子商务成为现实的基础和技术中获益。这就是本书的内容。

　　你会发现因特网和万维网还不是特别安全或强壮。首先需要关注的是导航的安全性。为了获得清洁无损的信件、采购订单和业务通信，必须创建防火墙，安装防范垃圾邮件、间谍软件、广告邮件、弹出式广告和网络钓鱼的软件，并且依靠加密手段来保护敏感信息的传播。可以想象，黑客、cookie和智能代理会监控你的导航模式和你浏览网站的偏好，从而发给你大量垃圾邮件或者把你的资料提供给一些广告商，而后者的广告只会给你的办公室、家庭和企业带来麻烦和混乱。本书阐述了所有这些问题及其解决方法。

　　说到安全，我们将讨论2001年9月11日悲剧发生后美国国会批准的《美国爱国法》（USA Patriot Act），来说明恐怖分子和犯罪团伙是如何利用因特网策动恶行和洗钱活动的。罪犯和黑客们做得太过分了，玷污了因特网这一美好事物。遗憾的是，这些事件已经成为电子商务的一部分。

写作目的

　　本书为你提供一些必要的工具和技术，以了解因特网上趋于成熟的电子商务形式。书中包括围绕"前端"、"后端"和大量的介于两者之间的内容。所谓"前端"指的是你所见到的东西，即网站以及吸引你购买商品和服务的显示信息；"后端"则解释了电子化的商家如何连接到供应商、批发商或制造商，以保证产品通过供应链随时发货，使价值链增值。介于两者之间的是技术和架构，通过网络始终把客户与零售商、零售商与银行（负责支付）、零售商与供应商（负责交付）连接在一起。

本版更新了方框和表的内容，力求反映最近发生的事件。全书经过重新组织、编辑甚至重写，引入了一些新的主题，例如，间谍软件、博客、广告软件、网上钓鱼软件、CRM和《美国爱国法》等。本书比其他同类书内容更丰富，并以一种严肃的态度探索电子商务，强调学习和动手实践。全书采用一种生命周期的方法来整合内容，从"愿景"（或者战略规划）到"实现"商品和服务的准时交付，所有这些都以客户满意为目标。

有一点是很清楚的：我们正处于令人兴奋事件的发展中期。电子商务已经长大成人，这体现在其方法学正在趋于标准化，技术正在获得信赖，那些进入电子商务的人愿意花费更多的时间去依靠专业人士，面对见多识广的客户。这个蓬勃发展的产业促使在本科生和研究生层次上开设IT课程和商务实践课程。另外，本书在写作方式和内容选择上融入了作者40年的学术经验和行业经验。

本书的特色在于明白易懂，易于学习，通过生命周期的方法把电子商务的概念、方法学、过程和技术整合在一起。更令人兴奋的是，读者可以了解如何对现实与潜在的价值进行战略分析，如何评价和设计网站，如何从零开始启动一个电子商务站点或连接到电子业务上，以及无线通信技术是如何使各地的人们和企业非常容易地进行购物和交流的。

作为一个具有远大前程的电子商务企业家，你将开始学习怎样推销商品和服务，怎样保证新产业的支付、安全、法律和道德问题，以及怎样用各种方法在因特网这一迷宫上保护自己的企业。在每一章的结尾，我们都总结了一些针对管理和组织上的启示，记录了商业与其底层技术之间的关系。

读者对象

对于信息技术、管理、金融、市场营销、会计或者电子商务等专业的本科生，本书是理想的选择。对于计算机科学或系统工程专业的学生，他们也会发现书中谈及的在商务环境下关于方法、内容和技术的论述对其专业也是一个很好的补充。MBA或MS的一年级学生也能从书中论述的技术和面向实践的内容中获益。

同样，专业人士、经理和一般从业人员都可将本书作为学习电子商务的参考书。这些人中包括网站管理员、ISP技术人员、CIO、系统设计师、项目经理、规划师、电子商务销售人员、供应商、销售商和电子商务咨询师。

组织结构

本书分成5个部分，每部分都讲述了电子商务过程中的一个关键步骤。最后给出了索引。

每章首先列出一系列学习目标和简介（强调每章要点和要讨论的问题）。各章内容包括方框和易读的图表等，用于总结重要的细节。每章的结尾都给出一个全面的小结、关键术语、理解题、讨论题和Web练习题。书后给出了进一步学习的参考文献。

第一部分：开宗明义

第1章令人耳目一新地概述了电子商务，主要包括博客的美好生活，数字鸿沟，数字化学习，电子商务的定义及其主要驱动力，一些似是而非的论调，与安全相关的优势、问题和束缚，数据整合与实现，客户关系问题，文化与语言问题，以及因特网创业的高风险。此外，还有价值链和电子商务的整合等，后者还包括供应链管理、B2B、B2C、企业内部和企业与政府等。这一章还对许多商业模式进行了讨论，例如店面、网络加传统、服务供应商、基于订阅的接入、经纪人、广告商、门户站点、免费接入、虚拟商场、虚拟社区和信息中介等模式。最后给出了管理实践的启示。

第2章关注万维网，即Web搜索要素，搜索引擎，搜索引擎优化，因特网服务提供商和它们的功能及资源，在因特网上帮助导航的Web基本元素、URL和HTTP的作用，因特网服务和语言，等等。这一章也分析了因特网和万维网的区别。

第二部分：电子商务的技术

第3章对因特网的体系结构进行了全面分析。首先描述了网络，介绍信息是怎样通过标准和协议在浏览器与Web服务器间互相传送的。这一章中还谈论了视频和电影标准，怎样获取和注册域名，以及OSI参考模型的基本概念。结尾的小结还包括必要的网络硬件、电缆类型和网络构件（集线器、交换机、路由器和网关）。3.5节专门讲述了设计网络的关键步骤，3.6节讨论了怎样管理公司网络。

第4章包含了内联网和外联网的组成、设计和用途。更具体地说，解释了技术基础设施，怎么规划内联网安装，公司如何判断应该自建还是应该外包。另外，电子邮件、垃圾邮件、电子邮件中的礼仪、博客和即时消息等内容在这一章也有所述及。对于外联网，重点是其在供应链管理中的作用。

第5章展示了如何托管网站，即ISP是如何运作的，ISP的类型、结构和服务，怎么选择ISP，要考虑哪些因素，怎么注册域名，还讨论了应用服务提供商。

第6章描述了移动（无线）商务，主要包括为什么无线通信得到普及，Wi-Fi作为标准的作用，无线通信技术如何使用等，特别强调了蓝牙协议及应用，无线安全问题和担忧，无线应用协议，以及安全和法律问题。最后，介绍了移动银行这种正在演进的技术。

第三部分：数字化战略和战术

第7章讨论了网站设计。具体地说，讨论了对网站的评判，站点建设的生命周期，建设网站，创建用户档案，文化差异的重要性，设计准则（比如外观、可视性、可扩展性和安全性），以及聘用一名Web设计师需要考虑的因素，等等。这是关键的一章，为用户与商家的界面定下了基调。

第8章的重点放在怎样评价网站和管理网站的流量。首先对一个网站进行剖析，讨论了色彩的用法及其心理学影响，色彩与文化、年龄、性别和阶层差异的关系，几何形状和性别差异，以及对于色盲患者和那些视力受损的人需要考虑哪些因素等。同时也讲到了站点评价准则，删除和拒绝cookie的方法，以及使得网站可用的准则，还讨论了网站内容和流量管理。最后，详细解释了可靠性、用户测试和网站管理员的作用。

第9章是关于因特网营销的技能和技巧。首先介绍在线购物的优点和缺点，因特网营销技巧，许可营销的概念，以及营销的周期。这一章第二部分探讨了形象宣传的方法，怎样在因特网上推广站点，怎样吸引客户，怎样考虑到文化差异，以及怎样预测购买行为。然后还讨论了定制化和个性化问题。最后详细讨论了客户关系管理（CRM），以强调电子商务领域服务越来越重要的作用。

　　第10章是关于Web门户和Web服务的。具体地说，首先讨论了门户的演变和关键特征，门户与业务转变以及企业门户技术（包括关键的功能性、协作、内容管理和智能代理的应用）。然后讨论了知识门户、Web服务和门户以及移动Web服务。最后简要讲述了谁正在构建企业门户，谁在支持企业门户的建立，以及门户产品选型等问题。

　　第11章全面论述了基于Web的B2B电子商务，重点强调了供应链管理、B2B组成、整合面临的挑战，以及构建模型和工具等。

　　第12章论述了与电子商务相关的道德、法律和国际化问题。讨论道德问题时，涉及了对道德的主要威胁、隐私因素和职业道德家的作用等。然后讨论了因特网上与侵权行为相关的法律问题，如版权、商标和商号，重点强调了因特网上的税收问题、在线赌博、加密法律和法律冲突。另外，国际化问题，特别是那些影响发展中国家的问题，以及知识产权问题也是主要的讨论内容。

第四部分：安全威胁和支付体系

　　第13章集中关注了电子安全的概念及其重要本质，关键的组成部分包括网络空间中的安全（ID盗窃、网络钓鱼现象，以及口令引起的许多麻烦），怎样做安全的设计，公司能承受多大的风险（记住还有黑客、病毒和网络犯罪），隐私因素，怎样避免受不同种类病毒的侵入，以及怎样从攻击后恢复等。同时还讨论了生物识别安全措施的作用，怎样建立一个应急小组，由《美国爱国法》引出的安全协议，以及洗钱等问题。

　　第14章是关于加密的，关注密码算法、认证和信任、数字签名、针对密码系统的主要攻击、数字证书，以及因特网安全协议和标准。对与加密相关的政府法规也进行了讨论。

　　第15章是有关电子支付以及商家怎样付款的，解释了货币资产、基于因特网的系统需求和电子支付介质，比如信用卡、借记卡、智能卡、数字现金、电子货币和电子钱包。还讨论了电子资金转账和票据自动结算中心等问题。

第五部分：管理问题和客户相关问题

　　第16章的重点是在因特网上启动新业务的流程和机制。首先对现实（规划）进行战略分析，然后考虑必要的硬件、软件、安全和装配。下一步是实际设计阶段，包括网站设计、店面开设，以及是由公司的IT部门员工来做还是外包给专业人员。最后3步分别是市场营销、实现和维护，这一章对每步都有详细的讨论。

致谢

　　作者认为，一本教材是一个项目而不是一个文档。一旦一本书稿被采用，由编辑带头，成立一个小组，包括审阅人员、文字编辑、产品经理和其他人员，确保书稿在成书出版前得到最好的处理。作者很高兴看到本书由一个经验丰富的小组编辑，被一个著名的出版商出版。

　　我衷心感谢下列审稿人，他们的建议和真知灼见确保了这将是一本很好的书：特拉华大学的Cihan Cobanoglu、詹姆斯·麦迪逊大学的Thomas Dillon、缅因大学的Anthony Gauvin、得克萨斯奥斯汀大学的Cherie Henderson、中田纳西州立大学的Mirza Murtaza、华盛顿圣路易斯大学的Alan Paradise、圣克劳德州立大学的Dien Phan、洛克兰社区学院的Catherine Roche和加利福尼亚州洛杉矶州立大学的Ming Wang。

我还要感谢我的朋友Bill Beville，Prentice Hall出版公司的编辑和销售代表，一位值得特别尊敬的指导，在我多年的出版生涯中给了我很多鼓励。我还要特别感谢我在贝鲁特美国大学商学院的同事Tony Feghali，他为第9章中的CRM内容提供了材料。感谢贝鲁特美国大学商学院另一位同事Lama Ghrawi，他花费了许多时间及时地把本书的第2版从笨拙的只读版本转变成可读写的word格式。

把书稿转变成为一本受人尊敬的著作从来不是一件容易的事情。我要感谢Prentice Hall出版公司的生产编辑Melissa Feimer在管理本项目而作出的巨大努力。我也要特别感谢Thistle Hill出版服务公司的高级项目编辑Amanda Hosey Dugan，钦佩她的勤奋努力、良好的沟通技巧和处理本书书稿的生产过程中所表现出来的职业水准。

本书献给我的一位长期同事和密友Houston "Tex" Elam博士，他在1962年就预言了计算机在产业发展和政府事务处理上的潜力。他在那个时代的看法即使在全国范围内也只被一小部分人所理解，但是其宝贵的建议促使了我的第一本书*Business Data Processing*（Prentice Hall 1965）的出版，从此为我的IT学术和咨询事业奠定了基础。

目 录

第 一 部 分

开 宗 明 义

方兴未艾的电子商务

学习目标
- 理解电子商务、电子业务和电子战略的概念。
- 驱动力。
- 专业性Web站点（例如博客）的兴起。
- 价值链和供应链管理及它们是怎样与电子商务和电子业务相关联的。
- 电子环境的商业模式。
- 整合电子商务的趋势。

1.1 简介

如果你有一台安装了浏览器的个人电脑，就能连到因特网在线做生意，不用担心编程问题，也不用费尽心机去查找客户电话号码，无需支付长途电话费，更不用辛苦开店到深夜。只需连到Web上，在线开一个店，看着业务增长，就这么直截了当。

欢迎来到连线全球的商务世界，其技术、人才和新的交易方式造就了今天日益增长的世界经济。电子商务的支柱是因特网。这个世界不是关于技术的，而是关于信息、决策和通信的。这个世界正在改变每个人的生活，从个人式作坊到超大型公司，没有企业能够忽视当今网络经济的潜力。

如果仔细观察过去20年里发生的变化，你就会发现，计算机、信息技术和网络已经结合在一起，代替了各行各业和政府中的劳动密集型工作。例如，银行业在广泛使用自动柜员机（ATM）、信用卡、借记卡、智能卡和网上借贷业务。这种基于计算机的银行与银行之间、银行与消费者之间和消费者与消费者之间的交易以及信息交换正是电子商务所要做的。

最近几年，无线传输技术又为消费者购物、交易和访问信息铺平了道路，让消费者可以用手机花几秒钟在任何地方、任何时间进行上述活动。在第6章将会介绍移动商务开辟了新时代的商务模式，它已经初见端倪，并正为B2B（企业对企业）的交易和其他基于因特网的电子商务领域创造价值。

本章将介绍电子商务的本质：什么是电子商务，什么不是电子商务，它可用于什么地方，它有哪些益处和局限，它对价值链和供应链管理的影响等。

1.2 无处不在的电子商务

欢迎来到电子商务（EC）新世界，这是一个在不到10年的时间内就在美国成长起来的产业。这是一个21世纪的产业，你现在可以利用电子手段，通过卫星在世界的任何地方用计算机做生意。电子商务给公司、市场和消费行为都带来了巨大变化。仅在2004年，电子商务零售额就超过1 000亿美元，B2B交易额甚至超过15 000亿美元。没人能清楚地描述电子商务会变得有多成熟，但是大家已公认它是全球增长最快的商务模式。

本书介绍现代电子商务，以及它是如何彻底改变了全球各地人们做生意的方式的。这是一件新生事物，诞生自1995至2000年间网络爆炸性的增长期。那是一个探索发现的阶段，许多财力雄厚的大公司（如沃尔玛、通用电气和通用汽车）都投身其中，付出代价在所不惜，投资风险极大；那也是一些早期电子商务公司（如eBay、亚马逊和Expedia）的创始阶段，它们后来在2001~2003年的经济衰退中都幸存了下来。大浪陶沙，除了这些幸存者之外，许多公司都被淘汰。成千上万红极一时的网络公司都没能赚钱，它们最终只好遗弃网站，不再对其更新，或者干脆对创业心灰意懒。这就是因特网上还有那么多垃圾网站的原因之一。

在探索这个令人兴奋的产业之前，你应该知道是什么引发了这场革命，答案就是**因特网**，由一个个独立的计算机系统组成的国际性网络。这是有史以来最快的无监控的信息高速公路，也是成长最快的自由贸易工具。发展速度和动量几乎在所有行业都为我们提供了新的交易方式，并节省了时间和资源。

尽管存在安全、隐私和其他问题，但因特网已经渗透到社会的各个方面，包括经济、社会、心理、政治和军事等。它出现在家庭、学校、警车里，甚至在飞往国外的航班上。10年前它是新生事物，而今天它已是生活必需品。通过它，我们可以更快更多地了解到世界各地的信息。

1.2.1 博客上的美好生活

一些专业网站和博客网站的兴起给人们带来很多题材广泛的读写机会。你可以在任何时间谈论、共享、协作、交流关于任何主题的知识（而不只是信息）。我的爱好是在线下15子棋。只要发一个命令，就有专业网站（zone.com）把我与来自另外一个国家的对手同列在我所在的"专家"级别上，进入聊天室，在屏幕上摆开15子棋棋盘，一直记录着分数，最终宣布获胜者——我根本不用离开农场里舒服的办公室。

博客[①]（blog）是一个可共享的在线杂志，人们可以发表文章，谈论个人爱好、在工作和假期中的经历等（见www.blogger.com）。博客在因特网上就像其他页面一样，可以由雅虎和谷歌这样的搜索引擎自动搜索。根据Pew Internet & American Life项目研究显示，美国有800万个人博客。人们写博客谈论他们的日常生活、家庭旅游或过去的糗事，不过某些新闻或观点也会成为热点，如方框"言论自由的代价"所示。

今天的因特网倡导个性，客户可以定制他们自己的产品和交流空间。这意味着个人对内容的控制能力极大增加，而报纸、广播等中介媒体力量明显减弱。一个积极的作用是，在专业项目上更鼓励协作和团队精神。总体来说则是扩大了我们的视野，为释放创造力和能量打开了大门，这是以前从未经历过的。

---

① 也译网志。——编者注

言论自由的代价

去年4月的一天，Rachel Mosteller化名"讥讽记者"在她的个人博客上写了个帖子。

"我真地恨死了我的工作单位。首先，他们搞一些小恩小惠作为奖品，说是要激励公司员工的士气。当你干了一些'辉煌'的事情（大多都是你的本职工作），就有人会说'天啊，真了不起。'然后他们就把你的名字记录下来，奖给你一些巧克力和气球。新闻编辑室已经有两位同事得到奖品了，仅仅是因为他们做了本职工作！"

这个帖子就像Mosteller写的其他网上日记一样，没有对她的公司指名道姓，也没有提她老板或同事的姓名，也没说公司在哪儿。但是，很显然Mosteller所工作的《先驱太阳报》（北卡罗来纳州达勒姆市）的上级和同事都知道她的博客。在这个帖子发布的第二天，她被解雇了。

通常，博主得到的保护很少。在美国大多数州，如果雇主不喜欢你在博客上发表的言论或共享的资源，就会让你走人。博客似乎应该是一种能够改善雇主和雇员之间交流的很好的途径，有助于建立和谐社会。搜索引擎公司谷歌就为其雇员建立了一个博客，让大家共享一些信息，诸如介绍其网站节日图片主创人员的情况等。这成为一个通向公众的非正式的信息渠道。但是谷歌最近也遇到了麻烦，雇员Mark Jen的博客突然被黑，这引起了一片猜测之声。谷歌公司证实，Jen不再是其员工，但没有给出理由。

来源：Amy Joyce, "Free Expression Can Be Costly When Bloggers Bad-Mouth Jobs," story.news.yahoo.com/news?tmp1=story&cid=1804&ncid=1804&e=1&u=wash…, February 12, 2005, 1-5。

最近几次美国总统大选在专业网站上进行的竞争和宣传全世界都能看到；在伊拉克和阿富汗的军人也能持续收看美国国内正上演的政治活动。基于因特网的政治策划包括用电子邮件筹款、捐款和在线广告，而这些只是整个因特网的一部分而已。

1.2.2 数字鸿沟

表面上看，所有关于电子商务的事情都很美好。然而，有一件事情值得注意，那就是计算机正在加剧影响着美国。**数字鸿沟**（digital divide）指的就是拥有计算机与没有计算机，可以上网与没有条件上网，可以访问信息与不能访问信息，能做电子商务与不能做电子商务之间的鸿沟。数字鸿沟扩大了社会阶层的差距，尤其在年轻人中。这个差距虽然正在慢慢缩小，但还不够快。

数字鸿沟网（www.digitaldividenetwork.org）是因特网上最大的网络环境，关心此问题的个人和社会活动家们都可以在这上面建立自己的网上社区、发表博客、共享文档、发布新闻和事件。这个网络使115个国家可以和不发达社区共享想法和教育资源。一旦开发成功，电子商务也将开始介入其中。

1.2.3 数字化学习

今天，学生在因特网上可以找到很多应用和机会，在因特网上做学术研究也是很普遍的事情。学生可以很方便地查到不同的方法、论文和研究材料，因特网提供了最高质量的网上内容。当然，精确性和可靠性始终是一个问题，但是人们已经提出了许多解决方案来确定查到的信息的精确性。许多大学都给学生提供了一些用于在因特网上做研究的资源网站。

数字化学习（e-learning）是基于技术的学习，学习资料是通过因特网提供给全世界的远程学习者的。2001年，麻省理工学院决定让其所有网上资源都免费开放给非商业用途的用户。

2002年，菲尼克斯大学招收了5万多名网上学生。今天，类似的课程已遍布世界各地。

数字化学习的持续普及来自于以学习者为中心的理念和自主安排的学习环境。数字化学习能让学生即时获得知识，促进系统与学习者之间的持续交流，让学生灵活地控制学习过程和内容，监控每个人的学习进展情况。对于那些家庭主妇、想在事业上更上一层楼的全职人员和那些不可能辞去工作或离开家庭去上传统学校的人员，这种学习方式是很合适的。表1-1总结了传统学习方式和数字化学习方式的优缺点。

表1-1   传统课堂学习和数字化学习的比较

	传统课堂学习	数字化学习
优点：	•立即反馈 •师生之间很熟悉 •鼓励学生 •利于培养团队精神	•学习者为中心，自主掌握进度 •时间和地点灵活安排 •低成本高效率 •可面向全球学生 •无限制的知识获得 •对知识重用和共享的归档能力
缺点：	•以教师为中心 •时间与地点受限 •实施成本高	•异步学习，缺少立即反馈 •增加了教师备课时间 •对有些人来说不舒服，需要更加成熟和自我约束 •可能会有更多的挫折、忧虑和混淆

来源：D. Zhang, et al., "Can E-Learning Replace Classroom Learning?" *Communications of the ACM*, May 2004, 76。

当前的知识经济越来越需要提供教育和获取教育的创新方法。经济发展需要越来越多的人及时学习新的知识和技能，利用先进的计算机技术和网络技术，我们可以在全球范围内以更加个性化、便携和按需的形式开展数字化学习。

多媒体技术使得学习者能够"通过提问进行学习"，即通过键盘键入问题或关键词，答案或内容就会立即反馈给学习者。所以今天的实时学习环境正在成为众所瞩目的可即时获取知识的、方便自学的、互动性强的和可灵活掌握学习进度的环境。但并不是每个学生都喜欢用这种方法进行学习，有些人可能会觉得乏味或望而生畏。

1.3   成熟的标志

从1960年第一代商用计算机IBM 1401和计算机语言COBOL诞生起，笔者经历了5代计算机系统的发展。每一代计算机系统的出现都带来了更快的运算速度、更易于使用的类英语的编程语言、更小型的硬件和更加面向用户的信息系统。从曾经占据大楼整层的大型机转变为可放置在标准办公桌上的个人电脑前后经过了20年时间。而电子商务从无人知晓到快速成长只用了不到10年，这真是了不起的成就。

简单地说，开始于20世纪90年代的早期电子商务有着一些独特的性质。

- 通过电话线的拨号调制解调器（modem）的速度只有28 Kbit/s。1998年以后，出现了56 Kbit/s的调制解调器，但是对于呈指数增长的Web流量还是太慢了。
- 电子邮件作为便利通信的工具还是一个新生事物。那时它还没有什么明确的发展目标。
- 对网上商家来说，在电子商务交易的实现阶段，库存、零件和部件都还在用条形码进行扫描。
- 数字产品在网上销售成为一种挑战，从而引发了数字盗版，尤其是音乐制品。

- 大企业获得垄断地位，它们利用财力建立网站和基础技术设施，而小企业只能坐壁上观。
- 电子商务活动主要限于美国国内，只有有限的与加拿大或墨西哥的国际交易。

今天电子商务成熟的标志表现在以下几个方面：

- 数字用户线路（digital subscriber line，DSL）更加普遍并可按诱人的月租费租用。DSL连接使用了类似于网络交换机的网络硬件，而到户的宽带连接的增长则正在实现电子商务的终极目标，即呆在家里随时做生意。
- 电子邮件现在是电子商务的主要联系手段——从客户到电子商家到卖家等，它也是营销系统和客户沟通系统的顶梁柱。
- 条形码正在淡出，取而代之的是复杂的生物检测技术（指纹扫描和虹膜扫描），在不同的场合用智能卡处理人流和物流问题。
- 网上音乐、视频和其他数字产品的合法下载和分发正在增加。相关法律问题将在第12章讨论。
- 不管是大公司还是中小企业都可以在网上快速、可靠地以可承受的成本建立网站。网站可以是极复杂的，如Dell.com，也可以是最简单的，如只有2~4个页面的小杂货店的网站。
- 电子商务成为国际性的活动。随着高速卫星通信、宽带等技术的发展，访问和响应的时间已经降低到两秒以下。

6

1.4　什么是电子商务

下页中的方框"电子商务的趋势：亚马逊网站的故事"概述了一个电子商务传奇，亚马逊公司的Jeff Bezos通过对购买模式、促销和销售的仔细评估，把该公司打造成为一个广受尊敬的因特网公司，成为电子商务成功故事的典范。

可以从很多方面来观察电子商务。

(1) 从通信的角度来看，它具有通过网络（例如因特网）来交付产品、提供服务和信息或进行支付的能力。

(2) 从接口的观点来看，电子商务意味着信息和交易的交换：B2B（企业对企业）、B2C（企业对客户）、C2C（客户对客户）和B2G（企业对政府）（这些将在本章的后面讨论）。

(3) 作为商业过程，电子商务意味着一种通过网络连接支持商业电子化的活动。例如，商业过程（如产品制造和库存）以及B2B过程（如供应链管理），都可以由与B2C过程中同样的网络所管理（供应链管理将在本章的后面讨论）。

(4) 从在线的角度看，电子商务是一个电子环境，允许卖家在因特网上买卖产品、服务和信息。产品可以是物质的，例如汽车，也可以是服务，例如新闻或咨询。

(5) 作为结构，电子商务处理不同的媒介，包括数据、文本、网页、网络电话和网上视频。

(6) 作为市场，电子商务是一个世界范围的网络。本地小店只要在网上开一个门面，那么就会发现整个世界就在门外——客户、供货商、竞争者和支付服务。当然广告是必需的。

电子商务的趋势：亚马逊网站的故事

1994年，一位叫Jeff Bezos的年轻财务分析师对在因特网上做生意充满信心。一天晚上，他列出了自己认为在网上能够卖得好的20种商品，图书排在第一位。3年后，他组建了亚马逊网站（Amazon.com）。

在那之前，Bezos从来没有卖过一本书，但他知道书体积小，便于运输，价格也便宜。而且书是一种客户在决定购买之前不需检查的商品。Bezos还了解到，全世界每年可能要出版500多万种图书，而没有一个书店可以存放如此大量的书，所以他制定了一个网上卖书的战略计划。

其后的故事众所周知。Bezos通过听取网上买家的留言和建议（比如在书店里增设推销员为读者提供购书建议）改进了最初的卖书计划。网站跟踪客户的访问踪迹，记录网站的访问量，记录客户的驻留时间及其点击的页面，等等。通过对购买模式、促销和销售的仔细评估，Bezos把亚马逊网站打造成为一个广受尊敬的因特网公司，成为电子商务成功故事的典范。

在2001~2003年的经济衰退中幸存下来后，亚马逊网站开始从卖书扩展到卖音乐、硬件和电子产品。2003年1月，它的销售量猛增，第二季度的赢利使它的股票冲到每股25美元，这是自1994年成立以来第一次有了充足的现金流可以维持公司的日常运作。

今天，该公司扩大了销售范围，甚至销售蛋糕、黄油和咖啡。食品部门列出了弗吉尼亚切萨皮克湾的龙虾到奥马哈著名的牛排，在亚马逊网站上仅食品部门就有200余个商家。食品订单通过电子手段发给食品商，由食品商进行货物的交付。亚马逊网站就是一个从中获取利润的中介，它也是一些生产商（如Target、Toys "R" Us和Office Depot①）的产品中介。

1.5　电子商务不是电子业务

向信息技术专业人员询问什么是电子业务，大部分情况下你会得到多种定义。**电子业务**（e-business）就是在因特网上从事业务活动，包括供应链规划、跟踪、执行、开票和支付等各个环节，它也包括买卖双方、服务客户，以及与业务伙伴的协作（www.primode.com/glossary.html）。通过形成企业内部及其与客户之间的新关系，电子信息被用来强化业绩和创造价值。

电子业务超出了在因特网上建立网站的范围而对企业的各个方面都有影响，从战略和过程到生意伙伴和最终客户。它把传统信息系统资源和因特网的全球触角结合起来。

在电子业务中，组织有许多目标：

(1) 开辟新的市场；

(2) 创造新的产品或服务；

(3) 建立客户忠诚度；

(4) 丰富人力资源；

(5) 充分利用已有的和新出现的技术；

(6) 取得市场领先地位并发挥竞争优势。

电子业务的一个很好例子是SAP——一个世界领先的商务软件供应商，它解决中小企业的需求并为全球组织提供企业级的解决方案。例如，SAP的客户有的想对主流业务进行整合，这些客户多是传统企业，要把信息整合到部门内部和应用上。进一步的电子业务将引入价值链的概念和供应链管理，这些将在本章的后面讨论。

相反，**电子商务**就是通过因特网在零售级别上向任何地点的任何人销售商品和提供服务，

---

① 这3家分别是美国大型连锁百货店、儿童用品店和办公用品店。——编者注

包括更有效地进行商品和服务交换的新的商业机会。交换的核心是**交易**（transaction）——大量信息通过公司的网站在网上实现商家和客户之间交换。电子商务网站的例子有www.crutchfield.com或www.amazon.com，每一个网上公司都通过一个站点销售商品和提供服务。

电子商务不易理解的一个原因是它的发展速度太快，同时涉及的内容又太多，以至于专家都没有办法将它与以前的东西进行比较。它的影响已经超过20世纪20年代的半导体收音机、50年代的电视机和80年代的个人电脑。许多观察家都指出了它对世界经济将产生长期深远的影响。

与传统交易方法不同，电子商务在很多方面都已经打破常规：

- 公司与竞争者共享信息；
- 供货商与购买者共享信息；
- 公司采购不再单独以价格决定；
- 银行介入财务交易。

电子商务对规则产生深远影响的地方莫过于银行。网上银行的出现让人重新思考银行的作用：企业和客户现在对付账地点、付账方式有了更多选择。参看www.uvacreditunion.org中所提供的在线银行服务，包括从一个账号到另一个账号的转账、查找存取款的历史记录和贷款查询。许多大银行（如www.wachovia.com）还为你提供你所开具的任意一张支票的正反面图案。

电子商务可大大节约成本，面对机遇和挑战，即使最保守的公司也会采取行动进行创新。这些因素已经使很多公司重新定位，以便抓住机遇，建立新的服务交付渠道和市场。加大网站的力量意味着将从静态页面转到动态应用。例如，Web应用给了商家实时获取银行卡支付信息的机会而不用等待书面的银行对账单。J. P. Morgan已经用数字证书代替了硬件代码，这些数字证书可以用来验证发送者身份、在消息上贴一个封条和为发生的交易提供防伪。这项服务至少为公司节省了100万美元。其他的网站得益见方框"蓬勃发展的数字化交易"中的示例。

蓬勃发展的数字化交易

　　E-trade财务公司和其他网上股票交易经纪商正在为快速执行网上交易而激烈竞争。Ameritrade控股公司于2001年承诺，保证执行一笔交易不超过10秒。E-trade公司则做出9秒钟的保证，而且从那以后一直在继续压缩。

　　去年，Ameritrade公司又承诺在5秒钟内完成交易，而在3月，E-trade公司又承诺降至2秒钟。一位发言人说，为保证承诺，公司今年将放弃将近100万美元的佣金。该公司今年前6个月已获得1.91亿美元。

　　E-trade公司拥有350万客户账户，每天平均完成交易超过10万笔。公司声称大多数交易都在1秒钟内完成。对于如此复杂的操作来说，这是一个了不起的成就，因为这些操作的完成涉及许多计算机、路由器和各种应用，而这些并不完全由E-trade公司所控制。

　　来源：摘选自Gary H. Anthes, "E-trade Beats the Clock," *Computerworld*, Sept. 27, 2004, 27。

1.6　驱动力

电子商务公司在转瞬多变和高度竞争的环境中运营，必须不断调整商业战略，拥有独特的竞争能力，才能在业内站稳脚跟。竞争对手的产品、客户的需求和期望等不可预见的变化代表了市场的风云变幻，下述这些驱动力量支撑着电子商务生存并成长。

(1) 数字化融合。数字化革命使数字设备可以相互通信。过去10年间因特网的巨大增长将继续下去，这增长完全是由市场力量推动的。计算机能力的稳定增长和成本的不断下降使在因特网上导航成为现实（见图1-1）。

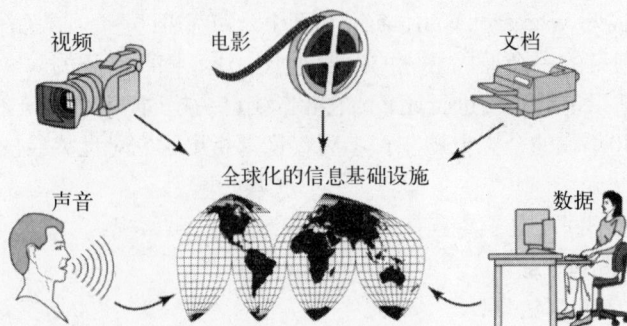

来源：电子商务业务驱动力的概念出自佐治亚州立大学CIS教授Richard Welke博士。

图1-1 数字化融合

(2) **任何时间、任何地方、任何人**。今天的电子商务对世界上任何地方的任何人都是开放的，一天24小时，一星期7天，从不间断。电子商务用文本、多媒体、视频和其他技术手段把制造商、销售商、服务商和内容提供商都联系在一起（见图1-2）。

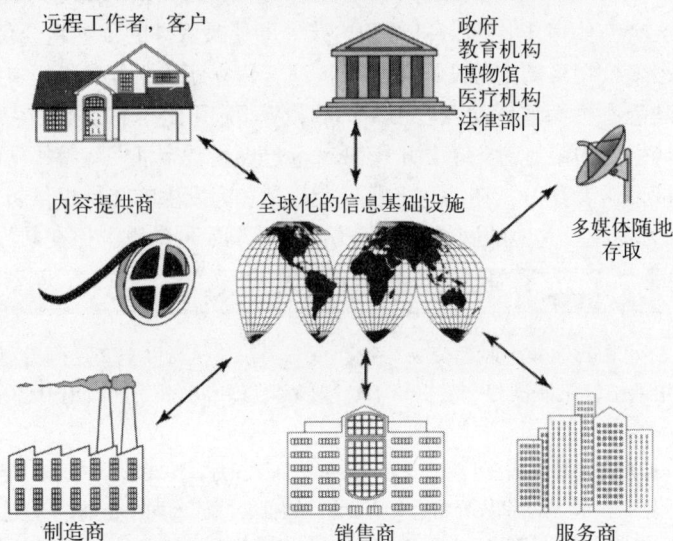

来源：出自佐治亚州立大学CIS教授Richard Welke博士。

图1-2 全球化的电子商务

(3) **组织的变化**。越来越多的现代企业都派一线工人去做以前由低层管理人员做的事情，现在的趋势是要建立企业主和各部门经理层的伙伴关系，以使企业不断增值。要使大型组织瘦身、把专业任务外包、缩短产品生命周期、鼓励跨部门的业务流程，都需要相关的部门之间有更好的沟通。电子商务就是一种便于沟通的理想的方法（见图1-3）。

(4) **在运行成本与赢利空间上的压力增加**。全球性的竞争带来产品与服务的猛增，给企业的运行成本和赢利空间带来了异常的压力。电子商务能快速有效又低成本地处理这些问题（见图1-4）。

(5) **定制产品与服务的需求**。今天的客户都会要求更高的质量和更好的性能，包括对商品和服务的生产、交付和付款的定制方式。企业在处理大量的定制需求时会承受很大压力，不顺应潮流的公司最终会被淘汰（见图1-5）。

- 一线工人掌握命运
- 关键业务活动的信息
- 大型组织的外包和瘦身
- 成为伙伴
- 跨部门功能的业务流程
- 虚拟设计

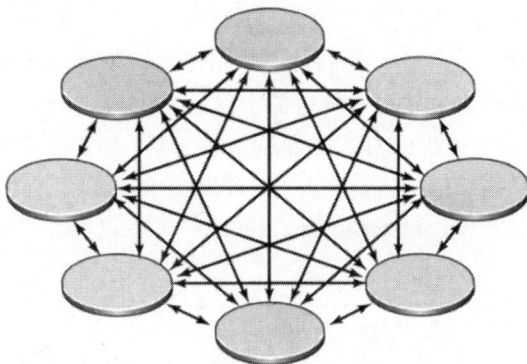

来源：出自佐治亚州立大学CIS教授Detmar Straub博士。

图1-3　组织构成的变化

- 全球竞争对手
- 日常产品和服务的激增

产业界

来源：出自佐治亚州立大学CIS教授Richard Welke博士。

图1-4　成本与赢利空间压力增大

来源：出自佐治亚州立大学CIS教授Richard Welke博士。

图1-5　大规模定制

1.7　一些似是而非的论调

关于电子商务能做什么和不能做什么仍然有人不甚了了。下面是几个需要澄清的论调。

(1) **建立网站是很容易的事情**。对的，除了保证良好的性能。其中需要考虑技术、网络基础设施和设计准则。

(2) **电子商务意味着不再需要面向大众营销**。Web是第一个具有成本效益的、一对一的大规模市场营销商业渠道，但是企业仍然需要宣传其网站形象。

(3) **电子商务意味着一种新经济**。没有"新"的经济，但是在真实的经济中确实有新的东西。

(4) **电子商务是革命性的**。除了因特网技术创造了一种新的购买方式之外，零售的大部分规则仍然适用。商品由供货商提供，经过仓储然后寄送至客户手中，还会有退货。遗憾的是，许多因特网上的商家花了太多时间从事网站的"革命性"任务和市场营销，而忽略了客户支持和实现。

(5) **电子商务这种商业模式已经在2000年崩溃了**。网络公司是在2000年崩溃了，这一点是没有疑问的，但是因特网继续改造着企业及其赖以生存的信息系统，成为新的业务手段的基础设施。

（6）**用同一种商务模式可在线销售所有产品**。不同的产品需要不同的销售技巧和客户支持。对卖书有效的模式在卖家具时可能无效，尽管采取改善屏幕显示色彩、使纹理更清晰和保证退货等措施后会有所好转。因特网上的销售也应该根据产品设置不同的商业模式。

（7）**网站建立后就可守株待兔**。就像其他商业活动一样，网站需要宣传推广。在促销时购买货物的客户很少成为忠诚的客户。一旦有竞争对手降低价格，客户就会点击那个网站。

（8）**不再需要中间人**。中介是一种传统的组织，它从制造商或批发商那里拿货再交付给零售商。网络中间商是商品的转卖者。尽管客户与商家之间可直接交互，但新型的中介仍然会在网络上出现。

1.8 电子商务的优势和问题

数字时代和数字化革命影响了每一个人。最早是电话和传真机、后来是个人电脑和打印机成为做生意的基本配置，而现在则是电子邮件、网上门面和数字化通信手段。我们谈的很多的"数字化融合"将驱使所有这些硬件集成在同一个数字平台上，不管这台计算机是连接到因特网还是其他的计算机，因为这种连接肯定会是更加有效的。巴诺书店（Barnes & Noble）曾起诉亚马逊自称为最大的书店，这个案例说明关于"店"的定义应该要重新考虑。

不管从哪个方面看，电子商务已经成为一个成熟的行业并且仍然在不断发展。每次上网时，都有一些很吸引人的标题广告邀请你访问它们的网站并请你购买其产品或服务。突飞猛进的领域包括金融服务、娱乐、旅游、医疗和零售。甚至美国政府都热切期盼着电子商务（见方框"山姆大叔也期盼电子商务"）。美国管理和预算办公室（OMB）预计其联邦政府将于2006财政年在技术和Web服务上花费650亿美元，与两年前相比增长了40%。美国国土安全部的一些下属部门都在2006财政年提高了技术基础设施上的花费。美国联邦政府从客户接口到供应链等各方面都已经成为一个"网络加传统"的机构。

山姆大叔①也期盼电子商务

在有关政府落后于时代的抱怨声中，电子政务时代正在到来：政府部门正在优化其内部计算机的操作。按照逻辑推理，下一步当政府把采购都放在网上进行的时候，B2G的电子商务就可能出现了。这个计划延伸到各级政府：克林顿当局曾力推联邦政府采购从2003年起都要在线进行，甚至各地方学区都要进行在线采购。

盖特纳集团预计在线政府采购将迅速增长，在5年内增长400%、达到62亿美元。提供B2G服务的市场一直敞开着，但明显的领跑者还未出现。然而，要想在政府领域取得成功，就要求市场进入者作出一些调整，以适应快速变化和市场驱动的客户。

华盛顿州政府成为一个节省成本的典范。这个州把政府采购都转到一个Buysense的系统上，此系统由一个与政府具有良好关系的位于弗吉尼亚州Fairfax的咨询公司——美国管理系统公司（AMS）设计，通过大宗购买、控制废单、减少程序等手段达到省钱的目的，而美国管理系统公司则向双方收取少量的交易费用。此计划去年6月才开始实施，但华盛顿州已然成为其他州政府学习的榜样。

来源：摘选自John Furth, "Uncle Sam Wants e-Commerce," www.line56.com。

---

① 指美国政府。——编者注

1.8.1　优势

2000年因特网泡沫的破裂使辉煌一时的网络公司失去光泽。今天的媒体记者和许多投资者仍然对利用电子化促销手段销售商品和服务的想法感到畏惧，但是一些大公司（例如，沃尔玛和福特）的支持者已经看到了机遇和电子商务的美好明天。2004年谷歌公司上市时，每股初始价位为85美元，而不到3个月内竟蹿升至每股超过200美元。

五分之三的客户经常在线购物，这一数字是4年前的两倍。便利性是网上购物者增多的主要原因。大多数网上购物者在购买之前都要到网上去比较一下价格，最普遍的网上购物活动是旅游预订或订票，而最不为人知的则是下载书籍，排名垫底的活动仍是家用杂货的运送和在线购买宠物食物或邮票等。

电子商务有着许多优点。

1. 对于网上商家来说成本更低

不考虑其他因素，因特网上做生意能够节省成本：它减少了物流问题，给予小企业与那些巨人企业（如亚马逊、通用汽车、美洲银行等）同场竞争的机会。在商业银行中，一个基本的柜台交易的处理需花费1.10美元，而在因特网上，同样的交易只花费1美分。实际上每一笔交易最终都将转到电子化处理，这个转换越快，交易成本就节省越多。

2. 经济性

不管依据什么标准，电子商务都是很经济的。不像传统的环境，这里不需租用物理上的店面空间，不用缴纳各种保险，也没有基础设施投资。你所需要的就是点子、独特的产品和设计良好的网上店面呈现给网上的客户，以及为你运送商品的合作伙伴。

3. 更高的获利

电子商务意味着更高的获利。例如，处理一张常规的机票的成本是8美元，据本地的一家旅行社介绍，在网上处理同样的一张票（称为电子机票）则只花费1美元。除了更高的获利，当手工交易都改成电子化时，企业还可以增加控制能力和灵活性，并且节省时间。

13
~
14

4. 更好的客户服务

电子商务意味着更好更快的客户服务。基于Web的客户服务使客户感到高兴，再也不用打电话到公司，等上10分钟，然后连到一个职员，让他敲入客户账号。客户在网上可以直接访问自己的账号，就算可能不便宜但节省时间。单单是竞争差异的优势就可以很容易地弥补维持Web基础设施的成本，从长期来看，这是一个双赢的局面。

对于与其他公司有生意往来的公司，增加在网上的客户服务是一种竞争优势。一个很好的例子是包裹次日送达服务，通过追踪码可以让客户在线查询包裹的行踪。

5. 快速购物比较

电子商务帮助客户比较商品。称作为购物代理（hopbot）的自动在线购物助手搜查网上商店，找出每件商品的交易，从苹果酱到打印机色带。例如，mySimon（www.mysimon.com）能够"学习"它的跑腿员（一个工具，填写需求表后要求购物代理搜索Web页面找出解决方案）的导购偏好，它让你键入基本关键字（比如"女士外套"），然后搜索Web商店的数据库以获得最佳购物方案。

6. 生产率提升

电子商务意味着生产率的提升。把Web引入到公司的各部门意味着提升生产率。IBM让Web进入公司的每一个角落——产品生产、市场营销和运行服务。据IBM估计，仅仅通过让客户自己从网站找到技术问题的答案，该公司就能节省超过8亿美元（最新情况参见

www.IBM.com）。

7. 团队精神

电子商务意味着一起工作。电子邮件就是一个人们如何通过协作进行信息交换和解决问题的例子，它改变了公司与供应商、经销商、业务伙伴和客户进行交互的方式。更多的交互意味着更好的总体成果，网站的交互能力和协作能力越强，业务的成效就越高。

8. 知识市场的增长

电子商务帮助创立了知识市场。大公司内部的小团队能够获得资助开发新的点子。戴姆勒克莱斯勒公司就建立了一些小组研究新趋势和新产品，其中一个硅谷小组正在做电动汽车的消费研究，指导汽车的设计。

9. 信息共享、便利和控制

电子市场提高了商户和客户之间的信息共享，推广了快速和准时的交付。客户和商户节省了钱，每时每刻在线，没有交通阻塞，没有人流拥挤，不用携带很重的购物包。

控制是另一个主要的驱动因素。银行不再去控制与客户之间的关系，它们可以通过网站对客户的银行需求进行更多的控制，比如，美洲银行和威尔斯法戈银行现在允许客户通过网站访问自己的账户。

10. 定制化

数字化产品是高度定制化的，很容易重新组织、重新设计或编辑。根据客户的喜好，产品要差异化（定制化），并与个人需求相匹配。

1.8.2　问题和束缚

前面说了一些优势和益处，在讨论Web商务之前，我们再来考虑一下存在的问题和束缚。

1. 成本因素

建立电子商务基础设施需要钱。建立一个复杂的交互式网站，需要网络、服务器、终端、软件、职员和培训。交易成本是另一个问题。电子化市场似乎是一个完美的市场，在这里全世界的卖家和买家共享信息，不需要中介就实现交易。提供产品质量保证需要新的中介类型，比如电子化商场、竞价中介人和保障交易合法性的认证机构，这些都增加了交易成本。

2. 安全性

由于垃圾邮件、间谍软件、文件崩溃和恶意窜用，如果不安装防火墙和专门的反病毒软件等，没有一个公司能够在线做生意。对于数百万的潜在的网上用户，信用卡盗用和身份盗窃一直是一种威胁。在线商户的目标是要保证客户安全上线、安全进入网站并保护他们的隐私，不管他们进行了什么交易。

3. 系统与数据完整性

数据保护和系统完整性是一个重要问题。计算机病毒非常猖獗，每天都会发现新病毒，引起很多不必要的延迟、文件备份和存储问题等。而黑客访问文件和破坏账号的危险又对已经非常复杂的运营增加了压力。

4. 系统可扩展性

企业通过网站开发与客户交互的界面。只需一会儿时间，统计分析就能确定来到站点的访问者是第一次来还是多次来访的客户。如果公司预期有200万客户而实际达到600万，则网站性能就会下降，网速变慢，最终失去客户。为了避免这个问题，网站必须是可扩展的，或者说可以持续升级。

5. 电子商务并不是免费的

长期以来，电子商务上成功的案例多为具有雄厚资金实力的大公司。小零售商与电子商务巨头齐头并进只能说是一个奇迹。像在传统环境中一样，他们无法在价格和产品提供上与大公司进行竞争。

品牌忠诚度与这一问题相关。品牌有望降低搜索成本、建立信任和保障沟通质量。用户对使用搜索引擎找出的产品信息心存疑虑，相反，他们更相信从公认的品牌网站进行购物。

6. 履约与客户关系问题

送货延迟、发错货物和网站崩溃的现象一直是电子商务中存在的问题，客户对电子商务在购物繁忙季节中的交付能力也一直心存担忧，即使那些满意的客户也说他们的体验还有进一步改进的余地。客户关系管理（customer relations management，CRM）正在得到高度重视，因为越来越多的商家都认识到如果没有及时的产品交付和对客户投诉的快速响应能力，他们就无法在这个电子化行业中立足。客户关系管理将在第9章中详述。

在商家与客户之间的电子商务关系中，人际关系部分始终是一个障碍。许多网站缺乏人工电话服务来解决订单问题，为帮助客户解决技术问题而设的咨询电话也是这种情况，电话要么是忙音，要么就是无人接听。客户在网上购物一旦遇到收货或退货的困难，就产生了履约问题。最佳的办法是让客户去公司所属的最近的传统商店，当面处理他的投诉，这就是最近被称为"网络加传统"的业务。

7. 不适合在线购买的产品

回想一下网站furniture.com或living.com吧，风险投资者为它们投资了几百万美元，想实现在线销售家具。furniture.com站点鼓励浏览者根据网站上已有的家具来设计平面图。但是，以沙发为例，你在决定购买之前还是想在它上面坐一坐，感受一下纤维的纹路，等等。除了像"沙发实测"这样的因素外，在线家具商店还需面对高昂的退货和运送费用，因为它无法通过联邦快递或UPS运送。living.com于2000年8月倒闭，而furniture.com也只多活了几个月。

从中我们得到一个教训，必须专注于这样的商业模式，它们处理标准化的货物，具有强大的品牌认知度，不需要检测或比较分析，像机票、书籍、办公用品、品牌硬件设备等都是很好的例子。每一件物品都是标准化的，而且大家很熟悉，与实体销售商所提供的同类产品或服务难分伯仲，而在因特网上购买这些物品只要考虑价格和便利的问题。

我们还学到当需要个人销售技巧的时候，比如在房地产销售中，传统的商务手段始终是更适合的。在一些场合，当商务过程中的物品需要消费者亲自察看的时候，网上和传统方式的联合是一种理想的策略。例如，买一件标准化的物品，如一台索尼52寸的电视机，客户首先会跑到一个零售商那儿看看，比如Best Buy，然后到因特网上寻找同样的商品，希望买到便宜货。

在今天日益增长的电子商务业务中，一个趋势是更注重价值而不是价格。关键问题是通过因特网购物与从本地小店购物相比，得到了什么更多的价值。越来越多的本地小店为了生存开始与因特网上的价格看齐，他们给客户讲解能够获得更多价值，比如处理退款、本地化服务、上门维修、30天保证退货，等等，而且价格与因特网上一样。当然，客户还节省了运费，但需付销售税。

8. 文化、语言和信任问题

除了这些通常的问题和束缚外，还有全球性的问题。当电子商务和因特网全球化后，一个明显的压力是要求电子市场、电子产品和界面适应文化上的期望和局限。文化是一组规范

[17]　和一个社区、社会或地区固有的价值。例如，在中东买一栋房子要付现钞而不是支票或贷款，用信用卡进行电子交易是很困难的。相似地，在东欧国家，买一束花应该包含奇数朵的花，而北美的一打玫瑰的说法就不合适了，因为一打是偶数朵。

在一个新的国家开展业务，必须注意文化和语言的差异，此外还需要赢取人们的信任。当因特网被看成是一个充满大量匿名用户的不可靠的环境时，客户在因特网上的交流就会小心翼翼。因特网和Web本质上是一个信息空间，它不仅反映了人类知识，而且反映了人际关系，所以很明显在人、组织和计算机之间的信任关系都是不容忽视的复杂因素。文化、语言和信任问题将在第2章和第8章展开。

9. 公司脆弱性

一个企业的产品详情、产品目录等等信息都公布在网上，使得竞争者很容易获得这些情报。从竞争者的网页中提炼商务情报的想法被称为网上种植（Web farming），这个术语是Richard Hackathorn杜撰的。

10. 缺乏适应电子商务的行动方案

在工作岗位上受过数字化启蒙的人员一直是短缺的。2003年和2004年进行的很多调研报告表明，具备电子商务技能、具有因特网体验或洞察能力的关键经理人太少了，他们也很少能吸引到想利用在线商机的人的注意。传统的组织结构和文化也阻碍着电子商务的进步。

11. 因特网上创业的高风险

许多故事讲到1999年和2000年期间一些成功的经理人离开原来的大公司去创办网络公司。他们最终发现通过因特网公司"创富"的梦想仅仅是一个梦想。随着网络经济衰退的结束，许多零售商们又在考虑重新进入因特网。

1.9　因特网的益处和局限

没有因特网就没有电子商务，正像没有公路就没有汽车一样。经理们用它收集对手的情报、监控销售情况等，例如在思科公司，首席执行官要求来自不同部门的经理演示他们将怎样使用Web。思科和其他像戴尔计算机公司和微软Expedia旅行社的公司都在业务中采用因特网技术，例如，戴尔公司从其网站上一天可卖800多万美元的计算机，而Expedia的服务用同样的方法也产生了每月1 600多万美元的业务。

1.9.1　主要益处

1. 产品和服务的营销与销售

[18]　因特网商务的"买卖"方面比任何网络活动更能吸引媒体的注意。最高的销售量来自B2B商务，而且仍然在增长。其次是政府部门的采购，然后是学院和大学。以销售收入计算，B2C名列第4。

因特网上可以快速和廉价地做广告、接纳客户，堪称"营销的天堂"。你能够联系到任何人、到达任何地方，不用为距离或期限付额外的费用。因特网上有成千上万的电子出版物，任何企业都有宣传推广的机会。网站每天都吸引几百万的读者，公司使用因特网给客户群发电子邮件，也有选择地给客户发送调研报告和特价促销活动通告等。

2. 做生意更快

电子化销售以分钟而不是以小时或天来计算。你能想象你必须守着电话下单或者填写一个表格去邮寄吗？速度压缩了业务流程，促进了客户群的增长。

3. 聚集意见和产生新的点子

因特网是一个以较低成本催生新点子的理想地方。交互式的调研提供了快速反馈，在线民意调查结果通过计算机软件包进行分析后就能提供实时统计信息。

那些不放心把业务全部放在因特网上进行的公司，可以通过设计一个"我们是谁"的网站开始一小部分生意来得到在线体验，还可以用站点来进行销售宣传，建立客户对公司人员、产品和服务的认知。

4. 提供平等竞争的平台

哪怕只在网上出现都是扩展业务和创立新的销售机会的有利方式，否则客户就会转向竞争对手。有位商家这样谈到她在网上商务活动的体验："因特网是一个伟大的平等场所，它使我感到我与其他人一样强大。我实际上可能仍然很渺小，但它鼓励着我在做自己的生意时有出色的表现。"

5. 推广无纸化的环境

不但可以减少目录和宣传材料用纸，而且公司通知、雇员手册和各种报告都可以放在公司内联网上，供得到授权的人员在任何时候进行电子检索或传阅。

6. 提供超级客户服务和支持资源

大多数网站通过意见、建议和投诉等方式收集客户反馈。在线商家面临的挑战是必须配备足够的人员来及时处理这些反馈，第9章讲到的CRM大大提高了这方面的效率。

一般的支持资源是**常见问题**（frequently asked question，FAQ）表。它避免职员一遍又一遍地回答同样的问题，如果出现新问题，就将它及答案添入其中。用电子邮件处理客户支持也使职员从电话上解放了出来。

7. 效率和出色的性价比

对许多新奇的产品和服务，网上销售是唯一可用的具有较好性价比的销售方法。一个商务网站也可以提供地址、订购说明、在线订单跟踪等类似服务，减少电话干扰，节省雇员时间。从营销的角度来看，网站给用户提供了更快速、更及时和更便利的信息，而不必受地点或距离的限制。

8. 支持管理功能、传播思想，便于技术支持

传统的规划、组织、指导和控制的管理职能要求管理人员收集、评价和分配管理信息，特别是在世界各地有分支机构的大型组织中。因特网通过公司及全球的网络发送公司信息，而电子邮件是一种方便的工具，使得管理人员把信息快速、免费地发送到雇员、老板、客户和供货商那里。

因特网造就了讨论组、聊天室和交流式会话，技术人员和管理人员从中可以评价产品和流程，作出增值的决策，从而降低成本，提升性能。

连接到因特网的主要好处之一是获得更好的技术支持。例如，IBM在因特网上给客户提供技术支持、修复缺陷和升级软件，成千上万的免费软件放在网上可供任何人下载。

市场研究公司自然地成为Web用户。信用调查人员、律师、私人侦探、会计、保姆和教师经常利用因特网安排或宣传他们的服务。因特网上有成千上万种数据库的研究数据，包罗万象，从药物、车辆、做菜，到选购婴儿尿布的建议，再到几百个研发讨论小组。花费几分钟就能搜索完几千种期刊的全部现刊和过刊，而不是像过去需要在传统的图书馆中查找几天甚至几个星期。一些研究中心放在它们网站上的白皮书提供了他们领域发展的最新信息。

公司的研究也大同小异。公司利用因特网去收集客户喜好的信息，建立客户对新产品的

意见库，或者对提出的新概念进行测试以决定是否值得开发。所有这些在几天内就可以完成，而不是像以前花费几个月的时间才得到同样的结果。

9. 触发新的业务

仅仅网上的形象宣传就可能触发一个又一个类型的商务活动，包括B2B、企业对所有层次的政府部门、企业对学院和大学，以及B2C等类型。例如，一个位于弗吉尼亚Lynchburg的很小的商用过滤器制造商，就从因特网上获得了来自沙特阿拉伯政府的600万美元的合同。

10. 提供Web服务

技术是电子服务或Web服务的基石。Web服务本质上是商务服务，它由一些标准组成，允许通过不同的平台、操作系统和语言来交换信息或共同执行一个商务过程，也使得人们更易于通过Web构建和整合应用。Web服务的整个概念是以客户为中心的，通过自动化和增加效率而减少成本，并且强调改善客户关系而使利润最大化。Web服务将在第10章讲述。

1.9.2 局限

正像任何系统一样，因特网和万维网具有独特的益处，也有特定的局限性。下面的讨论突出了解决这些缺陷的工作的重要性，目的是为了充分利用因特网，特别是Web。

1. 安全和隐私

在线消费者一再提出的主要问题是："我怎么能知道我现在的付款方式是安全的？我怎么能知道网站在我购买产品时能保障我的隐私？"现在有许多种方法已经嵌入到网上的店面来保证安全性。（关于因特网安全问题的完整讨论，请参见第13章。）

就隐私来说，2003年9月美国联邦贸易委员会（Federal Trade Commission，FTC）公布的一份关于主要网站的研究资料表明，只有20%的网站在保护客户隐私上符合联邦贸易委员会的标准，但90%的因特网公司都公布了它们的隐私政策。

2. 冒充和造假

因特网的使用造成了在线销售假护照、假社会安全卡、假驾照、假大学文凭、假出生证，甚至假警官证件和FBI特工证件，其中有些足以乱真，只有真正的专家才能鉴别真伪。在美国，30%多的假证件是在因特网上发现的。

假证件出笼有3个层次：一些网站销售写着客户名字的足以乱真的文档资料；另外一些则销售模板，客户利用这些模板制造他们自己需要的假文档；第三个层次是自己制造假货。Thomas W. Seitz曾经用伪造的档案获得车贷，为此以欺骗盗窃和伪造证件的罪名被判入狱3年。

3. 网络空间的恐怖主义

2001年9月11日，恐怖分子的攻击引起美国人内心的恐慌，迫使我们重新思考自身的安全和安康。基地组织的攻击激起了新一轮关于脆弱性的思考，证明各种恐怖分子可能正在敲我们的门并且威胁着我们。

新一代基地组织成员和其他恐怖主义组织成员也在伴随着技术一起成长。网络空间，这一在加快经济增长和推进人民自由方面具有无限价值的工具，一个用来改善日常生活的工具，也可以是以毁灭性的有害方式来表达反政府、反企业和反人民的论坛。为了避免攻击，入侵检测系统、防火墙和加密方法都可能提供足够强大的盾牌来抵抗恐怖分子的渗透。这些工具将在后面的章节中详细讲述。

4. 问题和压力

电子业务的增长使得现有的网络基础设施承受越来越大的压力。管理人员也一直承担很大的压力，他们要对更加复杂的网络进行升级和维护以保证站点性能，同时要避免成本疯涨。不管使用什么工具，总是还要令人头痛地来决定是否需要增加第二班、第三班人马去对付新出现的网络问题。

今天许多因特网公司在处理和执行客户订单上都存在问题，主要原因是商家与供货商的衔接以及供货商的反应速度。例如，有一家曾很有名的在线邮件订单公司与它的供货商之间的技术基础设施出现故障，导致了成千上万个客户订单的重复运送，而错误在几个月以后才被发现。公司损失数百万美元，只能宣布破产。

对于小零售商，在因特网上与那些巨头进行竞争是一种搏斗，许多都不赚钱，勉强打平，还有一些尽管有一点利润，但是成本很高。小企业无法承担维护和升级网站的成本，而安全等问题都是必须每时每刻面对的。

尽管已经有了FAQ、电子邮件和其他技术，客户在退货和信息保密等方面仍会遇到问题。例如，"没人告诉我如果物品延期交付，公司可以打折"。越来越高的客户服务需求也给客户服务人员增加了压力。

另外，人们不愿意在线购买某些产品。像房子、汽车和钻石等商品还没有在因特网上找到合适的买卖途径。因为钻石在购买之前总是要鉴别一下。人们也无法通过轻点鼠标而买到理想的房子。即使他们想这样做，许多州和地方法规也会要求他们必须亲自出面处理法律文件。

对于跨州运输酒类物品，相关的州和联邦法规错综复杂，这使得网上葡萄酒销售大受限制。WineShopper.com是一家得到亚马逊支持的旧金山创业企业，它正在改变商业模式以适应各种法规框架，但是迄今为止收效甚微。

商业模式的成功使因特网上电子商务和电子业务量激增，所需的合格技术人员远远不够了。

5. 上网影响工作

因特网除了成为一个沟通和商务交流的渠道，还是世界上最大的游乐场，会使员工分心。有人认为与工作无关的冲浪（也可称为网络空间闲逛）不一定是坏事，某些计算机程序也能让人学到东西，对工作和组织也有一定的价值。如果偏离了当前的工作，那就只当是休息了一会，这样会使雇员们心情愉悦，提高工作效率。

但是保守的公司就不那么看了。任何时候偏离工作就是不必要的浪费，应该进行严肃的处理。事实上，一些心理学家早就提出，有因特网接入的工作场所可能使一些雇员转变成因特网的瘾君子。

不管哪种情况，因特网滥用已经成灾，甚至有雇员从网上下载黄色的、非法的或不道德的材料。接下来的问题是，公司有权制定法规，窥探或者监视员工上网的行为吗？这个问题以及工作或玩乐的道德问题，将在第12章讨论法律、道德和国际化问题时一并讲述。

结论之一是因特网的接入必须在政策和标准的基础上进行妥善的和专业的管理。例如，如果雇主对雇员的电子邮件进行监控，那么就必须告诉他们是用什么方式监控的。公司还应该建立一致的纪律处分的政策，执行监控的IT部门应该为公司管理人员建立一条公开通道，使他们了解违规等类似事态的最新情况。

1.10　数字化战略的作用

要成为成功的电子商务企业就必须找到关键的成功因素，为企业制定一个现实的战略。IBM列出了能使电子商务在任何产业获得成功的4个关键成功因素。

（1）一个得到最高管理层全力支持的合理战略。

（2）一个具有长期客户关系和价值的清晰目标。

（3）充分利用因特网和相关技术。

（4）一个可扩展的集成式的业务流程和基础设施。

在第16章将讲述成为电子商务企业的第一步是采取可持续发展的商务战略，基于独特的机会为公司提供价值。这样做要求对公司、对公司所在的产业、对可用的因特网技术都有清晰的理解。作为常识，选中的战略应该是别人很难复制的，对竞争者来说如要进入则是高障碍的，而对客户来说如要调换则是高成本的。

为了保证电子商务企业获得成功，一个现实的战略是必不可少的。企业的目标应该以当前可用的技术和工作预算为基础。最终的网站应该反映公司当前的形象，因为电子商务是任何商务的一个延伸。在最后的分析中，需要建立一个忠诚客户的社区，追踪他们的需求和偏好，使站点能快速响应、易于使用和易于浏览。

1.11　电子商务中的价值链

在电子商务中，许多业务流程和活动没有被消费者注意到，大家也都习以为常了。在一个在线商家企业内部，一系列增值活动共同使得B2C的界面能够运行。电子商务工具的采用导致了电子商务价值链。本节系统地分析一个公司的**价值链**（value chain）和它如何使电子商务在因特网上成为现实。

1985年，迈克尔·波特（Michael Porter）写了一本叫《竞争优势》（*Competitive Advantage: Creating and Sustaining Superior Performance*）的书。在书中，他引入了价值链的概念，并利用战略性工具识别一个企业的关键部件怎样连在一起，通过价值链传递企业价值。企业接收原材料作为输入，经过几个流程给它们增加价值，把最后的成品作为输出卖给客户。这意味着组织是一个开放系统，它们并不是由几组孤立的功能组成，而是创造价值的活动所组成的链，这种通过链向客户传递价值的方式保证了竞争优势。因此，从公司扩展出来的一个通信流程成为一条价值链，向后扩展到供货商，向前扩展到客户，把各种活动都连在一起（见图1-6）。

当一个组织比竞争对手更便宜、更有效地把它的价值链中的活动连接起来时，就可获得竞争优势。例如，购买职能帮助生产活动，保证原材料和其他货物及时到位，并且满足产品制造的要求。反过来，制造职能有责任生产出销售人员可以依赖的高质量的产品。人力资源职能则必须雇用、留住和培训合适的人才以保证制造、销售和企业其他领域的连续性，培养合格的人才对整个公司运行的稳定性、连续性和整体性有很大贡献。

有了所有这一切，还需要通信，它在更广的范围内为建立联系和提升价值发挥着关键作用，这个范围也包括供应商的价值链活动和客户的价值链活动。例如，通过营销活动获得订单，为制造、公共关系和服务活动提供了相关信息，这些联系信息向后传送至供货商，向前则传送至客户，以通知他们预期的发货时间和到货时间。

美国航空公司的价值链

	财务	会计	法规遵从	法律	质量管理	
人力资源管理	← 招聘,雇用,培训,开发,赔偿和劳资谈判 →					获利
	← 计算机订票系统和电子票务 →					
采购	•买飞机	•燃料 •食物	•人力搬运工	•媒体代理服务	•运输服务	
	•航线选择 •航班调度 •机组人员调度 •利润管理系统	•登机口操作 •检票柜台操作 •飞机操作 •登机服务 •行李托运 •售票处	•行李系统 •航班连接 •租车和宾馆预订系统	•推广 •广告 •常飞旅客 •旅行社计划 •团体票 •电子客票	•行李丢失服务 •投诉跟进	获利
	进港物流	操作	出港物流	营销与销售	服务	

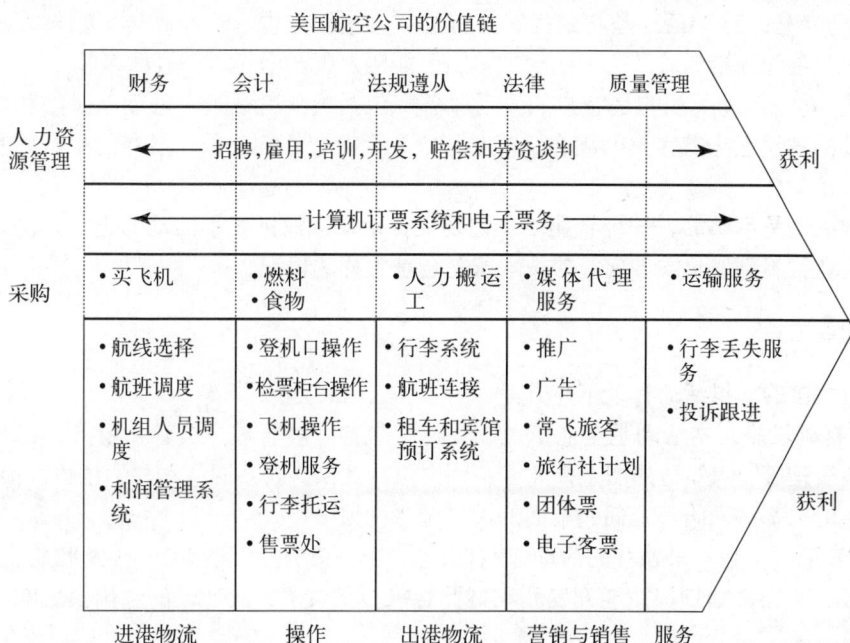

图1-6 价值链的例子

在一个业务成功或发生效力之前,没有时间顺序或其他特别的活动顺序。把不同的活动链接起来,使一个活动(部门、流程等)的增值输出对另一个活动的输入有所贡献。这些活动的集成使得一个组织可以很和谐地产生利润,得到快速增长,并与客户建立长期的良好关系。

价值活动:一个公司表现出来的物理上和技术上突出的活动,包括基本活动和支撑活动。价值链分析揭示了通过降低成本,提高客户响应速度、效率、质量、可靠性、集成能力等方式可以获得增值的机会。

支撑活动:通过提供购买的输入、技术、人力资源和其他公司职能等支持基本活动的活动,支撑活动之间也互相支持。

基本活动:涉及产品或服务的物理生产,及其销售、转给买家、售后服务等环节的活动。

1.11.1 基本活动

根据波特的观点,一个企业的基本活动有以下几种。

(1) **进港物流**。主要包括一些采购活动——供货商选取、货比三家、谈判供货合同和准时到货等,这些活动代表了企业的供货方面。在电子商务中,企业必须能够与供货商快速交换数据,不管用什么电子格式。

(2) **操作**。这是把收到的原材料转换成成品的实际过程,包括加工、打包、组装、设备维护、检测、打印和设施操作等。生产活动为营销职能提供了增值,操作活动都是价值链上的增值点。这些也发生在后台办公室里,例如,比萨饼烤熟了,个人计算机组装完成了,或者股票买卖成交了,等等。数据以最大网速在内联网和外联网上的涉及这个增值过程的所有伙伴之间共享。

(3) **出港物流**。这个活动代表了最终产品的实际储藏、配送和发货,涉及仓储、材料处理、运送和及时交付给零售商或客户。这一活动的输出直接与营销和销售部门相连。

(4) **营销与销售**。这个活动是与最终客户打交道，包括广告、产品宣传、销售管理、识别产品的客户基数和分销渠道。这一活动的输出可能触发生产增长、广告增多等。

(5) **服务**。这一活动关注的是客户的售后服务，包括检测、维护、修理、保修和零件更换。这一活动的输出意味着客户的满意，产品形象和企业形象的改善，潜在的生产增长、销售增长等。

仅有基本活动是不够的。一个企业单位需要支撑活动以保证基本活动的进行。例如，难以想象制造企业找不到雇员或者雇员的技术很差会是怎样的情况。

1.11.2 支撑活动

价值链中关键的支撑活动有以下几方面。

(1) **公司基础设施**。本活动是企业单位的支柱，包括一般管理、会计、财务、计划、法律服务和质量管理等。组织结构图上描述了不同岗位的关系、联系网络和权力结构。很明显，每一个岗位上的人都必须给其上面和下面的岗位增加价值。

(2) **人力资源**。这是一个独特的活动，它把合适的人和岗位匹配起来，涉及招聘、保留、职业发展路径、补偿、培训与技能开发和利益监管等。事实上，此活动的输出会影响公司所有其他活动。

(3) **技术开发**。本活动以在基本活动中改进产品和业务流程的方式增加价值。此活动的输出对产品质量、产品完整性和产品可靠性都有贡献，也使得销售人员和处理客户关系的人员的工作更容易。

(4) **采购**。本活动关注采购职能，以及怎么保证获得高质量的原材料用于生产。

分析价值链活动时需要考虑以下几个问题。

- 正在执行哪一种活动？它增加价值了吗？它能否保证其他活动的质量？
- 活动是怎样给客户带来增值的？
- 同一个活动可以被重新配置或用不同方式执行吗？
- 要用什么样的输入？预期的输出产生了吗？
- 这个活动重要吗？它可以被外包、完全删除或者与另一个活动合并吗？
- 信息流是怎样从活动中流进流出的？
- 活动是获得竞争优势的一个源头吗？
- 活动符合组织的总体目标吗？

1.11.3 电子商务价值链

价值链描述了企业一系列互相依赖的活动。企业可以对它的价值链（包括采购、会计、财务和人力资源等）进行评价以抓住机会改进价值活动。优化内部的匹配将给客户增加价值，降低成本，提升赢利。

那么电子商务在哪里适用呢？价值链是一个很有用的方法，用以观察公司的活动，以及不同的活动怎样给其他活动和公司增加价值。电子商务把信息技术看成是公司价值链的一部分，这增加了它的竞争优势。解决电子商务的价值链问题意味着要找出公司电子商务环境内有竞争力的东西，找出公司将要采用的商业模式，找出能够使电子商务价值链更出色完成其功能的价值活动。这也意味着我们需要了解怎样把通信技术融入到公司的商业模式中去。

在降低成本、提高产品质量和集成度、扩大忠诚客户的基数和创建快速高效销售产品和服务的方式上，电子商务能够发挥关键作用。通过研究价值链的各个环节，公司管理层能够看到信息技术和通信技术的融入方式，提高公司的总体生产率。越早和更好地将电子商务融入公司就能够确保公司在市场上赢得竞争优势。

图1-7展示了一个通用的电子商务模型。网站用来提供和收集商家和客户之间的信息。就像在拍卖中，竞价信息可以帮助变动定价。发票促进了在线支付流。定制产品或订单可以由独立的送货商直接把货物运送和交付给客户，这样仓储和存货保持在最低水平。那些能够使用技术提高电子商务价值链效率的经理可以为公司节省大量钱财。

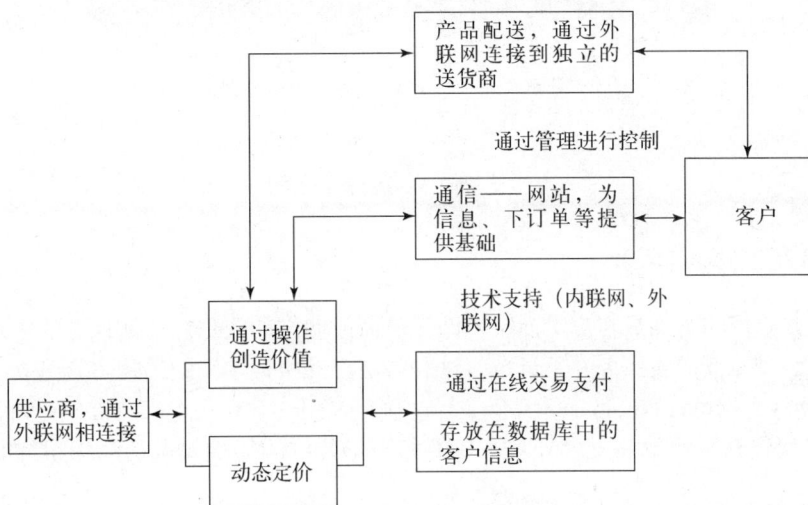

图1-7 一般电子商务模型

电子商务的趋势是整合整个交易的生命周期，从客户在网站上购买产品到实际收到该产品。这个生命周期以3个主要的电子商务应用为中心：B2C（在因特网上实现）、B2B（在因特网和外联网上实现），以及企业内部（在内联网上实现）（见表1-2）。

27

表1-2 因特网、内联网和外联网电子商务的关键因素

因　　素	因　特　网	外　联　网	内　联　网
电子商务类型	B2C（例如，在网上用电子邮件下订单）	B2B（采购和履行）	企业内部采购和处理
接入	不受限制（任何人都可以接入URL地址）	限于公司雇员、工作人员和商业伙伴	限于公司客户、雇员和工作人员
安全	一般是最小的，除非对信用卡和财务交易的完整性进行验证	防火墙，对数据和应用的接入限制	防火墙以阻止非公司雇员进入
支付方式	信用卡或电子现金	企业之间预先定义的信用协议	企业内部费用

1.12 整合电子商务

整合供应链中的不同链接（部门），为共同的目标（利润和客户的满意度）努力，是一条通向成功的大道。如图1-8所示，供应商通过供应链与公司（后台办公室）的制造部门链接，而供应链使制造顺利进行。制造部门用成品增加价值，然后成品被用于销售（前台办公室）。反过来，销售又通过广告和出售产品给客户来增加价值。今天这些步骤都被集成到企业资源规划（enterprise resource planning，ERP）软件包中，它把关于成品、成本、销售数

字、会计和人力资源等信息全部连接在一起，并让公司的任何授权人员都可看到。

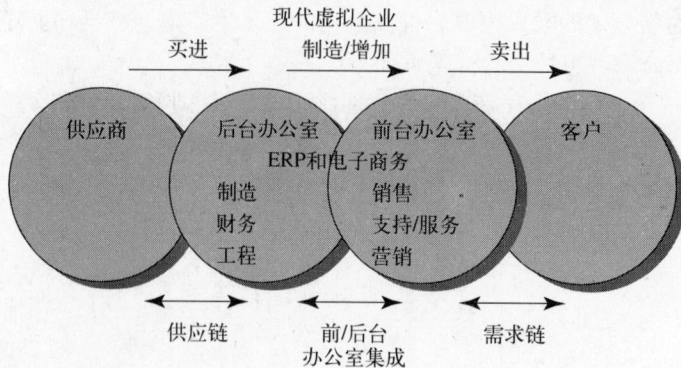

现代虚拟企业

买进　　　制造/增加　　　卖出

供应商　　后台办公室　前台办公室　　客户
　　　　　ERP和电子商务
　　　　　制造　　　销售
　　　　　财务　　　支持/服务
　　　　　工程　　　营销

供应链　　前/后台　　　需求链
　　　　办公室集成

来源：扬基集团。

图1-8　电子商务的整合方法

1.12.1　B2C（因特网）

电子商务应用的重点是客户对商家的网上店面或网站的使用。任何地方的客户在任何时间都可以在线浏览商品或服务并下订单，这种方法已经根据传统的购物体验建立了模型，就像光顾Safeway、Kroger和K-mart等大店一样。例如，用一个购物车来装货物直到客户准备付账，而付账就包括下订单和支付处理。B2C相当于传统的邮购或电话购物系统的电子化形式。

1.12.2　B2B（因特网和外联网）

拥有网上店面不再是一件大事，每个人都可以有一个。电子商务的真正实力并不在于把产品直接销售给客户，而是在于为建立快速高质量的客户服务而整合商家和供应商之间的关系。B2B电子商务就像是个产业级的营销，它处理的过程就是采购和执行。只要一个在线订单下来，付款账单经过信用卡清算程序批准，一般就会显示出一条消息："谢谢你的订单，×× 额度的款项已经从你的信用卡里扣付，产品应该在5~7个工作日内送达你处。"当这条消息在客户的显示器上显示的时候，一个电子订单已经送到经销商处，由它填写完订单直接把货物送到客户处。电子化处理意味着库存减少，服务加快。

然而，B2B不仅仅是对订单的执行，因特网有潜力成为所有产业的中央计算机系统。每个公司能够方便快速地查看它们供应商的库存或者做即时的采购，人员开销应该减少下来了，因为网络驱动的系统减少了很多发传真和处理采购订单的人工劳动，在线竞争也应该迫使材料和供货的价格大幅度下降。**外联网**是在由许多组织组成的更大的社区内开展电子商务的一个共享内联网，包括经销商、承包商、供应商和主要的客户。

1.12.3　供应链管理

供应链管理（supplier-chain management，SCM）是要在正确的条件下，以正确的价格，在正确的时间、正确的地方，拥有正确的产品。它意味通过集成管理从原材料到成品交付给客户整个过程的物理货物流和相关信息流，实现客户价值和经济价值。通过优化价值链中的购买者与供货商之间的货物流、信息流和服务流，SCM可以改进组织流程（Sing et al., 2005，

109)。

　　SCM是B2B框架的一个组成部分，它沟通了应用基础设施与企业关系，改变了公司与供应商、商业伙伴甚至客户打交道的方式。它的目标是提高效率和利润，并为所有介入的人创造机会。

　　SCM拥有强有力的工具允许公司交换信息（库存水平、销售趋势等），努力减少周转次数，更快地执行订单，最大程度地压低库存，提高客户服务水平。通信很快从一个数据库转到另一个数据库。根据《信息周刊》的研究调查显示，300位使用供应链系统的IT高层中，大多数人认为供应链系统最重要的战略优势是与商业伙伴更好地协作，降低运行成本和减少周转时间（见方框"电子商务趋势：恼人的供应链"）。

电子商务趋势：恼人的供应链

　　对大多数零售商来说，供应链中最复杂的一个链接点，是把货物从供应商那里运到仓库，再运到店面。Home Depot公司找到了一个简单的方法来对付这个问题：消除它。现在，这家位于亚特兰大的建筑供货零售商的85%货物（几乎是美国国内的所有业务）都是从制造商那里直接运到店面。产品不再在仓库里滞留，为供货商和自己都节省了钱。正像公司CIO Ron Griffin所说的，"我们把每一个店都当成是一个配送中心"。由于Home Depot公司的销售额很大，它的店面平均一年销售4 400万美元，每年库存周转5.5次，产品运送经常满负荷，所以使系统具有较高的成本效应。

　　职员在商店中时刻掌握货物是否需要补充。他们把订单直接输入到移动订单平台（mobile ordering platform）的移动计算设备，这些请求几乎立即通过EDI连接到80%以上的Home Depot的制造商，这些制造商会立即作出反应。Home Depot公司给合作伙伴提供激励措施使得他们时刻关注。

　　短期的预测就在本地进行处理，在店面有最多65周的数据，店面经理根据商业计划有权作出需求调整。公司为其全国的供应商准备3~5年的长期预测，当然包括产品额度的数据，以及哪个领域期望增长，哪里计划开设新店等。这些预测可以帮助供应商决定去哪里建立新的工厂和配送中心，把Home Depot视为帮人进行位置的选点，而不是简单地要求别人围着自己转。Griffin说，"我们帮助进行定型，而不是定量"。

　　Home Depot计划开放更多的数据给它的那些大型合作伙伴。电气工具制造商Black & Decker 是Home Depot的最大供应商，而Home Depot反过来是它的最大客户。所以共享信息对双方都有利。Home Depot把销售点的数据传给Black & Decker，帮助这家位于巴尔的摩的公司分析销售情况并决定以后的产量。

　　在SCM中，最重要的是业务伙伴之间的协作，为及时交付货物或产品进行的物流协调，为保证订单和查询正确填写在企业和供应商之间开展的合作，以及在任何时候都能保证速度和快速响应而贯穿于网络基础设施的连接。越来越多的公司正在把它们的重点从调度和企业资源规划等内部操作延伸到与外部客户和供应商搞好关系，它们正在寻找一个全能虚拟企业，把它们供应商的供应商与它们客户的客户链接到一起，实现数据库、制造环节、库存系统和Web服务器之间的无缝对接。

　　供应链管理已经开始解决最终客户的问题，这也许是价值链中最关键的环节。销售力量自动化应用之间的集成，客户与企业客户之间的集成，意味着所有的伙伴现在都可以在他们需要的时候在线配置和订购他们所需要的一切。这也意味着更好的商业价值，客户与供应商之间，最后是最终用户之间，有更紧密的协作。

28
~
29

那么处于中间的每个人（批发商、经纪人，也就是中介）会怎样呢？对于恼人的供应链，中介可能是最脆弱的。根据不同的研究报告，急剧的变化正在改变着许多中介的生意经。今天的批发商正在无奈地反思其目前的活动，并正在提取传统做生意方式之外的且他有能力提供的有价值技能。他们正在转型为理财者、物流专家、外包预售提供商和售后支持提供商等角色。所有这些都意味着他们也正在把所处理的产品与相关信息打包，并在此过程中增加了重要的价值。

如你所见，B2B为数字经济建立新的商业模式铺平了道路，这是一个包括供应商、分销商、因特网服务提供商和客户的特殊网络，他们使用因特网开展通信和处理交易。当通信工具变得更好更便宜的时候，交易的成本应该还会降下来。有了因特网，许多交易的成本趋近于零。全世界的人们现在都可以又快又便宜地几乎即时得到他们需要的信息。公司也可以从任何地方，在任何时候，不管是白天还是黑夜，给产品和服务增值。

例如，通用汽车、福特和戴姆勒－克莱斯勒在2000年早期就宣布它们正在把所有B2B活动移至因特网上，涉及超过2 500亿美元的业务和6万家供应商。新的系统将取代原来建立在电话和传真处理系统上的庞大的采购过程。对于通用汽车，一个采购订单的平均处理成本是125美元，有了因特网，成本下降到1美元以下。招标也促使一些购入商品成本的下降，像轮胎和车头灯等零部件都已经通过在线招标方式进行采购，由汽车制造商给出它所需要的零件价格，让供货商去接受这一价格。这很像Priceline.com。这个方法节省了几百万美元。

这看起来都是好事情，但是安装必要的SCM软件是一个很大的挑战。一个重要的任务是要对公司原来的工作方式做彻底的改造，这对于大公司来说要花费几年的时间和上亿美元。例如，福特要重新改造它的制造工厂，要在短短两星期之内建造出客户定制的汽车。这意味着世界范围的雇员、交易商和供应商的工作性质的巨大变化。早在2000年，通用汽车发起了一个具有相似目标的SCM项目，整个工作计划到2003年完成，花费将远超1亿美元。这意味着通用汽车对几乎所有的业务流程进行再造并在新技术上花费巨大投资，但是回报已经有几个亿了。表1-3展示了部分电子业务的领导人和革新家。

30
～
31

表1-3 部分电子业务领导人和革新家

排 名	公司名称	URL 地 址	电子业务领导人	电子业务简介
1	Office Depot	www.officedepot.com	Monica Luechtefeld，高级副总裁，"我们的成功不是由流量来衡量的，而是由销售业绩衡量"	办公用具供货公司，在其业务的所有渠道中都集成了电子业务技术，在减少交易成本的同时增加了客户服务和订单规模
2	eBay	www.ebay.com	Meg Whitman，CEO，"预计到2005年eBay的总销售额将达到300亿美元"	eBay已成为最大的电子商务站点，注册用户超过3 000万。除了2000~2003年的衰退期外，自从站点1996年开张以来一直赢利
3	美国在线时代华纳公司	www.aol.com	Steve Case，主席，"他的目标是保证因特网的新规则不会阻碍公司发展，也不能阻碍整个网上电子业务的增长"	自从合并以来，美国在线时代华纳作为网上最有权势的公司一直有争议。Case把超越公司角色的形象呈现在产业巨头面前

（续）

排 名	公司名称	URL 地址	电子业务领导人	电子业务简介
4	戴尔计算机公司	www.dell.com	Michael Dell，主席，"他必须在个人电脑需求下降时找到增长点"	写一本关于电子业务的书籍，让网络解决从处理客户的订单到链接供应商的任何事情
5	通用电气	www.ge.com	Gary Reiner，CIO，"挑战是在GE的34万雇员中推动文化变革，并让客户在线购买GE的东西"	帮助GE成为大型制造业的电子业务领头羊，2004年节省费用28亿美元
6	亚马逊	www.amazon.com	Jeff Bezos，CEO，"把重点毫无保留地放在客户的满意度上，为其他在线团队创立必须满足的金牌标准"	世界上最大的消费品电子商务公司。Bezos使亚马逊更有效率，使库存周转更快，为努力实现赢利而关闭了一些设施
7	微软	www.microsoft.com	Rick Belluzzo，COO，"挑战是用微软的网上技术通过增加像股票交易提醒那样的会员服务来建立一个新型的网上业务"	扭转了微软的客户网上业务，使MSN经过5年的适应和尝试以后成为网上第二大最广为人知的网站家族

B2B电子商务的另一个问题是如何理解技术并使它发挥作用。许多公司依赖公司内部的人才做这项工作，而不是从外面引进专家。其好处是内部人员了解公司、产品和客户，但坏处是要很费时间去学习。这就像从头开始建立一个企业。创立一个内部的网站、卖东西给企业客户、从供应商处买货是一件事情，但想把几个网站链接在一起、整合内部库存和会计、在一个全球化的电子市场环境中实施管理则是相当不同的另一件事情。SCM将在第12章中讲述。

1.12.4 企业内部（内联网）

内联网扮演着公司和产品信息中心的角色，但它仅限于公司内部的信息交换。网络环境只限于内部雇员和客户，用防火墙把非雇员隔离在外面。电子邮件代替了在消息通信、订单确认和批准以及公司内部其他往来文件过程中所用的纸张。从采购来看，内联网能够把公司的采购请求系统链接到基于Web的供应商的商品目录，或者链接到送货跟踪系统得到快速响应的送货服务。

在内联网中没有真正的支付流程。预算账户的资金或费用的转账纯粹是一种会计交易，是公司内部记账流程的一部分。事实上，内联网是促进大公司各部门各单位之间信息和服务交换的润滑剂。例如，一个零售链中的区域经理可以使用浏览器查询其所在区域季度销售额的数据。查询发到运行内联网的公司服务器，请求者的身份通过验证后，公司内联网把查询出的信息转到经理的显示器上。

使用不同的个人电脑或局域网的各个部门可以在内联网上交互。例如，人力资源部门可以利用公司的内联网把员工手册、公司政策、岗位空缺和州政府雇用条例挂在网上，公司也可以把白皮书、给全体员工的特别声明、公司电话簿和在线培训课程挂在网上，从而员工可以随时随地很方便地参加培训。内联网的好处有以下几点：

    (1) 很低的开发和维护成本；

    (2) 由于它按公司特点开发所以环境友好；

    (3) 信息的可用性和共享性高；

    (4) 信息及时、最新；

    (5) 信息易于传播，传播速度快。

    尽管这样，有一件事情需要记住：内联网不是免费的。安装和正常的维护以及监控可靠性和完整性都要花钱。当信息过剩时，内联网就会变得拥挤，尤其是电子邮件占用很大空间。员工们总是被捷醒要对电子邮件文件进行清理，只准使用分配给他们的邮箱空间。

    内联网软件独立于硬件，可以很好地运行在个人电脑、Macintosh和基于UNIX的环境上。内联网的基础设施一般包括TCP/IP、网络服务器硬件和软件，以及一个防火墙服务器。内联网将在第4章中详述。

1.12.5 B2G

    联邦和州政府的业务本身就构成一个机构。当政府把目光转向在线采购的时候电子商务已经出现了。今天，美国地方学区都用在线采购货物。政府的市场与B2B非常相似，大多数软件和技术都直接可用。有人说如果B2B的支持者们声称的成本节省20%能够在B2G中复制，那么在这18 000亿美元的市场上纳税人和市场入围者能获得十分巨大的利益。另外，州政府和地方政府也有10 000亿美元的采购花费。

    像任何新生事物一样，B2G也遇到了自己的困难。政府额度配额的改变不是一件容易的事情，流程效率的改进可能意味着岗位削减，而强大的工会可能不把这种改进看成是一种积极的行动。还有，B2G税费省的潜力不是那么容易被纳税人和政府官员所认识。同时，执著于技术意味着需要经常性地升级和增加成本。

    迄今为止，政府对客户模式（G2C）做得很好。例如，在线交超速罚款和更新驾照对政府部门以及客户来说都已司空见惯。电子采购是最新出现的平台，政府部门在网站上发布需求提纲，供应商们按照每个提纲通过电子邮件或网站应标。电子采购可大大节省时间和成本。

1.13 电子商务的商业模式

    网站并不是免费的，每个都要花钱开发和维护。成本和潜在的获利组成了一个**商业模式**，这是一种通过做生意来维持一个企业发展的方式——产生利润。免费的电子邮件服务有一个商业模式，免费的主页面也符合一个商业模式。商业模式通过展示一个公司处在价值链的什么位置来描述它怎样赚钱。

    在电子商务中存在不同的商业模式，每种模式都有自己的特点和内容。

1.13.1 店面模式

    这是一个真实的电子商务站点，以某种价格提供产品或货物。企业提供一个网站，有产品信息、购物车和在线订购机制。用户们选取他们想买的产品，通过购物车下订单。产品的价格通常是固定的，但也可以讨价还价。商家赚钱的方式与传统商店一样，通过产品价格的利润差价。

店面模式是一种典型的提供实际商品货物和服务的方式，比如书籍、计算机或一项比萨饼送货服务。商家直接把货发送给客户，销售中没有零售商或中介。

1.13.2 网络加传统模式

网络加传统的商店把网站和传统店面结合起来。它的优势是它已经建立起了一个品牌，可以用传统店面去宣传推广它的网站。更进一步，用户可以把不要或有缺陷的物品简单地退还到店里而不用邮寄到网站的运行者处。

1.13.3 按订单生产的商家模式

制造商（如计算机制造商）可以采用这种模式提供商品或服务，也有能力接收定制的机型订单。定制产品然后被个性化地装配并送货给客户，这为客户提供增值，并使得制造商只需制造那些能卖得掉的产品。

1.13.4 服务提供商模式

一项比萨饼送货服务能以逐个物品付款的方式进行操作，但是许多基于因特网的服务不能简单地采用这种付款方式。要确定卖掉什么样的"产品"或以什么价格出售经常是很困难的。例如，一个新闻站点可以提供档案访问查询服务，不过即使每读取一篇文章收取1美元可能都太贵了，而且还有通过第三方收取费用的成本呢。一些服务提供商提供基于广告的接入服务，希望通过从广告商那里获取的利润来抵消成本。很少有广告驱动的站点有足够的收入维持生存，但雅虎是一个成功者。

1.13.5 基于订阅的接入模式

许多服务运行商提供基于订阅的接入服务。一位访客每月或每年付固定的费用换取无限制的接入服务，接入超过一定限额则另外收费。这一模式是典型的接入数据库服务的模式，包括论文、新闻、专利以及在线游戏或成人网站都可以。然而，基于订阅的模式的可实施性值得怀疑，它被接受的速度很缓慢，因为许多用户并不想为浏览网上的内容而付费。

35

1.13.6 预付费接入模式

电话服务是按时间计费，通过一种会员制方式进行处理。一种可行的替代方案是预付接入，用户为一定时间段或一定内容的接入服务付一定数额的钱。这跟买一张充值电话卡很相似，还可以重新充值。在大多数情况下，这是一张储存着购买时间的智能卡，卡上记载的可用点在服务的使用后减少。预付费模式给用户在服务的花费方面以更大的控制权。

1.13.7 经纪人模式

经纪人是市场的创建者。作为中介，他们把卖方和买方凑在一起鼓励他们交易，既可以是B2C和B2B市场，也可以是C2C市场。经纪人通过对其促成的每一笔交易或者按交易额的某百分比收取一定费用来赚钱。

这个商业模式有以下一些变种。

- 团购模式。把众多买家凑成一个团队而获得很大的折扣，让团体中的每位买家都得利。
- 赏金。经纪人设立一个奖金，寻找某个人、某件东西、某个点子，或者其他的某个想要但很难找到的物品。如果能找到这个物品的话，经纪人可能得到一个固定的费用，或者得到总奖金的一个百分比。一个有趣的例子是BountyQuest网站，它设立奖金征求专利的原始方案。
- 搜索代理。一个软件代理或"机器人"应买家的要求寻找所要商品或服务是否存在，价格如何。例如www.MySimon.com。
- 交易经纪人。为买家和卖家提供第三方的支付机制来结算交易。例如www.Paypal.com。
- 需求收集。热情的买家出了底价购买商品或服务，经纪人安排订单的执行。例如www.priceline.com。

1.13.8　广告商模式

目前广告驱动的站点在电子商务里起着非常重要的作用。站点提供免费的接入但在每一个页面上都有广告，用户在一条广告上点一下就能进入广告商的页面，广告商按广告的展示（"眼球"）付钱，或按广告点击率付钱。

有两种主要的广告商商业模式——锁定广告商和更新广告商。站点上与热门话题相关的一条广告得到更多的曝光率和点击率。如果投放这些有目标性的广告，站点运行商就能赚更多的钱。例如，利用电子表格显示股票代理服务系统，赛车、足球等游戏中出现公告牌的广告来模拟真实赛场上的情形，这些广告可以说是"实物"广告。

搜索引擎使用了同样的点子，但把广告关联到进行查询的关键字。例如，如果你正在查找关于假期的信息，那么搜索结果会连带着弹出关于连锁旅馆的一条广告。另外，广告可以关联到正在搜索的访客资料。例如，如果资料显示这位访客喜欢打高尔夫，一条显示高尔夫球场边上的旅馆广告就会出现。

DoubleClick是一家从广告中发现商机的公司，它接收来自许多方面的广告，并把它们放在不同的站点。那些广告商根据其广告所放的不同地点给DoubleClick付费，这部分收益由DoubleClick和站点所有者分享。作为一个副业，DoubleClick根据用户所看的广告为用户建立了档案，这些档案可以帮助精确匹配访客和广告。

最好是隔一段时间就能让用户看一些新鲜的广告，即使他们并没有挂在网上。要做到这点，浏览器或其他客户端可以同时下载多个广告，当用户下线时每次显示其中一个。当系统处于休息状态时屏保也可以显示广告，屏保定期就下载更新的广告和新闻消息，显示给用户看。

1.13.9　门户站点模式

在这个商业模式中，一个门户提供一站式的具体内容和服务的接入，比如新闻、股票信息、消息栏和聊天。允许访客建立个人化的界面和内容（例如，请看www.my.yahoo.com或www.my.cnn.com），使访客更容易识别门户。门户站点然后更有针对性地投放广告。

1.13.10　免费接入模式

免费给用户一些东西，但是得看广告。免费Web空间提供商就很典型，它在站点的顶端和底端提供广告标题。电子贺卡带着个人消息和广告一起发出。由于访客群是多种多样的，很难锁定合适的广告，所以赚钱较少。

1.13.11　虚拟商场模式

虚拟商场（virtual mall）是许多商家、服务提供商、经纪人和其他企业的托管站点，虚拟商场的运行商以建立和维护商家的"摊位"和把商家编入站点的目录而收取费用，也可能从商家成交的每一笔交易中收取费用。虚拟商场可以在更大型的站点（比如门户网站）内部运行。

虚拟商场可以作为一个客户与它所托管的企业之间的中介来运行，它鼓励消费者支付，如果商家没有及时交付它保证全额退款。当它提供这种服务时，客户资料可以积累起来，以后可用来形成专业性的商场，例如，专门面向儿童或体育爱好者的商场。

1.13.12　虚拟社区模式

虚拟社区（virtual community）是一个吸引了网上志同道合者一起组成小团体的网站。用户分享信息，也以自己的方式贡献内容。由于用户自己都有所投入，所以他们对站点有很高的忠诚度，会定期访问，这为广告提供了可能性。

最大的虚拟社区可以在Slashdot上找到，这是一个面向Linux的站点，用户在上面分享新的论文和网站。专业型虚拟社区则是知识网络或专家站点，那里初学者和专家们分享知识。这些站点运行得像一个论坛，参与者提出问题、获得答案，或者提出论题以供讨论。Usenet上的新闻讨论组就是很好的例子。

监控虚拟社区的一种方式是要求注册，并交纳站点接入费。允许对访客的站点使用模式进行间隔性的追踪，生成对针对性的广告活动有潜在价值的数据。经常给些"甜头"吸引未注册者去注册。

1.13.13　信息中介模式

信息中介收集、评价客户及其购物行为等信息，并把它们出售给想要接近那些客户的其他人。最初，给访客免费提供一些东西，像免费的硬件或免费的因特网接入，而信息中介则对访客的在线活动进行监控。收集的信息对市场营销极有价值。

信息中介需要跟踪它的用户，达到这个目标的一个简单的方法是要求对站点接入进行注册，最好免费。允许对访客的站点使用模式进行间隔性的追踪，生成对针对性的广告活动有更大潜在价值的数据。注册可以做得具有更大的吸引力，给没有注册的用户提供有限的访问或其他甜头，如在注册后提供定制化的站点等。

1.14　管理启示

当电子商务在这个新生的领域走向成功时，是人尤其是管理人才在起作用。只有那些具有未来眼光和天生能力的人们才能应付飞速的变化，只有那些认识到怎样驾驭组织的集体智慧的人们才能在竞争中胜出。

现在与时俱进已被接受为一种人生方式，人力资源部门可以选择招新人或者调换内部员工。新的关注点应该放在建立高效率的组织文化、管控变化和结果、建立知识资本、创立未来领导者、管理组织学习和推动增长与创新上。正像有人所说："如果你不是领头羊，你就永远无法负责。"

对于在今天的数字经济方面的成功，真正的财富不是钱，钱只是一种日用品。真正的财富是信息和怎样用信息来为客户创造价值。超过一半的企业不再依赖于传统商务，而是依赖于公司的核心人员和客户。把员工当成是组织的一部分，提升他们的技能可给公司增加价值，并将为公司的成功作出贡献。

　　管理电子业务企业的最大挑战是理解客户。大多数成功的公司已经形成360度客户观察视角，从每一个可能的来源积累数据，并对此进行分析以挖掘到能够标明客户购买方式的详细资料。很明显，更能理解客户偏好的公司卖得更多，他们知道哪些客户最重要、最肯花钱、最忠诚。

　　最后，像你这样的访客应该知道因特网上的公司在采用各种手段，想要把你拉入到他们的网站去参与交换、交易或提供信息。通过学习他们所代表的商业模式获得这些公司的知识至关重要。

小结

1. 电子商务（EC）是交付产品、服务和信息，或者通过网络（比如因特网和万维网）进行支付的能力。从结构方面来说，电子商务涉及不同的媒介——数据、文本、网页、因特网电话和因特网视频。

2. 电子业务把主要的商业系统通过因特网、内联网和外联网直接连接到关键的要素——客户、经销商和供应商。

3. 专业性网站和博客的出现，产生了就各种话题进行读写的机会。你可以聊天、共享和协作。事实上你可以就任何话题在任何时间交流知识（不仅仅是信息）。

4. 几个驱动力推动着电子商务前进：数字化融合、无间断的可用性、组织构成的变化、在运行成本和赢利空间上的持续压力、定制的需求和对速度的要求等。

5. 电子商务的优势：低成本，经济，高赢利空间，更好更快的商业服务，易于货比三家，生产率提升，知识市场的创立，信息共享，便利，新客户的控制，交换商品和服务的能力，定制化等。

6. 电子商务的限制：安全问题、关于数据保护和处理数据的系统完整性的担忧、系统可扩展性、执行（交付）问题、客户关系问题、人们不想在线购买的产品、网站被竞争者访问、因特网创业的高风险等。

7. 价值链是企业组织活动的一种方式，使得每一个活动都对企业的总体运行增值或提高生产率。供应链管理则意味着在正确的条件下，在正确的时间、正确的地点，拥有正确的产品，其目标是提高效率和利润，从而对链中的每一个链接都增值。

8. 交易生命周期包含3个主要的电子商务应用：B2C、B2B和企业内部。

9. 内联网是为公司内部信息交换服务的，电子邮件代替了纸张。内联网把公司的需求系统链接到基于网上的供应商商品目录，或者链接到货运跟踪系统以得到快速响应的送货服务。

10. 电子商务领域的成功依赖于吸引和留住合格的技术人员和管理人才。吸引合格的技术人员是一个挑战，而找到方法留住他们则是一项自始至终的工作。

11. 因特网上存在着多种专业性的网站，每个站点都基于某一种商业模式作为做生意维持企业生存的方式——产生收入。

关键术语

- 博客（blog）
- 外联网（extranet）
- 电子业务（electronic business, e-business）
- 因特网（Internet）

- 供应链管理（supply-chain management，SCM）
- 商业模式（business model）
- 常见问题（frequently asked question，FAQ）
- 交易（transaction）
- 数字鸿沟（digital divide）
- 购物代理（hopbot）
- 价值链（value-chain）
- 虚拟社区模式（virtual community model）
- 电子商务（electronic commerce，e-commerce）
- 可扩展性（scalability）
- 虚拟商场模式（virtual mall model）
- 数字化学习（electronic learning）
- 购物车（shopping cart）
- 网上种植（Web farming）

理解题

1. 什么标志显示电子商务得到普遍认可？请解释。

2. 什么是博客？通过写博客将私人信息与其他人分享有意义吗？请解释。

3. 电子商务有多种定义，请你也给出一种。

4. 怎样区分电子商务与电子业务？

5. 本章提到电子商务的几个驱动力，它们以何种方式作为驱动力？

6. 数字化融合是什么意思？它同数字鸿沟一样吗？请解释。

7. 我们讨论了关于电子商务的一些似是而非的论调，你能想到其他的吗？

8. 本章列举了一些电子商务的优势，你能想到其他的吗？你认为这些优势能压倒其受到的局限吗？

9. 在什么方式下安全变成了电子商务的束缚？

10. 在因特网的优势与局限中，你对因特网在你所处的职业中的潜力有什么最终印象？

11. 区分下列概念。

    a. 价值链管理和供应链管理

    b. 内联网和外联网

    c. 店面模式和服务提供商模式

12. 购物车适合在B2C电子商务的什么地方？请解释。

13. 内联网在每一种商业中都是必需的吗？为什么？

14. 区分下列概念。

    a. 虚拟商场模式和虚拟社区模式

    b. 经纪人模式和门户站点模式

    c. 信息中介模式和服务提供商模式

15. 数字化学习的独特之处是什么？

40

讨论题

1. "电子银行对银行业将比ATM机对银行业有更加深远的影响"，你同意这个观点吗？上网研究这个课题，并论证你的观点。

2. "电子商务意味着大众营销的终结"，你同意吗？上网查询，并介绍最新的观点。

3. 有人说，"几乎在所有的情况下，电子商务没有改变银行业的基本规则"。联络本地的商业银行，探索这句话正确的可能性。写一个报告（1页）阐述你的发现。

4. 因特网不同于其他媒介吗？请讨论。

5. 在因特网上做生意获得成功的因素之一是交付个性化的服务。这个如何才能做到？

6. 寻找一个在业务中不用电子商务的企业。是什么因素或问题使它远离电子商务？

7. 探讨可以靠电子商务减少生产周期从而得到巨大好处的两种产业。

8. 给出一个电子商务帮助企业以非常低的成本与客户取得联系的例子。

9. 你认为一个团队能够通过写博客解决问题吗？请讨论。

Web练习题

1. 查看下列网站，学习更多的关于电子商务方面的实践。

   a. 让客户自己帮助自己：www.got.com，www.edmunds.com

   b. 搞好客户关系：www.amazon.com

   c. 联结以客户为重点的业务流程：www.onsale.com

   d. 目标对准市场：www.wsi.com

   e. 建立兴趣社区：www.cnet.com

2. 访问联邦快递的网站www.fedex.com，讨论价值链和公司的自动包裹跟踪、虚拟订单和送货活动。

3. 访问下列因特网站点，分析并写报告，报告中应包含每个站点的标题。

   a. www.sportszone.com现场采访，现场解说，以及其他好玩的视频和动画信息。

   b. www.cai.com来自于工程自动化的动画

   c. www.paris.org/musees/louvre卢浮宫的展览

   d. www.virtualproperties.com房地产的视频展示

4. 当安全和隐私解决方案允许大量使用电子现金时，因特网交易将改变传统货币的形式。查阅文献并写报告。

5. 在因特网上查找亚马逊网站（www.amazon.com）并报告正在销售的电子商务书籍的数量和种类。

6. 采访一位从事电子商务的业务或技术人员。在把技术融入到公司的日常运作中时，他的体验是什么？用什么性能指标来判断电子商务在企业中的成功或失败？写一份短新闻报道提交给学院或大学的报纸，与大家分享你的发现。

7. 要购买下列物品，请找到相应的网站。

   a. 机票

   b. 个人电脑

   c. 衣服

   d. 书籍

   e. 汽车工具

   f. 道路地图

   g. 查找一个朋友的地址和电话号码

   解释你是怎样查找网站的（按主题、URL地址等）。写出网站地址和公司名称。你会再回到那些网站吗？或者，如果你有更多的时间，会找一个更好的网站吗？请解释。

8. 你已经决定升级买一台新的打印机。比如，你决定通过网站上的电子商家（如Office Depot或Staples）购买惠普的彩色喷墨打印机。用因特网查找3个这样的网站，给出你所选择的商店，并说明你做最后选择的原因。

9. 你是一家公司的因特网顾问，这家公司要你给高层管理人员做1小时演讲，介绍因特网对公司业务的重要性和带来的潜力。在你准备演讲之前需要什么信息？写一份3页纸的报告详述你的演讲内容。

第 2 章

万 维 网

学习目标

- 什么是因特网浪潮？它是何时开始的，是怎样为万维网发展铺路的？
- Web的组成：关键协议、物理结构和需要在Web上搜索的东西。
- 主要的Web搜索要素：浏览器、插件、多媒体和搜索引擎。
- Web搜索的主要内容和Web搜索小窍门。
- 搜索过程和关于Web搜索需要记住的一些重要的因素。
- 怎样优化网站？
- 因特网服务提供商的角色。
- Web的基础，包括URL的组成。
- 因特网服务。

2.1 简介

　　自从1960年第一台商用电脑出现后，信息技术就开始改变了全球的商贸运作方式。个人电脑的革命、局域网、电子数据交换、客户机/服务器架构设计和企业资源规划等都影响了今天的商业组织。过去的几年是万维网（World Wide Web，WWW）的年代，全世界的公司都被迫发生了改变。这是迄今为止最具影响力也是最持久的一次革命。这项技术正在制定新的规则，即公司如何进行商务运作，如何生产新的产品和进入新的市场，如何与供应商打交道，如何与客户及新市场中的其他人群进行沟通。无论怎么看，商业都将与往日不同了。

　　这种改变的主要技术就是万维网，万维网已成为伴随**因特网**出现的一个现实，而因特网则是一个越来越像电话一样普及的全球数据网络。因特网如此强大的原因是，相对于技术性，因特网更具信息性和沟通性。它成为了一个媒介和市场。因特网的出现，使得交易和通信的费用明显降低。事实上它已势不可挡，迫使所有的企业都重新审视自己的业务和未来。本章介绍万维网在因特网框架中的功能、贡献和潜力。

2.2 今日因特网

　　对因特网发展的所有方向和由它而产生的所有公司而言，这个"高速公路"首先作为人们（一开始是科学家们）彼此之间保持联络的工具。这也是今天大多数人使用因特网的方式。因特网最强大的功能是将个人、政府和企业集合在一起，并且使他们之间的信息交换更便利（见方框"基于Web的会议"）。它可以帮助用户哄孩子、买房子、开药方、结交新朋友、搜索新音乐、学外语、查询行车路线、维持浪漫生活或者忙于政治讨论。

43

基于Web的会议

Netspoke 公司为许多公司提供了更加精密的网络会议和协作系统。这个系统的一个特色就是面向任务的组织方式，比如举行投票这个任务，既在菜单目录上，也是更广的网络会议创建任务的一个子部分。这个系统在其他方面也发挥了很好的作用，比如管理网络会议上的报告，从每次会谈中搜集会议记录、小测验和调查数据等。通过一个可以下载的回放客户端，我们还可以记录和回放这个会议。

与竞争者相比，Netspoke公司的网络会议中心尽力在表示顶层应用的单个工具栏的简单性和体现聊天、音频会议和投票等浮动小应用程序之间保持一种平衡。虽然这种平衡并没有收到很好的效果，但这些工具多数并不常用，所以会议发言者使用该系统应该没有问题。

在网络会议中，一个更加令人感兴趣的创新是由Intranets.com公司提供的内联网套件的网络和音频会议功能。需要这项服务的顾客租赁Netspoke公司的网络会议中心应用程序的网络会议容量，这个应用程序也可作为Intranets.com公司叫做"托管协作小组应用套件"的一部分。这项服务同时可有25个参与者，每个月价格为150美元。作为这个服务的一部分，Intranet.com公司也提供音频会议，每分钟每个连接价格为12美分。

来源：Michael Caton, "Web-based Conferencing: Listen Up," *eWeek*, Nov. 15, 2004, 47-50。

在个人方面，因特网正给予人们从未有过的权力，而且人们也正享受着这些权力。精密的Web工具使人们可以评估医疗诊断。例如，Heart Profiler网（www.americanheart.org）就是这样一个精密的、个性化的工具，用户通过它能够发现患心肌衰弱或冠心病这样的严重疾病的风险，一旦病情被专家确诊，就可以作出事关生死的治疗决策。类似的工具越来越多。

在商业方面，作为电子商务基石的因特网的兴起，正在改变着公司管理业务的方式。封闭式企业系统正在让位给开放式系统环境，在开放式系统环境里用户可通过**外联网**和因特网连接到公司和贸易伙伴的网站。

万维网是迄今为止增长最迅速的且最具商务人气的技术。任何人只要有一个连接在因特网上的个人电脑、一个**浏览器**和一些**插件**就能在因特网上冲浪并且随时做生意。**网站**是一个公司产品或服务在因特网上的唯一代表，由相互链接的网页组成。网站上的一个页面可以链接到另一半球的一个网站上，这就可以随时随地获取信息、产品和服务，对任何人任何时候都可以。信息的分享和集成意味着对任何人都能改进决策和提高执行效率。

因特网有一个电话所没有的特点，那就是因特网允许同时向多个人发送信息，这跟电视和广播很相似。因特网始于报文通信，但现在它可以发送和接收像图形、声音、照片甚至动画这样的电子数据。能实现这些任务的因特网就叫作万维网，也称为WWW或Web。

现在三分之二以上的美国成年人都在网上冲浪，但"因特网用户"的定义则根据不同的解释有所不同。一些公司把2岁大的孩子也算作网上冲浪者，但是另外的一些公司却认为要到16岁或18岁才算。来自Mediamark Research的最新人口信息报告显示，40%的网上冲浪者是大学毕业生，40%拥有75 000美元以上的家庭收入，63%是白领。不过，低收入者和受教育较少者加入网上冲浪的人数也在急剧上升。

因特网上一个不曾预料到的问题是网站被遗弃。一份对3 634个博客的研究发现，三分之二的博客至少2个月都没有更新，四分之一的博客自从创办以来就没有进行更新。网上的这些额外垃圾使上网者越来越难搜索到好的内容。遗弃的站点包括：

• 当上网者点击URL却没有反应，因为这种网址无法再激活；

• 新的电子业务企业在因特网上建立了网站，但由于业务失败而遗弃了网站；

- 网站简单无趣，只是张贴图片、改变话题和更新产品，导致网站逐渐被忽视。

由于网上业务骤增，网站失去了改善和更新的动力而变成了一潭死水。当订单不断缩减，再来全面检查网站就太迟了。此外，为政治事件、社会活动或者特殊事件而设立的临时网站在事件结束后就会失效，但是，其中大部分网站由于缺乏资金、兴趣和维护就被抛弃在因特网上。

由于日益严重的网络阻塞，因特网公司已经发现了利用拼写错误的网站的价值。常见的错误有把简单的网址拼错，例如把www.bestbuy.com 拼成www.bestby.com；或者键入英文名称到网页浏览器，如标点错误（写成了companies'.com多了一撇）；或在键入网址的.com或.net时漏掉了点。正如在方框"垃圾流量的价值"中解释的那样，"垃圾流量"现在被指向该公司的因特网搜索引擎中，并在那里做广告，这意味着发送垃圾流量到另一个网站也能赚钱。

垃圾流量的价值

每个人的在线垃圾是因特网公司的财富。每天都有数百万的在线用户在网页浏览器上键入根本不存在的网址（拼写或格式错误等），这些"垃圾流量"似乎没有价值，但越来越多的公司正在寻求创新的方法利用它。

VeriSign公司在做一个可能潜力巨大的开发工作，它偷偷地把大量的垃圾流量指向它所选择的网站，把输入错误的用户（比如把www.bestby.com键入了浏览器中）送到其他网站，大部分可能是因特网搜索引擎。实际上，在被像微软和美国在线等公司生产的软件截住之前，VeriSign公司就能捕获这些易犯错误的用户，并能从那些网站上潜在地转移走大量的垃圾流量。

当用户试图搜索那些根本不存在的网址时，美国在线不再给出错误信息，而把用户自动地指向美国在线搜索，而它使用的是Google的搜索引擎。然后美国在线检查网址的拼写，并建议用户想到达的网址。比如，用户键入Newyrker.com，被送到美国在线网页上，它就会问：你想要输入Newyorker.com吗？用户点击这个问题的链接将被引入到具有许多超文本链接的美国在线搜索网页，包括销售*New Yorker*杂志征订的广告。

当网址发生错误时，一些因特网软件程序也会改变送去的网址。其他的一些在线公司正用一种完全不同的方式去利用用户输入错误，比如通过在类似的流行的网上建立相应的网址。2003年9月初，美国联邦调查局逮捕了一名男子，他涉嫌利用拼写错误的Disneyland（迪士尼乐园）和Teletubbies（天线宝宝）的地址和其他儿童网址，把用户链接至色情网站。

来源：Nick Wingfield, "Internet Companies See Value In Misaddressed Web Traffic," *Wall Street Journal*, Sept. 5, 2003, B1ff。

因特网的初创时代

从根本上来说，因特网是连接成千上万的网络的基础设施。没有人确切知道有多少台电脑连接在因特网上，但可以确定的是其数量超过了百万，并且还在快速增加。通过把管理着单独的网络的一些大型电脑连接起来，因特网成为了一条信息高速公路，它把信息储存到成千上万的电脑上，使全球每个地方的人都可以浏览。通过卫星、专用光纤电缆、微波，甚至日常通话用的简单电话线等其他技术，因特网在服务器之间传输信息。

关于因特网有一件有趣的事，就是它不需要人来负责管理，让交通顺利运转的因特网主干由私人机构拥有。因特网的产生要归功于五角大楼和冷战，最初的联网站点就是军事设施、大学、同美国国防部签订了合同的商务公司。由于担心在一个屋檐下进行电脑操作，系统更容易遭炸弹袭击，1964年兰德公司的科学家发展了一个新的观念，就是根据人的大脑的运行方式把数千台电脑连接起来，即使损失一些神经细胞也不会影响正常功能。

　　最初的目标是设计一个网络，这个网络可以通过冗余的通信路线来保证所选站点的军用电脑之间安全地传输数据。这种内建的冗余线路就意味着即使在战争情况下，军事数据也能够进行连续不断的传输，它也意味单个的站点不易遭到破坏。5年以后，两个结点（这里指的是计算机）连接上了由高级研究计划署ARPA资助建立的分组交换试验网ARPAnet。这就是我们现在的因特网的诞生故事。

　　来自于斯坦福研究所、MIT、加利福尼亚大学洛杉矶分校、英国国家物理实验室的研究人员设计了一种把信息捆绑成为若干个**分组**（packet）的方式，每个分组里运载着收件人的**网址**。这样一个分组发送到各种各样的计算机网络组成的一个所谓的"云团"。每台计算机都会检查这分组是否属于自己客户的或把它传输到下一台电脑。一旦传到正确的电脑被确认，分组就会打开信息。信息传输系统是由**协议**来完成的。（这种技术将在第3章详细阐述。）

　　1969年ARPAnet建成。1984年，它分成了两个相互连接的网络，用于军事的网络叫MILNET，用于教育的网络保留了ARPAnet这个名字，并成为了众所周知的因特网。自从80年代中期开始，美国国家自然科学基金会（national science foundation，NSF）和政府其他机构就控制了因特网的线路。起初，因特网不被普通个人或公司所使用，只有与政府部门相关的组织才能使用。据说1994年，一个顾问告诉一家想问问能否使用因特网的公司，如果该公司把因特网用于商务目的，公司的官员很有可能要被军队枪毙。1995年4月，事情发生了变化，政府放松了对因特网的控制，使它成为独立的管理主体，几乎每个人都可以进入因特网。

　　现在因特网提供各种各样的服务，比如发送邮件、传输文件、注册兴趣小组会员、多媒体播放、实时广播、购物、远程登录，以及迅速而便捷地在全球电脑上传输信息。许多美国联邦机构现在都允许任何人及时获取它们的信息，这些机构包括美国社会安全管理局、美国退伍军人管理局和美国邮政局。

　　因特网由来自私人和公众的有关各方支撑着，它在自身发展壮大的同时也满足了不断扩大的用户的需求，20世纪80年代和90年代个人电脑和局域网的迅速发展也促进了因特网的发展。因特网的一部分是各种各样的访问协议，通过协议，它允许用户搜索和检索信息。关于协议的部分将在第3章提供更多的信息。

2.3　万维网的打造

　　1990年，一名在欧洲粒子物理实验室工作的程序员Tim Berners-Lee编写了一个名叫超文本编辑器的程序。在这个程序中，通过点击鼠标，就可以从一个文档中的一部分信息连接到计算机网络上的其他文档。不久，实验室里的物理学家们使用超文本编辑器和因特网相互发送论文。随着他们建立链接后，他们的电子邮件内容变得更加详尽。这个链接可以穿过因特网传输信息和文档，而这个虚拟的空间就成为众所周知的万维网。

　　超文本是一种电子文档，其中包含的文字可以连接到其他文档，这些字被称为**链接**，是由网址设计者精心选择的，通常使用超文本标记语言（hypertext markup language，HTML）书写。设计者用HTML可以把标记放到文本之内做网页格式化、斜体字、黑体、字体大小和超文本链接。超文本标记语言要定期更新，并且要把标记添加到更新的网页上。要访问一个网页，你可以依照下面的步骤：

　　•输入网址，检索网页；

- 浏览网页，挑选超文本链接，从一页移动到另一页；
- 用搜索引擎进入搜索网面，检索指定的主题。

万维网（也称为Web）是获取网络信息和体现人类知识的浩瀚宇宙。在技术方面，它是软件、协议和标准的集合。万维网把文件设计成围绕着一组因特网服务器组织起来，处理来自于安装在用户个人电脑上的浏览器软件的请求。声音、文本、动画、图形或信息都可组成一个文档，而这些文档可能来自于世界上的任何地方，被全世界人们所阅读。（请见www.w3.org/www。）

通过超文本和多媒体，任何人都可以很容易地在万维网上使用、浏览和交换信息，不舍昼夜。当一个文档在华盛顿、新加坡或马德里等不同地点访问时，全世界不同的电脑可拉出这个文档的不同部分，经过整合而呈现在用户的电脑屏幕上。一台电脑接收到了请求后，把请求内容进行解释并判断是否拥有它所请求的东西。如果没有，这个请求又会跳到另一台电脑，直到把整个文档拼凑起来。

万维网创立过程中的主要事件的简要总结见表2-1。请注意当你在万维网上时，你也在因特网上；反之则不成立。例如，那些发送邮件的人就不在万维网上，除非他们是通过Web浏览器来发送邮件的。

表2-1 万维网创立过程中的主要事件

时 间	事 件
1989年3月	Tim Berners-Lee开始开发万维网项目
1990年11月	此项目的修订版开发了NeXT电脑
1991年3月	万维网发布并进行测试
1993年9月	美国全国超级计算机应用中心（NCSA）发布了由Marc Andreessen开发的面向通用平台的万维网视窗游览器Mosaic的第一个工作版本
1993年10月	500多台已知的 HTTP服务器在运行
1994年10月	10 000多台已知的HTTP服务器在运行；现在全世界有几百万台
1995年6月	Sun在Sun World'95展览大会上正式发布了Java语言
1998年10月	引入可扩展标记语言（XML）
2003年6月	宽带的普及使万维网充分发挥了它在商务活动方面的潜能（见方框"网络速度将越来越快"）

网络速度将越来越快

专家们日益乐观地认为高速因特网接入能真正地、最终地帮助万维网充分实现诺言。随着宽带费用的稳步减少，可以预测宽带将影响足够多的人们，从而引发万维网新一轮的变化。

宽带保持总是在线状态，人们不必为了看新闻或查阅航空票价而再次上网。这也是人们为什么每天在登录宽带后在网上多度过三分之二（大约2小时）时间的一个原因。一旦上了网，他们就成为了购物狂，每年要多花掉收入的29%，或约523美元。他们也可能在网上搞艺术创造、下载音乐和玩游戏。

在未来的5年中，宽带带来的影响将显示出来。它的影响不能立刻发生是因为它的快捷连接的速度需要3年的时间才能超过拨号速度。直到那时，才能基本上满足那些目前在使用这种缓慢连接的人们的业务需要。

用过去的联网方式下载两小时的影片是几乎不可能的，通常要花14个小时。但是通过宽带下载，可以缩短为45~75分钟，这可以吸引更多的电影爱好者到网上。同时，更多的消费者能够在家快速连接网络，他们也就很少在上班期间去购物。Buy.com公司就充分利用了这点，它提供了4小时的网上降价促销，如果客户在家里有快速网络连接，那么他们也有理由利用晚上或周末进行购物了。结果呢？Buy.com公司的这一最佳推销策略把销售额提高了40%。

来源：Tim Mullaney, "At last, the Web Hits 100 MPH, " *Business Week*, June. 23, 2003, 80-81.

因特网的物理结构或**体系结构**是分层的：高速的**主干**在最上端，单个和地区性的网络在下端。大量的网络流量通过**网络接入点**（network access point，NAP）流入到主干，这些接入点由遍布在全美国战略位置上的Sprint和其他服务提供商进行维护（见图2-1）。这个巨大的网络共同使用一套通信协议TCP/IP，详述请见第3章。

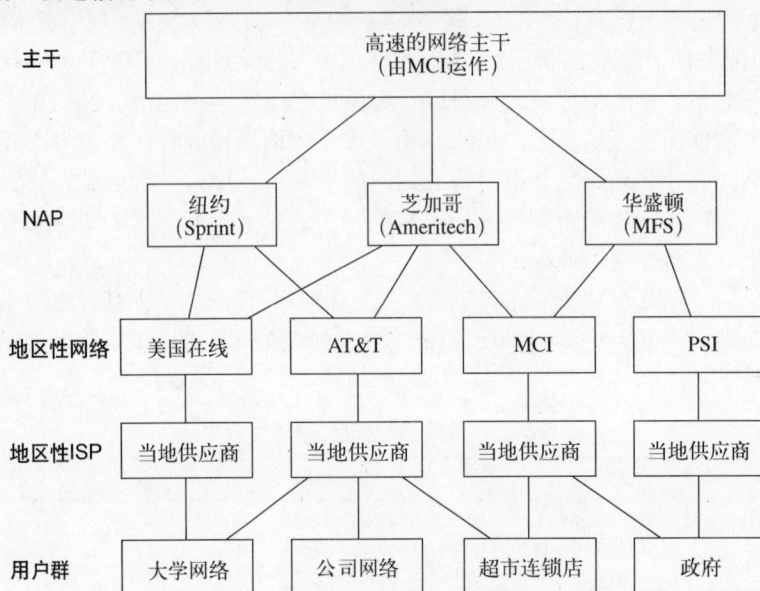

图2-1 通用互联网的体系结构

万维网支持在一个界面上的超文本访问的多个网际协议。网际协议是一些具体的协议，它们使电脑之间的交流在因特网上成为可能。协议将在第3章里进行详细深入的阐述。

在网络上能使用的主要协议有下面一些。

- 电子邮件（E-mail）。电子邮件的协议是简单邮件传送协议（simple mail transport protocol，SMTP），它的主要功能是把文件或信息发送到一个或几个电子邮箱去。电子文件也可以作为附件发到邮箱。例如，多媒体因特网邮件扩充（multimedia internet mail extension，MIME）可以使用户把在微软Word里编辑的文档发给另一方，对方可以用恰当的电子邮件程序取出文档。

- HTTP。超文本传送协议使超文本数据在网络上传输成为可能。HTTP被设计成万维网的协议。

- VoIP。基于网际协议的语言传输（voice over Internet protocol）使网上通话成为可能。

网络的新进展——随着它的快速、非凡的增长——已经对那些想在因特网上占有一席之地的公司提出了挑战。他们发现让员工投入时间去做专业的网络设计工作很困难而且成本太高，而这种要求已经创造出了一个新行业——专门的网络设计和网络管理。由于网站数量的不断增长，**网络管理员**（webmaster）成为热门的新职业。

2.3.1 Web搜索要素

因特网包括成千上万的网站，涉及数以万计的话题。我们很多人都知道怎样搜索，但不是太清楚如何使搜索过程变得容易一些。因此，有必要了解一下是什么东西使搜索能够得以进行。

1. 浏览器

要上网，就需要一个Web浏览器。浏览器就是一个用于在网络上导航的软件。网景公司的Navigator和微软公司的Internet Explorer就是最流行的两种浏览器。从技术上讲，一个浏览器就是一个**网络客户端程序**，这个程序代表使用者以超文本传送协议的形式通过**网络服务器**向因特网提出请求。请看www.webjunction.org:980/w/components/glossary.html。

有下面两种类型的浏览器。

- 纯文本模式，比如Lynx。在网络上进行搜索时，随着链接、鼠标的上下移动和前后键（或者确认键）的滚动，突出显示屏幕上的文字。要获得更多的信息，参见"Lynx使用指南"（library.albany.edu/internet/www.html）。
- 图形模式，涉及一个图形软件，可以检索到文字、音频和视频。这方面的例子有网景公司的Navigator和微软公司的Internet Explorer。搜索时，用鼠标指向和点击突出显示的文字和图形。Navigator可以从网景网站主页（home.netscape.com）上下载，Internet Explorer可以从微软网站（www.microsoft.com）上下载。

由于网上冲浪和网上贸易的日益流行，每年有越来越多的浏览器面市。例如，在2005年，本书尚未完成时，市场上又增添了几种浏览器。

- WinWap for Windows。能够用无线应用协议（wireless application protocol）通过任何链接使用于个人电脑上，于2005年5月面市。
- Mozilla Pop。一种带有弹出阻止功能的开源浏览器，于2005年4月面市。
- Opera 8.0 Pop。使浏览具有同时开启多文件界面、鼠标姿势、快捷键和变焦等功能，于2005年4月面市。
- Pathfinder 1.0 Pop。一种能够指向网页并能阻止弹出的浏览器，于2005年4月面市。

2. 插件程序

浏览器上配置软件程序来提高它的性能。比如，当一个浏览器感知到一个声音、图像或者视频文件时，它就将数据传送到叫做插件的其他程序，来运行或者展示这个文件。与插件程序一起运行，今天的浏览器已经能够提供不间断的多媒体感受。很多插件软件都能够在因特网上免费下载。2005年面市的插件软件的例子有Greasemonkey Pop, Meta Products Inquiry专业版，EZ Save MHT和能够在网上搜索Wi-Fi热点、能够清除你的电脑中不想要的文件和搜索Web的Wi-Fi Desktop Search Toolbar pop。

网络上一个流行的插件程序是Adobe Acrobat阅读器，这个程序让使用者能够阅读Adobe可携带文件格式的文件（portable document format，PDF）。如果你的电脑配置了Acrobat阅读器，只要你用超级链接点击带.pdf后缀的文件名，这个程序就可以向你展示你所要的文件。一旦配置到你的浏览器上，只要你访问文件所用的格式，插件程序会自动激活。

微软开发了一个叫做ActiveX的软件，这个软件使许多插件程序成为多余。这个程序能够把动画对象和数据嵌入网页。例如，浏览器可以使用ActiveX来看三维**虚拟现实建模语言**（virtual reality modeling language，VRML）下的世界，而不必用VRML插件。作为微软的产品，ActiveX与微软Internet Explorer浏览器配套使用效果最好。

3. 多媒体

自从1999年以来，网络已经成为一个传播屏幕。现在用网络来听或看那些事先录制好的或者通过因特网及时传播的广播或录像是很平常的事。甚至连夜间的电视新闻也可以通过个人电脑观看。下载速度慢这个老问题已经被**流媒体**技术所解决。用这个技术可以一边下载

51

（流型）到电脑中，一边播放音频或视频文件。**缓冲**使下载和实际观看之间的等待时间缩减到最小。网景的Communicator带有一个能够体验三维世界的动画播放器Cosmo。

Real player播放器和Windows media player播放器是实时（现场）事件转播的另外两个选择。除此之外，Shockwave也是一个可以播放整个音频、图形和动画以及声音的多媒体软件。这就意味着只要有合适的插件程序，在网上能够听到音乐等声音文件。

网络多媒体感受的一个独特方面在于**电视实况广播摄像**（live cam）。这个软件是录像机所必需的，它把图像数字化并实时传送到网络服务器上。任何一台跟这个网络服务器连接的电脑都可以从此下载录像。

最后，在实时协同通信上，**聊天软件**（chat program）让人们通过收发文字消息的方式，使"交谈"变得非常方便，如美国在线的即时信使（instant messenger，IM）网络聊天软件。

4. 搜索引擎

一次搜索过程是从**搜索引擎**（search engine）开始的：它是一个网站或者一个数据库，用搜索工具去搜索数据库，用"关键词"描述你所要找的东西。谷歌和雅虎就是搜索引擎的例子。还有另外一些定义，具体如下所示。

- 一个能够收集和索引那些包括网页、用户新闻组、程序、图形等在内的因特网资源，并能提供关键词搜索系统让用户能基于那些文件中的文字、词语或句型去区分和检索因特网资源的软件程序。谷歌就是一个最著名的搜索引擎。请见www.library.queensu.ca/webisi/ survivalguide/glossary.html。
- 一个在网上能够进行信息搜索的基于Web的系统。一些搜索引擎能够自动地搜索其他系统的内容并能够根据搜索结果创建一个数据库。另外一些搜索引擎只包含那些手动的允许包括在数据库中的资料，而还有一些则结合了这两种方法。参看www.unitedyellowpages.com/internet/terminology.html。
- 一个依靠软件代理（或者叫蜘蛛人、机器人或者爬虫）的自动系统。这个系统通过链接在万维网上一个网址一个网址地搜索，通过相似文本和内容搜索，储存网页并根据用户对搜索引擎数据库的要求定制索引。参见www.proshay.com/glossary.s.html。

一大堆搜索引擎（也被称作如Wanderer、Spider、Harvest和Pursuit等自动机器人）在因特网上漫游、存取信息并分类、索引和从中创建数据库。网络机器人保存了一张索引网页单并且一张一张地下载这些网页。在一个链接好的网络中，机器人能够对它所读到的每一张网页进行索引。

Web搜索的两个主要因素就是索引和搜索引擎。通过索引进行搜索对一个只有大致题目而没有关于这个题目具体重点的作者是很有帮助的。**索引**可以帮助一个搜索者获得基本信息或者说获得某个题目的一个感觉。比如，搜索的步骤可以是：

- 找到谷歌网（一个索引）；
- 想到感兴趣的话题（例如"大学"）；
- 沿着这个索引找到具体的类型或者说层次（例如"私立大学"，"私立小型大学"，"弗吉尼亚私立小型大学"）。

搜索引擎有某些与它们相连接的索引。索引可以分为层次性的和按字母顺序排列的。层次性的索引是从一般到具体的。按字母顺序排列的索引包括了所关注题目或者领域中的资源。搜索引擎不会评价而直接向网址发出请求。不同的搜索引擎搜索出来的结果也不同。因为搜索引擎包括了数以万计的网址，为了得到你想要的信息有必要缩小搜索的题目。否则，你可能只能在不同的资源中一个网页一个网页地找，那样既花时间也不及时。

这里可看到索引的能量：雅虎网站在线搜索引擎囊括了200亿个网络文件和图形，几乎是它的对手谷歌网站所包含的113亿个材料的两倍。但谷歌却以搜索结果更好而闻名。

除了索引，网络搜索引擎还有另外两个成分。

- **蜘蛛软件**是一个用于在网络中从一个链接漫步到另一个链接的程序，同时识别和扫描网页。索引包括了蜘蛛软件收集到的每一个网页的一个副本。
- 搜索引擎使用的特殊软件让使用者查询索引并以相关顺序排列（字母序）反馈出索引结果。

很重要的一点是要记得蜘蛛软件不能识别一个资源是好的还是坏的、当前的还是过期的、不准确的还是不完整的，这需要你去评价每一个信息，并判断它与你要的搜索之间的关联性。新的**第二代搜索引擎**技术通过概念、关键词、链接、站点、域名、流行程度等来进行查找。在查找结果排序方面，这种搜索引擎更为可靠。如果一个网页与其他高排名的网页相连接，那么这个网页的排序也会很高。例如，谷歌就从成千上万的用户的行为和判断中推导出结果。与此相对，**第一代搜索引擎**只是搜索它的索引，得到链接到包含要搜索的术语的资源的网页，并以这个术语的顺序排列呈现结果。

图2-2中的检查表总结了网络搜索的诀窍。一个主要的购物搜索引擎的总结在表2-2中可以找到。

1. 根据研究使用的恰当性来评价因特网上的所有东西。
2. 在因特网上研究一个话题时，试着多找出几个网站。不要仅仅依靠一个网站或者某一类型的网站。
3. 当搜索一个合适的名字时，每一个词的首写字母要大写。
4. 当搜索几个连在一起的名字时，用一个逗号把它们分开［例如，Georgo Bush, President（乔治·布什，总统）］。
5. 当搜索一个词语时，用引号引起来［例如，"Congressional E-mail Addresses"（美国国会的电子邮件地址）］。如果没有用引号，所有与Congressional有关的文档、与E-mail有关的文档、与Addresses有关的文档都会跳出来，那就要点击成千上万次。如果用了引号，搜索结果就只有跟你排列的三个词有关的那些文件。
6. 当搜索中间有连接号的词组时，用连接号。［例如，有线－网络（cable-network）］。否则，这些词语的连接方法将会有无限多。
7. 用方括号找出那些在100个词范围内都出现的词语，（例如［bus safety］）。
8. 用一个加号去找出那些必须在一个文件中使用的两个或更多的词语（例如，公交车线路+SEPTA，在加号和第二个词语间不能留下空格）。
9. 如果要搜索多个词语，决定它们之间的逻辑顺序。比如一个关于布什与恐怖主义之间关系的搜索，运用AND逻辑，很多网上搜索引擎将其格式化为：＋bush＋terrorism。
10. 如果你想查找图像，用一个冒号放在图像和图像题目名字之间（例如，图像：彗星）。
11. 用一个星号来查找所有词语和词素之间的组合，例如，搜索edu*将得到包括教育、教育工作者等的页面。
12. 要找到URL，就要用url: 以及地址段。例如，url: mciu.k12将在URL上把与mciu和K12一起相匹配的页面找出来。
13. 记住词组是一个文档中相邻单词所组成的字符串。
14. 如果搜索引擎区分大小写，可利用大写的优势。
15. 检查拼写是否正确。你会惊讶地发现正确拼写是多么重要。
16. 用不同的搜索引擎进行搜索，因为没有两个搜索引擎使用同样的索引。
17. 如果对搜索结果不满意，用可替代的词语再次搜索。

来源：摘选自phoenix.liunet.edu/~jberger/websearch.html. Accessed April 2003. 也可见Laura Cohen, " Conducting Research on the Internet," library.albany.edu/interner/research.html (July 2002,1-14). Accessed April 2003.

图2-2 因特网研究诀窍检查表

表2-2   部分购物搜索引擎

搜索引擎	URL	简　介
BizRate	www.bizrate.com	可从几百家网上商店上搜索各种产品,特点包括商家定级、评论、付税和送货信息等,以及你过去搜索的列单和最近浏览过的产品
Froogle	www.froogle.com	谷歌提供的对比购物搜索引擎,聚集了从网络上搜索来的商品标价和接受商家提供的产品信息
Kelkoo	www.kelkoo.co.uk	英国和欧洲其他国家的主要对比购物引擎。英国最大的20个电子商务网站中有16家都在Kelkoo上做广告
MSN Shopping	shopping.msn.com	其前身为eShop,提供《买家指南》,包括诀窍和工具、编辑的建议等,除其他购物搜索网站也提供的价格对比外还有更多其他特性
mySimon	www.mysimon.com	网络上最早的对比购物网址之一,可从上千的销售商中或通过浏览商品目录搜索出你想要的产品
PriceGrabber.com	www.pricegrabber.com	对比购物搜索引擎,能够查找商品的会员等级,能够用英语或西班牙语进行搜索,也能够让墨西哥或巴西零售商搜索到专用产品
Yahoo Shopping	shopping.yahoo.com	把你与成千上万个网上销售商,包括传统的零售商店、名牌目录公司、小型时装精品店和专业经销商等连接起来,除了Web上的在线商家,还可以搜索托管在雅虎商店上的商家,以及其他合伙者的产品信息,也提供用户评论的访问

　　许多新的搜索引擎号称能够提供"最顶尖的(best-of-breed)"搜索方法以示区别,它们在搜索过程中增加了一些易于使用的特征,使用户能够更方便地在因特网上冲浪。一些搜索引擎使用了蜘蛛软件。然而,今天一个搜索站点的质量取决于搜索引擎所链接的网址数量。像雅虎、Lycos、Excite及其他一些搜索引擎已经超越了简单的搜索功能,添加了免费电子邮件、游戏和聊天室等功能。它们的目标是变成一个门户网站、一个网络用户的全功能的家。网上冲浪要变得很容易,与网站的质量和吸引力有很大的关系。

　　对上网冲浪的人来说,知道到哪去看、怎样定义一个查找词语,以及怎样利用搜索引擎反馈的查找结果,是划分一个成功的冲浪者和彻底的失败者的标志。

　　以作者首选的搜索引擎——谷歌为例来说明搜索的过程。谷歌作为一个因特网上已经成名的居民,能很快地获得网络冲浪者和研究者的偏爱。从搜索的全面性、速度、易用性以及方便性来说,谷歌是当今第一搜索引擎。谷歌和雅虎都曾是第一个引入虚拟购物中心和对比购物的搜索引擎网站。

　　谷歌的特色之一就是它具有能够搜索出你输入的所有字符的能力。你不需要输入"+"或"−"号或者把单词放入引号或者其他的符号中。例如,搜索电子商务,你会搜索"电子商务"而不是单独的"电子"和"商务",与引号内每一个词组相匹配的网页都将被列出来。

　　另外,通过在要删除的词语前加一个减号,谷歌让你从网络搜索中排除了一些词语。例如,要找目前Andersen Publications(安德森教授的出版物)而不是搜索Andersen Consulting(安达信咨询公司),可以试着搜索Andersen-Consulting。要得到关于在谷歌上搜索的更多诀窍,可以去看谷歌在线帮助网页。

2.3.2 要记住的事实

　　网络销售商应该知道一些基本事实。

　　(1) **人们都是用搜索引擎查找网站的**。一个经常被访问的网站通常出现在好几个搜索引擎上，还应出现在印刷媒体、名片以及客户每个月的账单上。确保搜索引擎和其他网站能够使你的网站列入它们的前十位。就如后面的章节中解释的一样，你需要在网站的首页插入元标记。这个元标记与你公司的产品、服务和信念很相似。比如，一个商业银行网站加上元标记，如"商业银行"、"财务机构"、"贷款"等，这样，上网浏览者就能够通过银行的一些同义词即元标记来访问银行网站了。

(2) **人们通常使用书签访问他们所喜欢的网站。**书签，或储存URL地址以备将来使用，是人们用来搜索网站的三大方法之一。其他两种是进入URL地址或进入搜索引擎首页的主题。当你做网站的广告时，要鼓励用户或客户收藏网址，这是一种让访问者形成浏览你的网站的习惯的容易、快速和最方便的方法。

(3) **网站必须快速并保持最新。**反复的研究表明超过三分之二的访问者都把网速作为主要的问题。如果用户寻找的信息在几秒中之内不能在屏幕上显示，他们就会不再点击。慢速、断断续续的连接、难以寻找给定的网站，这些都无法提高用户的忠诚度。解决的方法就是使网站保持简单和容易维护，因为网站都是在一个简单的物理位置上创建的，它们的性能受到单次连接的速度所限制。因特网服务提供商可以决定扩大因特网网络和采用容纳更多数据的硬件，并且使延迟时间最少。

(4) **网站应该保护用户的隐私，便于用户导航。**各种各样的研究表明审查制度是因特网用户主要关心的问题，紧接着是用户对隐私的担忧。是否易于导航也是用户对于网络流量的另一个担忧。对于一个已经拥有客户忠诚度的商业网站，保护用户的信息，确保用户在任何时候，无论流量多少都能容易地上网，是非常重要的。

(5) **"瓶颈"问题。**使用56 Kbit/s调制解调器的任何一个用户都知道所谓的"最后一英里"瓶颈。通过窄带连接的调制解调器势必速度缓慢。连接DSL线或高速网线将提高网速，但是当越来越多的人都使用这些高速线路，阻塞也会发生。

(6) **人们不愿意为冲浪网站付费。**开始对访问者进行收费的网站现在很难继续开展业务了。这与20世纪70年代早期很相似，那时银行对从自动取款机上取款的客户进行收费。今天，大部分的银行对这项服务免费。然而，客户在使用不属于自己银行的自动取款机取款时仍被收取费用。在因特网上，唯一要付费的就是提供专业性的服务，比如在线股市报价、面向成人的资料等等，从许多研究性网站得到论文全文也往往是收费的。

2.3.3 日益聪明的搜索引擎

搜索引擎正变得越来越聪明。一些网站使用不同语言来吸引全世界的用户，另一些网站改进交谈的语言，使初次冲浪者很容易就从日益增长的网上信息中筛选出自己想要的信息。用不了很长时间，搜索引擎将可同冲浪者自由交流，能读懂他们的语言，在几秒内输出他们想要的信息。举个例子，Ask Jeeves拥有很强大的智能搜索引擎，在购物过程的所有阶段中，它都可以提供帮助。只有当这个搜索引擎确定查询是与购物有关的，它才呈现结果。这样的查询分析能确定购物者目前在采购过程中处于什么阶段。

除了对比价格，Ask Jeeves搜索引擎还提供多种多样的丰富信息，包括对产品的评论、特征比较和连接网上销售商品的商店。它能够适应用户的意图，显得很独特。

如果你正在搜索便携式计算机，Ask Jeeves能搜索出一系列相关的类别，实际上就是链接，可把查询的内容更加具体化，如"笔记本电脑和附件"和"存储器"。用户点击"笔记本电脑和附件"就会弹出更具体的链接，如笔记本电脑、充电器、Y型适配器、个人电脑图形输入版等，产品的实物图形和有关每个产品的额外信息的链接会一起显示出来。

今天的搜索引擎能够领会你的搜索主题，浏览数百万的网站，数秒钟内就把你想要的信息呈现出来。但是尽管它们很聪明，也存在着缺点。比如，随便在谷歌上搜索ERP，只需不到1s，但却产生了9 000万个网页，而对你查询的正确回答可能只有2万个。

专家们正为使搜索引擎变得更聪明而勤奋工作着。采用的方法就是使搜索引擎个性化，让它知道你是谁。比如，你是一位IT方面的教授，当你搜索"硬盘"时，引擎知道你想要的是有关电脑设备的信息而不是医学方面的问题。

查询追踪系统（Query Tracker）就是一个具有"智能"的搜索引擎的软件代理，于2004年由一位计算机科学教授开发。它用自身查询来补充用户的查询，在长期使用和反馈上获得了性能的提高。如图2-3所示，查询追踪系统设在用户和常规搜索引擎之间。一旦它接受用户的查询，就开始寻找用户感兴趣的信息。然后每天它把自己的查询提交给搜索引擎，同时又把结果反馈回来。这种自动产生的每日查询质量逐步完善。实质上，它通过学习前面的查询来不断地提高后续查询的质量。查询追踪系统把可靠的、相关的结果筛选后，又把结果返回到用户，让用户做后面的操作。

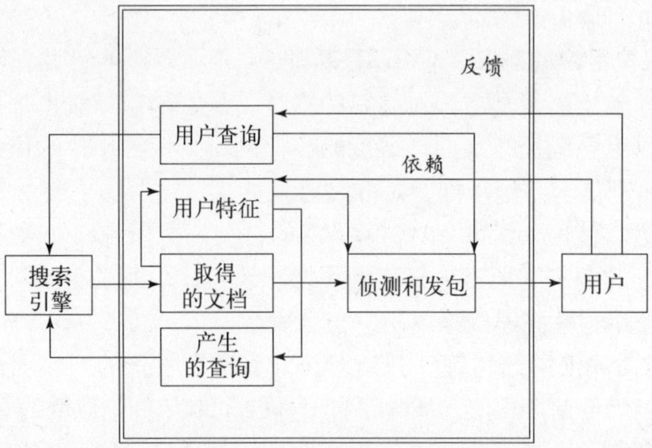

来源：改编自Gary H.Anthes，"Search For Tomorrow" *Computerworld*, April 5, 2004, 26。

图2-3 查询追踪系统

另外一个智能搜索引擎应用就是IBM的WebFountain。这个项目以一个巨大的Linux基础设施为中心，它能同时运行9 000个程序，每天浏览5 000万新的网页。这个系统使用自然语言分析概念，从整文中提取和标记含义。WebFountain的独特之处在于它能够辨别输入的实体是一个人名，还是一个公司标志、一个产品、一个折扣等等。然后它继续向前，用元数据标出来，这相当于从网上文档中提取含义。

"用图片思考"是一个可供选择的搜寻网络的方式。你在www.kartoo.com网站上输入要查询的词组时，你将面对一个由流程图控制的屏幕。这个流程图装满了与你搜索词组相关的字。你只需简单地点击字，它就会自动地把这个字加到你要搜索的词组上，使你的搜索更准确。这个方法是为吸引有创造力的学生和孩子而设计的。

2.3.4 搜索引擎优化

你是否注意到大部分访问者只选择搜索引擎给出的排名前五六名的网站？搜索引擎优化（search engine optimization，SEO）就是通过搜索引擎对搜索结果进行排序来增加访问网站的人的数量。网站的排名越前面，越有机会吸引更多的访问者。

优化的一个方式就是通过超级链接实现的。以文本为基础的超级链接能够提高在搜索引擎中的排位。搜索引擎通常能理解连接网页的东西可能同网页内容紧密相连，这就意味着你应在链接本身和优化网站相关的文章中包含最重要的关键词组。你想要排名的网站的每个网页都应该尽你所能去优化。选择正确的关键字至关重要，关键字应该包含在超级链接本身和随即弹出的文章中。

知道了关键字对于优化网页的重要性，那么在把它们提交给搜索引擎之前，考虑以下这些窍门。

(1) 笼统的关键字没有具体的关键字出色。如果关键字太笼统，他们在搜索引擎的排名就会不好。比如一个销售轮胎的网站。

太笼统的关键字	更好的关键字
a. 轮胎	米其林高性能轮胎
b. 汽车轮胎	全气候汽车轮胎
c. 卡车轮胎	具有耐热性能的高质量卡车轮胎

58
~
59

(2) 在你决定关键字之前，检查竞争对手的网站看能否得到一些启发。采用你想使用的关键字进行搜索，进入HTML源码去看一看包含在它们的元标记内的关键字。要这样做，可在网页上点击右键，选择"源码"或"网页源码"，就会在页面上显示HTML源码。

(3) 确定关键字词组时，思考一下会有什么样的访问者到你优化的网页上来搜索。确信不要简单复制竞争对手的关键字语，因为这些关键字可能不适合，并且可能侵犯版权。

(4) 在网页的标题标记中，尽可能包含最重要的关键字词组。

(5) 为你所优化的网页，最终确定搜索引擎的关键词序列。

(6) 当你为搜索引擎进行网页优化时，标题标记是需要考虑的最重要因素。大部分的目录和搜索引擎都非常重视在你的标题标记中查找关键字。标题标记实际上也是排列搜索结果时采用的标题。标题标记应该包含一两个最重要的关键词。为了避免被删除，它应该放于标记前端。标题标记应该只有50~80字符的长度，这是大部分搜索引擎安全的范围。

(7) 访问者和搜索引擎通过查看关键字理解你所提供的网页。当开始优化网页时，每个网页应该包含至少200个关键字，文本中应该包含最重要的关键词组，而且应该是可读的。

(8) 许多人有这样一个错误印象：要在搜索引擎上排名靠前，只需要有好的元标记就行。元标记总是优化完善的网页的一部分，但不是全部，也不是优化网页的终点。搜索引擎已经不同于以往，现在搜索引擎寻求的是事物的结合，而不只是元标记。

(9) 下面有两个元标记，可以帮助在网站上排序：元关键字和元描述。元关键字如下：

```
<META NAME= "keywords" content = "keywords phrase 1, keyword phrase 2, keyword
phrase 3, etc.">
```

元描述如下：

```
<META NAME= "description" content = "description of what is on your page. The
most important keyword phrases should appear here"
```

对于元描述，要确保优化网页的内容要准确描述并包含3到4个重要的关键字，特别是用于标题标记和网页内容的关键字。对于元关键字，要确信你使用的关键字是置于标题标记、元描述、网页副本和其他标记中的。注意重复使用的词（包括最重要的词），比如，"Alaska tour"和"Alaska tours"是两个不同的词组，但是"Alaska"这个字出现了两次。没关系，但是注意不要多次反复使用相同的词（最多四五次）。

当你正优化网站时，不要在搜索引擎上使用垃圾技术（spamming），因为到你网站的流量是通过搜索引擎来的，搜索引擎是不能招惹的。下面是有些在搜索引擎上使用垃圾技术的行为：

- 耍花招骗取搜索引擎，把自己的网站放在一个有利的位置；
- 把关键字到处罗列而不列入关键字元标记中；
- 在网页上，网页的背景颜色和文本的颜色相同；
- 提交相同的网页；
- 使用多个相同的标记，比如使用多个标题标记；
- 24小时内，多次把同一网页提交给任一个搜索引擎。

需要多长时间得到排名呢？这就由网页向哪个搜索引擎提交而决定。部分搜索引擎的时限如下：

谷歌	最多4周
美国在线	最多2个月
MSN	最多2个月
HotBot	最多2个月
Excite	最多6周

2.4 因特网服务提供商

为了适应因特网上商业活动的不断发展，20世纪90年代中期，因特网服务提供商（ISP）行业产生了。第7章要详细讨论到，ISP行业提供了多种服务，包括：

(1) 把客户和企业连接到因特网上（如美国在线、微软网络等）；

(2) 监控和维护客户的网站；

(3) 提供网络管理和系统集成；

(4) 为其他的ISP（如PSI和UUNET）提供主干接入服务；

(5) 为在线购物提供支付体系。

由于访问因特网的公众需求的不断增加，ISP开始增加更多的线路和更好的接入来容纳流量。起初，上网的费用每个月要花1 000多美元，但是随着新的ISP出现和竞争的加强，费用急剧下降。现在许多ISP提供每月5美元的无限制访问。由于政治、教育和商业方面的利益，许多当地政府也资助因特网的使用。一旦接入因特网，不会再增加另外的费用。就付那些月租费，你可以不受时间地点的限制联系任何人。但是，有些网站需要交纳会员费和访问特殊的信息的费用。

网上人们需要的任何东西几乎都是免费的。下面这些都是提供的免费服务：

- 热点事件，告诉用户流行什么和不流行什么；
- 喜剧，主要关注娱乐事件；
- 软件档案，可以获取最新的免费软件；
- 天气预报服务，免费提供世界各地的天气预报；
- 杂志和广播站，不断地更新新闻；
- 搜索器，帮助在因特网上寻求项目或主题；
- 字典，包括分类字典和关于各种主题的"事实"的书籍；

• 政府服务，政府公开政务。

一些ISP的问题是由于没有提前计划好如何应对突然增加的流量而导致反应减慢，引起客户抱怨。既要维持利益，在竞争中幸存，又要客户满意，这是一个挑战。在两方面都要做得好就需要专业的管理、技术精湛的技术人员和一个健康的财务预算，使技术赶上现在客户的要求。有效的方法是要在创造力和控制之间保持平衡，在经营增长和稳定的技术架构之间保持平衡。

Web的稳定性和可靠性

没有单个组织或公司拥有整个因特网。各个公司在因特网上都有自己的网络，这些公司和因特网之间的链接属于电话公司和ISP。协调因特网功能的组织是因特网协会（Internet Society)，该协会并不运作组成因特网的任何一个网络，但却同ISP一起工作并由ISP提供信息给客户。这个协会的因特网架构理事会（Internet Architecture Board）由一些工作小组组成，而这些工作小组去关注TCP/IP和其他协议。各种委员会也可以处理技术上的和因特网日常操作方面的问题。

由于Web分布在各个地方，无处不在，所以它自身不能停止运作。另外，因为Web是以因特网为基础的，所以它的稳定性与因特网的一样好。因特网被设计成能无限可扩充的，可靠性基本上依赖于服务提供商提供的设备的质量。电话线或带宽不够，电脑质量不合格等因素，都能影响整个服务的可靠性。

2.5 Web的基础

万维网是一个全球性的网络，由上百万的网络服务器和由**超文本传送协议**（HTTP）及其派生协议连接的浏览器组成。万维网就像一个客户机/服务器系统，即客户或浏览器发出请求，网络服务器掌握内容。客户在显示器上浏览由服务器发送来的信息，网络服务器在数秒内提供多媒体信息的网页。在网站内和网站之间最重要的元素是链接，通过点击链接，用户就能够浏览一页页的网页，而不必操心信息的位置和它是怎么穿越网络的。

Web技术的源头要追溯到1948年6月的柏林空运，当时美国军队的三级军士长Edward A. Guilbert研发了一个标准运货单系统，每天追踪成千上万的货物，直到一年后通往柏林的主要道路重新开通，公路运输取代空运的地位。1965年，荷兰－美国的轮船公司把装运货单用自动转化成电脑数据的远程信息的形式发送。下一个重要的进步是1982年，通用汽车公司（GM）和福特公司（Ford）授权电子数据交换（EDI）给供应商，EDI在几个行业特别是银行业中逐渐流行起来。1994年，网景Navigator 1.0采用cookie来辨认再次上网的客户。最终，2000年，通用、福特和克莱斯勒组建了Covisin B2B exchange，创建了供应链管理。

2.5.1 URL和HTTP

统一资源定位器（uniform resource locator，URL）是电子商务中网站的中心。

第4章我们将要仔细讨论，一个URL（如http://www.virginia.edu）由两个关键部分组成。

（1）http://（超文本传送协议）是协议指令符。它是一种用于移动文件的特殊方法，这些文件含有所要请求的材料的相关文件的链接。它告诉浏览器连接网络服务器的是什么协议（这里是http)。Web浏览器也使用其他协议，比如FTP（文件传送协议）用于文件的传输，

62

SMTP（简单邮件传送协议）用于电子邮件。

（2）www.virginia.edu是服务器名。双斜线后的字符www告知网络请求的材料位于某个专用网络服务器的某个地方。virginia是请求的网站名，而edu是一个编码，表明这个网站是教育机构。其他的编码还有org（表示组织，如www.ACM.org）、gov（表示政府，如www.Whitehouse.gov）、mil（表示军队，如www.defenselink.mil）。最普通的编码是com（表示商业机构，如www.dell.com）。（HTTP和网络在第3章将详细叙述。）

在因特网上查找信息资源，用户只须把地址输入标准的格式中。

2.5.2 安全协议

有两种主要的安全协议。第一个是由网景开发的**安全套接字层协议**（secure sockets layer, SSL）。到现在，它还是因特网上使用最广泛的安全协议，它保障了信息或数据流的安全传输。第二个安全协议是**安全超文本传送协议**（S-HTTP）。

2.6 因特网服务和语言

要学习这门课程，必须首先学习因特网文化。跟很多计算机分支技术一样，因特网和万维网也有自己独特的术语、语言和服务。下面这些关键术语将帮助你理解第3章要讲的技术。

供应商（也叫**因特网服务提供商**或ISP），是专门提供接入因特网服务的机构。ISP向大的因特网源站购买昂贵、高速的因特网连接，向当地的电话公司购买电话线，然后把电脑放在能与电话线相接的场地中，这样ISP就可以在网络上出售在线商业接入服务了。因特网供应速度越快，同时能处理的数据和用户就越多。数据越多就意味着客户越多或从客户那里得到的收入越多。ISP通过出售网络服务、同时给许多人提供服务、把主要的网络接线给大公司而回收投资。

当你向ISP购买因特网接入时，你首先会获得一个账号用于存储文件，并处理因特网事务。你可以接入一个网络论坛，让你能够在上千个兴趣小组中讨论可以想象到的任何问题。你同样会得到一个电子邮件地址，使你能与世界连接，接入整个因特网。

浏览器是一个装在个人电脑上的用来阅读因特网信息的软件程序。这是一个促使你与因特网打交道的载体，浏览器会接受你的指令，然后把指令转换成能够传输给一个远程站点执行的语言和格式。

服务器是因特网上的目的地，这里储存着你要找的信息。在第4章我们将会看到当你发送一则消息要从因特网上获取一些信息的时候，浏览器会接受这则消息，进行重新排版，然后通过多个层面输送到物理层，然后通过各种电缆和电线输送到适当的服务器。一旦到达指定服务器，服务器就会获取信息并发回给用户阅读。有各种各样的服务器，取决于用户所要找的资料。因本书主要讲万维网，我们将用服务器一词替代网络服务器。

电子邮件（e-mail）可能是所有用户类别中最流行最滥用的网络应用。最常用的E-mail工具是微软的Outlook或Eudora软件，该类程序能让你发送、接收、编辑和存储电子邮件。你也可以把一则信息发给多名接收者，并可附带声音、录像或图表等。

远程登录（Telnet）是好像接入本地电脑一样接入远程电脑的一种基本的因特网服务。要用远程登录，你必须知道那台远程电脑的网址。一旦你给出了网址，在被允许访问文件或使用电脑之前，会要求你进行**登录**。登录成功后，你就可在远程电脑上来阅读资料并采取行动。

FTP是一个允许你在电脑间复制文件的标准协议。同Telnet一样，FTP使你能访问远程电脑。当你FTP到远程电脑时，你可以匿名方式登录，你的邮件地址就是你的登录密码。大多数浏览器都知道如何从FTP网站获得资料，这个特点可以让你在世界上的任何地方以低成本的FTP站点存储Web主页。

人们总是把**公告栏**（bulletin board systems，BBS）与付费服务混淆起来。BBS通常有一个与电脑相连接的简单界面使你享受电子邮件和网上新闻服务。通过电脑访问BBS，你可以找到所有的信息。例如，该系统的电子邮件功能在白天接收邮件，进行编辑，然后每天发出去一到两批。它以同样方式处理发过来的邮件。这能给使用电脑时间短的用户或没有时间要求的用户提供满意的服务。

BBS的另外一种形式是订购服务。该类服务非常受欢迎，系统所有者为此增设了更好的电脑硬件设备、存储设备并增加了电话线。用户要是让系统保持最新必须按月支付一定费用。像美国在线和Prodigy这类付费服务已经成了家喻户晓的名字，给几百万用户提供受欢迎的电信业务，如股票行情、因特网接入、建立你自己的股票投资组合，以及其他一些专门服务。

许多付费服务的步骤很相似。首先，你必须订阅并支付基本服务费，让你享受电子邮件、交互式实时通信、阅读新闻等服务。付费服务还提供在因特网上较难找到的服务，如支付会员费后可享受新闻直播、免费在线（及时）股票行情报道等，而有些是免费的。当然包括安全软件以保证隐私权、保密性、及交易的完整性等。

网页是用一种**超文本标记语言**来创建的。该语言用来描述构成网页的外观特点。在显示器上的任何一个主页上，点击右键，点击"source（源码）"，整个网页就会转换成HTML版式。统一资源定位器描述了网页的链接，识别出网页的位置以及接入的协议。

HTML最擅长制作静态（单向信息流）的网页，并使这些网页很容易访问。随着电子商务应用的普及，很有必要提出一个能让用户与网站进行交流的方式。举个例子，如果你想要在亚马逊网站订购一本书，你必须让电子商务公司知道你要的具体是哪本书，告知你的信用卡卡号，详细填写寄件地址和寄件方式。所有这些都是通过填写亚马逊网上的信息表来完成的，而这项交流是由公共网关接口（common gateway interface，CGI）来完成的，由叫做CGI脚本的特殊程序来执行服务器的进程。执行后，把客户的数据（表单的形式）传送出去进行验证和实施。

随着网络流量的稳固增长，Sun公司提出了一个更新更强大的语言叫Java编程语言或叫Java语言。Java使用户能直接与屏幕上的程序进行交互，Java也用来开发现在我们在市场上看到的互动多媒体应用。

2.7 管理启示

网络已经改变了业务和信息技术一起工作的方式，两者正在成为平等的伙伴。当技术人员熟知了业务，而从事业务的人也掌握了技术，那么就形成了最佳的伙伴关系。现在公司都愿意招聘具有业务知识的技术人才，寻求熟知技术或从事过技术工作的商务人士。如果从事过IT的人受到管理方面和技术方面的培训，他们带来的基本技能对新公司将非常有用。然后他们就能够真正成为电子商务的问题解决者。

电子商务正把因特网从浏览和冲浪变成一个庞大的信息交流环境。最近几年，因特网从新奇的事物变成了人们的必需品，它自身充满了活力。帮助因特网正常运行的标准意味着公司的业务有很好的机会存活下来，并且有机会和市场上已经存在的公司平等竞争。

要记住重要的事情就是当技术演变时要密切关注，在进入因特网前要熟知这些变化。如果你的企业内部没有开发基于Web的系统的专家，那么在调查了Web设计机构的竞争力后再雇用一位这方面的专家。同时，尽可能多地在开发过程中进行学习，最终你可以在企业内部完成这些开发。

批评家经常警告因特网已是过热了。许多公司在网络上创建了花哨的网站，注入了上百万的启动资金，只得到了一个教训，还不如当初坚持在传统环境中做业务。不少公司也在亏了本后明智地撤出了因特网。最基本的办法就是先要制定战略，试试情况，确信自己拥有独特的产品和合格的技术员工来处理网络流量的问题。

IT人员短缺意味着公司里称职的IT员工绝大多数会被招聘人员和人才猎头盯上。根据对2 000名人员的研究，40%的被采访者说他们不会在一个公司呆上一年。他们给的理由是缺少足够的培训，薪水低，说过的诺言兑现不了，不被上司欣赏和被忽视，缺乏人情味等。

据《计算机世界》杂志上的另一份研究报告，很多公司雇用职员都是打算让他们超时工作，或周末加班而不支付奖金和加班工资。薪水低，又得不到尊重，员工当然要寻找新的工作了。

小结

1. 万维网是目前发展最快、用户最容易掌握使用并在商务方面最流行的一种技术。任何一个人拥有了一台通过ISP与因特网连接的电脑、一个浏览器和几个插件就能够上网，下载文章、图片甚至声音。完成这些任务的是因特网的一部分，叫做万维网或WWW或Web。当你在万维网时，你也在因特网上，但反之则不是。

2. 因特网的产生归功于五角大楼，最初是为了军事研究而创建。它连接着军事实验室、大学和与国防部有合同的商务公司。两个结点连接着高级研究计划署的网络（ARPA网），它是这个项目的资助者。1969年ARPA网建成，1984年它分成了MILNET和ARPAnet，后者成为了因特网。1995年美国政府放弃了对因特网的控制，使它成为独立的管理主体，允许任何人进入因特网。

3. 因特网物理上是分层次的。上端是高速的主干，下端是地区性和单独的网络。大量的网络流量通过网络接入点（NAP）流入主干。

4. 因特网服务提供商把商业网站链接起来，包括交易支付、管理网络、链接客户和企业上因特网，它还提供一些免费服务，如热点信息、娱乐新闻、天气预报、词典和政府服务等。

5. 作为电子商务的基石，因特网有许多用途，但也有许多局限。它是进行市场营销、销售产品和提供服务的工具；它可以快速地完成交易、搜集建议和设计出新的方案，也为所有企业提供了平等的机会；它还可作为一种载体，便利地大量传播信息、产品和服务。它的局限性有：安全和保密的问题；假冒和伪造；黑客、蠕虫、特洛伊木马和病毒；履行和客户关系问题；不适合在网上销售的产品；市场上缺乏电子商务人才等。

6. 万维网是一个全球性的超文本网络，连接着基于HTTP的几百万个服务器和浏览器。网站最重要的元素就是它的超文本链接，这些链接可以在一个站点内，也可以在几个站点之间。

7. 在进行电子商务之前必须掌握因特网术语，这很重要。

8. 因特网和万维网已经改变了业务和技术一起工作的方式，两者正在成为平等的伙伴。在因特网上进行电子商务之前，管理人员需要掌握一些技术。同时他们还需要知道什么时候外包，以及如何聘请适当人选。

关键术语

- Active X
- 文件传送协议（file transfer protocol，FTP）
- 因特网（Internet）
- 体系结构（architecture）
- 第一代搜索引擎（first-generation search engine）
- 因特网服务提供商（Internet service provider，ISP）
- 主干（backbone）
- 超文本（hypertext）
- 链接（link）
- 书签收藏（bookmarking）
- 超文本标记语言（hypertext markup language，HTML）
- 电视实况广播摄像（live cam）
- 浏览器（browser）
- 超文本传送协议（hypertext transfer protocol，HTTP）
- 登录（log in）
- 缓冲（buffering）
- 索引（index）
- 网络接入点（network access point，NAP）
- 公告栏（bulletin board system，BBS）
- Shockwave
- 网址（network address）
- 聊天程序（chat program）
- 蜘蛛软件（spider）
- 分组（packet）
- 外联网（extranet）
- 流媒体（streaming media）
- 基于网际协议的语音传输（voice over Internet protocol，VoIP）
- 插件（plug-in）
- 远程登录（Telnet）
- Web客户（Web client）
- 门户（portal）
- 传输控制协议/网际协议（transmission control protocol/Internet protocol，TCP/IP）
- 网络服务器（Web server）
- 协议（protocol）
- 统一资源定位器（uniform resource locator，URL）
- 网站（Web site）
- RealPlayer播放器
- 虚拟现实建模语言（virtual reality modeling language，VRML）
- 网络管理员（webmaster）
- 搜索引擎（search engine）
- 视窗媒体播放器（Windows media player）
- 第二代搜索引擎（second-generation search engine）
- 万维网(World Wide Web)
- 安全超文本传送协议（secure HTTP，S-HTTP）
- 安全套接字层（secure sockets layer，SSL）

理解题

1. 因特网被描述成一个媒介和市场。你能说对于Web也是同样的吗？请讨论。

2. 从未来的商业发展而言，你如何从万维网的历史得到启发？

3. 万维网和因特网有什么区别？哪个暗含了另一个？

4. 构建Web的主要事件有哪些？

5. 什么是网络管理员？如果你来描述这一工作岗位，如何描述？

6. 第二代搜索引擎在哪些方面不同于第一代搜索引擎?

7. 区别以下术语。

    a. 搜索引擎和因特网服务提供商

    b. HTTP和URL

    c. 网络客户端和网络服务器

    d. SEO和元标记

8. 简要描述Web的用途。

9. Web以什么方式为所有企业提供了平等的机会? 请详细描述。

10. 你看到了Web的局限性吗? 它们是什么? 请详细解释。

11. 什么样的安全和隐私问题是Web的局限性? 请讨论。

12. 编写一个优化网页的简要过程。

13. 人们如何在网站上查找信息?请解释。

14. 解释URL地址的构成。

讨论题

1. Web如何同公司战略相匹配? 请讨论。

2. Web对于公司的竞争环境意味着什么?

3. 如果要求你向初次涉足网络的公司介绍网络对于该公司的作用, 首先你需要知道什么? 你将说些什么?

4. Web是如何影响我们传统的销售渠道、生意伙伴和供应商的? 详细解释。

5. 你如何展示一个公司怎样最好地利用Web创收?

6. 你在万维网上能寻找什么去为你以前不曾经历的学校生活增加价值?

7. 在创建万维网的主要事件中, 你认为哪件事最有意义? 同小组成员一起讨论, 然后报告结果。

8. 与Windows Media Player相关的缓冲是如何进行的? 上网查找并回答问题, 同小组讨论并报告结果。

9. 你相信最后一英里瓶颈问题吗? 通过因特网查找解决办法, 然后向全班报告结果。

10. 你如何理解搜索引擎越变越聪明? 请讨论。

Web练习题

1. 在电子商务课程结束之际, 5位商务专业的学生和1位计算机专业的学生聚集在一起, 决定在大学内为学生、教职员工和管理人员开展送餐服务。这是一个经常举行舞会的学校, 每个周末都会举行兄弟会和女生联谊会以及其他活动。学生们形成了合作伙伴关系, 在商学院的一个服务器上设计了一个网站, 并在校报上做了广告。他们联系当地餐馆为他们提供食物、饮料等来满足客户的特殊要求。

    a. 想想能提供哪些热烈和个性化的服务。

    b. 网站上应该包含什么信息和服务?

    c. 怎样使大家来定购并成为忠实的客户?

2. 在因特网上查找两个汽车生产厂的网站（如www.ford.com和www.toyota.com）。自选汽车装配并报告你的结果, 确定包括了支付方式、装费、贷款（如果有的话）和交付日程安排表。

3. 评价在因特网上销售量大的商品（如销售个人电脑的www.dell.com和销售书籍的www.amazon.com）。是什么使得这些网上销售如此成功? 请详细解释。

4. 假设你正在同你学校的一位学生（第一次上网）交谈，你将给出什么建议来帮助他在因特网搜索学期论文？

5. 成功地在网上做交易的一条建议是提供个性化服务，该怎么做到这点？

6. 寻找一个没有通过电子商务做交易的公司。是什么原因或问题使它远离电子商务？

7. 上网查找一个关于万维网的课程，评价这个课程，并解释你为什么认为作为一个学习工具它很容易（或很难）使用？

8. Web对于管理小型的电子商务企业意味着什么？

69

第二部分

电子商务的技术

第 3 章

因特网体系结构

学习目标

- 实现电子商务所需要的网络类型。
- 访问网站信息依靠的技术主干。
- 因特网上信息是如何在客户浏览器和网站之间传输的？
- 在因特网上传输中的消息是被如何处理的？
- 支撑电子商务网站所需的硬件和软件。
- 设计和管理网络时需要考虑的因素。

3.1 简介

电子商务由万维网技术组成，即协议、标准、浏览器和服务器。底层的因特网基础设施（服务器、软件和存储器）实现了因特网工作功能，即负载均衡、防火墙安全、备份以及内容配送和管理，使得像电信网络和无线网络这样的应用成为可能。每当客户在线订购产品、查询股票代码、转移资金，他们都是依靠体系结构的完整性来交付的，这是关键且非常及时的设施。

卫星公司提供宽带网络来联系那些无法使用电话服务的人们。除了影像或声音之外，有线电视提供商已经为数据准备了因特网通信网络，这是通过机顶盒作为具有转换输入输出通信功能的转换器来实现的。电信公司为在现有网络上的更高带宽的通信提供了新技术，把无线网络改作因特网用途和移动商务，在因特网扩充的每一个技术领域发挥关键的作用。如图3-1所示，它们构成了整个电子商务。

因特网是由许多网络组成的网络，而网络促成任意两点之间的通信。为网络上的每一个终端，即**结点**（node）分配一个唯一的地址，就可以通信了。这个技术类似于电话网络，将你的电话和另外一部电话连接，你所需的仅仅是对方的号码。中介结点（一般是专用的计算机）在网络段之间转发通信流量。

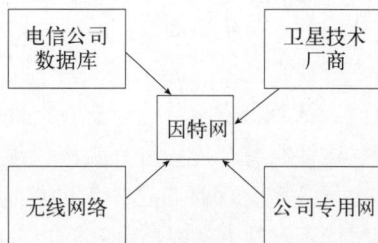

图3-1 电子商务的组成

这些结点包括路由器和交换机。在一个或多个网络中将结点链接起来称为数据通信。

本章讲述因特网的技术。技术是由协议来规定的，协议就是管理网络如何运作的规则，即应用程序如何来访问网络、数据在分组中如何传送、在网线上电子信号如何表示数据。在因特网的术语中，任何与因特网连接的计算机无论大小都是一个主机，服务器和个人电脑都一样。每一台主机有一个分配的号码，用来区别于其他主机，和电话号码类似，这个号码被称为IP地址。本章中，我们使用术语"主机"。

为了理解因特网在电子商务中的作用，你需要了解网络运行的机制。本章首先复习了一些核心的网络概念，例如数据如何从一个地方传送到另一个地方，当你从家、办公室或路上拨号到因特网时使用的标准，等等。我们还将了解操控全世界因特网的TCP/IP-OSI标准体系结构。

作为一名信息技术或商科的学生，你没有必要学习如何为路由器和交换机编写程序，但是你需要理解这些设备是如何工作的，它们在电子商务环境中有什么功能。这些背景会在你与规划师和网络设计师工作时，帮助你了解对基础设施的投资会获得多少回报。

3.2　什么是网络

在深入了解因特网技术和计算机在因特网上如何通信之前，对网络的概念有个清晰的认识是很重要的。简单而言，**网络**（network）就是为了达到资源共享的目的，在至少两台计算机之间的连接。所有的网络都是基于共享的概念。

3.2.1　网络的类型

本节给出了两种类型的网络：对等网络和客户机/服务器网络。后一种类型你可在每一个电子商家的技术基础设施中找到的，而对等则是以自用为目的的小型企业网络的简化版本。了解了这种设计，我们会更容易认识到客户机/服务器架构是电子商务的支柱。

1. 对等网络

在**对等网络**（peer-to-peer network）中，计算机被平等地连接，没有中央服务器或者控制器。任何计算机可以在任何时候与在同一网络中的任何其他计算机以任何方式共享它的资源。用户是网络的管理员，因为他们控制了驻留在自己计算机上资源的访问权。由于这种安排的灵活性，对等网络会导致制度上的混乱，而且安全也将成为问题（见图3-2）。

作为规则，对等装置连接要少于10台计算机。例如，对等网络对于一个牙科诊所或一个旅行社是合适的。随着用户的增加，对等环境就不实用了。试图去访问任何特定计算机上的资源的用户越多，在网络上被访问用户的机器性能就越差。比如，一个用户的打印机在网络上是可访问的，但每当网络上的另一用户给那个打印机发送作业，它的速度就减慢了。

另一个缺点是信息的状态。由于每台计算机都表现得像一台服务器，对于用户来说，很难知道什么计算机上有什么信息。文件备份也有难度。网络上的每台计算机不得不备份自己的数据，这使得整个过程没有效率且难处理。与这些不利因素相反的是显而易见的好处：低成本和易于安装、保护自己资源的能力以及允许用户担当他们自己网络的管理员。表3-1是对等网络优点和缺点的总结。

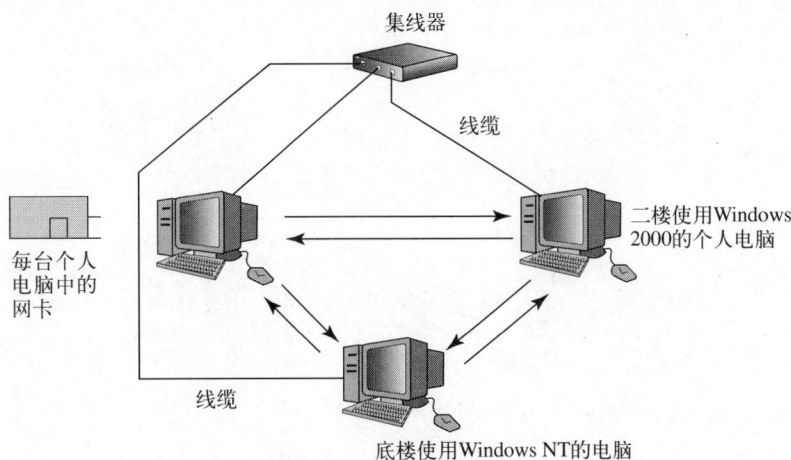

图3-2 一个基本的对等网络

表3-1 对等网络的利弊

主 要 优 点	主 要 缺 点
• 用户可以控制他们自己的共享资源	• 网络安全措施一次只适用于一台计算机
• 容易安装	• 每当网络中的计算机被访问，它的性能就会受到影响
• 容易配置系统	• 在每台计算机上要分别进行备份来保护共享资源
• 购买和操作便宜	• 在网络上的每台机器上，用户不得不使用独立的密码
• 不依赖某个专门的服务器	• 没有集中化的设备来定位、管理或者控制数据访问
• 对于10个或更少用户的小型企业是很好的	
• 建立这样一个网络你所需要的仅仅是一个操作系统和一些网线	
• 无需专职的网络管理员	

2. 客户机/服务器网络

服务器只是一个有专门用途的计算机或为某一功能——处理客户的请求而专门设计的硬件和软件，**客户端**是在同一网络中连接在服务器上的任何计算机或工作站。客户机/服务器网络（client/server network）的主要优势之一是对于网络资源的集中控制。

所有的程序和应用软件驻留在服务器上。比如，一个客户可能会向服务器发送一个使用Microsoft Word的请求，服务器则允许客户下载Word中的可执行部分。当工作完成，程序就被上传到服务器上作备份及以后的使用。一个客户机/服务器系统是一个多用户的环境。多个授权用户可以访问任何驻留在服务器上的程序和应用软件（见图3-3）。

服务器是具有物理和逻辑安全的高速计算机，具有控制谁来访问什么资源的能力。服务器提供了对于用户密码和当前账户集中化的验证。要访问服务器上的一个应用软件，用户必须提供名字和密码到服务器中核实用户证书的域控制器。整个设置由网络管理员来监控，他是唯一有权对密码进行修改和分配密码的人。客户机/服务器网络设计的利弊在表3-2中进行了总结。

和对等设计相比，客户机/服务器网络花费更多，需要更多知识丰富的维护人员来管理。如果它垮了，会给每个人都造成问题。当10个以上的用户必须要共享网络资源时，当需要集中化的安全和控制时，当用户需要经常访问专门的服务器时，客户机/服务器网络是合适的。

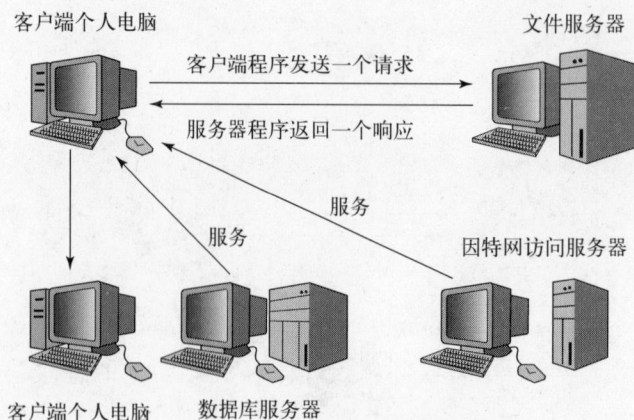

图3-3　客户机/服务器网络

表3-2　客户机/服务器网络的利弊

主 要 优 点	主 要 缺 点
• 对于10个以上的用户是理想的	• 网络的失败就意味着客户端无能为力了
• 集中化的安全访问和控制	• 需要专门的维护人员来管理专门的硬件和软件
• 比对等网络更简单的网络管理	• 由于有了专门的硬件和软件架构，比对等网络
• 用户只需记住一个密码	需要更高的成本
• 当用户的计算机之间的距离不很接近时是完美的	
• 比对等网络更有伸缩性（可升级能力更强）	

3.2.2　IP地址

一个网站的地址包括了网站所在计算机主机的名称。这个地址看上去就像这样：www.wachovia.com。每一个主机都由一个主机号码（即IP地址）来确定，这使它区别于其他主机，而名字比数字更容易记忆。要传送一个消息，源主机（发送者）无需理会目的主机的位置，只需要知道目的主机的官方IP地址。

IP地址由一个32位的字符串（0和1）组成。因为不可能去记住这么多位，就使用点分开的十进制符号来表示相同的地址。以下是用十进制符号创建一个IP地址的主要步骤。

(1) 取一个最原始形式的IP地址：10111111010101010100000000001100

(2) 将32的字符串分为4个8位的块或者说4组8比特组。

　　10111111 01010101 01000000 00001100

（在计算机内存中，一组8位被称为一个字节；在数据网络中它被称为8比特组。）

(3) 表示出每一组。

IP地址包含了4组由点分开的数字。十进制数字代表了那些比特并且更容易记忆。这些数字可能是计算机友好的，但不是人类友好的。出于这个原因，人们引入了另一种形式的因特网地址，即主机名。它包含了多个由点分隔的文本标识符。在操作上，它满足了一个相同的目的，即代表一个计算机主机。比如，191.170.64.12 代表主机 peersbrewer@net.net。

在美国，传输线路和路由器都被商业组织所拥有。为了使用因特网，计算机必须连接到一个叫做因特网服务提供商（Internet service provider, ISP）的组织。当你发送了一个消息或者从别的计算机主机上请求信息时，你将会拨号到ISP，它的路由器将你的计算机连接到那一台计算机主机的路由器上。这可能会涉及中介路由器，将你的消息通过路由器跳跃到最终的目的地（参见图3-4）。

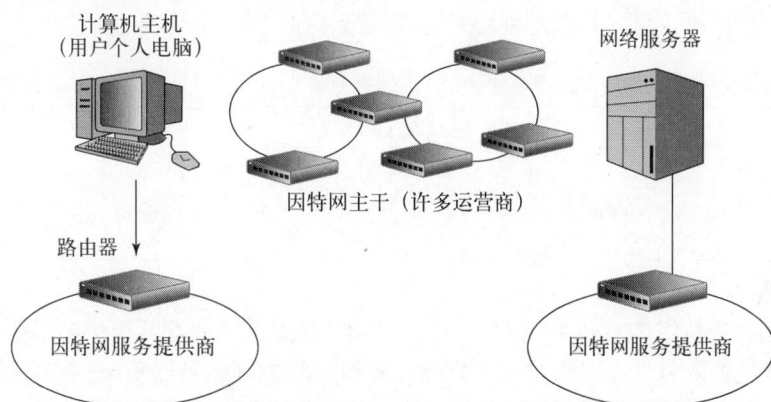

图3-4　发送消息和因特网服务供应商

3.2.3　网络与数字

看一下这个电话号码：434-924-3423。你明白了吗？最初的6个数字确定了电话局的位置。434-924是弗吉尼亚的夏洛特维尔。最后4个数字在这个电话局是独一无二的电话号码。因特网的主机号码也是用相似的方法构成的。我们的主机号码191.170.64.12可以分为两个部分：网络部分和本地部分。开始的两个数字是网络部分，表示了组织的独一无二的IP地址。剩下的两个数字是这个组织给它自己操作范围内计算机赋予的两层IP地址。

举例说明，弗吉尼亚大学独一无二的IP地址的网络部分是由一个IP地址寄存器分配的，是191.170.0.0。开始两个十进制数字是地址的网络部分，那个网络的每个主机的IP地址必须以那个网络序列开始，它们成为这个大学中每个主机IP地址的开始16位。接着这个大学给每个学院、部门分配了独一无二的第三个十进制数字（即8位子网）。比如，商学院可能分配到64作为IP地址的第三部分，191.170.64.0。从学校的角度来看，64是学校IP地址的本地部分。

依次，商学院也给它的范围内（系、实验室计算机等）的每台个人电脑分配了一个独一无二的IP地址（第4个十进制数）。所以某一个系的员工的电脑，如果作为主机计算机，可能是191.170.64.12。商学院中任何其他的系的员工会拥有一个由前3个十进制数字加上第4个独一无二的十进制数字构成的IP地址。这就像父母和孩子的关系，第4个十进制数（比如12）是64（商学院）的孩子，商学院的十进制数是64，它又是弗吉尼亚大学191.171的孩子。从右到左来读这个IP地址：

191.171	.64	.12
（网络部分）	（本地部分或者子网）	Bob Johnson的个人电脑
弗吉尼亚大学	商学院	

3.2.4　网络与大小

32位IP地址自己并没有告诉你有关网络的大小、子网、主机部分的信息。由于一些网络比其他网络具有更多的主机，将网络分为3种大小：A类（大）、B类（中）和C类（小）。还有一种D类的多播网络。请看表3-3，IP地址的最初几位说明了它是A类、B类还是C类网络上主机的IP地址，抑或是D类的多播地址。在我们的IP地址例子中，第一个8比特组是10111111。最初的两位（10）说明了这个IP地址是一个B类的地址，这两位和剩下的14位是在网络部分的，后16位（两组8比特组）是在本地部分，而且最多可以有65 000台主机在网络内。

表3-3　IP地址分类

类　别	初 始 位	网络部分剩下的位	本地部分位的数量	最大的网络数量	网络中最大的主机数量
A	0	7	24	136	16 000 000
B	10	14	16	16 000	65 000
C	110	21	8	2 000 000	254

1. A类网络

如果第一个8比特组的首位是0，你可以说这个IP地址代表A类网络中的一个主机。它留下了7个位或者说216（2^7）种可能的A类网络。每个这样的网络可以负担1 600万台主机。

2. B类网络

表示B类网络中主机的IP地址的第一个8比特组是以10开始，它在网络部分留下了14个位来表示16 000多个B类网络。剩下的在主机部分的10位使得每个B类网络可以拥有65 000多台主机。由于这种网络将16位分给网络部分，16位分给本地部分，这种分法平均，从一出现就开始流行。事实上，至今它已经用尽了。越来越多的IP地址分配是按一种新的方法得到，叫做无类域间路由（classless inter domain routing，CIDR）。使用CIDR，一个IP地址可以用来制定多个IP地址。一个CIDR的IP地址以斜杠结束，紧跟着的是一个叫做IP前缀的数字。比如，CIDR的IP地址147.200.0.0会被表示成147.200.0.0/12。IP前缀/12可以定为2^{12}或者说4 096个C类地址。

3. C类网络

表示C类网络中主机的IP地址的是以110开始。网络部分有24位，其中3位用来表示类别，剩下21位没有被占用的位允许有多于200万个的C类网络。由于拥有了巨大的网络数量，C类网络给每个网络只剩下了8位（2^8）或者说254台主机。在20世纪70年代和80年代，当大型机流行的时候，小数量的主机是合情理的。随着将个人电脑作为主机的数量的增加，每个网络中拥有有限数量的主机几乎就没用了。开发CIDR就是为了解决这个问题。

4. D类网络

D类地址是以1110开始并用作多播。和分组只走向唯一的IP地址的单播不同，多播意味着分组被广播到子网内所有的主机上。

3.2.5　区名和域名

因特网的名字是从右至左解码的。比如说，因特网的名字www.virginia.edu，最右端edu是一个区名（zone name），这说明了这个站点是个教育站点。接下去是virginia，这是弗吉尼亚大学的名字。主机的名字系统也是差不多平等的。在这里，virginia.edu，一个拥有18 000个学生的大学，和其他诸如哈佛、达特茅斯、耶鲁一样。在因特网的眼中，并不考虑它们的规模和荣誉，它们都是一样的。和区名相对的是域名。一个像www.Virginia.edu的地址就是域名（domain name），它包含了用点分隔开的两个或以上的单词组。域名最特别的部分是最左边的部分（在这个例子中是Virginia）。www说明这是一个万维网地址。

区名以两种方法分类：3个字母的区名和2个字母的区名（见表3-4）。在美国，多数因特

网站点属于这两个分类之一。2个字母的区名是国家代码，也是在因特网名字中最后出现的。 77
比如，贝鲁特美国大学（黎巴嫩）是www.aub.edu.lb。3个字母的区名是组织的类型。比如，
www.dell.com是一个商业组织的名称。

表3-4 区名实例

流行的3个字母的区名		流行的3个字母的区名	
com	商业组织	mil	军方机构和站点
edu	学院和高校	net	网络接入供应商
gov	美国政府机构和部门	org	任何其他站点和组织，多数是专业协会
int	国际组织		
常见的表示地理位置的2个字母的区名		**常见的表示地理位置的2个字母的区名**	
au	奥地利	it	意大利
be	比利时	jp	日本
ca	加拿大	lb	黎巴嫩
dk	丹麦	ru	俄罗斯联邦
fl	芬兰	es	西班牙
fr	法国	sy	叙利亚
de	德国	ch	瑞士
cn	中国	uk	英国
in	印度	us	美国
il	以色列		

来源：经Slashdot.org许可后使用。

3.2.6 怎样选取并注册域名

事实上，每个企业都可有一个网站。选取一个什么样的域名会影响站点的访问量以及在
搜索引擎中的排行。如果你卖香蕉，那么就把香蕉放在你的域名里。就像花样滑冰比赛，因
为搜索引擎使用了一种计分系统即算法，而你的域名相当于三周跳着陆，会直接影响你的得
分。如果域名体现了企业中最重要的部分，你的站点在搜索引擎中排行就会比较高。以下是
一些值得考虑的建议。

- 如果要卖砖，选取的域名要包含类似于砖（brick）的单词（比如www.brickstore.com）。
  如果有人在寻找bricks，你站点的排名就会靠前了。 78
- 考虑名字的长度和记忆的容易度。记住，虽然像www.readybrick- andsupplies.com这样
  的域名太长了，不便把它放在名片上，也不容易记忆，但是在搜索引擎中它能得到较
  高的排名。
- 一个或多个连字符号出现在域名中可以强行使搜索引擎发现你域名中的关键字，这样
  你的网站在搜索引擎给出的结果中就会表现得更好。
- 确定你的域名对于Web用户来说是好记且好找的。
- 域名应该暗示了你的产品或服务的特性。
- 域名应该像商标那样，阻止你的竞争对手使用它作为企业名称。
- 域名应该和别的企业的商标没有法律冲突。

简而言之，域名应该简短、容易找到、容易发音、体现你的智慧，并且好记。说到所有

权，必须保证你自己是这个域名的注册人。通常，一个网站设计公司会为你注册域名，而他们是以自己的名字注册而不是你的。

一些网站会告诉你是否你想要的域名已经被注册了。比如，去www.8.95domains.com，在提示处输入你想要的域名，看看这个名字是否还能注册。另一个网站www.FasterWhois. com也能查出你想要的名字是否已被注册。想要廉价地注册域名，请去www.registerwizards. com或者www.data393.com，你会没有任何困难地注册好域名。本人的网站是在站点www.internic.net/alpha.html注册的，这是最流行且可靠的注册网站之一。

3.3 信息转换

使用协议、标准和其他通过网线将数据分组传送到目的地的信息传送软件，可以传送电子商务中的消息、发货单和其他信息。请看邮局服务。当你要把一个包裹寄给某人，你要把东西打包在一个箱子中并且写明收货人的地址，你还要写上你的地址以防包裹被拒收，或者收货人的地址错误包裹不得不被退回。邮局将包裹从寄送局用卡车送到一个中央处理处。然后包裹通过飞机或者卡车送到一个又一个邮局，直到抵达离收货人地址最近的邮局。到了那儿，就可以亲手将它交付给收货人。

因特网以一种极为相似的方法运作。当你向另一个主机发出消息，这个消息就被嵌入一个或多个分组，并通过路由器发送。路由器会分辨出它的目的地址并把它发送到另一个路由器，如此接力下去，直到到达主机计算机。消息用电子化方式从网络的一部分转发到另一部分是常见的。为了标准化管理电子通信的方法，我们已经制定了规则来保证成功的传输和交付。

3.3.1 分组和协议

让我们再一次使用邮局来进行类比。假如你想将一个2.3千克（5磅）的包裹送给一个在乌兹别克的朋友。在最后从法兰克福启程的旅行中，包裹只能通过乌兹别克航空公司空运过去，而这个航线要求任何包裹的重量不能超过1千克（2磅）。你将这个包裹拆分为3个更小的包裹，并按顺序将它们标记好，然后发送。当它们抵达时，接收者可以按照它们的标记重新将它们组织好。

在因特网术语中，所有通过因特网发送的数据都是以分组来发送的。技术上来讲，一个**分组**是一个比特序列，携带了区分传送的数据的信息和数据本身。单个分组包含了一个头来记住它所携带的真实数据。一个分组的一般大小在100和2 000组8比特组（字节）之间，而它的典型大小是1 536组8比特组，这是由于以太网的限制（以太网将在这个章节的后面讨论）。比标准大小的分组大的消息将被拆分为一连串分组来传输，在目的地再将这些分组组装起来。

分组和**网际协议**（Internet Protocol，IP）有一个共同点：二者协作才能工作，缺一不可。比如，当A打电话给B，B通过说"喂"来回应，所以"喂"就是接电话的协议。**协议**是运行在每个结点和计算机上的软件，它允许每一对计算机只知道对方IP地址就可以直接通信。

用来连接IP的协议有许多功能。它们被称为网际协议集，或者是传输控制协议（transmission control protocol），或者说TCP/IP。这是因特网上最常用的协议集，这将在本章的后面解释。

分组交换是因特网通信的一个基本术语，它涉及两台相互通信的计算机之间数据交换的方法。这个技术把数据分割为多个分组（数据报文），每个分组中还包含了诸如源计算机和目的计算机的因特网地址之类的控制信息。一旦被装载，它们就会在网络上独立地进行传送，并在目的计算机重新装配成原始信息。带宽是分组传输必需的媒介。

可以想象，分组交换使得多个计算机更有效、快速、精确地共享网络。这样一个设置的主要问题是，在网络堵塞的时候，有些分组可能会丢失。堵塞导致了延时（等待），这个过程中就会产生分组的复合损失。考虑到可能产生的混乱，应该说因特网电话（通过因特网打电话）的实现是很了不起的事情。

请记住，因特网并不是一个单一的大网络，它是一连串内部连接的网络（因此得名），使用专门的设备即路由器将分组从一个网络传送到另一个网络。

3.3.2 网际协议：OSI参考模型

现在你对协议有了了解，就需要知道电子商务所使用的协议和标准。在1978年，国际标准化组织（ISO）给出了一个定义因特网如何工作的7层模型。这个模型叫做OSI**参考模型**（OSI reference model），其中OSI代表开放系统互连（open-systems interconnection）。每一层有专门的网络功能，处理通信过程中不同的部分。这意味着两个不同的网络，如果支持了一个相关的层的功能，便可在那一层进行数据交换。这个模型在1984年被修改后成为了网络通信的国际标准。 80

理解OSI参考模型最好的方法是你正在个人电脑上向商家的网站上请求信息。携带Web服务器的IP地址的消息通过一系列层，从应用层一直向下穿过物理层（在那里它通过电子网线传递）然后又向上达到Web服务器对应的相同的层（请看表3-5）。一旦信息被找到并确认，它会在几秒钟内按相反的顺序返回到你的个人电脑上。一个记住这些层顺序的方法是记住这个词组"Please Do Not Throw Sausage Pizza Away（请勿扔掉香肠比萨）"（PDNTSPA），这些字母分别代表了物理层（physical）、数据链路层（data link）、网络层（network）、传输层（transport）、会话层（session）、表示层（presentation）和应用层（application）（请看表3-5），每个单词的首字母会帮助你记住每一层的序列。现在让我们来了解每一层。

表3-5 OSI参考模型

层	处理的信息	TCP/IP协议
7. 应用层	应用消息	HTTP、SNMP、FTP和DNS
6. 表示层	压缩的数据，加密的数据	
5. 会话层	会话消息	
4. 传输层	多个分组	TCP
3. 网络（因特网）层	分组	IP
2. 数据链路层	帧	以太网和PPP
1. 物理层	比特	线路

1. 应用层

应用层和在使用中的实际应用程序之间通信。这只是两个有用的程序之间互相对话。比如，电子邮件的客户浏览器程序和电子邮件的服务器程序对话，说道："把这个消息发送到ema@Georgia.com"。请记住，每种类型的程序（电子邮件）都有自己的协议。在一个接力传送事件中，应用层协议会假设下面一层（表示层）会将消息送到目的地。

应用层的标准说明了两个应用程序如何通信。应用层的主要标准是**超文本传送协议**

（hypertext transfer protocol，HTTP），它管理了浏览器和网络服务器应用程序之间的请求和响应。HTTP同样允许用户的个人电脑上的浏览器去查看一种标准的代码集，叫做**超文本标记语言**（hypertext markup language，HTML），以此来决定文本和图片如何显示。HTTP决定了一个HTML文件如何从网络服务器传送到你的个人电脑上（见图3-5）。

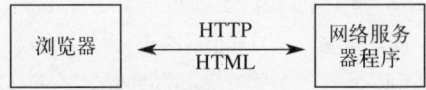

图3-5　HTTP的主要功能

应用层是用户开始做一些有用的事情的地方——浏览网站、发送电子邮件或者在文件服务器和客户端计算机之间传送一个文件。在这里，文件传送协议扮演了一个重要的角色。FTP是TCP/IP协议集的另一个成员。**简单网络管理协议**（simple network management protocol，SNMP）是一个用来在应用层控制网络设备的TCP/IP协议。**域名服务**（domain naming service，DNS）将IP地址转换成简单易记的名字给用户。输入www.virginia.edu比输入IP地址191.172.54.12简单。就像查找字典一样，DNS查找与名字相对应的IP地址，并将它发送处理。

虽然说要将你的界面与电子商家的网站连接起来，所有的层都很重要，但是对在因特网上做生意而言，应用层则是最重要的。

2. 表示层

表示层是网络的翻译器，它将数据转换成一种网络可以传输的形式。对于收到的消息，它将数据转换成接收的应用程序可以理解的形式。

3. 会话层

这一层使得在网络上通信的双方之间展开一个"会话"。会话每一端的应用程序能够为了持续会话而交换数据。这一层记录了交换的状态并且保证只有被指定方才有权参加，它加强了控制访问会话信息的安全协议。

4. 传输层

传输层管理了网络上两台计算机之间的传输和数据流。它保证当一台计算机上的程序连接到另一台计算机上的程序时，能够精确地发送和接收信息。它管理数据流的方法是通过将数据分割成多个分组（见表3-5）。如果有许多通信量在流动，它就告诉其他计算机停止。

传输层还会确认传输是否成功，同时，如果分组被破坏了或者到达有误，它还会要求重新传输。当传输结束时，它就断开了连接。

传输层的标准是**传输控制协议**（transmission control protocol，TCP）。TCP依靠下一层来处理包含数据的分组，将分组无误地移动到目的地。TCP是因特网上使用最多的标准。当你使用一个网络服务器，不管是一台个人电脑还是一台大型机，你的个人电脑将使用TCP和它通信。HTTP也会在传输层要求使用TCP标准。

在保证数据从一台计算机传送到另一台计算机之外，TCP还控制着流量。有时候，一台速度较快的计算机发送数据的速度太快使得速度较慢的接收计算机来不及处理。TCP就会减缓数据流到达，与速度较慢的计算机的速度匹配，以此来防止网络的堵塞并保证数据传输的可靠性。

5. 因特网层

因特网层跨越多个结点来传送信息，并且也会处理网络堵塞。一个典型的消息是，"将这个分组通过号码为123.32.12.14的主机发送到网络中一个中继段外的号码为190.172.63.08的计算机上"。

因特网层上的标准说明了主机和路由器如何在多个子网上或单一的由路由器连接的网络

上将一个分组从源主机发送到目的主机上。在这一层，消息被称为分组。传送分组的标准就是网际协议（IP）。你现在可以了解为什么因特网的地址被称为IP地址。

事实上，TCP和IP是两个标准，但是它们以TCP/IP形式出现，这是因为其中一种标准如果没有另一种标准就不能工作。TCP/IP是因特网上使用最广的协议。如果分组丢失了，它会自动重新发送。它定义了如何将数据分为多个分组并在网络上进行传送以及应用程序如何传送文件和电子邮件。TCP/IP提供了高性能网络的基础。

6. 数据链路层

数据链路层是因特网的"地下室"。该层处理同一网络中两台计算机之间数据的实际传输。一个典型的消息是"把这个送到号码为110.42.21.13的计算机上，我能看见它就在隔壁。"

当我们使用电话线和调制解调器拨号时，这一层的标准是**点对点协议**（point-to-point protocol, PPP）。该协议的主要工作是组帧和错误探测。组帧标记了分组与分组之间的边界。数据链路层的数据叫做数据帧。在接收端，数据链路层将物理层的数据比特打包到数据帧，发送到网络层。数据帧是因特网通信的基本单元。从上面的层传递下来的数据放在这里是为了发送，同时数据又从这里发送到上面的层。

一个比较好的发送分组的方法是通过**以太网**。以太网协议下个人电脑可竞争网络访问权，组帧和错误检测是由以太网硬件自动处理的。一个典型的以太网可以有100台计算机连接着，必须有一种方法来指明分组要发送给这些电脑中的哪一台。一种常用方法是将目的计算机的IP地址放在分组的前面。当每个分组在网络上穿梭时，只有拥有正确地址的计算机才会接收它。虽然以太网将一个消息广播给所有与之连接的计算机，但是只有具有正确地址的计算机才会回答，余下的都会避而不答。

7. 物理层

物理层是一个消息从源地址到目的地地址这个行程中最低的一层。对于输出消息，该层将比特转换成信号；而对于输入消息，该层将信号转换成比特。这里就是网线工作的地方。

3.3.3 小结

如果你是第一次看这些材料，这似乎是难以置信地复杂。的确如此，但是你所需做的只是记住你个人电脑上的消息是如何到达商家的网络服务器上的，因而可以通过因特网做生意。你能想象没有路标、限速或警察来强制执行交通规则的高速公路么？因特网同样如此。为了使信息通信更加顺畅可靠，我们需要通信标准和使来自不同提供商的系统共同工作的方法。我们同样需要在通信周期中，在每一层上传输的协议和规则。

这里有一个例子：用户A通过个人电脑发送了一个请求来访问一个公司的网页（比如，Dell.com）。个人电脑上的浏览器激活了应用层，使个人电脑上的客户端程序和网络服务器上的应用程序进行通信。在应用层，对于Web来说，标准是HTTP。应用层检查了消息及其目的地，并用一个特殊的标识符给它打上或附上标记，用来在将它发送到下一层（传输层）处理前可以跟踪它。

传输层保证了用户计算机和计算机主机（网络服务器）一起工作，而不管这两台电脑的供货商和制造商是谁。在传输层，HTTP就托管给了TCP。在消息发送到因特网层之前，如果它太大了，传输层将它分为多个块（分组）并且可以在发送时提供检查来确定它是没有错误的。这些块在它们的目的地会重新装配起来（请看图3-6）。

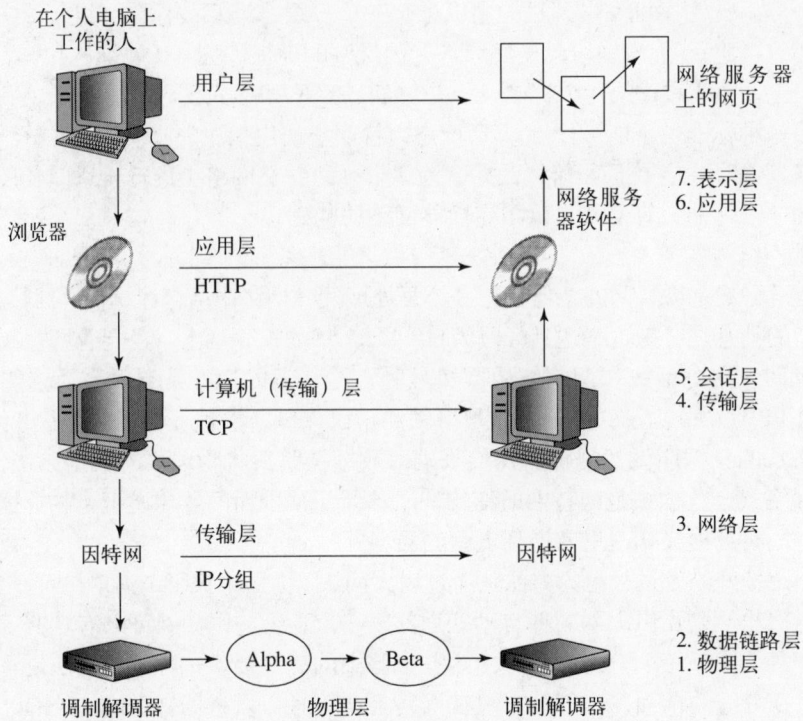

图3-6 客户请求的传输生命周期

在因特网层，系统使用IP作为标准将分组发送到目的主机（网络服务器），并把网络地址和名字转换成它们的物理等价值，通过由网络连接的一个或多个路由器来完成这个工作。这一层处理了分组交换并保证了发送一个分组的最好方法，它同样处理了网络堵塞和发送优先权，在发送分组时尽量减少了不必要的延迟。一旦离开因特网层，分组就由物理层来控制了。

物理层使用调制解调器和电话网络标准来传送以原始数据形式出现的消息到它的目的地。事实上，对于输出消息，该层将比特转换成信号；而对于输入消息，将信号转换成比特。调制解调器只用来连接一个用户主机到第一台路由器。到这里，消息才到达目的地的一半。物理层位于数据通信模型的底部。数据链路层在物理层取得原始数据（输入信息）并转换成帧向上传达到因特网层。

在用户个人电脑和第一台路由器之间使用的标准是点对点协议（PPP），该协议检查并保证消息在发送到因特网层前是完整无缺的。在因特网层，帧被压缩到一个IP分组中。这一层决定了将消息发送到目的计算机主机（网络服务器）的最好方法。在传输层，IP分组被接收，经过解压缩和错误检测后，再被发送到更高一层——会话层。

在会话层，检查消息并决定哪一台主机计算机将得到它。表示层仅仅在消息到达网络服务器之前决定了它应该拥有的格式。当消息到达了网络服务器的应用层后，网络服务器就承认收到了该消息并对其作出响应，这个公司的主页（在我们的例子中是www.dell.com）就显示在了用户的监视器上——这个行程从开始到结束不超过2秒。

3.3.4 其他网络

TCP/IP协议不仅仅受限于因特网。企业发现在创建**内联网**（intranet）或者企业内部网络时，使用TCP/IP在同一组织中共享信息也是有用的。企业希望和厂商或供应商连接建立共享数据库并使用TCP/IP来建立**外联网**（extranet）。这个基础设施是B2B电子商务的一部分。图3-7显示了因特网、内联网和外联网之间的连接。（内联网和外联网将在以后的章节中分别详细介绍。）

84
~
85

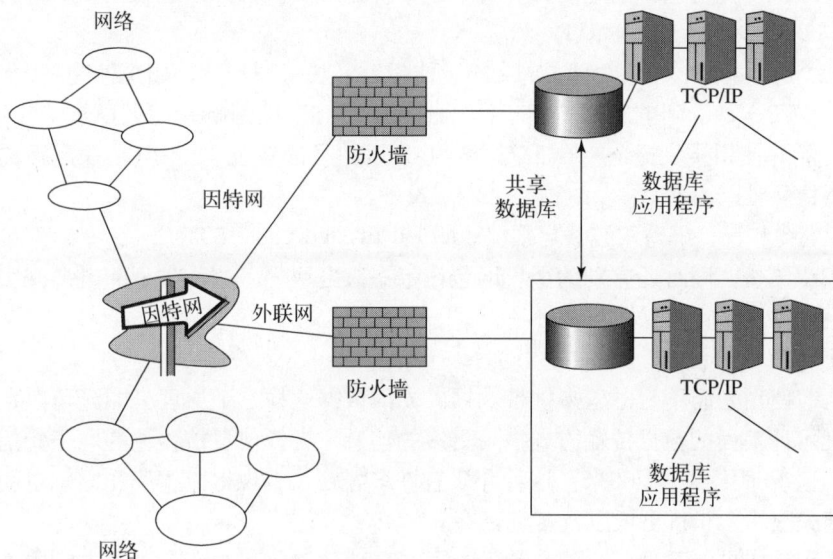

图3-7 因特网、内联网和外联网

3.4 网络硬件

至此，我们一直关注的是因特网的软件部分以及因特网是如何工作的。在系统设计中，软件是第一步需要考虑的。第二步就是评估驱动软件所需的硬件。网络硬件对于帮助信息在因特网上进行传输起了重要的作用。在最简单的形式中，一个计算机网络包括了两台或多台计算机连接到一台打印机上。在一些跨国组织中，这意味着成千的个人电脑、打印机、服务器、防火墙、路由器、交换机、转换器和网关等。这就像一个两居室的公寓和一个摩天大楼作比较。每一种硬件都起到特殊的作用，比如将一台个人电脑和网络相连、管理和发送通信、提高性能、连接一个网络中的不同部分等。

复杂的网络需要有特殊技能的人来进行有效的管理。技术能力的等级和技术团队的大小取决于网络的大小、组织的时间需求以及信息传输的类型。除非企业拥有一个小于20个用户的网络，不然这个企业至少需要一个全职的网络管理员。

3.4.1 线缆类型

网络连通性意味着数据传输的速度、网络的大小以及安装的简易。简而言之，有3种类型的网线（双绞线、光纤和同轴电缆）和无线技术。

86

1. 双绞线电缆

双绞线（twisted-pair cable）可能是美国使用最普遍的一种网线类型。它原来是用来连接电话和墙上的插孔。它是两对绝缘铜线互相缠绕在一起，然后封在塑料套中。把电线缠绕是为防止串话或自然信号溢出以及线与线之间的干扰。双绞线是电缆媒介中最便宜的，但是它容易受噪音和距离的影响。它同时也是最不安全的，意味着它是最容易分接头的。

2. 屏蔽双绞线和非屏蔽双绞线

最便宜的局域网传输媒介是铜线。保证一个完整的电子环路需要一对铜线。一对电线缠绕在一起来减少干扰问题，但是没有对抗电子干扰的屏蔽。因此，这就叫做**非屏蔽双绞线电缆**（unshielded twisted-pair）或UTP。

UTP电缆是根据5种电缆类型来定义的，使用5e（加强型）类，用来处理100 Mbit/s数据传输速率。UTP容易受到电磁和串话干扰，也容易受到衰减影响，比如说信号在100米以上就会减弱。除非使用转发器（一个重新产生并发送信号的装置），不然在一定距离之后，衰减就会使得信号难以读取。

和UTP电缆相反，**屏蔽双绞线电缆**（shielded twisted-pair，STP）在每一对双绞线外有接地的铜网或铝箔包，同时还有别的金属网包在每一束电线外。这种类型的电缆减少了电磁干扰，但是电线很厚而且难以摆放和维护。

3. 光纤电缆

光纤电缆使用光而不是电压来携带数据。光纤依据这样一个原理，即光可以在玻璃媒介中传播并且可比前面的数据传输方式携带更多的信息。光纤使要被传输的电子光信号可以在不被放大的情况下传输至少60米。这种介质有许多好处，表现得比铜线和同轴电缆出色，比如，传送遗失更少、干扰更低以及带宽更高。

当光线到达中央的玻璃核心，它就碰上了一层玻璃覆层，导致在边界上的内部反射。因为没有光逃逸，所以只有极少的衰减和几乎为零的干扰或窃听（请看图3-8）。

光纤的数据传输速度是在100 Mbit/s到2 Gbit/s之间。不用转换器，数据在2千米的距离上是可靠的。和其他类型的电缆不同，光纤电缆不但支持数据传输还支持声音和影像的传输。这些特性使得光纤电缆对于要求安全且需要在长距离上高速传输的网络是一个很好的候选者。光纤的主要缺点有：

- 它是所有网络媒介中最贵的；
- 每一个传输输入和输出数据的部分都必须包括一个输入电缆和一个输出电缆；
- 它需要有很高技能的安装人员和特别的连接器。

4. 选择标准

根据国际光纤工程协会的规范，在决定是否要使用光纤电缆时，有3种因素需要考虑。

- 衰减或者延时，由于重力的拉扯造成了信号强度的减少。对于光纤来说，光的减少是以每千米分贝来计算的。光纤胜过其他传输媒介，这是因为它的衰减低因而需要较少的放大器，而且提供了更高的带宽并且允许信号在更长的距离中传输。
- 频散，离散的波长成分以不同速率传播导致光信号的失真，这引起了波长的失真并且限制了数据等级和光纤容量。
- 模场直径（mode-field diameter，MFD），当光纤和光源耦合、叠加或弯曲时，决定光学性能的功能参数。

总之，光纤代表了未来的网络技术。它是可靠的，因为在这种媒介上的数据传输与传统的网络媒介相比最不易受传播影响。可以期待，先进的光纤技术将提供比以往更强的网络能力。

在尾端
没有缠绕   能量

每一对都会辐射到环境中，每一对又将从环境中接受辐射。相邻几对的信号就会互相干扰（串话）。将每一对互相缠绕就可以帮助减少这种串话干扰。串话最严重的是在尾端，在那里，电线没有缠绕。这就是终端串话。

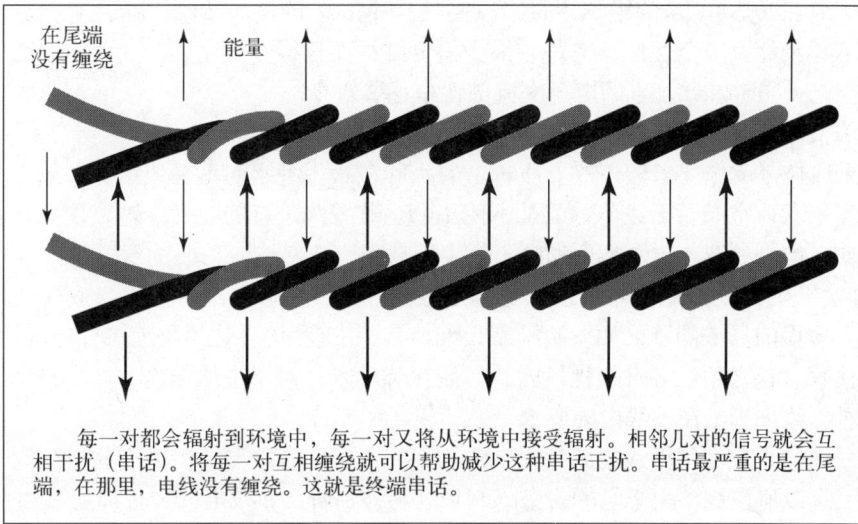

(a) 串话干扰：终端问题

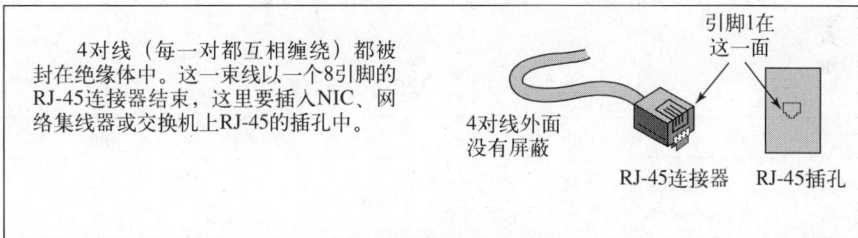

引脚1在
这一面

4对线（每一对都互相缠绕）都被封在绝缘体中。这一束线以一个8引脚的RJ-45连接器结束，这里要插入NIC、网络集线器或交换机上RJ-45的插孔中。

4对线外面
没有屏蔽

RJ-45连接器   RJ-45插孔

(b) 非屏蔽双绞线束

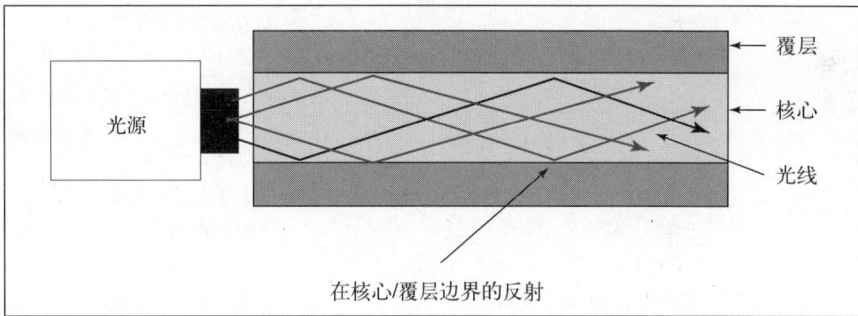

覆层

光源

核心

光线

在核心/覆层边界的反射

(c) 光纤

来源：改编自Raymond Panko, *Business Data Communications and Network* (3rd ed.), Upper Saddle River, NJ: Prentice Hall, 2001, p. 278。

图3-8 光纤电缆

5. 同轴电缆

同轴电缆（coaxial cable）是计算机连接到网络上的早期方式，曾经很好用。这也是有线电视使用的电缆。这个电缆拥有的铜芯比双绞线粗很多，所以它允许在长距离上有更高的数据传输速率。这个铜芯由一个一个塑料的绝缘体材料封住，绝缘体材料外又围绕着第二层导线，这个导线看上去就像铜网或者铝箔。外层的保护层一般用来接地同时防止里面的铜线受到干扰。

同轴电缆在长达500米的距离中可以以高达10 Mbit/s的速率传输。这种类型网线的主要缺点是它不够灵活，安全性低，但是它很少需要维护而且很容易安装。在长距离上，它也能很好地阻止电子噪音，并且它的电子支持部件也花费较少。

6. 无线技术

使用无线技术就像穿着轻便的衣服，带着水肺在水中潜水而不是使用一条长长的生命线和船只相连来获取空气。无线传输就是不使用物理装置来进行的数据传输。现在，各种无线技术在速度、信号类型、传输类型和频率（频率越高，速率越大）上各不相同。

有3种类型的**无线数据传输技术**，它们是微波、无线电波和红外线。微波传输技术用来连接不同大楼里的局域网（比如，两幢摩天大楼），在这种场合使用物理媒介是不切实际的。发送者和接收者都必须在各自的视线内，一般在48千米。对于全球传输，这个技术依靠卫星和地面卫星天线来满足在视线内的要求。

无线电波技术是使用无线电波频率来传输，它没有距离限制，但它容易受到大气和电子干扰并且受到政府控制。由于它的安全限制且容易被窃听，多数电波传输都是被加密的。

红外线利用频率进行传输并且接近光速。由于会受到强光干扰，红外线受限仅用于视线内或短距离的应用，所以经常可以在商场或办公大楼里发现它。网络电缆的利弊总结在表3-6中。

表3-6　不同类型电缆的利弊

电缆类型	优　点	缺　点
双绞线	防止串话和干扰	容易受到噪音的影响
	容易将计算机加入到网络中	安全性低
	技术容易理解	有距离限制
	比其他电缆媒介便宜	需要较贵的网络集线器
UTP	廉价	受外部电磁源干扰
	比STP容易安装	串话
		容易分接头
		会衰减
STP	减少电磁干扰	难以放置和维护
	高速传输	脆弱的电缆
光纤	可靠的传输	在安装和维护方面是花费最高的媒介
	高安全性	需要输入和输出电缆
	支持声音、影像、数据	需要特殊的连接
	尺寸最小	
	距离最长	
同轴电缆	在距离为500米时传输速率高达10 Mbit/s	固定性，较粗的电缆
	维护要求低	低安全性的电缆，比较硬
	安装简单	有限的距离
	抗噪音率高	容易分接头
	电子支持部件便宜	
无线技术	网络电缆连接的便利替代物	相对较新
微波	当物理媒介不实用时连接两幢大楼	传输者和接收者必须在视线内
无线电波	没有距离限制	容易受到大气影响及安全限制
红外线	以光速来传输	受短距离限制且要求视线内的应用
	无线数据传输	

3.4.2 网络构件

一个典型的网络有几个关键的部分，即网络接口卡（NIC）、交换机、路由器和网关。

1. 网络接口卡

在网络的用户端，个人电脑上的最直接的物理连接是网络接口卡（NIC）。NIC卡安装在个人电脑的一个插槽上，在它的后面插着一条电缆（请看图3-9）。电缆的另一端插在墙上的插孔中或直接连入网络集线器或一个小型网络的交换机中（见后文）。另一根网线从交换机连接到路由器最后完成整个连接。

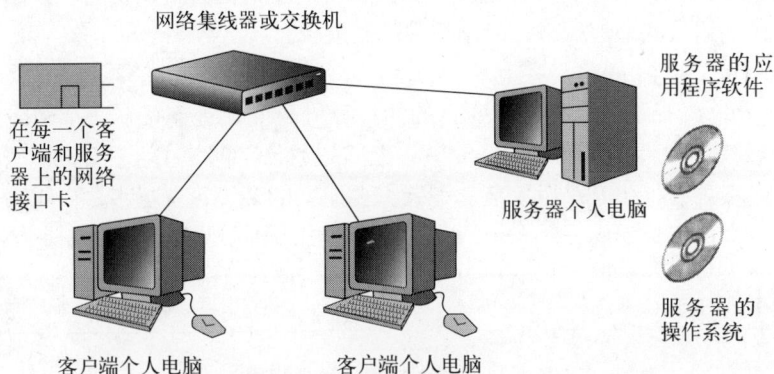

图3-9 网络接口卡和在一个局域网内的网络集线器或交换机

为了通过电话线通信，个人电脑需要一个调制解调器，它具有双重功能，可将数字信号转换成模拟形式在电话线上传输，将输入的模拟信号转换成数字信号。计算机将数据表示成比特和数字的形式而电话线是模拟的形式（请看图3-10）。

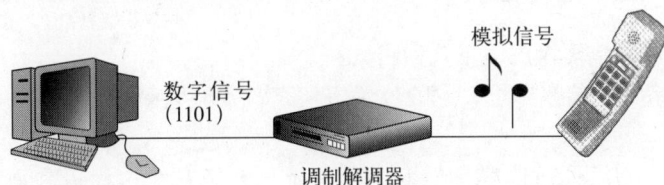

图3-10 调制解调器是如何工作的

2. 网络集线器和交换机

网络集线器（hub）是一种在OSI模型中心物理层运行的硬件，充当一个连接点，就像一条单行道，所有的汽车共用一条道路。集线器是一条同用线，所有的用户同时通信（见图3-9）。

交换机（switch）就像一条所有的汽车都可以使用的高速公路，意味着没有堵塞。不像集线器，所有的用户都在同时通信，交换机可以和特定个人电脑直接连接。集线器逐渐被淘汰了，因为它们的效率不如交换机。

3. 路由器

路由器是在OSI模型中的网络层运行的硬件，连接到网络中叫做网络段的小块，因此不同局域网络段上的用户可以互相通信。路由器常常是"智能的"，能够估计网络流量，并通过阻止本地流量进入，防止其他本地区域网络的拥塞。路由器可以做智能的路径选择，可以过滤掉不需要接收的分组。按这种方法，它可以减少网络拥塞并提高数据性能。如果默认的路径出故障了，路由器可以为分组选择另一个路径，因此路由器能使得数据传送更可靠。

路由器有缺点，那就是昂贵而且难以操作。有时，路由器的速度会变慢，那是因为它们必须对数据分组进行额外的操作。一些高级的路由器会给网络增加额外的流量，这是由于当更新路由表时会产生一个又一个的常量信息。

路由器上的**路由表**是一张来自邻近路由器的流量的记录表，因此当下一次路由器发送或接收分组时，基于存储在路由表上的信息，它可以告知是否要选择一个特定的路线。每隔几秒，网络上的每一个路由器就要商议哪个路由器和它直接连接（与它相邻）。通过比较记号，路由器会决定使用哪一条路径将分组发送到因特网络上的数百个路由器上。路由器的目的是使一个分组在到达目的地前所必需经过的跳跃数最少。

4. 网关

网关（gateway）是一个具有特殊目的的计算机，它促进连接在一个网络中的非相似系统、TCP/IP或IBM的系统网络架构（SNA）之间的通信。网关主要在OSI模型中的应用层运行。网关有许多好处，但是难以安装和配置，要比别的装置花费更多。由于网关需要额外的处理时间将一个协议翻译成另外一个，它可能比路由器或相似的硬件设备速度慢。

3.5 设计考虑

现在我们应该很清楚，网络通信功能主要是由专门设计来支持网络的硬件和软件的组合完成的。典型的硬件部分包括网络接口卡、电缆和将工作站连接到路由器和更远处的交换机。你的网站是整个网络架构的前端。要实现网络，你需要考虑各种协议以及支持硬件的应用程序序。

91
~
92

3.5.1 第一步：要牢记的因素

设计一个网络时你需要考虑以下几种因素。

- 位置——网络将安装在哪里？它的位置方便么？安装它简单与否——电缆、空间分配和其他琐事？
- 容量——网络的最优通信容量是多少？是否可升级？在这样的容量下，性能是否高效？
- 距离限制——个人电脑距离服务器最远的距离是多少？在高峰期，距离是如何影响网络性能的？如何权衡距离与安全？
- 成本——计划的网络安装的估计成本是多少？成本在客户的预算内么？隐藏的成本是多少？既然有这些成本，你将如何调整回报和投资？
- 潜在增长——为了满足客户公司的增长需要，这个网络今后是否方便扩展？这样扩展的预期成本是多少？
- 安全——预计网络的安全性如何？哪些安全措施将被一起采用？谁将负责监测安全？

3.5.2 第二步：硬件与软件考虑

当选择网络架构时，下一步要考虑下面这些因素。

1. 硬件需求

硬件包括服务器、工作站、打印机、交换机、路由器、微型计算机和备份系统。使用频率也同样重要。比如，对于一个使用率不高且增长潜力低的公司，安装一个高性能的网络环境是没有意义的。如果网络使用率较高而且这个公司预期有快速的增长，那就有必要使用智能的工作站和路由器来代替老化的终端和集线器。

2. 软件需求

这些需求主要由硬件和提供的应用程序决定。比如，如果这家公司有高性能需求的任务关键型应用，唯一的选择就是引入可以直接满足这一需求的软件。网络架构的选择取决于早先考虑的那些因素。

3. 灾难恢复和容错需求

从灾难中恢复取决于数据敏感性、文件大小以及网络的可靠程度。网络的基础设施必须受到在断电时可以临时供电的不间断电源（UPS）的保护。所有的文件服务器和CD文件都应该锁起来。冗余设备（交换机、路由器、服务器）都应该作为主要网络的备份来使用。容错意味着这个系统有一些内置特性可以允许它从失败中恢复。容错硬盘要遵循廉价冗余磁盘阵列（redundant array of inexpensive disks，RAID）的一组规格说明，它镜像了常驻的磁盘驱动。

93

3.5.3 安装成功

一个成功的网络必须在事先计划好。下面是要做的一些事情。

- 对当前的技术和必须在一开始时就要提出的限制作调查。
- 记录网络需求，包括使用中的计算机数量、需要的外围环境、使用中的软件、需要资源共享的级别等。
- 确定网络操作系统。这个将决定文件服务器硬件的类型以及系统支持的传送协议。
- 确定文件服务器硬件平台。这意味着要估算用户流量以及特定的技术将支持这个负载的效果如何。任何选择的文件服务器都必须受到网络操作系统的支持。
- 决定物理环境和客户支持。用户和公司需求规定了文件服务器、路由器和交换机要放在哪里以及在哪里维护。

3.6 管理因素

寻找一个合格的团队来管理一个网络，这已经成为在计划一个电子商务系统时需要考虑的重要事项。简单地将用户连接到因特网上已经不再足够，必须得有人将系统可用性维护在一个可接受的程度；保证良好的响应时间；让网络在最优负载下运行；连续不断地传输声音和数据；还能使得经理、雇员和客户进行有效沟通，而不管时间、距离和地点。

不仅是网络管理员的工作变得越来越复杂，那些工具也越来越专业了。现在，工具帮助网络管理员通过检测、分析、测试、诊断和维护网络来保证网络性能。

图3-11给出了一个典型的支持集中式网络的网络管理系统。以下是关键部分。

- 管理器。网络管理员通过在一个专门工作站上运行的软件来管理软件。管理器的主要功能是监控网络上的打印机、路由器、交换机和其他软件和硬件。在一个简单的网络中，管理器使用一个简单的管理协议，比如简单网络管理协议（SNMP）来控制管理器和代理通信的方法。在应用层，这是控制网络设备的方法。
- 受控结点。管理器监控结点或者监控一个叫做**代理**的软件，该软件代表结点和管理器通信，这就像代表职业运动员进行谈判的一个经纪人。
- 对象。受控结点上的端口，代理将它表现给管理器。管理器和代理通信会请求一个特殊的端口或者一个被交换机禁用的端口。通过SNMP，管理器可以向一个文件服务器代理询问有关一个类似于打印机的装置的状态以及打印设备是否已经准备好。

- 管理信息库（management information base，MIB）——另一个定义对象的软件，基于最初的数据库设计而可能存在。每一个受控结点上的MIB包括了有关结点对象的信息。听上去很困惑？的确是，尤其是当你需要了解数据是如何存储、如何被访问。
- 请求和响应——网络管理系统的一个方面，使用SNMP允许管理器和代理通过先前建立的周期进行工作。代理给它收到的请求发送响应，发送请求的数据或者发送一个出错消息。如果代理感应了一个管理器应该了解的条件，它就发送一个消息（称为**陷阱**）来警告管理器。

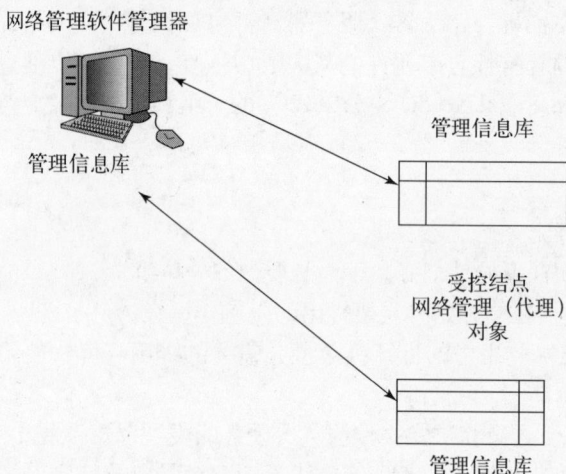

来源：根据Raymond Panko, *Business Data Networks and Telecommunications*（4th ed.），Upper Saddle River, NJ: Prentice Hall, 2003, p. 329。

图3-11 一个典型的支持集中式网络的网络管理系统

我们已经建立了比我们能够管理的大得多的网络。当问题出现时，需要几个小时来找到原因，所以必须要具有一定技能的技术人员和受过高度训练的专家来监控、诊断和修复网络，以保证网络在所有时刻都可靠。公司需要有统一的政策来控制服务的质量和安全。我们正在进入一个需要纪律约束的网络管理时代，拥有大批智能设备和新技术，以及更快更可靠的因特网。

3.7 电子商务问题

在高成交额的电子商务中，安全管理是一个时刻值得警惕的过程，关键是防火墙安全、入侵检测以及各种破坏网络互联环境安全问题。一些值得提及的暴露问题包括以下几方面。

- 财务暴露。该问题对于一个公司会导致不可挽回的金钱损失。想象一下，一个失意的IT管理人员在被解雇后对公司的计算机系统进行破坏，可能导致百万元的损失。
- IP暴露。易于识别的IP地址使一台联网计算机极易受到黑客攻击。
- 法律安全。任何人都可以访问丰富的信息，导致了对非法使用版权和违法的风险的担忧日益增长。公司有责任对因特网上的私密信息的安全提供足够的保护。
- 分组嗅探。外来者使用程序来窃取整个公司网络上的信息。这种专有信息被无授权者截取会给公司导致巨大的损失。

- 防火墙。一种保证企业信息安全的方法是使用防火墙。防火墙的作用就像是内部网络和因特网之间的媒介，它控制哪些分组可以流通到网络中。分组过滤防火墙检查了IP分组的域并筛选出有效的源地址和端口号码等条目。应用程序防火墙是特殊的应用程序，也被视为代理防火墙。代理防火墙通过截取输出分组并通过把它们自己的IP地址附加上去来隐藏客户个人电脑的IP地址，从而减少IP暴露。

- IPSec。IP安全（IPSec）是一个标准集，它允许通过虚拟私有网络（VPN）来改进分组过滤和开启应用层防火墙来更好地进行主机验证，通过使用IPsec认证头附加到实际的IP地址参见(Interhack.net)。

- 入侵监测系统（intrusion detection systems，IDS）——这个安全工具就像一个看门狗，对于那些没有授权的活动，首先辨别可疑活动、提醒管理员并对攻击进行回击。IDS常常被分为两种类型：基于网络的IDS，检查通过网络的分组；基于主机的IDS，监控个人电脑上的文件记录和数据。两种类型各有千秋。

3.8 管理启示

因特网技术和网络研究领域一直吸引着最有才华的人，该领域的岗位缺口要比合格的人才还要多。选择任何一个IT工作，无论该职位的头衔是什么，很可能都会以各种方式卷入网络中。每个公司都希望比竞争者有更快更好的技术，这种的需求使它成为一个很多人向往的就业岗位。大多数工作都是新的，它们由连续的电子商务浪潮所触发，尤其是B2C和现在的B2B电子商务。

在因特网和电子商务所需的技能中，仅仅技术是不够的。大多数企业寻找的是具有较好项目管理技巧、人际交流技巧和业务知识的候选人，甚至人文或商业背景的具有较好计算机经验的大学毕业生也是有吸引力的候选人。

对TCP/IP有经验的优秀网络设计师和人才并不容易找到。因此IT招聘人员到哪里去找所需的人才呢？除了招聘公司，第二好的资源是因特网广告和因特网就业站点。电子商务公司和那些正在开发B2B应用的公司已经走在了前列。许多按合同制工作的有经验的Java程序员每个小时至少挣100美元，任何在电子商务中注重网络和网站设计的公司对那些有技能并拥有艺术学位、懂得一些电脑动画知识的人都有旺盛的需求。

找到了必需的技术人才后，企业必须找到一个方法来留住它的IT职员。定期的培训和使用最新技术工作的机会可能是最好的动力。良好的福利是很重要的。对做得好的工作的承认、宜人的工作环境以及一个和IT团队好的工作关系都会促进工作满意度。

下面是留住因特网技术人员的几个小窍门。

- *建设性的和及时的反馈。* 在管理和激励技术人员中最重要的是持续的且有建设性的日复一日的反馈，对于一些新的雇员来说尤其如此。反馈还可帮助人员发展新的技能而后晋升到更具挑战性的位置。

- *承认并欣赏较好的能带来增值的工作。* 赞美是个强心剂，爱听溢美之词这是人类的本性，尤其当它及时来到时。一个简单的来自内心的感谢常会使一个不知何去何从的项目重新开始。

- *捍卫员工理想。* IT中的捍卫者是那些能抓住每一个机会把一个项目推销给组织中更高层的人。有时候，高层管理者们不批准某个项目，是因为不知道项目有什么用处。IT经理要让那些管理者保持对项目的兴趣，并通过案例、橱窗或者对已完成的部分工作进行在线显示来加深取得进展的印象。

- 员工职业目标的支持。技术员工应该不仅有机会参加培训来提高他们自己的能力，还应该有能力来使用这些技能。应该用创新机会而不单是钱来鼓励技术人员。
- 使业界薪水标准和内部人员的薪水相匹配。无论IT人员的待遇有多好，提供一个有竞争力的薪水和具有吸引力的福利来阻止其跳槽至竞争对手那里仍然是很重要的。许多企业提供签约奖金、股票期权、宜人的办公环境、有弹性的时间和其他许多机会来保证工作的满意度和对企业的忠诚。最终，它需要敏感度、交流技巧、及时反馈以及对人员及其职业有真正的兴趣，这样才能使一个部门或一个公司成功。

97

小结

1. 网络是以共享资源为目的而在至少两台计算机之间的连接。有3种类型的网络：局域网（local area network，LAN）、广域网（wide area network，WAN）和城域网（metropolitan area network，MAN）。这些网络可以是对等、客户端/服务器或混合型的网络，每种都有长处和短处。

2. 在美国，传输线路和路由器都是由商业组织拥有的。要使用因特网，计算机必须连接到因特网服务提供商（ISP）。ISP的路由器将计算机和因特网上的其他计算机主机相连。

3. 因特网的主机编号被分为两个部分：网络部分（开始的2个数）和本地部分（后面的2个数）。这4个数字由点分开。IP地址的最初的比特说明了它是在A类、B类还是C类的网络上，抑或是一个D类的多播地址。

4. 使用协议、标准和其他以分组的形式将信息通过电缆传输到目的地的软件，把消息、货品计价和其他信息在因特网上进行传输。

5. OSI参考模型是一个7层的模型，它定义了网络的基本功能：应用层、表示层、会话层、传输层、因特网层、数据链路层和物理层。

6. 传输层的标准是TCP，它是因特网上使用最多的标准。它处理了流量控制、顺序保证以及可靠性和完整性问题。

7. 通过电线通信，需要一个调制解调器，它将数字信号转换成模拟形式来传输，又将输入的模拟信号转换成数字信号。为了完成传输的基础设施，使用集线器来连接个人电脑和路由器进行传输。路由器是将网络连入网段中的一种智能硬件，这样不同局域网上的用户就可以互相通信。

8. 在设计一个网络时，有多个因素要考虑：地点、容量、距离限制、成本、潜在增长和安全性。

9. 在选择网络架构时，有多个因素要考虑：硬件需求、软件需求、灾难恢复和容错需求以及公司文化和组织因素。

10. 网络管理最主要的是公司需要有这样的工作环境，使得技术人员发现长期工作是有利的，而且会为合格的员工提供晋升机会。

关键术语

- 代理（agent）
- 客户端（client）
- 客户机/服务器网络（client/server network）
- 同轴电缆（coaxial cable）
- 域名服务系统（domain naming service，
- 网络接口卡（network interface card，NIC）
- OSI参考模型（OSI reference model）
- 结点（node）
- 对象（object）
- 分组（packet）

DNS）

- 以太网（Ethernet）
- 外联网（extranet）
- 光纤电缆（fiber-optic cable）
- 帧（frame）
- 网关（gateway）
- 主机名（host name）
- 集线器（hub）
- 超文本标记语言（hypertext markup language，HTML）
- 超文本传送协议（hypertext transfer protocol，HTTP）
- 网际协议（Internet protocol）
- 内联网（intranet）
- IP地址（IP address）
- 调制解调器（modem）
- 管理信息库（management information base，MIB）

- 对等网络（peer to peer network）
- 点对点协议（point to point protocol，PPP）
- 协议（protocol）
- 路由器（router）
- 路由表（routing table）
- 服务器（server）
- 屏蔽双绞线（shielded twisted pair，STP）
- 简单网络管理协议（simple network management Protocol，SNMP）
- 交换机（switch）
- 传输控制协议（transmission control protocol，TCP）
- 陷阱（trap）
- 双绞线电缆（twisted pair cable）
- 非屏蔽双绞线（unshielded twisted pair，UTP）
- 无线数据传输技术（wireless data transmission technology）
- 区名（zone name）
- 网络（network）

理解题

1. 什么是网络？它和因特网有什么区别？请详细阐述。

2. 请区分下列概念。

   a. 分组和IP地址

   b. 协议和TCP/IP

   c. 路由器和集线器

3. 局域网、广域网和城域网在哪些地方相似？请详细说明。

4. 解释NIC卡的功能。为什么每台个人电脑或工作站都需要它？

5. 总结对等网络的主要好处和缺点。

6. 对等网络和客户机/服务器网络的区别在哪里？

7. 解释ISP在因特网中的作用。

8. 一个32位IP地址会告诉你网络的大小吗？为什么？

9. 用你自己的话解释计算机是如何在因特网上通信的。

10. 描述连接到网络上的电缆类型。

11. 越来越多的网络安装使用光纤了。你认为这是趋势吗？为什么？

12. 无线传输的特点是什么？请详细说明。

13. 简要地列举并解释网络的主要部件。

14. 在设计一个网络时需要考虑哪些因素？请讨论。

15. 描述一个典型的网络管理系统的主要组成部分。

16. 下面哪些是描述LAN的，为什么？

　　a. 在全球范围内连接网络

　　b. 一组计算机布置在一个小型的物理区域内

　　c. 使用WAN将一个地理范围内的网络连接起来

17. OSI参考模型的哪一层将数据转换成通用类型用于网络传输？请解释。

18. OSI参考模型的哪一层管理流控制和错误检测？请详细说明。

19. 哪一个协议被视为传送协议——SNMP，TCP或者HTTP？

98
～
99

20. 3种类型的电缆中，哪一个最容易引起串话——同轴电缆、光纤或5e类非屏蔽双绞线？

21. 计算一个实际网络安装的成本并给出你的调查报告。确定里面包括了劳动力成本。

讨论题

1. 考虑网络的概念和这一章所提到的材料，从中你可以得到哪些适用于中小型组织（如地区性的银行）的管理启示？

2. 已经进行了许多调查来决定2005年最希望被使用的技术。阅读杂志和查找因特网，写一篇三页的报告反映2005~2006年最新事物。

3. 你是一个从大城市的某大学毕业的主修IT的毕业生。你毕业后被分配去设计一个小型文科大学的网络，这个大学只有5个系（理学、商学、宗教、政治学和历史），有800个学生，位于一个只有9 000人口的小城。你母校网络的哪些部分可以适用于你的新客户？哪些部分不适用？请详细解释。给出某个系的基本局域网框架。

4. 政府部门的网络和传统商业组织的网络有什么不同？请详细解释。

5. 网景和微软在网络浏览器市场正在争夺领导者的位置。在因特网上查找有关两个公司的产品和策略。写一个两页的报告来解释为什么这种竞争对客户是好的（或者不好的）。

6. 一个公司决定使用网络运作使得可以在因特网上卖各种产品。在你推荐这个公司必须要安装的网络基础设施前，你需要了解什么？请详细说明。

Web练习题

1. 对于基于服务器的网络，以下两个论断哪个是正确的？基于服务器的网络可以随着企业的增长而增长。可以实现集中式安全策略来保护网络资源。

2. 和附近的网络服务提供商（ISP）联系并确定将一个公司的内部网连入因特网的程序和成本。

3. 考虑以下IP地址的分类状态并确定它的独特特性。

　　a. 11011101,01111100,00110010,00000111

　　b. 01101101,11000101,01011001,00100010

内联网和外联网

学习目标
- 内联网的概念、战略上的重要性和技术基础设施。
- 怎样在组织内部规划和安装内联网?
- 公司内联网中关于电子邮件的正常使用和滥用问题。
- 公司外联网及其怎样通过SCM链接到其合作伙伴和供应商。

4.1 简介

把因特网和Web技术一起利用起来作为整个企业的信息系统,这在商业、工业和政府中已经很常见了。这样的系统就是内联网,它们是内部信息管理系统,是为客户机/服务器进行信息处理的一个强大工具。

内联网(intranet)是指应用因特网技术为组织内部需求服务。更加技术地讲,内联网是连接一组客户机的网络,它使用标准网际协议,特别是TCP/IP和HTTP。因特网技术比传统的内部通信系统有优势。比如Web浏览器,它是一个可快捷地获得并为人们所熟悉的访问工具,可以很容易地处理文件,也能支持多媒体。大中型组织正在耗资数千美元让它们的文件得到有效控制。经理们经常会在部门之间和部门内部共享文件。由于使用各种不同的操作系统、网络协议以及应用套件,在处理文件时要确保一致性很不容易,而内联网则可以轻而易举地解决所有这些问题。

群件(groupware)是在人们相距很远时帮助他们一起工作的软件,包括共享数据库、处理电子邮件、允许参与者展示和观看他人信息的电子会议以及共享日程表。群件还包括文件管理、处理内部格式要求和报告存档。看起来,投资建一个既可以在局部运转(在公司内部)又可以连接全球(通过因特网)的内联网是合理的。公司内联网上的群件应用可以帮助公司少花钱多办事。

内联网技术通过易于学习和使用的标准、协议、语言和工具进行操作。内联网可以被看作是一种在内部组织层面上提供了类似因特网能力的工具。使用者可以仅仅通过指向和点击就可访问所需的信息。操作非常容易,点击屏幕上的一个图标、一个按钮或者一个链接,就可以进入不同的页面,找到你想要的信息。

下列场景是内联网应用的典型情况。弗吉尼亚州第二大电子零部件制造商Flameless电子公司,于2005年推出两款主要产品,其策略利用了因特网、内联网和外联网。因特网部分是很容易的,公司的网站展示这两款产品,让顾客看到并订购。公司的内联网只允许公司743位员工进入。Flameless公司的重点是支持其全国范围内的112位销售代表。不管订单来自何处及大小如何,内联网都为他们提供有关产品的营销、技术信息以及自动销售应用,使得文

101

书工作尽可能少。

　　第三部分是Flameless公司的外联网。**外联网**（extranet）就是内联网的延伸，允许身份已识别的顾客或高端供应商接触和访问公司相关的技术信息和教育信息。Flameless公司的案例中，它的外联网通过公司的一个特殊Web页面允许950个电器技师和小电器零部件贸易商访问。比如，电器技师输入指定的密码，可访问到新产品信息以及大批量购买的特价交易。经过几个月的使用，Flameless公司基于网络的系统正在产生效益。它减少了电话和传真订单，给予了现场销售代表及时的在线支持，甚至还改进了发货和交货时刻表。

　　这套系统如此优越，那么Flameless公司要花多少成本来建立这套系统呢？公司雇用了一个很有才能的全职网站管理员，他和一个兼职IT人员一起能够管理整个运作。所有设计和实现工作外包给了当地一家咨询公司。至于在线外联网的安全问题，则在Oracle数据库前安装了一个防火墙。这样做的结果是减少了开支，提高了效率，并且通过让那些销售代表及顾客能访问公司内部的销售和营销档案，增加了市场渗透率。

　　本章要解决3个主要问题：内联网在公司的技术架构中的作用；外联网的使用及其与内联网、因特网、电子邮件的正常使用和滥用的关系，以及与SCM和价值链的联系；有关电子邮件和通信流量的问题。

102

4.2　基本概念

4.2.1　什么是内联网

　　从事电子商务和电子业务的组织，需要有一个基础设施。这个设施应允许员工与员工、员工与客户之间进行交流，允许供应商、销售商和现场销售队伍在线连接。这样的环境可以促进价值链并促使SCM执行日常业务，该技术也是一个进行B2B商务的先决条件，具体将在第11章中详细讲述。

　　大型组织和小到只有15个员工的公司，都享受着在内联网环境下工作的益处。他们发现了一个新的方法，就是可以日夜不停地向员工提供协作与协调的平台。内联网，简单来说，就是一个组织范围内的软件和信息发布系统，该系统把因特网技术和标准应用到一个限于组织内的网络。内联网把各种不同的信息和通信技术通过一种方式联系起来，这种方式使得当任何一个被授权的人员，无论何时何地需要信息时都可以及时获得该组织的所有授权资源。归根结底，这是一种考虑让人们如何一起工作的方式。

　　内联网的运作是一个由技术人员设计的通信系统。这是一个由人组成的网络，而不是由机器加线连接组成的网络，其重点是信息，而不是媒介。把注意力集中在内联网的技术上，就如同一个作家担心印刷和排版，而不是担心其书稿一样。内联网系统通常由技术人员进行管理。说到规划一个内联网，用户需要担心的是内容，而技术人员则需要专注于媒介，即怎样发布脚本。

　　内联网通常在客户机/服务器的环境和局域网络配置下运转。网际协议（IP）把计算机连接起来，通过**防火墙**（firewall）把公司内部的网络与其他网络分隔开来。防火墙是一种防止未经授权用户访问公司内部资料或泄漏公司敏感信息的手段。

　　从技术上来讲，内联网只允许经过挑选的人员连接，除了这点不同之外，因特网和内联网是一样的。内联网使用TCP/IP作为内源性的通信协议和通过Web浏览器、电子邮件等的用户界面。内联网赢得了大量公司用户，展示了因特网的实力和潜力。内联网和因特网之间相辅相成的关系在数字经济中担当了一个重要的角色。比如，在B2B电子商务中，供应商可以及时获得生产商和销售商的信息，使其更容易与终端消费者共享信息并向终端消费者传播信息。

4.2.2 战略上的重要性

近十年来，公司一直在寻找在全公司范围内发布信息的、具有成本效益的方法。就竞争优势而言，内联网具有战略上的重要性，它可以及时应对日常业务的需求。内联网确保了信息更好更快地传播。内联网具有很多好处和特色，时刻把员工和管理人员连接起来，并使许多组织内部的交流自动化。当今的通信系统是劳动密集型的，一连串的文件需要用手工或传真进行传送，从一个楼层传到另一个楼层，从一幢楼房传到另一幢楼房。个人信息和备忘录也需要当面或用传真传送，这既浪费了时间又干扰了正常的工作过程。想一想从公司的内联网上可以获得员工手册、员工养老金计划以及公司简讯等所有这些信息。这是一个双赢的格局，实现了节省人力资源和更多其他资源的目的，这也就是内联网开始见效的地方。

一个设计良好的内联网可以使公司更好地获得其主要资源，即在公司工作的决策者们的知识和经验。对公司来说，内联网是一个具有创意和授权的工具，是整个企业信息系统发展的基础，是进行内部信息管理和协同信息处理的模型。从技术上来讲，内联网可以移植和升级，也就是说，随着公司发展内联网可以扩建。

使用内联网作为公司整个环境的一部分，意味着员工、经理以及公司作为一个整体可以获得丰富的信息。同时，也意味着各个过程的整合也要容易得多。比如，偏远地区有现场销售代表的公司需要管理来自该地区现场以及反馈回去的信息，并把这些信息整合到生产、供应管理和交付服务。这样一个基于内联网的系统，其成本是低廉的。在这种情况下，内联网的独特好处就是成本优势和容易访问。

4.2.3 应用

内联网对加强业务中的价值链可以提供几种应用，且其成本低廉。以下是依靠内联网开展有效和高效生产的几种示范应用。

1. 人力资源

在人力资源方面，员工可以在内联网上发布信息或者获取信息。他们可以访问公司的新闻、员工福利、员工电话簿、假期安排、餐厅菜单等公司经理想要提供的任何文件、软件或资料。想要了解这些信息再也不用打电话或者亲自跑到人力资源部门。对人力资源而言，意味着简化招聘程序，使员工随时了解公司。员工可以即时获得公司的最新信息。他们只需花费少量的时间来搜索信息，不用再穷于应付繁琐的手册。内联网在人力资源的应用和益处主要有以下几点。

- 员工手册：节省印刷、更新手册的时间。
- 福利信息：人力资源部门可免于回答例行问题，并且无须专门招收员工从事福利工作。
- 员工调查：所有调查信息可以在线获得，节省了时间和纸张。
- 内部/外部招聘：有助于留住现有员工，并促进广泛传播就业信息，缩短了招聘周期。
- 筛选候选人：网上筛选应聘材料，意味着更快地处理简历。
- 组织机构图：即时访问和更新公司的组织机构图。
- 简讯：让员工及时了解公司发生的事件。

- 公司日历：让员工了解假期和特殊节日。

2. 销售和营销

在销售和营销方面，销售部门利用内联网让销售代表和客户了解最新的产品、价格和销售趋势。内联网还被用来收集和整合销售预测并监控销售业绩。营销人员通过内联网让销售部门及时了解营销策略、促销活动以及竞争信息。内联网在销售和营销方面的应用包括以下几方面。

- 产品信息：加速产品信息的发布，销售代表可以快速获取产品信息和交货日期。
- 市场调研：即时获取丰富的营销信息，进行产品规划和预测。
- 前景分析：快速收集未来客户信息。
- 管理销售联系人：给合适的现场销售人员有效分配销售线索，确保对盈利线索的快速跟进。
- 销售培训：现成的销售培训论坛，不管受训人员身处何地都能接受培训。

3. 会计与财务

在会计和财务方面，从多种数据库中收集财务会计数据，内联网能加速到达安全的中心点。当人们需要报表时，内联网也为他们生成合并报表。另外，作为外联网环境的一部分，内联网允许特定的业务合作伙伴有限访问财务数据，以建立长期的合作关系。内联网在会计和财务方面的关键应用如下所述。

- 财务报告：敏感的财务报告可以在安全访问的内联网Web网站上公布。
- 费用报告：员工可以在安全的Web网站上通过电子邮件提交费用报告，以减少纸质填写工作和避免拖延还款。
- 应收/应付账款处理：快速收取应收账款和传输应付账款，允许客户和供应商快速获取账款处理的状态信息。
- 资产管理：现有资产可以放在网上，供审查和更新。
- 政策和程序：与会计和财务有关的公司政策和程序可以集中放在网上，使授权人员可以快速获取。
- 发薪：由经理和员工在线提交薪金数据，包括自动存款和计时卡，不管所处的位置如何，都提高了效率。

4. 生产和经营

在生产和经营方面，内联网的主要益处是保持有效的库存控制、生产调度、质量保证以及低成本经营。质保人员可以更新现有的数据库，保持准确的质量统计数据，以便管理层决策。内联网也为传播生产信息提供了一个集中的地方，促进了公司生产部门和其他职能部门的合作，如发现生产问题、改进库存控制等问题。与内联网有关的关键应用有以下几方面。

- 库存控制：通过对原材料库存、调动、到期日期等在线跟踪，降低库存成本。
- 生产调度：管理人员可即时获取产品或零件的再订购信息，作出适时调整。
- 质量保证：通过让生产人员获取改进生产质量、降低成本的信息，有利于快速、可靠地改善品质。
- 零件订购/征用系统：允许客户和经销商快速订购产品或零件，供他们立即使用，以削减库存和存储空间。

内联网的其他用途包括以下内容。

- 实时广播新闻，包括来自州县、全国或国外的医疗信息。

- 文件管理，减少不必要的文书工作和纸张浪费。
- 定制应用模块，如旅游模块或文档库模块。
- 办公室内部以及办公室之间的交流，完全采用电子邮件进行。
- 公司内部办公通知可通过电子途径传递。
- 公告栏服务。
- 实时聊天服务，以电子方式记录所有的信息。
- 全套公司人员、业务以及组织机构图目录。
- 电子资金转账和支票等数据进行机密交换的渠道。
- 每天需要做的事情清单以及上级领导布置给相关人员的任务。
- 外国新闻及财经数据广播（无间断）直接供给。

4.2.4　每一个公司都需要内联网吗

不是每一家公司都需要内联网。从内联网得到回报的分界线是公司多于100个员工或拥有分支机构。内联网可以降低电话账单、传真账单以及其他费用。至少，内联网将帮助各部门更紧密地一起工作。

公司需要内联网出于如下原因。

(1) 当公司有大量的资料让数百名员工共享时。这是一个降低传统上印制多份打印件所需成本的有效方法，它解决了信息超载的问题。内联网能帮助每一个人从堆积如山的信息中分拣、过滤以及储存所要的信息，要不然这些信息会堆积到他们的办公桌上。

(2) 内联网的费用低廉，健壮性好，并且速度也快。能够接入TCP/IP的员工都可以传播和发布信息。任何被访问的信息可以在数秒钟内（而不需要数分钟或数小时）就可获得。

(3) 内联网可以通过Windows、UNIX、Mac等平台运行，是人们进行交流最容易的方法。

(4) 所有的员工只要点击鼠标，就可以随时获得信息。

(5) 内联网上的信息可以很快得到更新，使员工及时获知信息。

4.3　技术基础设施

内联网设计的趋势依赖于公司的TCP/IP因特网基础设施，利用网际协议套件技术以及新开发的客户机/服务器Web技术。客户机/服务器的环境是面向用户的，按照客户（用户）使用数据的方法，给予他们极大的灵活性，方便他们及时做出决定。

4.3.1　客户机/服务器基本概念

内联网有多层应用架构。内联网设计和建设的有关术语参见方框"内联网设计和实施的术语"。任何一个有兴趣了解内联网架构基本概念的人都应该熟悉这些术语。内联网基于客户机/服务器架构，与集中式、主机式、分时式计算相比，此架构有一个通用的、以信息为基础的、模块化的基础，旨在提高可用性、灵活性、互操作性以及可扩展性。在主机的软件架构中，所有的信息都留存在中央主机上。主机不轻易支持GUI（图形用户界面）或访问从地理上来自分散站点的多个数据库。随着GUI的普遍使用，主机和显示器终端就变得不怎么普遍了。个人电脑正在客户机/服务器的架构中得到使用。

106

内联网设计和实施的术语

(1) 客户：服务的请求者（比如员工或经理）。

(2) 服务器：提供服务、文件、数据库信息等的机器或PC。

(3) 互操作性：两个或更多系统相互交换信息的能力，以及使用已经交换的信息的能力。

(4) 可扩展性：系统可以修改或扩展的难易程度。

(5) 图形用户界面：可用于开发复杂用户界面的特性，因为它提高了软件开发速度。

(6) 客户机/服务器架构：引进数据库服务器以取代文件服务器的模型，可直接答复用户的查询请求。这种架构通过提供查询响应，而不是通过总的文件传输来减轻网络流量负担。它还提高了多用户通过GUI前后端更新共享数据库的能力。

(7) 远程过程调用（remote procedure call，RPC）：一个客户机/服务器基础设施，它通过将应用分布在多个不同的平台，提高该应用的互操作性、可移植性以及灵活性。它还降低了跨越多个操作系统和网络协议开发应用的复杂性。

107

4.3.2　客户机/服务器架构类型

内联网设计有两种客户机/服务器架构类型：两层架构和三层架构。

1. 两层架构

对一个拥有12~100个用户，需要同时在局域网互动的组织来说，两层架构模型是一个很好的解决方案。该模型极少需要在人工的介入下运作，且常被用作不是太复杂、时间性不强的信息处理系统。该模型有3个组件：

(1) 用户系统界面（比如会话、文本输入、对话框和显示管理）；

(2) 程序管理（比如程序开发和程序资源服务）；

(3) 数据库管理（比如数据和文件服务），请参见图4-1。

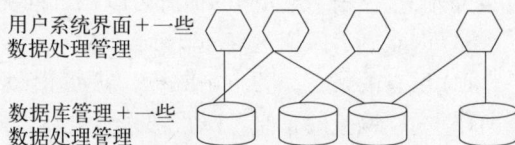

用户系统界面＋一些数据处理管理

数据库管理＋一些数据处理管理

图4-1　两层客户机/服务器架构

这种模型有一定的局限性。

(1) 当用户数量超过100个时，性能开始下降。这是因为即使用户没有做任何工作，服务器也始终把每一个客户连接起来。

(2) 使用供应商专有数据库程序来实施程序管理服务，因而限制了灵活性。

(3) 如果不用手动方式来更新程序编码，那么从一个服务器到另一个服务器移动（重新规划）程序功能的灵活性将变得有限。

2. 三层架构

替代两层客户机/服务器架构的是三层客户机/服务器架构。在这种模型中，介于用户系统界面客户环境和数据库管理服务器环境之间夹了一个中间层。中间层通过一个两阶段的过程来管理分布式数据库的完整性。它为基于用户名而不是地理位置的资源提供接入，因此，当添加或删除系统组件时，提高了可扩展性和灵活性。它还可以进行排队、执行应用、数据库分段等。例如，如果中间层执行排队，客户可以把要求传递给中间层并脱离接触，因为中间层可以访问数据，并把答复回传给客户。除了这一切，中间层增加了对正在进行的工作进行调度和优先安排的功能（参见图4-2）。

第三层提供了数据库管理，专门为数据和文件服务，无需使用任何专用数据库管理系统语言来进行优化。

三层架构用在商业上的分布式客户机/服务器的环境中，在此环境下，要求有不同数据库和数据处理规则之类的共享资源。三层架构支持数百个用户，与两层架构相比，更容易升级。它还有助于软件开发，因为每一层都可以构建在一个单独的平台上并执行，使其更易于组织实现。三层架构也方便使用不同的语言来开发不同的层。

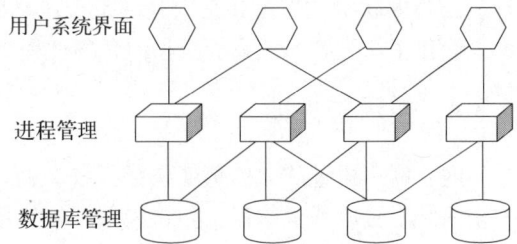

图4-2 三层客户机/服务器架构设计

很重要的一点是人们可以便捷地把数据从原来的系统转移到三层架构系统中，风险低又划算。总之，三层架构模型可以为拥有大量用户（成千上万）的集团提高性能。在向用户隐藏了进行分布式数据处理的复杂性的同时，它还提高了灵活性、可维护性、可重用性和可扩展性。这些特点使三层架构在内联网应用和以网络为中心的信息系统中成为一个大众的选择。从长远来看，三层架构要优于两层架构。

4.3.3 实现技术

内联网基础设施允许各部门之间和部门内部员工之间进行在线交流，它为在组织内部和因特网上的任何一个接触点提供了一个界面。也就是说，指定的操作系统、专用服务器以及通信线路都必须在适当的位置，使得操作环境得以运作。

技术包括协议、标准、工具以及易于使用的语言。当你阅读以下技术建设板块时，牢记内联网在公司内部的网络上具有因特网般的能力。

以下是必须获得的关键实现技术，即软件集群。

(1) 个人电脑服务器。储存所有应用程序和Web页面的个人电脑。用户（客户）从个人电脑服务器下载内联网信息，以做出决定。

(2) 个人电脑客户端。员工或用户的个人电脑，可以访问放在个人电脑服务器的内联网信息。

(3) Web服务器。在内联网基础设施中，管理和更新HTML文件以及允许使用其他程序进行在线交流的软件集群。

(4) 浏览器。装在个人电脑用户上的软件，用来访问和显示Web网站上的HTML文件。

(5) TCP/IP电子邮件。大多数组织普遍都具备。

(6) 图形和多媒体文件。分别包括图像和声音的文件。

(7) 网络文件系统（network file system，NFS）。由Sun公司开发的分布式文件系统，它与基于UNIX和DOS的操作系统兼容。

(8) 因特网中继聊天（internet relay chat，IRC）。一种UNIX工具，允许多用户互动交流，允许因特网上的用户聊天。

(9) HTML授权工具。能创建HTML页面的软件。

(10) 超文本标记语言（HTML）。与其他信息有链接的文本。它是一种程序设计语言，管理和控制内联网信息在用户屏幕上展示的方式。

(11) 便携式电子文档（portable electronic document，PED）。解决HTML缺点的技术，同时它设法维持与HTML的兼容性。

内联网由Web服务器和查看工具组成，允许最终用户访问内联网信息。Web服务器在公司内部网络上运行，管理内联网文件，而查看工具（如浏览器），则在客户的个人电脑上运行。公司内联网的界面将是内联网是否成功的关键。浏览器作为可用的应用程序界面运行，大大简化了访问公司计算资源和信息的过程。

4.3.4　使用防火墙

内联网可通过防火墙免受未经授权者的访问。如第3章所讨论，防火墙是一个硬件/软件安全系统，可以通过编程，防止未经授权的用户访问公司的内联网或因特网。防火墙的复杂性各不相同。有的允许所有不是特别禁止的访问（默认允许），有的禁止所有不是特别允许的访问（默认禁止），其他的只允许电子邮件交流。

大多数防火墙不是代理服务器就是分组过滤器。**代理服务器**（proxy）是代表另一方充当中介的代理。网络代理服务器代表公司与因特网中来回传递信息。通常情况下，代理服务器接到用户的请求，要求连接到因特网上的一个站点。在决定是否要完成这个连接以前，首先要决定用户是否有权使用代理服务器。**分组过滤器**（packet filter）在网络层面检查每一个分组（一小段信息），阻止任何存在安全风险的分组。

一般来说，安全产品不容易出售。你很难向一个从来没有看到过火灾的人出售灭火器。内联网安全由具有专业知识的用户和管理员妥善设计，可以确保系统正常运行。网站管理员应对整个内联网负责。在一个公司设有分支机构或远程站点的情况下，每一个站点都应该设在整个安全保护伞下面。网站管理员应该具有技术背景、沟通技巧并了解本公司的做法和程序。领导品质、预见性和创造性也是很重要的。

4.4　规划内联网

通常在一个公司中，由于技术复杂、客户需求不同、信息交流繁重，有必要事先进行相当规模的规划，再来设计、建设和维护公司的内联网。下面几节简单说明了一个5步程序，规划是其中的一部分。

4.4.1　规划先行

第一步要确定内联网的目的，然后按此目的进行规划。期刊上报道的很多失败例子可以归因于缺少准备。"竞争者都有了，为什么我们没有？"——光把公司的资料发送给内联网还不够。重要的是要确定谁是主要用户、什么内容需要共享以及信息怎样访问。

原则上，公司的信息放在网上是用来共享的，用户数量越大，信息越丰富。然而，设计者应该考虑信息落入竞争对手的风险。公司通常只限一定数量的用户访问。设置密码是一个保护和限制访问的传统方法。另外，每一个部门都应该加以评估，以确定需要哪些类型的信息。例如，研发部门在开发一个新的设计以前，需要了解竞争对手新产品的定价。

作为规划的一部分，有时候参观一家已经成功安装内联网的公司是很有帮助的。与设计者和用户见面，或许会找到问题及其可能的解决办法。研讨会也是另一种获得信息的来源。

一旦你对内联网可以做什么、不可以做什么有了想法，下一步的规划是要概括出该项目的范围，也就是说，除其他事项外，要决定内联网的大小、需要多久来安装、相关的培训、所需的资金和技术资源等。关键是事先要好好地对网站做出详细的安排，必须考虑到每一个细节，这样有助于成功安装。要是等网站开建以后再说"我忘了那个"，那可是很昂贵的。

4.4.2　提供判断

在规划网站的过程中，需要做一些准备工作，用来判断是否有理由投资，并确保得到高层管理者的支持。做一个投资回报分析，对管理层来说是一个判断项目是否可行的传统方法。人为因素也必须要考虑：规划者需要提出详细计划，一旦内联网开始运行，如何让员工适应使用内联网？有许多事件是说公司花费了几百万资金在内联网技术上，最后发现员工还是觉得把他们的电子邮件打印出来更加舒服。

适应高层管理者的变化的一个有效策略，是让内联网可以调整，以满足不断变化的需求。可以证明从内联网上倾听公司老总的季度报告比读报告更加有效。有了内联网，所要做的就是点击按钮。

4.4.3　自建或外包

高层管理者通过了总体规划后，下一步要决定这个技术由公司的IT部门自己来建设，还是承包给外面的公司。要决定怎么做，必须考虑以下几个因素。

- 自有人力。他们是否有空？他们是否有资格？
- 费用。哪种方式更便宜？
- 硬件和软件。已有的公司网络支持内联网吗？
- 预算。有足够的资金可以全面落实所建议的内联网吗？

外包具有一定的优势。致力于专职内联网设计的外包公司有很多专家，他们可能比公司内部工作人员更有效率，内部工作人员可从事其他关键项目。依靠公司的技术基础设施，外包公司最终可能会做得更好，特别是如果内联网站点是由咨询公司管理。

除了外包的优势，也应当考虑其不足。外包公司在开始设计内联网以前，需要更多的时间来学习业务流程和需求。一些敏感的信息或文件可能没有必要透露给外包公司。外包公司的要价也可能比自建内联网所需费用更高，并且今后当内联网需要改进或升级时，还可能产生额外的费用。

自建内联网的主要优势是内部工作人员熟悉公司的目标、政策以及流程。网站的维护、升级以及改进将会比较容易处理。随着基础设施的到位，与承包给外包公司相比，自建可以花费较低的成本。敏感信息也可得到保护。自建内联网不利的一面是，对内联网设计缺乏专业知识，可能引起各种意想不到的问题和延误。

4.4.4　组成内联网建设团队

像内联网这样涉及整个公司的项目，需要有一个来自各个部门的人员组成的团队，从头至尾监督建设过程。这个团队除了来自各部门的代表，还一定要包括来自IT部门的代表，以及一个顾问和一个项目协调员。在外包情况下，来自外包公司的代表应该与公司的团队一起制订一个日程表，并定期提供进度报告。

为这种项目组成一个团队的棘手之处是任用了没有什么行政职位或平时工作较忙的人员，这可能会对内联网建设进程产生不利影响。例如，从大部门来的代表可能想要为本部门获得高优先级访问。这可能意味着较小的或边缘部门的回应时间将会打折扣。

团队通常由来自每一个部门的代表组成。当团队人数超过7个或8个时，就需要设一个主席，有日程表、预定好的程序以及小组委员会，所有这些可以使整个过程效率降低。

4.4.5　建立并测试原型

在全力以赴开发整个公司的内联网以前，明智的做法是先建立网站的一部分，并让用户测试。用户的反馈意见对于最终版的系统将是一种及时的贡献。问题是当原型运转良好的时候，用户都评论说："太棒了，这就是我想要的。"然而，原型仅仅是内联网系统的代表，而不是系统本身。

在建立原型阶段，有一个拥护者（champion）是很重要的。拥护者就是组织中的这样一个人（通常是令人尊敬的经理或老资格的人），他从一开始就支持这个项目，推动这个项目，并充当一个使者，向用户解释系统将会给他们带来很多好处。遗憾的是，项目的复杂性会对流程和人们造成影响，大多数人不欢迎变化，甚至抵制变化。拥护者能创造奇迹，确保新系统成功安装。

4.4.6　保证有效维护

内联网运转最关键的是日夜不停地维持公司的最新信息并使之可获取。维护不善意味着信息陈旧，这会很快给人这么一个印象，就是公司里没有发生任何新的或不同的事情。虽然电子邮件可以继续使用，但是内联网意味着更多，不仅仅是电子邮件。维护也就是根据设计中设定的标准，确保内联网持续不断地运转。内联网会努力更新信息，而不是创建信息。维护包括改进，就是每日（有时候是每小时）新闻、报告和程序的更新。

维护包括指派一名全职人员担任网站管理员。这个人的主要工作是与各级管理层保持联系、收集和粘贴信息、监控内联网流量以及提供技术指导。对网站管理员的工作来说，关键是要具有沟通技巧、技术专长以及与人共事的能力。

4.5　电子邮件和内联网

在网络天堂，内联网和电子邮件是天生的一对。公司内联网最有名的就是电子邮件，它是网络的杀手级应用。几乎90%的网络用户报告说电子邮件是他们最常用的在线联系手段。电子邮件在企业和政府中是一个主要的交流平台。Sun公司的首席执行官斯科特·麦克尼利曾经评论说："使我们公司保持运转的计算机应用有300~400个，你可以把它们中的每一个应用都拿掉，公司将继续运转。但如果把我们的电子邮件系统拿掉的话，那么公司将立刻停止运转。"

全世界超过2亿的收件箱是活跃的。经常使用电子邮件的人承认，他们的收件箱既像一个收集文件、命令和新闻的数据库，又像一个储存信息的地方。随着电子商务量的增长，这个交流工具正成为电子营销和销售的一部分。电子邮件可用于提交账单、客户反馈、货运通知等。

电子邮件也正在变得更聪明了：它可以把特定的信息引导到限定的文件夹，这是一个检查语音信息、文本信息以及传真信息的地方。这被称作内容管理或统一信息服务。与我们现行处理泛滥的纸质文件（信件、传真以及账单）相比，通过电子邮件来管理数据和文件显得更加高效。随着电子邮件成为各种内容传播的标准，它将吸引越来越多的用户，变得与手机一样流行。

内联网从TCP/IP套件软件中继承了简单邮件传送协议（simple mail transport protocol，SMTP）来操作电子邮件。SMTP只传输纯文本信息，在它上面，内联网依靠多用途因特网邮件扩充（multipurpose internet mail extensions，MIME）来传输不同的内容。

因为电子邮件是一个强大的商业工具，所以对雇主来说它也是一种潜在的威胁。威胁包括机密泄露、法律责任、生产率降低以及公司声誉的损害。由于这个原因，因此对每一个公司来说，重要的是制订电子邮件的使用政策，并确保真正落实。

2005年，《华盛顿邮报》曾经报导了在有些国家发生的争议，在那里电子邮件被看作是对政府掌控的威胁。例如，当叙利亚改革家Ayman Abdul Nour发送一个日常邮件给15 200位收件人以后，在他的计算机屏幕上就出现了"禁止"这个词，阻止他进入自己的网站，即www.al14syria.org。同一天，他收集了1 700个电子邮件地址，并向这些地址发送了他日常更新的信息。两天以后，政府阻止了他的邮件通过。即使是用了新的邮箱地址和新的Web网站，这种情况来来回回还是持续了数周。同时，Nour的电子邮件收件人名单继续增长。最后，检查员只好放弃了（Shahid 2005）。

4.5.1　垃圾邮件和恰当的电子邮件使用

垃圾邮件（spamming）正通过电子邮件或因特网发送你所不需要的广告或资料。垃圾邮件的名称来自蒙提派森喜剧小品，剧中餐馆菜单里的每一个菜名都包括了"午餐肉"（spam），而不管它是否适合这个菜。这种形式的侵扰就如同正在用餐的时候接到推销人员打来的电话。垃圾邮件引起**烽火**（flaming），即对信息或电话的愤怒回应。

公司已经被电子邮件的流量弄得应接不暇。垃圾邮件失控是大多数电子邮件用户的头号投诉问题。美国在线声称，多到80%进入该系统的邮件是垃圾邮件。电子邮件或许已经成为有价值的业务工具了，但是用户的收件箱充斥着不请自来的带病毒信息、推销员唱的高调以及令人恼怒的新闻，这些新闻曾经只不过是人们茶余饭后的谈资（参见方框"员工因不恰当使用因特网和电子邮件而受到纪律处分"）。公司也日益关心电子邮件发出的是什么内容，比如是否是公司的秘密等。

员工因不恰当使用因特网和电子邮件而受到纪律处分

驻地在Longueuil的一家航空公司告诉几个员工，他们已经违反了公司的政策。其中有一些员工接到了纪律处分通知书，一些员工被暂停工作，还有一些员工则失去了工作。公司确实对如何使用通信设备有明确的政策。该政策试图确保员工有一个专业的工作环境，没有任何不恰当的行为。

这个事件再次提醒人们，如果公司想要监控员工在工作场所如何使用因特网和电子邮件，就要有明确的规定。很多雇主以为他们有制订工作规定的权利，倘若他们按这些规定实施，他们就具有不受约束的权利去监控员工使用计算机。

对大多数形式的计算机监控来说，事先通告是必备的。然而，仅有通告来支持这种做法常常是不够的。雇主必须分析员工对隐私的合理期望，以求得员工对雇主正当监控举措的支持。

根据员工隐私问题来评估管理和实施监控系统是否合理，需要考虑6大因素。这6大因素的重要性视情况不同而不同：

- 监控的对象；
- 监控的目的；
- 先前使用的其他计算机监控方法；
- 执行监控所使用的技术种类；
- 向被监控对象提供足够的通告；
- 一旦获得监控数据，注意其他隐私保护的规范，例如隐私管理、安全性和数据保存。

来源：Hrinfodesk－Canadian Payroll and Employment Law, Sept. 2004，也可参见www.hrmguide.net/canada/law/inappropriate-use.htm。

很多公司意识到抽查邮件已经不再足够了。一个趋势是通过使用内容监控软件对电子邮件的流量进行更系统的监控。大多数这样的软件通过浏览信息，找出关键词，有嫌疑的信息会被禁止发出公司或者转送给公司负责审查的官员。关键问题是垃圾邮件和垃圾附件浪费了员工的时间，不管他们是发送还是阅读这样的邮件。

最近以来，发送匿名评论有了新的方法，你的电子邮件地址不会把你泄露出去。例如，www.theanonymousemail.com网站提供这样一种服务，每年花20美元，没有人可以通过你的电子邮件追踪到你。收件人可以回复，但是他们不能看到你是谁。另外，如www.myprivateline.com和www.anonymizer.com网站也提供类似的服务。

现在，垃圾邮件几乎不可能消除，但是解决方式是有的。使用最广泛的工具之一是Eudora程序，它从不同的账户收集邮件，合并和管理一个人所有的信息。首先，这个程序叫你挑选一条信息作为例子并详细说明一些规则。例如，你可以定一个规则，把所有发给你的没有清楚表明的信息转移到垃圾邮件文件夹。过滤器也可以用来标记优先级信息，比如那些来自高层管理人员的信息。你甚至可以用颜色识别这样的信息（例如，红色用来标记最高优先级，绿色标记发给你的备忘录，黄色标记垃圾邮件，等等）。

最近一种对付垃圾邮件发送者的方法是以其人之道还治其人之身。就拿Scott Richter的案例来说。他发送了大量广告邮件，因而成为反垃圾邮件者频频攻击的目标。其中一人就是软件工程师Mark Jones，他晚上在家里通过跟踪隐藏在电子邮件信息中复杂的路由码追捕到垃圾邮件发送者。等3个小孩上床睡觉后，Jones用他的个人电脑编写程序，发送信件给他选定的所谓垃圾邮件发送者，这些人的名单是从网站slashdot.org上下载的。他每天会向每一个垃圾邮件发送者发送10 000次信息。

人们不容易抓到、起诉垃圾邮件发送者，或向他们索取赔偿金。Earthlink是一个重要的因特网服务提供商，它雇用律师以及私家侦探追踪在线垃圾邮件的发送者。在一个记录完好的案子中，一位"Buffalo垃圾邮件发送者"用243个不同的账户和许多以他人名义注册的电话，在3个多月的时间里不断攻击Earthlink的客户。他发送了82 500万个垃圾邮件，嘲笑Earthlink的调查者和其他专家。甚至当律师试图向他送达传票时，他还继续发送垃圾邮件。

有很多产品可以帮助阻止垃圾邮件。大多数搜索引擎率先做到了这点。有一些技巧是互通的。

- 把发送者列入黑名单。获取垃圾邮件发送者的地址，并阻止发自此地址的任何电子邮件。
- 只接收发自被认可的地址列表的电子邮件，这被称作把发送者列入"白名单"。
- 找出垃圾邮件的标志，即999、FREE、Get、Money、Lose、$$$、Earn等。
- 使用反垃圾邮件软件，它对新邮件进行分析，判断它们是否是垃圾邮件。这样的软件有IronMail(www.ciphertrust.com)、Authority(www.cloudmark.com)、Spamkiller (www.networkassociates.com)以及MailFrontier (www.mailfrontier.com)等。

另外还有一些原则，例如：
- 不要继续泄漏你的电子邮件地址，立即打住；
- 不要"取消订阅"垃圾邮件，因为这完全确认了你的电子邮件地址是真实可靠的，如

果你这样做了，你可能会收到更多的垃圾邮件；

• 向直接营销协会（Direct Marketing Association）和信用局举报；

• 与你的信用卡公司、信用合作社、按揭公司取得联系，告诉他们不要泄漏你的姓名、地址等相关信息；

• 联络你所属的所有组织、学校、你订阅的杂志、航空公司的飞行常客计划、你的长途电话运营商以及任何一个向你寄送账单的人；

• 作为应急措施，与你的电话公司联系，改变电话簿中的列出信息，或者干脆只列出你的姓名，不列出地址。

什么是不恰当的电子邮件的问题引出了隐私权问题。公司一直在绞尽脑汁处理员工参与电子邮件活动的隐私权与责任问题。几起有名的官司把电子邮件作为证据采用，使得这个问题更受关注。

隐私权争议问题的结果是公司必须有一个针对隐私的政策。至少以下这样的政策应该有书面说明。

(1) 公司传送电子邮件的内联网和网络属公司所有，只用于业务需要。任何违规者将受到纪律处分，甚至被解雇。

(2) 对什么是恰当使用电子邮件和什么是不恰当使用电子邮件有一个明确的定义。最好举例说明。

(3) 给所有的员工一条明确的信息，任何形式的电子邮件不应该是私用的，所有的电子邮件随时会受到监控。

4.5.2 电子邮件的礼仪

有一家商业银行的贷款科秘书发现她的午餐被人从员工冰箱拿走了，她立即向165位银行员工发了一封电子邮件："我的午餐从冰箱里消失了。无论是谁拿了它，我希望你好好享受这顿午餐。现在，我没有午餐可吃了。不需要回复。桑蒂。"几分钟之内，很多人提出要带桑蒂去吃午餐，有人匿名地把比萨饼送到她的桌前。午后，银行的高级副总裁顺便过来，并给她上了第一节电子邮件礼仪课："当你生气的时候，不要发送电子邮件。选择合适的语言，虽然语言简洁是可以的，但是不要丢弃你的礼仪。"

另外一个片断。一名Web设计师请他的朋友另一名设计师，对客户的主页进行评价。通过电子邮件的答复是这样的："你选择紫色作为徽标的颜色，选择三角形作为按钮，都是丑陋的。我不会这么胡乱弄的。你的客户可能太傻了，没有注意到这个。"不知通过何种途径，这个客户得到了这封邮件的副本，怒不可遏。这个设计师做了不少解释，才得以继续做这个项目。他几乎丢了工作。

很简单，礼仪是一套规则，明确规定什么是恰当的。礼仪是网络礼仪或者说网络空间礼仪，它有自己的文化。你可能会得罪人，而你的本意并非如此。使事情更糟糕的是，你可能忘记了你正与其他真实的人们进行互动交流。

发邮件是一对一的交流，如同面对面进行对话。它像现实生活中的交流一样，适用一般的礼仪。在业务环境中，员工、高级职员以及主管相互之间交流信息，他们也与外界交流信息，每个企业各自规定一整套的礼仪规则是重要的。方框"进行一对一交流的礼仪"总结了用户一对一交流的原则。

117

进行一对一交流的礼仪

- 总是假设因特网上的邮件是不安全的。绝不要把你不想写在明信片上的话写到邮件中去。
- 一定要尊重你所复制材料的版权。
- 绝不要发送连锁电子邮件。因特网上禁止连锁信件。你的网络特权可能会被取消。
- 遇到挑衅时，不要发送激昂的信息（烽火）。不回复烽火是审慎之举。
- 选择邮件地址时要小心。有些地址看上去是个人的，但有可能会发给了一群人。
- 向海外发送邮件，因为时差原因，收到回复需要时间。要耐心，特别是当你发送紧急邮件时。
- 使用讽刺语言要特别注意。来自不同文化背景或成长环境的人们用不同的方式来解读笑话、双关语或者幽默。
- 用微笑符号来呈现不同的声调，但是不要用过头。
- 要简洁，但不要过于简短。人们对冗长的信息不会很好地回复。再加上，很多人是按分钟付费使用电子邮件的，那会是很花钱的。
- 一定要包括一个主题词，这样收件人就知道信息是关于什么的。
- 对于重要的信息，给发件人发一个简短的回复，告知你已经收到了，并且很快会详细回复的。
- 电子邮件中很多的礼仪取决于你对这个人有多了解。与关系密切的人的交往所采用的准则可能不一定适用于与新客户的交往。
- 知道你要发的信息或文件有多大。不要发送大于500KB的附件。对于大文件，先将它压缩成小块，再把每一个作为单独的信息发送。
- 不要向人们发送大量他们并未要求的信息。
- 转发信息时，要确定不要发给已收到该信息的人。

来源：改编自www.dtcc.edu/cs/rfc1855.html。

谈及电子邮件礼仪，需要避免如下一些错误。

- 当你情绪不好或生气的时候，不要写电子邮件。在你试图发送以前，要平静下来，先把事情解决好。
- 仔细阅读你所写的内容，要按捺住点击"发送"按钮的冲动，直到你确定要发送的是什么。
- 不要用讽刺的语言以图聪明。电子邮件从来都不是用来插科打诨或讥笑讽刺的。
- 绝不要都用大写字母来写电子邮件，这样无异于对着收件人吼叫。感叹号也不受欢迎，它们是命令主义的符号。
- 在主题栏里写上信息的主旨。这样可以事先让收件人注意到这封电子邮件的本质。
- 电子邮件要写得短，一般少于两段。本书作者收到过一位大四学生发来的3页的电子邮件，生气地解释为什么他的成绩应该是A，而不是A－。
- 把电子邮件错发给别人，会令人烦恼和尴尬的。发送以前要过脑子。
- 注意你的语法、拼写以及方言的使用。一些词像"不是（ain't）"和双重否定"我没有说任何话（I ain't saying nothin）"显得没有档次。
- 有附件时，记得把附件发出去。如果你忘了，收件人可能会认为你老而健忘了。

4.6　回到博客

本章把博客作为一种主流、古怪和非常个性化的交流形式，就像电子邮件和手机（将在

第6章中讲述）那样。写博客的人只需要一台计算机、一个观点以及因特网接入就可以开展交流。观点是没有结论的，全年随时允许所有的回头客阅读、提出反驳，或进行双向意见交流。

看得出，博客真是让人欢喜让人忧。博客（法语blogeurs）像一群群蝗虫一样涌现。21世纪的博客就如同20世纪的Web网站。最近，我们开始看到通过谷歌和雅虎等搜索引擎的播客（vblog）和移动博客。每天都可能有更多的创新。

到2005年10月为止，全世界的博客远远超过1 000万个，超过44%的因特网用户通过使用因特网发表他们的想法、粘贴图片、共享文件或回应别人。政治家、学者、记者以及平民百姓共同分享、交换信息和知识，这是一个光辉的典范。博客对问题的讨论方式增加了深度。例如，2004年发生在伊拉克的臭名昭著的Abu Ghraib虐囚事件最早就是通过博客透露出来的。要看博客样本，可参见www.rebeccablood.net和www.livejournal.com。

博客（weblog）这个术语由Jorn Barger于1997年12月首创，较短的另一个词博客（blog）由Peter Merholz于1999年5月首创。2001年9-11袭击事件以后，由于公众搜索了解事件真相，很多支持反恐的博客读者数量大增。自2003年以来，博客因透露或制造新闻故事而赢得了全球声誉。

是什么激发人们写博客呢？在最近的一个调查中，人们发现博客是一个全球性现象。但是，某些地区和国家有着数量更加庞大的博客，如加利福尼亚、纽约、密歇根和佛罗里达等地区和加拿大、俄罗斯、英格兰和澳大利亚等国家。博客的兴趣与年龄（大多数16～24岁）密切相关。绝大多数时间大家相互表达友谊，如果Jay把Sandy称作朋友，那么Sandy把Jay也称作朋友。友谊是因为共性聚集起来的（来自同一个街区、公司、徒手潜水俱乐部等）。

博客实践

有些博主一天几次发表他们的观点，有些则一个月不说一次。博主通常不停顿地倾泻他们的感情，而其他人说这么多则有困难（参见方框"博主的观点"）。想要了解更多关于博客种类的信息，参见en.wikipedia.org/wiki/Blog。

博主的观点

一名叫Katie的研究生说，她写博客是用接近实时的方式来讲述她自己的故事，把她的生活与其他人联系起来。还有Evan，他的博客原本主要是关于科学主题的，也让他的朋友了解他的行踪，有时候他会"报道"一下他感冒或者生活中的其他小事。斯坦福大学教授Arthur等人发现，博客是群发电子邮件的超级替代品："我开始写博客与朋友和家人交流，也为了业务联系。它比发送很多电子邮件要容易得多。我只需把想让大家知道的东西放在我的博客里就行了。"

来源：改编自Ravi Kumar, Jasmine Novak, Prabhakar Raghavan和Andrew Tomkins, "Structure and Evolution of Blogspace." *Communications of the ACM*, December, 2004, 42-43。

无论如何，写博客有4个主要激发因素：

- 维护社区论坛；
- 透过写作阐明主张；
- 放飞压抑的感情；
- 记录人生。

心理学家和精神病学家可能会挑选第3个激发因素作为写博客的驱动力。就像旅游被看作是逃避，写博客也是这样。博客是思想和感情宣泄的中介和出口，其内容常常是带有情绪的。博客帮助探究投稿人感到"难以释怀"或"狂热"的问题。这是一种情感宣泄，这是一个供人喊叫、获得乐趣、期望得到听众的关注，以及激励解决个人事情的地方，这是一个获得封闭和宁静的减压阀。

为了说明这个观点，想一想下面的片断。

(1) Borland公司的一个员工，用公司的电子邮件系统把公司的秘密信息发给竞争对手Symantec公司，他的新雇主。这个员工和收件人都被控告犯了贸易秘密偷窃罪。

(2) 盖特纳集团的一个调查结果表明，90%电子邮件用户至少每周收到一次垃圾邮件，几乎50%的用户每周超过6次。个人电子邮件造成网络拥塞，因为很多邮件不仅没有必要，而且往往发给许多收件人。

(3) 由于电子邮件往往包含了重要的证据，故而电子邮件记录在诉讼中的使用正在增多。更糟糕的是，法院甚至可以没收你的电脑作为证据，对电脑的搜索可能会发现一些令人尴尬的证据，而你从来都不会知道你在"保管"这些证据。（参见www.email-policy.com。）

4.7   即时通信

在这个快节奏的电子世界，有时候电子邮件的快速回应还是显得不够快。确实，你没有办法知道收件人在电子邮件到达的那个特殊时刻是否正好在上网。即时通信（instant messaging，IM）是另一种替代媒介，你可以键入信息，让你和你的客户、经销商或朋友都能看到。

IM是一个电子交流系统，供两个或更多同时在线的用户进行即时通信联系。这是一种需要键入而不需要说活的会话。（参见www.precisecyberforensics.com/glossary.html。）以下是IM所具有的一些不同特点。

- 声音：为对方播放声音。
- 文件：通过直接向对方发送文件来共享信息。
- 谈话：用因特网而不是电话与另一方进行实实在在的谈话。
- 流媒体内容：实时股票行情和一般新闻。
- 聊天：建立自己的聊天室，与同事聊天。
- 即时信息：与另一个上网的人来回发送短信和信息。

以往人们在线互相连接和交流通常选择主要的在线服务机构，如美国在线（AOL）、Prodigy以及CompuServe公司等。1996年11月一个由一群以色列程序员创立的叫Mirablis的公司引入ICQ，一种任何人都可以免费使用的IM，由此即时通信在因特网上得到爆炸性的推广使用。

4.8   外联网与SCM

如果公司的Web网站与多个的贸易伙伴连接，这个网站就被称作外联网，它本质上是一个B2B内联网，但允许受公司控制的一些业务伙伴与公司进行各种形式的互动交流，参见图4-3。内联网、外联网和电子商务具有很多共同点。内联网置于公司内部，因而能够比分布范围较广的外联网更快地发送数据。

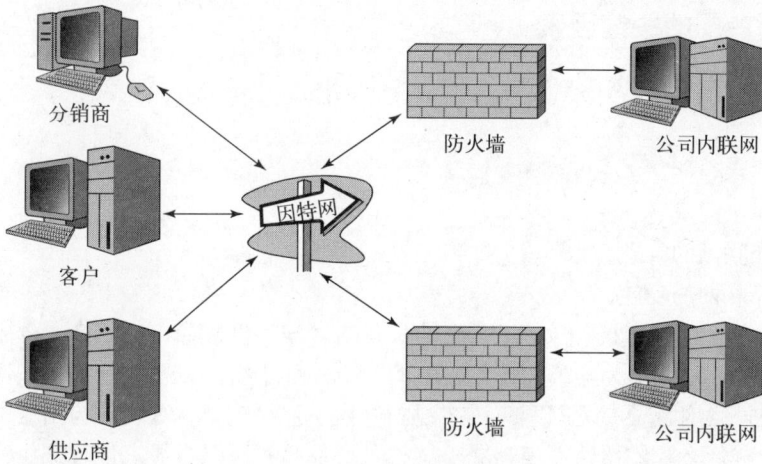

图4-3 基本的外联网布局

使用因特网（主要是Web）协议与业务伙伴进行联系是很普遍的。在内联网，Web管理员对一群受限制的用户规定访问和使用的原则。在B2B外联网，各个参与公司的系统设计员必须相互合作，以确保与他们打交道的公司都有一个共同的界面。参与业务的合作伙伴，一个可能使用微软的IE，另一个可能使用网景Navigator 4.7。要通过外联网进行合作，应用程序必须在所有的平台连续运转。这个整体联通相当于供应链管理，联盟企业（制造商、供应商和零售商）通过在线整合、合作以及调解来加快业务生命周期。

与外联网SCM环境有关联的是企业资源规划系统（ERP）。ERP是一个行业术语，它是一个软件解决方案，旨在达到组织内部紧密整合所有业务功能的目标。这项技术有利于整合公司范围的信息系统，并有潜力跨越公司界线。日益复杂的业务以及整合组织内部所有功能的需要导致了ERP的广泛使用。

Web促进了ERP系统对SCM产生巨大影响。因特网允许Web网站连接到像ERP之类的后端系统，给外部的当事方（如经销商和供应商等）提供了连接。因特网为ERP系统和供应链成员这两者之间提供了一个界面，让可靠信息日夜不停地在线流动。客户使用这样的管理手段对他们自己的产品进行布局、获得价格信息以及查询产品是否有库存。之所以能这样做，是因为客户的请求可以直接接入到供应商的ERP系统。

外联网并不过时，它已经成为未来电子业务的支柱，显而易见的好处是使产品更快地上市、提高客户的忠诚度、加强合作伙伴互动以及流程的改进。对外联网投资进行量化最容易的方法是，在公司内部确定一个可能会从中获益的业务单元。这就是说，在决定可行性、提供判断以及投资回报以前，要确立一个业务目标（增加收入、改善客户基础等）。

一旦确立了业务目标，下一步要做的是与IT部门的员工一起共同讨论外联网的可行性。在一个纵向的行业（如制造业），重要的是通过现有的供应链来加强业务，而在横向的零售链，重要的是提高收入。与IT小组一起工作，应该把技术和业务信息结合起来进行公司外联网的总体设计。

了解公司的业务流程是成功开发外联网的关键。通过围绕一个明确的业务计划进行规划部署，将更容易展示外联网技术是如何帮助公司保证底线的。

122
~
123

4.8.1 需要考虑的关键因素

安装外联网时，需要考虑到以下一些因素：

(1) 确定用户；

(2) 列出技术组件；

(3) 明确安全需求；

(4) 讨论外联网的管理；

(5) 了解外联网的功能。

外联网用户一般不是公司的员工，而是公司的客户、供应商、分销商、外包商、顾问以及经销商等，他们被归类为与公司频繁接触的一个外部小组，以及为公司带来高回报的业务伙伴。在规划外联网时，有关问题应该在规划过程中及早提出，如应该包括谁、怎样区分他们的优先级、有什么具体益处（库存减少、收入增加等）可以最显著地改进经营指标等等问题。

柯达公司扩大了外联网的使用，他们通过与其主要的业务伙伴共享关键信息来减少成本、推进销售。柯达与大约25个机构建立了外联网连接，包括贸易商、承包商、合资伙伴以及子公司等，它正以每周2个的速度增加新的外联网用户。柯达副总裁、首席信息官John Chiazza说他们正在考虑与重要的供应商和零售商也通过外联网连接起来。

外联网主要是用来交换信息的。柯达继续依赖电子数据交换来进行交易，公司正与部分合作伙伴商谈在外联网上进行交易的可能性。Chiazza说："作为典型的电子数据交换用户，多年以来我们一直从事B2B电子商务，但是最近出现的情况是，通过使用外联网而进行更密切的互动，我们或客户能够接触对方的某些内部应用，举例来说，我们就可以知道我们的产品通过他们商店销售的进展如何，使我们为今后得到他们更多的订单做出更好的规划。"

外联网允许其他公司的授权用户，通过柯达的防火墙下的"通道"，接入具体的服务器，甚至接入具体的应用程序、因特网、内联网、外联网以及群件用户。被授权的外来用户在需要时甚至能够透过柯达公司的防火墙运行应用程序。合资业务伙伴甚至可访问更多的资源，如内联网、数据库以及邮箱等。有一些网络则允许柯达访问其合作伙伴的应用程序。

为了确保只有授权用户通过防火墙下进入，柯达采用了一个外联网管理和安全系统来保证安全，包括综合VPN（虚拟专用网络）服务以及数据加密和身份认证。管理员可以根据用户的身份、身份认证和加密的方法、可以访问的信息资源、所属公司、日期和时间等来界定优先权。

对技术组件进行评价，关键的一点是要确保任何技术符合开放标准，并能与多种技术一起运作。规划者需要问这样一些问题：这个技术怎样与已有业务伙伴的网络进行整合？它会支持所有的网络协议吗？它能为业务伙伴保证技术互用吗？为了某种互动需要，它能支持所有的认证和加密方法吗？因特网将是唯一的接入途径吗？

安全性根据用户的种类、交易信息的敏感性以及所使用的通信线路等的不同而不同。安全问题涉及接入控制、身份认证和加密。接入控制包括什么样的用户可以接入，什么样的用户不可以接入，用户通过哪个服务器接入，哪些可访问的数据只供显示，哪些数据要限制在一天中的某些时段才能访问。在身份认证方面，要决定每一个用户的身份认证级别、密码和用户名是否足够安全，以及如何采用其他安全措施以补充认证。加密有必要吗？如果有，要多强？什么样的通信线路或数据应该加密？

接下来要考虑的是外联网的管理问题。在这里，必须提出几个问题：公司有必要监控所有的入网流量吗？员工具备足够的技能应对外联网的复杂性吗？外联网怎样服从公司的其他IT安全？虽然要支持每一个技术是不切实际的，但是在初期规划阶段知道有什么问题，无疑将有助于有效的管理。

最后，应讨论一下可用性问题。外联网必须实用，以吸引客户和业务伙伴。就像其他问题一样，可用性也带出了几个问题：怎样对用户进行身份认证？用户需要特殊培训吗？允许用户接入外联网时需要客户端软件吗？怎样来配置？由谁来管理？

总之，安装外联网因涉及组织内不同类型的人员而带来很多问题。因此规划成为关键，要保障安全和进行有效管理才能顺利实施外联网。从长远来看，已评估过这些问题并权衡了风险和回报的公司，将会从中大大获益。常言说得好，路遥知马力，而不在短期冲刺。

4.8.2 外联网与ERP

管理层支持

外联网正影响着各个组织怎样共享内部资源，怎样与外界互动。外联网用技术来建设，供人们使用，可以确保业务伙伴和公司成员之间的长久关系。整个的投入应视作是一个知识管理的资产，而不仅仅是一个网络的开支，其目的是为了加快业务发展。这就是说取得管理层支持成了外联网安装的一个关键部分。

"拥护者"往往代表着管理层支持，他是一个了解组织的流程、目标以及政策的人，具有技术经验和领导素质。这个人是一个具备获得全公司支持的能力的支持者。这是一个要求很高的角色，一个事无巨细的专家，能把握高层管理者对潜在技术的看法。拥护者取得成功的关键是要证明外联网怎样能帮助公司达到预期营收目标。具体来说，应当就以下问题做出一个令人信服的结论：外联网将怎样产生收入，技术将怎样解决手头的业务问题，以及怎样通过外联网共享知识并把这项工作做好等等。

想一想，一个具有电子业务环境的制造业企业，允许其业务伙伴、分销商、承包商和供应商通过事先建立的界面访问外联网资源。其中的两项应用可以是供应商的电子商务店面或企业资源规划应用和采购系统。外联网可用来管理所有这些应用，并把它们连接起来，整合成一个系统，从整个公司的各种业务关系中掘取真正的价值。外联网必将是一个最终带来收入并确保竞争优势的技术社区。

4.9 管理启示

内联网是用来管理公司信息的工具。内联网在组织内部各个层面提供了独特的杠杆作用和竞争优势，其中几个成功的关键因素是强有力的领导、以用户为中心以及内联网的有效管理等。从管理的角度来看，变革是需要小心培育的。本书作者花了7周的时间，为一家拥有950个员工的某国中央银行，设计并实施了费用达70万美元的内联网网站。经过3个月的培训、指导、推销以及演示，只有不到20%的员工养成了使用新系统的习惯，其余的员工还是采用老方法，即亲自提交备忘录、文件、报告等信息。

改变的进程与员工的满意度密切相关，也与内联网对员工工作方式的影响效果有关。那些被迫使用新系统的员工会找到一个报复公司的方法。因特网上有供发牢骚的网站，让员工发泄他们对雇主的不满，例如www.vault.com或www.brandstupid.com就是接受这类抱怨的发牢骚网站。开办这类网站的通常是竞争对手、心怀不满的员工、爱搬弄是非的人等。居心叵测的人会在网上写东西诽谤雇主，让公众去阅读。IT部门和公司招聘人员应该审查这样的网站，并检查网上有什么关于公司的贴子。

　　另一个管理启示是招聘合格技术人员的策略。过去企业常常向技术人员提供明显高于行业平均水平的薪水，但是现在的趋势是，大多数组织要求应聘者稳定、忠诚并遵守职业道德。他们提供奖金是基于员工的业绩而不是基于加薪，因为他们今后不需重复这样做。

　　对很多IT专业人员来说，外联网是他们职业的提升剂。那些成功完成外联网项目的人通常对他们的雇主有着相当大的影响。有一位设计人员配置了一个外联网，目的在于降低成本。通过使流程自动化、提高总体效益，以及为更快更好地做出决定而下放权限的方法，这个系统达到了预期目标。从中她不但了解了公司的业务流程，还熟悉了客户机/服务器技术、数据通信和网络建设，以及HTTP。她发现了一种把客户、供应商和经销商安全地链接到公司网络的方法。当这个外联网实施后，公司认可了外联网所带来的收入增长，并给予这个23岁的新来者破格提拔。

小结

1. 内联网是连接一组客户的一个网络，它使用标准国际协议，特别是TCP/IP和HTTP协议。内联网可以轻而易举地处理各种通信问题。

2. 内联网提供了几大益处。它把员工和经理们日夜不停地连接起来；公司获得了访问公司主要资源的途径；它是开发整个企业信息系统的基础，是企业内部信息管理和协同信息处理的模型。另外，它还具有成本优势、方便接入、可移植性和可扩展性等特点。

3. 内联网设计的两种客户机/服务器架构类型是两层架构和三层架构。

4. 内联网可通过防火墙免受未经授权者的访问。在一个公司设有分支机构或远程站点的情况下，每一个站点都应该设在整个安全保护伞下面。

5. 规划内联网有6个步骤：确定目的、提供判断和管理层支持、自建内联网或外包、组成一个内联网建设团队进行过程监督、建立并测试一个原型，以及保证有效维护。

6. 电子邮件正在变得更聪明了：现在它不但可以储存信息，还可以把特定的信息引导到文件夹，并检查语音信息、文本信息以及传真信息，这被称作内容管理。

7. 替代电子邮件的另一种媒介是即时通信，也就是人们通过在线键入要交流的内容，来交流思想、信息和通告。在需要立即得到回复的情形下，这种媒介是非常有用的。

8. 外联网或公司的Web网站把多个贸易伙伴连接起来。安装外联网时，需要考虑到5个关键因素：确定用户、列出技术组件、明确安全需求、成立管理队伍以及了解可用性。

9. 从管理的角度来看，内联网是用来管理公司信息的工具。其中几个成功的关键因素是强有力的领导、以用户为中心以及内联网的有效管理。

关键术语

- 外联网（extranet）
- 防火墙（firewall）
- 烽火（flaming）
- 群件（groupware）
- 内联网（intranet）
- 分组过滤器（packet filter）
- 代理服务器（proxy）
- 垃圾邮件（spamming）

理解题

1. 内联网和群件之间有关系吗？请详述。
2. 区别以下概念。
    a. 内联网与外联网
    b. 两层架构与三层架构
    c. 服务器个人电脑与客户个人电脑
    d. 垃圾邮件与烽火
3. 简单解释防火墙的作用和目的。
4. 安装内联网预期可以获得哪些主要益处？
5. 内联网在哪些方面有助于人力资源管理？请详细解释。
6. 内联网怎样有助于生产和经营？
7. 用你自己的话谈谈公司为什么需要一个内联网。
8. 概述客户机/服务器架构的本质。
9. RPC和GUI之间有关系吗？请解释。
10. 两层架构的局限性有哪些？请详述。
11. "浏览器大大简化了访问公司的计算资源和信息的方式。"你同意这个观点吗？请解释。
12. 各类防火墙复杂性如何不同？
13. 概述规划一个内联网的关键步骤。
14. 对是自建一个内联网还是外包起决定性作用的因素是什么？
15. 本章提到"在网络天堂，内联网和电子邮件是天生的一对"。你同意这个观点吗？请说明你的回答。
16. 列出电子邮件交往中应遵守的4项主要礼仪。
17. 为什么外联网被看作是一个B2B内联网？请解释。
18. 安装外联网时需要考虑到几个因素。请详述。
19. 外联网是怎样与SCM相关的？请解释。
20. 在本章材料的框架内，你怎么定义拥护者？

讨论题

1. "内联网只允许经过挑选的人员才能连接，除了这点不同之外，从技术上来讲，因特网和内联网没有什么区别"。根据内联网设计的方式对这一说法进行评价。
2. 你认为内联网环境是公司内部进行交流的最好方式吗？回答这个问题时，评价其他的交流方式，并在课堂上报告你的结果。
3. 既然内联网可以提供这么多的益处，你认为为什么有些公司还要抵制内联网？是因为公司大小的问题？因为产品性质的问题？还是因为人员的水平问题？请讨论。
4. 如果让你在两层客户机/服务器架构和三层客户机/服务器架构中进行选择，你会选择哪一个？你会参考什么因素或标准来做最后决定？请详述。
5. 为一个大型企业的内联网考虑过滤器时，你会寻找什么样的过滤器？
6. 在内联网环境下，滥用电子邮件的情况比使用电子邮件的情况出现得多。这种想法是否正确？请讨论。

7. 本章提及的3个应用（人力资源、会计与财务，以及生产和经营）中，哪一个应用证明了外联网的使用最频繁？为什么？

8. 怎样解释外联网和SCM之间的关系？请查阅projects.bus.1su.edu/independent_ study/vdhing1erp，并说明外联网和ERP之间的关系。

Web练习题

1. 参观一个有内联网的大型公司。指出运作网站的技术。

2. 找一家本地的大型零售企业，确定它是否已经具备采用内联网和外联网的条件。如果这家企业已经安装了内联网或外联网，采访IT部门的领导，了解他们使用的技术。在课堂上报告你的调查结果。

3. 为一家拥有65名员工的小银行设计一个内联网（在纸上）。向当地的IT专家详细解释技术基础设施。请他对你的设计进行评判，并写一个4页的报告来总结你的经验。

第5章

托管网站

学习目标
- ISP及其提供的服务。
- 如何选择ISP?
- 如何注册域名?
- 应用服务提供商的角色。
- 如何选择满足需求的ASP?

5.1 简介

在完成网站的设计之前,需要找到一种方式将它放到因特网上。为了支持商业因特网流量的快速增长,一个全新的行业——**因特网服务提供商**(Internet Service Provider, ISP)出现了。1969年只有4家托管公司,1985年为1 960家,到了2005年ISP仅在美国就超过了3 000家,在世界范围内为15 000多家。

为计算费率,ISP提供一个软件包、用户名、密码和接入的电话号码。装上调制解调器,便可以登录因特网、浏览万维网、发送和接收邮件、下载软件包或文件。如今几乎所有的ISP都提供**虚拟托管**(virtual hosting),或是**虚拟域**(virtual domain)。虚拟托管允许你拥有自己的**域名**(domain name),如www.yourcompany.com,而不是用你的ISP域名下的次级域名来设计你的站点,如www.isp.com/yourcompany/。财富500强大企业中,半数以上公司设计和维护自己的网站,但超过1/3的中小型机构求助于ISP,原因有以下几方面。

- 公司通常需要一个全职的员工作为网络管理员处理日常事务以及改进站点。在大多数情况下,这种专业化并不是一个公司的核心竞争力。
- ISP一般提供让人放心的对网站、运营、自动备份和安全的管理。
- ISP通常具有高速连通性,有多条T1甚至T3线路连通到因特网的主结点。一条T1线路能以1.5 Mbit/s的速度进行长距离数据传输。大公司可采用一条传输速度为44.7 Mbit/s的T3线路。拥有有限资源的小公司只需使用少部分。
- ISP可以从电源、空调到网络连接等多方面来处理实际接入和实际物理安全。
- ISP通常拥有最新的技术提供给成千上万的用户。大多数公司难以支付为保证网站不落伍而进行技术更新和升级所需的持续投入。

拥有一个成功的ISP,事情将变得顺利并有益于市场竞争,而一个差劲的ISP将会引起许多问题。本章内容重点在于(1)ISP做什么,(2)你期待什么样的服务,(3)如何选择ISP,(4)如何选择和注册域名。

5.2 ISP究竟是怎样工作的

为什么用一整章来介绍Web托管？作者在多年电子商务行业的顾问工作中看到，大多数客户急于连接因特网，而不考虑ISP的服务可靠性。就像一个旅客只顾拿到最低价机票，而不顾航空公司和将带他到达目的地的机型。除了价格之外，选择ISP还需要做更多的判断。技术、员工、速度和拥塞程度都是决定ISP价格和持续性的因素。当你已经进入电子商务领域，改换ISP将对你的业务产生不利的影响。

一个机构对ISP的工作越了解，就越容易进行选择。如果上网项目在初始阶段投资几千美元，此后每月投资几千美元，你可以直接连接至因特网主干线上，并不需要通过ISP。你就是ISP，处理自己的电子邮件、Web托管和DNS（域名服务器）等。下面是托管自己网站涉及的事项和成本。

(1) **硬件**。一个Web服务器、通信设备和一个专业的路由器，每年5 000~18 000美元。

(2) **通信**。一条独享或共享的T1线路，每年8 000~12 000美元。

(3) **员工**。至少一名网络管理员、一名Web设计者和一名助手，每年45 000~80 000美元。

最少的运作费用是第一年60 000~120 000美元，以后每年50 000~100 000美元。还要承担保证一天24小时、一周7天不间断连接的责任。更多关于如何从ISP开始的内容见本章后面部分。

5.2.1 基础设施

一个可靠的ISP涉及远不止上面所述的3个方面。ISP更便宜，更可靠，其所提供的服务是公司内部在相等价值情况下难于实现的。托管服务（ISP）的平均费用是每年1 200~5 000美元，服务包括管理存储、跟踪网络流量和每日不眠不休地维护Web服务器。所有的托管都承诺信息的安全和隐私，但它们无法保证不出问题。一些不确定因素也会出现在托管账单上，包括隐藏的费用和突发性"繁杂琐事"费用的增加。（关于如何选择ISP将在5.4节介绍。）

如果允许其他人访问公司的网站，那么此网站应该放在一个持续高速地连接至因特网的Web服务器上。基础设施包括以下几点（见图5-1）。

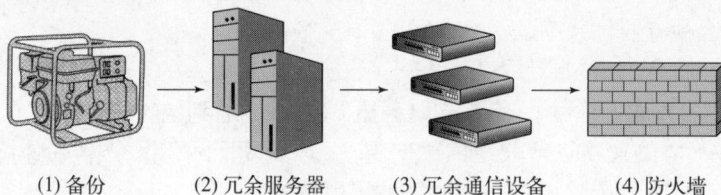

(1) 备份　(2) 冗余服务器　(3) 冗余通信设备　(4) 防火墙

图5-1 网站基础设施

(1) 在出现电力中断事故时，有备用电源以保证站点运行。

(2) 冗余的容错服务器，以保证当一个硬盘或服务器停止工作时网站能够持续工作。

(3) 冗余的通信线路，以保持当电话线路或路由器性能下降时站点能够继续运行。

(4) 一个或多个防火墙，使你的网站免受黑客攻击或未授权者访问。

5.2.2 服务提供商的类型

有5种类型的服务提供商。

(1) 因特网服务提供商（ISP）。ISP是专业提供因特网访问的公司。像美国在线（AOL）那样的ISP给数百万用户提供因特网服务，个人电脑用户可通过调制解调器使用电话线或直接用电缆访问因特网。ISP在公用电话系统和因特网数字电话线路间提供接口，可传送分组而不是谈话的声音。

(2) 应用服务提供商（application service provider，ASP）。ASP是应用服务出租者，它们在网络上提供软件包租用服务，致力于高端的应用，如数据库和企业资源规划（ERP）。这些应用都非常地昂贵，需要不少时间去安装和大量人力进行管理。升级就会延长停工期，产生额外的成本，培训的代价亦是不小。ASP允许中小型企业选择应用软件，而不需要对员工培训和投资基础设施。

(3) 无线应用服务提供商（wireless application service provider，WASP）。这些服务提供商提供无线应用软件，他们的责任是托管、开发和管理像ASP一样的应用软件。但有一点实质性的区别。WASP基础设施要求Web和无线网络的集成，因此WASP需要处理广泛的硬件、移动设备和无线网络协议，使这项工作更加复杂。

(4) 商业服务提供商（business service provider，BSP）。BSP是因特网服务开发商，通过网络出租所拥有的应用软件。一般来说，这些软件都有专门的功能。

(5) 批发服务提供商（wholesale service provider，WSP）。这是一类新的服务提供商，他们打包BSP的一些应用软件在网上发行。这些服务提供商大体上可以满足中小型企业的需要，亦是大型IT公司的重要补充。这类ISP还可分成3类：大型批发访问提供商、小型因特网主干线路提供商，以及本地ISP。

虽然小型提供商的数量似乎可能因为大型提供商的吞并要减少，但事情却恰恰相反。大型的批发提供商发现自己正成为合并对象，因为小型提供商的实力正在壮大。

这个趋势正在上升，像OneMain.com这种由几家本地ISP聚结而成的公司正在出现。这些小型公司联合的背后的想法是结合"本地市场、内容、客户服务……利用成本的节省组合成一个大型企业和共同的操作平台。"这个趋势把大公司引入了以前由小型的、通常缺乏经验的本地ISP主宰的世界，而这些小公司正是基于本地专业技能和诉求存活至今的。大公司作为在本地层次上更大的参与者，可能导致那些缺乏业绩的本地ISP加速倒闭。

132
~
133

5.2.3　Web托管服务的类型

有4种类型的Web托管服务：拨号访问、开发者的托管、仅Web托管和产业级托管。成千上万的本地拨号访问提供商为企业提供网页托管。开发者的托管通常涉及托管企业的网页，这种托管通常是以客户为中心的，尽管价格较高。一些公司专业提供企业Web托管，它们没有拨号访问但为客户提供广泛的服务。最后，拥有较高站点流量的企业选择最大的全国性产业级服务提供商以保证最大的可靠性，这种提供商提供点对点的、24小时值守服务和高价的因特网主干线路的冗余连接。

5.2.4　分组、路由器和线路

在网络上，信息是以分组的方式发送和接收的。一个分组体积较小，通常仅仅几百个字节。当发送电子邮件信息时，TCP/IP层将信息分成一个个分组，在每个分组内写上目的地地址以保证不丢失。结果是每个分组可以分别在网上发送，就像高速公路上成千上万的汽车一样。分组甚至可以在网络上通过不同的路由途径。例如，从华盛顿到旧金山，电子邮件中的一个分组可能通过休斯敦，但另一个分组通过丹佛。它们可能在不同时刻甚至并不按原来的次序到达目的地。接收的计算机重新为它们排序，恢复到原来的顺序（见图5-2）。

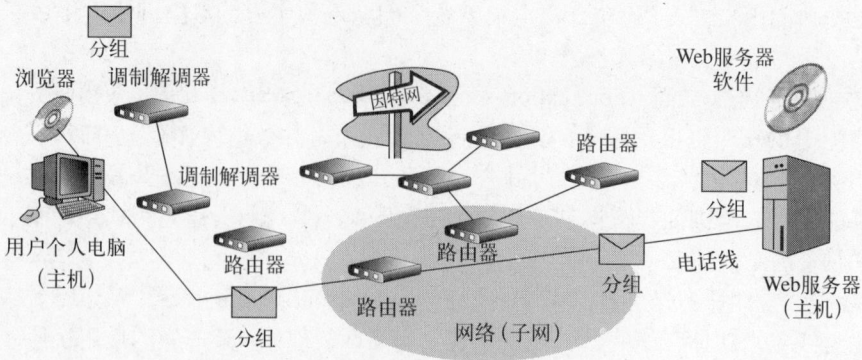

图5-2 分组、路由器和因特网上的路由

在实际项目中，假如一位客户想要发送电子邮件给美国某个地方的一位商家。她个人计算机上的Winsock程序先将电子邮件信息分成小片的分组，然后通过调制解调器发送这些分组，后者将这些分组转换成模拟信号通过普通电话线传给ISP。在接收信息及将模拟信号转换回数字信号时也需要调制解调器。一个ISP需要许多线路无延迟地接收来自上千用户的大量信息。

一旦接收到分组，ISP需要用一个专用的连接把这个分组从计算机上发送至某个更大的ISP。这样一台计算机执行的动作包括登录过程、鉴别用户ID、用专用软件管理流量等。这是一个ISP的主要功能。

谈到通信线路这里要注意一点。因为从模拟信号转换成数字信号和其逆过程都会引进噪声，而噪声将某些调制解调器的速度限制在33 600 bit/s。如果来自ISP到电话线路的分组可以一直保持数字状态，数据便可以以56 600 bit/s的速度从ISP传送至客户。这种方式的做法是客户从他们的电话公司取得**综合业务数字网络**（integrated service digital network，ISDN），如此传输的数据便可以以数字的格式保留，传输速率亦可能达到55 Kbit/s。ISP还必须用数字电路（如ISDN线路）连接至电话系统。假定客户距离电话局不太远（5千米范围），电话以最快56 Kbit/s的速率工作。55 Kbit/s的数字调制解调器整合到**访问服务器**，它将一个调制解调器和一个终端服务器合并到一个集成（而且昂贵）的箱子内。许多访问服务器（如Sun的箱子）能处理48个拨号连接。因此，如果这个ISP拥有4 800个客户，且同时有20%的客户拨号，ISP将需要大约10个访问服务器（$48 \times 0.20 = 9.60$）。

5.2.5 连通

如图5-3所示，拨号至一个ISP时，你实际上拨至该ISP的一个路由器。该ISP又有一个连接到更大ISP的路由器。第二个路由器是因特网上的网关。对于这些连接和其他服务（如电子邮件），客户需要支付月租费。

因特网的**主干**是一些相互竞争的公司，即网络服务提供商（network service provider，NSP）的集群，它们共同工作提供总的互连网络。为了连接到NSP，ISP需要向NSP支付月租费。这些钱来自于客户订购ISP服务收得的费用，部分用于管理ISP内部运作，部分支付给NSP。所有路由器一起工作，而不管谁拥有它或如何收取费用。路由器连接网络，滤掉破损的分组，指挥分组的流动方向并隔离流量。表5-1显示了主要的连接类型及其特征与速度。

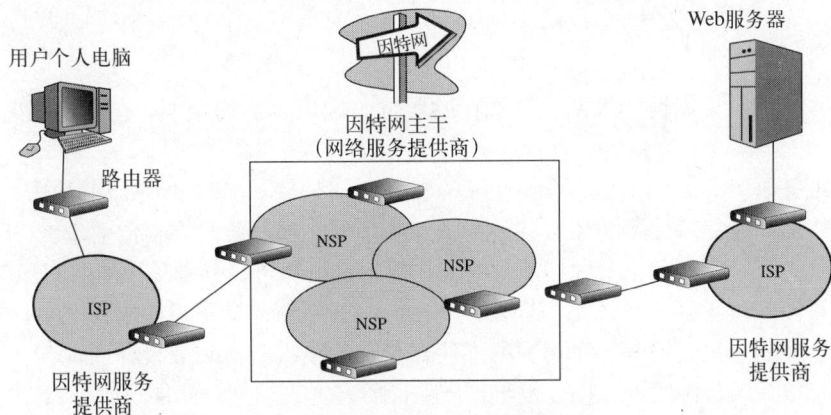

图5-3 因特网服务提供商

表5-1 主要的连接类型、特征和速度（及估计成本）

连接类型	理论速度	硬 件	连接成本/月	提供商安装成本	提供商成本/月
常规电话线连接	33.6/56 Kbit/s	调制解调器	25~40美元	0~50美元	15~30美元
帧中继	56 Kbit/s~ 1.544 Mbit/s	DSU/CSU	200~4 500美元	75~500美元	40~400美元
T1线路	1.544 Mbit/s	T1多工器	900~3 500美元	500~3 000美元	400~1 400美元
个人电脑直接连接	400 Kbit/s	卫星天线	10~130美元	0~50美元	15~30美元
电缆调制解调器	进入10~30 Mbit/s 出去700 Kbit/s	电缆调制解调器，适配卡	35~45美元	不定	无
T3线路	44.7 Mbit/s	T3多工器	15 000~45 000美元	无（你是自己的提供商）	无（你是自己的提供商）

5.3 ISP结构与服务

从客户的角度来看，一个重要的事项是了解带宽。这个市场中包括几个国家级服务提供商（NSP），如MCI和Sprint，每个公司运营着全美国甚至世界范围的高速网络。大多数ISP从NSP处拿到它们最初的T1（1.54 Mbit/s）的因特网接入，然后再将连接卖给拨号的客户。

ISP分为自带设施的和虚拟的两类。**自带设施的**ISP拥有自己的拨号访问服务器和交换机。**虚拟**ISP利用自带设施ISP的设备提供因特网服务，但却用自己公司名义提供服务。

自带设施的ISP需要非常大的起动资金，要购买相关硬件和软件，租用因特网线路。运作成本也不低，因为需要技术支持员工24小时来管理网络和确保可靠服务。而虚拟ISP则没有这些成本，硬件、软件和技术支持都由自带设施的ISP提供，它自己的资金支出主要用于市场营销和开发新客户。

随着每天越来越多的家庭接入因特网，家庭客户是发展最快的电子商务用户。因特网的连接设备，如手持商务通、数据移动电话和网络电视为网上商家迎来了更多的商机。

商业客户是涌向电子商务和电子业务的公司。这些客户期待着高水平的保质服务、专用连接、Web托管、网络设计和可靠的维护等。

公众客户从汽车旅馆、机场和学校通过因特网咖啡馆访问因特网。费用取决于连接的地点和时间长短，比家庭客户花费要高。

5.3.1 服务

ISP能够提供一系列被请求的和可选择的服务，满足客户的期望。主要的服务包括以下几个方面。

- **域名服务器**（domain name server，DNS）：DNS是每个ISP存储域名的地方，亦指因特网上收发邮件的邮件服务器，还可为任何备用名和邮件服务器存储信息。ISP需要至少有一台DNS服务器运作于它们的网络上，但也常用两台，分别用于网络的两端。

- **电子邮件**。它是因特网上最广泛使用的服务。ISP必须为电子邮件单独设立一台服务器。需要考虑的最大问题是每个用户的邮件存储容量和服务器的最大容量。ISP可自行决定提供给客户的邮件服务深度，但至少应保证所有客户的电子邮件访问可靠。

- **远程用户拨号认证系统服务器**（radius server）：远程用户拨号认证系统服务器用于鉴别用户和记录用户的账户数据。网络访问服务器将请求提交至远程用户拨号认证系统服务数据库来验证用户ID和密码的组合。如果组合有效，那么请求将被接受；否则，请求被拒绝，连接也将被断开。授权连接一旦建立就启动记账，它将IP地址返回拨号客户并开始会话的计时。当会话结束，账户数据和流量统计从网络访问服务器转移至计账过程来完成客户的应付费会话。

主要的可选服务包括以下几个。

- **万维网服务器**：它可以运行在DNS、电子邮件和远程用户拨号认证系统同样的硬件上。几乎所有的ISP都提供Web访问。

- **文件传送协议**（FTP）：FTP是在因特网上广泛使用的文件传输标准。它是一个客户机/服务器应用软件，试图从客户连接至服务器。FTP服务器可以在ISP本地网络的大多数服务器机器上运行，但需要仔细的配置以确保总是安全和保险的。

- **因特网中继聊天**（Internet relay chat，IRC）：这是一个基于文本信息的聊天服务。用户连接到的本地服务器作为更大的IRC服务器网络的一部分。为建立一个IRC服务器，ISP必须向IRC网络管理者申请，并且需要一定的因特网带宽专用于IRC服务。ISP可以选择建立自己的IRC服务器提供本地聊天服务。图5-4是带IRC服务的ISP网络。

- **新闻服务器**：因特网网络新闻变得越来越流行。因为有如此大流量的新闻数据，这类服务的成本超过了10万美元/每月。这就是为何许多ISP限制所传送的新闻组的数量或提供来自其他服务器的"吸取"供给。"吸取"供给即根据需求从提供上传的新闻服务器提取新闻。这种做法相当地廉价、简单并且增加了ISP的功能，因为客户24小时都能通过因特网读取任何新闻文章。

- **HTTP代理服务**：代理服务器产生并管理因特网对象（如网页、图像或FTP文件等）的本地存储，并根据请求发送对象（称为**高速缓存**）。例如，当一个网页被请求，代理服务器检查内部数据库查看页面是否存储于高速缓存中。如果页面未被找到，请求将被传送至网站，然后返回页面。HTTP代理服务器最好运行于独立的硬件上。随着越来越多的用户连接到ISP，它们可减少数据流量控制的成本，并加快请求的速度。

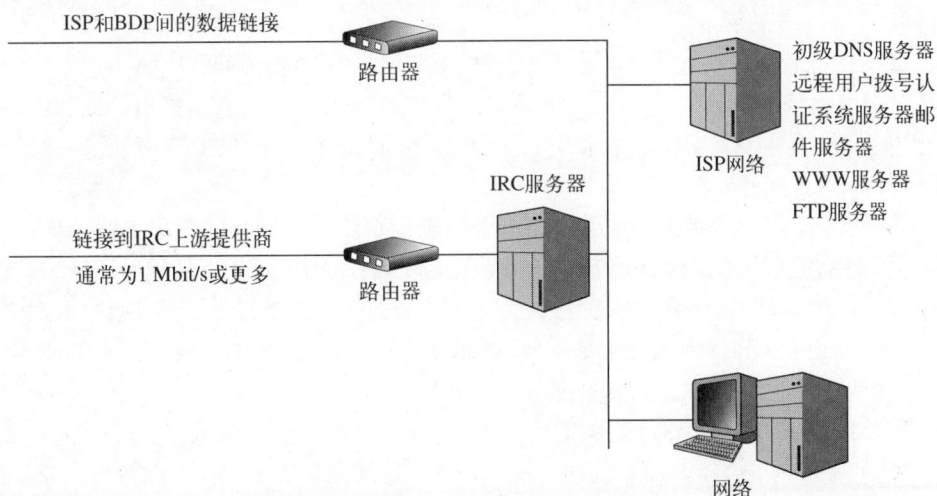

图5-4 配有IRC服务器的典型的ISP网络

138

5.3.2 技术服务

除了提供上述服务，ISP还装备了技术组件为客户提供因特网访问服务。本地提供商和用户物理位置之间的连接是本地线路，成本取决于管道的大小和从提供商到当地电话局的距离（空中间隔）。提供商根据用户请求的带宽收取费用。

ISP提供几个基于电缆的选择，包括T1和T3线路，基于光纤的因特网访问和一些服务器。

T1线路是以1.544 Mbit/s的速率传输数字化信号的数字载波线路。这是24小时快速数据与视频传送所需的"原始"带宽，它也被广泛用于将局域网连接至因特网。这条线路可分成24个单独通道，每个都支持65 Kbit/s。一条T1线路可以以最低每月1 000美元的成本服务多达3 500名用户。

T3线路以44.736 Mbit/s的速率传输数字信号，相当于28条T1线路。一条T3线路可分成672个单独通道，每个都支持64 Kbit/s，可以服务多达100 000名用户。其租用费为每月至少18 000美元。

基于光纤的因特网访问通常是为带宽需求巨大的企业准备的。光纤网络的速度根据光纤载体OC-3、OC-12和OC-24而定，这3类载体的主要区别在速度。OC-3线路速度为155 Mbit/s，成本为每月至少50 000美元，最多可服务50万用户。OC-12线路速度为622.08 Mbit/s，成本为每月至少200 000美元，最多可服务200万用户。OC-24线路速度是1.244 Gbit/s，成本则为每月至少数百万美元，可服务1 000万用户。

要成立一个ISP，至少需要两台每种类型的服务器，包括DNS服务器、电子邮件服务器和远程用户拨号认证系统服务器。可考虑增加其他服务器用于FTP、开发和测试、注册、记账、录音、新闻和代理服务等。

因特网上的宽带连接比传统的通过调制解调器拨号连接的速率提高了好几倍。宽带通信可以同时在同一介质（电线或光缆）上传送多种信息，也允许文本、视频、图像和音频等内容虚拟实时地通过因特网传输。自从宽带通信20世纪90年代末提出以来，美国已有2 000多万家庭购买了这种连接上网服务。所谓的宽带革命如今不仅仅波及了3家最大的拨号ISP（美国在线、MSN、EarthLink），还深入影响了控制进入家庭线路"最后一英里"的电缆公司和电话公司。

拨号公司竭力提供创新（如垃圾邮件过滤器、家长监控和弹出广告拦截）来对抗宽带的出现。但对电缆公司有利的是，在美国三分之二的宽带服务由它们售出，而ISP却不能将访问出售给大的市场，结果是电缆公司的宽带服务售价比ISP要低得多。请于www.comparenow.net查看最新的ISP价格和费用。

为吸引客户，大多数ISP使用"加速器"或特卖服务。例如，美国在线为新的用户提供两个月的免费试用期，接着是每月23.95美元便可以无限制地访问因特网。与此相对比，EarthLink提供前6个月半价（10.95美元，常规价格是21.95美元）的无限制访问。当然，用户知道它们的竞争，许多人便打电话给ISP寻求免费赠品。ISP很清楚吸引客户的成本，它们几乎总是用再重复提供一次最初免费服务的方式来挽留客户。

有3类不同的宽带提供给家庭接入。

(1) 电缆调制解调器，1995年开始投入使用，就是它在北美引发了网络用户连接至因特网的热潮。电缆调制解调器使用光纤和同轴电缆网络以最高10 Mbit/s的速率提供因特网接入。

(2) 当涉及家庭宽带访问时，数字用户线路（digital subscriber line，DSL）技术是一个新的竞争者。使用最初为电话设计的铜质双绞线，DSL是距离中心局6千米以内最理想的家庭连网方式。它的速度是那些拨号调制解调器的50倍以上，尽管传输质量会随着离中心局距离的变远而下降。

(3) 光纤网络提供最大100 Mbit/s速率的带宽而与地理位置无关。最大的缺点是成本很高，尽管最新技术的发展已使光纤成本降低到家庭可以承受的范围之间。

(4) 无线技术是随处可使用的，快于其他任何技术的连接——除了光纤。

在这些技术特征之上的是为网络内数据分组做出传输决定的路由器和交换机，增加网络安全的防火墙，电缆、工具、测试仪器、打印机、设备机架、家具、架设棚架和冷却设备。为保证网上服务的常规运行需要大量的基础设施。

5.4 选择ISP

网站开始成为客户、伙伴和提供商的重要交流基站。站点性能、可靠性和网络服务速度决定了站点和企业本身的生存能力与完整性。ISP数量在增加，规模在扩大，服务在丰富。它们有的是产业巨头如美国在线，更多的则是成千上万的小型公司。

一些ISP是本地的，另一些则是国家级或国际级的，这取决于它们连接到因特网的主干线路和所使用的技术。专注于Web托管的公司不再愿意提供拨号访问服务，这是为了保证带宽（连接到因特网的速度）不受到竞争流量（如用户接入聊天室）的威胁。第一次开设网站的企业最好寻找产业级的Web托管服务，这样的服务提供商能够快速、负责地处理全国范围的高速流量，它们的价格具有相当竞争力，24小时有人值守，并提供至因特网主干线路的冗余连接服务。

5.4.1 需考虑的因素

ISP已经变得不可缺少。当你花费越来越多的时间上网时，会对电子邮件、网络浏览结果和性能波动变得敏感，更不用说信号忙而连接不上的问题了。提供诱人的网络访问的大型国家级ISP的激增能引起你的一些思考。

在进行选择时，有几个需要考虑的标准。过来人都知道，从一长串的ISP和应用服务提供商中选择一家商业伙伴是一项挑战。在多数情况下，当你决定与其中一家签署协议时，你便会发现这家ISP突然涌现出大量用户，而其员工的能力却十分有限，导致服务速度和质量的逐步下降。即使你从几个顶级IP网络提供商购买网络线路，你所用的光缆与从你的数据中心到电话局的光缆很可能是同一条。

当一家IP线路提供商出售带宽时，它可能转而向拥有光缆的公司购买线路容量。这意味着从源头开始，随便一条线路的中断就会导致你的IP提供商提供的线路不通。为防止该事件发生，要确保在你签署协议之前，卖方同意你关于依赖性、可靠性和服务质量的要求。另外，不仅要详细说明卖方无法遵守协议时所应负的责任，还要量化一些指标。当你用心关注此事时，你会发现在做最终选择前花些时间评估卖方的能耐是多么地重要。表5-1做了一个小结。

1. 管道或带宽的大小

高速的T1和T3线路将ISP连接至因特网主干线路。T1线路速率为1.5 Mbit/s，T3线路速率为45 Mbit/s。较小的ISP通常只有ISDN连接或一部分的T1连接。这些连接（网络管道）是影响Web服务器和因特网连接的主要因素。

如果你的网站流量大，你或许需要一条T1线路直接连到因特网。这样做成本比较高，但是通过ISP费用也很高。一个网站不再是几个由数千个字节组成的HTML文档了，越来越丰富的网站媒体内容需要高宽带以确保速度和网站就绪。

网络带宽的增长关系到ISP的成长。带宽是指在因特网上传输信息的管道大小。在1969年，带宽是9.6 Kbit/s，1985年是56 Kbit/s，1990年是45 Mbit/s（Mbit级是使用T3的速度），1995年是155 Mbit/s，在2000年达到了2 048 Mbit/s。

出售因特网连接的公司正挣扎着生存于宽带的竞争中。控制接入家庭"最后1英里"的电缆和电话公司占有了宽带连接90%的份额，拨号服务公司依靠提供特色服务，如垃圾邮件过滤器和弹出式广告拦截来吸引客户。相反，宽带提供商（如美国在线）则以雄心勃勃的市场操作，排他性地控制对来自时代华纳的杂志文章、视频和音乐的访问，以此作为一种方式阻止客户流失。

拨号服务宽带倚重内容能否成功，将取决于提供商提供服务的价格是否维持在一个可承受的范围内，比如低于每月14美元。

2. 连接的可用性和性能

连接的可用性和网络性能是评价ISP的最重要准则。ISP被视为一个总是可用的工具。在性能方面，每台ISP计算机分配的客户数和计算机上分配的空间是ISP性能的关键因素。许多成功的ISP使用奔腾处理器的计算机以确保性能。ISP也分配它们计算机上的一部分服务器空间给商业用户的网站流量。 141

每个企业都应该考虑如何管理媒体和下载。例如，在大企业中，招聘站点上高带宽的媒体是很平常的。一种流行时尚是在工作岗位栏中提供流媒体视频的接口，视频中有一些高层官员的讲话，他们为你介绍公司的理念、文化和为何要考虑到这样一家公司工作。

公司网站上包含这些特征的代价并不低。在常规的访问中视频占据了大量的带宽。新闻和体育站点具有大量的多媒体信息，对带宽也有同样的要求。访问这些网站的网民通常期待高分辨率。在有情节的视频（如地震）中，访问者希望听到真实的声音，如呼啸的大风和地面断裂发出的惊天的巨响。

我们在家装或技术设备网站发现了另一种情况。为了降低客户服务成本，商业网站公布尽量详细的网页说明，其中可能包含大量文档（通常为PDF格式）、手册、规格说明、问题诊断和以高分辨率和颜色出现的家用电器，还有电器附带的地毯或瓦片的颜色。对于这个密度，端对端的带宽是极为重要的。一般认为5~10 MB的ISP计算机空间对于大多数商业网站是正常的，当然电子邮件、日志文件和系统程序还要占用大量的空间。

3. 虚拟托管

这个特征允许你拥有自己的域名，如www.yourfirm.com，而不是使用ISP的子目录来设计你的站点（如，www.isp.com/yourfirm.isp.com/）。一个企业只需象征性地支付一点费用就可以注册自己的域名。这是一个很好的投资，如果企业决定在将来的某个时间更换一家ISP。因为你不会陷入跟一个ISP的长期合同之中。确保你所注册的域名在InterNIC（域名注册代理机构）管理联络的列表上。只有这样，你才是自由的，并且可以更换ISP。你可以通过rs.internic.net/cgi-bin/whois查询你的域名是否在列表上。

4. 电子邮件别名

ISP允许每个账号拥有一定数量的电子邮件地址。较大的企业可能希望在Web托管的ISP处拥有多个电子邮件信箱，以便具有一定的灵活性和独立性，特别是全球性的大公司。在一般的商业环境里，3~5个地址是比较适合的。

5. 稳定性和持久力

稳定性涉及ISP客户群的长期性，即客户更换ISP的频率如何，这在行业里被称为**客户流失率**（customer churn rate）。据估计，大型的ISP平均每月的流失率为4%。对于如美国在线这样规模的公司，这一数量是每月几千个客户。这个转换给了较小型ISP增加客户群的机会。

持久力是指ISP在低迷时期或业务不好时，公司能持续提供可靠服务的能力。这与ISP的现金流和后备计划有很大关系。企业间持续的合并和兼并热潮等成为影响ISP持久性的主要因素。

6. 本地访问

ISP所提供给你的电话是免长途电话费的吗？总是能用本地的电话号码通常是安全的。在另一方面，如果你经常需要出差期间连接，那么本地号码并不划算。无论如何，你需要知道ISP拥有多少个本地访问号码，号码是如何供你使用的。其中的本地访问亦被称为**出现点**（point of presence，POP），即用作本地交换载体（作用是转移或连接到其他载体）的物理结点。

7. 客户服务和技术支持

支持是客户服务的重要方面。不管是需要建立网站还只是访问因特网，安装一个新ISP的浏览器，你是直截了当还是感到非常害怕，这都取决于你的专业水平。

如果你是新手，那么需要寻求ISP的帮助来进行安装。许多ISP都提供免费软件自动配置你的电脑以适合他们的服务。你的ISP有条24小时服务热线吗？是否有问必答呢？ISP的客户服务是关键，其他的问题有升级、定制、安全和可扩展性等。例如，谁来决定何时升级？ISP所做的定制程度如何？提供怎样的安全性措施？ISP软件和员工支持能否帮助你的发展？

8. 可靠性

可靠性的问题是你所考虑的ISP是否有能力应对所有的客户。如果不行，在你登录时可能会出现延迟、信号忙或速度下降等现象。查询ISP访问失败或成功的概率。登录的快慢取决于你的上网时间。比如，晚上是因特网最繁忙的时候。而早上却很少有登录慢的问题。出于某些原因，冬季的网络流量更加繁忙。ISP可靠性的其他衡量因素还有网络容量以及与其他ISP的关系等。

9. 价格

在选择ISP时价格是最主要的因素。一些ISP提供免费的服务或其他看起来非常大的优惠，但记住ISP是一种服务，不是日用品。这些交易对你或你的网站来说并不总是最好的。他们可能提供免费的访问，但随之而来的是被动地下载大量的标题广告。见表5-2。

表5-2 选择ISP的因素

1. 带宽	5. 虚拟托管特色	9. 免费的本地因特网访问
2. 连接可用性	6. 电子邮箱容量	10. 客户服务和本地支持
3. 客户容量和流量	7. 稳定性和持久力	11. 价格
4. 峰值时刻的流量大小	8. 客户流失率	

价格随ISP和服务类型的不同而不同。大多数提供商提供固定费率大约为每月20美元的无限时访问服务。对于临时用户有不同的算法，而折扣一般提供给长期用户。在签署协议之前，大多数提供商会提供免费或低价的试用期，以让你判断是否喜欢这家提供商。

5.4.2 一定要问的问题

如果你想要认真地选择一个合适ISP，这里有一些重要的问题要问。

1. 因特网接入

- 提供对因特网的访问是完全的还是部分的？
- 是如何连接到因特网主干线路的？
- 网站装载是否快速？
- 确认拨你的电话为本地电话吗？
- 因特网访问是不受限的吗？
- 是直接拨到ISP，还是拨向一个远程的可能超载的终端服务器？
- 是否有企业地址？地址是邮政信箱还是租用邮筒？

2. 特色

- 是否提供私人服务（如聊天专线或信息数据库）？
- 可以拥有几个邮箱？是否需要额外费用？
- 提供哪个电子邮件应用软件？是否能通过电子邮件账户发送附件？
- 能否提供垃圾邮件过滤器帮助拦截垃圾邮件？
- 发送一份邮件时能携带的最大附件是多少？
- 如果关闭账户，是否能在一定时期内将邮件转发至新的ISP？
- 网络登录可用吗？是否有网络使用报告？
- ISP网站包含任务声明吗？
- 邮件大小和总邮箱大小的限制是多少？
- ISP是否对电子邮件进行病毒扫描？
- 包括多少网络空间？
- 是否存在足够的网上信息帮助解决问题？

3. 硬件

- 拥有多少根电话线？
- 支持的调制解调器的速度是多大？

- 哪些租用线路服务可用？
- 提供ISDN吗？用哪个路由器支持它？
- 是否使用整条T1线路或条件更好？
- 连接至区域提供商的速度是多少？

4. 服务

- 提供怎样的安装服务？
- 能否在线查看账户状态？
- 是否有可从外地呼叫的800号码？提供多久？
- 雇用了多少全职的前台员工？
- 在哪些时段提供前台支持？
- 拥有多少用户？
- 如果有不宜内容，是否会删除网页？
- 如何准许更新页面？
- ISP是否外包它的技术支持服务？
- "服务"列表下有哪些连接类型？

5. 费用

- 初始化安装是否需要费用？
- 月租费是多少？它包含哪些项目？
- 设置一个网站的费用是多少？
- 如果使用超过了每月的限量，需要多少额外的费用？
- 怎样以每小时增量的方式收取费用？
- 如果在28日结算，是否收取了一整月的费用？
- 如果账户因为没有付费而关闭后，要重新开通是否需要费用？
- 如果想取消服务，需要提前多久通知？

5.4.3 与ISP相关的主要客户问题

在与ISP交流时，客户通常会遇到以下几个问题。

1. 使用借记卡付账

这非常地快速、简单和方便。但是许多银行没有告诉你这样做你的消费者权利实际上变得很脆弱。不像信用卡，可以要求信用卡公司拒绝ISP的所有将来的费用或在产生费用纠纷时进行干涉，而如果你用借记卡进行ISP缴费，美国联邦的《公平信用账单处理法》（Fair Credit Billing Act，FCBA）并不适用于你的交易或纠纷解决。在这种情况下，没有人帮你。银行无权进行干涉和回收处于争议中的收费项目。这要看你与卖方怎样一起解决纠纷，因为借记卡交易同现金付账是一样的。

2. 技术支持并非免费

ISP提供的低月租费是基于最小的开支。他们最先削减的是技术支持。例如，一些免费的ISP没有免费电话，但提供的技术支持费用高达10美元一个电话或2美元一分钟，即使这些问题是他们本身引起的。另一个骗局是说他们每天24小时、每周7天开放，但实际上他们只是将你的电话录音并在第2天或更晚的时候进行处理。如果在星期五没有解决，你只能等到下周一或下周几进行处理。所以这项重要的服务一定要丑话说在前头。

3. 拨向一个非本地的ISP连接号码

这是客户面临的最令人沮丧的事情之一。在与一家ISP签署协议之前，确保它所提供的号码是本地的。如果你必须先拨"1"来连接ISP的基础设施，那么你所用的一定是长途电话。[①]

4. 取消账户的麻烦

对于一些知名度较低的ISP来说，这是一个常见的问题。在与任何ISP签署之前，请仔细阅读服务条款（TOS）或可接受使用政策（AUP）。确认在你加入时没有安装费用，在中止时没有取消费用。

5. 身份盗窃行为及由此引发的问题

身份盗窃行为是一个日益严重的问题，人们往往被骗而将个人信息提交至虚假网站。黑客们通常故意将fake误拼为phake或将free拼成phree。一个phake（虚假的）ISP会承诺以极低的价格（如每月4.5美元）提供一个phree（免费）账户。当你签订协议后得到的只是有限上网时间，没有网络空间，只有一个有限容量的电子邮箱。不久之后，你将发现没有足够的空间来存储20~50个邮件。然后你必须高价购买额外的空间。

phake（虚假）ISP有这样一些特点：

- 与ISP唯一的联系方式是电子邮件；
- 网上报名不是以安全的设置进行；
- 网页空间是由一个免费Web托管服务提供的；
- 网上报名不恰当地要求某些信息，如出生日期、母亲的婚前名字、社会保险号、驾驶证号码和家庭地址等。

5.4.4 对ISP进行评级

一些机构定期对ISP进行评级并公布结果。根据标准将ISP分为从A级（优秀）到D级（差），行业平均水平是B级。结果会公布在站点www.visualnetworks.com上，并会定期更新。

另一个值得关注的ISP评级站点是CNET，home.cnet.com/category/0-3765-7-285302.html?ex.ws.isp.ros.fd.gp。

拥有6 000家ISP最完整的统计网站列表是thelist.internet.com上的ISP权威指南。

如何来权衡这些标准呢？一些可通过电话进行快速询问的问题，能帮助你了解一家ISP提供商的基本理念、结构和服务类型。

(1) 寻找某些已使用ISP服务3个月以上的人员，了解他们的经历和他们认为的服务优质性何在。

(2) 查明ISP在你的地区所拥有的用户数量和所使用的调制解调器数量。挑出一家平均20名用户拥有一个调制解调器的ISP。

(3) 查明每个ISP在因特网上所使用的管道（55K、T1、10 Mbit/s等），根据所收集的信息挑选一家具有最大管道的ISP。

(4) ISP拥有多少员工和提供怎样的各种服务？一般来说，员工人数越多的ISP所提供服务的水平也越高。

5.4.5 趋势

因特网服务正朝着一个不收费和削减费率的趋势发展，这对现有的ISP（如美国在线）

---

① 美国长途电话先拨1，在中国先拨0。——编者注

构成了挑战。如微软的免费Hotmail邮件服务已在世界范围内流行，最大的免费服务提供商NetZero公司已经拥有接近200万用户，而且这一数目还在增长。其他公司也已经开始提供免费的网络服务。

免费ISP的业务还不确定。在承担支持通信网络沉重成本又没有每月的用户收入来抵消成本的情况下，这种公司如何能仅依靠广告来支撑下去是值得质疑的。好几家免费ISP在2000年和2001年都遇到了问题。如果你正在考虑几家ISP，要从它们网站的质量、可靠性、速度和完整性等几方面去衡量。为了保持较低的客户流失率，目前ISP通常会跟随3个基本潮流：建立品牌、拓广宽带服务和更多地关注商业用户。为了建立品牌，ISP会给客户一个私人的网站以提供客户与ISP之间的私人连接。经验表明此举增加了客户忠诚度，降低了客户流失率。

另一个建立品牌的方式集中于ISP网站。为培养客户依赖性，ISP让每位客户从网站进行个性化设置。这可能包括从简单链接到当地气象预报（因特网上的流行用法）或是股票行情等服务。一些ISP为了建立品牌而开始试验提供专有服务，如交互式游戏等。

在宽带服务方面，速度是每个人都想要的。随着客户要求越来越高的访问速度和下载速度，ISP开始深入宽带服务，并已经提供给20％多的家庭使用因特网。

如今，企业花费更多的时间和金钱来开发因特网。这些对ISP来说是非常重要的，因为这可以让它们扩大高利润的服务，如Web设计、Web托管、电子商务支持和多个电子邮件账户等。通过提供这些服务给公司客户，ISP会发现此类服务使其保持了产业界的低客户流失率，而且这方面业务发展快于个人访问业务。参见www.witcapital.com。

[147]

5.4.6 ISP需求

一旦你决定了使用一家ISP，可以期望得到基本的软件包和服务。对于网上访问，所需要的就是可靠的因特网连接，在这种情况下更换ISP是简便的。但若想做网上营销，需要能够做到以下内容的ISP。

(1) **注册域名**。你可以自己注册自己的域名，但让一家ISP替你注册可能会更方便，虽然这样做要花费更大的成本。无论哪种情况，应确保以你的名义而非ISP名义注册的合法性，否则可能导致日后你需要支付高额的所有权费用。（见本章后面的域名讨论）。

(2) **捕获和转发电子邮件**。接收和发送邮件是网上商家的重要活动。这个过程是简单的——你的ISP接收你的邮件然后路由给你。

(3) **托管网站**。所选择的任何ISP都应该有能力在一个合理的价位来托管网站。要判断怎样才是合理的，核对的项目有基本费率、磁盘空间费用、访问者数量收费、报告统计数据的费用和存储网站的费用。

(4) **提供技术和管理支持**。若需要技术人才来帮助解决网站问题，或是帮助升级、增加或改进你在因特网上的形象，则这种服务是极其重要的。

(5) **提供路上支持**。虽然不是一个必需的特色，但ISP应该可以允许你无论在何时何地，都可以通过本地号码来访问自己的电子邮件或其他信息。

5.5 注册域名

因特网域名是到处存在的。如果你还没能挖掘出产品或服务的潜在客户，那问题可能出在广告上，更可能是选择了一个不好的域名。诀窍就是选择一个人们容易辨认并能简单快速打出的域名。同时要注意确保域名在不同语言和文化中都容易理解。

5.5.1　什么是域名

域名是代表一个网站的唯一因特网地址。域名服务器负责把计算机所使用的数字化网际协议（IP）地址转换为用户所理解的英文标识符，或者反之。例如，数字化IP地址193.231.72.31可能是用户键入的www.kroger.com所代表的Kroger公司。

所有网络访问流量和网站IP地址都运行在因特网的TCP/IP层。这一层就如邮政服务一样，为不同的网络之间的信息发送提供一系列被称为协议的规则。假设你拥有一台通过ISP连接至因特网的计算机，并且已分配了称为IP地址的唯一物理地址。为了发送信息至因特网上的另一台计算机，需要4个步骤，见图5-5。

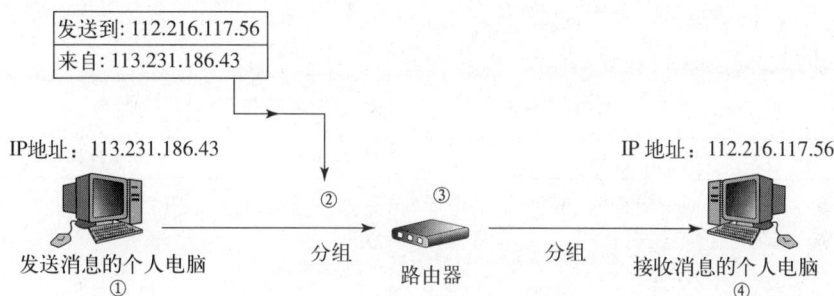

发送到：112.216.117.56
来自：113.231.186.43

IP地址：113.231.186.43　　　　　　　　　　　　　　　　　　IP地址：112.216.117.56

② 　　　　　③

发送消息的个人电脑①　　分组　　路由器　　分组　　接收消息的个人电脑④

图5-5　TCP/IP和消息转换

(1) 发送消息的个人电脑拥有格式为xxx.xxx.xxx.xxx的唯一IP地址，其中每一组xxx的数值都介于0与255之间。

(2) TCP将消息分割成被称为分组的小片，以方便转发和处理。每个分组都拥有发送端的IP地址，因此它们不会在发送过程中丢失。

(3) 通过路由器把IP分组沿着最快的路由发送到目的地地址。正如一场足球比赛结束后站在路口指挥交通的一位交警，路由器将流量分向各条路径以使拥塞最小化，保持道路畅通。发送的计算机不能控制信息的路由，而是取决于路由器在选择最佳路径上所做的智能化决定。

(4) 在接收端，TCP进行检查，确保所有分组被正确地组装来显示完整的信息。

5.5.2　域名的重要性

任何房地产公司都会告诉你购买房子最重要的因素是"位置，位置，还是位置"。域名就是网站的"房子"，是处理电子邮件和其他电子商务交易的地方，域名会出现在报纸广告、名片和公司信笺上。所有的员工都知道它，并引以为荣（但愿）。每次公司做广告，都是向公众宣传其形象。公司的网站URL应该是容易记忆的，并且代表了公司的宗旨。域名如果不能被快速记住，访问者就会去别处冲浪并找到竞争对手那里去。就是这么简单。

前面已经提及，确保域名是你的正式名字。你不想让访问者通过ISP来访问你的网站。网址www.isp.com/yourpoorcompany和www.diamondjeweler.com是有区别的。前者表示公司以一种廉价的方式出现，并不需要太多的费用。它将是对公司形象的损坏，就如同在信纸和名片上手写电子邮件地址一样，而不是打印一批。

选择一个好的域名或普通访问者容易猜着的域名。有时最好的域名已经被注册，这意味着你必须努力地寻找一个适合的替代名。考虑注册以下种类的域名。

1. 一个或两个相近的名字

为你的公司寻找一个或两个替代性的或是访问者容易想到的域名。如果可用，注册它们留作备用。如此多相似的网站域名，产生的问题是将一些访客分流到了错误的位置。因特网充斥各种骗取人们访问的网站，它们的网址通常与已存在的合法网址只相差一个至几个字母，甚至一个连字号等。

2. 独特的产品域名

如果公司有一种产品正在开发或正准备投放至市场，注册一个适合该产品的域名是非常有帮助的。这项工作应该是战略规划的一部分。

3. 理想的公司域名

如果找到一个能代表公司的理想域名，不要犹豫，请马上注册。记住注册域名不是为了给公司重命名，也不是为了搞怪。选取合适名字的关键是易于猜测。表5-3中列出了美国一些利润最高的公司，以及它们的域名和最合理的替代性域名。

表5-3　域名、替代域名和实际注册域名

公司名称	理想域名	替代域名	实际注册域名
美国银行	bankofamerica.com	bankamerica.com	bank-america.com, bofa.com
可口可乐	cocacola.com	coke.com	cocacola.com, coke.com
通用汽车	gm.com	generalmotors.com	gm.com
埃克森	exxon.com		exxon.com
IBM	ibm.com		ibm.com
英特尔	intel.com		intel.com
沃尔玛	walmart.com	wal-mart.com	wal-mart.com

观察如下的URL，即弗吉尼亚大学的地址，它的域名为http://www.virginia.edu/schls.html。这个域名包含3个部分。

(1) http://。网际协议（http或超文本标记语言）和分隔符（://）。

(2) www.virginia.edu。域名www指万维网，virginia是二级域名，.edu是顶层域名。

(3) /schls.html。文件的子目录（/schls.html），它是弗吉尼亚大学下属的学院列表。

但读懂一个域名也并不容易。它通常是倒序的。在上面的例子中，地址的阅读方式是这样的：我想要弗吉尼亚大学的学院名称。

下面是一些顶级域名。

- .com，一般而言为商业机构或企业。
- .edu，教育机构（学院或大学）。
- .gov，美国政府机关（非军事）。
- .mil，美国政府军事机关。
- .net，支持因特网的公司。
- .org，非盈利组织。
- .uk、.ca、.sy等IOS（国际标准化组织）委员会规定的国家代码，完整的列表请见 GeoCities网站www.geocities.com。

5.5.3　选择域名

在因特网世界，以.com结尾的网址MyBusiness.com是因特网企业最渴求的。.net域名则没有那么受欢迎。遗憾的是，你所想要申请的域名可能已被某人注册。域名投机者注册与某些商标相近的域名妄图以高价出售。

在选择一个域名时可考虑以下过程。

(1) 用一张纸记下你所想到的符合公司形象、产品或服务的域名。对于每个名字，如果是企业就以.com结尾，教育机构则是.edu，非盈利组织为.org等。

(2) 询问朋友、同龄人、员工或其他使用因特网的人为你的公司域名提供建议。因为大多数人都会猜到一个名字，其中也不乏奇怪的。

(3) 删去不喜欢的名字，留下一些最喜欢的选项。这些名字应与公司相关性大，且网络访问者容易猜到。

(4) 到InterNic域名服务网站www.internic.net，键入你想申请的域名，查看是否可用。

(5) 键入预备的所有域名，你可能幸运地发现在每10个域名中有1个可用。

(6) 对于可用的域名，在网络浏览器中键入其名字，查看是否已被激活。如果没有，那么你应该马上注册。

在选择域名时，必须考虑到法律影响，特别是考虑到商标问题。

(1) 判断所申请的域名是否对已有商标构成侵权。商标侵权行为不仅对已存在的商标是一个问题，而且对那些相似的可能导致消费者混淆的商标也是一个问题。

(2) 确保申请的域名不会影响任何著名商标。美国联邦的Trademark Dilution Act（《商标混淆法案》）禁止弱化或掩盖著名商标。

(3) 一旦排除了侵权或淡化行为，所提请的域名应该到美国专利与商标局注册为联邦商标。

(4) 在InterNic或Network Solutions（NSI）注册提请的域名。这个准政府机构在北美以先来先服务的原则分配域名。

(5) 寻找扩展的顶级域名和登记处。1997年因特网协会建立了国际特设委员会（IAHC）来研究域名系统的修正版。它所提出的最终计划是建立以下8个新的顶级域名。

- .arts，用于强调艺术、文化和娱乐方向的实体。
- .firm，用于商业和企业。
- .info，用于信息服务提供商。
- .nom，用于个人。
- .per和.nom，用于个人站点。
- .rec，用于强调娱乐的实体。
- .store，用于提供商品的企业。
- .web，用于强调网络活动的企业。

5.5.4 注册域名

一旦选择了域名，应该去注册并激活它。注册域名就像填写一个网络表格那么简单。有两种注册方式：靠自己或通过ISP。表面上看，靠自己去注册亦很简单，登录网站www.networksolutions.com，根据网上提示进行操作。注册域名你需要花费70美元，但你的ISP不能使用这个名字，直到你连接并告知他们你已经注册。相应地，该ISP会将域名转换成它的DNS服务器，从而收取转换费。

这种方法对首次登记者来说是一个头痛的问题。必须确保在注册时，你有对方的注册者、管理人员和记账人员的联系方式。这就是为何人们通常让ISP来完成这项工作的原因。

　　ISP也经历同样的一个流程，虽然除了注册费用以外还加收50美元。无论如何，ISP必须为你的网站负责。这里当然有一些缺陷。

　　(1) **要价过高**。ISP通常拥有自己的价格体系，包括安装费、转换费、月租费和特别服务费等等。要寻找一个可靠的ISP，拥有经验和高质量的技术支持声誉，并且价格合理。

　　(2) **域名状态**。ISP会采用"你不问，我不说"的态度，如果你不主动要求域名以你的名义而不是ISP名义申请的，那么ISP将不会主动地提供详情。确保你对自己的域名拥有专有权。

　　(3) **备份**。如果连接产生问题，你的ISP有备份因特网连接吗？奇怪的是，许多ISP都没有。备份与否跟ISP是否想在行业中长远发展有关。更换ISP既不是件快乐的事，也很不方便。

　　(4) **合同语言**。在委托前，仔细阅读ISP希望你签署的协议。

5.5.5　3个常见问题

　　这里是3个关于域名申请过程的常见问题，值得认真考虑。

　　(1) 在注册.com、.net或.org域名时涉及哪些方面？为注册一个域名，你需要向登记员提供联系人和技术信息。登记员存储联系人信息并提交技术信息至被称为注册处的中心目录。注册处然后向其他连接至因特网的计算机提供你的信息来给你发送邮件或找寻你的网址。你同样需要键入注册处登记员的联系信息，来说明你的注册期限以及它是怎样维护的。

　　(2) 一次注册持续多少时间？它能更新吗？首次注册是两年期限，每年更新一次。从2000年1月15日开始，一个登记员可以提供最初的新注册和每年延长的更新注册，总的注册长度不超过10年。

　　(3) 在注册域名后可以更换登记员吗？可以，但必须在首次注册60日后。确保在切断当前联系之前，与新的登记员取得联系。

　　更多常见问题的回答可访问InterNic网站www.internic.net/faqs/domain-names.html。

5.6　应用服务提供商

　　随着ASP产业的到来，人们渴望满足各种规模和结构的企业日益变化的需求。对于那些没有足够时间、财力或人力去购买和维护自有软件的公司，可以让其他公司来完成这些工作。如今，500多家ASP公司为大大小小的企业提供服务。大多数公司都属于一个被称为ASP产业联盟的机构，这是一个支持ASP模式持续研究和提升全世界ASP产业的团体。这个联盟在最初的一年运作中达到了1900%的增长率，这几年在ASP服务上的花费已超过了6亿美元，据估计至2006年ASP市场将超过420亿美元。

　　什么是ASP？下面是一些定义。

- 是利用自己的工具在自有的服务器上托管应用软件的机构。客户通过私人专线或因特网访问应用软件。也被称为"商业服务提供商"。见www.windrive.com/news/glossary.html。

- 是因特网服务提供商，同时出售在托管服务中运行于服务器后台的应用软件。ISP提供很少的应用，如电子邮件和一些文件存储。

- 代表远程终端用户在因特网上销售、支持和管理应用软件的公司。请见www.conxin.com/technology/glossary.htm。
- 作为ISP服务的拓展，ASP提供基于网络的应用和因特网访问。用于一群用户共享数据时最有用的应用，如日历，或用于过于昂贵或小公司不常使用（不具成本效益）的应用，如复杂的税务计划软件。见www.techdis.ac.uk/PDA/glossary.htm。

具备了分时、外包和打包软件的经验，ASP在许多商业渠道方面都显得更加明智。ASP即是通过因特网租用应用软件给客户的公司。他们允许企业以月或年为基础租用软件，申请由ASP的远程站点进行托管，ASP同时负责更新和维护。另外，ASP为用户提供技术支持。见www.netplusmarketing.com/resources_glos.cfm。

一个应用软件包提供两个独特的服务成分。

- Web托管和交付。在集中式的服务器上存储应用软件，然后将它们租给其他公司。ASP提供运作硬件和软件以支持客户开发的网站。
- 应用技术支持。提供端对端的连接支持。

尽管许多模型都适合ASP（如航空公司），但大多数公司都认为ASP只是通过因特网提供服务。以下是ASP所提供的功能。

- 拥有和运作一个应用软件。
- 拥有、运作和维护运行应用软件的服务器。
- 雇用员工对应用软件进行维护。
- 通过因特网使应用软件对无论身处何处的客户都可用，通常经由一个浏览器。
- 实行以使用次数或每月/每年一次的费率制度。在许多情况下，ASP可以提供免费的服务甚至对客户进行补贴。

对ASP来说许多益处都是很独特的。

- 外包给一家ASP，让公司可以集中于自己的核心能力、战略项目、创造收入和服务客户，而不是管理技术，让ASP去雇用IT员工、从事升级和备份等事情；
- 快速采用最新的功能和服务，ASP能保持他们的技术环境不落后，以此作为与客户之间协议的部分。ASP可以实现这一优点，让许多客户都能以较低成本享有创新解决方案的价值。
- ASP同样受益于雇用一些熟练的或有才能的员工，这是许多小公司负担不起或不愿做的。
- 低成本门槛和短暂的安装时间意味着ASP可以降低应用软件所有权的成本50%。
- ASP因特网带宽的提升让其可以以更低的成本提供同样速度的服务。

除了具有这些好处，还存在一些问题，主要的问题如下。

- 安全性和失去控制。使用ASP可能起来数据安全的担忧，因为提供商托管着应用软件，公司不能确定一些机密和关键信息是否被查看或被外人利用。
- 服务的质量和可靠性。能否将因特网作为关键信息安全交换的媒介，一直存在争议。因特网上病毒和黑客都非常猖獗，因此这不是转移某些数据的最好途径。有些经验不足的ASP提供的服务质量有问题，他们无法履行其承诺。
- 模糊性。影响决策判断的另一个障碍是难以制订明确的服务等级协议。当客户是完全依赖于ASP的支持时便不存在模糊性。
- ASP质量和财务稳定性。并不是每个ASP都是最好的。因为没有建立定价标准，客户需

154

要判定是按交易，还是按所需的数据库大小，还是按计算机数量付费。

- 标准化。ASP以不鼓励用户定制来保持低成本。
- 应用软件性能。针对此项担忧，顶级的ASP提供服务等级协议（SLA），其中含有性能保证和处罚条款。

5.6.1　ASP基础设施

一个典型的ASP模型本质上是为服务器上的用户托管应用服务。任何一个服务器都不是永久地分配给一个既定客户的，这意味着应用服务的分配是动态的，服务器分配基于可用性和能力要求。

作为一个用户的机构与ASP之间存在着依赖的关系，头号问题是安全性和可靠性。实际上，这是一种信任。在这一领域的失误会立刻导致客户不满，而这通常是难以修复的。为保证安全性和可靠性，大多数ASP依靠柴油发电机组作为电力的备份支持，采用并行硬件和软件操作（如磁带备份），使用冗余的因特网服务提供商。比如，来自ASP供货商（如思科系统公司）的认证会大大增加客户对ASP的信任。

155

5.6.2　仅有握手是不够的

当到达最后的选择阶段时，关系变得清晰起来，清楚定义的**服务等级协议**勾画出了客户对性能的期待。这是一个有关提供商为客户提供技术支持的合同。任何成功的应用软件外包对义务、性能和对失误的补救都有一定的要求，并经由各方同意。

在一个IT预算通常是吓人的经济环境中，ASP的价值开始变得明显。雇用员工来建立和执行内部系统需要投入相当高的成本且需花费不少时间。许多IT经理都被迫努力找一家合适的ASP。即使有一些缺点，ASP还是能够提供成本效率和执行效益。如果一家公司没有足够资金用于巨大的IT投资，ASP便成为唯一的选择。因特网可靠性和效率需要不断提升，但这是一个循序渐进的过程。运营商级路由器和交换机比以前更加智能化，带有内置的服务质量特性。

与ASP打交道并不是直截了当的，特别是对那些大部分收入来自该核心应用的大型企业而言。为确保作为一个IT外包机构的生存能力和信任感，ASP公司提供服务等级协议（SLA）。

小结

1. 因特网服务提供商对许多公司都具有吸引力，理由如下：专业化的员工来管理网站、至因特网主干的高速连接、电力储备保证实际的物理安全和最新的技术。
2. ISP可能属于3种类型之一：大型批发访问提供商，小型因特网主干线路提供商，以及本地ISP。大型批发提供商已成为合并和兼并的目标，较小的提供商正快速成长。
3. 托管网站涉及3个主要项目：硬件、通信网络和合格的员工。最低的运行成本为6~12万美元。
4. 有4类提供商：ISP、ASP、BSP和WSP。
5. 因特网的主干是由网络服务提供商群体共同工作提供的总连接。ISP连接并付费给NSP。
6. 购买ISP的Web托管服务涉及带宽、连接可用性和性能、虚拟托管、每个账户允许的电子邮箱数目、ISP稳定性和持久力、客户服务和技术支持、ISP可靠性和服务成本。

7. 对于网上营销，ISP应该有能力帮你注册域名、捕获和转发电子邮件、托管网站、技术和管理支持和路上支持。

8. 域名是你的网站、电子邮件和其他电子商务交易的"房子"。确保它正式以你的名字命名。注册一个接近你的产品或公司名字的域名。

9. 无线应用服务提供商处理无线应用，其职责涉及托管、开发和管理与ASP相似的应用软件。移动商务在第6章中有更深入的讨论。

10. ASP是因特网上的服务提供商，他们拥有并运作应用软件、维护运行软件的服务器、雇用员工以维护软件和通过因特网使应用软件对于无论身处何方的客户都可用。

11. 要成为一家ISP，非常重要的是要考虑目标市场、所提供的服务、技术要求和提供商类型。对高性能的初始化来说，有质量保证的线路和宽带显得极为重要。

关键术语

- 访问服务器（access server）
- 应用服务提供商（application service provider，ASP）
- 主干（backbone）
- 商业服务提供商（business service provider，BSP）
- 高速缓存（caching）
- 客户流失率（customer churn rate）
- 域名（domain name）
- 域名服务器（domain name server，DNS）
- 基于设施的ISP（facilities-based ISP）
- HTTP代理服务器（HTTP proxy server）
- 因特网中继聊天（Internet relay chat，IRC）

- 因特网服务提供商（Internet service provider，ISP）
- 综合服务数字网络（Integrated Services Digital Network，ISDN）
- 出现点（point of presence，POP）
- 远程用户拨号认证系统服务器（radius server）
- 服务等级协议（service-lever agreement，SLA）
- 虚拟域名（virtual domain）
- 虚拟托管（virtual hosting）
- 虚拟ISP（virtual ISP）
- Web托管（Web hosting）
- 批发服务提供商（wholesale service provider，WSP）
- 无线应用服务提供商（wireless application service provider，WASP）

理解题

1. 万维网以怎样的方式带回了传统的分时概念？请解释。
2. 是什么原因驱使中小型企业转向因特网服务提供商？
3. 引用数据来支持商业因特网流量的增长趋势。
4. ISP如何工作？举个例子。
5. 你认为托管一个网站需要多少费用？联系一家当地ISP并找出答案。
6. 什么样的基础设施代表了一家典型的ISP？
7. 简要地解释不同类型的Web托管服务。
8. 列出并简要解释ISP所需的5个要素。
9. 因特网的主干是由相互竞争的网络服务提供商或NSP共同组成的集群。他们如何工作？
10. 如果你在寻找一家ISP，你将如何选择？请详细解答。
11. 什么是带宽？它是如何影响网站性能的？
12. 什么是域名？为什么人们需要谨慎地进行选择？

13. 一个拥有新网站的公司如何选择和注册域名？详细说出每个步骤。

14. 根据你所知道的，如何选择一个域名，要经历哪些步骤？

讨论题

1. 在联系一家ISP以确定它的服务是否适合你的网站时，你需要询问哪些问题或了解什么类型的信息来帮你做决定？

2. 查询www.findanisp.com来确定两家本地ISP和一家国家级ISP（如AT&T）的等级。详细描述每家ISP的费用、特色和等级。

3. 你认为免费网络服务会持续吗？请详细讨论。

4. 本章讲述了如今ISP为保持低客户流失率所遵从的趋势。就此进行讨论。

5. 如果两家企业要注册同一个域名，这种情况该如何解决？

6. 在报纸、电视和媒体的宣传下，网景与微软之间在网页浏览器市场的竞争已众所周知。这对普通用户来说到底是利还是弊？

7. 无线应用服务提供商的特色是什么？

8. 概括ISP的主要服务。哪一项最受欢迎？为什么？

9. 自带设施的ISP与虚拟ISP之间的区别是什么？

10. 如何解释T1和T3线路的区别？在你选择ISP之前会先问什么问题？请详细解答。

11. ASP如何工作？给出一个例子。

12. 在选择ASP时，一般会考虑什么因素？

Web练习题

1. 2000年和2001年产生了几起域名冲突事件。搜索网景站点找到一些域名争端。提示：在目标区域，输入关键词，如域名冲突、域名争端等。

2. 选择一个域名并到InterNic网站www.internic.net进行确认，查看是否已被注册。如果是，找出是谁注册的？

3. 访问一家本地企业的网站。写一篇关于企业决定域名过程和如何进行注册的报告。

第 6 章

新时代的业务：移动商务

学习目标
- 无线商务的基本概念。
- 选用无线的原因。
- 无线通信技术是如何运用的？
- 无线通信安全性。
- 手机在无线商务中的作用。
- 设计本地无线网络需要考虑的因素。
- 移动商务架构的协议。
- 无线银行的前景。

6.1 简介

当今社会，走在街上经常可以看到人们用手机聊天，或用手机查看日常的行程安排。生活在经常四处移动中的人们一直都在寻找与任何人在任何地方、任何时间保持沟通联系的方式。无线通信技术对人类来说能做到这一切。从车库门遥控开关到手机，从无线键盘到黑莓设备，无线通信设备被广为采纳，驱动着移动连接的发展。

在商业社会，无线通信技术已经是必需品，到处都有用。手机是拥有一份体面工作的精英们的一种工具——一种在漫长的上下班路途中挤出宝贵时间的工具，一种与客户沟通的工具，或者一种查询股票价格变动的工具。术语"无线"指的是通过无线电波而不是电线传输信号，它也暗示着微型计算机芯片技术的使用日益普及。

无线局域网（wireless LAN，WLAN）是从已经存在几十年的有线网络（同轴电缆、双绞线和光缆）分离出的重要技术，这个电子商务的新增技术正在成为移动通信或**移动商务**的支柱。采用无线技术就像穿着轻便的潜水服潜水一样，不需要通过一条很长的脐带管道与船连接而进行呼吸，这种数据传输不需要物理连接而是通过微波、无线电波和红外线来进行。无线通信技术因其灵活性和自由度而成为有线网络连接的一种很方便的替代品，并正在迅速成为日益增长的移动工作平台可以选择的网络。

无线局域网已经在较广范围的垂直市场获得承认，包括医疗服务业、零售业、制造业、仓储业和学术圈。通过使用手提终端设备和移动电脑来实时传输数据给中央主机，无线通信技术提高了这些行业的生产力。因为无线通信技术能便捷地应用于其他行业，所以有人预计全世界的无线局域网到2005年的产值将增加到16亿美元。

手机是无线的，不同于个人电脑。一个联网的个人电脑可用来查看电子邮件或网上购物，但不能提醒什么时候该查信息或下订单。相反，客户去哪里都可带着手机，随时带在身边，等着电话进来或者发送信息。但是通过手机做生意还是一个问题，主要原因是它的界面有限并存在一些技术问题，而且内置的安全系统也是不够的。对于终端用户来说，无线网络像有线系统一样有效。无线网络拥有几百英尺（100英尺约为30米）的传输范围，允许用户从大多数设备内部的任何地方甚至设备外部与网络相连。总之，无线网络买得起，易于安装和操作，并消除了线缆的成本。

随着无线网络的扩张，移动商务随后跟进。这类似于因特网增长和万维网的关系。当前无线通信和移动网络的增长已经带来移动设备和用户接受度上的巨大变化。有消息说，全世界正在使用的移动设备超过3.5亿，其中8 000万在美国。

虽说无线通信是今天最热门的计算机话题，但它同时也是被最少人理解的发展技术。在本章中，我们论述移动商务的基本概念：益处和限制、移动市场、移动支付、语言、应用、安全和法律问题以及新的移动商务模型。本章的目标是全面论述这个快速成长的技术及其提升交易、个性化和客户服务的潜力。

6.2   什么是移动商务

想象一下当你出去吃午饭或外出跑业务时你正好要接收一封重要邮件，或在前往机场的途中需检查你的股票投资组合。或者你的药店发给你一份简短的提醒，告诉你糖尿病药快要用完了，并问你是否想再补充。当您单击是，药店知道需准备好药品，等你在回家途中顺路取药或直接送药到你家里。虽然这些都似乎是未来的愿景，但其实已经可以通过移动商务发生了。直到最近，移动数据所指只是任何非移动的语音，例如手提电话、传呼机甚至车库遥控开关。今天在手机服务和应用上的焦点就是移动商务的全部。从一个人到另一个人的信息传递不是移动商务，但由信息服务商所提供有偿收费的信息服务就构成了移动商务（m-commerce）。

移动商务指不通过有线网络而传输用户数据(如电子邮件、电子表格文件等)。它还指对如下过程的管理，即通过移动电话随时随地处理客户的产品或服务需求，或通过无线设备随时随地促进产品或服务的销售。这项技术通过一部手提电话和一个人之间的有效关系创造商机，而这种商机通常不存在于传统的电子商务中。

移动商务也指那种在不是基于个人电脑环境中进行的商业交易和支付，它们都是通过无线电波形式的无线装置进行，这些无线装置也可在以网络为基础的有线电子商务系统中访问数据网络，开展B2B及B2C的交易。首要要记住的是，移动商务并不是在移动设备上推销产品或服务，这是移动商务的一部分，但不包括手机自身所扮演的角色。

[161]

以下几类服务组成移动商务。

- 基于信息的客户服务，如利用数字手机在网络上搜索餐馆或电影，或发送电子邮件。
- 交易服务，如在无线装置上下载和聆听数字音乐，用蜂窝设备购物并将购物价格添加到电话费账单中，或实现买卖交易无线化。
- 以位置为中心的个性化服务，根据储存的客户档案资料中你的位置和数据信息来预测你的采购意向，比如什么产品、什么时间等。这意味着企业可以针对客户不同的需要将广告、优惠券以及其他电子化宣传传达给客户。与此类似的是通过无线装置将员工拴在公务上，可以追踪其行动和通信（见方框"无线广告"）。

无线广告

无线广告确确实实就在我们的身边。无论是大型广告商提升他们的知名度，还是本地商家试图增加客流量，都可以利用无线广告提供便捷、高效、定制的服务。无线广告使得客户无论在何时何地都可以接收重要信息并利用这些广告促销的机会。无线广告的潜在市场主要包括如下几个部分。

- 无线黄页，广告被内置在黄页内容中。例如，客户可以通过无线黄页查找意大利餐厅的清单。当消费者获知相关信息的同时，也收到了与之相关的广告或促销的信息。

- "搜寻答复"渠道，基于消费者输入的搜索条件动态地锁定和发送广告。例如，当消费者输入意大利风味时，相关的内容和广告就会同时发送到消费者的硬件设备上。

- 内容驱动的无线广告类似于传统的因特网标题广告，后者的内容直接与消费者所看到的网页关联。例如，当消费者通过相关设备查看体育比赛比分时，与之关联的就应该是耐克或者当地专业体育公司的广告。

对消费者和个人隐私的倡导者来说，无线广告可以说是一种侵犯，特别是当考虑设备本身的私人特性时。可怕的是无论你身在何处或正在做什么，你都好像在被监视着。哪怕你是漫步在大马路上都会被这些广告"轰炸"。就现在而言，无线网络的运营商还不具备全天候追踪每一个订阅者的技术能力。但是在将来，这种能力在技术上会成为可能，成本也会不高。当然，如果隐私问题没有引起商家的注意，政府肯定会在立法上作出一些努力。

消费者最终还是会选择无线广告。他们想获得增值信息及产品服务的相关指导，他们想得到有别于现在因特网上的广告。有明确受众并且征得同意的广告肯定会受到关注。

来源：摘选自Tim DePriest，"Wireless Advertising: Opportunities and Challenges," *Computerworld*, May 5, 2003, 42ff。

在20世纪90年代中期，一些公司已经意识到上网不只是用HTML格式复制静态手册或开发互动式网站。同样，今天的公司都开始认识到，运用无线技术不光是将HTML格式变成无线应用协议（wireless application protocol，WAP）（将于稍后解释）。了解两者区别的最佳途径是去看一下个人电脑显示器的物理尺寸（0.13 m²）与移动设备的显示屏尺寸（大约0.006 m²，因此就限制了同时发布大量信息）。从带宽来说，现在的9 400 bit/s是个人电脑调制解调器几年前使用的速度。最后，试图在一部手机上用12键的键盘编辑文本肯定是令人沮丧的。

其他区别也存在。心里惦记着无线网络的通话费，却不得不忍受那些不请自来的广告和其他烦人的消息。一旦无线变得司空见惯了，试图打击侵犯隐私或滥发电子邮件将成为一个挑战。最后，面向个人电脑的电子商务采用HTML技术，而移动商务和无线网络使用两个不同的开发语言：无线标记语言（wireless markup language，WML）和手持装置标记语言（handheld device markup language，HDML）。这些需要在手机中装载不同的浏览器的语言将在本章后面部分解释。

6.3 为什么需要无线

无线网络处于技术的前沿，开放并且正在增长。该技术已经在芬兰和日本得到了迅猛的发展，学生可以用网络电话看卡通片，商务人士可以买彩票抽奖，或通过个人电子助手从自动售货机上买苏打水。在不久的未来，网络电话可以用来传输股票信息、航班延误情况，甚至可以对供给情况进行追踪。根据《无线信息世界》一次500位读者的调查，95%的人正在使用手机，69%的人在使用传呼机。基于网络的电话使用率的指数增长是显而易见的。另一份资料估计在2005年移动电话的使用者将超过10亿，每年将带来130亿美元的收入或者相当于所有电子商务交易总额的7%。

无线技术意味着打破现在计算机网络的束缚。无线网络可以不通过网线连接两台或多台计算机，同时为消费者带来了连接网络的便利。了解事件是简单的，但获知重要事件何时发生却要另当别论了。我们可以做个类比，如果一辆车子撞上了一个树，却没有一个人目击事故的发生，事故发出声音了吗？当然了。同样的道理也适用于每日的商务活动。尽管消费者未被告知价格变动，但并不意味着价格没有变动，事实上变化已经存在。这就意味着时间是每个人都想要节省的原因。我们生活在一个信息每分钟都在变化的动态信息世界里，增值决策就意味着在正确的时间获得正确的信息。有些信息不论其发生何处都应被实时发送。

无线的初衷是为了开始一场和时间的"战斗"。与任何时候都能展示信息的因特网相比，无线移动技术能做到任何地方展示这些信息。使用因特网时，只要你连接着网络，你就可以获知信息。如果网络掉线，那就无法实现了。问题在于用户还要参与其他活动，不能一直连接着因特网。无线技术使得用户可以在任何地点获得信息，因此只剩了时间的问题。运用无线技术，信息可以被实时接收。无论身在何处，雇员可以更快地作出决定，顾客会越加自发地提出问题，商务人士可以更加投入到自己的生意中。

6.3.1　简史

无线通信可以追根溯源到1895年一个年轻的意大利人马可尼发明的收音机，当年他只有21岁。他成功地传输了无线电波。他第一个成功实验的距离很短，只有100米，从他设在家里的办公室到后花园之间。1895年9月，马可尼制造了一个通过空气传播电子信号的设备。他在自己家附近布设了一个发射器，在两公里外设置了一个接收器，两者之间还隔着一座山。他让他的仆人站在接收器旁边，接收到信号的时候就用来复鸣枪示意。马可尼按了发射器3次，听到了一声来复枪响。他证明了电磁波可以长距离传播，这就是无线通信的起源。

马可尼成为了无线通信的鼻祖，由于他为无线电报发展作出的杰出贡献，他在1909年获得了诺贝尔物理学奖。在第二次世界大战之后，蜂窝通信的计划在1940年代中叶得以继续。但直到1978年才开始试验性运行，到了1984年才在美国开始全面部署。

在1940年代中叶，两路车载无线电装备了警察、政府部门和公用性公司以便彼此保持联系。问题是这样的系统不是很便于使用。因为只有一个中央传输器、一条天线、多个车载接收器，传输不是很通畅。下一步是将装有天线的更小型接收器装在建筑物的顶上或高塔上，在整个城市划分出"蜂窝"或服务区。除了缺少可用的频率之外，其他一切都已就绪。在那时，联邦通信委员会（FCC）给诸如紧急服务部门、政府部门相当的优先权，但是容量只有250个用户。

由于AT&T和Bell System等公司在移动传输上的努力，在1969年从纽约开往华盛顿的火车上装上了商用蜂窝付费电话。乘客可以在时速每小时160公里的火车上打电话。

在1978年，AT&T和Illinois Bell向公众推出了基于模拟蜂窝技术的电话服务。蜂窝通信的入网客户从1985年的20万增加到1988年的160万。增长在接下来的十年得以继续，直到2000年推出数字蜂窝通信技术。当今蜂窝的部署已经遍布全球，有超过6 000万的蜂窝电话用户，并且每年以4 000万的数量在增加。

数字蜂窝电话的发展可描述为3个阶段。

- 第1代，被称为1G，使用800~900 MHz的频谱，有832个可用的传输频率，395个声音传输频道（每个需要两个频率来转化蜂窝电话），剩余的21个频道（每个频道需要两个频率）被保留用作控制。由于是基于模拟的电路交换技术，1G网络通过电话公司的交换机锁定呼叫者和接收者的频道。这已被证实是低效的，而且容易受干扰，当调制解调器将数字信号转化为模拟信号之后再转化为数字信号的时候容易造成阻塞。1G电话容量有限，性能也相对较差。但是它们仍然很受欢迎，到1987年共吸引了100多万付费用户。

- 第2代蜂窝电话称为2G，开始于1990年初，一直发展至今。它的数据传输速度介于9.6~14.4 Kbit/s之间，工作频率为0.8~1.9 GHz。2G的独特之处是它是数字信号而不是模拟传输。这就意味着频谱变得更加有效，远距离声音传输的质量比模拟传输要高了很多。它也更加安全，因为解码数字传输更加困难，并且允许用户使用更小更便宜的个人传输设备。2G设备遇到的主要困难是缺少统一的无线通信系统和缺少电路转换网络（circuit-switched network）的内在带宽。一个电路转换网络由数千个称之为电路（circuit）的频道所构成，每一个电路负责一次通话。这对于不间断的交谈来说是相当方便的，但是对于数据传输而言，电路转换的效率就非常低下了。

- 第2.5代是2G的晚期阶段，而不是直接由2G过渡到3G。2.5代网络的推动力是在其"总是接通"的能力上。它允许使用基于每个事务而不是使用时间的设备，这对移动商务和基于位置的服务意义重大，参见www.mobilein.com/2.5g.htm可获知更多信息。2.5G的网络使用分组交换取代电路交换，前者是一种效率更高的数据传输方式，运行的最大速度是384 Kbit/s。分组交换的设计允许将传输的数据分解为更小的单元即分组，每个数据分组都可以独立地通过网络传输到达终端。在到达终端之前，这些分组按照恰当的顺序组装在一起。分组传输的数量可以比电路传输增加3~5倍。这是一个"总是接通"的连接，这一特点是调制解调器和DSL比电话拨号上网更受欢迎的主要原因。参见www.xlink.com/esp/wireless/cellular_networks/ 2.5g.htm获知更多的技术细节。

165

- 第3代数字电话网络，或称之为3G，标志着一个统一的遍布全球的蜂窝无线通信的标准的开端。由国际电信联盟（International Telecommunications Unions）制定的标准是2 Mbit/s，可以处理视频流、两路IP音频、更高质量的无线电话图像和插件功能。这种技术还处于起步阶段，它允许为高速移动的无线设备提供大概144 Kbit/s的传输速度，例如装载在汽车和火车上的移动电话；为内置无线电话和PDA这样的步行设备提供384 Kbit/s的速度；为固定的无线设备提供2 Mbit/s的速度。在那样的速度条件下，你可以轻松地在20秒内将5 MB大的文件下载到3G的固定无线设备上。参见方框"只差一步到3G"。3G是一个多种无线技术的统称。例如，通用分组无线电服务（general packet radio service，GPRS）允许115 Kbit/s的无线网络，数据传输性能增加10倍（9.6~115 Kbit/s）。这就意味着用户可一直和网络保持连接，一直在线。它向后兼容2G和电路分组交换，它使用现存的和改进的设备的组合，数据传输速度增加到2 Mbit/s。

- 未来的4G技术被看作是3G技术能力的一个重大提升。当4G技术投入使用时（在下一个10年的某个时候），将成为完全的分组交换，所有的网络都是数字化的，带宽将猛增到100 Mbit/s。

只差一步到3G

被称之为3G UMTS（universal mobile telecommunication system）的白热化的（white-hot）无线通信技术最终在美国崭露头角。高速的网络连接速度使用户可以使用手机、PDA或者笔记本电脑接收音频和视频流，同样也可以制作小视频和别人分享。

该技术的实用性还有一定的限制。AT&T公司只在4个城市提供此种服务：底特律、菲尼克斯、旧金山和西雅图。就那些对网络十分痴迷的人来说，3G确实是值得的。3G提供了相当于普通拨号连接8倍的无线传输速度。在那样的速度条件下，音频视频流是非常流畅的，绝对不会有间歇感和噪音。

来源：摘选自Leslie Cauley，"AT&T Wireless Rolls Out Super-Speedy Internet Service." *USA Today*，July 21, 2004，5B。

166

在世界范围内，日本、中国和韩国正在联合研发第4代蜂窝移动电话，预计到2010年产品将会投放市场。另外，在2008年北京奥运会前将会构建好4G移动通信网络。到时，人们将可以通过移动网络观看各种精彩体育赛事，详情可见www.4g.co.uk/PR2004/Oct2004/2040.htm。

6.3.2　主要好处

了解了3G与4G网络的这些不同点，我们还要看看无线移动网络将会给消费者提供怎样的便利。无线移动网络最明显的优点就在于可以大量地节省时间和金钱，在更大程度上将现实世界和网络世界连接在一起。想象一下你将在大西洋上万米高空度过一次长达8个小时的旅行，如果你可以充分利用这段时间的话那将是多么惬意的事。你可以花费不多的钱收发电子邮件、维持网络链接，可以跟你的企业、客户、供应商或其他人联系。雇主可以根据市场变化及时做出决断，顾客可以通过网络咨询很多的问题，企业可以做出更准确的回应，经理们可以把一切掌握在自己的控制之下，因为他处于整个商务活动的中心位置。这些都将使他们在激烈的市场竞争中一直保持竞争力。

例如，在某次战争中一方大量使用了卫星跟踪等移动通信科技，共有64个移动通信终端设备用来收集敌方信息并发送机密信息到太空中的卫星，再由卫星转传到战争指挥中心。这种设备可以停放在任何地方（路边或十字路口）用来扫描到向他们靠近的敌方的车队信息。

毫无疑问，移动通信科技保证了选择的自由性。想象一下这种情况，一个顾客在午饭时间没有足够的时间去商店购物，那么他们可以通过移动电子商务网络很快地查出哪个商店有所要找的物品，而不是像以往一样要打很多个电话去了解哪个商店有这种价格合适的皮质公文包。这种优点不仅仅表现在购物方面，航空公司、影剧院甚至餐厅都会在不久的将来为使用移动设备购物的用户提供特别的折扣优惠。

移动商务的另一大优点在于它在协调方面的高产出率和灵活性。移动用户将可以在此类活动中表现得更具活力，并可以把工作时间安排得有条不紊。这一优点表现在很多方面，例如你可以用你的手机去安排一次会议，确定会议的时间和地点，并跟对方说"我将会在离你办公室一到二个街区时打你电话"。

双向无线通信和手机无线上网这两种功能已经被广泛应用，而现在的发展重点则是以位置为中心的应用。定位是通过无线网络创造个性化用户体验的关键所在，通过它将可以使用户根据自己的需要来付账、查询信用卡余额或使用无线网上银行。像传统电子商务改变了商业活动方式一样，无线电子商务也被期望可以拥有同样或者更大的影响。据Gartner Group推测，在未来的4年内无线电子商务将会占据电子商务市场的40%。

6.3.3 位置、位置还是位置

无线定位技术是移动电子商务的一个关键组成部分。通过收集顾客所处的位置所在，可以最及时地向他们发布最新产品目录和信息。体育用品店的经理将使用这种技术吸引大批顾客，而无线推广渠道将使销售产品的推广活动更加具有针对性，不管是旅店、电影院还是餐厅。

试想一下一个餐厅通过使用这种技术而吸引当地顾客在漫长的一周内到他们那里进餐，这将使得他们制订合适的价格，推出特色菜，减少过多的库存。再比如，剧院也可以提供这种即时服务，给某场演出打出7折特别优惠。在表演开始之前，折扣优惠幅度不断增加。方框"在以位置为中心的商务中取得成绩的公司的例子"中给出了几个在这方面发展比较成功的公司的例子。

在以位置为中心的商务中取得成绩的公司的例子

Office Depot（www.officedepot.com）。这个网站根据邮政编码进行个性化。根据顾客所处地区的邮编，网站上展示了该地区的商店的产品。顾客既可以在当地商店取货又可以在网上进行订货。

Circuit City（www.circuitcity.com）。在这个网站上，商店定位服务可以根据顾客所提供的城市或邮政编码而列出其附近所有的商店，顾客可以在这些商店中最多选三家店检查是否有想要的产品。

Go2Online（www.go2online.com）。通过访问这个无线移动站点，顾客可以查到当地餐厅、商店、剧院、医院、警察局、加油站等场所的详细地址和联系电话。

Autoweb（www.autoweb.com）。在这个网站上的二手车区中，用户可以根据厂商、价格和销售商距离的远近来查找二手车。

Ecompare（sprint2.ecomparewireless.com）。利用这个网站，顾客可以很方便地比较不同商店中同种商品的价格，也可以同其他网店中的同种产品进行比较。

卫星手持设备传输/接收蜂窝系统

以位置为中心的技术的另一大优点表现在产品、服务甚至人的位置跟踪方面，可以使供应商更加准确地确定交货时间并提高他们的客户服务质量。例如，仓库可以跟踪装载大量货物的多辆货车，随时准备好向需要的客户发货，这将节省大量时间并减小库存空间。如图6-1中所示，通过基于卫星的无线通信系统，行进中的卡车之间可以使用手持移动终端设备进行联系。装配工厂、超市、航空公司和其他大型运输公司也可使用定位跟踪系统。

除了移动仓储管理外，移动商务还可以极大地方便顾客。顾客通过移动设备（如掌中宝）访问数据库查找他们所需要的某种产品、销售这种产品的商店以及相应的价格。顾客只用发送一个信号（叫做查询）到数据库，查找每一个商店的库存产品系统，就可以很快地找到离他最近的出售这种产品的商店，而不需要一个商店一个商店地跑来跑去（如图6-2所示）。

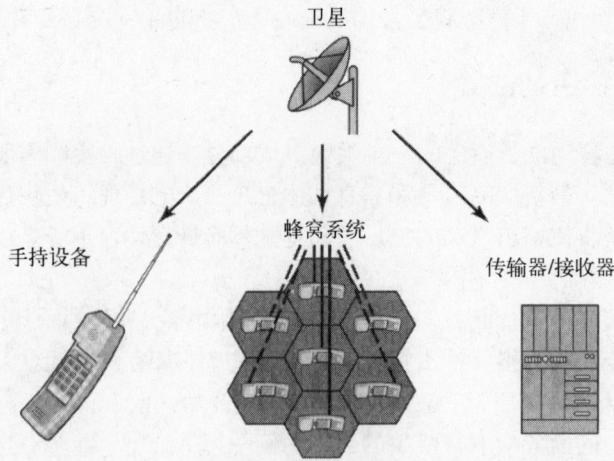

来源：U. Varshney, R. J. Vetter, and R. Kalakota, "Mobile Commerce: A New Frontier," *Computer*, Oct. 2000, 32-38。

图6-1 货物的定位跟踪

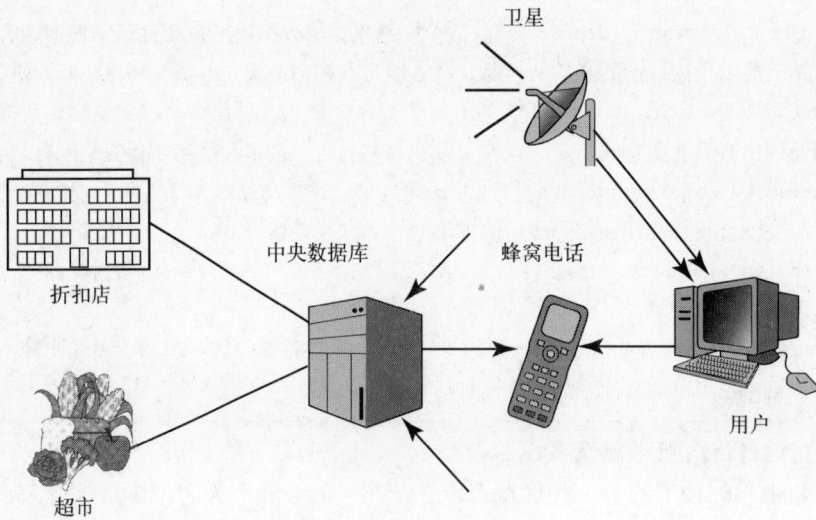

来源：改编自Varshney et al.(op cit.,3)。

图6-2 产品定位的概念图

以位置为中心的服务根据顾客需要和所提供信息的不同可以分为不同的种类。最主要的需求驱动如下所示。

- "我在哪里"之类的查询。"我在哪里"和"我怎样可以到达那里"此类问题可以在地图、交通指引图和在线目录以及企业黄页上找到答案。这类查询在那些街道名称不明显或者是道路情况比较复杂的大都市有较高的需求，如东京、贝鲁特、开罗和匹兹堡等。例如在东京，GPS可以让用户找到到达目的地的路径并且可以实时地让家人或朋友知道自己的确切位置。
- 按需提供个性化服务。这类服务包括提供新产品信息、特价促销信息，以及根据顾客在已有数据库或数据仓库中的资料而提供特价折扣信息。
- 根据顾客个人或商家的专业需求而开发的应用。例如为渔民、足球经纪人提供信息或者发布寻人启示。

- 行业应用。例如使用创新手段跟踪材料、产品和项目信息。

6.3.4　可用性因素

综上所述，移动电子商务的最大优点在于其不受时间地点限制的便利性和灵活性，使商店和顾客可以高效率地进行商业活动。它的主要服务在于其可移动性。无线网络电子地图从1998年发布**无线应用协议**（wireless application protocol，WAP）标准开始出现，这个标准被用来向处于特定地区的手机用户发送消息数据。随后，日本就发明了I-mode，当年就已经吸引了500万用户。这项技术在2000~2002年期间得到了长足的发展，其中以运行速度30倍于传统通信系统的第3代移动通信网络（3G）的出现为代表。专家分析预测到2005年底将会增长到大约两亿用户。WAP将在本章的后面部分详述。

6.3.5　Wi-Fi是关键

无线保真技术（wireless fidelity，Wi-Fi）是无线因特网日益增长浪潮的关键所在，它集中了一系列先进的无线通信技术。该技术正在成为行业标准，使硬件厂家能够生产互相通信的无线设备。Wi-Fi通过无线电波来发送网页或电话，不需要借助费用高昂的电缆或高速因特网连接。这种技术已经在一些偏远地区得到了证实。在珠穆朗玛峰下，人们使用牦牛把Wi-Fi设备驮到5千米高的营地，那里2003年4月开张了一个网络咖啡店，登山者和后援人员可以随时利用这种无线网络收发电子邮件或者打电话。

Wi-Fi技术为家庭用户提供和商业用户一样的便利。家庭用户不需要使用有线连接就可以和其他电脑进行高速网络资源共享。家庭无线网络应用的关键部分是一个叫做接入点的装置，这个装置插在家庭网络接口处，它可以使无线网络覆盖到整个屋子，可达100米。相似地，在一个企业内，Wi-Fi使得工作环境更加移动化，工作场合也更容易移动。商务旅行者在机场或机场酒廊等待航班时也可以收发电子邮件。

在国际视野下，速度是一个主要的挑战。2003年人们提出了一个新的Wi-Fi技术标准（wireless G），它的速度是旧版本（wireless B）的5倍。现在新技术的发展可以让用户在计算机之间压缩音乐文件，也可以让用户在咖啡馆或者机场以很快的速度进行网上冲浪。

尽管取得了进展，但Wi-Fi的安全问题仍是一大隐忧。黑客可以轻松破解大多数无线硬件中的软件，并可以很容易地窃听到无线网络中传输的私人数据（见方框"Wi-Fi对黑客来说是很脆弱的"）。当然，新的无线设备加强了安全方面的保护，但用户仍须谨慎采取某些步骤，以确保重要数据的安全、隐私和完整性。用户可以做的是使其网络不完全暴露给外界，这意味着需要对家庭网络的无线接入点的设置作一些调整，这个接入点其实就是把装备Wi-Fi的无线设备链接到有线网上的天线。每个接入点都需要用户为Wi-Fi网络创建一个唯一的名字，叫服务集标识符（service set identifier，SSID）。用户应该创建一个并不显而易见的SSID，并且要经常修改。

Wi-Fi对黑客来说是很脆弱的

任职于美国国防大学教授无线安全方面课程的陆军中校Clifton H. Poole，当他每月好几次沿66号州际公路往返于位于Reston的家和位于华盛顿西南部的Fort McNair的大学校园之间时，时常在车上打开他的笔记本电脑。他开车时，笔记本电脑上运行着一个软件，记录了这个区间无线传输器接入到因特网的"热点"（hotspot）的数目。Poole说记录结果吓了他一跳。

经过近两年对这一相同37千米路段的监测，Poole目睹了被认为是最近因特网应用上一件大事的Wi-Fi技术的迅猛发展和无线接入点的增加。建立一个家庭或企业无线网络使人们可以自由地驰骋于因特网上，而且再也不必受到有线电缆的束缚。但是问题在于，大部分的这些网络在安全上都得不到保障，很容易被黑客攻破从而窃取其中的数据、植入病毒、发布垃圾邮件或者用来攻击其他计算机。粗略地估算，其中未采取任何安全措施的无线网络要占到60%以上。

Wi-Fi证明了因特网具有提供一种总是接通的强大吸引力，这使得共享原本需要花钱的东西成为可能。但是像很多流行的应用（例如通过因特网交易数字音乐的软件）一样，Wi-Fi的发展必然要受到现实中经济和安全问题的阻碍。

来源：改编自*The Daily Progress*, August 1, 2003, B3。

另一种形式的保护涉及为Wi-Fi网络创建一个类似于邀请名单的东西。在每个接入点的设置中，用户都可以列出允许连接到Wi-Fi网络的机器。在网络术语中，这被称为MAC（media access control）地址过滤。当然，大多数Wi-Fi产品还是要长期依赖于一种叫做有线等效保密（wired equivalent privacy，WEP）的加密方案，由它对接入点和具有无线装置的计算机之间的来回传输的数据进行转换，变成无意义的信息。熟悉这些协议也不是一件容易的事情，需要一些实践。

电子商务还在持续增长，尽管大部分的发展仍然涉及有线基础设施，但随着无线网络的增长，移动商务必将在这一新兴的前沿提供新的增长途径和新的机遇。成本费用的减少、易于部署等特点已见成效。即使是小公司现在也能使用这种曾经只有像UPS这样的大公司才拥有的技术。而设备制造商则继续研制更加小巧、更加智能化的手持设备。正如方框"为什么需要无线技术"说明的那样，无线网络将在以下4个主要领域发挥作用。

（1）无线的工作环境，包括可以在公司内联网和外出的员工之间传送数据的办工环境。一些医院就设计了这样无线网络，为工作人员核对流程和病人的数据，从而避免了手写错误。在一个案例中，通过使用无线网络，一家医院的呼吸治疗小组的员工削减了百分之二十，节省了150万美元，而与一年前相比，该小组却多接收了13%的病人。

（2）移动办公的员工也能帮助公司与供应商接触，并改善客户服务。通过无线网络，可大大降低公司的服务响应时间。传真机时代产生的一些错误再也不会出现了。

（3）在一个智能环境中，仓库或制造设施中的无线设备也可以编程从而自动搜集来自周边电脑的数据，这些数据包括工作流、库存或零部件供货状况，等等。这意味着人们不必再手写报告或收据，不会再错过交付日期。

（4）无线设备为股票交易、银行业务等开辟了新的捷径。现在已经有可能利用无线网络直接进入和控制某个人的私人账户。随着通信技术和交易方法的改进，银行家、经纪人和其他相关人员都在争相为客户定制财务服务。

为什么需要无线技术

　　10年前，US Fleet Service考虑过为其司机建立一个无线网络，但该提议很快被否决了，因为定制这样一套移动设备加上开发软件实在是太难了，而当时公司的电脑系统不是十分健全，决策者认为不值得冒这个险。然而去年公司重提了这一技术，不过这一次更为彻底和全面。在医院、办公室和工厂，人们使用一种名为Wi-Fi（802.11b）的无线连接标准大大简化了无线网络的安装。

　　根据Gartner公司的预测，今年使用Wi-Fi网络的职工人数可望增加一倍多，达到1200万人。另一个好消息是，现在微型的无线电甚至都可以追踪仓库中的零件，或者可以通过机器显示灯的闪烁来提醒技术人员。最大的动向是为身处现场的员工部署这一无线系统。在过去几年，百事集团旗下的700位负责自动贩卖机的技师花了太多时间在接听电话上，而这些时间本来是应该花在公司的1.3万台贩卖机设备的维护上的。客户打电话提出问题，然后呼叫中心的员工传呼对应负责具体工作的技术员。当天下班前维修工人会以传真的形式回传设备的检测结果，而5天之后这个检测结果才会显示在百事的内联网上。这套过时的系统就要被废弃了。

　　采用了无线技术后的回报是什么呢？百事可乐的答案是，提高了20%的处理速度，并节省了700万美元，这意味着该项目在两年内就可以收回成本。"当我们试图弄清楚为什么客户转投竞争对手时，发现部分答案是客户服务及设备故障。"一位百事可乐的高级副总裁说。

　　来源：Heather Green, "Winging into Wireless", *Business Week*, February 18, 2002, EB9.

6.3.6 主要限制

　　没有任何技术或系统是没有限制的。对于Wi-Fi来讲，一个限制因素是距离。台式电脑的接入点距离可达550千米。而利用无线网络的移动电脑，距离则要短得多。尽管无线信号可以穿过墙壁及其他障碍，但是信号会在途中逐步衰减。当然，无线网络的范围可以通过中继器（把弱信号放大后再重新发送）来扩大。

　　速度是另一个限制。无线网络使用802.11b标准，这个标准使用频率为11 Mbit/s的频段，这样的速度仅仅是有线网络的九分之一，这意味着它需要较长时间来发送大的文件。第3个限制是无线网络的安全和隐私。无线网络需要特别的技术来保障电子邮件和数据用无线电波传输时的安全性，这一点我们将在本章的稍后来解释。当无线网络把数据转换为无线电信号进行传输时，几乎任何在附近的人都可以利用合适的软件获取相关数据。针对这一威胁，每一个无线产品都会具备内置的加密功能。

　　还有一个问题是隐私权。能够跟踪用户这一特性是影响无线产业发展的最大的关于隐私的担忧。你真的希望别人通过你的手机在任何时间任何地点都能知道你身在何处吗？正如方框"为什么需要无线技术"中解释的那样，消费者应该能够控制谁在查看他的位置信息。然而，当消费者获得有价值的服务时，他们必须愿意放弃自己的隐私。

　　移动商务除了这些显而易见的限制，还有其他一些局限和问题。简述如下。

- 服务质量不一。今天的手机功能惊人，但从服务商提供的服务质量来说，依然是一个值得商榷的问题。
- 即使有了很多有用的服务项目，对用户来说还是很难记住所有的电话号码、关键词或者密码，尤其是在小屏幕上。
- 电池质量不好。现今一次充电能提供5个多小时通话时间的手机实在是少数。而且当你听音乐时，你就得要关闭电话。

- 当你的工作本身就不需要信息，尤其当你已经被众多的信息压得抬不起头时，移动性将没有存在的必要。
- 连接费用仍然偏高，尤其是长时间的交流、下载或交谈时。
- 对于要到达某个特殊的地方而言，你车上GPS系统的信息可能不是很有用，你还是要按照传统的方式问路。
- 人们给你手机留言希望立即得到回应，但这会使你很反感，特别是你想得到片刻的休息时。
- 人们在饭馆里、汽车里、火车上和飞机上都得不到片刻安宁，手机铃声会在任何地点响起，这使得你觉得非常受打扰。
- 很多无线网络安装得比较差，甚至在工作场所都是这样。

6.4 成功的关键因素

移动电子商务能成功,下面4个因素很关键。
- 流动性。大多数人都认为他们的流动性生活方式至关重要，任何移动服务都必须考虑人们的移动特性，以及利用这个移动特性，通过移动销售和移动服务是否产生经济利益；
- 个性化。这意味着确定并跟踪每个客户，进行市场的细分，从而确定最佳的销售方案。这被认为是个性化服务，相似于客户在传统商店里得到的尊贵服务；
- 全球标准化。这个成功的关键因素有两个方面。首先，移动电子商务的客户希望能在任何地方走动，而无需更换服务，或者担心税收、法律规则和其他一些每个国家都不一样的限制。其次，客户都在寻求这样一个标准化方案：一个定单、一个口令、一个用户界面，这将使他们在移动的环境中更容易和更迅速地进行交易；
- 客户培养。需要通过一段时间的广告、促销或特价活动等方式，来培养潜在的客户群体。这也属于个性化服务的范畴。

当移动商务成为新兴的事物时，网络是一个决定其能否成功的关键因素。高质量和可用性是最需要考虑的问题。现今要考虑的主要方面是客户满意度，即要注重客户的需求和服务质量，这就是为什么客户控制管理越来越重要的原因，这一点也将在第10章进行说明。

6.5 无线通信技术是怎样工作的

6.5.1 蓝牙

你出席了一个研讨会后刚刚到家，你的笔记本和PDA放在皮包中，手机放在衣服口袋里。你脱下外衣，想尽量放松一下。与此同时，笔记本电脑定位打印机，并指示它打印你的讲座笔记。你的PDA连接到台式计算机，并确保通信簿和明天日程安排都是同步的。这一切发生在你脱下大衣的时候。然后你把你喜欢的零食从冰箱拿出来，手机的嘟嘟声告诉你讲座笔记资料已经打印好了，PDA也发出嘟嘟声告诉你，有新的电子邮件。

一个日益增长的无线连接标准在向我们走来，**蓝牙**（bluetooth）技术是一种普遍的、低成本、低功率的无线技术，该技术利用短程无线电频率（radio frequency，RF）（也称射频）连接无线上网的电脑、扫描仪和打印机。它允许任何具有蓝牙功能的设备与其他同类产品相连接，是一种无线网络，使得用户无需过多干预，也无需借助电线、电缆，就可以使用电子设备沟通和分享信息。这些设备包括手机、掌中宝、计算机、家电、耳机和键盘等。蓝牙通信使用2.45 MHz的无线电频率波段，传输距离为9~90米。当然也需采取措施防止其他设备干扰（见图6-3）。

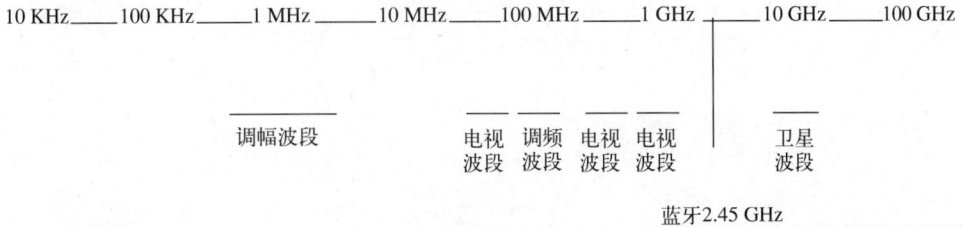

10 KHz——100 KHz——1 MHz——10 MHz——100 MHz——1 GHz——10 GHz——100 GHz

调幅波段　　　　　　电视　调频　电视　电视　　　卫星
　　　　　　　　　　波段　波段　波段　波段　　　波段

蓝牙2.45 GHz

图6-3　国际无线电频率分配图

蓝牙这个概念最初是由瑞典的手机制造商爱立信在1994年提出的，当初的设想是使笔记本电脑可以与手机通信。蓝牙以丹麦国王Harald "Bluetooth" Blaatand二世（公元940－981年）的名字命名，而这个外号是由他爱吃蓝莓得到的。"蓝牙"国王在其统治期间统一了丹麦和挪威，而爱立信用这个名字则是希望新的标准能把通信行业和计算机行业也统一起来。

1. 蓝牙特别兴趣小组

1998年2月，爱立信、IBM、英特尔、诺基亚和东芝成立了一个蓝牙特别兴趣小组（Special Interest Group, SIG）。他们制订相关技术标准，希望能加速蓝牙技术发展并最终得到采纳。其目标是要获得全球范围的广泛接受，使蓝牙设备可以用在世界上的任何地方。蓝牙组织现由2500多名硬件/软件制造商组成，他们测试相关设备，以确保各项设备符合标准。

这个特别兴趣小组被分为两个部分，即促进成员（promoter member）和从属公司（associate company），他们在一起工作，就像一个董事会一样为该组织进行决策。从属公司是不同的工作组的成员，各个工作组都有一个关于工作组目标的章程。举例来说，汽车领域工作小组主要参照蓝牙技术规范（www.bluetooth.com/sig/sig/sig.asp）以确保便携式无线连接设备与车载设备在汽车环境中的正常使用和互操作性。工作组内的公司开发标准设备被厂商所普遍采用。

2. 主要特性

蓝牙使用短波链接，让电脑及各类便携式电子设备之间实现无线通信，形成一个小型的私有网络。在某一方面来说，这是一个基本的技术，它为各种不同的设备创造了相互连接的环境，就像提供了统一的通信语言。

蓝牙的重要特性还包括低成本、低功耗、低复杂性和健壮性。如图6-4所示，配备蓝牙功能的笔记本电脑可以和掌上电脑、手机通信，同步更新日程安排和通信录配备蓝牙功能的打印机和鼠标也不再需要串口电缆连接，蓝牙技术也可以让各种便携设备和家电访问无线局域网、移动通信网络和因特网。例如，用户用手机连接自动售货机，并通过无线付款系统付钱购买商品。这一过程就是使用了蓝牙技术。

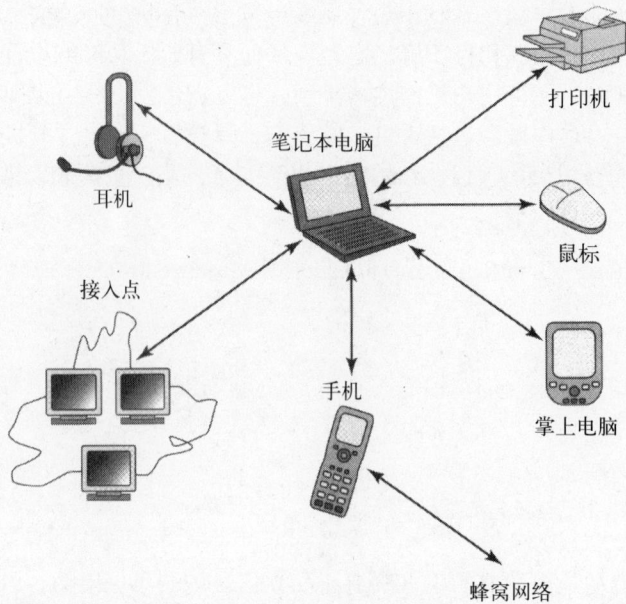

图6-4 采用蓝牙进行无线连接

　　蓝牙设备发送的信号比较弱，强度大约1毫瓦，所以其信号范围有限，需避免干扰。蓝牙技术使用一种叫广谱频率跳跃（spread-spectrum frequency hopping）的技术，使得多种设备在一个房间内不会互相冲突。这种跳频是指一种设备在指定的范围内随机选择79种频率区间，并作出规律性的改变。这个频率改变速度为每秒1 600次，所以同一时间多个设备使用同一频率的几率很小。

3. 协议架构

　　蓝牙特别兴趣小组已经发布蓝牙技术在各个层次上的规范说明，以加快相关设备和应用的开发。其中最主要的一层叫做**无线发射层**（radio layer），构成了其物理连接的接口，监督一个称为piconet的小型数据传输网络。piconet把一组设备连接到一个共同的信道，该信道有独特的跳跃顺序（见图6-5）。此外，在这层指定了频率、调制模式、输电功率为核心协议等（见图6-6）。

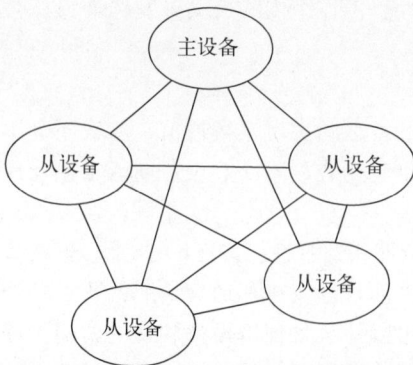

图6-5 两个蓝牙设备连起来创建一个叫piconet的网络，
　　　　一个主设备最多可以控制7个从设备

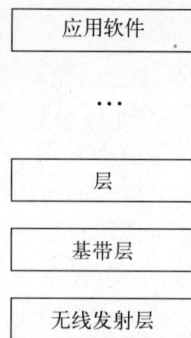

图6-6 基本协议架构部件

　　第二层是**基带层**（baseband），与天线和收音机一起组成蓝牙设备的物理连接部件。基带处理器将数据转换成频率为2.4 GHz的无线信号，然后从天线发出，通过空气传播，由另一个蓝牙设备的天线接收，经过相反的过程得到其中的数据和程序。装置之间必须在9米以内，因为信号干扰和衰减对无线电信号的传输距离影响较大（www.darwinmag.com/learn/curve/column.html? ArticleID = 12）。

177

在基带层之后，下一层是**链接管理者协议**（link manager protocol，LMP）。这层为蓝牙设备设置正在连接的管理，包括安全特性，例如认证和加密。上层协议通过使用**逻辑链接控制和自适应协议**（logical link control and adaptation protocol，L2CAP）转至基带层（见图6-6）。

遗憾的是，蓝牙技术并不是唯一使用2.4 GHz频带的技术。HomeRF和802.11，以及法国、西班牙和日本的军事部门，都使用这个频段进行数据传输，官员们搞不清楚是否这些技术将彼此干扰，造成失误。蓝牙通过使用频率"跳跃"技术来应对这一问题，通过采用短数据分组来减少数据碰撞。LMP提供3项重要职能。

- Piconet管理：一组设备都连接到一个相同的信道，该信道具有独特的跳跃顺序。在这种安排中，启动装置（主设备）与接收器（从设备）是通过LMP相互联的，并可在必要的时候转换角色。
- 连接配置：LMP会确保蓝牙设备运转时不低于指定性能，如果设备在一个特定的时间内闲置，LMP将会把设备设置为"停"的状态，从而将功耗降到最低，并且也允许另一台设备加入到piconet中。
- 安全功能：LMP控制蓝牙设备传输过程中的各种安全功能，监控对其他请求连接的设备的身份验证，管理建立安全连接的密钥。

4. 蓝牙应用

应用软件开发是蓝牙特别兴趣小组中每个工作小组的责任。目前正在实施的项目包括开车时免提的车载工具、无线耳机（如手机放在包里），以及用来同步更新日程表和通信录的同步软件（www.ee.iitb.ernet.in/uma/~aman/bluetooth/tut2.html）。每一无线设备的传输距离是10米（30英尺），而且可以通过特殊的放大设备将距离延长至100米。

虽然在技术方面，蓝牙技术为无线网络提供了一种简单有效的解决方案，但是只有产品真正能影响消费者时才会有效地影响人们的日常生活。新科技越来越广泛地被最终用户所接受，生产和创新就会发生很大改进。Cahners集团的一项研究表明，预计到2005年用于蓝牙设备的耗资将达14亿美元（www.inquiry.com/pubs/infoworld/voe22/issues51/001218hnenable.asp）。

5. 产品

今天的大多数产品都具有无线网络功能，诸如3Com、Socket Communications、Brainboxes这样的公司都开发了能使计算机部件相互自动进行通信的新产品（www.Palowireless.com/bluetooth/products.asp）。这些产品包括打印机远程连接模块，用于在个人局域网中把计算机无线接入打印机，还有无线网络连接设备，用来把计算机远程连接广域网，并接入到因特网。

178

蓝牙技术最早成功地用于手机。摩托罗拉、爱立信和诺基亚等公司都开发了具有蓝牙功能的手机，这使"无线个人局域网"成为一种现实。举例来说，摩托罗拉的Timeport 270设计成可以使用蓝牙智能模块配件及蓝牙个人电脑卡，让用户的所有电子设备实现无缝通信（www.beststuff.com/articles/737）。此外，摩托罗拉还开发了车载免提套件，通过使用蓝牙手机，使得驾车时更安全更方便。

然而这项技术自身却成为限制其发展的主要因素。在过去几年中，该技术经历了重大变化，由于缺乏一个稳定的平台来测试新的产品，使得开发变得十分困难。蓝牙特别兴趣小组颁布的快速开发应用套件和统一的标准，应该能克服这一困难。

真正具备应用潜力的蓝牙技术还有待于开发。蓝牙技术具备的连接多种设备的能力使它拥有无限的可能性。例如，Cambndge Consultants公司开发了两个蓝牙产品可供普通人日常使用。其中之一称为"电子邮件笔"，可以让用户在家里随处阅读和书写电子邮件而不需要使用计算机。这种笔将手写的信息翻译为计算机文本，然后生成电子邮件，最后通过电话线传入因特网。

另一个产品是汽车钥匙，它可安全地远程进入汽车系统，并最终可使用指纹识别功能。它可以激活个人设置、显示燃料状况和里程、生成诊断信息等（www.cambridgeconsultants.com）。

6. 安全问题

即使每个piconet链接都为避免监听和干扰加了密码，安全问题仍然可能阻碍蓝牙技术的发展。其中一个漏洞可以让黑客获得密钥，从而"监听"两个设备之间的通信或者伪装成其中一个装置发送虚假信息给对方。另一个问题是，蓝牙技术会允许不相关的人追踪设备的移动，监视其与其他设备的通信。不过，入侵者要取得成功还是需要专门的技能。

6.5.2 对无线通信安全性的担忧

关于无线通信的安全性有两个基本问题：
- 传输的信息必须全程保护直到目的地主机，确保无损交付；
- 主机系统必须核实或者验证通信的对方是合法用户。

如果没有这样的一个安全措施，主机非常容易遭受黑客的攻击。

无线以太网络中的无线安全中心使用Wi-Fi（无线保真）技术，它的速度高达11 Mbit/s，传输距离超过100米。作为一种无线网络标准，Wi-Fi日益普及，尤其是在高校。它是频繁传输高带宽文件和需要不间断的网络或因特网连接的理想技术（www.3com.com）（参见方框"为什么Wi-Fi要予以免费"）。

为什么Wi-Fi要予以免费

无线网络要为家庭、办公室和公共场所免费提供无障碍的无线带宽接入。受Wi-Fi成本迅速下降的驱动，免费的无线网络如雨后春笋到处出现，遍布高校、机关、城市公园和家庭。单是位于新罕布什尔的达特茅斯大学的开放网络，就声称拥有超过500个无线结点，覆盖了很多的校舍和场地。

就像10年前的因特网的设想一样，"无线云"从大学蔓延到了更广阔的市场。一旦进入家庭和企业，将它带入户外就成为下一步目标。这将是大规模的免费无线运动，最新颖的创新技术就是提供Wi-Fi服务连接，不仅仅局限在家里和办公室等室内环境，而且要在室外的公园、走廊和广场进行部署。

免费的无线网络迅速发展，创建一个热点就是安装一个无线基站或者是一个接入点，并且通过开放式的无线社区的多种方式来宣传无线网络的存在。在面积较大的户外空间，如公园或广场，定向天线和放大器可以用来固定网络覆盖区，而通过使用1瓦功率的小型发射装置则可以被联邦通信委员会许可无牌使用2.4 GHz频带。

来源：摘选自Terry Schmidt and Anthony Townsend，"Why Wi-Fi Wants to Be Free"，*Communications of the ACM*, May 2003, 47-52。

Wi-Fi设备就像无绳电话，这无形中使高速因特网延长了500米，连接到装有无线接收装置的笔记本和计算机。这使得它适合同一公司内的众多办公人员共享同一个因特网接入，而

付出的只是一个单一连接的费用。

今天的大多数无线网络都依靠802.11b标准，虽然其他安全标准也存在。部分Wi-Fi使用的是一个叫做**有线等效保密**（wired equivalent privacy，WEP）的安全机制。它自动加密信息，然后传输至目的地。即使这样，安全问题仍然被高度关注。攻击者可以不通过物理连接从外部接入无线网络，使安全基础设施变得不安全。

简单来说，WEP使用密钥在一个移动基站和基站之间传送加密的信息。移动基站接收每条信息后，核实其真实性。一个40位的密钥，仍可能面临安全威胁。即使是最新的128位密钥，也不完全可靠。2001年，加拿大密码学专家Ian Goldberg就攻破了WEP。然而，要攻破这种表面上看起来安全的加密技术还是需要密码学方面的丰富知识和实践经验的。

6.5.3　卫星技术

现今大多数的"长线"数据是通过围绕地球的卫星进行传输的。卫星内的**中继器**（repeater）在接收到信号后再将信号"重复"发送到另一个位置——通常是一个地面站。这种卫星通信方式使用一个特别的频段，不过卫星接收和传送信号使用了不同频率的波段。从一个地面站传给另一个地面站大概需要250毫秒。 |180|

可以举例说明这一点。一辆装有新鲜农产品的卡车配备了卫星通信系统以便从总部或客户那里直接接收数据，其中的一项技术涉及安装在卡车方向盘上的智能无线终端设备。卡车司机通过卫星从总部接收时间紧迫的装货任务、路线安排或者行程改变等指令，并且及时地对路线作出适当的调整（参见图6-7）。

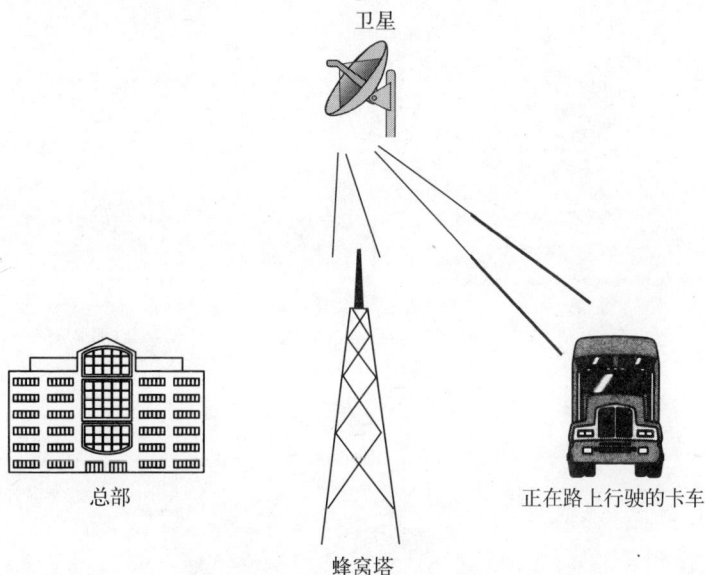

图6-7　基本的卫星网络

6.5.4　2G数字蜂窝技术

信息一旦被卡车上的在线终端所接收，司机则开车到相应地址去取货。司机带上一个称为**个人数字助理**（personal digital assistant，PDA）的设备走下卡车，在卖方填写完送货单后（发送人姓名、装运的产品类型、杂货店的名称和地址等），司机将预先印制好的跟踪号码输

入到带扫描功能和键盘的PDA中，随后PDA打印出一个路线标记，司机在装运前将这个标记
贴在包装箱上。储存在PDA中的资料立即由安装在卡车上的终端利用无线数字蜂窝技术通过
蜂窝塔发送出去。

6.5.5 掌中宝

PDA是有史以来卖得最快的消费电子设备之一。最早的电脑式个人助理起源于1990年代，
但是它过于庞大、昂贵和复杂。1996年，掌中宝的原型推出，给消费者极大的震撼。它体积
很小，可以装在衬衣口袋里，普通的5号电池就可以使它运行数周，使用起来很方便，并可
以存储大量信息。PDA有手持电脑（handheld computer）和掌上电脑（palm-sized computer）
两种，主要区别在于两者的大小和显示屏不同。

不管你有什么类型的PDA，它们都有着相同的主要特性。它们都使用只读存储器（read-
only memory，ROM）芯片来存储程序，都用电池驱动，都有用来输出和输入的液晶显示屏
幕。不过手持电脑的输入设备通常是一个微型键盘，而掌上电脑则采用了触摸屏并结合手写
识别程序。手写识别程序识别并储存用户的手写信息，如图6-8所示。

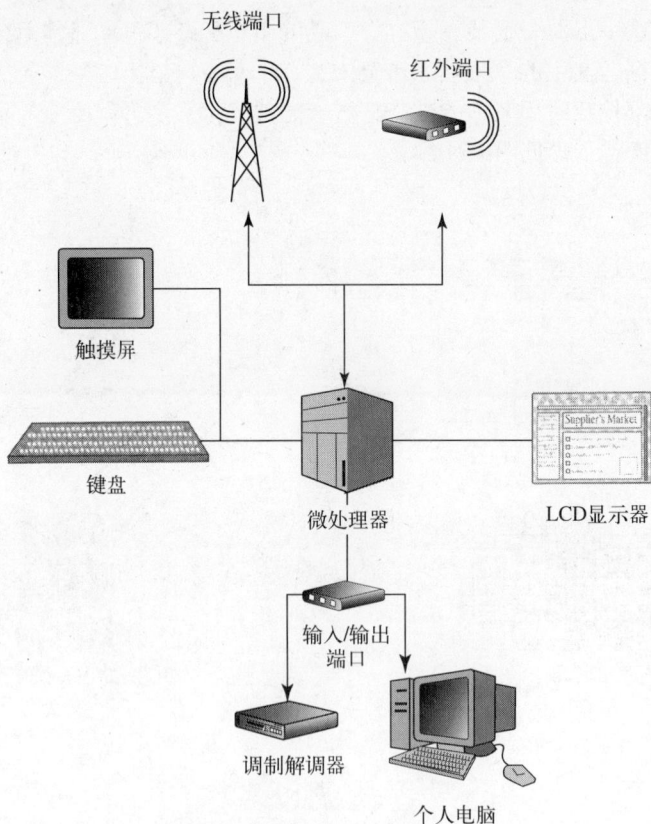

图6-8 PDA的主要部件

掌中宝的功能像数字蜂窝手机。PDA和个人电脑的通信通常称为**数据同步**（data
synchronization），主要是通过一个序列号连接到一个红外装置进行信息的传输。这些设备都
在微处理器内部，是PDA的核心。微处理器依照存放在操作系统中的指令来控制相关的功能。

为了接入因特网，微处理器也必须连接到一个特定站点内的**移动电信交换站**（mobile telecommunications switching office，MTSO）。

6.5.6 手机

无线通信可以在一些特定的单元和地域空间内使用。当你在一个特定的单元内，你可以使用无线通信，无线台通过一个分布在很大范围的单元站点网络来提供移动电话服务。单元站点包含无线电收发报机和基站控制台，后者管理区域内的手机和蜂窝电话交换机之间的信息收发。它还包含一个信号塔和天线，提供链接给一个远程蜂窝交换机，即MTSO。这个MTSO再把来自地面的电话转给无线客户，当电话在单元边界之间移动时进行交换，并在无线客户打电话之前进行身份认证。

下面简要地说明一下无线电话是如何工作的。打开手机时，手机先要接收来自控制信道上的系统识别码（system identification code，SIC）。控制信道是一种特定频率，手机和基站运用这个特定频率进行交流，例如通话设置、信道变化等。如果手机无法找到控制信道，用户就会听到令人心烦的"不在服务区"或"找不到服务"的提示。

当手机收到系统识别码后，会同手机中预置的系统识别码做比较。如果相匹配，手机就会知道正在与之通信的是同一个主站系统（home system）的一部分。系统识别的同时，手机也传输一个注册请求，MTSO就会在数据库中追踪手机的位置。这样，当MTSO要给你转接电话时就知道你在哪一个单元站点。

一旦MTSO接到一个电话，它会努力找到你的电话所在地，在数据库中找出你的手机在哪个单元站点，然后选择你在该单元接听电话需要的特定频率。它通过控制信道联系你的手机，告诉它应使用何种频率。当你的手机和蜂窝塔都转到那个频率时，电话就接通了。

当你走到单元基站的边缘时，单元站点的基站就会检测到你的信号逐渐减弱了。同时，你移向的另一个单元站点就会发现你的信号在增强。这两个基站通过MTSO相互协调，到达某一个点时，你的手机会在控制信道上得到变化频率的信号，将你的手机切换到一个新的单元（参见图6-9）。

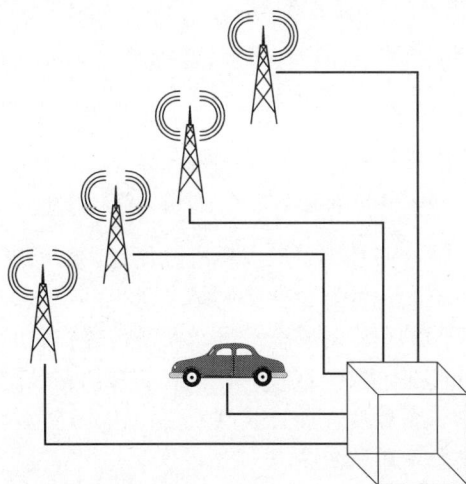

来源：改编自Brain & Tyson, 2003, 1。

图6-9 信号从一个单元到另一个单元的移动过程

另一方面，当控制信道的SIC与手机中的不匹配时，系统就知道你的手机在漫游，你正在漫游的区域的MTSO会联系你的主站系统的MTSO，然后检验数据库信息，确保你的手机是合法的。你的主站系统把验证结果告知给漫游地的MTSO，然后由漫游地的MTSO来追踪你的手机。

2G数字语音网络从1990年面世以来，就广受欢迎。在1997年，又改进了技术，增强了性能。到2000年，全球共有4亿人使用2.5G的标准。3G语音和数字技术在2001年问世，在接下来的2~3年里将得到很大的推广。但是在被推广接受之前，还有很长的路要走，主要原因是公司的任务关键型应用要接入无线技术需要使用很大的带宽。这个问题还有其他方面的一些限制应该会在不远的将来得到解决。

6.6　无线局域网

最常见的无线网络标准是无线局域网（WLAN）。无线局域网在全球已经稳步发展，2000年前全球无线局域网产值为11亿美元，2002年为19亿美元，2004年为30亿美元，预估2006年会超过38.5亿美元。这种技术利用无线电波把笔记本电脑和其他电子设备连接到局域网上，一般采用以太网进行连接，物理上不受电缆和墙的限制。无线局域网同常规的局域网都是一样的，只是设备是无线的。每台电脑都有一个**无线网络接口卡**（wireless network interface card，WNIC），卡内有内置天线。来自无线网络接口卡的信号通过无线电波传输到**接入点**（access point，AP），此接入点是双向的，可以接受信号并传输至无线网络接口卡（参见图6-10）。

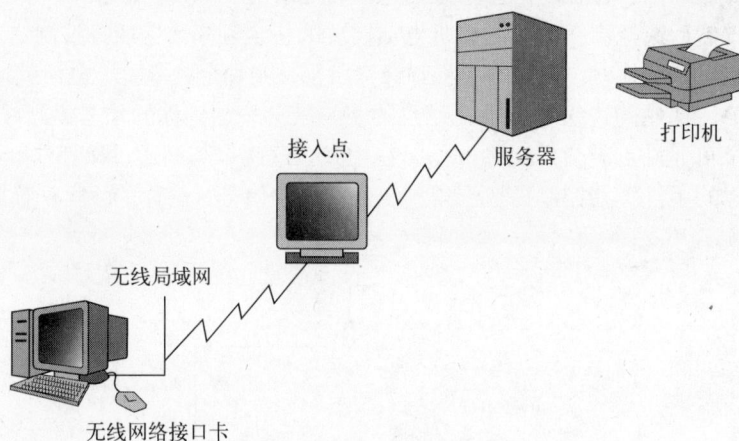

图6-10　商业环境下典型的无线局域网

无线局域网的设计很灵活，而且部署成本越来越便宜，然而它的范围只能达到50米。大多数的无线局域网缺乏固有的安全性，使业务网络易受黑客攻击。安全性可以通过高级别的加密技术得到增强，根据不同的用户对安全的要求及所传输信息的敏感度设置不同的安全级别。目前的问题是用户名和密码的安全性较弱，很容易被黑客破解。然而，一个较强的密码设置又比较麻烦，需要经常进行改变，而且长到无法记住，还包含一些特殊的字符需要新的算法来确保信息传输中的安全性和私密性。

需要考虑的因素

一个机构要采用无线网络技术，必须考虑到以下的一些因素。

• 范围和覆盖面。电波和目标的相互作用会影响到能量的传播，影响一个特定的无线系统信息所能到达的覆盖区域和范围。很多无线局域网利用无线频率穿透室内墙体和目标。通常的无线局域网的服务范围为30~90米，可以通过使用微单元使这个范围扩张到允许漫游。

- 流量。目前，不同配置的无线局域网的性能和表现也大不一样，这是由传播结果和技术实现的类型引起的。大多数商业性的局域网流量为1.6 Mbit/s，现在一般为11 Mbit/s。这样的数据流量足够常用应用的使用，如收发电子邮件、共享网络打印机、访问因特网，以及访问其他用户的文件和数据等。

- 安全性与完整性。无线技术起先是为军事应用提供一种安全可靠的通信方式而发展起来的。现在的无线技术提供远比蜂窝电话牢固而且更加可靠的连接，数据完整性相当于甚至好于有线网络。今日的无线网络内置了强壮的安全机制，比大多数有线网络更加安全。诸如编码之类的安全规定使未授权的网络接入变得极其困难。大多数无线网络配置要求接入网络之前，必须对每个结点进行安全授权。

- 成本和可扩展性。无线网络的成本包括基础设施的花费（接入点）和用户消费（无线局域网适配器）。基础设施的花费取决于所用的接入点的数量，价格在1 000~2 000美元不等。需要的接入点数量要看网络要覆盖的范围和用户接入网络的数量和方式。覆盖范围跟产品服务范围的平方成正比。

- 用户花费。这些花费取决于无线适配器（每个客户端设备一个）的数量和安装及维护无线网的费用。幸运的是，无线网络可以有伸缩性，从简单系统到复杂系统都行。这些网络可增加额外的接入点来增加或加强覆盖面，从而可以支持大量的结点和覆盖很大的空旷区域。

- 无线局域网的标准化。无线网络基础设施的广泛接受取决于行业标准提供的兼容性和可靠性，而这标准由卖方和制造商制订。1999年9月，IEEE批准了802.11b（高速）标准，此标准可以提供高达11 Mbit/s的数据传输速率。通过提高无线网的性能、可用性和堪比有线以太网的流量，无线网络将能开辟出新的市场。

6.7 无线应用协议

我们的生活越来越依靠个人电子设备，人们考虑在手机和掌中宝上提供更多的因特网浏览选择以获取更大的价值。因为数字蜂窝网络市场持续的快速发展，无线因特网服务的需求大量增加。为了迎接这个挑战，一些蜂窝电话公司达成一致意见：为促进无线因特网应用的积极发展，制定一个通用的标准至关重要。这个意见提得正是时候，因为HTML因特网标准并不太支持无线网络数据的接入。因此，他们合作制定了一个无线应用协议，就是现在广为人知的WAP。

WAP是移动因特网的基础。这是WAP论坛努力的结果，该论坛致力于讨论一个业界范围内适用的规范，指导无线通信网络专用的应用服务技术的发展。论坛的目标是为了：

- 尽可能地包含已存在的技术和标准；
- 制定适用于不同无线网络架构的世界无线标准协议规范；
- 把因特网内容引入数字蜂窝电话和其他无线终端设备。

通过WAP，销售代表可以访问有关客户最近订单的情况的数据，回顾过去的买卖记录，访问当前的存货详单，还可以在与客户开会前查看竞争者的报价清单，为生意做好一切准备。内科医生使用WAP提高效率，有效地利用他们的移动电话下载病人最新的病情数据并做出治疗决定，用最低成本为病人提供更优良的服务。在交易的另一面，顾客现在可以查看他们在电脑交易系统中的数据，从而做出选择范围更大的更好的决策。常见的应用是在航空业，顾客可以在线预订机票、查看飞行路线、找到他们的登机口号、了解什么时候他们应该检票入内等。

WAP的概念通俗易懂。蜂窝设备可以永久地连接到一个无线网络。在网络中增加一个因特网协议层，这些设备和数以百万计的用户可以不用拨号而永久性地连接在因特网上。有此协议，一个用户可以使用带有微型浏览器的无线手机接入因特网，不管时间和地点，可以和任何一个人保持联系。想象一下你正在与一位客户开会，而她想了解她的账户上的余额。你可以通过一个安全的连接呼叫她的账户，发现她刚刚透支。你可以提醒她使用你的蜂窝电话进行授权，从她的储蓄账户上在线转移一笔钱到支票账户，以免账户被罚款。

这种类型的交互式电子交易标志着移动因特网革命正处于黎明时刻。信息不仅仅在桌面电脑上获取，同样可在我们指尖上轻松得到，而且可能性真是无穷无尽。

6.7.1　WAP是怎样工作的

当用户通过个人电脑的Web浏览器访问一个网站的时候，发送了请求数据，服务器把数据以HTML的方式通过IP网络返回给用户（见第3章）。Web浏览器把HTML数据转换成文本和图形。对比而言，在移动设备上，WAP浏览器起着个人电脑上Web浏览器的作用。它经由WAP网关向一个网站请求数据，这个网关在Web浏览器和Web服务器之间起一个"中介"的作用，在Web标记语言（Web markup language，WML）和HTML之间进行互相转换。标记语言是一种把信息添加到内容中的方式，这些信息告诉设备接收内容之后怎么进行处理。标记语言指定文本的格式和表达形式以及页面的层次，并且把这些页面链接起来。

图6-11是WAP模型的示意图，它的架构遵从第2章中论述的OSI层次模型。协议网关把用户的请求从WAP协议栈转换为Web协议栈（HTTP和TCP/IP）。编码器和解码器把WAP内容转换成编码格式的压缩包，以减少通过网络传输的数据量。以下对栈中每个元素作一个简要的总结。

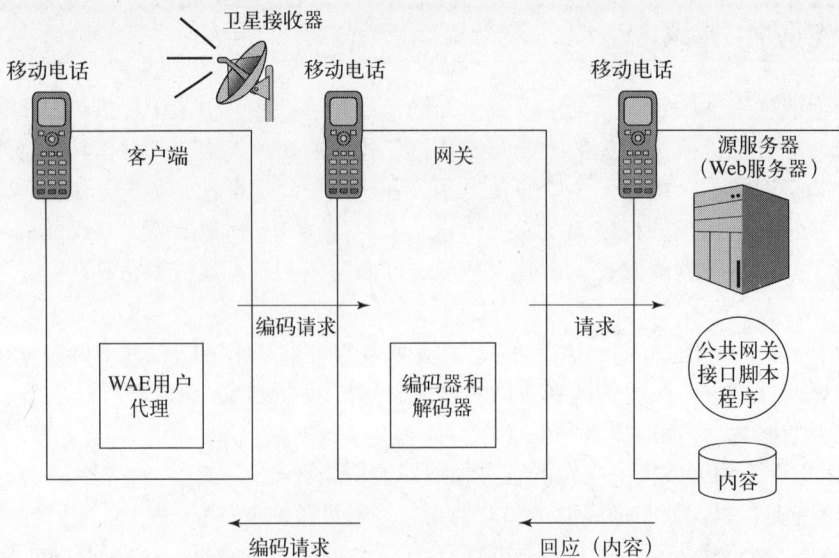

图6-11　WAP模型示意图

- **无线应用环境**（wireless application environment，WAE）：Web技术和移动电话技术结合的产物，用以建立一个允许操作员和服务提供商构建多样的无线服务和应用平台的可互操作的环境。它用**无线标记语言**（wireless markup language，WML）来优化手持移动终端的操作（参见图6-12）。

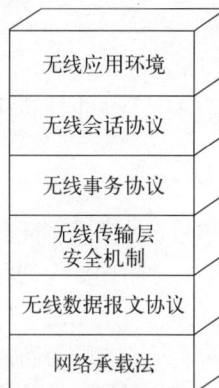

图6-12　WAP协议栈

- **无线会话协议**（wireless session protocol，WSP）：WSP是属于应用层的协议，它为两种会话服务提供统一的接口，或者是网络和设备之间如何来回通信（面向连接的会话），或者是数据直接从网络传送到设备（无连接的会话）。如果会话是有连接的，则数据直接传送到下一层，即无线事务协议层（wireless transaction protocol，WTP）。如果是无连接的，数据会被传送到无线数据报文协议层（wireless datagram protocol，WDP）。

- **无线事务协议**（wireless transaction protocol，WTP）：本层确保数据流按照既定的请求、回复流程有效地从一个地方传送到另一个地方。WTP等同于TCP/IP OSI架构中的TCP协议层，负责数据分组的分割、重组和确认。

- **无线传输层安全机制**（wireless transport layer security，WTLS）：WTLS通过加密、数据完整性验证、在用户与服务器之间授权等方式来保证系统的安全，而且具有拒绝服务（denial-of-service）保护机制。安全对于为电子商务提供安全连接之类的服务是非常重要的。为优化安全机制，动态更新密钥的技术被发明出来，以允许在一个基本安全会话过程中经常性地更新密钥。

- **无线数据报文协议**（wireless datagram protocol，WDP）：WDP加强了WAP技术的易适应性。它为上层的协议提供了一个通用接口，这样，下层的无线网络就可以独立地运行。

- **网络承载法**（network carrier method，NCM）：无线网络供应商使用了多种传输技术。信息通过各层传输，被WAP客户端接收到，然后转送到终端设备的迷你浏览器。在使用WAP技术的移动商务中，WAP的设计理念是在无线移动网络和传统有线网络的交界处使用一个网关来进行电子商务。举例说明，客户向网上的商家下订单时，3方当事者与此有关：移动服务提供商（Mobile Service Provider, MSP），他的作用相当于连接无线、有线因特网的网关；使用具有WAP功能的蜂窝电话的客户；还有连接到因特网上的商家的网站（参见图6-13）。

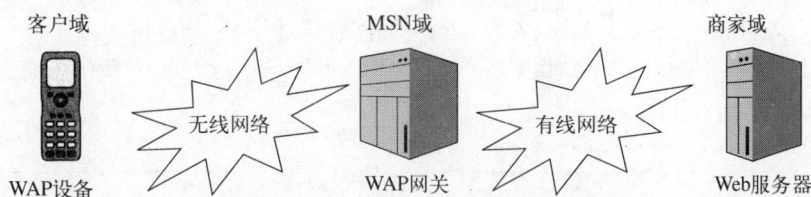

图6-13　移动商务：一个典型的WAP架构

正像我们所看到的那样，WAP架起从桌面到小屏幕移动设备环境之间的桥梁。WAP

的力量在于它是自由开放的标准，任何厂商都可以制造使用WAP的设备，任何因特网站点都可以输出WAP可读的Web页面。目前，WAP的潜力已被广泛承认。在欧洲，WAP的有些潜力已经被开发出来，拥有WAP功能手机的用户可以通过亚马逊英国和德国网站购买书籍或者CD。WAP同样能够促进一些将来使用无线通信技术的应用的标准化工作。

6.7.2 WAP的好处

WAP的大部分好处反映在无线应用方面。无线应用最主要的好处是降低了从事移动行业人员所需要的反应时间。更大的移动性和对重要信息的即时访问，意味着能够及时地采取行动并极大地提高生产力，无论在任何时间、任何地点。

最近，出现了许多专门为商业社会量身定做的WAP应用。比如，一些应用可以让商家们使用他们的WAP设备在线订购机票和预订酒店。专家们相信，第一批专门为商业设计的WAP应用，会由那些企业应用软件的卖家把WAP功能集成到他们的产品中。只要客户的手提设备具有WAP功能，所有这些应用就都可能实现。

有些专家设想把WAP应用到小额支付的收取上，比如收取停车费和在自动售货机上买东西。也有些专家认为，WAP将来可以把商业交易连接到其他机器上。这样一来，手持设备就可以像智能设备那样与中心应用服务器交互，如售货机、储油罐、原料加工机、车辆等等。方框"选择WAP应用"总结了一些已知的商业WAP应用。

选择WAP应用

- 计算机科学公司和诺基亚公司正在同一家芬兰时装零售商合作，计划把鼠标、触摸屏和WAP技术结合起来，把服装提供信息直接发送到移动手机上，从而允许潜在的消费者通过Web上的链接看到这些信息。
- 在芬兰，很多孩子已经通过移动网络玩"舰艇"之类的竞争性游戏。在音乐界，英国Virgin移动公司能够在每日下载中提供最新的流行歌曲供客户下载。
- Scala公司为中小企业研发了几种WAP产品，可以允许现场销售人员通过WAP手持设备接入察看客户的订购信息及库存供应细节。
- WAP技术的一个重要的增长点是在公司与员工的交流方面，公司可以通过WAP随时联系员工。Scala公司目前正在开发考勤系统，并研究如何通过手机输入和整理费用报销单。
- 诺基亚公司声称，各种应用都将从WAP大受裨益。这些应用包括客户关怀和信息提供、呼叫服务、电子邮件、地图定位服务、天气和交通状况提醒、体育和金融服务、通信录与目录服务以及公司内联网应用等。
- 一项新的叫做在线医生的网上服务将帮助医生们更好地工作。这项技术运行在标准的掌中宝上，可以帮助医生开处方、做试验、制定预约计划，而且还可以检验药物的作用。医生可以根据要求迅速地开出药方，等病人到达药房的时候，药品已经为他们准备好了。还有一个优点就是可以降低医生处方的错误率达55%，这些错误是因为医生、配药师和普通工作人员之间的错误传达引起的。

来源：改编自www.mobileinfo.com。

6.7.3 WAP的限制

- 使用小键盘而没有鼠标来浏览Web是一个挑战。

- 设备的内存很小。
- 存在可疑的连接，使得连接不是那么可靠。
- 在接入网络时有一段潜在的长延迟时间。因为大多数网站有详细的图形需要时间载入，手持设备很难在合理的时间之内把页面载入。

虽然存在这些限制，但是有更好的理由把WAP应用到移动Web页面的浏览上。

- WAP已经得到了很多公司的认可，如摩托罗拉、诺基亚、爱立信等。
- WAP的开发和实现都很简单。无线标记语言（WML）能够提供移动因特网应用所需要的一切，程序设计部分也很容易学习和实现。WML是构成WAP体系的一部分。
- WAP安全在线算法非常相似于Web的安全机制。最主要的安全方式包括公钥的加密和数字认证，可以适用于任何使用WAP的交易。

190
～
191

6.7.4 安全问题

已经出现的很多无线连接方面的安全问题危及到IT基础设施，而且无线因特网已经受到了黑客的攻击。在无线局域网中，有个叫做WAP间隙的东西——在加密和解密之间一段很少的时间，信息容易遭受攻击。虽然如此，安全机制被破坏的机会很小。最重大的风险还是来自局域网，无线局域网使用的820.11规范集所依赖的协议已经被破解了。如果没有合适的安全机制，一个无线网络可以被任何人使用廉价的设备和黑客技巧侵入。

称为有线等效保密（wired equivalent privacy，WEP）的内置于无线网络中的加密系统也有一个严重缺限已经被发现。有研究报告甚至认为WEP的加密应用根本上就是不安全的。然而，这个基本安全机制的缺点并不会延缓无线技术的采用，消费者依然会购买手机和掌中宝。最近，安全专家们在努力缩小实际控制等级与目标之间的差距。他们希望在未来的两年内，无线技术能够达到它应该达到的安全水准。

6.7.5 法律问题

随着无线传输被越来越多地使用，各家公司开始关注起责任问题。比如，一家叫做Smith Barney的投资银行，为解决一场诉讼已经支付了50万美元。提出诉讼的是一位摩托车驾驶者的家属，这位驾驶者死于一场交通事故，而肇事者是一位边开车边打电话的经纪人。因为那位经纪人在上班途中操作商务上的事情，因此法官判定他的公司也要为事故负责。

此类事情会越来越多地发生，因为越来越多的雇员在开车行进中打手机，联系办公室或者客户。几十年来雇主对此都是要负责的，但在日常的商业活动中，适用于无线传输和移动商务环境的疏忽犯罪条款还是新的东西。对雇主的民法诉讼依然在持续。在Smith Barney案中，那位经纪人因过失杀人罪被判1年刑期，监外执行。法律问题将在第12章进行更加深入的讨论。

6.7.6 移动银行

随着下一代移动技术的临近，银行应用也成为日常移动支付和银行服务的一部分。因为固有的时间和地点上的独立性，以及能节省很多精力，现在的用户非常看重移动银行。事实上，移动安全问题的改进被看作是促进移动商务发展的关键。

个人移动设备可以用几秒钟就能辨认储户并确认交易事件。相似地，蓝牙和小额付费

（micro-payment）技术的应用取得了令人瞩目的成功。在大额付费的时候，比如因特网购物，需要的安全性能要更高，通常需要确定安全限额或者采用加密技术。小额支付、大额支付及各自的使用场合在图6-14中进行总结。

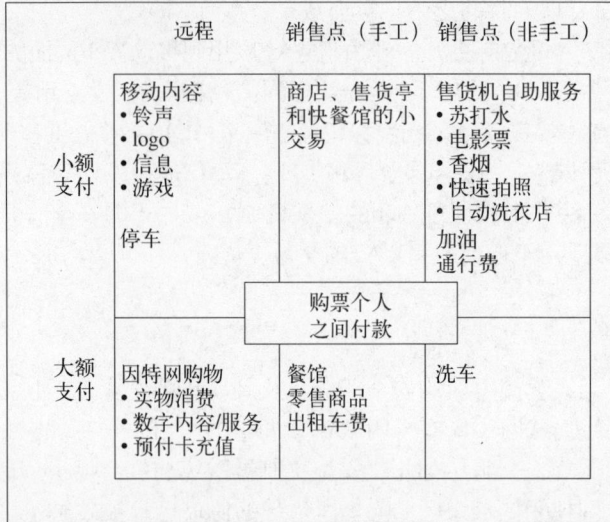

	远程	销售点（手工）	销售点（非手工）
小额 支付	移动内容 • 铃声 • logo • 信息 • 游戏 停车	商店、售货亭 和快餐馆的小 交易	售货机自助服务 • 苏打水 • 电影票 • 香烟 • 快速拍照 • 自动洗衣店 加油 通行费
	购票个人 之间付款		
大额 支付	因特网购物 • 实物消费 • 数字内容/服务 • 预付卡充值	餐馆 零售商品 出租车费	洗车

来源：Nina Mallat, Matti Rossi and Kristiina Tuunainen, "Mobile Banking Services." *Communications of the ACM*, May 2004, 43。

图6-14　移动支付框架举例

应该注意到，大多数这些移动账单的支付过程还处在早期发展阶段，而且还没到大量应用阶段。当移动行业迈向真正的3G移动网络时，可以期待使用移动银行服务的用户将大量激增，原因之一就是移动付款和资金流动更快、更容易、更方便，当然也比现在更便宜。

6.7.7　随曲起舞

新增加的移动用户很多人喜欢用手机听音乐。在日本，手机有音乐播放器、立体声扬声器等功能，可以遥控选歌、调节音量，还可以访问附加的新功能。当用户经过一个正在播放流行歌曲的扬声器时，只需把手机对准扬声器。手机会辨认歌曲，在线从服务器提供商的音乐库中查找待售歌曲，价格高达2.75~3.60美元一首。

相比较，在美国，这个过程需要两步，即先购买，然后把歌曲下载到计算机中以供MP3播放器播放，但每首歌仅需要花费1美元。一份2004年的扬基集团（Yankee Group）调查发现，如果价格从0.99美元提高到1.5美元，那么因特网用户中会有58%拒绝下载带有专利的音乐。这表明消费者对价格很敏感（Yuan 2005）。

6.7.8　管理问题

很多技术的采用是非常随意而且有漏洞的。为移动商务而设计的技术需要采取认真深入思考的策略，必须考虑到商业组织许多不同的方面。实现无线通信基础设施的过程要简单，但是必须谨慎，采取有条理的步骤。下面是一些主要的步骤。

• 评估公司需要什么。调查雇员或用户，如果他们使用无线网络会得到哪些好处，他们的生产率和相互交流的效率会得到多少提高。换句话说，就是找出公司环境如有改变会产生哪些影响。

- 评估无线技术需要什么。找出可以满足公司需求的最好的无线技术，制定预案以便消除以后可能出现的令人头痛的问题，特别是在测试、培训和部署过程中。
- 发出询问建议书（request for proposal，RFP）。这是一个无线通信供应商在工程竞标时应该提出的建议，包括组织的规格注册书，便于供应商提供相应服务。
- 要一个拟建系统的演示版。评估完所有供应商的方案以后，根据一些原则（比如，供应商的可靠性、产品质量、客户支持、价格等）选出两家最好的供应商。然后请这两家演示各自的模拟系统，在此之后再下订单。
- 安装和测试无线系统。一旦供应商决定下来，就要安装系统，每一个组成部分都要一一测试，同时保证其他部分的完整性和可靠性。公司IT成员都要参与进来。
- 培训员工。在完成最终的安装前，要对员工进行培训，当系统准备使用的时候，公司的员工能够为这个挑战做好准备。更为重要的是，要训练公司IT部门的员工维护基础设施，而且能够确保24小时服务。
- 持续提供维护服务。持续的网络维护和管理意味着当系统瘫痪的时候，IT部门的员工不许说"对不起"。此阶段包括各种电气、硬件、软件和个人备份等方面的系统操作。

我们可以得出结论，当系统有效运行的时候，各种形式的无线技术（如硬件、软件等）都是好的。在此过程中最重要的一个因素是当问题出现的时候，员工可以及时地发现问题所在，而且维护和更新系统的方式能够符合公司和员工变化着的要求，并尽可能地使得他们管理的无线系统都能满足这些要求。如果没有通体协作和高层管理人员的支持，整个无线技术的概念、采用及移动商务都会是一个糟糕的经历。

最后，降低费用的最好的办法是使无线设备标准化，预知无线用户可能出现的问题并建立有效的帮助信息。要理解无线网络的限制，例如相对于公司今天的应用对于速度和带宽的要求来说，无线技术仅可以短距离传输数据。最后，移动商务管理者不应该承诺提供他能力之外的服务，这是商业经营中必需的诚实的方式，适用于任何商业活动。

194

6.7.9　信任问题

很久以来我们就知道，消费者对分享个人的隐私信息持固有的反对态度，特别是通过把信息发布到网站上，因为他们对这些场所缺乏信任。移动商务独有的特征使其想获得大众的信任成为一项让人沮丧的任务（Siau和Shen 2003）。从消费者的角度来说，对电子商务的信任建立在因特网提供商的经验和操作能力上。当然这种善意的信任也包括服务商诚信。除非这种建立在安全控制、完整性、竞争力和第三方认证、法律框架以及本领域的经验之上的信任能够得到巩固，否则，消费者仍旧会对在因特网上自由交换个人信息持有不信任态度（参见图6-15）。

移动商务要获得消费者的信任，从初始信任的形成到持续的信任，都会很不容易。移动设备对无线购物来说是非常理想的工具，但是它们的小屏幕、低分辨率的显示器，很小的键盘和受限制的计算能力以及电池电力的供应，都是很大的限制。带宽限制、连接稳定性、功能可预测性也都是需要考虑的问题（Siau和Shen 2003）。

为提高对移动商务的信任，安全性必须设计到整个移动系统当中。加密、数字认证、专门的私钥公钥也要考虑在内，以便能够满足将来移动环境对于安全性能的要求。

最后，各个公司有很多种获得消费者对于移动商务信任的办法。这些办法有：

- 使消费者对公司和公司的业务更加熟悉；

- 建立商家的声誉，增加交易过程中的确定性，降低风险；
- 提供诱人的奖品，比如免费体验或者礼物卡，吸引潜在的消费者；
- 从根本上维持公司的诚信，移动商要兑现当初的承诺；
- 通过各种办法加强安全控制，比如数字签名和授权，根本上打消消费者对安全问题的顾虑，建立起对无线商务的信心；
- 使用外部审计来监控操作。

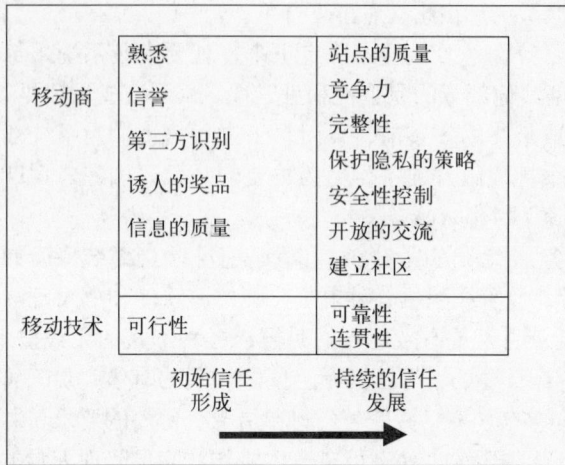

移动商	熟悉 信誉 第三方识别 诱人的奖品 信息的质量	站点的质量 竞争力 完整性 保护隐私的策略 安全性控制 开放的交流 建立社区
移动技术	可行性	可靠性 连贯性
	初始信任 形成	持续的信任 发展

来源：摘选自Keng Siau and Zixing Shen, " Building Customer Trust in Mobile Commerce." *Communications of the ACM*, April 2003, 93。

图6-15　建立消费者对移动商务信任的框架

不考虑这些方法的话，建立消费者的信任将是非常艰难的。这些办法对移动商务的增长至关重要。建立全面的信任是一个复杂的过程，涉及态度、理解、习惯和政策问题，只能由时间检验消费者是否或者如何对移动环境建立信心了。

6.8　管理启示

所有的迹象都表明移动商务未来的发展是很美好的。它会改变商家和消费者的关系，转变价值链，创造更多的良性竞争的机会。尽管如此，管理层还是要牢记于心，标准是暂时的，而技术的发展道路是长久的。仍然有其他的一些限制，比如，有多少消费者愿意为访问他们的支票或者银行账户而付费？然而，移动商务的自助服务像ATM那样普遍使用的时间会到来的，这将会是令人期待的服务，而不只是差异化的服务。

移动商务为各种商业形式敞开了大门。移动应用将会成为一个公司技术基础战略的一部分，而不仅是提高生产率的战术工具。比如，本地化服务将会为你找到最近的空闲的旅馆房间，找到可接受范围内的房间价格。另一个方式是B2C，会让商家更加全面地了解消费者的消费习惯。移动电话每天24小时的服务对银行来说是一个非常方便的方式，可以在任何地点任何位置提供服务。

有第3种移动商务占优势的应用，就是具有基于时间和基于地点的价值的移动支付、移动广告等诸如此类的领域。想象一下，电力公司不得不派抄表员来抄录用电量以开出用电账单。这些信息要复制或者存储至少一天才能交给上司并进入下一步的流程。而现在使用无线网络可以远程读表并把相关信息直接发送到电力公司的IT部门的计算机或服务器上生成账单。账单可以直接传送到消费者的银行账户，通过预先安排的程序在线支付。

虽然有这么多好处和潜力，但是，一些很严重的问题还是要重视。对手机用户强行发布广告信息、提供特殊服务等，特别是在不合适的时间给消费者提供不想要的信息，只会让消费者感到厌烦，感觉受到骚扰。这样消费者可能不得不关掉设备或者过滤信息源、内容或者其他的东西。

有3个重要的事务需要管理层来处理。

- 在推广移动环境的时候要考虑到文化地域的问题。拥有分支机构的公司必须在每个核心区域设立技术人员根据本地需求解决使用中出现的问题。
- 准备好为某些地点提供移动服务，这些地方对业务、产品或者制造过程有战略上的优势。可以肯定的是，随着移动商务技术的不断成熟，越来越多的消费者会要求使用移动技术以增加竞争力。
- 积极试用新的移动技术，把一切努力看作是对将来做生意的新方法的投资。只有通过试验才会更加深入理解如何更好更有效地利用无线通信。

未来的无线应用需要用更快更可靠的方式来传送信息。越来越多地使用语音命令、音频的改进设备性能的增强，将是使得通信更加容易的下一步举措。安全的连接证明这个领域会更稳定。更重要的是，速度和持续的连接在未来无线通信中担任着非常重要的角色。

毫无疑问，无线技术的未来将是3G技术。这项技术除了高速数据传输和系统连接之外还提供多媒体功能。3G技术可以在任何时间接入无线网络，而不像老的方式那样需要电路交换技术。3G技术有高达5 Mbit/s的传输速率、分组网络和更高级的漫游能力（Dunne 2003）。3G提供了我们一直寻找的提高和改进连接能力的可靠性技术。

按正常的推理，把因特网搬到移动电话上面会创造大量的商业机会。要寻找现成的经验是不可能的，因为这些都没有发生过。移动商务仍旧在同相对低的因特网接入速度作斗争。正在研究中的更快的网络将改观这个问题。一旦成功，移动商务将会有大不相同的意味。一些移动设备就会像支付卡一样。比如，在修理店修好电器以后，店里并不会让你当面支付修理费。你只需要使用你的开通支付功能的手机就能全权处理这个问题。

总的来说，移动商务还是存在风险，如商家的可靠性、数据的完整性、用户的授权等，还需要消费者和商家一起商议规则。这不是简简单单就可以解决的事情。支付卡行业还是有希望解决这些问题，以及碰到的其他问题。

小结

1. 移动商务不用线缆就可以传送用户的数据。它也指无个人电脑环境的商业交易和支付操作，主要类别有基于信息的服务、交易服务和以位置为中心的服务。

2. 无线Web是一个开放的不断增长的技术前沿。它可追溯到1894年无线电的发明。无线网络不需要大容量的传输线路就能连接两台甚至更多的计算机，而且具有不需要多少人力资源的优点。整个无线网络方案正对时间发起新的挑战，其焦点是任何时间都可以。

3. 移动商务带来很多好处：促进电子虚拟世界和真实世界间的融合，简单快捷的购物方式，以位置为中心开展业务，跟踪产品、服务和人员。总之，主要的优点就是不分时间地点的方便、迅捷、有效的接入。

4. 要考虑到距离、速度和安全方面等无线技术的局限。跟踪用户是首要的隐私问题。

5. 移动商务中的4个主要的成功因素要随时监控：移动性、个性化、通用标准和建立消费者档案。现在集中在如何提高消费者的满意度，更加关注消费者对服务质量的要求。

6. 作为一个发展中的无线连接标准，蓝牙技术是一个通用的低投入的无线技术，专门为计算机、扫描仪和打印机等短距离无线连接而设计。在某一方面而言，这是一种驱动性技术，创造了一种在不同设备之间使用的通用语言，能够使设备之间相互连接通信。主要的特点包括成本低、耗电少、低复杂性和健壮性。

7. 蓝牙技术关键的几个层是无线发射层、基带传输层和链接管理者协议。连接设备之间不能超过10米，因为无线信号受到传播距离的影响。

8. 为保证无线环境的安全性，传送的信息必须通过各种方式保护起来送到目的地，而且主机系统必须验证或者给正在通信的用户授权。为保证安全性能而使用的拥有无线保真技术的无线以太网具有超过100米还高达11 Mbit/s的传输速率。其他安全标准还有WEP等，它在发送以前对信息进行编码加密。

9. 2G无线蜂窝技术已经使用在交通工具上而且发展迅速。按照卡车上的终端设备接收到的信息，司机可以把车开到取货的地点。一种叫做PDA的手持设备获取到与地点相关的信息。它能够打印一个路线标记，司机可以在装车之前把路线标签贴到货物上边。

10. 一个蜂窝结点有无线收发器和基站控制器，后者在单元内的手机和蜂窝电话交换机之间管理和收发信息。这需要一个无线发射塔和天线，能够提供远距离的到一个叫做MTSO（移动电信交换站）的连接。这个MTSO能够把固话呼叫传递到无线用户那里，在无线网络单元间传递呼叫信息，并在用户呼叫之间进行授权。

11. 一旦你在所处的基站区域边缘移动的时候，该基站会注意到你信号强度的减弱，而你将要进入的那个基站单元的基站会发觉你手机信号强度的增加。这两个基站之间通过MTSO相互协调，然后你的手机会接收到要求转换频道频率的信号。这个传递过程切换你的手机到新的基站单元。

12. 无线网络最通用的标准是无线局域网，或者叫做WLAN。它跟普通的LAN是一样的，除了使用无线设备以外。WLAN非常灵活，部署起来也便宜，但是只能传送不到50米的距离。

13. 如果一个机构考虑组建无线局域网，就必须要考虑范围和覆盖面积、流量、安全性和完整性、投资及容量，还要考虑使用哪种标准的WLAN。跟WLAN相关的还有无线应用协议，或者WAP。这些对于组建移动因特网是最基本的条件。WAP的概念很简单，这种形式的交互式电子交易标志着移动因特网革命的到来。信息不仅在我们的桌面系统而且在我们的指尖间也能够获得，而且可能性无穷无尽。

14. 无线技术的应用反映出WAP的好处，就是可以减少移动通信用户的反应时间。因为更大的移动性和对重要信息的即时访问，使得生产率在任何时间任何地点都能够得到巨大的进步。专家们预想，WAP应用可以用来收取小额费用，如停车费和支付自动售货机上买东西的费用等。

15. WAP仍然存在很多限制，低效的中央处理单元、不太清晰的小屏幕、有限的内存、过小的键盘，也没有鼠标，不大可靠的连接，还有连接之前的长延迟等。

16. 随着移动传输服务的不断增长，越来越多的公司开始考虑责任问题和管理问题。要部署无线基础设施需要详细的步骤，包括评估公司的需求、无线服务的需求、发出RFP、要求一份拟建的无线系统的演示、安装和测试系统、培训员工，以及保证系统维护的可持续性等。

关键术语

- 接入点 (access point, AP)
- 网络载体法 (network carrier method, NCM)
- 无线数据报文协议 (wireless datagram protocol, WDP)
- 基带 (baseband)
- 个人数字助手 (personal digital assistant, PDA)
- 无线局域网 (wireless LAN, WLAN)
- 蓝牙 (Bluetooth)
- Piconet
- 无线标记语言 (wireless markup language, WML)
- 数据同步 (data synchronization)
- 无线发射层 (radio layer)
- 无线网络接口卡 (wireless network interface card, WNIC)
- 链接管理者协议 (link manager protocol, LMP)
- 中继器 (repeater)
- 以位置为中心 (location-centricity)
- 无线会话协议 (wireless session protocol, WSP)
- 逻辑链接控制和适应协议 (logical link control and adaptation protocol, L2CAP)
- WAP论坛 (WAP forum)
- 无线事务协议 (wireless transaction protocol, WTP)
- 移动商务 (m-commerce)
- 有线等效保密 (wired equivalent privacy, WEP)
- 无线事务层安全机制 (wireless transport layer security, WTLS)
- 移动电信交换站 (mobile telecommunication switching office, MTSO)
- 无线应用环境 (wireless application environment, WAE)
- 无线应用协议 (wireless application protocol, WAP)

理解题

1. 用你自己的语言为移动商务下定义。
2. 简要解释一下移动商务的主要分类。
3. 解释一下引入或者采用无线Web的理由。
4. 总结移动商务的好处和限制。
5. 无线Web可以应用到哪些领域?
6. 我们谈到移动商务的主要成功因素的时候, 主要指的是什么?

199

7. 请辨别下列术语。

    a. 个性化和定制

    b. WLAN和WAE

    c. Wi-Fi和WEP

8. 简要解释一下蓝牙技术的能力和限制。
9. 概要地描述一下piconet的配置。
10. L2CAP和LMP的区别是什么?
11. 什么是中继器? 详细说明。
12. 一个组织要部署无线局域网, 需要考虑哪些方面的问题?
13. 蓝牙技术和WAP技术有区别么? 简要解释一下。
14. 用自己的话, 描述一下WAP的工作过程。
15. 请辨别下列术语。

    a. 蓝牙和piconet

    b. WTP和WTLS

    c. WDP和NCM

16. 简要引证一下WAP的主要优点和限制。

17. WAP中需要考虑哪些安全问题？

18. 总结一下无线传输的法律和管理问题。

19. 2.5G和3G蜂窝技术究竟有什么区别？将来4G技术怎样超越它的前辈？

讨论题

1. 在因特网上查询最近采用蓝牙技术的银行业务有哪些进展，你发现了什么？

2. 如果你是一个大公司的顾问，公司对无线传输非常感兴趣，你会给公司什么建议？在你推介或者不推荐这项技术之前，你会怎么做？具体一些。

3. 在因特网和电子商务的任何领域，都有安全性和隐私方面的很多问题。你认为对这些方面的关注有好的方面吗？讨论一下。

4. 对于各个公司给你的手机发送广告的事情，你持什么态度？会给你带来很多好处吗？能想到缺点吗？写一份3页的报告，解释一下你的想法。

Web练习题

1. 在Web上查找文献并记录下来，看一下市场上最新的掌中宝的特征和性能。

2. 为你镇上的面包店的无线应用，组织一个3~4人的头脑风暴聚会，讨论一下无线传输的正反两方面的观点。写一份2页的总结报告。

3. 写一份5页的报告，调查一下最新的无线传输技术理论的发展情况。比如，有些学校建立了无线通信实验室，还有一些已经部署了无线通信环境，为学生提供电子邮件和文档接入服务。

4. 寻找最新的4G蜂窝技术发展动态，汇报一下本章没有提及的发展。

数字化战略和战术

第 7 章

建立网站

学习目标
- 网站的主要功能。
- 创建网站的步骤。
- 网站规划的重要性。
- 网站结构要素。
- Web设计标准。
- 聘用Web设计师之前要考虑哪些事情？

7.1 简介

前几章讨论了因特网的角色、如何在网上开展业务以及支持电子商务的各种技术等。本章，我们探讨电子商务的关键要素：连接网上商家和网上客户的网站。需要指出的是电子商务是一种独特的交易方式，任何人不论何时何地都可以使用它。它允许商家不仅可以在线展示产品和服务，而且也可以在线进行交易。

在因特网上开展业务的关键步骤是建立一个网站，网站是通向因特网的大门。如何设计网站、网站的内容应该包括哪些、如何组织这些内容以及网站需要采用何种安全防护措施等，都是建立一个电子商务基础设施需要考虑的主要方面。

拿CDNow.com来讲，这是一家大型在线音乐店，在电子商务方面有着丰富的经验。该网站成立于1994年，平均日访问量达到300万，2004年节假日期间的订单是2002年同期的3倍多。评论家将其成功的因素归于以下4点：直截了当的导航栏，精致的搜索功能，清晰显示的定价和产品说明，以及定制特性。在该网站上访问者可以轻松地从50万种商品中搜索到他们所需的商品。回头客可以定制他们的访问，设置通向所喜爱的艺术家的捷径、建立欲购清单、查询当前的订单状态等。同时该网站还尽量少地采用图片以确保快速地运行。CDNow已经有了多种语言的版本（德语、西班牙语、葡萄牙语、法语、意大利语和日语），正逐步走向全球化，并且还在不断改进以适应即将进入的目标市场的文化、经济及社会等约束（见方框"一个能正常运行的网站的标准"）。

一个能正常运行的网站的标准

你可想到去装扮你的网站吗？我们认为最重要的是创立一个可用性强、界面易用的网站。与其他网站设计公司不同，我们考虑的是：

- 提高下载速度的方法；
- 放置网站地图；
- 使潜在客户可以方便地通过网站每个网页上的信息联系到你们公司；
- 可以从任一页面返回到主页；
- 清晰地展示产品；
- 用户可以快捷地得到他们想要的信息；
- 站在用户而非机构的立场设计网站；
- 运用Flash、Java和JavaScript等技术。

来源：www.anblik.com. Accessed 2005。

另一方面，网站设计要兼顾产品推销和吸引客户。当前大部分的网站不能满足用户的需求。例如，2004年圣诞期间，消费者通过网上购买的产品退货率达到15%，这个数据是同期传统商店的两倍。很多消费者觉得通过网络购买的产品的退货过程跟传统商店相比要冗长繁琐得多。一个好的网站应能灵活机智地预见到消费者的需求并满足他们。如果退货流程简单得像下载一个退货标签的话，这将是个很好的开始。

本章主要介绍如何设计网站，从页面设计到网站的最终展示。我们从设计的生命周期开始讨论，然后阐述网站的规划和组织、建立网站的方式、设计要点及标准、站点开发过程中的问题以及如何评价网站开发者。第8章，我们将讨论网站的维护和评价、站点性能、流量管理以及网络管理人员等。

7.2　网站的用途

把一个网站看成一家店面，就需要显示商店的名称、主要产品及特价信息等。唯一不同的是网站是一家虚拟的店面，而客户也是网络客户。网上交易流程需要强调速度、效率、快速响应和可操作性。

网站其实就是一系列链接着其他页面或者网站的网页。网页包含文字、标题（广告）、图片，有时候还包括音频和视频。以下是构成网站的4个主要部分。

[202]

- **主页**。这是网站的首页，当我们访问一个URL地址时首先弹出的页面。主页包含各种链接到网站内特定模块链接和帮助浏览者浏览整个网站的按钮，还包括电子商业和政策等一般信息。
- **网页**。网页是通过点击主页上的按钮显示出的包含特定信息的页面。网页与主页的关系就好比是文章的各个段落同目录的关系。
- **链接**。链接是一个能到达主页或者本网站内或者因特网上其他页面的连接器。链接有特定的主题和使用说明。
- **标题**。标题显示网页上的图片信息，通常用来做广告。标题一般链接到广告页。

与传统商店相比，网站有一些特殊的优点，它在以下方面可以帮助你。

(1) 更快捷可靠地接触到数百万的客户。2004年，全球上网人数超过23 000万，其中45%

以上的人是受过良好教育的。这些人希望方便地买到他们想要的服务或商品，而且他们也会通过电脑直接下订单。

(2) 在网络空间内建立一种存在。因特网商务最初的目标就是建立一种存在。网站用来发布"我们是谁"的信息，包括营业时间、位置、到达相应的实体店的地图和特色商品。成千上万的公司在经历了这个阶段后才将网站发展成互动的交易场所。

(3) 减少广告费用。与广播、电视或者报纸相比，在因特网上做广告，因为不受时间或空间限制，所以更加快捷，广告费用更便宜。在印刷广告、30秒电视广告或者广播中包含公司的因特网网址，会吸引成千上万的客户到这些公司进行网上交易。

(4) 减少客户服务成本。网站能提供多种省力的服务，在没有人工干预下，申请表格、通过链接或电子邮件发布信息、处理订单以及发货都能正常进行。在网站上回答常见问题可以减少电话咨询。客户会觉得利用因特网发送电子邮件比较新鲜，而公司能够从电子邮件的反馈信息中获得更多的信息。

(5) 促进公共关系。因特网上的网站就像是给成千上万的潜在客户传送名片。这就像在说："我是谁，我能干什么，我能为你干什么，我可以随时随地为你服务。"网站可以为你及时传递新产品信息或促销信息。

(6) 接触到国际化的市场和客户。因特网对全球数百万的潜在客户来说是很受欢迎的，主要的限制是如何为商品和服务付款。

(7) 试销新产品或新服务。网页能比传真更快地显示产品或者服务上的变化。在战略上时间敏感度是一个越来越重要的环境，从制造到零售的时间间隔正在日益减小。

7.3 建设生命周期——从网页到网站

建设网站是你作为一位网站设计人员希望这个网站做什么，然后为网站建设步骤制定一份蓝图的科学。网站制作生命周期如图7-1所示。设计从开发网站的目标和收集客户的意见开始，第二步是定义访问者和竞争对手，第三步是创造性的阶段。设计者开始制作网站的框架、采集隐喻、制定导航栏。最后一步是视觉设计。

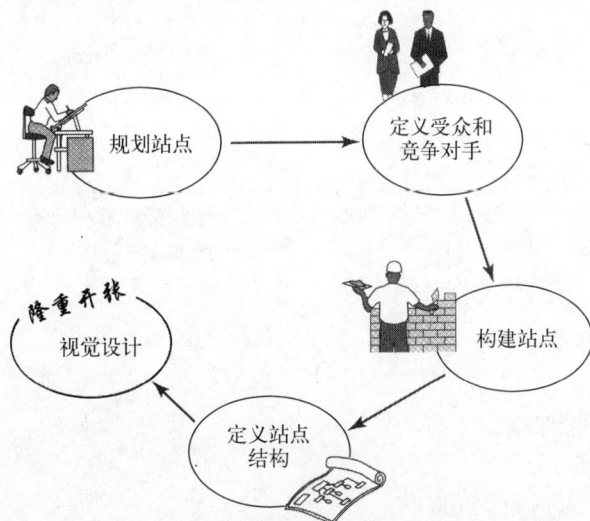

图7-1 站点构建的生命周期

7.3.1 规划站点

　　站点构建的规划阶段是设计一个好网站的基础，它是设计形式、功能、导航和界面的蓝图。规划是预先定义网站的目标。考虑一下因特网上有多少网站：有一些是好网站，更多的是差的，还有成千上万的网站是丑陋的。软件是主要的问题。一些好的、差的和丑陋的网站例子收集在方框"好的、差的和丑陋的网站"中。

好的、差的和丑陋的网站

　　一个网站是否能被称为好网站，依赖于个人的喜好和标准。有些人评估网站主要侧重于网站设计上，而其他人则更专注于内容、易用性、独特性、当前性和组织性，以及总体的感染力。有个一流的评论网站好坏的指南，McKinley's Magellan，用以下的标准划分这些网站。

- 深度：内容是否全面并及时更新？
- 易于探索：是否组织良好和容易导航？
- 网上感染力：是否有创新？或是否让大家耳目一新？是否滑稽？是否为热点、时髦的或很酷？它是发人深省的吗？是否提供新的技术或一个新的使用技术的方式？
- 内容：信息是否有广度、有深度、令人惊讶地透彻？是否有良好的链接？有一流的剪辑吗？信息是否准确、完全？内容是否及时更新？
- 展现：页面是否美丽多彩？是否容易使用？是否让访问者能很好地了解信息？是否使用视频、音频和原创图形？有没有新的突破？
- 体验：网站是否有趣？是否值得在它上面花费时间呢？是否值得我们将它推荐给朋友？最后一点，这个站点是否可以送货？

内容好、组织好并便于导航是一个好的网站的最重要准则。

下面几点会使一个访客对一个网站生厌：

- 只是为了炫耀而制作那些闪烁的文字及动画或其他花招花式；
- 断裂的链接和像死胡同一样的路线；
- 功能、产品或内容的承诺无法通过网站体现。

以下是好的网站的例子：

www.yahoo.com（雅虎）　　　　　　　　www.sun.com（Sun公司）

www.bigbook.com（Big Book 在线黄页）　　www.disney.com（迪斯尼）

www.parentsplace.com（Parents Place）　　www.nytimes.com（纽约时报）

www.aetna.com/home.htm（Aetna 保险公司）

以下是"不太好"的网站的例子：

www.pdxchamber.org（波特兰商会）　　　　www.webpress.net/akc（美国狗窝俱乐部）

home.netscape.com（网景主页）　　　　　　www.intel.com（英特尔公司）

来源：www.tbchad.com/ipngweb.html，www.tbchad.com/gwebresp.html。

一个定制的网站的总体目标是：

(1) 加速交互过程；

(2) 把人为干涉减至最少；

(3) 节省时间；

(4) 通过网站使买卖更加节约成本。

明确网站规划阶段的目标可以使网站快速开发和部署。这么做意味着为组成网站的文件和文件夹创建一个有效的结构，当然，首先需要把内容确定下来。

确定一个网站的目标包括两件事情：决定谁将来制定这个目标和是否有时间或需要来给出正式的定义。网站项目的规模是决定是否需要一个正式过程的首要因素。

另一方面，规划阶段需要询问问题以决定网站的使命，网站的短期目标和长期目标，谁是潜在的用户以及为什么他们想来访问网站。一旦对这些问题达成一致意见，他们将把这些问题归类并传递给相关的人员转换成特定目标。提取出能让所有参与者接受的一系列最终目标是最困难的部分。

规划部分也决定网站如何实现库存控制、数据库查询及个性化等问题，逻辑设计中的任何关系都应是可操作的。例如，访问www.sae.org，这是汽车工程师协会（SAE International）的网站，能个性化地浏览网站中20 000多张网页，可以更容易地从自己感兴趣的话题中找到技术信息。因为网站的大部分内容都从数据库中实时提取，访问者倘若需要最新的技术信息，SAE也会提供。

7.3.2 定义受众和竞争对手

这一阶段的关键问题是，如果你不知道谁将访问网站，你该如何设计这个网站。确定受众会带来巨大的不同效果。受众的定义不仅仅是谁在使用，而且还包括他们使用的目的。第一步是产生一张潜在受众的表格，如果这种表格太长，可以按类别划分。

让我们想想银行要建立一个网站来提升服务，其重点是贷款。受众的类别包括当前传统实体店的客户、网上客户、正在寻找汽车贷款的青年人、正在寻找商业贷款的新的商业公司、正在寻找贷款的承包商，正在寻找抵押贷款的购房者等。在汽车贷款这个类别中，可以发现哪些人立刻需要汽车贷款，哪些人可以在下一季度发放汽车贷款以及哪些人才刚开始要购买。在最终清单确定前需要把顾客清单进行分级并确认。

定义受众的另一种方法是确定消费者可能需要的是什么。下面根据一家采用客户反馈意见来对电子商务网站进行评判的公司BizRate.com的一项研究（www.bizrate.com/ratings_guide/guide.xpml），得到网上冲浪者在线购物时想要的东西：

(1) 有竞争力的产品价格；

(2) 精心设计的产品呈现；

(3) 挑选好的产品；

(4) 可靠的送货和处理；

(5) 及时交付；

(6) 简便的订购；

(7) 有价值的产品信息；

(8) 公布的隐私保护策略；

(9) 用户易用的导航工具栏。

无论网站如何设计，其最终目标是引导站点访问者迅速找到适合他们的商品。速度和反应能力是至关重要的。记住"7秒规则"：如果访问者等待超过8秒，他们就极有可能点击退出去访问你的竞争对手。

除了定义受众，还需要创造几个情景或设计一些测试案例，演示一下客户由于各种原因来访问网站的情况，了解网站怎样满足他们的需要。另一种测试网站设计方法，是要选出一组具有代表性的用户，记录每一类用户的情景，看看网站如何提供给他们正在寻找的东西。

这个练习是确定整个网络环境的一部分。

　　竞争分析是这一步骤的第二部分。要关注其他网站正在做什么。制作一份关于你的竞争对手的网站的清单，对他们进行评估，看看你的网站哪里还需要改进。从个性化、一致性和易于导航作为评估标准开始比较（网站评估的内容请见第8章）。用户体验、定义受众、创造情景和评估竞争对手是设计文档的一部分，它是进入实际设计阶段的先决条件。

7.3.3 构建站点内容

　　这个阶段讲述网站需要包含哪些内容。主要关注如何组织那些构成网站的各要素，这些要素代表了内容。比如，如果我为一家银行设计网站，在主页上我就会放上银行各部门（贷款、客服、信托、结算及储蓄）的相关信息，同时也会放上银行的其他信息，如保密政策、地理位置、营业时间以及高管的名字。

　　下面是我们建议公司的老板需要提供的几项内容：

(1) 公司标记；

(2) 带有图片的公司产品手册；

(3) 公司的简介，附带一张老板的照片；

(4) 忠实客户的表扬信；

(5) 网上下单的表格；

(6) 网站到目前为止的访问量计数器。

　　想要日后建成的网站主题突出，最好事先列一张有关网站内容和功能的清单，并在正式着手设计网站前，将这份清单传给各主要部门领导或委员会阅以征求他们的支持和同意。另一种办法是让每一个部门自己先列一份内容清单，然后将其汇总交给全部人员表决通过。现在你手上有了一份**内容清单**（content inventory），就可以真正开始着手进入建设阶段了，方框"一个典型的商业银行的内容清单"将会说明整个过程。

一个典型的商业银行的内容清单

主页

1. 银行服务
2. 个人存款账户
3. 关于贷款
4. 信托和投资服务
5. 新消息
6. 联系我们

银行服务

1. 自动柜员机（ATM）
2. 基本商业支票账户
3. 存单（CD）
4. 外币兑换
5. 货币市场账户
6. 定期商业支票账户

放贷部门

1. 个人贷款
2. 家庭产权信贷额度
3. 商业存款账户
4. 商业贷款
5. 货币市场账户

信托和投资服务

1. 投资管理
2. 个人代表
3. 监护
4. 生前信托
5. 人寿保险信托
6. 信托财产
7. 遗嘱信托
8. 信托服务

当内容清单最终确定后，就可以决定各功能区域或部门的优先顺序了。如果网站的侧重点是贷款，那么贷款部分就放在主要地位，这需要根据网站的目标及网站设计所面向的群体来确定。这个步骤完成后，设计者需要考虑每一功能区域的可行性，比如说，技术或资金是否足够支持某一功能区域建设。如果资金有限，你就得放弃某些功能来弥补预算及时间的不足。

这个阶段的最后，还可以额外添加一个设计文件，叫做内容和功能需求，它应包括简单描述内容清单是如何收集和定稿的。此类文件在日后网站运行中将是非常有用的，尤其是当网站的维护者不是最初的网站设计师时。

7.3.4　定义站点结构

这一阶段的重点是创建良好的网站结构，探索各种各样的隐喻来代表内容，确定架构的蓝图，决定用户将如何浏览网站。一旦**站点结构**（site structure）建立起来，所有其他内容的位置也将确定。这一步骤确保容易进行网站导航和页面及模板布局美观。把站点结构想象成一个把整个站点合在一起的骨架，它促进了站点的秩序、纪律，显得组织性强，受人信任。

探索隐喻是对站点结构进行可视化尝试的一种方式，以产生一些关于站点设计的想法。隐喻可以是组织性的或视觉上的，组织性的隐喻通常依赖于公司现有的结构。例如，如果你正建立一个着重进行贷款的银行网站，你可能要突出一家服务被合乎逻辑地按类型（抵押贷款、商业贷款、过渡贷款等）分类的商业银行。视觉上的隐喻依赖于适合网站的图形元素。例如，如果你设计了一个销售音乐产品的网站，并让用户可以播放音乐，那么你将包含像"开始"、"暂停"和"停止"这些按钮，这样，用户依靠使用CD播放器的经验就可以正常使用，而不必学习任何新东西。

定义架构蓝图涉及站点的元素怎样进行分组，以及它们彼此之间是怎样关联的。图7-2展

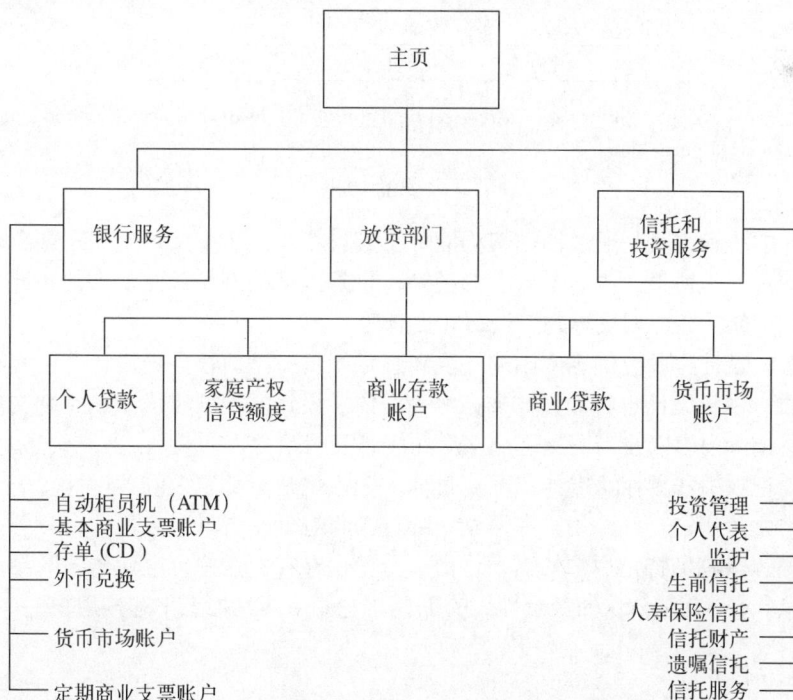

图7-2　方框"一个典型的商业银行的内容清单"中的站点内容的架构蓝图

示了银行业例子的架构蓝图，很容易理解正被计划的该网站的设计和次序。在它被作为最后蓝图采用之前，客户也能了解它，并提出对它的看法。

在本阶段中，你也将确定网站导航。访问者将如何使用这个网站？他们将如何从一个页面转到另一个页面？我们怎样才有把握让访问者不在竞争对手网站上徘徊？局部导航可以采取若干形式，可以像雅虎一样是一个专题的清单，也可以像美国银行的网站一样是一个选择菜单。作为网站导航的一个例子，请查看本书的网站www.prenhall.com/awad。（在www.webmonkey.com导航栏查询到一部多章节的文章，并通过链接连到每一段落。）

7.3.5 开发视觉设计

网站设计生命周期最后阶段是开发可视化设计。它的目标是提供给访问者一张网站的虚拟地图：告诉他们在哪里，已经访问过哪些地方以及如何继续下去。第一步是用版面网格来编排图标、按钮、标题以及其他元素。就像写信一样，版面网格是显示页面重点的模板。公司的商标必须出现在每个页面上来加强公司的形象。网格规划的例子见图7-3。

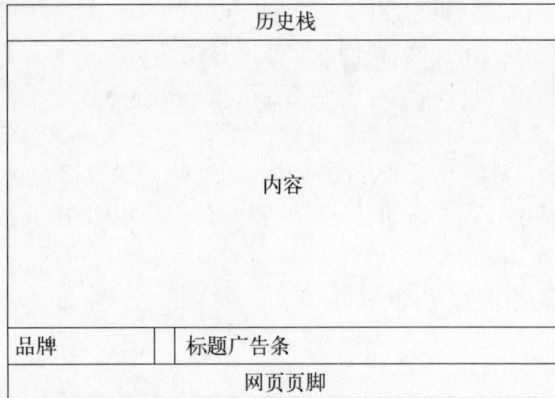

来源：改编自John Shiple, "Information Architecture Tutorial", *Webmonkey*, www.hotwired.com/Webmonkey/98/28/index4a_page2.html。

图7-3 版面网格

开始设计的一种方式是通过网站架构清单了解有多少网页类型产生。在整个网站中，网页的风格和形式应该协调。内容是网页的关键，也是设计的开始。然后增加其他各种因素像商标、广告、导航按钮、网页标题、页眉和页脚等。

另一方面，设计阶段要确定网站的外观和感觉网页模型。模型把设计草图和布局网格融合，一旦完成，视觉设计也将和设计文档融为一体。设计文档就完成了。这个文档显示了如何构建网站、增加内容以及当网站运行之后如何修改网站。

网站设计把吸引和留住访客作为主要目标。个性化是至关重要的：设计者应该使网站内容直接指向特定的用户。跟踪用户在网站上的行为将有助于设计者完成这个任务。网站内的软件能修改内容以满足特定用户的需求。由于个性化存在，用户可以比传统网站更快、更准确地得到信息。cookie是公认的最个性化的工具，它能使网站按名字迎接用户。

7.3.6 设计语言

早期的网站设计采用超文本标记语言HTML，这是一个最早的应用于设计网站的工具。

军事和学术研究机构是最早使用万维网的群体，他们的目的只是简单地交换信息。正如我们所知，Tim Berners-Lee创造了HTML。1990年，他想象着有一种超文本文档语言可以将文件转换到万维网上。最初，HTML用来指示一段文章是否需要，一个标题位置是否恰当，或者描述一个网站的内容。因为HTML本身是以文本为基础的，所以任何人都可以掌握这个语言。

不可避免地，人们需要更加风格多样、多姿多彩的网站。不久后，一个叫做Mosaic的图形浏览器就出现了，随之而来的是网站设计家们需要设计文字颜色、背景颜色、图片、各种字体等等，而且这个需要在日益增长。作为回应，一个叫Marc Andreessen的天才学生把<img>这个标签加到了他的产品中，也就是我们所知的Mosaic浏览器。这个<img>标签将一幅图像、图像映衬或是动画插入到一个网页里面。标签是超文本文档里面的一个代码，这个代码能识别一个网页的内容并把它加到搜索引擎的索引中。

Andreessen最后到了加州并且成立了网景公司。作为微软董事会主席兼创始者的Bill Gates，看到了网页设计无尽的可能性，并且开始增加不同的标签到他自己的浏览器上，也就是我们所熟知的IE（Internet Explorer）。IE最终实现了对<marquee>、<iframe>和<bgsound>这些标签的支持，但与此同时一个有趣的问题摆在了我们面前。如果当前的趋势按照它原来设想的路子发展下去，IE和网景将会支持两种完全不一样的HTML 3.0的版本，这样意味着任何人不可能浏览万维网所提供的所有站点。人们不得不做出选择，或是将这两个浏览器融合形成一个简单、兼容当前的HTML版本形式，或是网民自己在这两个浏览器中挑选其一。还有一种解决方案是，网站设计者创造出他们自己网站的多种多样的版本，但这种情况应该禁止。

Java成为另一个受欢迎的网站程序设计语言。当Sun公司的John Gage和网景公司的Marc Andreessen宣布他们的浏览器将独家使用Java，这也就意味着Java语言变成了现实。Java原先的应用无法满足人们对网页内容大量的丰富的多媒体资料的要求。出于这个需要，那些采用先进技术改造的实用软件Macromedia Flash和Shockwave与新一代的设计语言（如XML和VML）的受欢迎程度大大提高。这些提高在没有增加较多的文件大小和登录时间的同时，大大增加了人们的视觉快感。

新时代的设计语言提供给设计者们更多的空间去创造和想象。那些网络的奠基者HTML、XML和VML的后代使文档文件的编辑语法更加完善，青出于蓝而远胜于蓝。由于XML和VML是由软件巨头微软开发的，估计它们将成为很大一部分人所选用的网页设计语言。

7.4 构造网站

像任何传统店面一样，网上商铺也需要有一个好的位置、漂亮的外表和感觉，以及安全的链接站点来吸引客户。怎样在网上建一家理想的店铺呢？选择余地非常广，你可以选一家提供网络服务的网站（如雅虎）来快速建立一家小规模的网站运行起来，可以从因特网服务提供商（ISP）那里得到帮助先建立一个小型的网站慢慢发展，也可以自己动手利用手头现有的软件做一个网站安装在自己的Web服务器上。

211

7.4.1 店面构建服务

有一类新兴的网站可以帮你快速建立网上商店，费用也较便宜。多数这类网站提供将近

100种产品目录，并且能确保跟一家网上商业账户很好地连接。这种网站提供的服务包括给你的商店提供一个网址、管理网络流量和维护网站。通过这种方式建立的店面的主要缺点是网站的特点、体系、外观过于标准化而没有自己的个性。

因特网上的服务也允许你自己建立一个网站，并且有些还是免费的。比如说，Bigstep.com就提供一种很简单的搭建网站的环境，你可以在网上卖你所有想卖的商品。开通一个可以接受信用卡支付的商业账户，需要每个月支付一定的固定费用以及一小部分的交易费用。这种方式的弊端是Bigstep将在你的网站上放上它的商标来做广告，而且跟Bigstep相连接的网站可能跟你所卖的产品产生竞争。同时还有一个问题就是ISP如何来管理网络交通问题。

正如方框"渡过危机"里面提到的CNN的例子一样，制定一份网络流量管理方案是非常重要的。当然在你作决定前也要考虑到预算及时间的限制，因为访问量突升会加重服务器和网络宽带的负担。所以作为IT经理就得清楚在网络高峰期哪一环节比较薄弱。比如说，你可能有很多网络宽带，但是没有足够的服务器，或者反之。一些商店出售的硬件可以优化网络连接，减少服务器压力，同时也可以改善连接的时间达20%多。好的网站设计连同恰当地配置Web服务器，可以在网络繁忙期减少网站工作压力。参见www.savetz.com/articles/newarch_spikes.php。

渡过危机

2001年9月11日，世界各地的用户蜂拥上CCN了解当天恐怖分子袭击纽约及华盛顿的消息。在平常，网站的访问量每天大概为4 000万页，而9月11日那天的访问量达到了16 244万，在第2天更是高达33 740万。

解决的方法是采取一些严厉措施。"我们首先采取的步骤就是给网页瘦身，我们拿掉了网页上的图片和图表，只留下最相关的信息。"CNN的新闻发言人Elizabeth Barry解释道。早上10点钟时，主页上只剩下CNN标记、世贸中心的图片及最少的文字。

但是光简化内容还是远远不够的。没有额外的硬件支持，CNN是无法处理不断增加的访问负担的。幸好，作为美国在线时代华纳的一份子，CNN可以从她的姐妹网站借来服务器。在工程师增加了服务器的容量后，主页又逐步恢复了她往日的面貌，包括了各种链接及各式图片。网站管理者在接下来的几天内仍然拿掉广告以期能为新闻内容提供更多的空间。

即使这样，CNN还采取了其他可能的措施来减少服务器的压力，如让访问者去其他信息渠道。"我们采取的另一措施是增加发送的邮件量，"Barry解释说，"那些无法打开网站的人可以通过邮件得到他们想要了解的信息。"通过给那些留过邮件地址的人发送邮件，CNN可以第一时间传递新闻，从而减少那些想获取最新信息而访问网站的用户，达到给服务器减压的目的。

来源：www.savetz.com/articles/newarch_spikes.php。

212

7.4.2 Web托管服务

所谓的Web托管服务即将某一机构的网页或者网站放到一个专用服务器上后，就可以通过因特网访问（参见www.e-formation.conz/glossary.asp）。网络其实是大量网站的集合，所有计算机主机称为网络服务器，你的网站所在的服务器被称为Web主机。所以Web托管的客户只要把网站上传到专门的网络服务器上，网络服务提供商将确保网站能被快速和不间断地访问（参见www.1stdomain.net/info/glossary.html.）。

数以百计的组织能帮助你在网络上建立网站，分为4个步骤。

(1) Web托管代表会约见你，并给你解释网页设计、网页寄存、电子邮件和网络营销等方面的情况。会议通常在商定整个项目不超过多少价格后结束。

(2) 为了定制这个网站，Web托管方开始从你这里收集网站相关内容。在网站上线前专家需要完成所有图标设计和营销材料。程序员写代码，并测试网站的功能、一致性、可靠性和可扩展性，然后采取下一步骤。

(3) 一旦网站通过测试，公司开始把关键字和元标签提交给网站搜索引擎、网页目录和行业网站。

(4) 一个信誉良好的Web托管方在每年合同或长期协议中还支持维护和以后升级。

利用ISP建立和维护网站的优势在于，能够得到他们的支持，并且当电子业务扩张时也有机会扩张网站。一般来说，一个ISP在网上商店建设上比Bigstep具有更加精密的技术。越来越多的ISP许可各种版本的电子商务软件帮助你建立自己的商店。另一些Web托管服务，比如Verio（www.veriostore.com）可以帮助你在该网站中建立一个商家账户并提供计算运费和消费税的服务。参见本书的网站www.prenhall.com/awad，那里有许多这方面服务的例子。

7.4.3 自己动手建网站

建一家属于你自己的电子商务网站成本较高，不但你需要经验，还得担心网站的安全，管理网络流量，处理一天24小时内可能发生的所有技术问题。费用主要发生在网站开发、硬件、宽带及全职网管的支出上。主要的好处在于可以无限制地升级、个性化、更好的性能控制及增长的潜力。

在很长一段时间内，只有那些准备从事在线业务的大企业才会自己开发网站。对小企业而言，雇用一名网站开发人员来得更加便宜和快捷得多，但是公司内部也要训练自己的员工成为网管来维护网站日常的运行。

213

7.5 网站导航设计

成功的网站导航设计是一门艺术也是一门科学。最好的网站设计方式是让你自己处于访问者的角度来考虑问题。商家和用户的目标往往是不一样的，事先列出用户的需求可以帮你预测到网站今后运营中可能出现的问题。

拿银行为例来说，网站开发商帮助一家商业银行建立一个网站。在早期与银行高层管理人员讨论时，开发商问管理者他们希望网站能带来些什么，他们需要和关心什么。几星期后，开发商根据管理者的要求建好了网站。银行非常高兴。然而，当网站首日启用时，就收到了一些批评的邮件，这些邮件来自于不开心的顾客和一些新的访问者。网站的点击量很小，一般来访问的人最多也就看一下主页而已。4个月以后，网站实际上就已经被废弃了。银行管理层觉得先前将银行搬上因特网的主意简直就是一个糟透了的笑话。

现实中，人们都会考虑到访问者的目标与银行的目标是不同的（见表7-1）。目标之间的冲突以及未能很好地沟通将给网站带来毁灭性的厄运。当访问者不能实现他们的目标时，银行同样也遭受着客户流失及支付大量网站开发费用的折磨。在网站开发前，网站开发人员、银行、用户代表们应该坐下来好好讨论一下他们的目标与期望，这样在日后网站建成投入使用时就可以避免这种问题了。

表7-1 目标

银 行	访 问 者
想更多地了解客户	希望在网上隐私能得到保护
想通过网站增加收入	通过因特网节省费用
引导访问者点击贷款按钮	厌恶一开始就是贷款
逼着访客浏览虚拟银行	恼怒因为有其他更重要的信息
向客户索取银行需要的资料	认为私人信息不关银行的事

7.5.1 建立用户档案

如果你是一家中型商业银行的副总,这家银行附近有所大学。你的银行以服务和稳定性闻名。所以你打算建一家网站来加强你们银行的这一形象。想想你吸引的客户群与街对面的竞争者的客户群有什么区别。你银行所处的区域竞争异常激烈,每家银行都拥有自己的网站并打算吸引新客户。人们想从你们这些银行得到些什么呢?除了开一个基本账户外,他们还会有什么目标呢?建立客户档案来回答上述这些问题是非常有帮助的。

客户档案(customer profile)是指对可能访问你们网站的人的类型进行简要研究。以下是两位客户的资料,他们代表了你的部分目标客户。

[214]

(1) GARY。Gary刚三十岁出头,是一名助理教授。最近他刚离婚并监护着他的两个小孩。因为离婚纠纷,所以他对财产隐私问题非常敏感。他已经在一个小型社区住了两个多月了,他对在学校或者住所附近的注重客户服务的银行很感兴趣。在今后几年内,他希望在学校里得到永久职位,计划盖更大的房子,买一辆新的雷克萨斯车代替现在的99年产的丰田花冠,并为每个孩子买一份信托基金。

因为他刚搬来不久,所以Gary根据报纸广告和同事推荐在找银行。他向助手们抱怨多数银行都是非人性化的,开支票、使用ATM机、账户透支等收费都较贵。他也不能确信能在网上找到一家理想的银行,但是与其再向人们打听,他宁愿尝试一下网上银行。

(2) MONIQUE。Monique是与Gary同所大学的大四学生,22岁,女子联谊会的成员。她来自一个和睦的家庭,喜欢与他人接触。她从一个同学处知道你们银行的网站。因为离毕业还有整整一年,所以她希望能通过学校计算机室来上网处理金钱方面的事情。如果她在你们银行开了一个支票和储蓄账户,那么女子联谊会的其他会员也会被吸引到你们银行来做交易。Monique担心有些窥探设施会盗窃她的隐私,担心她会收到一大堆垃圾邮件。她想尝试一下网上银行,这家银行的网站看起来要简洁,外观要漂亮,有增值的内容,此外最好还能有人工服务的电话号码。

这两份资料并不相同,但从中你可以感觉到他们有相同的顾虑,所以这就提醒你在设计网站时将这类型的客户考虑进去。在这类情况下,隐私、热情、个人关注、责任心等因素是你在设计银行网站时要考虑的中心项目。你同时也可以预测到因为是面向大学的社区,所以对学生合理或者较低的收费将产生轰动效应。

7.5.2 使用场景

另一个帮你发现未来网站用户的方法是使用场景。**场景**(scenario)可以帮助你看到导航的进程,网站就是切入点。我们以Monique为例加以说明。她会怎样浏览网站?她可能遇到什么问题?她会怎么处理她所遇到的问题呢?当你在用户档案里加入预测或者可能的行动时，这就形成了场景。比如说，Monique很喜欢上银行的网站。她的个人电脑上已经有浏览器，尽管她还不是很确信能否在网上正常浏览。她需要的第一样东西就是容易理解的说明、图片或者布局能够带她去网站上她想去的地方。因为她对隐私非常敏感，所以保护隐私声明按钮要能清楚地显现。此外，她对开立支票账户很感兴趣，所以执行这一功能的图片要在主页上看得到。

如果Monique不能在主页上找到这两大关键条目，她很可能就失去兴趣而到其他网站去看了。这意味着你要吸引Monique和她在女子联谊会的姐妹，就得在网站上建一个具有弹性的导航工具。

在Gary的案例里，他考虑的首要问题是方便的导航、强烈的隐私保护声明、带给人的个性化和安全感的暖色调和信托。因为他对隐私极度敏感，隐私保护声明要在主页上就能清晰地看到。因为他给小孩买信托基金非常感兴趣，所以主页上要列有作为银行特色的信托基金。没有上述两点，Gary很可能就点击其他银行网站去浏览了。

215

7.5.3 什么是文化差异

在为从事跨国业务的公司设计网站时，就不仅仅只是考虑语言因素而提供不同语言的版本这么简单了。在建立国际化的网上商店时，最最重要的是要考虑到文化的差异性并对其保持敏感。

颜色就是文化的一个方面。正如我们在第8章讲到的那样，不同的颜色对不同的人意味着不同的意思。比如说，白色在美国象征着纯洁，而在日本白色就象征着死亡。对中国人而言，红色背景代表着幸福，而在美国红色就意味着危险。这种差异是人们的常识，是由他们出生地、生活的环境和所看所感而形成的。这意味着，不同文化背景的人对一个全球化的网站的反应是不一样的。在网站上，唯一的特征就是要使它的目标客户感觉自在。这包括使用母语、该国的国旗或者能吸引大量访客的颜色。

7.5.4 设计用户易用的站点

从客户档案和场景里我们能得到的一个主要结论就是必须要设计一个用户易用的界面。在网站构思时，很多的精力就是花在理解用户的行为和找出他们的偏好上。在设置导航上也是一样，我们的策略是要将导航设计得尽可能简单明了。另一个策略是要预期到可能出现的问题。想想你第一次接触网站时是什么感觉？我想起了我在课堂上第一次演讲时的情景，辅导员帮我们设计好演讲的框架：站起来、演讲、结束。这种三步式的过程的主要问题是缺乏细节。一个较好的框架应该是：走向讲台，将你的笔记放在讲台上，向听众问候，演讲展示，得出有意义的结论，总结，感受喝彩，回到座位，等等。

向网站访客提供指导也一样。对第一次访问的访客来说，指导越简单，他们也就越可能再次来浏览。切记网站稳定、可靠以及安全是最重要的。一个网站对于普遍的问题开发出独特的解决方法将会使其与同行的网站相比显得出类拔萃。

7.5.5 设计指南

有几个要点在网站设计时都值得考虑。每个主意都很好，因为设计是颜色、内容、布局、速度等等因素的综合。参见方框"设计要点"中根据作者的经验挑选出的几个要点。记住，设计是没有标准的指南的，很少网站能够面面俱到。甚至没有人知道什么叫面面俱到。奢侈品零售商尚需知道闪光很棒,当然不是在网上。

要知道没有一个网站是完美的。最好的几家网站尚且不时地出现图表不连贯、信息过期等问题。一个好的设计应有"少即是多"的态度,对于促进网站流量而言十分重要。

[216]

设计要点

1. 保持网站简洁。
2. 网站设计中涉及了问题的解决,要清晰地定义那些需要解决的问题。
3. 用户访问网站是为了获取信息。要将信息迅速而简洁地传递给客户,保持网站内容的时效性。
4. 传输速度非常重要。你要在3秒内说服用户不要按返回键。将一些有趣的信息放在屏幕上。
5. 显示在屏幕上的所有东西都要在30秒内完成下载,屏幕刷新要快。
6. 网站的性能非常关键,响应时间不能长于8秒。
7. 网站若不能访问对于一次性的访客和忠诚的客户产生的影响是不同的。部分灯火管制和完全断电都花费时间和金钱,现在甚至会引起股票行情下跌。站点应该时时刻刻提供服务。
8. 管理电子商务的机构需要知道网站能处理多大的网络流量。Victoria's Secret网站就是一个能吸引访客却无法为众多访客提供服务的典型例子。网站吸引了非常多的访客,以致网站在网上展示产品的能力发生中断。
9. 确保公司的名称和标识在每个网页上都清晰地显示。
10. 注意不要在花拳绣腿上花费较多的精力。将图表和带宽密集型设计尽量减少到最小。
11. 如果你使用动画,就得确保它有主题、故事或者要点。否则的话,要避免耍花招式的动画在网页上显现。
12. 养成习惯周期性地保存你的工作。
13. 要谨慎使用色彩(第8章会详细讲解色彩)。
14. 如果访客离开主页去浏览网站的其他网页,要使得访客能很容易地回到主页。每个网页都需要有一个返回主页的链接。
15. 当设计一个复杂网站时,要确定决策者、明确目标,并想好在遇到设计问题时设计团队的应对方法。

7.6 设计准则

在设计网站时,主要任务是让访问者尽可能地来体验网站。网站发布信息、发售产品和服务,访客必须浏览网站才能眼见为实,质量和可靠性也必须得到保证。网站是电子商务策略的一部分,所以必须有效地设计和管理。诸如外观与质量保证、公众形象、一致性、可扩展性、安全性、性能、导航和交互性是设计标准的关键要素。

7.6.1 外观和质量设计

网站美观吗?大部分网站开发者认为文本和图形混合在一起能吸引更多的关注。在图片

[217]

周围放置文字或者在页面的空白处多些变化也往往能让内容更吸引人。使网站更易阅读、容易理解和易于导航是开发网站的目标。能吸引人的网站需要在质量保证上投入更多,**质量保证**(quality assurance,QA)是网站上线之前对站点是否准备就绪的核对工作,无论访问者访问频率如何,网站都没有任何故障,是确实可靠的。

为了达到这个质量水平,网站开发者必须建立一套标准来激发访问者对网站产生信任。

这些标准是通过一种**式样指南**（style guide）建立起来的。

为了建立一个式样指南，设计者把全部现有的网站设计信息汇集在一起，包含维护公司形象的指导方针，譬如如何使用商标、口号、图像和可接受的字体等等，目标是提供网站的视觉连贯性。在一张网页上使用狂放的字体，而在下一张页面上使用保守的字体，也不注意如何将内容融合使信息流畅通顺——这是网站设计前后不一致的极端例子。

7.6.2 公众形象

电子商务是公众的，任何错误、冗余、误传、疏忽、未经授权的内容或链接都会有目共睹。这些问题都会牵涉到法律、营销和公共关系等方面。网站设计者应该在任何时候都要核实内容的可靠性。

公众形象包括网站每时每刻不间断的有效服务。一位在沙特阿拉伯的访问者不会理会你的网站在美国当地时间为午夜时是否可用，在这种情况下也要让他直接登录，因此网络和技术基础设施必须支持这类需求。

7.6.3 可浏览性和解决方案

网站能否在不同的浏览器中正常显示是问题的关键。网景的Navigator和微软的IE是两大主要的浏览器。每个人使用不同的浏览器和屏幕分辨率，虽然一个网页在特定的浏览器中能显示得最好，但是也要求能够在没有边滚动条的800×600分辨率下显示，并且也可以在1024×768或者更高的分辨率下显示而没有明显的背景马赛克。

7.6.4 一致性

字体和字形必须一致，使网站在所有访问者显示器上显示相同的内容。依靠以前的设计工具和浏览器，一个网站可能在网景上显示受限制，但是在微软IE上却能正常显示，也有相反的情况。为了防止这种情况发生，网站设计人员用HTML设计时需要优化网站的最终草图，或者网站应该建议访问者在访问网站时使用最佳的浏览器。对大多数网站来说，字体和字形的显示是一个问题，一个网站不仅需要一个设计主题，而且也需要一个文本主题。如果你喜欢Arial字体，除了标题和按钮图形外，所有文本都使用Arial字体。确定网站使用层叠样式是确保一致性的最简单方式。

218

7.6.5 可扩展性

站点提供了一个无缝的增长路径吗？同时它有改进或在将来升级的潜力吗？一个新网站需要着重考虑**可扩展性**（scalability）（网站升级能力），因为新建的网站难以确定未来访客的数量。网站应该是能随着用途的增加和需要改变而扩张延伸。这意味着要保护对站点建设的最初投资。

7.6.6 安全性

保护站点免受黑客入侵是一件棘手的事情，尤其当这种事情到来的时候，它取决于安全软件、加密算法和确保在线安全贸易的方法。网站应该只显示那些访问者感兴趣的内容。在专门的安全服务器上运行的网站，访问安全是关键。在银行业，客户想要进入自己的银行账户必须要提供密码。电子安全将在第13章中详细叙述。

7.6.7　性能

安全性与网站的表现性能有直接的关系。网络环境越安全，设计师就越关注网站的表现性能。这就像在一个忙碌的夜晚赶飞机，在登机之前检查点越多，登机的时间越长。

按终端用户看法，判断一个网站性能如何直接取决于页面出现所需的时间。当浏览者频繁地在网站下载东西时，网站的负荷量会加重。需要大量文本下载的站点下载速度会很快，而图形的下载则需要较长时间，这可能引起下载页中断。多数搜索引擎有一个45秒的定时器：如果一个站点需要比45秒更长的时间进行下载，将显示消息"找不到"或"无法访问此站点"。

7.6.8　导航和交互性

一个网站必须按照逻辑相互链接，同时允许访客访问另一个他们所感兴趣的页面后能返回到主页。图标或按钮应该被格式化并且便于加速**导航**（navigation）。有时需要描述各个符号的功能，解释它将把访客带到什么地方。

把导航看作是一间有多个入口的房子。经典隐喻是一间房子有且仅有一个入口。实际上，这里还有后门、车库门、狗门或者在2楼微开的窗户。导航必须根据访问者的经历和需求，允许有多种访问点。

导航和交互性是紧密联系的，简便的网站导航能促进交互性。例如在银行业中，网站可以在一定数量的页面上给客户提供各种投资产品的介绍，在挑选后，客户可以点击导航栏计算这种投资的回报率。根据计算结果，他们可以改变投资决策并相应地继续导航。客户也可以被获准直接使用他们的支票或者储蓄账户中的资金做出投资决定。

方框"专业人员对好网站的看法"给我们显示了一些专业人员对某领域好的网站设计的看法。底线是，网站必须达到目标受众并树立完整、可靠和迅速的图像。像网站修理库（Website garage）那样的站点可以帮助分析你的站点，提供全部文件的大小和下载这些页面的时间。想得到更多这些网站的例子，参见本书的网站。其他的测试方法是从竞争对手中挑选一个样本。找到一些你认为是你竞争对手的站点，看他们如何解决文件大小和性能极限问题。

在网站每天吸引巨大的访问量的同时，网站上的错误将会赶走你的客户，使交易蒙受极大损失。页面空白、页面出错和显示错误，这些都是普遍的错误。访问者徒劳地试着完成交易，但就像去一个实体商店，亮着灯却没有人在收银机旁，失去了这单生意。

有一些事情最好要在商业网站上避免。色彩应该保持简单，避免过度使用图形。不要让访客到处寻找电子邮件、联络人或反馈链接。字体大小不应该很小以致于劳损访客眼睛。音乐的插入可能是令人生厌的，除非访客是在做关于音乐生意的。

对导航不利并且打断顾客注意力的一件事情是过多的网上广告。如果你正好想这么做，可以想见广告凌乱纷呈，主页上下左右全都是广告。这种分心使冲浪者对你的网站能提供什么东西减少了兴趣。

专业人员对好网站的看法

Lynn Siprelle

- 内容第一。
- 组织第二。
- 样式第三。
- 亮点最后。

Tom Ricciardi

- 易于导航，包含一张站点地图。
- 功能化的图形，而不只是无意义的图片。
- 图像地图是好的，但其功能应与内容有关或者有助于导航（而且要能快速载入）。
- 纯文本是基本的选择，特别是在导航和浏览内容时。
- 页面设计和内容应该考虑到大多数用户使用的还是慢速的调制解调器。

Peyton Stafford

　　坚持你的目标。如果你只是想炫耀一下你的技术水平，那就来吧，采用一些只有你和你那些使用T1专线的朋友才能欣赏的技术。如果你并不想卖钱，那就不需要顾及公众会怎么想，甚至你还可以搞一些古典希腊哲人的语录。但是如果你确实想卖东西给客户，那么请把事情做得简单、快速和容易。专门找一个人把文字处理好。

Stanford Davis

- 通过提供有用的内容帮助我解决问题。
- 通过布局、图形和字体等形式体现专业性。
- 因特网上这样较好：装载快速、页面适宜、色彩舒服等。
- 易于理解。
- 充满乐趣，恰当的调侃，有幽默感，有趣且娱乐性强。
- 不喜欢快速转动的地球、出格的俏姐和闪烁的词语。
- 不喜欢"我们很酷"。

Mike Pritchard

- 图形的有效使用。
- 易于导航。
- 一定程度上的一致性——通常的外观和感觉。
- 不故弄玄虚耍小技巧。
- 不用让我等太长时间就能知道网站是否有价值。
- 保持时效。
- 不要出现断裂的链接和死胡同。

来源：摘选自www.tbchad.com/gwebresp.html。

广告阻拦程序可以消灭这种分心。例如，微软在Internet Explore中增加了弹出阻拦的特性，在它的Windows XP系统内IE浏览器可以灭绝网络广告。同样，Opera、Mozilla和网景也使那些网上冲浪的用户有机会来阻拦广告。2002年Earthlink发布了阻拦弹开网页的工具，与此同时，谷歌也通过其广受欢迎的搜索工具栏赠送给用户这些工具来阻止突然冒出来的广告。

7.7 聘用Web设计师

现在你打算在网络上开展贸易，需要一位熟练的设计师帮你建立网站和店面。如果你有时间和相应的知识，也可以自己动手建立你的网站，有很多网站提供这方面的知识，你可以轻松地跟着效仿。要找这类网站的例子，可以上本书的网站www.prenhall.com/awad，其他好的网站有www.hotwired.com和www.webmonkey.com。

遗憾的是，虽然这种方法也许为你节省金钱，但是对处理重要的网上贸易而言这么做既不安全也不慎密。如果想要站点吸引访问者并在竞争中取胜，同时如果你想要一个独特的站点并在网上买卖产品，你需要聘用一个人维护那个站点。在大站点项目中，需要由各个部门来的代表组成一个委员会，他们和站点开发商一起工作以保证站点开发的整体质量。

7.7.1 预算

除聘用人员成本之外，你需要估算网站运行费用、维护和升级网站费用、月租费和聘用一位专职网管以保证整个基础设施正常运行。这是一项具有挑战性的工作，你要准备一份年度预算包含所有这些直接或间接费用并且得到最高管理层认同，以便在站点开始开发后，关键的决策者可以了解它的进展。

7.7.2 对站点开发商的要求

在网站设计中一个必须考虑的至关重要问题是开发者，不管是个人还是公司开发者都必须不仅要有广泛的网站设计经验，而且要熟悉各种各样的数据库、安全标准和编程语言知识。

220
~
221

为了在竞争中成为合格的网站开发商，许多公司都用尽各种方式吸引潜在的雇员(如微软为临时雇员配备了汽车和公寓房)。现在由于网站的不断涌现，对网站开发人员的需求远远超过供应。过去，主要是高技术企业雇用网站雇员。现在，几乎每个公司，大至银行小到面包店都在寻找站点开发人员来帮助他们在因特网中开辟天地。

那么如何用最佳的方式找到网站设计师呢？一开始，看到你喜欢的网站，设法与设计这个站点的设计师联系。与本地区的网站开发商联系并汇总成一份名单，查找他们的网站并选出你喜欢和不喜欢的特色。了解这些公司提供何种服务，获悉关于商标设计流程、数据库开发、动画、用户测试、站点托管、站点设计的语言等方面的信息。然后将你的出价发送给部分开发商，这样才能优中选优。

如果你在决定网站设计上有困难，可以尝试多访问一些同类网站。和设计师见见面，并检验一下他们的能力。你喜欢与他们工作吗？他们会分享你提出的关于站点应该如何构建的想法吗？他们建成的网站能够吸引你的目标访客吗？

许多专家想知道为什么网站项目经常失败。这里有一些网站项目失败的原因。

- 不切实际的最后期限。网站设计师答应了何时完成项目，但是他们却不知道如何去兑现承诺。为了完成这个不切实际的最后期限，团队推进日程表加速工作，结果却是遇到了一个又一个的错误，最后延迟整个网站开发的进程。为了补偿失去的时间，测试开始显得无关痛痒，这样必定导致安装后问题的屡屡出现。
- 能力不够或者人手不足。当项目小组人手不足，缺乏能力，或是处在要创造奇迹的重压下，开发人员的积极性必将受挫。比如，两位每天工作14小时的设计师所构建的网站必定无法和两位称职的设计师每天在正常工作时间内完成的网站站可靠性相提并论。紧迫的最后期限会把人弄得精疲力竭。方框"一位专业网站设计师的部分简历"就说明了这点。

- 设计质量差。质量遭殃往往是由于职员能力不足，或设法达到不切实际的最后期限。在后一种情况中，质量评审、审查和详尽的测试常常被放在不重要的位置上，特别是当最后期限的压力来自最高管理层时。
- 雇主的要求变化无常。这个造成网站开发工作延迟和失败的原因已经由来已久。在20世纪60年代开发信息系统时我们已经发现了这个问题。起先，在网站投入使用前因雇主没有参与网站建设，雇主就会抱怨没有机会及时看到网站。所以就采用了另一种方式，即雇主也参与到网站开发中去成为开发团队的一员，但这样一来，想法变化无常的雇主常常会把整个设计团队逼疯。

一位专业网站设计师的部分简历

技术经历

- 程序设计——HTML、Java Script、CGI、DHTML、CSS和SSI。
- 设计应用程序——Macromedia、Dreamweaver、Adobe Photoshop，熟练掌握Adobe GoLive、Microsoft FrontPage和Macromedia Flash。
- 应用程序——Microsoft Office 2000、Adobe Acrobat Writer和FTP。

工作经历

- 设计、开发和实现新的Web界面、图形和布局。
- 创建、管理和维护公司因特网和内联网站点，主要职责是创建Web内容。
- 在把图形设计原理应用到构建创造性、创新性和专业的网站方面具有深入的经验。
- 在HTML程序设计方面具有深刻的技术知识。
- 负责所有网站设计项目的质量保证，包括网站的实用性、可访问性、测试和缺陷查找。
- 图像创制、优化和操控。
- 撰写、编辑和校对各种文档，计划和准备在线分发的文章。
- 指导客户掌握有效的营销技能以增加网站流量。
- 搜索引擎优化，包括关键字查询和选择、元标签、搜索引擎提交和空位跟踪。
- 绝对良好的组织能力，关注细节。
- 有效管理多种任务的良好记录，不打折扣。
- 达到最后期限的能力。
- 优秀的规划和咨询能力。

教育

- 1999年于缅因州圣保罗大都会州立大学获得学士学位。
- 2003年于缅因州明尼阿波利斯市圣托马斯大学参加新风险项目获得证书。

专业性兼职

- 女性计算机协会。
- 国家女雇主协会。
- Saint Croix Falls商会。
- 圣保罗和明尼阿波利斯市销售和营销经理人协会。

来源：摘选自www.glasspoole.com/resume.html。

7.7.3 填充Web上的空位

因网站开发和维护的需求日益增大，公司特别为此设置了全职岗位。雇用一个网站开发的团队意味着创造了一个独特全新的工种。雇主需要认识到这个岗位的雇员需要拥有特殊的智慧和成功的职业经历。在挑选候选人时，雇主需要认识到经验最丰富的候选人未必是最称职的。候选人需要具备从以往经历中总结经验、管理项目以及与他人沟通的良好能力。有能力但稍微缺乏经验的雇员将会把此份工作看成是学习的大好机会，从而努力工作，与技术共同成长进步。

另一种吸引网络天才的方法是实习期项目。在实习中，实习生得到了训练，在离开公司时也会根据他们在公司实习期间的经历，提出一些建设性的意见。他们也可能在日后重返公司，成为公司的永久雇员。作为回报，公司取得了良好的公共关系和潜在的雇员。

另外一种途径是公司内部培训那些有潜质从事网站设计工作的员工。选拔工作可以通过教室会议或者自我推荐的方式完成。在训练这些员工时，一个拥有网站设计最新技术信息的技术图书馆将是非常有用的。让雇员去学院或者大学里听课也是培训的好方法。公司将因这些训练有成的雇员从事网站设计工作而获益。

7.8 《美国残疾人法案》

到目前为止，我们讲了电子商务、网站设计和因特网给正常人带来的方便。现在残疾人也以一种特殊的方式被吸引上网冲浪和浏览网页。有人测算，现在大约有一半的有工作的残疾人士通过网上购物。

在美国，5 400多万的人属于《美国残疾人法案》（Americans with Disabilities Act，ADA）定义的残疾人士，该法案是用来保证和保护残疾人特定利益的。大规模的人口老化，使得很大一部分人不论是身体上还是心灵上正在经历日益下降的生活水平的煎熬。据测算，约有520多万的美国残疾青少年正在成为电子商务的用户。这意味着网上购物正吸引着越来越多的眼球。

很大一部分人因为眼盲或者失聪无法正常使用因特网，除非能给这些残疾人士提供特定的技术帮助，从事电子商务的几个主要的公司已经意识到了这一点。使残疾人士能正常使用因特网，无论从法律、业务还是伦理的角度来说都是必要的。因而也就对目前的电子商务处境提出了一些新的问题。

- 1990年经美国国会通过《美国残疾人法案》，要求所有机构调整物理环境，提供特定的硬件设施以方便残疾人士。这个法案已经将它的影响范围扩展到因特网。每家机构现在想问的一个关键问题就是："我们应该怎么做才能达到这个法案的要求？"司法部发表的观点认为，所有使用因特网进行交易的机构都受到这个法案的管辖，不管交易的是产品、货物、服务或者任何形态的商业交换。此外，所有网上交易都要特别准备一种合适的机制方便残疾人士使用（Loiacono 2004, 85）。
- 每个地方对《美国残疾人法案》的公开支持正在增加。已经提出了一些诉讼并且已经有说客为保护残疾人在虚拟环境中的人权而在国会中活动。根据美国残疾儿童和残疾青年信息中心的消息指出，该协会正在为残疾儿童能得到正当资源而呼吁，同样的要求来自美国退休人员协会。
- 公众的压力正在提升，并以无可辩驳的方式把残疾人士和老年人带入因特网世界，他们可以在因特网上娱乐、做生意、与任何地方的其他人联络，等等。

所有这些意味着网站设计师必须探讨确定网站是否适应《美国残疾人法案》的规定，也就是说需要考虑听力残疾、认知残疾、神经残疾和运动技能缺失等情况。参见www.usdoj.gov/crt/ada/publicat.htm关于这个问题的详细资料。

无论从哪一个方面来看，在一个网站上实施这些调整并提供给每个人无障碍接入，而不论年龄大小和是否残疾，注定是一项艰巨的任务。当网站设计者开始工作时，他们假定使用者具有一定的能力，能看、听、理解并利用运动技能进行导航。但是合成的声音"你有一封新邮件"对于听力受损的人来说是毫无意义的。同样的，动画对于盲人来说也是毫无意义的。

截至2005年初，只有不到20%的财富100强的网站是《美国残疾人法案》兼容的。根据Loiacono的估计，"美国高校的网站按照美国联邦政府的法令必须要遵从这个法案的规定，远比公司的首页要更加容易接入。一项研究表明，就残疾人士容易接入网站的百分比，高校几乎是公司的3倍（Loiacono 2004, 86）。"

7.9 法律考虑因素

在制定构建网站的策略时，常常争论的一个问题是"网站属于谁"。属于公司？营销部门？信息技术部门或者公司其他的部门抑或是上述所有实体？在大多数情况下，谁在争论中持有最有力的证据，谁就成为网站的所有人。技术专家和公司的管理者都认为网站的所有权是争论的焦点。公司的每个部门都想在网站上占有一席之地，将自己部门的特定信息放到网站上，尤其是对放置图片位置的争夺。

2004年Jupiter研究所在纽约调研所得的报告指出：公司内的各个部门很少能将网站看成公司的资产，从而建立一套机制，为使网站能发挥最大的整体效益而为公司的其他部门提供方便（Pratt 2004）。

讨论网站所有权的另一个原因是要确定公司各部门在网站建设中所需承担的资金。以Jupiter的2004年研究报告为例，公司各个部门都要为网站的建设承担不同比例的费用：

IT部门	29%
市场营销部门	26%
销售部门	13%
商务部门	10%
客户服务	9%
网站预算	8%
其他	5%

为了谨慎起见，大的机构一般都新建一个部门专门负责网站的性能以确保网站能实现最大的价值。例如，Verizon公司成立了一个电子商务的委员会制订跟公司网站相关的策略。这个委员会还定期举行利益相关者的论坛，使各部门可以评论各种有关网站变化的建议。这些措施在解决公司各部门不同利益冲突的问题上被证明是卓有成效的（Pratt 2004第32页）。

总的来说，公司在建立网站和网上展示时首先考虑的都是市场营销部门。当然，网站的安全也是优先要考虑的问题。在网站设计和升级时都要注重安全问题。此外，关键成员之间的合作协调和正规的共同动作是成功开发和维护网站的必要因素。

国际上，欧盟认为政府和私有部门应该共同监管因特网，在未来的网络管辖问题上跟美国摊牌。自从美国在1960年五角大楼实施该项目后，美国政府已经成为了因特网的最终监管者，并且拒绝了联合国于2005年9月在日内瓦开会时提出的由联大的某个机构来接管因特网的提案（White 2005）。

小结

1. 因为网站是打开电子商务的大门，也是买卖双方的主要界面，因而如何设计网站，网站要包含哪些内容，如何组织网站的内容，网站要采取哪些安全措施等都是在建立电子商务的基础设施时要考虑的关键问题。
2. 建立网站开展电子商务的主要优点包括可以快速和可靠地拥有数百万的客户，在因特网上展示商品，减少广告花费，节省客户服务的费用，实现产品市场及客户的国际化。
3. 建立一个网站主要的步骤是，规划站点，定义受众和竞争对手，构建网站内容，定义网站的结构以及视觉设计。
4. 确定受众包括要了解网站的用户及他们的目标与需要。评估的时候要多设想几种方案。
5. 在组织网站时，焦点是搜索各种隐喻，定义结构蓝图，决定用户如何浏览网站。
6. 建立网站的几种方式。一种是借助专门的机构来建造网站，另一种是借助能维护网站的网络托管服务商。第三种就是自己建立网站，这就需要在网页设计、软件和硬件、网络管理上都有经验。
7. 设计网站时需要考虑的问题：外观、准确性（因为一旦出错全世界很快就会知道）、一致性、可扩展性、安全性、性能、导航以及交互性。
8. 网站设计者现在还要考虑《美国残疾人法案》。随着人口的老龄化和很大一部分残障人士的存在，一个典型的网站应该让那些没有能力的人也可以使用网站。当然，要在全球实现这一构想需要时间和智慧。

226

关键术语

- 标题（banner）
- 链接（link）
- 场景（scenario）
- 内容清单（content inventory）
- 导航（navigation）
- 站点结构（site structure）
- cookie
- 质量保证（quality assurance，QA）
- 式样指南（style guide）
- 客户档案（customer profile）
- 网页（Web page）
- 主页（homepage）
- 可扩展性（scalability）

理解题

1. 简要概述网站给电子商务带来的好处。
2. 网站可以提供一系列的节省劳力的服务，你同意吗？请举例说明。
3. 网站如何能促进公共关系？
4. 解释构建网站的主要步骤。其中有一个步骤比其他步骤都重要吗？请阐述。
5. 在规划网站时要考虑什么？请讨论。

6. 在定义受众和竞争对手时要涉及哪些方面？请具体说明。

7. 根据BizRate网站所做的研究，网上冲浪者在在线商店寻找什么东西？解释之。

8. 解释在确定网站内容时需要考虑哪些方面。

9. 网站的架构蓝图跟导航在哪些方面有关系？

10. 在网站设计的进程中你怎样解释视觉设计？

11. 店面构建服务和网上托管服务在功能上有什么不同？

12. 在建立用户档案时需要涉及什么？请阐述。

13. 性能和可扩展性之间有什么差异？

14. 如果你正要找一位网站设计师，你会怎么做？

15. 从设计师的角度看，《美国残疾人法案》会怎样影响公司网站最终的主页？

讨论题

1. 有人能省去规划阶段而很成功地建成网站吗？请详细讨论。

2. 在网站设计中，不借助专业人员的帮助你自己能做哪些工作？

3. 如果有人跑来对你说"对于网络我一无所知，但是我的竞争对手现在都在网上开展交易了，接下来我该怎样为我的珠宝生意设计一个网站呢？"你会如何回答？

4. 你如何分析一家小型零售店要在网上发展生意？

5. 对于一家想在网上从事服装生意的机构来说，采取哪些策略将是比较有竞争力的？

6. 收集一些比较知名的在线旅游机构（priceline.com、cheaptickets.com和expedia.com），观察它们网站的特点并报告你的发现。

7. 检查3个搜索引擎（如Yahoo、Excite和Hotbot），比较它们的网站。

227

8. 解释一家修鞋店怎样利用在网上开店的优势推广业务？

Web练习题

一家中型银行正在组建一个网站，打算用这种方式与全球性的社区建立更广泛的全天候交流界面。这家银行现有雇员89名，总资产18.9亿美元，20 000个支票账户，11 000位客户，并打算同相邻的银行争夺潜在客户。这家银行的宗旨是客户导向型，传统的客户服务的做法主要是与顾客握手，称呼顾客的名字加以问候。当然，现在的趋势客户将主要是年轻的上网用户（比如附近大学的学生），所以需要采用另外一种客户服务方式。这家银行想成为因特网社区的一员，想通过信息访问、发放小额贷款以及其他服务来吸引那些上网冲浪的客户。现在你作为咨询师，哪些问题或者信息会让你建议银行利用网站？你会跟银行强调哪些方面？你会怎样去影响银行行长？需要拟订哪种类型的或等级的规划？

228

第 **8** 章

网站评价和可用性测试

学习目标

- 色彩如何影响客户对公司及其产品的感知？
- 评价网站的准则。
- cookie和它的很多奇妙之处。
- 什么东西使得一个网站实用？
- 关于网站内容和Web流量管理的想法。
- 网站管理员的作用。

8.1　简介

第7章讨论了Web设计的基础——如何建立一个网站，导航设计和设计准则。人们理所当然地认为，一旦站点设计完成并放在网上，这些工作就已经完成了。但是在快速变化的网络环境中，日常维护和评价是需要的。对网站进行系统地评价就像是检查它的脉搏，它会告诉你是否完成了站点的任务，会建议格式或布局改进，而且，还会确保网站与公司和网络同步发展。

网站评价就是考虑图形标识、导航质量、功能和内容。请记住利用稳固的设计原理建立的网站不需要用太多的花哨来吸引访问者的注意，关键是可用性和性能。

网站评价的一部分内容是管理Web流量。当对网站进行初步规划时，设计者必须做一些竞争性的调查研究，明确竞争对手都有些什么类型的网站。然后必须周期性地重新访问这些网站，了解对手们都做了什么改变以及自己的网站需要有什么改变。当评价自己网站的时候，要考虑怎样改变才能适合已有网站的内容，尽量使用户感到友好、新鲜和亲切。

8.2　站点层次结构

网页设计是信息沟通能力的基础。Web世界处处可见建立"成功"网站、"杀手锏"网站、"可以运作的网站"等方面的书籍。或许要想建立成功网站的最好办法是学习如何建立蹩脚网站。

基于常识，蹩脚网站是：

- 让客户持续点击竞争对手的网站；
- 让网上冲浪者始终不清楚你们公司提供的产品类型或服务类型；
- 没有定期更新，缺少新鲜的、创新的或有吸引力的东西来留住冲浪者；
- 要求访问者花费很多时间填写单调乏味的表格，最后网站却不能提供多少东西；
- 主页上用了大量难看的图片，几乎没有表现公司或其产品的相关内容。

鉴于这些失败之举，一个谨慎的网站设计应该要包含使命和远景的声明，而且至少有一种方法使访问者可以获得公司信息，如地址、电子邮件、联系电话等。这些必须要易读、易访问且方便可行。

让人印象深刻的网站不仅仅是大公司的又一资产。一些较小的公司也因为建立了高效且吸引人的网站而闻名，网站凸显了公司的专业性。但不吸引人、不专业的大公司网站也并非罕见。网上冲浪者经常能看到公司网站的很多错误，例如：

- 惊叹号和逗号用错地方；
- 拼错的单词，这些错误显示了网站设计时的粗枝大叶；
- 使用错误，像its和it's，they're和they are，people和people's等；
- 网页上载满了文本，比如长排句子、没有边空、字体难以阅读；
- 无法兑现承诺，比如在1998年，ValueAmerica.com开始成为巨大的网上零售商；但在6个月内就破产了，这个公司的花费超过了预算，没有办法对顾客的退货进行退款，而经营者却涉嫌撤回公司现金用作个人用途；
- 要求访问者安装硬件或软件；
- 在没有可信或可证明的日志来监控流量、点击数目等的情况下，企图运行电子业务，这种情形总会威胁业务的生存。

网站设计的头号问题是如何让访问者印象深刻。这里是在评价一个网站时需要考虑的一些问题。

- 有要素的位置不正确吗？信息是正确的吗？是否是当前最新的？
- 题材全面吗？每个题材是否都尽量排除了偏见？
- 信息的层次安排合适吗？
- 与网页相关的标题应该被放大吗？
- 标题的字体应该弄得更容易读懂吗？

可参见表8-1的一个主页标准的样本。

表8-1 金融机构主页标准举例

要　　素	标　　准	网页位置/注释
内容		
关于我们	有	底部
职业规划	有	底部
电子邮件骗局警示	没有	
隐私	有	右上
产品链接	有	
等级	有	
安全中心	有	右上
网站地图	有	右上
西班牙语	有	根据设计决定
股票价格（银行的）	没有	
功能		
申请	有	根据设计决定
联系我们	有	右上
找到我们	有	右上
帮助	有	右上

230

（续）

要 素	标 准	网页位置/注释
登录	有	左上/右上
搜索	有	右上
设计		
Alt文本	有	所有图形图像
标题/促销	1或2	没有第三方logo
色彩：背景色	白	
色彩：文本	黑和蓝	
版权	有	底部
下载时间（最大）	20秒	一般为10~15秒（@56 k）
FDIC/NCUA	有	底部
文件总大小	最大60 KB	
弹出菜单	没有	
图像（数量）	最多15	
带下划线的链接	有	
液态布局	有	
logo位置	左上角	可点击
导航：主	有	左边或中间
导航：次	有	右上和底部
照片（数量）	最多1	最优化文件尺寸
服务器连接	1	
标签行	银行名+描述	少于10个单词（避免"欢迎"）
垂直滚条	没有	800×600，17"
窗口标题	有	简短的描述
字数：主*	最多100	
字数：总*	最多300	

来源：Online Banking Report，10/03。

　*"主字数"不包括链接。"总字数"包括导航项和可往下拖动的文本。

一般来说，网站的层次结构可以从3个部分来描述。

(1) **位置**。一个网站设计师要关心如何命名文件、怎样以及在哪里创建网站和第一页用什么标题。网站的身份是由它的URL、主页文件的名字和那张网页的标题组成的。

(2) **结构**。把站点以书面形式画出来。创建一个网站，首先是在计划的站点画出主页和其他网页的初步草图。然后，设计师会列出每张网页的链接及其逻辑分组，重点是必要的内容和内容之间的相互关系。没有什么比错综复杂的背景资料和图表更糟糕了。

(3) **网页层次结构**，即HTML编码的细节和样本。包括成为最后设计的组成部分的设计内容、图表、链接、核心HTML和各种各样的特色。

当上面所述都完成了之后，你可以提交完成的站点以获得奖励。为了得到这个奖励，要确定站点已经完成、有快速的下载时间、没有不完整的图表以及没有错误。进行获奖评比的网站有www.awardsites.com、www.coolsiteoftheday.com、www.GoldenWebAward. com和www.usatoday.com。

8.3　色彩及心理影响

访问者在点击进入网站后的8秒内对你的网站会产生第一印象。合适的设计包括使预期访问者的人员分布统计及内容与合适的色彩、类型及字体相匹配。网站的访问者是否喜欢，在心理层面上对视觉线索会有一个反映。受过良好教育的网站设计师学过用色彩来戏弄、取悦、吸引和留住顾客。

你最后一次看到黑白网站是在什么时候？对大部分人来说，五彩缤纷的颜色围绕着我们的生活。大多数视觉信息和色彩相关。色彩传达了超出民族、种族或性别界限的信息，它能左右想法、改变行动和产生反应，也能刺激或缓和你的眼睛，或者抑制你的食欲。作为一种沟通形式，它是不可替代的：红色是"停"，绿色是"行"，黄色是"小心"。同样地，用于网站或产品的色彩也会引起强烈的反应。

色彩是网站最重要的设计元素的说法是有道理的。它表达出网站的价值、目标和个性。很多网站设计师没有注意到色彩运用在主页及其他网页中的重要性。Web浏览器只能显示256种颜色。即便这样这个数量也很有限，因为Web浏览器没有用相同的256色调色板。它们只共享了216种通用颜色。这意味着设计师要考虑一个216色模式。实际上，大多数网站用的色彩数量远远少于上面提到的数字。

关于色彩有一点你必须要知道——它具有内在的不稳定性。网上颜色的不稳定性主要来源于由操作系统和监视器产生的伽马射线和真实色彩空间之间的差别。伽马是一种用来测量图像中暗色和亮色如何被压缩或扩展的措施，它负责图像的明暗度。由于操作系统依据不同的伽马值而设计，因此某种给定色彩可能会有不同的效果。就像有人说的那样，结果仿佛"通过暗色的太阳镜看一幅图像"。参见www.colormatters.com/chameleon.html。

为了提高色彩稳定性，大多数操作系统利用滤光器来产生一张接近稳定的色彩图。例如，苹果计算机的ColorSync就是那样做的，它在Mac监视器上给出了令人惊骇的结果。所以Web设计者应该认真地对待色彩的象征意义。当色彩与形式相结合时，其象征力一定会提高。

在使用色彩前，问你自己几个问题：网站的目的是什么？娱乐？通知？销售？第一件要考虑的事情是建立网站后要立即确定颜色。如果网站的用途是通知，那么选择的颜色要简单而且不容易使人分心。要选择那些反映访问者价值观和文化取向的色彩。例如，如果网站是一个社区银行，那么要选择暖色调。

决定一个网站的色彩时，Web设计者第一件要考虑的事是这些色彩是否会损伤访问者的眼睛。例如，黄色是"小心"，但是纯黄色会损伤你的眼睛，因为这是你看到的第一种颜色。这种色彩可能会用作标题和广告来得到更多的关注，但是它只能跟红色一起用。

相对于亮色而言，表现恰当设置的柔色是理想的。例如，在美国的医院里，护士经常是穿浅蓝色和淡粉红色的。这些被看作是平静和抚慰的色彩，令病人感到放松，这是诊断和治疗的先决条件。所以，为网站选择色彩时，要考虑到访问者的感受。色彩及其心理影响在表8-2中列出。

表8-2　主要色彩及其心理影响作用

色　　彩	心　理　影　响
红色	红色是最激烈的情绪色彩。它是爱的色彩。它引起人们的注意，但是倾向于压倒页面上的其他色彩。在衣着上，穿红色的人显得庄重并引人注意。在谈判时它不是一种好的色彩。红色的汽车易成为抢劫目标。红色也可以被看作力量、能量、热情、进攻、危险。红与绿搭配是圣诞节的一个标志。推荐把红色作为主色，而不是背景色
蓝色	蓝色是天空和海洋的颜色，安宁而平静。它产生一种视觉印象，就是物体比它们真实存在的

（续）

色　　彩	心 理 影 响
	位置要远。它是第二受欢迎的职业套装的颜色，推荐用于工作面试，因为它代表忠诚。它也象征着信任、守旧、稳定、安全、技术、次序。在美国，被很多银行用来象征信任。例如，www.Wachovia.com和www.bankofamerica.com
绿色	自然、健康、乐观、好运。绿色是金钱的颜色，与金融和经济稳定有很大的联系。但是它是一个混合体。它使人联想到妒嫉、疾病和腐烂的食物。它在全球市场中表现不好。绿色在网络上使用率不高。某些绿色象征着青春和成长。如www.Firstunion.com
黄色	愉快阳光的黄色是眼睛第一个处理的色彩。它是引人注意的色彩，表示乐观、希望和贵金属。黄色用于法律文书来集中精神。但是人们经常在黄色的房间里发脾气。它对眼睛来说不是一种舒适的颜色，因为如果过度使用会给眼睛造成很大的压力
紫色	紫色是一种复杂的色彩，人的眼睛最难区别。但是，它代表灵性、神秘、聪明、高贵、奢华、财富和诡辩。但是它也可以被视为代表残酷和傲慢。如果紫色在红色的旁边，这种联系就更能感觉到。它在自然界中非常罕见
橙色	虽然橙色代表能量、平衡、热情和活力，但它是美国人最厌恶的色彩。它表示一种商品是便宜的（除了万圣节和St. Patrick's Day）。这种色彩对欧洲人和拉丁美洲人有很强的吸引力。橙色对唤起自然联想有很好的作用，像胡萝卜
褐色	褐色是土地的颜色，在自然界中非常丰富。它代表可靠、舒适和忍耐。在所有颜色中，男性比女性更偏爱褐色
灰色	智力、未来、谦逊、悲伤、腐朽。灰色对于眼睛是最舒适的
白色	纯洁、干净、精确、清白、中性、死亡。白色不断制造新鲜，并且在满足中上层人士的奢华网站很流行，因为它给人"纯洁"的感觉。"白底的页面打印最快，因此当公司认为用户可能需要经常打印时就会用白底页面"
黑色	力量、性感、诡辩、死亡、神秘、恐怖、苦恼、高雅。在很多西方文明中，黑色表示死亡和哀悼。它一定不是打印的好背景色。这种颜色经常用于时尚网站，因为它能让人显瘦。一些时尚专家说穿着黑色的女人给男人发出一种顺从的信息。对拍照来说，黑色是很好的背景，如www.infoplease.com/spot/colors1.html

来源：改编自www.colorvoodoo.com的网站Color Voodoo。

8.3.1　色彩和文化、年龄、性别、阶层差异

　　随着因特网的全球化，网站色彩呈现了不同的文化色调。人们通过参考自己成长的文化环境中的文化来获得色彩的象征意义。例如，在亚洲，白色是葬礼的颜色，而在西方，它却是婚礼的颜色。一个诀窍是使用一种被很多文化接受的色彩，用它代表产品或服务。大多数全球性的公司在它们所处国家的服务器上装载独特的网站。色彩和文化之间的关系的例子请见方框"色彩和文化"。

　　如果要设计迎合全世界观众的网站，那么蓝色很可能是最适合的。几乎在每种文化中，蓝色都是胜利者，不管它的观众是谁、目的是什么、从什么地方来。有人强调"地球上没有东西能独立存在，除了天空是独立存在的"（www.webtechniques.com/archives/2000/09/desi）。在大部分地区，神是高高在上的。相反，粉红色是一种暧昧的色彩。例如，在东方，印度男人把粉红色看作是女性的色彩；而在日本这样的国家，粉色在两种性别中都流行。紫色在全球各地都很不安全，它在天主教的欧洲象征死亡和磨难，在一些中东文化中，它表示堕落。欧洲迪斯尼错用紫色作为标志，使游客感到"恐怖"。

　　与文化差异相关的还有年龄、阶层和性别差异。为儿童打造的网站要明快些、纯色多一点，而为成年人打造的要用柔和一点的色彩。根据性别差异，在很多文化中，男性会被冷色调吸引，像蓝色和绿色，而女性则更偏爱暖色调，像橙色和红色。从阶层差异来说，美国的

市场调查显示上班族倾向于喜欢蓝色、红色、绿色等色彩。相反，受更高教育的阶层倾向于喜欢灰褐色、天蓝色等色彩。根据某种资料的说法，这就是为什么沃尔玛商店的标识语是红色的原因（webdesign.about.com/od/color/a/aa07204.htm）。

色彩和文化[①]

什么东西使得红场（Red Square）是红色的？任何到过莫斯科的游客都能看到，尽管血红色的锯齿状墙围绕着克里姆林宫，但古老的广场都以灰色为主。红场的红色是体现色彩能散发世界上不同文化光芒的一个特别显著的例子。英国人可能把红色与危险或愤怒联系到一起，而俄罗斯人却把红色理解为美丽。

在中国，红色也带有积极正面的联想，它意味着快乐，并用于庆祝场合。中国新娘穿红色而不是白色来展现她的喜悦，而一个传统的西方新娘则用白色来展示她的童贞。中国的婚礼上是不用白色的，白色是葬礼的颜色。在法国，如果结婚是所谓白色婚姻（即实用婚姻，如为获取身份而结婚），则新娘也不会穿白色衣服。

在法国，当某人严重受惊时，他会说自己被吓成了"蓝色"。红头发在法国不受欢迎，一个红头发妇女会产生使人不愉快的反应。金色的，当然简单一点——法语为世界贡献了这个词blond——但是金色和浅褐色之间界限不明显，即使是法国人自己也不容易区分。

来源：摘选自Meg Bortin，"When Colors Take on Different Cultural Hues"，*International Herald Tribune*，September 28-29, 2002, 9。

8.3.2 几何形状和性别差异

除了色彩及其对各种各样访问者的影响，几何形状对不同的性别来说也表示不同的含义。如表8-3中总结的，男性倾向于把一个圆形联想为女性化的，对它的偏好比较低。另一方面，女性把圆形看作"温柔的、充满爱的、温暖的"，对它的偏好比较高。对男性来说，一个正方形意味着"坚固的、可预言的、稳当的"，而女性则把它看作"易碎的、坚硬的和耐磨的"。男性喜欢蓝色而不是红色，女性则喜欢红色而不是蓝色。男性喜欢橙色而不是黄色，而女性却喜欢黄色而不是橙色（www.coolhomepages.com/cda/color）。三角形对男性来说意味着"强大的、令人兴奋的"，但是对女性来说却是"恐吓的和危险的"。（见www.gmarketing.com/tactics/weekly_29.html。）

表8-3 消费者对一些主要形状的联想（根据性别）

消 费 者	可 见 性	保 持 度	偏 向 性	联 想
圆形：男性	高	高	低	女性化的、软弱的
圆形：女性	高	高	高	温柔的、充满爱的、温暖的
正方形：男性	低	低	高	坚固的、可预言的
正方形：女性	低	低	低	易碎的、坚硬的、耐磨的
三角形：男性	高	高	低	神秘的、强大的
三角形：女性	高	高	低	有力的、危险的

8.3.3 色盲患者和视力受损的人

那些视力不佳、先天性色弱和老龄化的人在感观上都会产生问题，降低对某些色彩和色彩组合的视觉效果。色彩感知问题很普遍。色彩缺乏在任何人、任何经济阶层或任何种族中

---

① 色彩与文化之间的关系也在随社会的发展而变化，在此指的是色彩与传统文化之间的关系。——编者注

都会发生。每12个男性里就有一个有色彩感知问题，女性比这要少。对一些网站来说，这意味着大量的信息流量有可疑的结果。大多数色盲患者是红绿感知不足，很多人要么是红色感知不足，要么是绿色感知不足。

所以，一个网站设计师应该怎样来解决这个问题呢？首先，任何设计师都应该意识到这个问题。其次，设计师应该了解如何处理色彩缺乏，从而使色彩对那些患有色彩缺乏的访问者的副作用最小化。根据很多色彩专家的意见，白底黑字是最安全的。黑底白字也是比较安全的，但是黑底着其他颜色的字就不一定了。任何文本在任何混合色的背景上都会引起麻烦。在所有的色彩中，蓝色比任何其他的色彩都要安全。蓝色在黑色上是很糟糕的，但是把蓝色和黑色结合起来是可以的，只要不是用于很小的细节处理中（见www.firelily.com/opinions/ color.html）。

大多数色盲患者能清晰地看到黑色和白色。他们也能精确地看到黄色和蓝色的色彩变化，其中大多数人甚至能看到黄色的调光融和变化，像金黄色和橄榄色。重要的是要保持色彩的亮度，使访问者能轻易地分辨它们。

8.4 站点评价准则

在评价网站时，可以用几条准则。下面的准则不是从重要性的角度列出的，它们在站点评价中都被认为是重要的。

- 色彩。色彩和整体布局对网站访问者有一定的心理影响。一个理想的布局是一张网页上有最少的文本和大量的白色空间。网站要容易导航，每张网页上要有导航条。图片要小心选择和放置，不要只是分散在整个站点中。
- 形状。形状是一个非常强大（但是容易被忽略）的工具。它能激发消费者、鼓舞访问者，并且使得访问网站变得愉快。圆形代表联系、一致、全体、持久和安全，对应到女性特征像温暖、舒适和爱意。矩形代表命令、逻辑和安全。三角形代表能量、力量、平衡、法律和科学。圆形和三角形组合在一起能给人精力充沛的、动态的印象。圆形和矩形能传达温暖和安全。可以把联邦快递商标（www.fedex.com）作为一个例子验证一下。
- 字体。字体要合适，并要用得小心。例如，衬线字体（像Times Roman）表示组织和智力，它也是端庄的和保守的；无衬线字体像Helvetica和Arial是温暖和友好的字体风格。它们是屏幕字体的极好选择，因为清晰并易于阅读。装饰字体用于标题和显示是最佳的，但是不应该用于有大量文字的网页中。
- 内容。刚开始使用网络的公司认为一旦他们建立了站点，人们就会大量涌入访问。这与现实差得很远。研究表明用户不喜欢上下滚动网页来寻找信息，这意味着网站要提供有价值的、及时的信息，而不是大量的文本。流行的网站包括最新的信息、互动、娱乐和免费赠品。把组织好的、编辑过的和及时的原创内容设定成一个具有吸引力和一致性的版式，是一个好网站的显著特点。
- 提供服务。网站提供什么样独特的服务？一个银行简单地列出它的服务是不够的，还必须提供关于这些服务的一些细节，以及联系信息（以及用户有问题）和业务跟踪需要。
- 首要关注点。每个网站都应该有一个首要关注点。以名牌太阳镜的制造商Oakley公司为例，其首要关注点是生产眼镜，但是该公司也生产鞋子和手表。银行也是一样，所有银行都有一个首要关注点，无论是房产贷款、汽车贷款还是存单，同时他们可能也提供个人支票账户或存款和投资计划，但这些可能不是首要关注点。
- 配套设施（ancillary）。在Web设计中，链接到配套设施为访问者提供独特服务是非常重要的。例如，一个银行的配套设施是评估流动性抵押贷款或帮助回答诸如访问者是否有资格获得汽车贷款此类问题。这些配套设施以吸引那些想要更多免费的服务或建议的消费者而闻名。

- 站点类别。网站也能基于5个类别来评价。类别1（仅仅是有网站）到类别5（多媒体和交互性）。类别1的站点提供基本要素，像工作时间、位置、到公司的路线和一系列服务，这些站点是纯粹通知式的。类别2的站点提供更多细节信息（表格与申请）和选择，允许访问者呈报数据来申请服务，例如，在银行网站上的贷款申请。类别3的站点包括更多的互动，并且利用视频和色彩把访问者引导到主要的按钮、链接或服务上。类别4的站点既用工作流工具，也用多媒体，并开始显示个性化。类别5的站点高度定制化，并提供横跨因特网的先进服务。类别5的站点也指导访问者做决定、订购商品或服务，并用电子现金来完成交易。

- 专业化。这个准则考虑的是访问者眼中这个站点有多专业。包括整洁、拼法和文法。

- 速度。这里的重要问题是访问者从一张网页点击到下一张要多长时间。网页显示的时间超过8秒被认为是慢的。在1秒内显示则被认为是快的（参见方框"一个快速载入的站点"）。

- 一致性。这个准则指的是所有网页在布局和设计上有多相似。如果站点没有一个主题，就不会吸引很多的访问者。

- 个性化。高度个性化的站点使用cookie，它能跟踪重复访问者和他们的偏好，并响应他们，就像是一对一的接口一样。没有个性化的站点也没有登录界面，跟作为个体的用户之间几乎没有互动。

- 安全。有防火墙和诸如用于信息和交易处理的SSL这类数字证书的站点被认为在安全级别上比较高。（SSL是因特网上的一种传输私人信息的协议。）

- 可扩展性。这个准则与站点更新的容易度相关联。高可扩展性的站点有一个简单的结构，使用框架和可扩展标记语言（XML），并有一个容易维护的设计。

238

一个快速载入的站点

你想要你的站点快速载入吗？如果你正试着做生意或给别人提供重要的信息，那么这点是很重要的。请记住不是每个人都经由T1、电缆调制解调器或ISDN连接到因特网的。所以，作为Web设计者，必须保证我们的站点载入得尽可能快并且不会丢失重要的信息。

首先从明显占用带宽的信息，即图像和其他媒体开始。我的建议是把嵌入在首页中的除图像以外各种形式的多媒体都去掉。当然，有背景音乐会很好，但是这些声音文件会占据大量的带宽，特别是如果声音是.wav文件。视频更加占用空间（1 MB或者有时会更多），应该尽可能地避免使用除非是迫不得已。作为一个网上冲浪者，如果我要等待10秒以上来载入这些东西，我就会点击"停止"或"后退"。所以如果你要使用这些，必须保持较小的文件尺寸（一般30~40 KB或者更小也可以）。但是最好是把它们保存起来给下一页使用。

图像将会是你的下一个大烦恼。图像也可以很大，所以在处理图像时必须要谨慎。如果有一张600×600像素的图像，你的网页将无法载入。可以使用的一个窍门是在所有的图像标签中定义长度和宽度。这样，浏览器就知道在网页中图像要用多大的空间，一旦图像开始载入时不用调整其他东西。这样会节省一点时间，而且也能保证载入图像时网页不会跳动。

最后，也要保证你的首页尽可能短。比较长的网页要花很长时间载入，即使它是纯文本。把额外的信息放到另一张网页上，使用一个链接使人们可以访问到。这样你就可以节省一点额外的时间，可能还会减少一点混乱。

来源：摘选自www.pageresource.com/zine/quick.htm。

评价示例

为了阐述网站评价中的极端事例，我们来看两个网站。第一个是www.mediterranean-bakeryanddeli.net。这是一个没有深思熟虑就匆忙实施从而使网站性能大打折扣的例子。首先，浅蓝色和深灰色是没有吸引力的，而且用户不会有获得受邀请的感觉。其次，尽管网站拥有者的图片表示了这是一个小型的私人的企业，但网站首页上就通篇长论。如果我是一个访问者，我不会每次登录都花很多时间来访问这样一个主页。当你点击了9个选项中的6个，你得到的尽是与产品无关的图表。

这个站点属于类别2，用文本和一些图表提供了关于产品的细节信息。除了产品的完全列表和客户可能会感兴趣的一些目录，它没有提供其他到外部世界的链接了。

另一个网站设计的极端例子是Wachovia Bank网站www.wachovia.com，这是个极好的网站。不仅仅因为该网站有很多信息和有用的配套设施，而且它组织得非常好并容易操作。网站用藏青色、浅蓝色和米色作为主色。色彩配置有利于组织很多的信息。除了很好地使用色彩，网站还用了些小的圆形、矩形标志来辅助导航和组织。

简明的带有Java脚本弹出菜单的帧提供给观众一些主题，使他们能在一个更高层次的深度和复杂度下调查研究这些主题，而不至于被太多的纯文本和太多的数据所淹没。站点的重点在个人财务（所有类型的贷款、投资和典型的银行服务），以及企业服务（资本获取、风险管理、提高生产率）。网站的全部重点是为个人及企业银行业务提供整体解决方案，在这方面做得非常好。

Wachovia的网站属于类别4，因为客户能申请贷款和服务，并能通过网站进行多种业务交易。网站给人非常专业的印象，除了统一使用的工具条和组织配置，还有一个容易遵循的布局和赠送服务。这些因素都造就了快速的导航和方便的信息交换。

虽然Wachovia网站没有显著的个性化，但是允许顾客登录。银行能编辑客户偏好和交易行为的数据，因此有一天可能会利用这些数据进行交叉销售（cross-selling）服务。就我们要做的而言，至关重要的就是隐私资料的清除和安全政策。无论什么时候，当任何个人信息传输到公司或从公司传过来时，都要构成安全连接。虽然网站是复杂的，有大量的服务，但是机构应该意识到即使很困难还是可以有改进的地方。

网站可以利用多种方式、多种准则来评价。现在的问题是缺少指南或标准来评价网站。一些好网站须知在方框"一个好网站的几个要点"中进行了总结。要记住的重点是要使一个网站的评价是最好的，那么就要调整准则，使其单独针对某个公司的性质，包括它的产品、它的观众和它的使命。文化因素仍然是重要的。

8.5 个性化

设计网站时，在设计者脑海深处的问题是：我们发挥了网站的最大功效了吗？Web个性化使用户得到了更多关于他们自己和他们感兴趣的信息，虽然这也意味着放弃了一些隐私。例如汽车工程师协会（SAE）网站www.sae.org，访问者能在网站上发表自己的见解，这使该网站更容易知道客户特别感兴趣的技术材料。由于网站是对一个数据库进行实时操作的，所以访问者能得到由SAE提供的最新技术信息。它的方法是，通过直接地或用网上跟踪设备让用户向网站提供信息，再根据这些信息裁剪网站内容直接显示给特定用户。然后，软件能修改内容使其符合用户的需要。这不是一个简单的过程，不能保证一定成功（参见方框"隐私困境"）。

一个好网站的几个要点

第一印象	是	不是

- URL/域名是合适的、有意义的。
- 冲浪者在8秒内能看到有意义的东西。
- 站点名和产品/目的能立刻出现。
- 首页少于20KB，图像很小。
- 载入图表时文本可见。
- 图表以有用的文本内容命名。

主页是令人兴奋的、有趣的、抢眼的	是	不是

- 主页上有有用的信息。
- 主页看上去很好，有个干净、整洁的界面。
- 重要信息"在上面显示"（最上面600×300）。
- 不会被过多的动画或flash打扰。

主页包含关键事实	是	不是

- 组织名称（最好在文本标题的H1）。
- 显示业务、产品和所在地。
- 适合目标观众的风格。
- 在网站中显示有用的一类信息。
- 显示名字、地址、电话、传真、电子邮件。
- 标题有意义。
- META陈述是恰当的。
- 如果使用帧，那么提供正确的文本链接和META。

购物经验	是	不是

- 友好快速的购物路径。
- 妥善处理信用卡信息。
- 订购时说明交货日期。
- 提供订购跟踪。
- 可靠的运送。
- 退货换货政策声明。
- 从工商团体处获得的证书。
- 资料的隐私声明。
- cookie的合理使用。

以下是本论文中剩下的标题的列表。欲了解关于每个标题的详情，请用电子邮件与作者联系 waller@waller.co.uk。

- 后援支持。
- 链接清晰并有意义。
- 整个站点有一个结构。
- 所有网页遵守同一个规则。
- 长的网页有自己的结构。
- 所有网页有一个参照物。
- 提供了有用的外部链接。
- 网站达到了它的目的。
- 浏览器的兼容性和可访性。

来源：摘选自Richard Waller, "60 Ticks for a Good Web Site", *Website Creation*, *Training and Consultancy*, West Sussex, UK, April 24, 2001, 1-4。

隐私困境

个性化就像所基于的数据一样：你拥有的数据越多，个性化就越好，个性化互动就越相关。问题是，隐私顾虑使得客户越来越羞于共享。这个因素，再加上诸如"不要召集"的倡议这种立法枷锁，意味着企业不得不想出办法来优化与客户的每一次互动，然后安全地发展相互之间的关系。

"公司要避免'营销狂热'的心态，因为每一次互动都是对品牌的一个反映，"Forrester研究所的分析家Elana Anderson说。她建议公司要侧重于建立基于主动服务的客户关系，并且当客户联系他们的时候，利用个性化技术最大限度地与客户进行互动。"这是营销应该有联络中心的原因；如果消息处理得正确，那么他们是面向服务的，而不是强行推销，"她说。

作为隐私政策的一部分，Schwan食品公司把不收集它所不使用的资料作为一项政策，对流水线上的操作也一样，因为公司不想胁迫客户。根据Gartner公司的分析师Adam Sarner所说，隐私立法事实上有利于对个性化的倡议——至少在"明确的"个性化情况下，公司只有在得到客户的许可后才收集资料，并承诺这些数据只会用于相关的事宜。每个公司都应该有用户档案，使他们能设置优先选择：什么时候他们想被联络，多长时间联络一次和联络时谈点什么内容。那就是明确的个性化，可以非常强大。Web的静态性质为创建用户档案提供了最好的界面，数据必须在连接每个相关联络点的数据库中流动——无论是通过电子邮件，呼叫中心还是销售点。注意不要仅仅把数据放在网上，还要把它作为全部用户档案的一部分。

来源：摘选自Kym Gilhooly, "The Privacy Dilemma." *Computerworld*, August 16, 2004, 24。

Web个性化不是一项技术，而是一种策略、一个市场工具和一门艺术。它是面向访问者的，而不是面向产品的。它是Web访问者设置他们自己的网站首页的内容和布局的能力。访问者经历的个性化，使得他或她在你的网站上更具生产率和效率。个性化能妥善地进行实施并能快速告知，把与访问者寻找的内容相关的经验发送给访问者。个性化试图把所有客户都看作是独特的。用户能在网上更快地得到更多信息，因为网站已经知道了他们的兴趣和需要。

由门户站点提供的共同内容特征包括新闻、天气、体育、电视和电影列表、地图、寻人启事、黄页、喜爱的链接，诸如此类。很多甚至提供住址名册和日历。为了创建一个个性化网页，你首先在一个站点首页上简单地选择一个链接（例如，www.yahoo.com）。然后，你会被要求注册信息（用户名、密码、电子邮件地址、邮编、性别、出生日期等）。一旦进入，你会看到一张网页，在上面为你的个人网页挑选内容。如果网页弄好了，它就会变成"My"后面跟着站点名（像"My Yahoo"）。把这张网页设置成每次你登录因特网时就会显示，创建你自己的主页。

指出个性化和定制化之间的区别是很重要的。定制化，侧重点在于指导用户操纵。例如，用户决定在几个选项中点击（例如，来自于一个特定的门户上的栏目像CNN、《纽约时报》和《华尔街日报》的标题），并且输入了他想追踪的内容。个性化由人造软件驱动，它尝试着基于用户需要的模型（过去的习惯、偏好等）向用户提供个人网页。网站的个性化假定计算机基础设施能满足用户的需要。由于用户在不同的时候有不同的偏好，所以个性化并不是任何时候都是完美的。很多情况下，需要使用人工智能技术来让产品与用户需要相匹配。

240
～
242

个性化需要的不仅仅是一个软件包或一个工具，还要挖掘网站的数据。在个性化使用前，电子商务公司的网站技术人员吸取、结合并评价从多处得到的数据，然后将整理结果放到面向顾客的渠道中，才实现个性化。个性化不仅昂贵，而且技术含量高（见图8-1）。个性化也需要产品、人类行为和营销策略的知识。

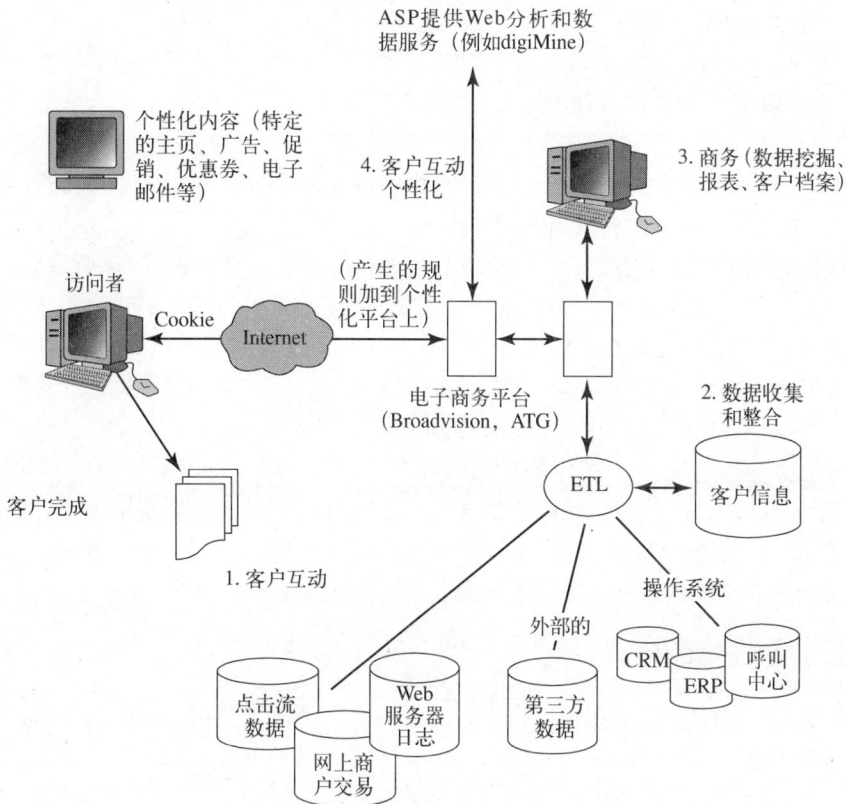

来源：改编自Curt Hall，"The Personalization Equation"，*Software Magazine*，April 1，2001，27。

图8-1 个性化的组成部分

对个性化和内容管理来说，整体的趋势就更趋向于专业化软件而不是自用的内部软件了。例如，由洲际酒店集团（International Hotels Group，IHG）在1998年开发的专有系统缺少适应性。要在网站上作些改变，不得不在公司的主预订系统中作改变——这是一个艰难的任务。这使系统的效率降低，无法跟上公司业务中电子商务部分的急速发展。

为了纠正这个问题，洲际酒店集团转向了商业软件，该软件包括了一个个性化服务器。效果非常好，新系统使每年的交易收入中增加了2亿多美元。洲际酒店集团的流量从2001年的10%增加到2004年的40%多，站点修改的数量从每年300个增加到2004年的11 000多个。

图8-1展示了实施Web个性化所需要的各个步骤。同时也列出了这些步骤的组成部分和所需的硬件设施。4个关键步骤如下所示。

- 客户互动。访问者与网站互动，并逐渐地提供信息，然后根据访问者的购物偏好、爱好、忌讳等来给访问者存档。很多情况下，网站会要求访问者填写一张表格来陈述他们的偏好；
- 数据收集和整合。这一步主要激活了ETL（提取、转换、载入），它对每个网上商人的目标来说都是唯一的。某些公司可能只是想要获取网站访问者的点击流数据，摸清楚客户的兴趣，然后对网站做一些适当的加强或改变。其他公司想要深入分析客户，从多个资料库得到某些数据并把它们存贮在客户信息库里。**点击流**（clickstream）就是每次冲浪者观看一张网页时存贮在文件中的几行代码。点击流数据使公司跟踪那些在公司的网站上操作的冲浪者成为可能——他们点击的网页、他们在每张网页上停留了多长时间、看过的广告等；

- 商务智能。公司分析员依赖于人工智能包和其他技术来得出客户的偏好，当然这都是基于那些收集到的客户信息数据仓库内的数据的；
- 客户互动个性化。在这一步骤中，商务智能的结果帮助产生个性化规则，这些规则被集成到网上商家的网站个性化引擎。这些规则对目标冲浪者使用专门服务，是基于客户信息库或数据库中预先设定的行为概况。

由于我们的侧重点在于电子商务，所以个性化一定要以客户为中心，要听取客户的意见，并让因特网用户自己操作。用户操作的个性化的一个例子是www.yahoo.com，在那里，任何人都可以创建一个个人档案，里面是他想在登录雅虎网站的时候能在主页上显示的信息资源。Web服务器把展示的内容排版在每个用户档案的说明书内。这类个性化用来过滤内容，而不是用来通过因特网进行一对一的电子产品销售。

对电子业务应用来说，一个叫做**基于推理的个性化**（inference-based personalization）的流行技术追踪Web用户的行为，比较鉴别其他有相似行为的人，然后利用这些人给冲浪者推荐产品。例如，大家所熟知的亚马逊网站，就是等待客户提交一个产品（例如，书籍），然后该网站会给客户列出那些购买了这本书的人购买的其他产品。

244

8.5.1　智能个性化的代理

在交互式的因特网服务的快速演变中，另一种改善消费者和供应商的关系的方式是通过智能化个性化的代理（intelligent personalized agent）。这种方式扮演了用户的虚拟助手的角色。有一个软件系统，叫做对话机器人（chatterbot），可以"学习"用户的习惯、兴趣和偏好来建立一个用户档案。这样来建立用户的档案有与众不同的好处：

- 考虑用户偏好的网站能建议一些用户可能在寻找的产品，能把冲浪者变为买家；
- 用户不再需要插入关于他们的品味或偏好的信息，建立客户信任和信心；
- 每次客户跟网站互动时，chatterbot就会收集新信息，用来更新客户档案。所有的这些对提高网站的可用性都是有益的。

下面是对话机器人（我们叫它Brenda）和一个名叫Tyler的用户之间的一段情景对话。

Brenda：你好，欢迎来到我的马匹交易网站。非常高兴你找到了www.horsetrader-brenda.com。我的名字是Brenda，我是你在这个网站中的私人助手。请问你叫什么？

用户：　我叫Tyler。我希望你不要对我太亲密。我已经结婚了，生活很幸福。

Brenda：很高兴在这个美丽的夜晚见到你，Tyler。我能为你做什么？

用户：　我想买一匹阿拉伯马，要不到5岁的。

Brenda：你来对地方了！我这儿有几匹马可以选择。你要找的马有特殊用途吗？

用户：　是的。你打算什么时候停止提问？

Brenda：对不起，但是你买阿拉伯马有什么用？

用户：　饲养。

Brenda：我要看一下哪匹马适合于饲养。

Brenda找到了将来可以饲养的17匹马，并把它们显示在网站上，每一匹都有一段简史和血统等。如果用户不是寻找为了饲养的阿拉伯马，那么他能滚动列表重新选择。

8.5.2 网站个性化的方法

网站个性化有5种一般的方法，每种方法的采用都有一个理由。

- cookie。cookie或许是最被公认的个性化工具。它们是嵌在用户的因特网浏览器存储中的几个比特的代码或一个文本文件，当用户返回网站时，用来识别用户。在某种程度上，一个cookie使网站能通过名字认出用户。这也是把你的相关信息传达给你访问的网站的一种方式。一个例子是雅虎公司的My Yahoo!网页。从技术上来说，一个cookie是Web服务器发送给Web浏览器的一条消息。浏览器把消息储存在一个文本文件中。每次当浏览器向服务器请求一个页面时，这个消息就会返回到服务器。

- **协同过滤软件**。协同过滤软件（collaborative filtering software）通过追踪用户在网上的动态来解析他们的兴趣。该软件观察他们的习惯，从他们在一张网页上停留多长时间到他们在网站里都选择哪些网页。软件比较两个方面的资料，一方面是一个用户行为的相关信息，另一方面是搜集到的其他有相似兴趣的客户的相关数据。比较得出的结果作为对客户的推荐。一个比较好的例子是Amazon.com的"买这本书的客户也买了……"特色。

- **复选框**。在复选框个性化（check-box personalization）中，由用户控制过程，访问者在一个列表中选择感兴趣的条目，然后网站能显示被请求的信息。这种方法比起cookie来不那么明显。

- **基于规则的个性化**（rule-based personalization）。商业规则可以通过用户档案产生几种信息类型，然后基于这些商业规则，用户被划分到不同的部门。例如，BroadVision（www.broadvision.com）要求访问者填写一张表格，从而来决定该网站能提供的产品或信息的类型。表格上的信息成为访问者的档案，通过用户部门存储在数据库中（社区、收入、性别、年龄等）。给出个性化信息的决定是基于商业规则的。数据库查询访问者档案，并触发一条商业规则来适应这个档案。例如，如果某人住在加州，就发给他关于加州的旅游信息；如果这个人每年的收入超过10万美元，那么就会发送给他去百慕大的飞机头等舱的相关信息和Hartman皮箱的产品信息。

- **神经网络**。这种软件基于某些动态，像访问者的行为，用概率统计算法实现个性化。这种技术的一个特色是"学习"网站上的客户的行为，并不断地调节他或她的偏好、需要的变化，等等。

8.6 对于cookie的抱怨和烦恼

说到监控网站流量，要区分一个网站中的所有访问是不可能的，除非服务器能用什么方法标记访问者。为了做到这一点，网站在访问者的浏览器中存放了一条叫做cookie的信息。cookie就像是干洗店里的一张收据，你去洗西装或衬衫，并得到一张收据。当你把收据给店里时，就可以取回你的衣服。网站用cookie存储个性化信息，像在亚马逊网站上，cookie用来协助在线买卖/服务，或者在DoubleClick上，cookie用来追踪受欢迎的链接或人员组成结构状况。

从技术上来说，cookie是一个HTTP头，是嵌入在浏览器存储中的一串纯文本。它包括域名、路径、有效期和网站设置的变量值。如果用户在网站的时间超过了这个变量的生命期，这串纯文本就会保存到文件中以便将来参考。

关于cookie的一些说法依然困扰着外行人。最常见的有下面几种。

- cookie阻塞硬盘。**瞬时cookie**（transient cookie）——包含直到浏览器关闭前Web服务器能获取的全部用户信息的cookie——不占用硬盘空间。相反，**持久cookie**（persistent cookie）——包含服务器保存在用户计算机的硬盘上的全部信息的cookie——有一个有效期，保存在硬盘上直到过期。瞬时cookie缺少有效期，只持续了浏览器打开的整段时间。

- cookie会在我的计算机上放病毒。由于cookie经常是以数据文本格式而不是可执行文件格式存储，所以不会产生危害。即使有病毒，在用户打开文件前病毒是不能自动传播的。依照www.cookiecentral.com上所说，让一个cookie传播病毒事实上是不可能的。

- cookie使公司能获取我的私人文件。cookie能存储用户提供给网站的任何信息。不幸的是，由于每个公司的道德规范标准不同，提供给公司网站的任何个人信息都可能会传播，但是法律限定了可以公布的细节。法律和道德问题在第12章中会讲述。

- 禁用我的浏览器中的cookie将会阻止任何网站搜集我的相关信息。根据一份美国政府的报告，cookie收集的数据也会记录在Web服务器的日志文件中。cookie只是把收集数据变得容易些而已（content.techweb.com/wire/story/TWB19980316S0015）。

cookie最初的意图是节省用户的时间。这仍然是这项技术的主要好处之一。禁用某些cookie可能会使服务器无法识别你的会员身份。例如，作者在www.quicken.com上有一个免费证券账户。要进入这个账户，需要用户名和密码，这些已经提前储存了（个人电脑上的一个cookie中）。如果删除了高速缓存中的cookie，那它又会向你要相同的信息，好像你是一个新会员一样。

当然还有其他的好处。可以这样说，客户是真正的赢家，因为cookie减少了客户和他们寻找的产品之间的距离，cookie自动提供了客户可能感兴趣的商品。如果使用得当，在cookie中包含市场信息将会是保持网站内容新鲜和及时的一种快速方便的方法（见www.cookiecentral.com/faq）。

如果要找局限性或担忧的原因，那就是cookie为了网站的需要而利用了客户的硬盘空间。cookie在没有得到允许使用空间或获取信息的情况下这样做了。对cookie最强烈的反对就是威胁了我们作为因特网用户的隐私权。cookie知道你在用哪个Web浏览器，你在运行什么操作系统，甚至于你的IP地址。cookie也在没有你的允许下跟踪你从哪个网站来，将要到哪个网站去。很多情况下，你并不是只把你的信息展现一个网站，而是给很多网站。营销公司能在所有网页上跟踪你的动态，包括该公司的广告。但是cookie只能知道你在看哪张网页和看了多久，而不像托管网站那样能知道你在这些网页中做什么。这个业务令人不安的是，很多公司会共享信息并把它并到一个大的数据库中，然后很多时候会把信息卖给电话推销员，这些电话推销员就会试图在你吃饭的时候推销他们的产品。法律已经规定在某些时段禁止这类做法，但是要提供整体解决方案是另一个头痛的问题。

8.6.1 删除和拒绝cookie

cookie可以随意删除或拒绝。要这样做的话，你首先要关闭浏览器，因为在你关闭浏览器前，它会一直在内存中。如果浏览器打开时cookie被删除，那么在关闭它时，它会生成一个新的文件而且你不能删掉。记住，如果你删除了cookie，那你在曾经通过cookie认出你的网站上要重新来过了。你应该打开cookie列表，然后删掉那些你不想再保存的服务器的cookie，而不是删除所有的cookie。

网景和微软IE提供了一种功能，就是每次当一个cookie要加到浏览器上时，都会给你发出警报。例如，Netscape4.7在接受设置cookie功能前允许警报。通过Edit/Preferences/Advanced菜单，用户有以下选择：(1) 接受全部cookie，(2) 接受返回到源服务器的cookie，(3) 禁用cookie，或者(4) 接受cookie前通知我。

微软IE中，cookie可以使用Tools/Internet/Options/Security菜单设置为禁用。微软把cookie保存在临时网络文件的文件夹中，大概占据2%的硬盘。网景限制cookie总数不超过300（cookie的平均大小为50~150字节）。

8.6.2 隐私担忧

cookie是隐私的一个威胁吗？可悲的事实是，你的确如你所希望的那样是个无名氏。在网上暴露任何信息都会让它成为公开信息，除非你在个人电脑浏览器上安装了安全设置。有些公司滥用从访问者那里得到的信息，产生了因特网商务中最令人痛恨的产品——**兜售信息**（spam）。由于兜售信息，人们越来越怀疑提供给某些网站的信息到底发生了什么。

最近，大量违反Web用户的隐私权问题已经引起了公众对于通过cookie和其他技术收集到的数据的关注。很多公司重新审阅了他们的隐私政策声明，因为隐私问题已经变得如此火爆。例如，在Intuit的流行网站Quicken.com上的隐私声明，清楚地说明客户可以选择不接受用于搜集信息的cookie，而且公司"不会在没有得到许可的情况下，蓄意透露客户资料"。

尽管隐私存在公开化的问题，但网站收集的关于客户的数据量仍然是前所未有的。Oracle公司为Amazon.com建立了一个数据库，这个数据库有3TB（十亿）的客户销售数据。这个数据库的容量在5年内能再扩大1 000倍达到3PB（万亿）。

一些公司正在重新评价他们把cookie作为收集客户资料的一种方法，但是除非采用另一种方法，否则诉讼仍然会提出。2000年，雅虎和Broadcast.com在德州被罚了500亿美元，因为在那里，cookie的使用是违反了该州的反攻击法律的。

8.7 如何使网站可用

术语可用性在不同的情况下被赋予不同的意思。可用性是指一组独立的质量属性，像性能、满意度、易于导航和可学习性。对终端用户来说，可用性意味着一种让用户更有效地执行预期的任务的应用。对管理者来说，这是挑选产品的主要决定因素。对软件开发商来说，可用性根据影响用户执行和生产率的系统的整体属性来衡量。

如果没人能有效地使用一个网站，那么它还有什么地方好呢？在因特网上，最容易买卖东西的网站生存下来。但是如果访问者在网站上找不到他们想要的东西，他们就不会买。在网上做生意的悲惨事实是，大多数网站把超过70%的访问它们的客户给回绝了，这意味着回绝了数百万美元的潜在生意。失去一个客户就意味着永远地失去了。转向另一个网站的成本如此之低，被回绝过一次或两次后再回到这个网站也没什么意义了。在网络设计语言中，这叫**跳槽**（churning），这是访问者对在线产品或不好的界面设计的不满度的基本度量。

吸引客户重回网站的关键包括高质量的内容、容易使用、快速下载和定期更新等。事实上，搜索信息是一种体验。当用户能快速地、无痛苦地找到他们想要的东西，这就是个好的体验。这就是可用性的全部。当信息变得难以捉摸时，就是一个不好的体验了。无论用户是新手还是专家，没有什么信息能抵得过设计得很糟的网站。

有效的网站设计的目的是给用户良好的体验，把他们变为经常访问的、忠诚的客户。一

248

个人在实物店和网上的行为之间的主要差别与**切换成本**（switching cost）相关。在实物店，顾客去商店，找到商品，并开始向售货员购买。这样的话，切换成本很高。一旦我们找到了商品，我们中的大多数人都会走上前去，跟一个粗鲁的售货员讲价，而不是到另一家可能也会遇到这样的行为的商店去。相反，网上的切换成本比较低。如果访问者没有找到他们在找的东西，那么竞争就只是鼠标的轻轻一点。

对网上用户行为的研究表明他们对低效率的设计或速度慢的网站的容忍度很低。人们不想等待或学习怎样操作一个混乱的网站。多数网站很难使用。可用性研究发现只有少于50%的网站是便于使用的。网站上充斥着过多的图表、混乱的文本和一点点访问者能用的信息，所以访问者都到别的网站去了，而且不会再回来了。

当你访问佳能的网站时，网站不会提及也没有兴趣来销售打印机。该网站的主页有一个"产品"链接，在允许你到下一步之前，要求你选择来自于哪个国家。然后，你点击"办公室产品"，再点击左边的任务条上的"打印机"，然后选择你想要网络打印机、非网络打印机还是办公室打印机。点击"办公室打印机"，最后就会弹出介绍佳能公司的喷墨打印机。描述比较简短并经常会被打断。

最后，在爱普生网站上，你能看到爱普生美国公司的打印机的清单，双击一下每台打印机都有一个简短、易懂的描述。再点击一下任何一台打印机，你就会得到一列特性和技术信息来帮你做决定。同时，从惠普到爱普生的整个过程花费了近15分钟。你点击亚马逊网站作为最后一站。你所要做的就是在左上角的搜索框（人的眼睛所看到的第一样东西）中输入"喷墨打印机"，瞧！你会得到所有你能挑选的喷墨打印机的清单。这时，点击一下你就能获取所有你需要的信息了。快速、准确并且可信。

8.7.1 可用性指南

设计者努力使网站尽可能地有魅力和容易操作，但是由于这样那样的原因，很多人都忘了遵循一些基本指南了（见方框"便于网上购物的技巧"）。在检查可用性时，很多问题需要加以解决（见方框"可用性检查清单"）。

便于网上购物的技巧

- 尽可能快地展示详细的产品成本。
- 解释为什么你要收集个人信息。
- 使用输入选项而不是选择选项，使购物者能更多地控制共享数据。
- 不要过分强调促销产品。
- 交叉参考产品。
- 保证图像足够大，并展现对买家来说比较重要的特点。
- 每页中都有搜索框。
- 把搜索列表的默认项设为"全部"（因此这样会搜索整个站点）。
- 避免行话和代名词。
- 在产品进入购物车之前，使客户能有所选择。
- 希望用户填写表格时点击回车键。
- 提供一个免费电话号码供电话订货使用。

来源：Sami Lais, "How to Stop Web Shopper Flight." www.computerworld.com/managementtopics/ebus/story/0.
　　10801.71990.00.ht。

可用性检查清单

- **网站有魅力吗**？也就是，访问者享受浏览过程吗？他们觉得自己掌控了网站浏览吗？
- **网站高效吗**？为了使访问者不中途离开网站，响应时间足够快吗？访问者容易理解每张网页的内容吗？
- **网站能提供支持吗**？当访问者操作错误，他们能轻易的撤销错误吗？必要时能够提供帮助、建议或指导吗？
- **网站是一致的、可信的吗**？在访问者的整个浏览中，网站的响应一致吗？
- **确定一种书写风格并坚持下去**。例如，同一个单词不要用多种形式，像e-commerce，E-commerce，ecommerce，和EC。一致性非常重要。在发布前，和其他人一起走查一下所有网页的编辑。至少把拼写检查一下。记住，错误会打击访问者的信心。
- **给访问者所要寻找的东西**。给访问者一个访问的理由。例如，如果你在销售办公室用品，告诉访问者如何购买它们。网站应该设计成反映访问者想买什么，而不是商家想卖什么。
- **识别你的企业**。当主页进入访问者的屏幕时，它会以一种特别的形式展示你的企业，这叫做"树立品牌"。抓紧时间创造你自己的品牌。
- **纵观全局**。好的设计会建成一个可用的、容易导航的网站。设计师、营销人员和技术人员应该一起努力建造出让用户有正面体验的网站。
- **使网站容易导航**。就像好的软件一样，一个高效的网站不应该需要指南或用户手册。在网站中迷路的用户能很快就脱离困境。记住8秒钟规则。
- **相比图表要更关注内容**。内容要有用并可用。好的内容要引导、教育、说服，使访问者受到一次冲击。图表和动画不能取代内容。使用少量文字，因为在线阅读很痛苦。由于多数的监视器的配置比较差，用户在网上阅读要比在纸上阅读慢25%。
- **使你的文本更易浏览**。根据Nielsen的研究，79%的Web用户是浏览而不是阅读。只有21%的用户逐字地阅读。当访问者到了一个易于浏览的网站，他们的浏览速度可以提高47%。为了提高可浏览性，可以考虑使用粗体文本、大的字体、突出显示的文本、标题、图表、内容列表和弹出列表等。
- **小心炫耀的营销语言**。发布信息时要不带夸耀，而且尽量避免主观想法。网上营销时，大肆宣扬是没有吸引力的，人们不喜欢被误导。如果用户不喜欢他们看到的或读到的东西，他们会点击到另一个网站。
- **鼓励访问者反馈**。网站应该为访问者制造机会来表达赞扬、批评、建议等，让他们能通过Web、电话、传真或电子邮件轻松地联系到你。
- **测试、测试、再测试**。记住测试的两个层次：首先，看网站在技术上是不是没问题；然后再看网站在访问者眼里是不是没问题。简单分析站点日志（每张网页都有多少点击，用户在站点中的路径等等）不是测试网站的一个可信方法。站点要对用户进行测试。

如果你把其他的都忘了，那么请记住成功网站的三个最重要的准则：简明、可扩展性和客观性。达到了这3个要求，那么就是一个写得好、容易操作、愉快互动、有特色的、彻底经受得住考验的网站了。

进入以下网站，看它们如何很好地解决可用性。

- CNN（www.cnn.com）：页面上展示了大量的信息；所有的故事都使用一种清晰的格式。
- eBay（www.ebay.com）：这个网站有一个特色，即它给访问者的印象是，这个网站的目的就是买和卖。

- Fidelity投资（www.fidelity.com）：这个站点给访问者的印象是，他们要的信息很容易找到。材料的展示清晰、简明。
- 迪斯尼（www.disney.com）：访问者知道他们为什么要去这个站点，但是很容易迷路。
- MSNBC（www.msnbc.com）：这个新闻代理本质上展示了和CNN相同的内容，但是它的设计方式迫使用户在广告周围做事，这常常使它难以导航。

可能保持客户忠诚的最重要的因素是通过网站设计培养信任。客户必须相信网上商家会按照订单完成后续步骤、保护网上客户的隐私，并保证终端对终端的交易的完整性。对网上商店来说，信任就是利润，特别是当很多流量都是由老顾客产生时。同样，越来越多的人抱怨下载时间，本质上不是由于8秒钟规则，而是因为他们完成一项任务有困难。这意味着设计师必须要同时开发导航效率和清晰的内容。

8.7.2 可靠性测试

随着因特网作为一种商业媒体扮演越来越重要的角色，在**可靠性**（reliability）上有了新的强调。可靠性跟可用性相关。如果一家本地杂货店的扫描仪出了问题，出纳员就很难做生意了——但是他们仍然能运作。但是如果一个商店，像Best Buy，它的Web服务器崩溃了的话，整个操作就会停止。对一个Web管理员来说，可靠性的核心就是可用性。例如，每年98%的可靠性就是说网站一年中大概只有7天是不能用的。

Web可靠性的3个部分是系统可用性、网络可用性和应用程序可用性。一个系统可能可用，但是如果网络坏了的话，系统仍然不能用，因此，它是不能用的。如果系统运行正常，但是没有应用程序，那么系统仍然是不能用的。

为了确保网站可靠性和可用性，这些方法值得注意。
- 提供系统备份。支持网站的系统应该被复制一份，第一个系统失败时，备份系统能接管相关事宜。
- 安装一个磁盘镜像功能。这个设备允许你在系统运作时增加或替换硬件。
- 保证系统硬件有容错功能。用一个特殊设计的操作系统来保持网站或任何应用程序的运行，即使当中央处理器（CPU）失效时。目的是消除无计划的或突发的停工。
- 确信应用程序是独立的。如果Web服务器使用其他应用程序，像域名服务器（DNS）或电子邮件，给这些方面的应用提供专门的服务器。
- 保证有足够的硬盘空间。必须有足够的硬盘空间用来处理网络流量的突发性膨胀。
- 从同一个商家处进货。除非公司对于从多个商家处购买硬盘和技术很熟练，否则还是从同一个商家处购买所有东西，这样整个系统的可靠性、完整性、维护才能得到最好的服务。

[252]

8.7.3 用户测试

通过在完成设计前询问预期访问者或客户他们想要什么，跳槽问题早就得到了最好的解决。一旦设计完成，在把站点载到因特网上之前，用户测试是至关重要的。要邀请那些很可能会使用这些产品的人们进行测试。通过选择对产品没有预期想法的用户，努力消除偏见。例如，如果你为Sears建了一个站点，不要请那些为沃尔玛工作的人来测试。

一旦测试的人选好了，下一步就是决定测试的内容。这类测试不是统计问题。从统计的角度人们可能会想如果10个用户中有6个说他们喜欢主页上的公司标识，也就是60%的潜在观众喜欢标识了。不幸的是，这未必是真实的，因为网站评价本质上是主观的，取决于访问者对外表、色彩、布局、导航等的感觉。

大多数情况下，你不需要用统计数据来表明某些东西不好。如果每个测试网站的用户都觉得定位某个按钮很难，那么很可能有更多的观众会有相同的困难。测试的底线不是从字面上来测试用户的选择，最好是找到网站得到用户还是失去用户的方式的趋势。

处理用户测试时，记住你的观点不是信息的最可靠来源，特别是一些比较主观的条目，像色彩、格式或网页整合等。设计师把一份描述和一份布局的说明跟站点一起呈现还是很重要的。然后，把站点放在用户面前时，让他们试一下（评论它，然后订购），他们的反应能让你很好地了解他们作出响应的基本形态。

发现缺陷后要怎么做？任何缺陷都应该传达并指派给能修改的开发商。问题解决之后，改过的部分要重新测试，而且要检查会不会在别的地方产生问题。一些商业化的问题跟踪和管理软件工具都能做这项工作。

8.7.4　Web测试工具

市面上有很多Web自动测试工具，它的目的是验证和确认与Web实时性能有关的几个领域。Web管理员能测试Web这几方面的应用程序，即文本放置的完整性、超链接和弹出窗口等。本质上，网站测试工具仿效终端用户的直接观点。它们一般被分为几类，取决于测试你的网站会碰到的问题类型。工具范围从下载和性能测试工具，到Java测试工具，再到网站管理工具和日志分析工具，见www.softwareqatest.com/qatweb1.html的详细列表。

大多数Web自动测试工具观察几个方面之间的交互作用，即HTML网页、TCP/IP通信、因特网连接、防火墙、网页上运行的应用程序（JavaScript、插件应用程序等）以及在服务器端运行的应用程序，像数据库接口和日志应用程序。最终结果是，网站的测试变为一项主要的工作。其他的考虑可能包括：

- 服务器的预计负荷和在这个负荷下需要的性能种类；
- 服务器的停机时间；
- 需要的安全类型（防火墙、加密、口令，等等）；
- 目标用户使用的连接速度，包括内网连接的速度和因特网范围内的连接速度。

考虑事项的详细清单见www.softwareqatest.com/qatfaq2.html。

253

8.7.5　管理图像和色彩

一个公司可以运用多种方法来优化网站，主要的范围包括图像和色彩、速度、格式、布局以及链接等。图像要以适当的大小放在适当的位置才是合适的。经验表明，大的图像并不总是最好的。没有吸引力的图像会成为一个很严重的问题。在一次咨询中得知，客户希望主页上有一张银行的大图片。站点从ISP的Web服务器上装载，然后再放到因特网上，要花45秒来下载图像而且结果还很不好。在收到网站访问者的一些抱怨后，该银行迅速对制图板作了改进。大图像被换成了一张小很多的图像。

在色彩和对比度方面，主要问题是：你选择的色彩有利于你的网站的目标吗？对Web设计师来说，重点是要巧妙使用色彩。根据喜欢或不喜欢来考虑色彩不是一个明智的想法，而是要保证这个色彩支持你的消息，而且能最好地展现你的内容。大部分网站设计师都认同把深色文本放在浅色背景上是最合适的。诀窍是要使文本和背景色有鲜明的对比。

8.7.6　可读性测试

可读性不仅仅是对比度。像我们在本章的前面所讨论的，字体类型和大小、背景色、行长以及文本布局，再结合图表，这些对可读性都很重要。黑底白字是可读的，但是浅灰色的字在黑色背景上会让眼睛比较舒服。最安全的组合是白底黑字。它可能不是最华丽的，但却是最安全的。字体越大，文本就越容易阅读，但是行越长，就越难阅读。长行和狭窄的页边距都不是很好。

8.7.7　图像：GIF格式与JPEG格式

一些图像或图形会不可避免地出现在你的网页上。加入图形有一点复杂，但是当你了解基本原理后就会变得简单。最好的办法是把图形单独放在一个文件里，然后在你的网页上引用这个文件，那么浏览器就可以重新得到图形并把它显示在网页上。

为了优化网页，需要决定图片是以GIF格式还是JPEG格式显示。任选一种都能用。这两者的主要区别是压缩技术。GIF格式适用于那些勾边的、醒目的小图形，像简单的公司商标、图标、小按钮和导航条，或是有大块面积色彩相同的图像。把GIF用于大图片的话，经常会导致庞大的文件尺寸和过长的下载时间。

JPEG是一个流行的位图图形格式，是扫描照片的理想格式。JPEG能显示数千种色彩，还能被压缩到比GIF格式还要小的尺寸。JPEG对扫描照片或多色图像来说非常理想，因为能够很好地处理真彩色。JPEG的一个问题是处理大面积同色或边缘明显的图像不是很好。一些旧的浏览器根本不支持JPEG。相反，所有图形浏览器都支持GIF格式。

8.7.8　高速缓存

在网站中重复出现的图像，像商标或导航条，不需要重复下载。网景和微软IE默认在RAM中和硬盘上留出了一个**高速缓存**（cache）来存储最近用过的图像。一旦图像被保存，浏览器认出文件名，就直接从高速缓存中拖出图像，而不是重新下载它。这使图像显示得比较快，提高了网站的性能。

它是如何工作的呢？

高速缓存工作的步骤如下。

(1) 用户请求网页。

(2) 用户的浏览器检查高速缓存，看请求的网页是否已在。如果有，就没必要再做其他的了；否则，浏览器询问本地服务器。

(3) 服务器检查高速缓存并证实网页没有保存在那里。如果在，就提供给浏览器。

(4) 服务器向因特网请求网页。

(5) 服务器核对请求位置，并把它传给最近的分布服务器。

(6) 分布服务器传递请求网页给本地服务器。

(7) 请求网页被传递给本地服务器。

(8) 本地服务器把它发送给原请求用户。浏览器在高速缓存中保存对象。

8.7.9　多少个链接

作为站点导航的一部分，链接和交叉链接是必不可少的。主要的问题是，有多少个合适？网页上出现的链接越多，就越没有可能阅读所有的链接。访问者一般都会关掉链接，只读文本。同样，链接最多可以占据网页的一半HTML，像商标、图像和图标都保存在高速缓存中，因为它们在每张网页中都要重复下载。把链接减到最少会帮助提高站点的性能。

8.7.10 Web服务器的作用

不仅仅是链接、图像、色彩或格式会影响一个网站的性能，服务器的速度和网络连接也会影响网站性能。回顾一下你的ISP的Web服务器的情形，使用的带宽、该ISP托管的网站以及由ISP处理的Web流量的性质。如果你正在为自己的网站提供服务，则应重新访问服务器软件，确保它对速度的调整。同时，测试你的站点，看在速度和整体性能方面进步了多少。

255

8.8 站点内容和流量管理

现在你已经有个运转的网站了，下一步要学习如何管理它的内容和流量。

8.8.1 内容管理

Web内容管理是在网站上收集、组合、发表和删除内容的过程，重点是版本控制、内容安全以及访问者认同。Web内容管理不同于网站管理，网站管理的重点是导航便捷、实用性、性能、可扩展性和安全性。Web内容管理则是保证站点清除浪费和混乱。素材会一直放在网站上，直到一个访问者点击它并发现了陈旧的、不相关的或不正确的材料。管理内容意味着提高网站的可靠度和完整性。

8.8.2 Web流量管理

对流量管理来说，我们的想法是监控进入站点的业务量，并说明它对销售、生产率和存货周转率的影响。这一想法基于速度第一的哲学。永远不要让你的访问者迷路。清除过期内容，而且永远不要让你的访问者看到死链接，否则这会逐渐降低网站的可信性。这类管理最常用的工具是ISP为客户所作的使用统计报告。一个样本报告在图8-2中给出，报告包含了每月实际点击数量、呈现总点击数的图表（每小时、每天）、总页数、总访问数、总的千字节数以及每个国家的使用量。

月	日平均量				月小结					
	点击率	文件数	页面数	访问量	站点	字节	月总量			
							访问量	页面数	文件数	点击率
2005年8月	25450	17287	2309	562	4006	1530602	10680	43872	328466	483553
2005年7月	29584	20037	2468	593	6509	3030926	18384	76529	621159	917117
2005年6月	30441	20754	2451	606	10069	3045612	18195	73558	622643	913247
2005年5月	34391	22466	2600	612	7383	3505548	18986	80609	696468	1066141
2005年4月	33610	23727	2318	631	8024	3607861	18938	69564	711819	1008305
2005年3月	23301	20240	972	376	6814	3004429	11283	29167	607202	699058
2005年2月	25868	22418	978	369	8256	2914490	9977	26412	605293	698457
2005年1月	19660	16810	780	298	5649	2505802	9254	24190	521114	609487
2004年12月	31053	26320	1220	432	7626	3864926	12989	36626	789620	931609
2004年11月	38725	32868	1345	483	9132	4407387	14510	40355	986066	1161757
2004年10月	38246	30385	1615	543	10023	4207947	16855	50089	941944	1185653
2004年9月	30555	20279	2023	538	6743	2774905	16141	60710	608382	916654
合计						38400435	176192	611681	8040176	10591038

图8-2 使用统计报告

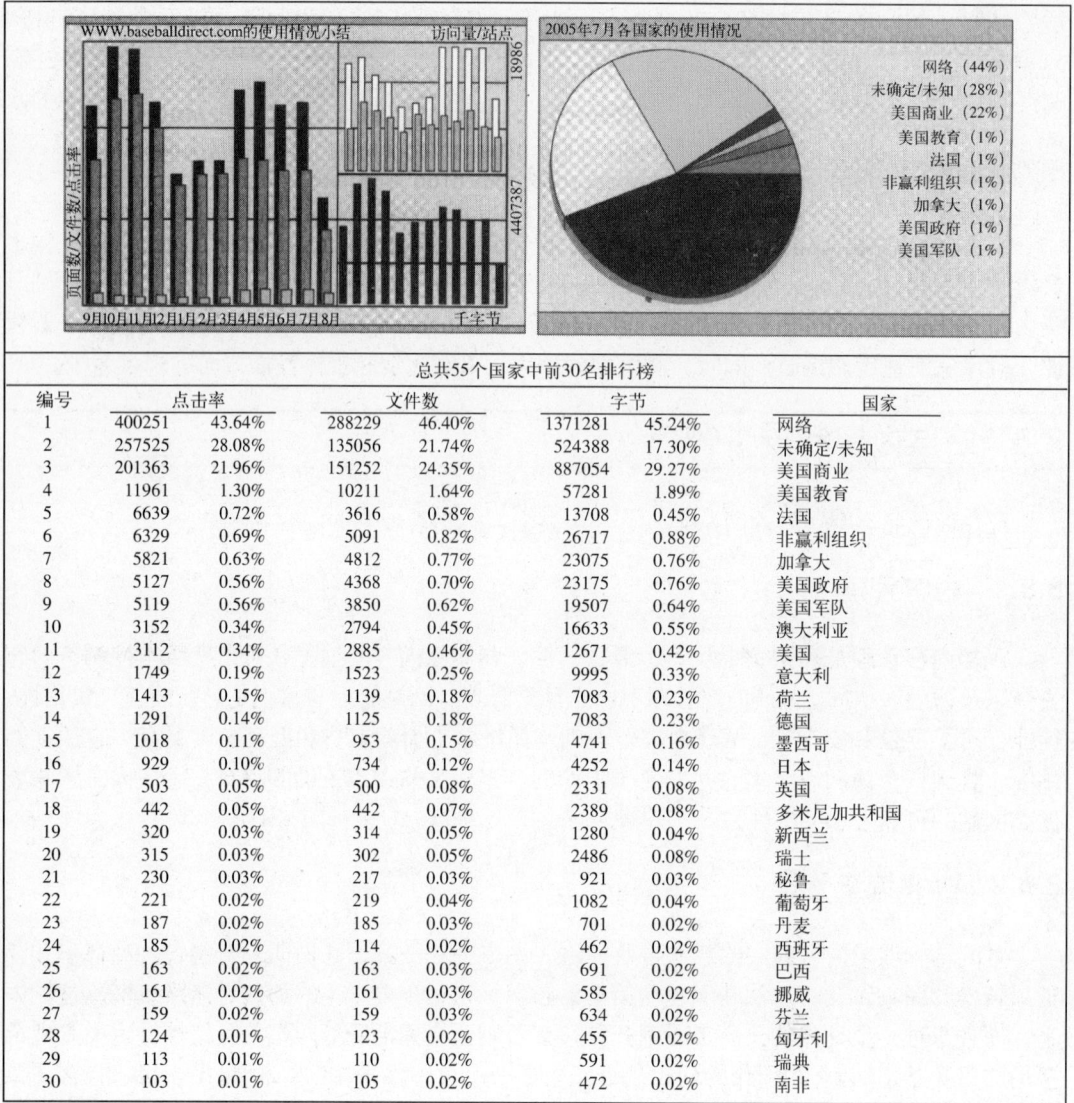

总共55个国家中前30名排行榜							
编号	点击率		文件数		字节		国家
1	400251	43.64%	288229	46.40%	1371281	45.24%	网络
2	257525	28.08%	135056	21.74%	524388	17.30%	未确定/未知
3	201363	21.96%	151252	24.35%	887054	29.27%	美国商业
4	11961	1.30%	10211	1.64%	57281	1.89%	美国教育
5	6639	0.72%	3616	0.58%	13708	0.45%	法国
6	6329	0.69%	5091	0.82%	26717	0.88%	非赢利组织
7	5821	0.63%	4812	0.77%	23075	0.76%	加拿大
8	5127	0.56%	4368	0.70%	23175	0.76%	美国政府
9	5119	0.56%	3850	0.62%	19507	0.64%	美国军队
10	3152	0.34%	2794	0.45%	16633	0.55%	澳大利亚
11	3112	0.34%	2885	0.46%	12671	0.42%	美国
12	1749	0.19%	1523	0.25%	9995	0.33%	意大利
13	1413	0.15%	1139	0.18%	7083	0.23%	荷兰
14	1291	0.14%	1125	0.18%	7083	0.23%	德国
15	1018	0.11%	953	0.15%	4741	0.16%	墨西哥
16	929	0.10%	734	0.12%	4252	0.14%	日本
17	503	0.05%	500	0.08%	2331	0.08%	英国
18	442	0.05%	442	0.07%	2389	0.08%	多米尼加共和国
19	320	0.03%	314	0.05%	1280	0.04%	新西兰
20	315	0.03%	302	0.05%	2486	0.08%	瑞士
21	230	0.03%	217	0.03%	921	0.03%	秘鲁
22	221	0.02%	219	0.04%	1082	0.04%	葡萄牙
23	187	0.02%	185	0.03%	701	0.02%	丹麦
24	185	0.02%	114	0.02%	462	0.02%	西班牙
25	163	0.02%	163	0.03%	691	0.02%	巴西
26	161	0.02%	161	0.03%	585	0.02%	挪威
27	159	0.02%	159	0.03%	634	0.02%	芬兰
28	124	0.01%	123	0.02%	455	0.02%	匈牙利
29	113	0.01%	110	0.02%	591	0.02%	瑞典
30	103	0.01%	105	0.02%	472	0.02%	南非

来源：www.baseballdirect.com。

图8-2   （续）

在审查这些报告的时候，一个重要点是要小心这些数据的可靠性。例如，许多报告详细列举了用户在你的网站上花费的总时间，但是却没有告诉你用户是否在信用卡验证界面上等了10分钟后愤怒地离去。

用户浏览一个网站有多快是很多工具测量的另一个统计量。这个测量通常跟速度无关。实际上，访问者在网站中操作的速度跟他们的使用模式几乎没有关系。在一项研究中，Spool发现访问者认为亚马逊网站比About.com要快。荒谬的是，亚马逊网站的网页在56位的调制解调器下，平均要花36秒下载，但是About.com的网页只需要8秒。他从观察用户如何在网站中穿梭得出的结论是"速度等同于取回信息的容易度"。为了改善对你的网站下载速度的感觉，要更快地让访问者得到他们寻找的信息。

8.8.3 网站管理员

在网上，是否成功是通过增加的流量来衡量的，但流量的增加能快速地使一个站点慢下来。导致的性能下降会使访问者气馁，并会在吸引老客户方面产生问题。提升流量不是网站设计师面临的唯一问题，站点技术和基础设施也变得越来越复杂了，包括前端Web服务器、中间层应用程序服务器、后端数据库以及许多专用服务器，结果是增加了网站管理员的压力。

成功的网站管理员明白快速性能的商业价值，他们也知道必须要主动，也知道某些状态能影响给站点访问者传递内容的速度。这些情况的范围从ISP处因特网拥塞到网站终端的数据库性能缓慢。网站管理员要评价体系结构，并指出哪些问题他们自己能解决，哪些问题需要借助外部资源或服务才能解决。

如图8-3所示，公司网站结构的其中几个方面是网站管理员的职责。

- 数据库服务器。网站管理员主要关心的是数据库的有效使用和数据库能按比例增加到多少来对付上涨的流量。很多站点依靠客户机/服务器技术，该技术能处理同时有数千个用户的状况，而且升级非常昂贵并且难以实现。一些数据库管理人员现在选择把他们的数据库分散到几个廉价的机器上，从而来支持网站。
- 应用程序服务器。应用程序服务器的主要关注点是有足够的能力和高质量的组件。服务器不能超载，像自动发送电子邮件到很多目的地这类工作不需要实时执行，批处理能节省CPU时间，把实时留给终端用户流量。
- Web服务器。这里的主要问题是没有足够的服务器提供给大量同时在线的用户。廉价的服务器可以被用来缓解对网站产生的总流量的处理。
- 用于加密系统、安全检查等等的专用服务器。网站管理员主要关心的是CPU密集型加密系统会减慢专用服务器的速度。同样关心的是，监控服务器间切换设施对确保整个基于技术环境的生命力、连续性、稳定性以及完整性的重要性。
- 因特网带宽。带宽是网站和世界上其他地方的连接。主要问题是，是否有足够的带宽使Web流量畅通。在过去，网站管理员要决定需要多少带宽；现在，每个网站都有协同定位服务来保证因特网连通性。一旦连接了，你的站点能在很短的时间内依靠额外的带宽来调节站点流量的突然增加。
- 因特网性能状态。网站管理员主要关心的是主干拥塞、距离、多个跳跃对流量性能有多坏的影响。大多数网站管理员都是从里到外来测试站点性能的：他们追踪系统在高峰期处理内容和请求要花多少时间。这种方法不会泄露用户的相关经历，因为流量能以不同的时间和速度，使用不同性能的个人电脑，在不同的ISP设施上被连接到因特网。新的办法是使用专门的服务，定期从因特网的不同点或位置检查URL。得到的统计数据帮助网站管理员测定他们的站点性能问题有多严重。

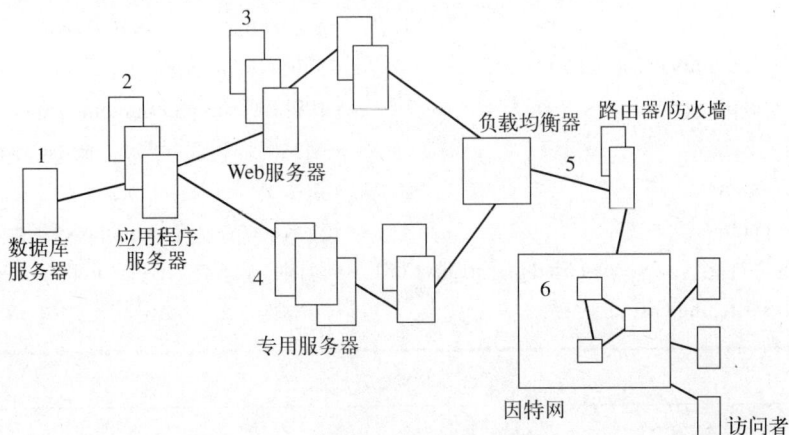

图8-3 网站体系结构的要素

要很好地控制这些基于技术的要素，网站管理员必须对网站的性能和完整性有一个整体的把握。除了财务问题和预算，另一个问题需要解决——人。必须昼夜运行的技术需要有经验、受过良好训练的人来管理。随着越来越多的访问者进入因特网，对站点使用和站点管理的要求会继续提高。由于技术人员的需求增加，对网站管理员造成了严重的挑战。确保充足的职员需要规划、专业招聘以及具有吸引力的财务配套措施，从而留住好的人才。

小结

1. 网站评价就是考虑图形标识、导航质量、功能性和内容。还包括管理Web流量。

2. 合适的站点设计就是使一个网站的人员分布统计及内容跟合适的色彩、类型及字体相匹配。

3. 几个已经形成的评价网站的准则：色彩使用、布局、最少的文本、及时的信息、富有特色的服务、速度性能、设计的一致性、免遭黑客入侵以及可扩展性。

4. Web个性化的4个常用方法：cookie、协同过滤软件、复选框个性化和基于规则的个性化。

5. cookie是追踪访问者和为回头客进行个性化站点体验的主要方法。

6. 一个网站应该尽可能地有魅力和容易导航。检查可用性时，很多问题要解决：网站有魅力吗？它有效吗？它有配套设施吗？它是一致的、可信的吗？可靠性测试意味着检查实用性：站点可用的时间占百分之几？

7. 用户测试中，第一步是决定用户样本，然后再决定测试的内容。记住重要的一点，通常人不是最可靠的判断来源，尤其是对于主观性较强的事物，像色彩、格式或网页整合等。

8. 网站内容管理就是从一个网站上收集、组合、发布和删除内容。没有网站内容管理，站点会由于浪费和混乱而产生严重的问题。

9. 在流量管理方面，方法是监控进入网站的业务量，并说明它对销售、生产率和存货周转率的影响。最常用的工具是ISP为客户所作的使用统计报告。

10. 网站管理包括对站点的基于技术的要素的有效控制，维持站点性能和完整性的高水平。

关键术语

- 配套设施（ancillary）
- cookie
- 可扩展性（scalability）
- 树立品牌（branding）
- GIF
- 兜售信息（spam）
- 高速缓存（cache）
- 基于推理的个性化（inference-based personalization）
- 切换成本（switching cost）

- 复选框个性化（check-box personalization）
- 瞬时cookie（transient cookie）
- 跳槽（churning）
- JPEG（joint photographic experts group）
- 网站内容管理（Web content management）
- 点击流（clickstream）
- 持久cookie（persistent cookie）
- 协同过滤软件（collaborative filtering software）
- 可靠性（reliability）

理解题

1. 评价一个网站要考虑哪些重要问题？请解释。

2. 色彩如何影响网站访问者？具体说明。

3. 列举并简要描述网站评价的准则。

4. 区分以下概念：网页内容和个性化，类别1和类别5网站，个性化和可扩展性，cookie和协同过滤软件，复选框个性化和基于用户的个性化。

5. 详细描述Web个性化的几种常用方法。

6. cookie如何成为个性化工具？请解释。

7. 什么使得网站可用？

8. 一个人在实物店和网上的行为之间的主要差别是切换成本。你同意吗？什么是切换成本？请解释。

260

9. 如果让你根据一组指南进行有效使用测试，你会包含什么？

10. 下列两个概念的区别是什么？

    (a) 可靠性和用户测试；

    (b) 可靠性和可读性测试。

11. 网站内容管理包括什么内容？

12. 网站流量管理包括什么内容？

13. 网站管理员的作用有哪些？

讨论题

1. 网站设计是一门艺术还是科学？请解释。

2. 用你自己的话来说，网站性能测试最重要的两点是什么？

3. 因特网如何追踪用户浏览时的偏好？浏览器能强迫改变用户的信息记录方式，这种安全约束存在吗？

4. 如果你在给一个新客户提供意见，他的主要购买产品是容易腐烂的物体（水果、蔬菜等），你会推荐什么网站功能？你会在可用性概念上强调多少？

5. 色彩和图表在网站设计中很重要。你如何知道一个网站需要多少图表或什么色彩来搭配？具体说明。

6. 如果有人要求你去测试一个新网站的可用性，你会怎么做？详细描述。

7. 有这样一种说法，"图表设计没有帮助也没有害处"，你同意吗？请讨论。

8. 有很多关于导航和内容不可分割的讨论，你同意吗？详细说明。

Web练习题

1. 评价下面的网站。

• www.statefarm.com——美国国家农业保险

• www.wachovia.com——Wachovia银行

• www.fedex.com——联邦快递

a. 以访问者的角度，根据色彩模式和组织配置，评价每个网站。

b. 每个网站都使用了对心理影响或效果合适的色彩吗？你会作什么改变？为什么？

c. 色彩和组织的保守程度有关吗？详细说明。

2. 团队任务：根据分配给你们组的序号评论银行网站。

（1）www.bankofamerica.com美国银行

（2）www.fnbsm.com佛罗里达州南迈阿密第一国民银行

（3）www.banknd.com北达科他银行

(4) www.fmtulsa.com俄克拉何马州图尔萨市F&M银行

(5) www.countynationalbank.com密歇根州黑尔斯代尔县国民银行

(6) www.mortgagesfbhp.com伊利诺伊州高地公园市第一国家银行

(7) www.kawvalleybank.com堪萨斯州托匹卡市Kaw Valley州立银行

a. 银行的大小（大、中、小）？

b. 网站的类别？

　　类别1：主页、我们是谁，等等

　　类别2：电子目录、数据收集

　　类别3：互动性、业务交易

　　类别4：多媒体、工作流/BPR集成

　　类别5：交付平台扩展、个性化

c. 网站用什么语言写的？（提示：右键点击屏幕，然后选择查看源文件。）

d. 网站提供在线购物车吗？安全性能？计算每小时的点击数。

e. 当你打开主页，最先显示什么，接着是什么，等等？

f. 网站是B2C模式的还是B2B模式？还是两者都有？为什么？你怎么解释这个？

g. 网站设计如何？对用户的友好度怎样？详细说明。

3. 选择一个企业或社会团体，为它设计一个网站。例如，你可以选择一家小型珠宝店，你的女子联谊会或兄弟会，或者为你的朋友或家人做个人网站。

(1) 你要怎么开始？确定项目的标题或主题？你预测一下用这个主题有什么好处？证明你的选择。

(2) 你怎么进行下去？也就是说，你做这个项目的步骤是什么？例如，如果你要评估购物车，作为一个步骤，你是不是先要为评价制定准则？你怎样选择或决定产品？这些工作如何组织和执行？

(3) 如何收尾？结果怎样？结果有多可靠？也就是说，你怎么测试网站？结果对客户、对企业、对一般的业务、对整个行业等等意味着什么？

(4) 在执行步骤3或2时，你遇到了什么问题（如果有的话）？你怎么解决？从你的工作结果中你总结出什么？具体完整地说明。

第 9 章

因特网营销

学习目标
- 在线购物的许多内容。
- 进行因特网营销的各种方式。
- 开展营销活动的步骤。
- 怎样吸引并追踪因特网客户？
- 客户服务的重要性。
- 客户关系管理基础及其怎样为电子商务贡献增值。

9.1　简介

　　因特网将改变世界上的每一个组织，其在产生赢家和输家的同时迫使企业重新思考战略和方向。在因特网的世界中，企业要么进化发展要么就只能被淘汰。正如IBM的Lou Gerstner所说："我们不是在销售网络服务器或3D引擎给你的个人电脑，而是在销售为企业赚钱的方法。"

　　因特网提供了高度的互动性，并使客户尽享购物便利，还可讨价还价，这都是前所未有的。购物变得像搜索网络一样简单。因特网销售影响了电子商务的两块关键区域：B2C和B2B。这两块都涉及将人和流程与供应商、客户和商业伙伴联系起来。这种联系即因特网本身或者说信息高速公路，而这种流程则是与人们建立联系完成交易或配送产品。在线营销是一种直接营销，它确保了交易，以一种安全的方式为商业服务付费，使销售部门自动化，并拥有合适的网络完成交易。

　　因特网的实质是与人们建立联系、挣钱、伴随着技术一同成长、改进企业的核心流程。例如，克莱斯勒通过与供应商开展电子化合作每年节约运行成本10亿美金。康涅狄格州通过在因特网上公布偷税者名单使偷税者数量减少了30%。

　　营销是"可能性的艺术"，是策划和贯彻概念、定价、广告和配送商品与服务以满足产品或服务所定位的目标市场需求的过程。只要与在线的人们建立了联系，商机就是无限的。

　　明确在线营销是商业而不是技术是很重要的，其目的在于利用已有投资，从简单开始，快速增长，能预估把产品带到什么地方、理解产品的独到之处、吸引并发展回头客、每时每刻都与客户或供应商保持公开并具有可操作性的交流渠道。因特网营销的途径、过程和协议都是独一无二的，不过所有这些都必须以企业及其客户和供应商的利益为前提进行合作。本章涵盖了整个因特网营销，设定了指南，阐明了流程规则。

　　本章涵盖的另一块内容是在线营销中个性化所扮演的角色。因特网因其针对个人而独特。对电子商务来说，仅仅快速和便宜是不够的。因特网公司必须了解客户，包括他们的习惯、行为和消费潜力。客户在一个网站上做的差不多每件事都可以用来了解该客户的大致特点。

263

只有仔细地研究和追踪该客户，企业才能明确提供什么商品和这件商品最终会带来怎样的增长和盈利。不过这种追踪常常会引发道德和法律争议。关于这些第12章中将会谈到。

9.2 在线购物的优点和缺点

因特网是由店家和买家做交易的聚会点。店家的数量和业务量持续激增。一项项研究显示了在线购物的指数增长。对于在线商家来说，理解人们为什么购物，对客户而言在线购物的优点和缺点，和在因特网上做生意的商业合理性的判断是很重要的。

9.2.1 在线购物的优点

从客户观点来说，Web作为一个整体需要不断充电，因为客户随时可以选择转向竞争对手。因特网充满机会，而且选择无穷无尽。下列3点因素使得在线购物充满吸引力。

（1）选择：客户一般都喜欢在他们决定是否购买或他们愿以什么价格购买一件商品之前有充分的选择权。

（2）巨大的选择余地：在线展示、评论和比较商品没有时间或金钱成本。这一特性使在线购物与只能一个接一个地不断逛店铺相比要有效得多。

（3）快速比较：在做出最终选择前，客户能快速比较商品的价格、质量、送货条款等。

在线购物可简化为信息的提供。通过提供大量的产品信息，在线商家能帮助人们作出最好的选择。这都意味着什么呢？充分的证据显示，由于信息的可用性和信息访问的速度，在线购物拥有将客户吸引到Web的先天优势（即使相比于那些传统实体店的定价稍微高一点）。跑腿的事情在因特网购物中就不太需要了。

9.2.2 在线购物的缺点

在线购物除了优点外也有一些缺点，决定购买时最好能从传统店铺里找到所需的信息。例如，当购买如香水服饰这些个人物品时，消费者需要翻看、感觉、嗅闻和试用，他们还是会从传统店铺购买那些需要店内服务的产品。例如，Lowe's Home Improvement Warehouse的雇员，会向消费者推荐他们的产品以及怎样使用这些产品。而不是像巴诺书店在Web上那样仅仅销售图书而没有任何店内帮助。其他一些产品之所以在网上卖得不好，是由于配送问题，例如像木材、栅栏或家具这样的大件物品最好在实体店铺销售。

遗憾的是，大多数网站没有提供如同真实购物的消费体验。相反，消费者只能自己不断搜索并非他们目标的产品。更糟的是，网站帮助用户找到正确产品的可用工具都不知变通，这些工具在设计时基本都没有考虑到消费者实际购物的流程。尽管传统店铺的停车、态度恶劣的销售员、排队结账等方面也不是那么完善，购物者可以一走了之，但进入另一家店铺看价钱也是一件很烦人的事（参见方框"传统店铺与在线购物的比较"）。

9.2.3 判断因特网业务

商家在投身到因特网营销前应该问的第一个问题是：因特网适合我的业务吗？要回答这个问题，你需要两份信息：业务的清晰结构图和对威胁其生存的力量的了解。

为进入因特网列出了以下几个理由。

传统店铺与在线购物的比较

电子商务领域的设计在速度、可接入性和全面性等方面都已经超越了实体店铺的能力。事实上，搜索是Web上最常用但最不成功的用户查找事物的方法之一。客户无法与搜索的管理者对话，尽管我们经常看到用户无法成功使用网站自身的搜索引擎而只能到谷歌这些外部搜索引擎去。

告诉客户哪些东西你没有。一个在传统实体店铺中的销售人员通常都会告诉你他们店是否有你要找的东西。另一方面，搜索引擎在这种情况下通常什么都不会告诉你。当搜索没有返回任何相关项时，你很难理解其真正的意思。是该网站没有这件物品？还是叫其他名字？还是你拼错了名字？想想当你不断重复用不同的名字、音调或任何能表达你意思的东西询问同一件物品时，销售人员哑口无言地注视你时的厌恶表情。

人们喜欢货比三家。Web上没有比较工具，用户只有挖出产品的所有信息，掌握其中最重要的细节，记住或打印出来、备份，搜索另一件物品然后重复整个过程。当用户搜索另一件物品时他们时常忘记产品的关键特征，所以他们只能基于他们记住的东西进行比较。

如果人们不能从网站获得帮助，过滤好的东西与坏的东西就会使他们疲于奔命。在实体店中，好的销售员会聆听客户所需，为客户指出满足条件的商品以供挑选。类似地，当你将大量产品或内容展示在网站上时，就需要帮助你的客户缩小选择范围。我们在研究中发现了一个有趣的行为，不管网站怎样展示产品列表，用户在看了2～3个网页后就停止了。这意味着如果你有大量的产品，就需要帮助客户将列表缩短至2～3页。我们称这一过程为筛选，该词最初源于将谷粒从谷壳中分离出来。

来源：摘选自Jakob Nielsen and Marie Tahir，"Building Sites with Depth"，*Web Techniques*，February 2001，46ff.

(1) **建立网站**。很多公司只提供基本信息（一般的公司信息、名称、历史、地址、购物时间等等）、待售产品、今日特价、支付方式、特别折扣或价格，诸如此类。这些公司的网站也有基本链接，易于导航，快速响应。评论页面通常都有电子邮件按钮，便于冲浪者反馈信息。总的目的就是告诉客户为什么他们应该与你做生意。

(2) **服务客户**。营销中最首要的事情就是使客户知道你能帮助他们。很多传统店铺使用在线营销招揽新客户，所提供的服务水平取决于业务和产品类型。例如，制定一份可用来预审贷款的表格对于一家银行来说是入门级的因特网营销。消费者在线填完表格点击递交按钮后通过电子邮件把它发送到贷款部门进行处理，快捷安全，也不必再跑银行。

(3) **聚焦公众意识**。任何进入公司网站、了解公司情况及公司提供什么产品的人都是一个潜在客户，没有任何其他可供选择的媒体能做得这样快、这样好。

(4) **共享具时效性的信息**。因特网在信息的时效性和可用性上与其他媒体相比是根本不平等的。例如一份季度盈利报表、兼并信息或大奖获得者名字只需几秒钟就能搞得全世界皆知。与这一特点相关的是在新闻发布和特别声明中采用的色彩、图标、视频和音频。没有任何宣传册能做到这点。

(5) **销售商品**。这一点在因特网营销中是非常吸引人的。不过在认真销售前，考虑前面所列的其他特点是很重要的。这是因为在线客户下订单前，他们首先要了解业务。

265
～
266

(6) **回答重要问题**。每天机构要花费时间和金钱回答客户的咨询，其中大多数是重复问题。网站的作用之一即是编辑常被问到的问题以便客户访问。这将为公司员工免去另一项浪费时间的工作。

（7）**与现场人员保持联系**。销售人员有时需要从公司办公室得到关于产品、流程或特别情况的信息。使用因特网提供这些信息是在外做业务最有效的方式。

（8）**国际级的市场**。凭借网页，公司能像联系隔壁的客户一样快捷而简单地联系国际客户。事实上，很多公司在进入因特网前已经学会必须准备一个确实的计划处理激增的订单。

（9）**服务本地市场**。本地或全球，网络访问决定了一切。一个本地餐厅、电影院或汽车修理店都能从网络营销中获利。不论业务在那里，客户都应该能通过网络访问。

（10）**营销专业化产品**。从棒球帽到飞行课程的专业化的产品或服务对于因特网营销都是很理想的。例如，一个标价为1 100美元的非洲鸵鸟皮制的公文包怎么样？（见www.africa-exotic.com/clothing.html。）因为在Web上有几百万的网民，即使最小比例的群体也能成为该产品数量可观的客户。

（11）**进入青年人市场**。25岁以下的网民正快速成为因特网市场的生力军。凭借提供从运动产品到专业国际旅游的各种商品，迎合这块市场的公司正在创造利润。

有人将进入在线营销的判断概括为：如果你的业务是本地的且依赖于面对面的客户联系，那么因特网的机遇并不适合你；另一方面，如果你拥有不同寻常的东西，并能通过邮件送货，那么你就应该认真考虑一下因特网营销。

9.3 因特网营销技巧

因特网允许从完全被动到主动的一系列营销技巧。被动的方式归结为将Web和访客看作电视和电视观众的一种变体，采用包含声音、动画和其他技术的标题广告，使访客不必浏览太久才阅读或点击它们。标题广告将会在本章后面谈到。

被动因特网营销（passive Internet marketing）叫做**拉动式营销**（pulling marketing），因为这种营销要求用户从站点"拉"出信息，用户必须主动搜索站点。目前，大多数人都是通过拉动式访问站点内容。每次用户点击了一个链接，浏览器会向网络服务器附送特定网页的请求（拉），浏览器下载该页面并显示在用户显示器上（见图9-1）。

267

从拉动式到推动式			
被　动	适度被动	适度主动	主　动
广告信息提供者 （仅仅存在）	注册有很多搜索引擎的站点 含用户所需信息的专业服务 含用户所需定期信息的专业电子邮件	离线广告 标题广告 给以往客户的定点邮件	垃圾邮件 系列邮件

来源：改编自P.Greenstein，*E-commerce.* New York：McGraw-Hill，2000，368。

图9-1 因特网营销技术和应用范围

在主动因特网营销（aggressive Internet marketing）中，网站搜索潜在客户。因为是网络将信息"推"给消费者而不管他们的兴趣如何，所以称之为**推动式技术**（push technology）。网络服务器不会等待消费者索取页面。一旦消费者要求的内容准备好，服务器就会自动发送（推）给消费者的个人电脑以便阅读、评论和观察。正如图9-1所示，大多数因特网营销技术处于这两个极端之间。表9-1显示了拉动式和推动式行为的例子。并不是所有的产品都能很好地在线传达，因此，可能并不需要任何站点都要超过被动式站点。

表9-1 推动式和拉动式技术的范例

拉动式技术	推动式技术
你打开电脑阅读含有你最喜欢的主题或标题的个性化电子报纸	你从Barnes&Noble收到一份你配偶最喜欢的小说已经到货的通知。于是你点开书商的网站并订购了一本
大约上午9点半，从你的股票业务室弹出窗口显示NYS和NASDAQ股指的特定股票指数	经纪公司提醒你想卖的两只股票被Merrill Lynch评定为"强烈推荐购买"
你回家前，已预订航班的航空公司的动画新闻消息提醒你要提前一小时到检票口，因为航线已订满	亚马逊网站发送电子邮件提醒你6月3日由于犹豫而没有订购的强力扳手正在打折，如果你在10天内订购，那么加上20美元的购物券，价格只要100美元左右

注册搜索引擎和目录是另一种吸引访客的方法，通常通过电子邮件获取客户所需要的特定服务的信息。这是一种需要网站与访客互动的将访客吸引到站点来的方式。感兴趣的访客通常登记要求服务。因为是访客索取信息，这种由客户通过因特网的营销方式更趋向于拉动式而不是推动式。

尽管离线广告（如广播、电视或杂志和报纸）昂贵，但对于推广网站也是必要的。这更是一种推动式营销。网站不仅仅在因特网上吸引业务，也在地方和全国媒体重复投放广告，需要大量预算和专业营销工作。

在线标题广告是由网络营销公司提供的，在流行网站上加载指向商家网站链接的广告标题的一种服务。这要比其他方法花费更大，不过在吸引访客方面也更有效。

9.3.1 将被垃圾邮件掩盖

因为过去的访客并没有想要和在线商家有更多接触，因而向以往客户发送定点电子邮件是一种**主动营销**（aggressive marketing）。这种方法是有效的。因为如果以往的客户在设定时间内没有回访站点，该网站就不会再继续发送广告。cookie是用来确认和追踪客户对电子邮件广告反应的。

最主动（和滥用）的营销技术就是"垃圾邮件"。**垃圾邮件**是将几百万电子邮件发送给那些从没有需求的人，将电子邮件发送给那些从没有拜访过商家网站的个人和机构。而地址是通过购买、与其他公司交换或通过软件浏览Web和网站网页、发送列表及其他公共资源搜集得来的。

已经证明电子邮件是直接营销的一种独特载体，它提供了一种持续命中个人目标且花费低廉的方法。问题在于毫无限制的大量商业垃圾邮件。资料显示，垃圾邮件占到了电子邮件的60%或者说760亿条消息，需要10亿亿字节的存储量。

垃圾邮件最令人反感的一点就是它侵犯了个人隐私。特别是一些营销人员根据客户的位置和人物特点发送垃圾邮件，问题相当严重。而难以制止垃圾邮件的原因是接收者面临不小的诱惑去阅读信息。即便如此，很多垃圾邮件都是骗局。联邦交易委员会（Federal Trading Commission，FTC）设立了专门的电子信箱（uce@ftc.gov）接受客户投诉，以对垃圾邮件开展后续调查。

垃圾邮件每年花费公司数百万元用来阻止不需要的信息。这些花费包括职员花时间阅读和删除垃圾邮件，设计屏蔽软件，或从太慢的服务器甚至阻塞整个带宽的垃圾邮件流量中恢复所需的花费。员工或许会因不友好的工作环境追究公司的责任，公司也需承担这种风险。

关键问题是怎样对抗垃圾邮件。首要防线是不要公开你的邮箱地址。美国在线和其他搜索引擎正在想尽一切办法采取主动行动阻止并处理垃圾邮件。参见方框"对抗垃圾邮件"。

268
269

对抗垃圾邮件

一家纽约在线珠宝零售商向客户发送邮件推销其盛夏型商品系列。尽管有意向的客户主动向公司索要邮件，但是其中的30万客户却根本没有收到这些邮件。"hot"这个词很显然触发了过滤器，阻止了信息的发送。

在线零售商eBags每月发送800万封电子信息给希望收到信息的客户。去年，接收者中的22%购买了东西。现在这个比例为13.2%。从而得出一个结论，现在电子邮件已经不再是首要推动力。现在电子邮件排名在团购营销、离线目录和搜索技术之后。

垃圾邮件备受指责。eBags技术副总裁Mike Frazzini估计该公司至少30%的电子邮件被过滤掉或阻止，尽管他承认这个数据很难确切定量。

来源：摘选自Carol Sliwa, "Electronic Retailers Hurt by Spam Flood." *Computerworld*, August 18, 2003, 10。

9.3.2 弹出式广告

为使消费者关注在线产品和服务，又产生了著名的而又惹人讨厌的弹出式广告：即在用户打开一个新窗口时弹出的广告窗口。见方框"弹出式广告在行动"。

弹出式广告在行动

Advertising.com认为弹出式广告是促使消费者消费的最具创造性的方式，尽管它也造成一些问题。大量弹出式广告商如Orbitz早就宣称他们的弹出式广告在促成销售方面卓有成效。

尽管垃圾邮件高居因特网营销最容易吓跑客户的恶人榜的首位，弹出式广告的排名一直也不落后。IVillage在2002年8月在其站点禁止了弹出式广告，因为有报告显示其92.5%的用户将弹出式广告列为站点体验中最不喜欢的部分。

EarthLink和美国在线在弹出式广告方面争斗了很久。EarthLink甚至发起了指责美国在线的弹出式广告政策的行动。为客户提供弹出式广告服务的Advertising.com引用自2001年的Dynamic Logic研究发现，接收弹出式广告的消费者只要不是很频繁地被弹出式广告骚扰，其恼怒程度和被直接邮件骚扰的差不多。

Advertising.com的研究发现当印象等级提升时所有广告都将失去效用，而1～5级的印象产生最佳利润回报。

来源：摘选自Brian Morrissey, "Pop-up Ads." itmanagement.earthweb.com/ecom/print.php/2213861。

[270] 弹出式信息是在线营销最常见的方式之一，也是推动式技术的另一个范例。不过弹出式信息也被看作是Web最失败的特点。弹出式广告是广告的一种有效形式，因为它们相对低廉并可以通过剪裁用于个人消费者。这些新的因特网广告快速地散播到整个因特网。遗憾的是，没有能判断其应用的标准。在因特网上有120亿个弹出式广告，其中的110亿个来源于2 208家使用弹出式广告的公司中的63家。

一种弹出式广告的新技术称为"一脚踢"（kick-through）广告。只要用户将鼠标划过弹出式广告，他们就会被指向另一个网站。这种新技术不需要任何点击。有些公司将其在线成功的大部分归功于这种"一脚踢"技术。而最新的技术，称之为鼠标陷阱，会随着用户决定关闭一个特定在线应用程序时被激活。站点会启动程序发送一连串更小的弹出式广告窗口给用户。相比于看显示的信息，用户通常更关心关闭窗口。

大公司中充分利用了简单大量的弹出式广告的是Orbitz.com、Expedia.com和Travelocity. com这些旅游类站点。以Orbitz.com为例，在2004年创造了超过7亿的弹出式广告，仅次于X10 Wireless同年创造的10亿个的数量。

弹出式广告是在线营销中最受争议的一种形式。在网友看来，除了减缓了用户使用因特网的速度，有时甚至于能创造另一个新窗口聚集万维网上过量的分组而拖慢网民电脑上软件的速度。如果再不加以审查，因特网迟早会因为这些不必要的东西而变得慢得多。

以ISP看来，弹出式广告是收入的主要来源。在接到大量用户的抱怨后，一些ISP决定通过简单地减少或限制弹出式广告而大幅削减这种形式的广告。EarthLink就是其中之一，在2003年起为500万用户提供了免费的弹出式广告制止软件。这样做的同时，ISP因为减少这样的在线骚扰每月向用户收取一定费用。

弹出式广告的负面影响在2003年时如此显著，甚至一些电脑程序员专门花时间编写旨在减少弹出式广告的软件。这种反弹出式广告软件的例子能在www.intermute.com上找到，该网站也提供能减少垃圾邮件的程序。

弹出式广告也涉及道德问题吗？很多因特网用户（包括笔者）认为弹出式广告具有侵略性甚至侵犯隐私。一些广告商变得如此有侵略性，甚至在未经允许的情况下，将公司网站的图标放到用户的桌面上。对应到现实世界，这等同于一家公司侵入到一户人家里将自己的电话号码设置为快速拨号而没有得到这家人的许可。显然需要制定一些法规，但谁应该为此负责？因特网或其内容不属于任何个人或公司，所以制定法规必定会是一件令人沮丧的任务。

9.3.3 许可营销

成功的因特网广告取决于消费者怎样看待广告。广告软件公司知道他们的行业正面临巨大的挑战，包括涉嫌侵犯第三方站点版权的诉讼，立法禁止广告软件和对用户方间谍软件透明度的质疑。垃圾邮件和电子邮件营销都属于侵略式营销。这些营销方式很讨厌，只能疏远消费者。因此只能发展其他方式的因特网营销。

近来有两家以色列公司开发的因特网营销方式为因特网营销人员提供了一种发送销售信息的更直接的渠道，称之为参与营销或**许可营销**。这是一种具有长期传统的一对一营销形式，意味着只需征得用户的同意，公司就可以发送客户感兴趣的广告，因而能与客户发展稳固的关系（见www.marketing.org.nz/emarket_dictionary.php）。

许可营销是这样进行的。消费者首先通过已经有销售关系的商家选择营销服务，这一步骤是由客户在建立关系的过程中填写的表格或调查完成的。当消费者在线时，商家开始把定点的标题广告发送到浏览器，此时消费者看到的标题广告已经是投其所好的了。从某一方面来看，这一过程将传统的标题广告空间提升到了向个人发送信息的机会（见www. ecommercetime.com/story/38113.html）。

一般地，消费者使得营销人员能根据一定兴趣分类发送促销信息。营销人员将广告信息与消费者兴趣相匹配。许可营销帮助营销人员提供相关的促销信息。参见www.yesmail.com，它就是一家许可营销公司。

这种方式的动力之一就是公司无法通过电子邮件或垃圾邮件发送主动提供的促销信息。隐藏在许可营销背后的心理学是个人认识到让公司提供信息是符合他们利益的。结果就有人为了未来获取更优质服务展开信息交换了。客户意识到这是一种对双方都有利的（双赢）活动（见www.ascusc.org/jcmc/vol6/issue2/krishnamurthy.html）。

9.4 因特网营销的数字化周期

就像任何商业投资一样，因特网营销遵循从计划开始、4P紧随其后的生命周期（客户个性化在因特网营销中尤其独特，本章后面将会讨论），见图9-2。这4P是产品（product）、定价（pricing）、渠道（place）和促销（promotion）。

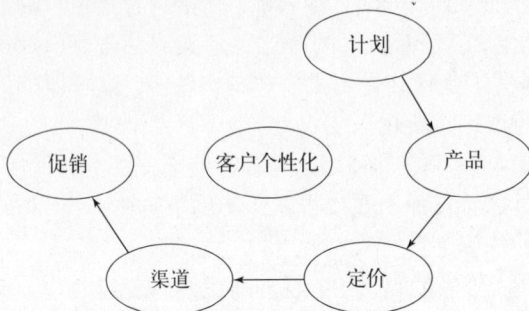

图9-2 因特网营销的数字化周期

9.4.1 商业计划书

不管是一家身经百战的公司还是一家刚开张的机构，开始在线业务的基本步骤都是一样的。首先是商业计划书。**商业计划书**（business plan）是一份确认业务目标及怎样实现目标的书面文档。商业计划书可以很简单地列出你想要做的事情，并与市场中其他产品、竞争对手、约束因素和现金流进行对比。事实上每一件在线商务失败的案例中，不是缺乏计划就是缺乏管理。商业计划书对于因特网业务非常重要。

对小公司来说，最好能与美国当地小企业管理局（small business administration，SBA）协商，拨打美国全国免费电话（1-800-697-4636），或访问其网站www.sbaonline.sba.gov。SBA拥有通用的商业计划书，能够帮助你制定符合自身情况的计划。对大公司而言，计划要更详尽，需要几周到几个月的时间完成。由经验丰富的员工组成一个委员会，纵观商业的整个生命周期，模拟观察网站使用尖端软件的情况。在产生主要计划前将所有可供选择的计划与设定目标进行对比。详细的计划需要律师、会计师和策略家参与，再加上公司老板和经理们进行确定。

商业计划书的内容根据业务类型和规模的不同区别很大，不过基本包括以下几个因素。

(1) **任务**。公司努力达到的目标是什么？任务与老板的**远见**有关，这些都得考虑到。

(2) **产品**。你卖的是什么？独到之处在哪？

(3) **竞争**。你的竞争者是谁？他们的情况怎样？分析他们的网站，评论他们为顾客提供服务的独到之处。

(4) **目标受众**。潜在客户更倾向于在家里还是工作时间使用因特网？他们使用电子邮件吗？使用新闻组吗？使用美国在线吗？

(5) **营销**。你计划怎样联系你的客户？你计划采用哪些广告媒体？

(6) **销售计划**。你计划使用什么销售方法（电话营销还是代理）？分销渠道、定价、履行过程呢？

（7）**运作**。你计划采用什么设备、位置、设施规模？支持这些运作的员工的规模和质量怎样？

（8）**技术**。你需要什么硬件、软件和其他技术？使用哪家ISP？他们可靠吗？收费如何？

9.4.2　产品

对于产品而言，重点在于生存能力、质量、可靠性、依赖性和整体性。优质产品意味着退货、修理或客户投诉等令人头痛的事情比较少。这对于客户寻找以有竞争力的价格提供优质产品的有信誉商家的因特网而言尤其重要。产品可以是实体产品或服务产品。实体产品是可以触摸到的，就像杂货物品、衬衫和汽车一样。服务产品是像医生、注册会计师、旅行社等这样的专业人士所提供的工作，以及如同实时股票指数一样的信息。确定任意一种独到之处对于因特网营销都是很重要的。

9.4.3　定价

一旦产品确定，下一步就是确定标价多少。基于Web的定价策略随着商家、市场和客户类型的不同而有所区别。例如ParenthoodWeb网站（www.parenthood.com）提供免费服务以发展社区，免费为家庭或那些即将为人父母的人提供他们感兴趣的网站。其他站点，比如那些航空公司的网站，使用频繁的购物计划加强客户的忠诚度，并鼓励重复购买或者提供网络特价鼓励在线购买。在在线拍卖场，拍卖商品以相当吸引人的低价格起拍，允许购买者提高叫价。另一种方式，如Priceline的网站（www.priceline.com），向客户询问并提供其愿意购买的机票、喜欢入住的酒店和租车等的价格。在这个案例中，Priceline的定价过程就是其产品。

9.4.4　渠道

电子商务使公司与配送公司的信息交流更便捷，确保了将实物商品及时送给客户。越来越多的公司将他们的履行阶段与配送公司如联邦快递等结合起来，从而实现了客户和供应商间的直接配送，避免在仓库中囤积大量货物。

因特网本身也可以看作数据产品的寄送渠道。成千上万的软件包能在线订购并直接下载到客户的个人电脑上。一些因特网商家发送电子在线服务和股票交易服务。这是一种销售数据产品低廉、快速、有效的新渠道。唯一的缺点是可能存在数据损坏或失窃的情况。

274

9.4.5　促销

因特网营销就是促销产品以引起预期客户的注意。因特网营销以直接邮件营销的AIDA（注意、兴趣、愿望和行动）为指导。首先是要引起预期访客的注意（attention）。网站质量、轻松导航和个性化都很重要，因为注意是营销过程的起始点。好的图标、吸引人的标题广告和色彩的恰当应用对于网站访客是不可或缺的。简单地搜索一下因特网，毫无疑问会得到一些优秀的、糟糕的甚至丑陋的网站。方框"最佳和最烂网站的例子"列举了一些优秀的和不值一看的网站。

标题广告是因特网最流行的广告形式，会一如既往地作为网络广告的主题。标题广告对于因特网的意义就像30秒商业广告对电视的意义一样。标题广告就是一个水平地置于网页之上的长方形条，以及一些不断闪烁的动画或其他东西。标题广告是推动式营销的代表，目的是吸引消费者点击作为网页接入点的标题。但是，消费者很快变得不愿点击，点击比例甚至达不到0.5%。标题广告也是最富争议的。批评家将它们看作能被轻易关掉的窗口装饰，支持者争辩说标题广告是低廉且符合传统广告代理规则的。处于行业领先地位的网络营销人员则认为足量的标题广告会留下一个印迹，提示这些可用的产品和服务（见方框"品牌广告的新格式"）。

最佳和最烂网站的例子

最佳网站

- CNET.com拥有可应用于从你的卧室到汽车等所有地方的技术。站点提供比较购物、硬件评论和免费软件下载。
- Shutterfly.com更多是一个数字暗室，站点专精于以合理价格准备和打印用户的数字图像。
- ESPN.com是所有体育赛事的家，从棒球到冰球，从橄榄球明星Red Grange到著名赛马Secretariat，无所不包。
- 国家地理（NationalGeographic.com）涵盖了从你的书桌上所能发现的整个在线世界。
- Evite.com是一个聚会企划者，该网站发送电子邮件邀请函给你的朋友、家人等，然后等待回应。它能协调聚会企划的各个方面，包括安排拼车、谁带什么，诸如此类。
- 亚马逊（Amazon.com）是一家销售从烹调书到DVD刻录机等所有东西的电子零售商。站点允许用户们了解其他人都买了什么，他们在哪里工作和生活等等信息。其座右铭是："这里是技术满足商业的地方。"
- ZDNet.com被评为紧随不断变化的电脑技术世界的最佳网站。
- eBay.com的标志是"你所要的，一定有人有"。每天有几百万的商品待售。凭借精密的反馈系统，检索有关卖家的评价。
- CNN.com因其每分钟更新的世界新闻和关于体育、演出、政治、食品等方面的深度报道而闻名世界。
- E-Trade.com提供了投资的所有服务，从日常交易到长期证券。

详见www.web100.com获得其他最佳网站的信息。

最烂网站

- 在线服饰零售商modestapparelchristianclothinglydiaofpurpledressescustomsewing.com拥有一个62个字母的域名，单单这个事情就会使得业务很难进行。查一下并做出你自己的评估，你怎么想？
- 在www.2atoms.com/comedy/worstoftheweb/blount.htm还能查到现在已经失效了的名为"hello my future girlfriend"的站点。该站点是无效使用网络空间的可笑例子。这个站点活跃了两年，最终变为网络上的一种祭祀。
- 事实上网友能在www.live-shot.com狩猎生物了。只需要95美元，你就能通过点击鼠标杀死他们选择的动物。使用一台网上录像机与因特网连接，几千公里外的猎人能通过电脑控制来复枪的位置射杀动物。来复枪放置在得克萨斯州Rocksprings的一个栅栏包围的农场里的建筑物上。他们控制鼠标使来复枪瞄准目标，点击操作扣动扳机。其他的就成为历史了。

详见www.worstoftheweb.com获得更多的最烂网站的信息（质量低劣、最可笑、远离标准），www.whoisjesus-really.com/english/default.com就是其中之一。

但标题广告的应用并不像它看起来那么容易，因为点击率一直徘徊在1%以下。点击（click through）就是指每次用户点击标题广告并访问广告商站点的行为。很多方法都能使标题广告更好地发挥通知或广告的作用。标题广告应该是小巧并能快速运行的，如果使用动画，应该能水平移动，因为进化锻炼了人的眼睛使之对物体的运动特别敏感。标题广告的文本也应该聪明点，使用尽可能大且简单易读的字体，如Courier或Times New Roman。业务营销人员通过获得一些不同的设计，并在不同的广告网络实验来检测他们的标题广告。只有这样，他们才能了解客户在哪，以及什么东西能使他们及时地响应。

品牌广告的新格式

有很多种设计网上广告的方式，其中值得关注的是摩天大楼广告、大盒子广告、按钮和"大印象"广告、弹出式广告和电子邮件广告等方式。

摩天大楼广告

如果将标题广告比喻成大多数网页的房产，那么无需惊奇最新的分支之一以摩天大楼闻名。摩天大楼广告只不过是一种又高又瘦的标题广告，甚至比此前页面顶部广告还要占据更多的空间。由于个人电脑显示器宽度尺寸比高度大，一个摩天大楼广告能存在于显示器的任意一边而无需过度削减自身页面。不过纵向的文本要难以阅读得多。而且如果广告离边太远，观察者甚至是很难看到的。

大盒子广告

位于旧金山的Cnet网络公司的News.com网站上，标题广告大约是CD盒大小，位于网页正中央。不用被带到另一个站点，点击广告的读者无需离开页面就能获得更多信息。新闻故事包围着广告盒子，这样的广告很难被忽视。只不过读者的眼睛为了看到内容必须盯着周边。

按钮和"大印象"广告

并不是所有的标题广告都是主动的。迪斯尼公司的网站，也包括ESPN.com和ABC.com，现在把名片大小的标题广告置于页面右上角。迪斯尼将这种形式称为"大印象"。这种设计的美妙之处在于因为迪斯尼广告就在右边，与显示器上的其他资料并不冲突，可在那保留一段时间。但是因为广告位于右边角落，可能被忽略。毕竟人都是从左往右看的。

弹出式广告

一些广告毫不犹像地向你迎面扑来。所谓的弹出式广告出现在另一个窗口，只要网页一载入就会在显示器上弹出。这些快速的连接称为"丰富媒体"在线广告，因为这类广告使用动画、声音和视频流。标题广告可以涵盖"丰富媒体"，并且近来越来越活跃，而动画内容在弹出式广告中的应用也越来越普遍。这些活跃的广告更具侵略性且难以忘记，因为它们总是要弹出来并且只有点击才能关闭。弹出式广告最初用于汽车制造商、消费品公司和电影工作室作为打造品牌的工具。但是很多人甚至在看到广告前就禁止显示器上弹出方框。就因为弹出式广告的侵略性，它们可以令人讨厌到难以置信的程度。弹出式广告还经常减缓你要看的网页下载速度。

电子邮件广告

因为接收者必须预定接收邮件，营销人员确保了较高的客户命中率。响应率可以达到5%~15%。从正面来说是电子邮件营销已经证明是有效的低成本的吸引新客户的方法，没有邮寄费，不需要收取和投送。但是，随着电子邮件激增，客户接收的信息量也水涨船高。对我们的挑战在于保持高响应率和低退订率。

来源：来自Jennifer Rewick，"Choices，Choices"*Wall Street Journal*，April 23，2001，R12。

不管什么情况，一旦站点引起了访客的注意，下一步就是要引起他们对于所展示的产品的兴趣（interest）。这种展示就像诱饵。快速的反应时间和易于导航决定了指引访客选择产品速度的不同，而信息催生了对站点的兴趣。网站要不断更新以提供引起访客兴趣的兴奋点。

兴趣阶段后就将引领到下一步——建立行动的愿望（desire）。导航过程中的交互将产生继续看下去的愿望或者离开。在大多数情况下，访客不断来回点击，在决定前反复观察、评估产品。决定后就立即采取行动（action）——下订单或销售，就像完成填写在线表格一样容易。一旦完成，访客就会点击按钮，发送电子邮件表格给公司进行处理。收到表格时，公司就会启动营销过程的履行阶段。

275
～
277

促销产品需要一个长期的网上展示，许多线下品牌并不总是能搬到网上。一种促销策略是把线上和线下营销以一种一致、持续的方式结合起来，多种媒体的信息可以共同发挥作用。

由于网民忽略在线营销，做广告的商家只有努力创造新的方式。其中的变化如下所示。

- 更聪明的广告。由于网站使用改进型的追踪软件以确定网民属于哪类人，他的喜好和憎恶等，从那里网民看到的广告能更好地匹配他们的兴趣爱好，其中一些甚至要求网民推荐他们喜爱的产品；
- 使弹出式广告在网民眼皮底下突然出现在显示器的中间。一些公司设计出占据整个页面的巨幅标题广告，另外一些甚至在站点关闭后反复出现在网站的其他页面上；
- 做广告的商家创立了他们自己的含有大量信息的网站，他们相信如果在讨价还价中提供免费内容会更容易使网民阅读或听取销售广告。

9.4.6　个性化

网上营销中的第5个P是**个性化**（personalization）。这项技术结合了两个P——促销和产品——从而使得客户能接受个性化的信息或访问为他们定制的主页（例如在客户的显示器上显示他最喜欢的股票指数）。个性化在电子商务中的作用不断增加。个性化软件提供了一对一的产品和服务推荐并直接访问个人相关的新闻。个性化还为客户关系管理（CRM）行为搜集所有与用户兴趣相关的信息。下面3个概念构成了个性化信息表示：

- 根据用户知识水平给出详细的技术描述；
- 适应客户兴趣而定制的产品描述；
- 针对相关信息的数量满足客户期望。

重要个性化规则

在线个性化是一个新领域，其实践也是一门新的学问。凭借该领域的相关经验，已经建立了一些针对这块专业化领域的共同规则，值得关注的有以下几条。

- **避免对个性化的抵触。**客户不喜欢填表格或参与有关他们自己或产品偏好的调查，使用更聪明的办法一点点引导他们。
- **考虑任何信息的来源。**来源有数据仓库、数据库和对数据仓库开展的数据挖掘。
- **通过表格或类似程序表达用户的偏好。**
- **以各种可能方式关注隐私。**客户如果相信你，是不会介意分享个人信息的。你最不能承担的事情就是与别人分享他们的信息，或者出卖这些信息。
- **努力从每次行动中学习。**从客户的行为中思考推理研究挖掘，以便将来之用。一个满意的客户是通过上次有效的活动展现出来的。

278

- **通过询问一系列问题快速开始个性化关系。**
- **销售个性化的优点。**这可以在询问网民的要求后完成，然后证明你的个性化环境是怎样满足他们的需求的。

- **用户告诉你他们的喜爱厌恶会使他们的生活更轻松**。提供简洁的选择题列表，这样客户心情好时能快速完成回答。
- **确定个性化环境建设方面没有延迟**。对客户来说，没有比不必要或讨厌的延迟更糟糕的事了，尤其当他们得知界面个性化后。

大多数个性化界面将一些人工智能加入因特网营销。例如，如果你访问Hallmark的网站，数据库就会存储你访问过的信息，从而提供个性化的免费服务，如发送即将到来的家族成员生日的通知。亚马逊网站也有类似服务。在你第一次访问后，主页就会以名字来问候你，并提出你的信用卡号来确认。当你仔细考虑一本书时，该网站会提供来自你认识的人或读者关于这本书的评论信息。

这才是真正的个性化，将推广与产品交叉结合起来并强化了这两个过程。

9.4.7 营销启示

在导致买或不买决策的信息控制和访问方面，权力已经从商家转移到了消费者。消费者已经获得了我们今天称之为*知识*的额外权力。在这个知识的核心是任何人随时可得的信息。不管什么时候、什么地方，消费者可以访问任何题材的信息。消费者现在主动参与并获得了曾属于营销人员业务范围的工作。过去，消费者仅局限于购买和消费。现在，他们能在自己家中设计他们想要的产品。技术正在改变营销博弈，并改变营销人员与消费者做生意的方式。

权力转移后的另一个营销启示是今天的在线商家必须采取独特的因特网营销策略。这样的营销策略也遵从以下这些常识规范。

(1) 内容。不要用不必要的内容或细节麻烦你的客户。站点要简单并抓住要点。

(2) 动态吸引人的站点。运用技术制定个性化信息以适应访客的情况，从而使网站更吸引人。

(3) 品牌。商家的网站应该是他最重要的品牌。从标题广告到按钮、链接、图像、文本、音频和视频等元素应精心设计，网站是公司的门面。

(4) 抓住要点。简洁、清晰和易于导航是要牢记在心的网站重要判断标准。客户讨厌混乱，不会有耐心阅读大量文本。信息的段落要短，长度最多不超过几页。

(5) 推广。不要指望客户会因为你拥有某种商品而排队访问你的网站。要通过报纸、电台节目、邮件等各种媒体推广你的网站。

(6) 在线活动。像为热门商品提供新产品特价或两天内的折扣这些活动都能使客户了解你的存在，尤其是当这些活动在站点主页推出时。

(7) 免费礼物。这是对忠诚的顾客的鼓励。亚马逊网站有一项计划，评判客户的访问频率，并为那些突然停止订购的客户推荐一系列诱人的礼品。

(8) 一致性。网站页面的外观上和总体流程上应该保持一致性。内容也应该以一种易于遵守的格式分配给各页面。

9.5 怎样进行形象宣传

因特网上有数百万的网站。你只是初来乍到，怎样进行形象宣传呢？你的网站多快获得点击？你怎样在网络上的其他地方推广你的网站？一位营销同事曾经评价说："一旦你找到能有效运作的东西，就不要改动。"显然推广网站要制定计划吸引别人的注意、让人感兴趣并使感兴趣的客户来访问。除非访客知道哪里可找到你，清楚他们为什么要访问你的网站，否则访客是不会来的。要找到产生流量的方法，可登录www.submit-it.com。推广网站的目的不只是获得更大的点击量，而是要创造业务增加盈利。

9.5.1 在自己的站点上推广自己的站点

自我推广开始于你的域名。大多数域名都是提醒访客关于产品（例如IBM）、创始人或一些鼓励点击站点（如IBM）的事情。增加点击量的一个方法是鼓励回头客。随着时间推移，访客会逐渐感受到稳定性、可靠性和产品服务的可用性。

很多初涉其中的商家会安排一位软件开发者在访客启动软件时分配带有标志（商标、商号、公司名、徽章等）的浏览器。这类推广可以向已有的客户发送电子邮件邀请函，只要你是前几位访问站点就提供礼品或特价。其他方法包括广告交易、接受付费广告、寻找赞助商或协商互惠链接。例如，银行通过网站收到无法处理的有关贷款的咨询时，会通过主页上的按钮直接链接到指定银行完成后续工作。如果后者发放了贷款，引荐的银行就可以凭借之前的处理安排收取佣金或中介费。

注意，单纯的点击率不能告诉你以下几个方面：(1)有多少台电脑访问了站点？(2)来自用户的电子邮件反馈；(3)一个特定文档被访问的次数；(4)来自同一地址的回头客的人数；(5)用户在站点花的时间；(6)电话来源的地址；(7)请求所有网页的频率。大多数ISP能提供正确评估点击率的信息。

更新网站内容对吸引回头客很重要。每次加入一些新东西，就要通过你的站点、电子邮件或其他能有效运作你业务的来源重复声明。一个在每个页面上加上"最新信息（what's new）"的按钮是增加流量的有效办法。另一个值得考虑的领域是与你的访客分享任何公司收到的来自媒体的奖励和赞誉。换句话说，吹起你自己的号角，这要比在当地开新闻发布会有效得多。这是对你的可靠性的佐证，能带来回头客。

那么推广用的礼品、比赛和游戏的作用如何呢？在这些营销工具的背后的根本目的是提醒访客你在哪里。可以通过提醒他们将来的推广活动及他们将得到特价商品的时间来诱导他们。访客需要一个回来的理由。发送邮件提醒访客何时会有新的游戏以及如果他们在比赛中赢了的话何时能看到。这一动力可以使访客向其他可能访问你站点的人宣传这个消息。

9.5.2 在万维网上推广站点

搜索引擎和目录是用来在网络中定位站点的最常用的工具。一个**搜索引擎**（search engine）是基于关键字的组合用逻辑搜索查找你所要的站点的程序。**目录**（directory）类似传统的电话本，按特定分类组织的列表，例如黄页和白页。有时一个特定标题能返回数百个匹配项。一些搜索引擎会按该站点是你所寻找的概率（如85%）列出头10个站点。

记住即便最好的搜索引擎最多只能查阅数亿网页中的35%～40%。Lycos使用名为**蜘蛛**（spider）的自动程序，用来探索网络、搜索关键信息并存储在巨大数据库中的程序。相反，著名搜索引擎雅虎则要求你提交信息纳入到数据库。

不管你的网站被纳入到哪里，都必须突出于其他站点。你希望你的站点置顶，因为大多数网民在离开前只会点击前三到四位的网站。对关键词的选择也会产生区别。如一家商业银行将42个关键词放到主页上（商业、小额贷款、个性化、快速服务、以人为本、独立、学生贷款、低利率等），让员工集思广益选出最好的关键词是个有效的办法。

在网上能找到至少25个主要的目录和搜索引擎，其中较受欢迎的列于表9-2。注册过程很简单，在线填写你的名字、URL地址和简单的描述等就可以了。以一个迈阿密银行为例，写的是："客户为本，提供全方位服务，由于高质量服务、安全性和偿还能力而得到客户高度赞扬。银行为Dade镇的居民提供了全自动服务，设置了大厅和分行提供快速的彬彬有礼的服务。提供年度对账单。"很多搜索引擎会限制关键词的数量。一些站点只允许单独的URL地址、描述和关键词。有的允许使用几个页面，只要描述、URL和关键词不同。

281

表9-2　搜索引擎和目录

encarta.msn.com	百科全书入门
newslink.org /mag.html	杂志论文
newslink.org	报纸文章
www.barnesandnoble.com	出版的具有版权的书籍
thomas.loc.gov	美国联邦法律
www.healthcentral.com/home/home.cfm	医疗信息
www.searchmil.com	军事信息
www.yahooligans.com	适合于儿童的资料
www.clrn.org/home	儿童软件

在建立站点前是否应该向搜索引擎和目录递交你的地址呢？大多数情况下，一家新的在线公司应该在启动前确保站点的设计毫无缺陷。很多东西尤其图片可能会歪曲。一家客户机构为了达到满意设置网站内容、布局、色彩等又花费了一年多的时间，随后总裁决定最好就将站点连夜载入因特网。他这么做了。几天之后，一个客户打电话告诉他出现在她的显示器上的是一张多么差劲的图片，而且花费了多长时间才下载。站点还包括了一些文稿和其他错误，但这些问题在公司最后一次Web委员会会议上都没有人发现。

9.5.3　在因特网上推广站点

推广网站最常用的方式就是使用电子邮件联系注册的客户并提醒他们站点的新内容。更小的公司或商家可以使用一种自动服务，在网站改变时允许访客索要邮件。

另一种为网站做广告的方法是通过新闻组或邮件列表。新闻组可以检验站点的可用性，邮件列表的讨论里包括了站点的存在，使你的URL地址遍及各处。检验一些经常访问话题的新闻组的细节。大多数新闻组只允许新的或刚修改过的网站地址，有的新闻组（地域性的、面向事件的或行业相关的）可能适合你的业务或产品的类型。通常，大多数他们的地址以".announce"结尾。在List（www.list.com）中能找到新闻组的列表，在任何一个这些站点上，在你的通告或新闻发布中添加照片、视频或声音文件都能让你网站增值。

比较新的因特网上联系客户的方式是移动营销（M-marketing）。无线广告在这里成为现实。随着以地域为基础的技术的发展，无线设备的广告正在增长。无线广告体现了效率、个性化和便利性，使得消费者无论在什么时间、什么地点都能利用广告销售的好处。

无线广告的一条潜在营利途径是无线黄页。在这个设计中，我们将广告加入到黄页中。例如，用户可以浏览无线黄页确定一家中餐馆的位置。一旦用户收到所请求的信息，内容会随着链接到此内容的特价或折扣信息一起出来。

282

正如我们从移动营销中获得的体验一样，我们将认识到做广告的商家、客户和服务供应商都将获益。做广告的商家通过接触更多的目标客户而增加了销售机会，无线客户在合适的时间收到合适的广告而节省了时间和金钱，对客户而言这也是高度个性化的体验。对于广告空间的卖家来说，这意味着额外的利润流和对会员的增值推广。

9.6 把客户吸引到站点

电子商务正在高速发展。在线商家销售从游艇到尿布的所有东西。一家单独的网站是怎样在广大的因特网中吸引客户的呢？很多情况下需要有效的营销和大量的预算。尽管如此，在离线广告和在线广告、广播节目和在线标题广告之间，迟早你的站点会变得知名，访客将会开始进入。

9.6.1 一般性指南

吸引客户到你的站点来需要做到以下各项工作。

(1) 保持站点的时效，这样访客才会持续回访。站点登入网络几个月后，商家很不情愿做出改变，他的观点认为露个面就是目的，不值得花钱去更新。结果，点击量和业务量开始缩减，这位商家的在线业务就这样慢慢萎缩了。

(2) 提供免费信息或产品。不管喜欢与否，客户倾向于涌入施舍一些东西的站点，像鼠标垫这类很低廉的礼品能就留住客户。只要访客注册，下次访问时以名字问候他们能很好地起到强化作用。当他们订购东西时，他们不需要重新键入之前访问中提供的信息。

(3) 采用设计用来辅助客户作出最终决定的交叉销售策略。例如在像亚马逊这样的在线书店中，在购买某本书之后为客户提供同一作者的其他作品或其他客户购买的同名书。这种营销技巧也适用于其他在线业务。

(4) 确保轻松快速的导航，并加入根据客户过去的购买经历预测客户需求的技术。这称之为客户建档或个性化（profiling/personalization）。网站应该设计得不管访问什么信息都不需要超过3次点击。

(5) 引入事件营销。在线商家网站的特别活动能吸引新的客户并鼓励回头客。一天Victoria's Secret在因特网上播放了其时尚现场秀，用Real Player来传输流媒体，活动当天每小时该软件的下载量超过了250 000份，这个想法获得了巨大的成功。不过不幸的是，这项技术不是为实时媒体设计的，结果服务器瘫痪了。

(6) 招募会员企业。网站拥有者可以成为在线商家的会员，通过宣传商家产品收取费用。亚马逊有大约260 000个这样的会员伙伴。在这些会员站点上进行的任何销售都要支付5%~15%的佣金，不过附加的曝光是免费的。

(7) 尝试病毒式营销作为吸引注意的工具。要为他们的企业提供安全保障，你需要赢得消费者的信任。除了把他们当作朋友还有更好的办法吗？

病毒式营销鼓励人们传递快速传播的营销信息。当你允许消费者推广你的业务时，就要通过电子邮件发送消息，并且迫使接收者想要把它传给他认识的每一个人，就像一个病毒——通过感染传播。被传播的人总能带来利润。

病毒式营销是低廉的，你能够触及大量的人群并建立你的声誉。你也可以与其他营销方法结合起来。尽管这种营销方式还有缺点，有点像标题广告，但问题在于数量爆炸的潜力将总有一天变得像垃圾邮件一样。现在，大多数病毒性活动针对高校学生，直接发给他们的校园电子邮件。这本身也引起了对于隐私的担忧（参见方框"为什么我不完全讨厌病毒式营销"）。

为什么我不完全讨厌病毒式营销

周末，我在公共广播的周末美国栏目做了一节关于在线病毒式营销的节目。尽管我们之中大多数人认为广告是极为邪恶的（或者宽容点说，必要的邪恶），于是出现了关于病毒式营销的有趣的悖论——它同时又是令人跃跃欲试的和令人着迷的。从那个意义来说，病毒式营销引入了关于我们如何对待媒体、我们如何相信幻想和仍然坚持真实性的概念的复杂话题。有时病毒式营销莫名其妙地使人上瘾（例如Subservient Chicken），有时又像是注视着你的父母跳舞（例如Raging Cow）。

以下是一些在线病毒式营销活动的链接。

Subservient Chicken-Burger King（www.subservientchicken.com）。尽管不是第一个，但该网站却引发了这种潮流，也创造了新的事物，包括Crystal Clear的Ask Crystal Show和Subservient President。

Chicken Fight-Burger King（www.chickenfight.com）。Chicken Fight试图跟上Subservient Chicken的踪迹。这是一个两只鸡之间的拳击游戏。相当愚蠢。

Raging Cow-Dr·Pepper（http://blog.ragingcow.com）。Dr. Pepper列举了6个写博客来推广一种新的奶制饮品Raging Cow的年轻人。奇怪的是，这些博主是没有收钱的，但是他们喜欢谈论产品——显然是说客的先驱。

来源：摘选自www.fimoculous.com/archive/post-783.cfm，March 5，2005。

你怎样产生你的网站的推荐者？首先，你允许访客发送指向你站点上一个网页的链接给朋友，并推荐你站点上的一个产品给朋友，给他10%的折扣。其次，你允许你的电子邮件信息能被重复发送或由其他网站转发。最后，从你的站点提供一些免费的、访客愿意与他们朋友分享的东西（例如游戏和应用程序等）。一旦使用，这一过程就会以几何级数快速成长并为大众跟风。见www.brillianceweb.com/betterwebdesign/tips_60.aspx。

这一指导方针阐明了管理内容质量的重要性。消息管理对在线营销机构的意义就像生产质量对于工业团体一样，重点在于提高消息的价值和写作质量。对主要在线机构，这意味着应用于内容质量、实际开发过程以及实施过程的一系列策略性原则。方框"管理网站内容"包括了消息生命周期概要。

284

管理网站内容

去年，随着越来越多的机构将网站内容看作是财富而不是商品，网站内容变得越来越成熟。渐渐地，越来越多的机构开始将内容放在首位，技术其次。尽管如此，我们还有很多工作要做。管理网站内容可能是一种痛苦的经历，不过仍值得坚持，因为我们还在进步。

缓慢的改变有时可能是最好的改变。内容是一种交流的形式，而交流是机构要做的最基本的事，因此改变我们交流的方式是一项意义深远的事。

将内容摆在第一位、技术第二位的管理者将会有一个美好的2005年；像编辑一样思考的管理者将会有一个美好的2005年；将读者摆在第一位的管理者将会有一个美好的2005年。

把网络内容作为真正财富的兴趣在2004年变得越来越大。现在我看到机构在高质量的内容上的投资和由投资带来的高质量的成果。越来越多的机构提拔或雇用了专业编辑。在那些网络发挥作用的机构里，编辑正在替代高层人员。这正是未来网络内容管理的方向。

来源：摘选自Gerry McGovern，"Web Content Management: Coming of Age in 2004"，www.marketingprofs.com/5/mcgovern33.asp，January 11，2005。

9.6.2 文化差异

文化差异在网站展示什么和营销怎样适合当地客户等方面发挥着一定作用。以获得高度成功的Kellogg的英国电视广告为例，广告中一个穿着Kellogg T恤的小孩展示了产品中的维生素和矿物质。这个广告在荷兰却被禁播，原因是广告中宣传维生素和矿物质的成分会被认定是有药物疗效的，而它们在荷兰是禁止的。同样的广告在法国也不允许因为法国法律中禁止使用小孩做产品代言。

要考虑的一个问题是当地的习惯和在线营销怎样适应这些习惯。例如，一家美国旅馆可以提供宠物许可的预订服务，因为对美国人来说出行带宠物是很平常的。尽管如此，如果网页翻译成阿拉伯语，拥有宠物选择权就没有任何意义，因为阿拉伯人是不可能带着宠物旅行的，不管美国的旅馆怎样。亚马逊就是一家尊重当地习惯的公司，其在德国就是Amazon.de。这家在线图书销售商使用了德国域名，管理公司的也是了解本地文化、知道怎样在德国开展业务的德国人。

一个计划在国外扩张的公司必须了解当地风俗、习惯和行为方式，访问当地网站了解他们怎样做生意，这包括色彩的使用、标题、大小和链接形式等各项网站设计。如果你要长期开展业务，考虑雇用当地人才处理客户服务。文化差异的信息来源之一是人群差异美国论坛（National Forum on People's Differences，www.yforum.com），这里提供了对各国文化中独特差异的回答和解决办法。这是规划在线事业的良好的出发点。

9.6.3 预测购买行为

全世界的消费者可以不分昼夜，一年周而复始地在线购物。预见到因特网会产生超过6 000亿美元的销售额，在线商家可能不知道怎样在网络上进行营销。关键问题是哪些因素影响了在线购物？各种各样的来源可归结为以下各电子商务的方向和潮流：

(1) 相比于全美总体人口结构，在线人口结构更年轻，教育程度更高，更富有；

(2) 大多数在线消费者是白人，并且据调查每周在家上网花费时间多于20小时的超过40%；

(3) 最常规的使用因特网的方式都是为了工作或在工作时；

(4) 在家使用因特网都是看新闻或娱乐。

毫无疑问网络消费者在线消费或使用在线服务都是为了节省时间。网站应该使购买商品更便利（像亚马逊的单击购买方式），付账过程更顺畅，并且准确无误。客户相比节省花费更注重节约时间，这点可能是成功的在线商场提供的最关键的好处。

在线商家在引进一件新产品时应该谨慎预测购买行为。例如，在2005年2月，卡夫公司为它的网站引进了部分打磨过的蛇、鸡或松鼠形态的水果味糖果。公司认为这些糖果可爱新奇，一定能震惊儿童食品市场。

结果适得其反。新泽西州防止动物虐待协会（The New Jersey Society for the Prevention of Cruelty to Animals）将该产品看作会助长虐待动物倾向，并考虑在卡夫撤去Trolli网站动画广告前联合抵制并将这种糖果逐出市场（www.cnn.com/2005/US/02/25/roadkill.candy.ap/index.html）。

9.6.4 个性化

想象一下浏览一个销售图书的网站。它热情招待你，不出意外地罗列出上次你买的两本书。站点接着为你一直想买的一本书提供特价优惠，你被特价打动并点击了提交按钮。两天之后书到了，你的维萨卡或万事达卡已经处理好支付事宜。这种营销（也称作一对一营销，建档或个性化）是未来的潮流。因为这种营销方式满足了个人的需求，其想法在于搜集消费者信息从而在正确时间发送正确消息。

　　个性化的第一步是识别。信息技术或数字认证都能用来识别或鉴别客户，因为它们包含了用户的信息，常常存储在浏览器或智能卡中。识别之后，服务器会查阅数据库中用户的个人信息，确定他的购买特点并推荐吸引人的产品、信息或服务给客户。这类自动服务推进了区别化，意味着根据每人具体情况对待每个消费者。商家的系统以各自独特的方式满足了每位客户的需求。数字技术可容易地在网站上追踪客户、在数据库中存储他们的信息、确定特价优惠等。

　　万维网不是一个大众媒体，而是一个个人化的媒体。不同于电视、报纸或广播这些发送给大众观众的媒体，网络是持续发送的，并带给每个到站点的访问者不同的体验。使每位客户的体验个性化——给予你的内容或产品一个定制的视角——用来吸引客户把他们自己和他们的习惯等个人信息提供给你，这些数据再通过数据库进行分析和建档。这种转换过程并不便宜，不过当个性化发挥作用时就会证明是很值得的。个性化也能锁定回头客并促进长期的客户关系。

　　有3种为网站注入个性化的方法：关键词、协作过滤和基于规则的个性化。在基于关键词的个性化中（见www.my.yahoo.com），在网站上为客户提示一系列分类的信息。在他们注册点击一些类别之后，会提供这些类别的信息以便将来注册产品或服务。这是一种低廉的直截了当的发送个人经历的途径。用户的名称和密码与他们之前访问时输入的一系列关键词进行匹配。链接到这些关键词的数据不断转换成一种嵌入到HTML的标题或其他细节的格式。

　　在协作过滤中（如www.netperception.com），在程序向访客做出推荐前，将用户输入的东西进行匹配。这一过程使用一个用户数据库，类似于关键词系统，不过含有大量的人口统计信息（年龄、性别、教育程度、经济情况等）和详细的用户偏好，再与数据库中其他用户的偏好进行比较。在显示最终推荐前与人口统计信息进行对比。这种方式要更昂贵，并需要大量来自人口的信息才能使做出的推荐更可靠。光这种软件本身就要至少50 000美元。

　　在基于规则的个性化中（见www.multilogic.com，www.kodapicturenetwork.com和www.broadvision.com），系统将用户输入的信息与一组用户的行为规则进行对比。如果你输入你是一个退休人员并希望到一个住宿比较便宜的地方去旅行，网络会建议亚美尼亚或乌兹别克斯坦。与协作过滤类似，这种软件还是很贵，安装和维护也要时间和技术。从人们那里搜集的信息越多，所用规则产生的推荐就越准确可靠。

　　在协作过滤中，先聚集用户的偏好然后寻求产生答案。在基于规则的个性化中，要在程序提出随后用来产生推荐的规则之前获得大量数据。

移动代理（mobile agent）

　　早期的在线零售商将先进的技术看作银弹，并且坚信只要电子商务建立，客户就会涌入。今天网站中的幸存者都学会了重视吸引客户到站点来和使他们满意这些基本点上。当前的趋势是将网络行为与传统的实体操作结合起来，同时持续推动无线和网络的个性化。

　　其中一部分潮流是移动代理和人工智能（AI）软件的出现。移动代理是在网络上移动的自治的、智能的程序，代表用户进行搜索与互动的服务。AI通过追踪行动的模式来模拟真实生活中的消费者行为。

移动代理如同代理部门的活动成员，具有"收拾行囊继续前进"的本领。移动代理不仅是自治的而且适应能力强（学习性），是面向目标的、协作的、灵活的和活跃的。这些代理的最新的关注是谁真正拥有信息，并且正在开始改变电子商务和电子业务的形态。

正如我们看到的那样，移动代理正在改变网上世界。关键问题是移动代理是合作伙伴还是掠夺者。eBay因为赢得了针对第三方的掠夺性搜索代理或者智能代理的法律诉讼，而在1999年登上了头条，这种代理能访问卖场站点、搜索产品满足客户需求、通报客户价格及其他特殊要求。这正是购物代理所能做的过程，从各数据库搜集信息、推荐产品和商店，提供最优惠的价格。

eBay的反应证明了代理是掠夺者而不是伙伴。尽管法庭已经判决，但第三方公司仍然在评估eBay立场的合法性。不管怎样，智能代理可分成很多类，执行了大量解决问题的工作，如计划、谈判、诊断等等。就像前面提到的，他们回答并显示电子邮件信息，像一位秘书一样接听电话，甚至向老板提供他或她怎样有效工作的建议。

9.7 追踪客户

从网上营销的观点来看，将访问者吸引到站点只是第一步。接着要追踪他们的行动并确保尽可能多的访问者转变成购买者或回头客。因为这个原因，网上营销人员需要对影响网站的行为——谁在访问站点、页面的点击量、访问者人数、购买的人数和类型、访问者的表现和怎样强化或影响消费者的行为——有快速的洞察力。客户的追踪是网络营销的未来，这让营销人员获得关于客户包括人口统计信息和未来可能的交易的重要信息。

一些程序、利益和问题都与这个不断成长的管理客户需求和预期的需要相关。所有迹象显示，通过无线广告进行客户追踪正在快速增长。当体育用品零售商GearDirect.com给1 000位客户发出无线广告时，其网站的访问量增加了50%就证明了这点，其中一些甚至访问了该公司的实体商店。昂贵而有限的手机屏幕仍然是限制因素之一。更多细节见www.aef.com/06/news/data/2000/1719。

9.7.1 收集网上数据

有3种收集关于网站访客数据的主要方法：日志文档、表格和cookie。以下针对每一个做了简要说明。

1. 日志文档（log file）

日志文档是网络服务器中的文档文件，进行追踪域类型、访问时间、所用的关键词和所用的搜索引擎等信息。例如关键词告诉了商家当访问者来到网络时他们寻找的是什么。

2. 表格（form）

注册或购买表格是两种最主要的搜集网站访客信息的方法。他们获得客户提供的个人信息（名字、地址、出生日期、性别、邮政编码、电子邮件等）。网络零售商在网站主页上加入链接和文字说明并通过表格获得访问者的喜好。与客户的互动越多，就能得到越多有关他们品味和偏好的信息。

3. cookie

正如第8章提到的，cookie指当访问者访问一特定网页时发送给访客浏览器的一小片信息。当这些信息到达时，浏览器就会把它存储在硬盘上。访问者回访网站时，一些存储的信息就会与新的需求一起被送回商家的网络服务器。这些信息告诉了零售商谁是初次访问者和回头客回访网站的位置。基本上，cookie是无害的。一些cookie有过期时间。当期限到了，访问者的浏览器就简单地将其从硬盘上删掉。有过期时间的cookie大都称为持久cookie。只要浏览器保持打开就一直持续的cookie称为会话cookie。当浏览器关闭时，会话cookie就会消失。

不管你怎么看，cookie让很多人不舒服，它侵犯了个人隐私。不像电子邮件，cookie隐藏在访客视线外，使得商家面对的是一个个用户而不仅仅是机器。不过，仍然有很多东西cookie不能向别人说明：是否有不止一个人使用同一台电脑访问了网站和这个人的名字、年龄、访问网站的位置等。

9.7.2 点击流数据分析

当访问者进入一个站点，他们的点击留下了痕迹，这类信息称之为**点击流数据**，包括了帮助观察者了解访问者怎样浏览站点和为什么要浏览的任何度量方法。今天几乎每个网站都以一种或另一种形式搜集和评估点击流数据。这些数据能用来学习怎样设计对客户更友好的站点，在哪使用因特网广告资金，怎样成功运作网上营销活动，甚至怎样进行网页的个性化。

点击流数据能指出客户行为的核心。在线零售商开始分析点击流数据以了解为什么客户会过早离开网站和放弃他们的购物车。这些数据随后会与来自其他购物车的类似数据进行比较以确定以下各项：

(1) 在放弃的购物车里的产品是不是高利润或已经过时；

(2) 放弃的购物车中产品的价值；

(3) 放弃的购物车中产品的数量；

(4) 放弃的购物车中不同产品类型的数量；

(5) 相比于那些已经付清货款的，放弃的购物车中产品总的价值和平均价值。

客户满意度是在线零售商最敏感和令人满足的目标。基于这些发现区别对待客户一定能改进客户满意度。帮助零售商分析点击流数据的软件包就能为他们做到这一点。不像大多数用不包含任何营销信息的琐碎数据淹没你的网络服务器日志分析包，ClickTracks关注的是直接在你网站网页上的访问者类型。这是一种新的日志文档分析方式，使任何人都能一目了然地理解访问者的行为。访问者点击哪里、他们在每个网页逗留的时间和他们何时离开站点都会立即呈现。标记的访问者无论他们在多远操作都会在站点中以图形形式突出出来。

通过一系列研究，要追踪的一般数据包括以下各项：

(1) 访问者在哪里初次登录站点；

(2) 访问者是怎样得知站点的（敲入URL地址或物品名称、点击标题广告等）；

(3) 访问网页的数量和次序；

(4) 购买的每种产品的数量和花费；

(5) 访问者在每个页面及整个站点逗留的时间；

(6) 每次访问的话费；

(7) 访客离开站点的位置。

这些只是指导方针，因为关键是确定网上商家认为哪些信息对营销业务计划真正重要。点击流产品的一个典型例子就是Double Click，它能把网民的在线数据（如IP地址、操作系

290 统和访问过的站点等）与离线数据（如名字、地址和从各分离的数据库中得到的客户购买历史数据）结合起来，并以相当的精度瞄准客户。从营销人员看来，这个过程充满吸引力。该技术能告诉客户在因特网上去过哪里和正在去哪里。如果网络能用作调查设备，那么营销机会将是无穷无尽的。

9.7.3 电子情报的可靠性

显然网上营销不只是建立一个吸引人的网站，其目的在于识别和挽留回头客，尤其是购买高利润产品的顾客。这需要电子情报或信息帮助商家了解他们的客户是谁以及怎样诱导他们购物。这正是人工智能被用来挖掘网络以回答人们疑问的地方。（参见方框"电子情报的商业案例"）。

电子情报的商业案例

电子情报系统为内部业务用户、交易伙伴和公司客户提供快速简单的访问电子商务信息、应用程序和服务的接口，使他们能有效地开展竞争并满足客户的需求。电子情报系统为机构在利用因特网方面提供了大量的商业好处：

(1) 将电子业务操作整合进传统业务环境，使最终用户对所有公司业务操作和商业信息有个全面的认识；

(2) 拼接从机构的电子业务应用搜集来的准确一致的电子业务信息并汇总整合，帮助商务用户做出明智的决定；

(3) 辅助建档和分割电子业务客户的电子业务应用，以个性化的实际显示的网页、产品和服务通过网络接口提供给客户；

(4) 将商业智能环境穿过公司防火墙延伸到交易伙伴；

(5) 将商业智能环境穿过公司防火墙延伸到主要的公司客户；

(6) 将电子业务应用与商务智能和协作处理应用连接到一起，允许内部和外部用户在不同系统间无缝移动。

电子情报的要求包括：

(1) 个性化定制信息、应用、服务和通过因特网提供给消费者和客户的产品的一对一营销分析应用；

(2) 度量和分析因特网作为销售、营销、服务渠道的成功之处的渠道和跨渠道的分析和活动应用；

(3) 促使机构能与贸易伙伴一起工作，从而优化产品供应链以满足通过因特网销售的产品所要求的供应链的分析应用；

(4) 由内部和外部网络用户提供的确保安全和访问管理的简单集成的电子情报网络接口和应用满足机构业务信息、应用和服务的需求；

(5) 伴随着消费者和客户通过因特网与电子业务系统的互动，需求驱使的商务智能聚集与分析，以及实时决策与推荐。

来源：摘选自Colin J.White，"Leveraging the Power of the Web Using E-Intelligence." Database Associates，Inc.，1-15。

仅有点击流分析工具并不能清晰说明网站访问者的很多行为信息，还需要知道以下信息。

(1) 什么网站内容最频繁地促成人们在线购买？

(2) 为什么人们放弃他们的购物车离开？

(3) 网上销售相比于其他销售渠道怎样？

最后，我们应该小心所搜集的数据中有哪些是可靠的。不同的日志分析工具会产生不同的结果，缺少相应的行业测试标准。日志分析软件商对如何处理公开访问者、错误、搜索引擎等都有他们自己的定义。仍然存在关于怎样识别一位特定访问者和计算访问量的问题，是通过cookie？还是IP地址？更糟的是，数据搜集软件经常出问题，损害了从流量分析中产生的数据的精确性和可靠性。

9.7.4 购物代理的作用

自从在线购物产生，就一直在寻求帮助客户找到最优的价格。尽管在线购物比传统的购物方式要快速，可客户仍然不想为了买一件特定商品而花费太多时间浏览各站点。出于这个原因，人们创造了**购物代理**（bot），它的软件会搜索几个站点并把每个站点对同一件产品的标价以及最好在哪里购买等消息告诉你。购物代理是讨价还价高手们的梦想。消费者确定一件商品、设定一个价格、付与购物代理搜索任务，将其送入虚拟空间。结果是找到以最优价格销售的消费者喜欢的商品。

自从网络业务开始以来，购物代理就是网络的一部分。历史上，购物代理技术第一次出现是搜索引擎用来确定网站位置的蜘蛛和爬虫的形式。最近，这种技术变得更聪明。购物代理驻留在网络服务器中。首先，购物代理试图了解你的偏好和特殊需求，然后他们开始为你工作，像告诉购物代理"嘿，我想找一辆行驶不超过50 000千米的2001年宝马325i，花费不要多于5 000美元。完毕。"

购物代理是否威胁到了正在变化中的数字市场中的网上商家微小的立足点呢？关掉购物代理会剥夺商家重要的访问者——购物代理能推荐商家的产品，因为超过80%的在线购物者在购买前会进行比较。像购物代理这样的搜索比较工具是寻找廉价商品最完美的方法。购物代理也为大小网站给予了平等的准备时间，这既帮助了消费者也帮助了商家。购物代理迫使所有大小规模的零售商保持价格的竞争力，从而帮助消费者。商家抱怨购物代理消耗了商家站点的带宽，这个可能成为一个大问题。每次来自购物代理的点击如同一个用户，可以同时产生成千上万的需求，经常是站点超负荷运转并减缓了其他用户的流通。

今日最新的购物代理要更聪明有效。它们在本地高速缓存（存储器）存储关于站点的成千上万种产品的信息，每隔3天更新这些信息，而不像老式购物代理10秒更新一次。购物代理可靠地聚集商家的信息，在休息时间进行搜索，并给予商家直接发送产品报价信息的机会，而不是针对每项需求编制链接到网站的渠道。购物代理也比较客户服务，寄送选择、担保等等。最后要说的是，给予客户一个满意体验的网上商家要胜过简单给予超最低价的商家。

291
~
292

9.8 客户服务

除了电子商务所有的积极和有前途的因素外，也一直受到这种业务特点的限制：自动化消除了购买者与商家之间的人际接触，没有人参与的生意很难让消费者满意。因为，任何改进买家与卖家群体之间的沟通的事情都将会建立起信任的桥梁并持续影响业务。最终，客户支持和服务将会增加盈利。

9.8.1　别招惹客户

客户所面对的没完没了的事情就是试图以最低的价格购买产品并获得最好的客户支持的担保、快速维修回复、最少的电话等待时间、数天内替换缺陷产品等等。不幸的是，如果客户支持要存在下去，商家必须能创造最小幅度的盈利。笔者记得一些这样的咨询情况，与卖家的洽谈达到这样的程度，卖家只能评论说"我不在乎以近乎成本价把我们的系统卖给你，但那时我无法支持该产品，或者说事实上无法支持整个业务"。在所有客户服务质量有保证的交易（离线或在线）中，价格通常都不是最低或最优惠的。

不考虑价格与客户服务的结合，因特网营销的首要法则是"别招惹客户"。应该改进物流以让客户保持愉快。从下订单开始到产品寄送出去，应该存在一个机制使客户了解订单的状态，在哪里转运？是否按计划运输？电话等待时间应尽可能少，通过对10 000个电脑拥有者的调查，花在等待技术支持的平均时间为17分钟。员工电话帮助热线每年花费全球软件公司花在服务支持的180亿美元中的110亿。

不管是什么原因和程序，电子商务中差劲的物流可以引发灾难。获取订单是很轻松的部分，而履行才是商家提升或摧毁客户满意度的地方。在为什么网上购物者回访商家网站的10个原因中就有客户服务的质量和水平以及在线配送，有经验的网上零售商知道他们需要一个很好的订单履行和配送系统（见方框"我订购了哪种物品"）。在大多数在线购物中，当客户启动一份订单，就自动引发通过电子数据交换或因特网从商家网站发送订单给配送者的过程。商家发送电子邮件更新客户订单的状况，要花多久？订单什么时候到？越来越多的商家提供客户在线追踪他们订单情况的程序。

我订购了哪种物品

对因特网购物者来说，从订购到实际付费也是个问题。当东西到这里时我不喜欢了怎么办？为了鼓励更多人点击购买按钮，越来越多的在线零售商，从ToysRUs.com到NeimanMarcus.com都将退还购物做得更加简单，一些公司会上门取回被拒绝的商品。在大城市中，Office Deport拥有自己的配送车辆可以转到你家取回你想送回的物品。

当在线销售的爆炸式增长逐渐放缓时，更宽松的政策出现了。一些公司开始更加关注挽留他们已有的客户，例如，通过启动更简便的退货政策来改进服务。一些商店推出免费退货作为挽留大客户的振兴手段。例如，Gap公司的BananaRepublic.com承诺对于持有本店最高级的信用卡的客户提供免费退货（那些每年信用卡消费超过800美元的人才享有这种权力），也为有尺码问题的服饰提供免费退货，以引诱那些特别担心合身问题的购物者。

因特网零售商退货政策的快速浏览。

- www.Zappos.com（鞋子），允许你在60天内以任何原因退回没有穿过的鞋子，他们付回程运输费。
- www.crutchfield.com（电子产品），支付回程费用并保证返还30天内退回物品的钱，无再储藏费。
- www.OfficeDeport.com，在大城市中，Office Deport的配送车辆可以转到你家取回你想送回的物品。接受30天内退货。
- www.amazon.com（亚马逊），接受大多数商品30天内退货，只有在退货是源自他们的失误时才支付回程运输费。
- www.Gap.com，通过邮寄或零售店可以在14天内退还未洗过、未穿过的商品。

来源：摘选自Jane Spencer，"I Ordered That? Web Retailers Make It Easier to Return Goods." *Wall Street Journal*，September 4, 2003, D1ff.

9.8.2 推销员和因特网营销

因特网营销的另一个重要副作用是习惯于控制客户接收信息的销售人员的作用在变化。出乎意料的是，客户通过因特网已经拥有那些信息。像房地产和保险业，有大量的销售人员抵制新技术的继续使用。例如，Nationwide Insurance计划使其18 000名业务员通过Siebel System 99客户关系管理套件使用网络，已经收到来自最初使用者的抵制。可以理解，大多数业务员来自"老式学院"，但公司没有选择，传统系统不再能实现从领导到业务员的传递，公司只有减少操作费用以保持竞争力。

很多其他公司试图使他们的员工相信网络改进效率并不意味着减少人际接触或替代销售部门。以Oracle公司将销售过程自动化的尝试为例。Oracle的自动的基于网络的软件安装面临类似的抵制，销售人员现在正在接受培训，做客户支持。

现在，不管自动化技术提供了怎样的直接营销，客户在进行复杂的购物时仍会依赖销售人员。即使最高水平的电子商务，对现场销售帮助的需求仍会继续。今天电子商务正在减少管理性销售工作，让销售人员集中于为客户提供价值。公司必须找到建立电子商务运转和销售部门运转之间平衡的方法。个性化工具可以被销售人员用来检验他们的进步、他们的投入，以及他们站在销售部门便利上的立场。

294

9.9 电视商务

家庭电视遥控器正成为下一个电子零售的工具，这是一种坐在沙发上就能完成购买的技术。电视商务（T-commerce）类似于订购有线的按次计费或视频点播电影的过程，用户能够通过按遥控器的按钮来选择产品，上下滚动来确定大小、颜色、寄送地址和支付方式。电视商务需要卫星电视或数字有线服务的支持。

想象一下American Idol道具穿着Neiman Marcus的套装，观看者可边看秀边完成购买。显然，有线和卫星电视提供者的参与是互动电视商务方法的先决条件。

尽管电子购物显得轻松便利，一些人仍然质疑电视商务的潜力。当前的市场仅限于5 000万家庭。根据美国全国有线和电信协会（National Cable and Telecommunication Association）的统计，大约2 500万美国有线电视用户每月为数字服务平均支付10美元，如果再不降低收费就会成为限制因素。电视商务零售商也必须努力工作保护购物者的隐私和互动交易的安全。

9.10 客户关系管理和数字化价值

自从20世纪90年代早期开始，全球化已经成为日常业务的一部分。在这种背景下，网上营销首先意识到吸引并保持业务的关系管理的需要，称为关系营销（relationship marketing，RM）。这种方式强调了与所有利益相关者、网络、互动的关系，所有东西都与客户相互链接（见图9-3）。

图9-3 RM的组成因素

295

从RM进化到今天流行的CRM，或者说客户关系管理。有很多关于CRM的定义和观点，最简单的观点是把CRM看作一个信息系统，该系统把方法、软件和因特网结合起来帮助机构与客户建立更稳固的客户关系，也涉及使用人力资源和信息技术来理解客户的行为和价值。

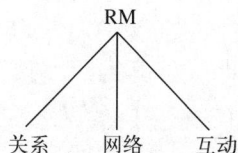

CRM提供了在连接客户、营销、销售和市场趋势等方面的信息的重要力量。机构可以以一定方式搜集有关客户的数据以便为管理销售部门和客户自己提供一份清晰完整的客户档案，满足客户对批量生产的产品、特价优惠和客户购买历史的需要。

9.10.1　主要目标和灵感

简单地安装CRM软件是不会产生CRM的。如果要CRM按计划工作，机构首先要确定要寻找的客户信息和用这些信息干什么。在任何情况下，CRM都希望取得以下有价值的目标：

- 更好的客户服务和客户收入；
- 更有效的呼叫中心；
- 销售人员更快速地完成交易；
- 简化的市场和销售过程；
- 发现新的客户和个性化关系以增加利润和客户满意度。

建立稳固的关系从了解客户开始，以下是取得客户满意度的一些心得：

(1) 这是一个识别客户、吸引客户、挽留客户、发展客户的过程；

(2) 公司能力与商品、服务的交汇点就是确保客户满意度最可靠的方法；

(3) 涉及仔细搜索并精心挖掘的数据、客户分析和灵感驱动的互动产生可靠的结果（见图9-4）。

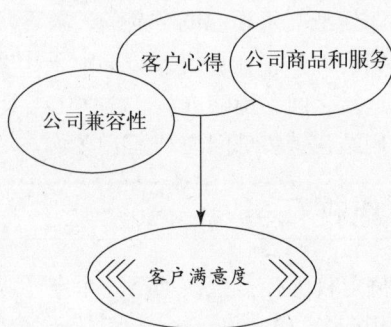

图9-4　客户满意度的相互关联的因素

CRM的最终目标是识别什么才是真的和客户有关系。一方面，CRM正在建立与客户的学习关系。第一，注意客户在做什么，第二，记住客户这段时间做了什么，第三，从记得的东西中学习，第四，依据最新学到的东西采取行动（见图9-5）。

图9-5　与客户建立一种理解关系

在B2B环境中，CRM更注重关系而不是客户，在公司之间建立纽带、信任和忠诚能确保CRM的成功建立，为双方公司创造利润。

9.10.2　数字化客户关系管理系统指标和挑战

数字化客户关系管理（E-CRM）意味着将CRM过程应用于因特网业务。在大多数情况下，客户关系天生更富活力和互动。Kiwilogic（www.Kiwilogic.com）和Vividence（www.Vividence.com）就是CRM解决方案提供者的最好例子。

当你查阅一个商家的网站，CRM的指标和特点是什么？最值得注意的包括：

- 投诉能力——允许客户与销售者就订单的延迟和遗失，产品糟糕的质量等进行交流；
- 隐私政策——尤其是阐明对保护隐私的支持，通过不将客户名单卖给广告商来确保隐私和遵守提供隐秘安全的客户购物技术或过程的政策；
- 在线产品信息——在订购前给予客户所需要的信息，包括产品卖点和预览；
- 站点地图——层次分明的展示网站的图像；

- 电子邮件——作为客户联系商家关于特别安排、投诉申请或对合同中条款质疑的媒体；
- 关于我们——公司历史、目标、名人等信息；
- 邮件列表——通过邮件接收信息；
- FAQ——回答经常问到的问题；
- 免费电话——作为联系渠道；
- 追踪订单状况——追踪订单尤其重要；
- 站点定制——客户过滤内容的能力；
- 寻找分店位置——帮助客户在本区找到最近的店铺或分店。

296
~
297

显然这些指标其实只能帮助客户在网站逗留足够时间后才下订单而不是离开。除了这些付出的努力，我们也面临挑战。首要的挑战是付出的资金和人力资源、对政策变化的抵触、冲突部门的优先权和对投资回报的判断。

另一个必须处理的挑战与我们所生活的世界的本质有关。在一个完美世界中，从每个可能的来源获取的数据都注入一个数据库为CRM运作做出贡献。从那点来说，数据中心必须访问数据库的子集，并与CRM的应用程序一起工作。但在不完美的世界，整合数据到一个可用的数据库产生了CRM的各种问题，尤其是当处理CRM分析应用时。

要避免这些问题，CRM项目组必须确保技术专家与业务精英——业务知识和客户沟通能力——稳定的结合。经常是业务人员与技术人员各讲各的，还需要一名翻译进行沟通。尽管能轻易为专业CRM软件工具找到最顶尖的技术专家，对业务特点的熟悉仍然很关键，团队必须理解所使用模型背后的潜在假设。

9.10.3 从营销到管理

在营销与消费者对营销努力的理解间存在天然的鸿沟。在消费者看来，公司的很多努力都是微不足道的。事实上，一些客户感到他们的忠诚反而受到了惩罚。问题出在大多数组织还是继续遵循呆板的产品管理看法。

目前需要做的是从客户关系营销转向客户关系管理。另外，必须在非客户联络模型如ERP之间留有接口，这是一种在部门之间、在组织与客户联络系统之间的数据通信的集成方法，见图9-6。

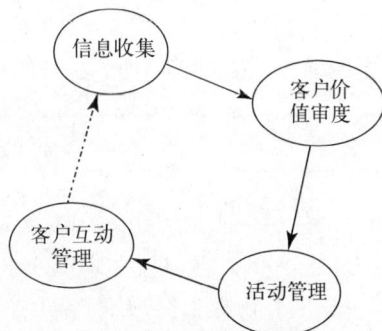

图9-6　CRM集成的关键过程

由于CRM依赖于公司内全方位的合作，很可能需要重新规划机构过程和职能以改进各个部门的策划。图9-6为我们展示了一个集成的CRM的4个关键过程。

9.11　管理启示

重要的管理启示之一是投资回报。今天大多数的成功网站的投资都非常巨大，所以关注能分析访客做过什么和将来做什么的工具是很重要的。这些工具也能提供对客户从哪里来和他们在网站有哪些行为的一些设想，这意味着交互地对成千上万访问者进行持续分析和数据处理。凭借着在线实时的解决方案，电子业务能及时作出回应并保持活跃和增长。

很显然因特网和电子商务的未来在于客户的追踪和个性化。随着技术不断超越极限，可用的营销技巧将会进化得比以往更富活力。网上营销将出现基于因特网消费主义特点的新的方面。对于初始者来说，随着消费者选择继续延伸出传统的范围，市场地点必须扩大。很多公司已经在扩大销售量的同时，随着业务环境而进化，并充分利用了因特网营销节约总花费和时间的优势。

自从"蜗牛邮件"（指普通邮件）诞生开始交流也进化了。因特网营销使得公司任何时刻都能与客户交流，不管是通过弹出式广告、标题广告还是电子邮件，都提高了交流的强度与速度。另外，由于因特网使消费者对产品的访问更便利（减少旅程、时间等），因特网营销使公司在便利革命上获得巨大利益。

随着对客户服务关注的提升，那些已经全力以赴想巩固成功未来的公司应该重新考虑他们客户支持的方式。公司使用软件管理客户面对的各方面问题，利用软件处理现场服务和派遣技术人员，利用呼叫中心处理客户联系的所有渠道包括声音和网络自助服务。

没有电子服务的电子商务对公司来说无异于自杀。当客户订单出现问题时，客户就不会再回来了。与客户交谈不只对生意有益，也有益于名字识别，对你的品牌是有益的。礼貌惯用语像"谢谢"和"我很抱歉"在大多数情况下仍是有效的。只有处理超出你控制范围的事件才是费事的。然后你必须一件一件处理客户的投诉，在这里客户服务质量的提升对电子商务真正起到润滑的作用。

成功的因特网营销需要高水平的管理人员和对销售、广告、配送机制和市场新方法的创新思考，这也意味着要探索你的客户、竞争对手和供货来源，也意味着定义、选择和安排优先级来处理那些能实现公司电子业务前景的事情。

最后，CRM能通过撰写博客来改进。因为在营销中只是对话，而公司的博客为大众提供产品使用的反馈意见创造了一个非正式的环境。激活公司博客的方法之一是有针对性地提出一种极端的意见，看看你能收到的回复如何。人们评论吗？他们说了什么？他们是否链接到你的邮箱？他们呆了多久？稳定的博客也能提高你搜索引擎的排名。

小结

1. 营销是策划并将概念、定价、广告、配送产品与服务以满足市场需求付诸实施的过程。在线营销是业务而不是技术。因特网营销的方式、过程和协议都是独特而且必须为商家、客户和供应商一起工作。

2. 3个因素使在线营销充满吸引力：依据选择快速排序、大量产品供挑选和产品的快速比较。

3. 在线购物的缺点：像工具之类的特定产品最好还是通过传统的实体店购买，像木材这样的大件产品在因特网卖得不是很好，某些购买决策需要实际体验的信息。

4. 因特网提供了一系列营销技巧，从客户搜索商家的被动技术（拉动式）到网络搜索客户的主动技术（推动式）。

5. 因特网营销的数字化周期从计划开始，紧跟4个P：产品、定价、渠道和促销。个性化是网上营销独一无二的特征。

6. 从商家到消费者的权力转移之后的营销启示之一是只有遵守规则的营销策略才有意义。这些规则包括内容的简单性、站点的动态性、简洁性和易于浏览、网站的有效推广、免费礼品赠送和一致性。 300

7. 为了在网络上推广站点，搜索引擎和目录要能找到站点，必须突出于其他站点，对关键词要有更好的选择。

8. 要吸引客户到站点来，必须要保持站点内容的时效性、免费提供信息或产品、使用交叉销售策略帮助访客作出最终决定、易于浏览、引入事件营销和列出配套设施。

9. 个性化的第一步是客户识别。将个性化整合进网站的3条途径是关键词、协作过滤和基于规则的个性化。搜集访客在网站数据的3条途径是日志文档、表格和cookie。

10. 成功的因特网营销意味着需要高水平管理人员和关于销售配送机制和寻找能实现公司电子业务远景的新方法的创新思维。检验成功网上营销的标准是客户服务和客户满意度。

关键术语

- 主动营销（aggressive marketing）
- 目录（directory）
- 拉动式营销（pull marketing）
- 标题广告（banner）
- 日志文档（log file）
- 推动式技术（push technology）
- 购物代理（bot）
- 被动式营销（passive marketing）
- 搜索引擎（search engine）
- 商业计划书（business plan）
- 许可营销（permission marketing）
- 垃圾邮件（spamming）
- 点击流数据（clickstream data）
- 个性化（personalization）
- 蜘蛛（spider）
- cookie
- 建档（profiling）
- 远见（vision）

理解题

1. "营销是可能性的艺术"。你同意吗？请解释。

2. 从消费者的观点来看，什么东西使得在线购物吸引人？它的缺点是什么？

3. 商家怎样判断进入因特网？详细说明。

4. 什么是垃圾邮件？它和病毒式营销的区别在哪里？

5. 客户个性化的哪一方面是因特网独有的？详细说明。

6. 因特网营销的数字化周期由哪些阶段组成？

7. 标题广告是什么？它为什么充满争议？

8. 定义个性化，并给出你自己的例子。

9. 吸引客户到网站来要做哪些事？请简要解释。

10. 怎样进行客户追踪？本章包含的方法中，哪一种是最普遍的？

讨论题

1. 你认为电子业务比传统的实体业务更关注存在的形象吗？为什么？

2. 从营销来看，没经验的网络公司在网络设计方面会犯哪些错误？ 301

3. 在网络推广产品的方式与使用大众媒体（电视、广播、报纸等）口耳相传的区别在哪里？请解释。

4. 被动式和主动式广告（拉动式/推动式）怎样一同为一家公司工作？请讨论。

5. 针对因特网营销有什么管理启示？

Web练习题

1. 作为一家儿童用品零售商Shenanigan的网络管理员，你见证了从市中心一家专业店到整个弗吉尼亚州的11家店的扩张。公司雇用一家营销研究公司发现，大多数客户是23~30岁之间的女性因特网狂热用户。这些客户不介意在网络上订购儿童产品（衣服、玩具等）。

   a. 设计一个商业计划书来作为使Shenanigan进入因特网的步骤。在计划中，要考虑本章涉及的因素。

   b. 写一份备忘录给Shenanigan的CEO，解释像客户追踪、标题广告之类的与推荐站点相关的事务。

2. 采访一位拥有网上营销或电子商务领域操作过程相关经验的资深管理人员，这家公司赚钱了吗？建立和维护电子系统的花费怎样？他用来判断性能好坏的评定标准是什么？写篇短新闻在你的学校报纸上发表你的成果。

3. 进入因特网评估3家最近刚公布它们站点的公司，网上营销的花费怎样？预测它将会有多大效果？

4. 进入两家公司网站观察它们的主页，评估站点的目标，它们是不是用来宣传新的产品？大致意识如何？特殊产品销售呢？就业机会？每个网站提供的整个网上营销怎样？

5. 检验下列站点www.doubleclick.com，并评估标题广告的使用和问题。

第 10 章

Web门户和Web服务

学习目标

- Web门户的概念。
- 门户如何使企业转型?
- 企业门户的主要技术和功能。
- 知识门户及其用途。
- Web服务和门户。
- 谁正在构建和支持企业门户?
- 怎样选择一个门户产品?

10.1 简介

因特网的一个重要贡献是可以通过Web门户进行信息访问。许多公司正在快速地学习,使得某些信息或应用通过门户能更快更可靠地供人们使用。在领先的电子业务成功案例中都有门户的存在,它是帮助达到沟通目的最强有力的工具。一个电子商务解决方案使用门户来获取信息而不管这些信息存在于哪里(在文档里、经理的脑袋中、数据库中或者历史数据中)。另外一个重要的工具是用户界面,为更大的员工社区和知识工人提供信息。通过提供一个集成的框架把人、过程和信息链接起来,门户在简化管理复杂度、提高操作生产率和为公司商业运作增值方面扮演着重要的角色。

门户在改进业务流程中是很有价值的工具。它们使用分布式的渠道(如因特网、内联网和外联网),使公司能够发挥那些搁置于数据库中信息的优势。门户从纯粹的信息提供者发展演变为包含许多知识管理特征的复杂界面,例如对知识类别的**内容管理**(content management)、知识共享的协作工具和推进查询功能的**个性化**能力。方框"门户在保险业中的角色"概括了门户所使用的领域。

10.2 基本概念

10.2.1 什么是门户

"内容为王"是网络媒体公司的传统信条。门户服务公司的目标集中于内容,以帮助人们在干草堆里找到一根针,也就是说,完成一项特定的任务来代替复杂的设置。一个**门户**(portal)提供了对以高度个性化方式分布的相关信息、知识和人类财富的访问。一个网站以大众服务特色作为它的起始点,几乎可以涉及任何的因特网接入点,例如企业网页、雅虎以及为各州更新驾驶执照的门户。

门户在保险业中的角色

门户的出现已经有一段时间，而目前的发展趋势是专门为某一行业的需求设计，例如保险业正采用**知识管理**（knowledge management，KM）战略。尽管保险公司面临着与其他组织一样的问题——客户服务、人力资源和会计——该行业同样有一些可以通过零售网络门户来满足**工作流**（workflow）需求。

例如，对于将要处理的一起赔偿事务，如果保险金低于一定的数量则采用一个流程，超过一定数量便采用另一个流程。一个应用程序在通过之前必须由许多组织人员进行评估，并且评估应用程序的群体人员可能不同，这都取决于请求者所寻求的保险类型和文档要求层次。

对更有效沟通和改良服务的需要，激发了Humana公司（humana.com）去寻找一种基于Web的KM系统的兴趣。位于美国肯塔基州北部城市路易斯维尔的Humana为医生、病人、员工和保险经纪人建立了一个基于网络的社区"hub"，称之为Emphesys。保险公司从InSystems配置相关技术，以及电子证书的交付使用，大大缩短了向用户提交保障计划信息的时间，也提高了效率和顾客满意度。

证书的修改同样是无纸化的。InSystems的Calligo使新版本的产生、发行和维护都可在数据仓库中进行，而不需要任何的打印形式。例如，州政府改变了政策，系统只需要电子化地产生和发行新的文档，同时为用户突出改变的部分。能快速地作出改变和将文档送交用户的潜能是一个巨大的好处，加强了公司与客户的关系。

来源：摘选自Kim A. Zimmerman, "Portals Help Insurers and Their Customers," *KM World*, September 2002, 23。

门户是一个复杂的软件，提供几乎全部来自门户之外的功能和信息。门户根据内容的来源提供一致性的分布和整合，同时也通过整合基于Web的外部应用或内部后勤支援系统，来确保为业务流程中的参与者提供安全可靠的用户界面，以及与用户进行协作。这样的站点是一个频繁的网络出入口（Web门户）或是特定主题（**垂直门户**，vertical portal）。

门户被认为是具有如下功能的虚拟工厂：

- 促进不同类别的终端用户之间的知识共享，例如顾客、合作伙伴和员工；
- 提供对存储在数据仓库、数据库系统和业务系统中结构化数据的访问；
- 组织非结构化数据，例如电子文档、论文文档、已学课程和故事等等；
- 提供多样化的形式，如内联网门户、面向顾客的信息门户、面向供应商的信息门户和企业门户。

门户作为一种最有前景的新兴工具而出现，它可用来简化在各种应用系统中数据的访问，促进员工之间的协作，以及帮助公司了解顾客等。其他的好处包括降低成本、提升质量、与技术发展保持同步、提高顾客满意度和吸引有才能的工作人员等。

从商业角度来看，门户为公司员工提供与任务相关的信息，同样可以迅速地为合作伙伴和顾客提供知识。这样一个门户的目标是增加企业透明度，以降低信息获取的复杂性。例如，惠普公司在因特网上提供一个员工门户，使员工能够查询同事电话、跟踪产品信息、归档费用、预订旅行安排和取得公司日常事务的每日更新表，这些仅须通过鼠标点击实现，所有的东西都在门户上。这是培养员工团队意识和节约成本的最佳方式。

门户的不利因素包括以下几点：

- 难于整合其他应用程序；
- 组织和财务成本；
- 文化冲击；

- 在技术上追加投资的需要；
- 难于留住技术员工；
- 不确定的益处；
- 技术开支；
- 未准备就绪的供应商；
- 与现有IT基础设施的不相容性。

10.2.2 门户的演变

门户的最初目的是用于统一公司的各类数据并建立对这些数据的访问，Web门户仅作为新闻、电子邮件、地图、证券报价和购物等内容的搜索引擎，是针对Web上应用于HTML文档的本地信息使用简单的搜索技术。第一个Web门户为网上服务，如美国在线，提供对Web的访问和一系列不同的选择，是广告商与营销商的直接目的。广告方式包括标题和按钮、文本链接和多样式的赞助者的排位。

下一阶段将当今的门户转变成导航站点，这描述了一些站点，如Quicken、MSN和雅虎所具有的功能，这些门户将个人兴趣归类成不同群组（如新闻、运动、财务、教育、科学及其他）。

10.2.3 门户类型

一个门户既可能关注许多主题（**水平门户（horizontal portal）**，如雅虎或MSN）或一个特定主题（垂直门户，如WebMD），也可以是企业或因特网公共门户。为方便对大量信息的访问，门户已演化为拥有高级搜索能力和层次结构。为强调信息，它们都被称为信息门户。图10-1显示了门户概念的演变过程。

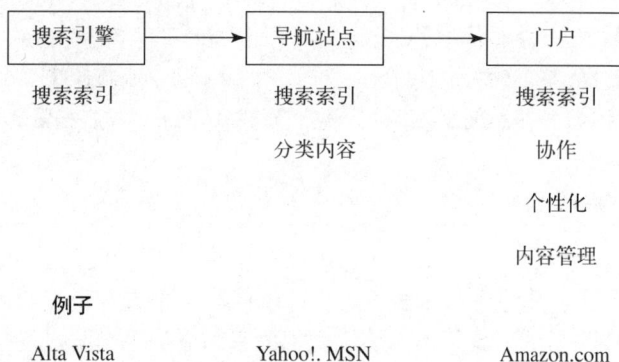

图10-1 门户概念的演变

1. 企业信息门户

此类门户是门户技术演变的下一阶段。1998年11月，在美林公司的企业软件团队中，Christopher Shilakes和Julie Tylman引进了**企业信息门户（enterprise information portal）**的概念。这个概念被描述为"应用软件能够使公司开放内部和外部存储信息，并通过单一的入口为用户提供做出明智业务决策所需的个性化信息"。它们是公司整合、管理、分析和在企业内外发布信息等应用软件的整合（包括商务智能、内容管理、数据仓库和数据集市，以及数据管理应用软件）。

　　公司越来越意识到隐藏于不同知识库的信息所潜在的价值。整合和巩固是企业门户的重要目标。应用软件被整合成组合、标准化、分析和发布相关信息和知识至终端用户——顾客、员工或合作伙伴（见方框"新兴的下一代门户"）。

新兴的下一代门户

　　第一代门户力争让政府清楚外部用户并作为一种小"盖子"覆盖到了多种政府政策上。下一代门户为政府的关键利益相关方提供交互接口。

- 市民：期待选举的需求并为他们关心的项目提供内容、服务和事务处理。
- 企业：及时地降低成本和资源来建立、运作和管理一个完全适应的商业环境。
- 政府官员：横跨各个组织提供对公众、应用和内容的一站式访问，这样可以节省时间和支持关键流程与客户服务。
- 政府实体：结合多个组织的服务为终端客户提供一个综合的受理处，同时创造一个有效的整合过程。

　　下一代门户的基础设施运行在一个简单的网站下，利用底层内容和系统为特定利益相关方创造多重的网络门户。它同样为不同的渠道建立专门的网络门户（如交互式语音问答（IVR）和移动设备门户）扩展政府支持各类客户的能力。

　　下面的列表代表了数字政府门户价值的主张，涉及价值度量方法（value measuring methodology）的6个重要因素，这个框架由社会治安管理署（social security administration）和一般服务管理署（general services administration）提出。

- 战略/政策价值：所选官员的领导权描述，高度可视化、选举为重点的项目改进。
- 直接客户价值：跨越代理信息和服务的简单导航，个性化服务。
- 政府金融价值：总成本最小化、达到经济规模和提供端对端的架构。
- 社会/公共价值：透明化和可审计性、一致化的安全/隐私政策。
- 政府运作/基本价值：提高雇员效率和生产率、加快新的在线系统的部署。
- 风险：减少新的在线系统的部署风险，通过共同的基础设施来降低IT风险，加强安全。

　　专业的门户包括本土安全、健康和公众服务合作伙伴、商业、声音和鉴定门户，每个都有自己特定的利益、服务和定制。

　　来源：摘选自Mark Youman and Matthew Thompson, "Know-how," *AMS*, 2004。

　　企业门户服务（enterprise portal service，EPS）的下一阶段是公司门户站点的全球化。这是一个将公司的人员、程序和技术放至世界范围的市场中进行交流和运作的过程，也是一个挑战，需要考虑那些与美国公司不同的文化、语言和道德等因素。这是一种趋势，越来越多的跨国企业正努力实现国际市场资本化和抓住知识共享机会。

2. 知识门户

　　我们已经认识到21世纪的成功企业应该是那些在获取、记录和激发员工潜能方面做出实质性工作的企业。这是很重要的，然而关注焦点并不是技术，因为大量不成功的知识管理项目都未能部署技术潜能以建立起对高效的知识转移或技能管理的长期解决方案。

　　当今的趋势是通过知识门户在应用软件中融合搜索、分析和信息发布功能。在**知识门户**（knowledge portal）中，焦点越来越偏向于提高知识工人的生产效率而不是信息内容。知识门户是知识管理架构的关键组成部分，也是允许知识的创造者和用户进行交互的中间模块。知识门户提供针对不同主题的不同信息，用户可以在网上进行定制以满足个人需求。知识门户提供两种类型的界面。

- 知识生产者界面：允许知识员工进行收集、分析和与同类人或同事协作产生新的知识。
- 知识消费者界面：方便企业进行信息发布，一个关键的特征是，在提供定制结果之前有一个成熟的个性化工具来了解消费者概况。

从历史发展来看，门户最初是作为一个基于Web的应用软件，它为网上发布的信息（如演讲纲要和导向其他网站的链接）提供单一的访问入口。门户迅速发展成为拥有高级搜索能力和组织计划，如层次结构。因为它们关注于信息，所以被称为信息门户或第一代门户。雅虎就属于第一代门户并一直是因特网上最受欢迎的信息门户之一。

知识员工所使用的信息门户被称为知识门户，以区别知识员工在分析和评价问题解决过程中的信息时所扮演的独特角色。**知识员工**（knowledge worker）是指一个通过获取、评定、应用、分离和在组织中发布信息以解决特定问题或产生价值，并把商业和个人经验转化成知识的人。

知识门户为潜在的大量用户提供灵活的知识环境，其目标不仅是提供一个类似于图书馆的信息库，更是积极地支持用户及时以要求形式解决复杂的问题。公司将有能力围绕知识需求（而不是围绕其他方式）建立技术、围绕个人需求定制桌面访问服务、利用对关键信息的快速访问而做出更好的决定和最大化速度、效率、准确性和知识转移的灵活性（见www.amanet.org/books/catalog/0814407080.htm）。

10.2.4 关键特征

企业知识门户（enterprise knowledge portal）将知识区别于信息。这种门户提供一个从数据和信息产生知识的工具，同时提供比其他门户更好的决策基础。取得知识而非仅仅信息意味着竞争优势。表10-1概括了企业信息门户和企业知识门户的关键特征。

表10-1 知识门户与信息门户的比较

企业信息门户	企业知识门户
• 通过基于网络的标准界面使用"推式"和"拉式"技术将信息传送给用户 • 集成不同的应用程序，包括内容管理、商业智能、数据仓库/数据集市、数据管理和其他数据外部处理程序，以形成单一的系统，使它能够"从一个集中的用户接口来共享、管理和维护信息" • 访问内外部的信息和数据，支持这些数据源之间的双向信息交换	• 直接的目标是知识生产、知识获取、知识传输和知识管理 • 集中于企业的业务流程（如销售、营销和风险管理） • 门户提供、产生和管理信息，这类信息与它所供应的信息的有效性相关 • 包含所有的企业信息门户功能

来源：J., Firestone, "Enterprise Knowledge Portals," White Paper 8, www.dkms.com. Accessed March 2003。

下面以陆军网上知识门户为例说明这个问题。这个门户的目的是将陆军转换成网络化组织，利用其智力资本进行更好地组织、训练、装备和维护一支战略陆地武装。更具体地，陆军需要以低成本快速地访问其企业信息，并且能够使用信息技术促进全军范围内服务、过程和知识创造的革新。

陆军网上知识门户的关键特征包括以下几点：

- 网页上的用户定制信息；

- 目录搜索；
- 知识通道；
- 强大的搜索引擎；
- 获取知识中心；
- 军官职业声明和管理知识中心；
- 日历和常见问题回答（FAQ）；
- 职业联系点。

10.2.5 内容种类

依据预设的目标群体，一个知识门户提供几种不同类型的内容。简要地说，这种群体包括以下几方面。

- 员工：教育、技能、经验和诀窍。
- 顾客：公司信息、竞争者、项目和联系。
- 竞争者：产品、公司信息、服务和最佳实践。
- 项目：文档、已学习课程、新闻和观点。
- 解决方案：常见问题回答、案例学习、方法学和影响。
- 技术：新闻、报告、卖主、趋势和方向。

一个知识门户的主要功能已概括在表10-2中，包括过程支持、文档管理、团队合作和个性化。最后一个功能超越了整个门户，而其他功能是专业化的或只是门户平台上特殊领域所需要的。过程支持和团队合作是知识门户的最重要特征。讨论组和电子邮件是最常用的交流方式。最典型的文档管理特征是搜索和版本控制，而个性化提供许多不同的功能，使用户能够根据他们的爱好定制个人工作环境。

表10-2 知识门户的功能

个 性 化	活动过程支持	团队合作	文档管理
• 个人收件箱	• 选购清单	• 视频会议	• 订阅目录
• 定制	• 计划列表	• 音频会议	• 版本控制
• 新闻推送	• 项目管理	• 讨论组	• 访问控制
• 用户管理者	• 推送	• 电子邮件	• 搜索（导航）
• 调度	• 工作流程	• 寻找专家	• 文档共享
• 档案匹配		• 留言板	• 附加/修改/删除
• 历史		• 聊天室	• 内容分级
• 复制		• 会议计划	• 办公一体化
• 个人喜好			
• 保存查询			

来源: Christoph M. , Jansen, Volker Bach, and Hubert Osterle, "Knowledge Portals: Using the Internet to Enable Business Transformation." www.isoc.org/inet2000/cdproceedings/7d/7d_2.htm。

下面有一个包含顾问参与的与顾客建立联系的初始化步骤的样例场景。

- 顾客根据自己的产品和服务，联系知识员工（顾问）表达建立一个管理系统的意愿。顾问安排一个顾客和员工的会议来确定需求。
- 顾问通过门户寻找顾客的相关文档。她使用"项目周期控制"选项，浏览这篇专题，下载相关文档到她的工作站，通过添加顾客和问题的性质到计划表来修改工作量，并且要求额外的输入来解决手上的问题，这些输入来自外部因特网资料。

- 顾问从熟悉顾客问题的公司专家处谋求帮助。门户取得所选择专家的履历。
- 顾问开发一个项目计划或模板来描述项目的主要阶段。模板详细说明信息收集，产生解决问题的方法，引出竞争产品、技能或技术的信息，得出工作描述作为战略计划文档。
- 顾问以个人身份发送电子邮件给顾客，了解顾客的空闲时间，提出通过电话或视频会议等形式进行交流的会议计划。
- 顾问拟出一份草案，包括顾客需求、顾客公司的产品和服务以及总体规划，通知公司的所有同事在截止日期前进行阅读、评论和反馈。

上面列出的整个过程描述知识工作究竟是怎样一回事。知识员工是问题解决者，他们通过分析和综合信息、与常驻专家进行交流的方式使用现有的信息。他们翻新手上问题的结果分析，以描述性的过程作为结尾来产生对于问题的实质性解决方案。相关的门户网站都是双重的，包含有用信息的解决方案可能成为知识门户的一部分，而随着门户发展成为更加广博的知识工作间，解决方案越发地混杂了各种支持分析和项目执行的其他工具。

10.3　搜索引擎

如前所述，门户主要就是搜索引擎。为理清两者区别，需简要地描述电子商务中搜索引擎的功能和作用。网上商家依靠搜索引擎在大容量的通信网络中寻找信息的来源。**搜索引擎**（search engine）就像网上交易中的黄页。已存在许多搜索引擎，它们因数据库大小、导航形式和收集方法而不同。引擎可以使用传统爬虫、人工编辑器，或依靠付费用户来收集网站数据。

爬虫是快速穿梭于因特网查找网络链接的计算机自动运行程序。这些链接被添加到数据库，并根据关键词和未来引用的相关性进行分类。人工方法同样是使用网络冲浪来将链接添加到数据库，但需要人工分析。付费用户所使用的搜索引擎会将网站添加到数据库，并且需要为每位上网冲浪者点击公司网站链接的行为支付费用。那些了解情况和利用各类搜索引擎优势的站点管理员能够更成功地争取曝光。

从历史发展来看，搜索引擎首先在小单位实现，只是应用于一个或至多几个站点，但因特网的成长，使它的有用性被立即认识到。从搜索网页标题到计算页面上显示的关键词个数，各种方法都被投入使用。随着网页索引技术的成熟，一个搜索引擎（谷歌）逐渐脱颖而出并占据市场。

谷歌的成功主要归因于其排序页面的独特方式。页面排序是一种假定页面所拥有的链接越多便越好的算法。从相关外部站点获取最多链接的页面得到最高排名，连接到相关页面的链接越多越好。算法在链接页面上考虑将从外部导向某一特定页面的每一个链接作为一张信任票。

搜寻词汇将由内容和链接而不是简单的单词统计决定。域名和超链接内容是排序和关键词的重要决定因素。Googlebot是一个快速有效的爬虫程序，它在网页分类上是客观的。因此在2004年10月，它已拥有超过3 988 542个网页索引，有3 600万网络冲浪者使用谷歌（见www.google.com）。

在大量的目录上进行排列并不是问题，但要取得一个好的排序却是另一回事。因为谷歌排序主要依靠记录导向某一页面的链接数量，任何站点管理员都必须广泛传播网站的关键词，特别是在同类相关站点中。这可能意味着与一个强大的竞争者之间的协同操作和交易链接，或在特定目录中取得领先排名。

311

　　站点内容和相关性是自动搜索引擎的组成部分。巩固主题能够帮助整体关键词搜索，这是当前所流行的。爬虫使用URL文本、标题、关键词密度、元标签和对一个网站全部主题推测的描述的结合。如果要出售回形针，那么拥有大量不同类型回形针以及回形针相关信息和事实的描述，对提高站点的搜索排名将是非常有益的。

　　举例说明，如果搜索"money"，则CNN的财务新闻网页将显示在首位。有150多个网站链接到CNN，包括美国在线、CompuServ、《亚洲周刊》、《时代杂志》和《华尔街日报》。排名第二的是Smartmoney.com，有800多张网页链接到此，但这些网页是相对模糊的列表或目录。此外，排名100位的网站是Moneynet.co.uk，这是一家主要从事贷款和抵押业务的英国银行。该网站有120多个链接页面但关于金钱主题却没有覆盖一定的宽度。通过这个例子可以看出，页面排序和内容算法以一种清晰合理的方式在运作。

　　应该清楚没有搜索引擎是毫无缺点的。雅虎是最大的目录，但它却放弃维护人工编辑器而偏喜欢对谷歌和Dmoz的结果进行简单重组。同样地，尽管谷歌统治了网络，它的能力仍然有限。对于努力推广项目的商人，最佳的行动计划是依据设定的标准彻底地测试和简化站点。可以通过简单地加入论坛、小型目录和电子邮件列表等来取得曝光机会。然后站点管理员不仅可以提交主要站点，也包括网站内主要的子分类。提交涉及站点的URL以增加排名是一种较好的做法。

　　当站点经过或多或少的优化而变得成熟后，便要服从于人工编辑目录。因为遭拒的可能性变高，积压的内容极其之多，最好的方法是在更多搜索企图入场之前对站点进行优化。在这一点，需要明白什么关键词和术语是最流行的，大部分的编辑转移错误应该被顺利处理，以求增加当编辑者到来时成功的机会。

10.4　商业挑战

　　如今的组织已经从以产品为导向演变为以客户为中心。与此同时，连续不断的压力要求优化运作过程效率，降低成本和提高质量。以客户为中心的系统要求公司理解和预测顾客行为，在合适的时间提供合适的产品，而又要以最低的价格商业化地运作产品。

10.4.1　门户和商业转型

　　挑战来自潜在于当今计算环境下的两个基本方面。首先，爆炸性的大量关键商业信息充斥于各种电子文档，使许多组织在转换新系统和升级过程中失去了对信息的掌握。其次，数量和内容的增长速度意味着需要严格的内部原则去挖掘和整合企业知识来源。

　　考虑当今具有代表性的组织所面临的压力。

- 更短的推向市场的时间。新的产品和服务必须在数月甚至几个星期内构思、开发和发布。
- 知识员工的更替。一个关键人物离职将让人立即感觉到巨大的痛苦。如果组织没有深入到员工的内心并以其知识为优势，那么它将迅速落伍。
- 顾客和投资者的更多需求。事实上对于每个组织，顾客都想支付更少而投资者期望更多的投资回报。这意味着每个组织所拥有的资源，包括智力资源，都应该被有效地管理以达到最好的效果。

　　如今，更多的公司意识到必须开发战略和过程，并且在战略和操作层面上来进行设计，以此来最大化利用智力资源。10年前，许多公司开始使用群件（如电子邮件、论坛和文档库）

来协调活动。如今，这些公司已淹没在各种用于通信、共享知识和电子交互的新兴工具中。这些公司部署下一代信息和用户平台（如企业门户）和实时工具（如即时通信、网络会议和流媒体），但却难于管理另一方面的协作即与合作伙伴和供应商之间的流程。

当今的组织正在寻找一种支持新的电子商业模式的解决方案。结果是，对于能够更有效地进行磋商、计划、决定和协作的工具的需求大幅度地增加。遗憾的是，大多数组织的协作需要都基于零碎的事务，只是商业单位或合作伙伴的需求出现时给予满足，而没有全局的战略计划。"结果是重迭技术和冗余技术的大杂烩"（见www.metagroup.com/cgi-bin/inetcgi/commerce/productDetails.jsp?oid=292777）。

10.4.2　市场潜力

知识门户作为支持知识工作间的重要工具而出现。毫无疑问门户将是巨大的商业机会。超过85%的组织计划在未来5年内投资门户，平均的支出将是500 000美元。随着世界越来越网络化，这些估算必将增加。门户可以提供对企业信息更简便、统一的访问，有利于顾客和员工之间更好地沟通。见方框"面对商业压力的门户角色"的案例——门户所面临的压力。

面对商业压力的门户角色

- 业务整合与信息整合或应用程序整合：整合信息和应用程序是支持业务整合的第一步。一个门户可以支持应用程序和信息整合，但在这一时期的缺点可能是缺少信息业务环境或意义。业务整合是元数据层的信息和应用程序所提供的环境的整合和转型。
- 流程整合：除了提供环境，门户解决方案应该提供流程整合。流程整合包括工作流、归类和层次结构服务。这些服务提供环境的基础。工作流、归类和层次结构信息等同于环境。
- 应用程序和信息整合：这是一个对已创造信息来源系统的严格引用。同样包括数据管理层，如清洁、转换和提取。
- 企业元数据仓库：对于环境，元数据为极其重要的机制。仓库不应该包括存在的所有信息，而应该包括那些有意义的实用信息。仓库变成了"信息理解的简版"，而不只是"真实内容的简版"。

来源：摘选自Robert Bolds, "Enterprise Information Portals: Portals in Puberty, Best Practices in Enterprise Portals," *KM World*, May 2004, 13。

门户市场是由几个基础设施部分组成的：内容管理、商业智能、数据仓库和数据挖掘以及数据管理。

10.5　企业门户技术

10.5.1　关键功能

门户的主要目标是为所有的信息来源提供一个单一的访问接入点。显然，门户必须是所有企业应用程序全面整合后的最终工具。与此同时，因为组织员工有不同的信息需求和知识用途，门户必须提供个性化界面。面对这个挑战的复杂性，门户必须包括以下7个功能。

（1）**收集**。知识员工产生的文档需要存储在不同位置（如文档存放于个人桌面电脑、网站存放于网络、数据库存放于服务器等）。为了使其具备可访问性，数据和文档需要从通用仓库获取。

(2) **分类**。这个功能描述了仓库中信息的概况，并按一定的规则组织信息，以方便导航和搜索。门户应该支持各个层次的分类，包括员工、合作伙伴和顾客，同样也需要支持多元的分类，包括过程、产品和服务层面。

(3) **分布**。门户必须帮助个人获取知识，可以是主动的机制（搜索界面）或被动的机制（推送）。这个功能支持以电子或书面文档的形式结构化和非结构化的信息的分布。

(4) **协作**。协作是通过通信、工作流和讨论数据库等实现的。这个功能将门户从针对某一接口被动的信息提供者扩展到各种类型的组织互动。

(5) **发表**。这个功能的目标是向更广大的受众发表信息，包括组织外的个人。

(6) **个性化**。门户架构的关键组成部分是允许个人提高他们的生产率。个性化是一个成功门户所必需的，可以为门户所提供的信息增值。为利用这个功能的优势，知识员工必须能够管理和基于任务功能或兴趣为信息的发布设定优先级。

(7) **搜索/导航**。此功能为辨识和访问特定信息提供工具。知识员工可以浏览或提交问题。

表10-3说明了门户的大多数共同特点和商业利益。图10-2概略了微软门户架构，简要地说，关键的组成部分如下所述。

[315]

表10-3 门户特征及其对应的好处

共 同 特 征	商 业 利 益
搜索	快速访问隐藏信息有利于业务流程
分类	通过业务流程、组别或岗位类别组织信息财富从而**提升访问相关信息的能力**
查询、报告和分析	**更好的决策支持**以及信息散发和分享
信息的整合和应用	通过单一的界面访问所有应用和所需信息的能力，**提高岗位生产力**
发表和征订	通过与其他企业的协作、共享信息和**改善企业业绩**达到业务流程的成熟
个性化	让界面满足个人需求和对**提升岗位生产率**的需要

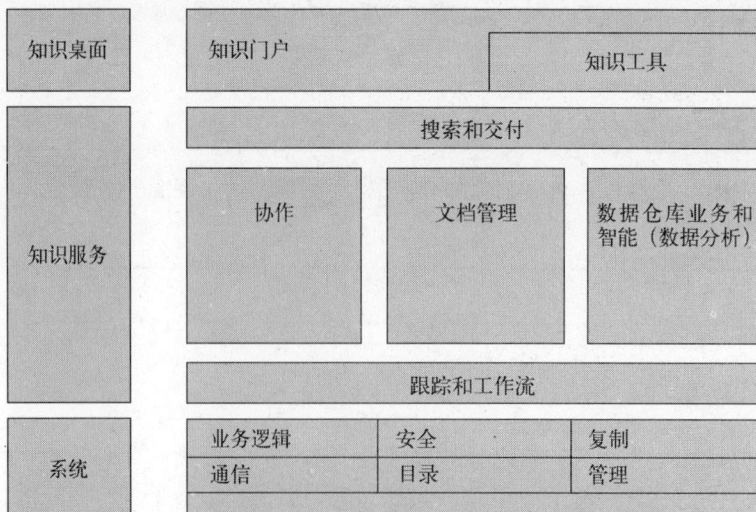

来源：Jerry Honeycutt, "Knowledge Management Strategies," *Microsoft*, 2000, 167。

图10-2 门户体系架构的层次

- 知识管理平台提供一个典型的、但已扩展的三层架构，这种架构能够让公司建立起灵活、强大和可升级的知识管理解决方案。
- 知识桌面层由熟知的具有生产力的工具（如微软办公软件）组成，这一层与知识服务层紧密地整合在一起。
- 知识服务层以追踪、工作流和数据分析等模型，提供重要的知识管理服务（如协作、文档管理和搜索）与交付功能。
- 系统层是基础，它包括（最高权限的）管理、安全和管理知识管理平台的目录。所有连接到外部解决方案、平台和合作伙伴的服务都运行在系统层上并受益于整合的通信服务。

10.5.2 协作

协作是电子业务转型的基本起始点。协作工具的目标是支持信息共享，这表示两个或更多的人使用电子设备超越时间和空间以一种协调的方式一起工作。这是一种设计好的协作环境，知识流可以通过电子邮件轻易地获取，以文档或讨论数据库的形式存储，并可以为后来的知识管理系统使用。

协作有同步或异步的区别。**异步协作**（asynchronous collaboration）是人与人之间通过计算机子系统无时间和空间限制的交互。查询、反馈或访问可以任何时间和任何地点发生。相反地，**同步协作**（synchronous collaboration）是基于计算机、人与人之间即时的交互（在5秒以内），可以使用音频、视频或数据技术。图10-3概括了成功协作的要求。表10-4显示了进行异步和同步协作所需的技术。

> (1) 电子邮件系统用于支持协作服务，如共用行事历、任务清单、联系方式列表和基于团队的讨论
> (2) 网络浏览器用于浏览和为用户呈现信息
> (3) 简单的搜索功能，如操作系统集成的文件服务或应用程序集成的搜索服务（如电子邮件、讨论）
> (4) 用于获取协作数据的多用途数据库提供的协作服务
> (5) 提供对文档知识访问的Web服务
> (6) 文档全文搜索的索引服务
> (7) 组织良好的中央存储位置，如文件、Web服务器和文档数据库

来源：Jerry Honeycutt, "Knowledge Management Strategies," *Microsoft*, 2000, 176。

图10-3 对成功协作工具的需求

316
~
317

另一个重要的区别是是否使用推动或拉动技术。**推动技术**（push technology）将信息放于一个地点而让人容易看见，电子邮件是推动技术的典型应用。**拉动技术**（pull technology）要求你采取特定的动作以取得信息，网页便是拉动技术的一个例子。电子邮件中使用推动技术的电子邮件列表是极其强大的协作工具，因为它仅需部分用户进行少量的学习或行为改变。

10.5.3 内容管理

内容管理需要目录和索引能力，以自动地管理日益庞大的企业数据仓库。这一组成部分用于解决在企业所有的信息来源中查找知识的问题。这些知识包括结构化和非结构化的内部信息对象，如办公文档、协作数据、管理信息系统（MIS）、企业资源规划（ERP）系统和专家，以及来自外部的信息。这个组成部分保证知识资产成为知识管理信息的基础。这个新的

综合是通过建立以**元数据**（metadata）（描述其他数据的数据）为基础的成熟知识管理分类系统来处理的。定义其他类型信息需要元数据。

表10-4 同步协作和异步协作工具的优缺点

同 步 协 作	异 步 协 作
电话会议	**电子邮件列表**
在高级管理和员工中有着广泛的应用，已被使用数年的电话会议代表了一种高效（如果说相对昂贵的话）和非常符合成本效益的协作技术	电子邮件已经被使用多年，它是一种非常符合成本效益的协作技术
优势：个性化、即时反馈	优势：便宜
劣势：昂贵，通常在各时区之间不能很好地工作	劣势：受限的沟通媒介
计算机视频／电话会议	**基于网络的论坛**
基于计算机的电话会议和视频会议是快速发展的技术，在分散的组织中有巨大的应用潜能	许多不同类型的在线论坛应用程序都可用
	优势：如同电子邮件，除了需要更快的速度
	劣势：文化抵制
在线聊天论坛	**Lotus Notes**
这些论坛能够让多用户同时在计算机屏幕上通过敲击信息进行沟通	Lotus Notes是包含电子邮件和组件的全面协作工具
	优势：全面协作解决方案最先进的技术用于沟通、文档管理和工作流
	劣势：与其他协作技术相比，配置非常昂贵

　　另一个由内容管理处理的问题是文档的分析、存储和分类方式。一旦文档被收集，便需要对它们进行分析使其内容可供终端用户后续的业务查询、检索和使用。随着文档进入门户系统，便存储起来以便检索和显示。系统典型剖析文档的内容并存储分析结果，使后续对文档的使用能够更有效率和效果。

　　随着管理文档数量的增长，将类似的文档收集至更小的群组和为其命名变得愈发重要，这个操作被称为分类。所有的自动分类法都使用特征来决定两个文档的相似度是否足够将它们归入同一群组。

　　因为文档收集不是静态的，门户必须提供一些分类维护的形式。随着新文档的加入，也必须添加到分类法中。群组的增长，和新文档概念上的内容随着时间而改变，可能导致需要再次划分群组和将一些文档转移至其他群组。一个门户管理员，使用分类编辑器可以监控和执行这些建议，一般而言，还可以定期地评估现行分类法和文档分配的健康度和适宜性。

　　在发表过程中，有几个关于电子商务分类的因素需要考虑。尽管使用元数据标记文档有助于提高文档发表平台内容的质量，但如果标记元数据是一个费时的过程，那将变成一种负担。这就是为什么需要引进**可扩展标记语言**（extensible markup language，XML）。见方框"XML基础"关于XML的简介。

10.5.4 智能代理

　　智能代理（intelligent agent）是在企业门户的上下文环境中有众多应用方式的工具。作为一种工具，智能代理仍然处于发展初期，大部分的应用程序都是实验性的，未到达有效的商业应用阶段。但无论如何，智能代理将在所有的企业门户中扮演一个重要的角色是毫无疑问的，特别是在智能搜索和根据一些标准筛选正确的文档方面。

XML基础

XML的产生是用来构造、存储和发送信息。相反地，HTML则被设计用来显示数据和集中于其显示效果。作为标记语言，XML的是HTML的补充，但不是HTML的替代物。XML是一个跨平台、与软件和硬件无关的、用于传输数据的工具。这使用它更容易创造那些不同应用程序可以协同工作的数据。XML同样使扩展或升级一个系统到操作系统、服务器、应用程序和新的浏览器变得更为简单。

使用XML，你的数据存储在HTML之外。当HTML用来显示数据，数据则被存储在HTML之内。数据可以存储在分离的XML文件中。这种方式使你可以集中于将HTML用来数据版面和显示，确保底层数据的任何改变都不会要求改变你的HTML。

在现实世界中，计算机系统和数据库所包括的数据的格式是不相容的。一个最耗时的挑战是，开发者往往需要通过因特网在这些系统之间交换数据。将数据转换成XML格式则大大地减少了这种复杂性，使创建的数据可以由不同类型的应用程序读取。

期望能在因特网上见到许多的XML和B2B。XML即将作为因特网上商业金融数据交换的主要语言。许多有趣的B2B应用程序都已经可用。

XML的语法规则非常地简单和严格，很容易学习和使用。因此，开发读取和操作XML的软件也相对地容易。XML文档使用一种自我描述和简单方法。例如：

```
< "?xml version=1.0" encoding= "ISO-8859-1" ?>
<note>
<to>Tove</to>
<from>Jani</from>
<heading>Reminder</heading>
<body>Don't forget me this weekend!</body>
</note>
```

第一行是XML声明，定义了XML的版本和文档所使用字符编码。下一行描述了文档的根元素（就像它说："这个文档是一个备忘录"）。再下面的四行描述了根元素的四个子元素（to、from、heading和body）。最后一行定义了根元素的结束。

记住所有的XML元素都必须有一个结束标记，并且是区分大小的。元素必须进行合适的嵌套。所有的XML文档都有根元素。属性值都必须引用并且文档中的空格不会被截短。

更多关于XML的教程见www.w3schools.com/xml/xml_whatis.asp。

来源：摘选自www.w3schools.com/xml/xml_whatis.asp。

考虑公司与其顾客之间的关系。因为这些关系变得越来越复杂，组织在探讨这些关系含意和如何进行开发方面需要更多的信息和建议。智能代理为解决这些需求提供了一些有趣的选择。

众所周知，顾客购买产品和服务时会设定一些优先级。智能代理通过学习顾客的经历来掌握个人顾客或顾客群体的需求优先级，可以在数量上和质量上分析这些优先级。代理是能够以自主的、积极主动的、社会的和自适应的方式执行许多功能（如搜索、比较、学习、磋商和协作）的软件实体。术语智能在上下文中的含意是我们所处理的实体能够调整其行为以适应环境。换句话说，如果我们想要预测顾客的购买模式，便可以利用智能来学习前置情况和重复顾客行为。

顾客所需的许多服务都可以由智能代理满足。其中的一些服务可能包括以下几种：

• 在线服务的定制化顾客支持，即新闻过滤、通信、进度安排、聚会安排和定单等；

- 顾客建档，基于特定顾客的商业经历，包括顾客行为的相关信息；
- 整合顾客档案到一个营销活动群组；
- 预测顾客需求；
- 协商价格和支付计划；
- 执行以顾客利益为基础的金融交易。

这些例子代表一系列普遍的应用程序，从低层次的新闻过滤应用程序到高级和复杂的主要用于预测顾客需求的客户关系管理应用程序。关键点是，智能代理是企业和顾客的中间媒介，是效率的来源，实用信息将在不同的虚拟目的地汇聚。

在未来，重点将是协作技术以产生群体实践、高等的人机交互以加强性能，以及智能代理以自动执行搜索功能。

10.6 Web服务和门户

软件厂商的主要目标是使用Web服务将应用程序无缝地整合入门户软件。为了探索可能性，Web服务商业视角和技术视角的区别需要阐明。商业视角集中于将软件作为一种实用程序或服务在网络上发布，就像电或电话服务。当今的网络技术已经能够提供将软件作为实用程序发布的平台。相反地，技术视角使用技术说明，使软件系统功能能够通过因特网、内联网或外联网被其他程序调用，而不管其所处何地（见方框"通过Web服务进行学术创新"）。

通过Web服务进行学术创新

Web服务可以帮你赶上一辆公交车，或在宿舍里测试一个电路，甚至用一种新的方式进行英文写作。这些Web服务的创造性使用，通过因特网连接软件系统的方法，在麻省理工学院完全不同于Web服务在公司的平凡的日常使用。对于网络浏览器一开始承诺的对信息广泛访问，这些应用程序认为Web服务可能是这个承诺实现的重要链接。

微软对MIT项目2 500万的投资并非没有私心。再加上取得学术研究界更多的信任，微软正在积累未来该如何设计软件的深刻认识。尽管iCampus主要关注于用技术来改进教学，微软认为现在所学的课程可以应用到商业，特别是微软件的主要客户，即信息工作者。大学关于Web服务的实验、协作、安全、平板电脑和可视化工具将直接把微软的产品纳入计划周期，微软科技学习部门的团队研究经理Randy Hinrichs这样认为。

iCampus/MIT评测工具（iMoat）应用程序已经在MIT和其他大学使用，用来替代新生的写作测试。学生注册后进行一个测试，阅读资源会通过电子邮件寄送。3天后提交一篇文章。教师同样在PC上使用iMoat应用程序为考试结果评级。

不同于要求学生使用笔和纸在一个未准备科目上写作，iMoat意味着给了学生现实的环境来组织文章，即通过一些准备，在PC上进行写作，iMoat首席调查主任Leslie Perelman这样说道。他还认为，基于系统的Web服务与将数十位专业评分者集中在旅馆里审核数千份试卷相比，前者成本更低，并且使用机器评分系统更有竞争力。

来源：摘选自Martin LaMonica, "Academia Gets Creative with Web Services." News.com.com/2102-7345_3-5096702.html?tag=st_util_print。

不像常规服务是无形资产，基于Web的交付渠道提供了服务的证明。例如，一个滑雪胜地使用网页照片提供现行积雪条件的有形证明（见www.vail.snow.com/m.mtncams.asp）。同样地，不像人工提供的服务那样经常不连续并出现错误，Web服务是基于电子的，并在机器

对机器的基础上提供，这保证了顾客服务质量之间最小限度的差异性。

10.6.1 期望什么

技术是Web服务的促进者。**Web服务**本质上是商业服务，由不同标准组成，从而使各类平台、操作系统和语言之间能够交换信息或一起实现业务流程。Web服务使人们能够更加简便地通过网络构造和整合应用程序。所有的概念都是**以客户为中心**，也就是基于通过自动操作来降低成本，通过改善客户关系来提高效率和将重点放在最大化收入上面（见图10-4）。

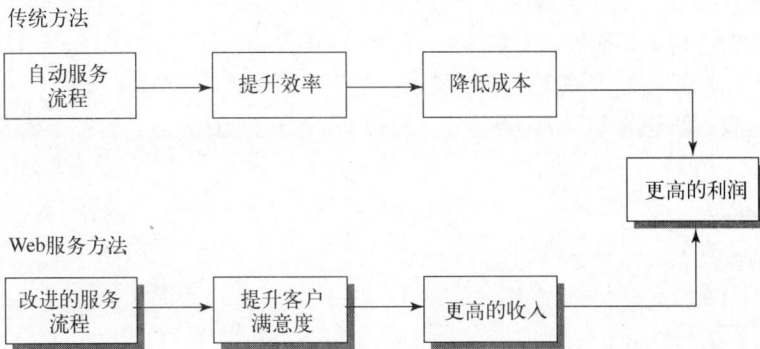

传统方法

```
自动服务        提升效率         降低成本
流程
                                                更高的利润
Web服务方法

改进的服务      提升客户         更高的收入
流程            满意度
```

图10-4 Web服务对提高利润和客户满意度的作用

公司采用Web服务以期改善与贸易伙伴之间的电子交易运作方式（如送货、订货和计费等等）和信息在供应链当中的传输方式（见方框"在汽车站上网冲浪"）。

在汽车站上网冲浪

由麻省理工学院的毕业生领导的Web服务项目Shuttle Track，是一个能够让学生查出往返于既定路径的公交车所处位置的系统。学生可以使用他们的PC或可以连接网络的设备查询公交车的位置，而不是站在寒冷的新英格兰空气中期盼着不要错过最后一辆回家的公交车。

这个应用程序使用GPS跟踪设备和捆绑在公交座位下的单元调制解调器将定位信息发送到麻省理工学院交通办公室的中央服务器。应用程序使用基于XML的Web服务数据格式存储信息，使各种设备都能查询公交车的位置。使用Web服务格式来存储和分布数据，这个应用程序可以以不同的格式调度信息，包括平常的文本或图形格式。

来源：改编自Martin LaMonica，"Academic Gets Creative with Web Services," news.com.com/2102-7345_3-5096702.html?tagg=st_util_print。

Web服务技术是可通过因特网进行访问的简单封装技术，并不需要将任何技术绑定到厂商平台。Web服务技术使门户连接变得可能。这意味着应用程序和内容、外部信息和贸易伙伴应用程序可以进行无缝的整合。例如，某公司可能利用一种Web服务支持精简员工的旅行计划，另一种服务来为客户计费，还有一种服务用于采购，等等。Web服务之间必须能够相互沟通经解决特定的问题。

如今许多所谓的Web服务尚未利用Web服务技术。相反地，他们只是附和Web服务的商业定义。而门户厂商趋向于使用商业和技术视角的替换使这一情况更加混乱。门户所交付的组件（portlet）有时被称为Web服务。

使用Web服务连接内容是令人鼓舞的第一步。下一步骤是在已有的门户上提供可以协调多种Web服务完成同一业务流程的功能。一旦这些步骤完成，就容易通过产生每个业务流程的底层工作流程来定义业务流程。Web服务是这些功能的候选项。门户厂商的每个动作都预示着Web服务在门户软件中将有一个建设性的未来。Web服务使门户以一种预定的复杂业务流程方式来将多种功能连结在一起的设想变得可能。

10.6.2 框架

Web服务框架是一个过程和一个连接作为服务呈现在网络上的软件的协议选择集合。基本的框架如图10-5所示。Web服务的主要方面有：

- 一个服务供应商提供能够执行特定任务的软件接口；
- 客户调用软件服务提供解决方案或服务；
- 一个管理服务的仓库。

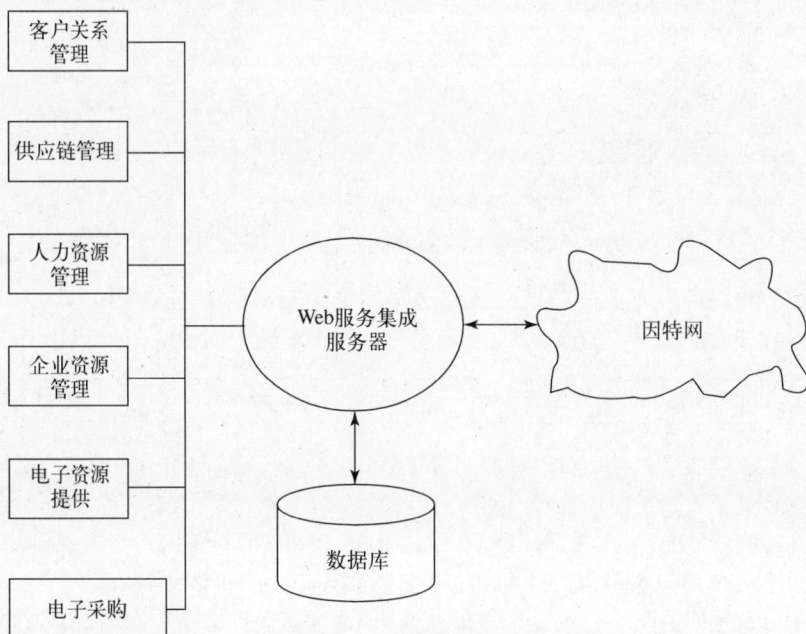

图10-5　Web服务框架

服务供应商将它们的服务放在仓库。客户通过服务供应商请求仓库中的服务。

各组织之间的业务流程变得越来越复杂化、全球化和交织缠绕。降低成本的压力增加了日以继夜地获取更好信息和更高生产率的需要。全球化也加剧了竞争，促使产品的上市时间缩短。Web服务是"供租用的电子产品"，使组织有可能与部门、合作伙伴、客户和供应商立即联系和合作以完成任务、解决问题或进行全年不间断的交易。

Web服务是移动的和交互的。考虑一个旅行者驾车去机场赶飞机的案例。他或她可能被自动地变更行程而安排在下一个航班，需要使用GPS系统连接到电子服务，确认在前往机场路上的交通堵塞，重新安排后续的会议或约会。所有这些都以面临交通堵塞的旅行者利益为重。更进一步，旅行者的电子服务可能可以向竞争客户业务的多家航空预定服务系统提交旅行申请。有了Web服务，客户便有了多重选择。

协同交互工作的是不一致的平台、不同的语言和网络协议。Web服务克服这些障碍和向客户服务门户或逻辑无线设备供应商提供B2B。他们通过以可能的最有效方式提供调度/定单跟踪、货物账单、接收和支付来降低周期时间和管理成本。他们同样承诺增加与客户、供应商、合作伙伴和授权合作商的协作。

总之，Web服务证明了基于商品和电子交易的传统电子商务已大致失败。在2000年网络泡沫破灭后幸存下来的网络商人快速地学会了采用Web服务方法——不再追求降低成本本身，而是更多地了解客户和建立长期的客户关系和忠诚度。这样，创造利润便着眼于扩大收入而不是降低成本。

应该注意的是，Web服务更多的是关于成功的商业战略而不是技术。Web服务被认为是有效战略的最好执行者。焦点在于协作、合作、协调人员和合作伙伴的活动和过程，以取得最终的成功。

10.6.3　移动Web服务

对Web服务的无线访问试图在移动空间和通过无线网络发布集成服务的领域开发出新的商业机会。移动Web服务使用基于XML的Web服务架构，将移动Web服务呈现给广大的开发者和软件用户。开发者可以开始将移动Web服务，如通信、定位、鉴定和计费整合到基于PC机的应用程序。应该增加商业机会，进一步推广应用和促进解决方案在移动环境中的无缝工作。这意味着应用程序更灵活地为全世界用户创造价值。

此外，客户可以移动无线网络看见利益。当这些网络最终可用，客户便可以通过使用最符合他们需要的设备或通信模块体验到移动无线网络的灵活性。

10.7　管理启示

10.7.1　谁在建企业门户

META集团调查了350个组织（相应的组织拥有至少500名员工）来研究企业门户应用的广泛程度，门户被如何利用，以及哪些服务和厂商组织被用于门户配置。在这些组织中，有超过80%的组织知道门户这个术语，有三分之一已建立门户或正在开发中。大型组织（超过1万名员工）明显地有更高的门户拥有率。

10.7.2　实现问题

尽管技术问题可以用多种方式进行分类，代码编写与合作范式同样提供了理解现今信息技术流行趋势特别有用的结构。对于依靠因特网作为知识共享媒介的全球化分布组织（如大多数的国际开发组织），**带宽**（bandwidth）问题是基础。在这一阶段的因特网演变中，带宽是约束许多应用程序的主要因素。一个组织实行全面知识管理战略的决心，将为合适技术的实现提供指导。

10.7.3　带宽

如今的趋势是因特网访问成本正在稳定下降。因特网沟通的快速以及其广泛的渗透性，加上更快和成本更低的技术革命，导致了在低成本的基础上增加了对因特网的访问。这个趋势在非洲最为缓慢，但即便在那里，因特网访问也正在快速发展，成本越来越低，特别是在首都城市。

对于协作的重要性和群体实践作为一种知识共享方式的产生，需要调查区域办事处大幅增加带宽的成本，增加带宽可用于支持 (1) 桌面视频会议，(2) 因特网电话，(3) 基于总部增加对信息系统的访问，(4) 其他协作工具，(5) 访问更多成熟的信息资源。

如今大多数的技术工具都倾向于帮助发布信息，但却缺少对信息使用的支持。支持知识创造的工具则开发得更少，尽管协作工作空间提供了大有希望的机会。这些工作空间使项目设计或基于知识开发的参与跨越了时间和空间，因此那些日复一日处理开发问题的有识之士可以积极地为他们的解决方案作出贡献。一些用户友好型的技术是比较传统的：面对面讨论、电话、电子邮件、书面工具如图表等。在这些问题中，需要考虑为知识共享程序提供信息技术，其中，包括以下几个方面。

- 对用户需求的响应：持续的努力以保证信息技术能够满足用户不同的和变化的需求。
- 内容结构：在大型系统中，为了方便项目的简单查找和快速取得，分类和目录变得尤为重要。
- 内容质量需求：需要设定准许进入系统的内容的标准，以确保操作相关性和高价值。
- 与现有系统的整合：因为大多数的知识共享程序旨在尽量无缝地将知识共享嵌入到员工的工作中，将知识相关技术与已有技术进行整合是关键。
- 可扩展性：在小型环境中工作完好的解决方案（如HTML网站）可能不适宜扩展到组织层面或全球范围。
- 软硬件的兼容性：为了保证所作的选择和带宽与提供给用户的计算能力相适应，这一点是非常重要的。
- 不同能力的用户之间的技术同步：为了发挥工具的优势和潜能，这种同步很重要，特别是当用户之间的技术能力相差甚大。

10.7.4　规划和开发企业门户

列出一个企业门户厂商候选名单可以节省进行大规模市场调研的时间和精力。一旦列出了厂商的候选名单，就可以根据测试案例来评估每个厂商，案例包括测试关键业务功能、基于架构的适应性、厂商生存能力和产品特征等。这些都是基于一个门户的策划和开发。3个关键的步骤具体如下。

- **识别一个门户能够帮助解决的商业中的棘手事件。** 与该步骤相关的是开发一套衡量标准，评估在门户上进行持续投资的回报情况。伴随而来的是需要定义商业目标和门户项目与项目可能引起的潜在风险需求。
- **识别门户用户和它们在公司中角色，** 他们所做的决定，和他们工作的业务内容。带着这些信息，可以开始开发一个原型，演示被提议门户的功能，以及门户应该如何用来为广大用户工作。
- **选择、安装和整合门户技术和相关硬件。** 这个步骤最关键的方面是针对组成门户的各个产品，进行适当和资格认证的用户培训。

小结

1.门户是一个安全、基于网络的界面，它为企业涉及的所有人，包括员工、合作伙伴、供应商和客户提供综合和访问信息、应用程序和服务的单一入口。

2. 与搜索引擎一起诞生的门户（如雅虎和Alta Vista），找到了在企业中的立足点，汇集了来自因特网和企业内部的信息。作为企业知识门户（EKP），它们旨在提供可以访问所有企业数据来源的简单、统一的接入点。

3. 术语数据源包含结构化数据（数据库、Lotus Notes等）和非结构化数据（电子邮件、文件、存档等），但也包括特定流程和企业应用程序（ERP和CRM工具等）的结果数据。如今，企业智能门户（EIP）市场非常繁荣，许多厂商都很乐观，认为门户在满足企业需求方面的具有充足的能力。

4. EKP环境中的内容管理需要有目录和索引能力，以管理在数据仓库、网站、ERP系统和传统应用程序中自动增长的结构化和非结构化数据。使用元数据来定义信息类型，好的内容管理可以作为公司决策系统的重要组成部分——商务智能工具通过挖掘数据和将其发现报告给企业中的重要角色。内容管理同样可以涉及企业外部，例如使用爬虫在通过因特网取得相关信息，对这些信息进行索引，将信息发送给合适的分析员、知识工人或决策者等。

5. EKP协作功能的范围从跟踪电子邮件到群体开发工作。一些EKP也许能够让处在世界各地的员工建立起虚拟会议室，通过聊天、声音或视频开会沟通。

关键术语

- 异步协作（asynchronous collaboration）
- 带宽（bandwidth）
- 内容管理（content management）
- 企业信息门户（enterprise information portal）
- 企业知识门户（enterprise knowledge portal）
- 可扩展标记语言（Extensible Markup Language，XML）
- 水平门户（horizontal portal）
- 智能代理（intelligent agents）
- 知识管理（knowledge management，KM）
- 知识门户（knowledge portal）
- 知识员工（knowledge worker）

- 元数据（metadata）
- 个性化（personalization）
- 门户（portal）
- 拉动技术（pull technology）
- 推动技术（push technology）
- 搜索引擎（search engine）
- 同步协作（synchronous collaboration）
- 电话会议（teleconferencing）
- 垂直门户（vertical portal）
- Web服务（Web services）
- 工作流（workflow）

328

理解题

1. 为什么需要门户？门户与数据仓库和数据工厂的概念有哪些相似的地方？

2. 在因特网而不是内联网里拥有你的门户的优点和缺点？

3. 列举知识门户和信息门户的区别。讨论各自的益处。

4. 讨论组织实现门户所需的战略和技术。

5. 讨论从厂商处购买一个门户的优缺点。确保你已经研究过厂商的网站，如Viador（www.viador.com/）和Autonomy（www.autonomy.com/）。

6. 讨论静态和动态门户的区别。你分别会在什么时候使用它们？

7. 讨论你如何使用内容管理为将来外部和内部的知识排序。列举一些例子。

8. 讨论实现一个门户时的实现问题。主要关注技术、管理、公司战略和终端用户。

9. 给出下列门户的例子和用法：B2B、B2C、B2G、C2C和C2G。

10. 列出制作一个可访问门户的可能方式，给出当今的技术趋势。集中讨论这些技术中的5种，包括它们的优势和不足（提示：网页浏览器、手机、信息亭等）。

讨论题

1. 在过去，公司使用电子数据交换（EDI）来与供应商和客户进行沟通。讨论如何使用门户来取代EDI的功能。给出例子。

2. 某审计公司需要开发一套系统，使审计员和公共会计师能够搜索会计标准、共享知识、沟通以及在总办事处和客户站点之间共享WORD和EXCEL文档。作为一个顾问，你需要为这个系统提供建议。那么你的建议是什么？

3. 一个硬件零售商希望能过因特网为顾客提供实时的支持。提出一个包含聊天和CRM模块的知识门户如何完成这一任务。硬件零售商能提供什么额外的支持？来自门户的什么信息可以提供给制造商？

4. 一个跨国企业在俄亥俄州的克利夫兰拥有一个中央人力资源部门。人力资源总监想要根据员工的职能、种类和等级建立一个系列使用多种语言新政策，他同时也想利用新政策让员工进行交互和反馈。提出一个计算机解决方案。

[329] 5. 讨论知识门户如何驾驭和运用不同战略的商业单位之间的协作。

6. 讨论门户如何为集中化和分散化的困境提供解决方案。什么数据应该集中化，什么数据应该被分散化？为什么？

7. 个人门户如何使用数据挖掘技术？知识管理和数据挖掘该如何整合到一个门户，提建议并给出例子。

Web练习题

NCR，www.ncr.com

挑战：为客户和合作伙伴建立数字化学习门户，以帮助观众在NCR产品上取得成功和为NCR创造新的收入。

战略：使用THINQ电子学习解决方案建立和跟踪课程，以及围绕课程提供社区功能（如聊天室和留言板）。

结果：NCR为超过2 000名注册用户扩展了将近4 000名在线和课堂课程，也达到了实现数字化学习收入的目标。

NCR转向使用THINQ来加强客户与合作伙伴的
数字化学习门户

　　拥有117年历史的NCR，自从引入第一台机械现金出纳机后已经走过了很长一段路，但公司60亿美元营业额的巨大成功仍然主要依靠于个人客户的关系。如今，NCR帮助公司整理通过销售柜台、电话、ATM机和因特网收集的关于客户的大量信息。有了这些信息，公司可满足每个客户的需求，并且将客户交易事务转换为丰富的客户关系。

　　自从在数据仓库方面拥有领先地位的NCR现金出纳机出现，公司的销售便更加成熟。因此，帮助客户学习如何全面利用NCR的硬件和软件是非常重要的。同样重要的是帮助NCR合作伙伴完全地理解产品，使他们在销售和使用产品上都能获得成功。

NCR有传统的课堂教学用来培训客户和合作伙伴以帮助他们达到目标。近来，公司开始通过因特网提供课程。这些课程结合NCR课堂教学的精辟内容，利用世界网络的广泛性和效率，使学生可以通过网络浏览器随时随地地学习。除了帮助客户和合作伙伴成功，这个电子学习程序还能为NCR产生收益。

NCR评估了一系列用于加强他们的两个数字化学习门户（使用者包括客户与合作伙伴）的数字化学习工具。一个门户是Teradata教育网络（TEN），这是一个用于公司客户数据存储的网站。另一个门户是外部NCR大学（NCRU），这个门户将受奖励的NCR员工的数字化学习扩展到合作伙伴。在严格的评审之后，NCR选择了THINQ来建立和强化其门户，因为它可以通过网络为顾客和合作伙伴提供自定进度的培训、课程跟踪、员工学习报告、生动的虚拟课堂、主办教育聊天、参考图书馆、留言板和教师引导的课件注册。

330

"员工培训很重要，但这只涉及了数字化学习的表面，"NCR的全球学习运作项目经理这样说道。"这些准备活动改善了客户和合作伙伴的业务，丰富了我们与观众的关系，还为我们创造了新的收入。THINQ提供了一座通往课程、内容和其他后端系统的桥，它是课程的重要组成部分。"

NCR选择THINQ而不是其他数字化学习厂商，是由于THINQ在学习产业的长期经验，它的集成产品、声誉、灵活性、负担能力和与NCR现行基础结构协同工作的能力。THINQ的满意用户也倾向于NCR的决策。

NCRU的合作伙伴门户开始于2001年7月，提供了3 600门课程，包括859门NCR适合用于网络培训的课程，NETg信息技术课程，NETg桌面计算课程，多语言课程，CD、书、录音带和课堂教学课程。这些课程都已过滤了每个具体公司的资料。自从建立以来，NCRU已有49家公司的766名用户完成了375门课程。他们可以建立个人学习计划、在线注册和回顾整个培训历史。2001年7月以前的会计用户需要注册一个"过渡"站点，NCRU的客户和合作伙伴门户有1 528名授权用户。

NCR的Teradata教育网络学习环境作为它的会员制学习社区建立于2001年5月30日。Teradata教育网络超过了所有的预期，有1 300多名会员，每周举办1 000多名用户的会议，在最初的6个月内完成了超过660门课程。三分之一的Teradata公司都作为TEN的成员进行联营，在实现2001年的收入目标上，TEN已经上了轨道。根据客户的需求，网络提供不同类型的13个月会员资格。个人会员资格只要895美元，公司会员资格为6 795美元。会员不仅能访问学习社区，还能访问超过50门Teradata课程。会员可以进行留言板、获取白皮书、取得虚拟课程和回顾记录的虚拟课堂描述。

不像大多数的在线培训项目，Teradata教育网络能够让来自世界的学生互相交流，以及与指导老师联系。该网络最强大的功能之一是可以在任何地点访问Teradata的专业知识，使学生在这个不断变化的市场中有机会把握最新流行趋势。在未来，NCR计划投入建设更多的课程定位/技术建设能力，并且为特定的客户或合作伙伴定制门户。NCR同时计划通过建立个人用户和公司用户的档案来更好地满足他们的需求。

"客户正在要求一种不离开办公室就能补充他们的课堂学习内容的方式，"Teradata客户教育部门的电子学习项目经理Adam Zaller这样说道。"我们的客户说Teradata教育网络学习社区就像拥有'合作伙伴'，即我们每天的用户会议。这是一个客户之间互相帮助的社区，一个公司的收入来源，一种用我们的技术帮助解决现实世界中关键商业问题的伟大方式。我们的客户和期待者如今更加清楚这种教育和我们所必须提供的内容。我们期待它的使用率继续增长，收入持续增加，并最终使这个项目覆盖全球。"

问题

1. 讨论Teradata作为一种学习选择的优势。它与传统的学习项目相比，在传递内容、召开会议和增加机会等方面有哪些优势？

331

2. 讨论使用一个纯数字化学习解决方案可能的劣势。如何加入人的因素？

3. 如该案例所述，有哪些方式可以让NCR投入建设更多的课程定位/技术建设能力，并且为特定的客户或合作伙伴定制门户。

4. 公司该如何使用Teradata来培训它的分支和部门，提出相关建议。Teradata可以用来培训底层、中层和高层管理人员吗？如果可以，应该怎么做，使用哪些内容？

332

第 11 章

B2B电子商务

学习目标
- B2B的意义、益处和机遇。
- B2B组成以及它们和供应链管理的关系。
- B2B的关键模型和它们的主要功能。
- EDI作为B2B工具。
- B2B中领导的作用正被关注。

11.1 简介

现在因特网正在改变全球经济的局势是显而易见的。商业竞争的特性正在发生根本性的改变。由于这种变化影响了公司建立策略联盟和供应商之间关系的方式，因此受影响最大的是B2B商务。B2C电子商务浪潮在规模上和速度上的增长以及供应链效率的保证正在推动一些公司中的B2B需求，这些公司不得不在加速供应链进程的同时削减成本。那些会利用B2B效率的公司一定会成为其所在产业的市场领导者。从供应链成本中省下的花费可以通过改进IT运作，最终到达B2B的客户手中。

B2B电子商务和B2C电子商务间的区别远大于零售采购和批发采购的区别。从一个企业的角度来看，这意味着藏在表象背后的节省，现成便捷的供应商联盟，即时交付货物和服务的同时满足削减成本的目标，并且在这个联盟中复杂的采购协作、及时的交付协作和电子支付系统的和谐。

一方面，B2B是协同商务。公司在削减商业成本的同时建立了长期的联盟。协作商务要求诸如产品定价、存货、运货状态等信息在商业伙伴中共享。Ensco公司是一家帮助生产厂家运输危险化学废弃物的公司，是协作商务的用户中的一员。由于厂家对于这些废弃材料的处置都负有法律责任，所以每个厂家都要求Ensco随时汇报处置过程。Ensco的系统将这些信息和他们的客户共享，这在以前是不提供的。

据估测，B2B的市场将比B2C的市场大10倍。基于Web的B2B公司可以通过很多途径获益。这些公司可以帮助其他公司建立销售货物和服务的站点，也可以充当一次拍卖中的经纪人，并在每笔买卖中获得一定比例的利润。它们也可以允许其他公司在自己的网站上刊登广告。搜索引擎雅虎已经进入了B2B业务，希望能赶上成功的浪潮。

雅虎给用户提供了丰富的网上资源，其中包括论坛和购物服务。该公司提供了拍卖和使得公司可以找到它们生意所需各类产品的B2B工具。

本章的重点是B2B的概念和机制、B2B和B2C的区别、这个新兴策略的利弊、支持B2B的技术，以及为增强企业的盈利进程而整合B2B和B2C所涉的问题。

11.2 什么是B2B电子商务

在历史上，生意总是和交换有关。早在物物交换的年代，卖方用一件物品和买方交换另一件物品。比如，在20世纪40年代偏远的叙利亚村庄，唯一的鞋匠制作了一双新鞋，如果鞋底是由轿车的橡胶轮胎制成，那么它可以交换两打鸡蛋，如果鞋底是由母牛皮制成，那么可以换得10公斤的小麦。当货币被引入来表示经济价值时，物物交换便淘汰了。

在商业被组织为把货物和服务交付给客户之前，供应链就存在了。在中国、印度和西亚之间的丝绸之路以及英国东印度公司和荷兰东印度公司都是全球供应链的早期例子。然而竞争优势和供应链管理（SCM）的概念相对较新。以下是这个新兴事物出现的理由。

- 如今的客户更具有成本意识和价值意识，同样对产品质量要求也更高。
- 信息技术和网络的成熟使得设计一个满足客户需求的供应链成为可能。
- 包括距离、成本、多样性、不确定性在内的全球因素（global dimension），使得有必要昼夜不停地有效管理长期供应链。

334

在今天的数字化世界中，金钱的交换是企业与企业通过计算机在看不见的资金传输中进行的，不管距离和位置。电子业务使用了相同的进程。公司继续形成业务关系，而B2B电子商务独一无二的贡献是在这些关系建立和维护过程中实现的。它们是为所有团体的共同利益建立的。当数百个企业连接在一起时，网络消除了距离而新建了一个价格和时间是主要约束的市场。

就像你看见的那样，B2B活动对任何企业都是关键的，而不管企业的规模、销售范围或产品类型。一个企业几乎一定可能和其他企业有关系，这种联系的本性是既有操作性的又有策略性的。一个B2B过程的操作性活动支持那些在策略基础上的关系，软件帮助追踪那些在B2B信息管道上移动的操作活动。

11.2.1 定义B2B

文献中给出了B2B的许多定义。电子商务指的是在买家与卖家之间执行交易或活动的替代性方法，在他们之间是产品、服务和信息的交互。B2B隐含了买家和卖家都是企业。不管有没有因特网，在B2C的交易和企业间的交易是不同的。B2B涉及了复杂的采购、生产和计划协作，复杂的付款条例和每时每刻的性能协议，目的是通过优化在价值链中的买方和供货方之间的货物、服务和信息传送来提高一个公司的B2B过程。

电子业务并不是信息技术，而信息技术也明显区别于电子业务，虽然两者互相交织在一起。随着如今对"即时"处理增长的强调，电子业务没有科技已经不能生存了。电子业务被视为供应链的支柱，保持业务可以共同运作。这包括了产品退货的简易性、交货的及时性、产品的可获得性、产品信息以及网站导航。一个满足B2B处理需要的技术计划列表包括以下方面：

- 为了促进安全和可靠的数据在贸易伙伴中移动的通信产品；
- 为了实现对话逻辑的工作流和过程流产品；
- 帮助识别数据应该到哪里去以及如何到达那里的贸易伙伴管理产品；
- 协助企业定位那些提供特别服务和产品的企业的目录。

传统的B2B电子商务涉及了长期贸易伙伴（供应商、生产商）之间的谈判和合同承诺。

335

承诺需被清楚地定义且有高度重复性，比如有关日用品的买卖，诸如纸张、塑料甚至母牛。Ben Zaitz在他的农场中用靴子进行交易获得了一台笔记本电脑，在使用网络来买卖母牛事宜的想法还闻所未闻时，他就已用这台笔记本来开发他的全球牲畜供应（cattle offerings worldwide，COW）网站。当这个概念开始流行时，这个站点每个月已经可以吸引40 000个访问者并可在牲畜和日用品的拍卖中获利200多万美元。

B2B不仅仅是一个线上的订单机制，也是涉及一个商业领域或者行业的独立机构的网络，诸如药品、塑料、汽车或建筑，也是观察产品、生产过程和定价的新方法。B2B向商业伙伴交付定制的服务和货物，并且管理库存。这意味着延伸了货物链，因此企业每一分钟都可以给出响应。

这些都可归结到交换的概念。比如，Alliant食品公司长期使用传统的处理食物分销的方法。分销商控制了如何将产品分配到饭店和其他企业中。现在，通过该公司的网站（AlliantLink.com）让用户（如饭店和酒店）可以不使用目录本、传真或电话来定购货物。信息中介在管理信息去支持电子市场中所需的商业进程中扮演了重要角色，它们通过促进交易将买方和卖主带到一起。

除了直接交流和速度之外，效率因素也必须考虑在内。在Alliant这个案例中，公司每天要装运100万份食物和供应。在传统的方法下，这个过程提供了许多出错的机会。现在，这个公司正在使用网络和无线技术减少60%以上的错误。比如，当通过传真和电话获得订单时，每1 000份装配好的食物中平均就会有3份订单错误。通过公司网站直接下订单将错误率减少到每1 000份中最多有2份错误。相同的错误减少同样出现在处理缺货询问、退货以及库存出货错误中。

传统的通信方法（电话、传真、面对面和邮件）正在被基于网络的模型——拍卖和交换取代。在地理位置分散的市场，那些不能找到合适供应商的买家最终要么付了更多的钱要么就是满足于先前的产品。使用B2B电子商务，供应链的参与者都被直接连接。比如，一个海运交易平台marex.com，将造船者、中介商和做批发生意的游艇经纪人都链接在一起。

图11-1给出了B2B的一些特别要素。

(1) **买方公司**。关注在减少购买价格和周转时间方面的采购。买方公司对一个特定产品在它的网站上公布购买要求，B2B网络中参与的供应商进行投标。

(2) **卖方公司**。关注营销和销售。销售者将买方公司吸引到它的网站上，每个销售者都有独一无二的目录、定价规则和折扣安排。

(3) **中介服务提供商**。专注于保障订购的履行。这样一个服务提供商在买方公司和供应商（卖方）之间通常对于零件或者独特产品起到中介作用。比如，通用汽车公司在它的零售商和数百个提供备件的供应商之间起到了中介的作用。

(4) **即时送货商**。专注于即时交付。B2B的这个阶段是非常重要的，因为保证在客户恰好需要时交付物品意味着时间和金钱的节省。

(5) **基于网络的平台**。关注于因特网、内联网和外联网。内联网将公司中分散在各个电脑中的信息孤岛连接在一起，外联网是因特网上商业伙伴之间的专用网络。（内联网和外联网已在第4章中作了详细介绍。）

(6) **B2B工具**。专注于电子数据交换（electronic data interchange，EDI）和软件代理。EDI是商业伙伴间的商业文档比如账单、订单和送货凭据的电子交换。EDI被设计用来将专用数据转换成可以电子传输的格式。（EDI将在本章后面几节中详细讲述。）

(7) **后端技术支持**。专注于企业资源规划（ERP）。将B2B和技术基础设施整合在一起，比如ERP、数据管理系统和内联网数据流，意味着在供应商的服务器上保持最大的信息流量。

336

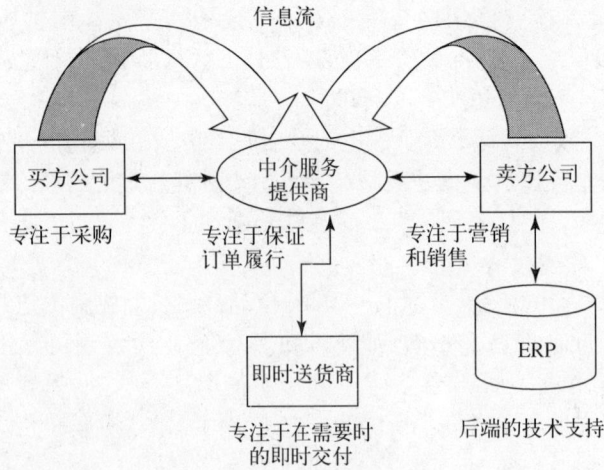

信息流

买方公司 ←→ 中介服务提供商 ←→ 卖方公司

专注于采购   专注于保证订单履行   专注于营销和销售

即时送货商

专注于在需要时的即时交付   后端的技术支持

ERP

图11-1   主要的B2B实体

11.2.2   B2B和B2C的比较

表11-1总结了B2B和B2C之间的主要不同点。以下特点是它们的主要区别。

(1) **连接机制**。在B2C中，连接机制是客户对系统。在B2B中，一个企业使用一个网络浏览器和另一个企业的网络服务器应用程序交互。

(2) **关系类型**。B2C中的类型主要涉及下订单和执行付款。在B2B中，这个关系的重点主要是在在线采购、订单履行和为了实现更高销售量的工作过程跟踪。

(3) **控制特性**。在B2C中的控制机制是单方向性的，卖方控制了和客户的关系。在B2B中，控制范围从单边到对等都有，依赖于两个企业间关系的本质。

(4) **基于需求的分割特性**。基于需求的分割在B2B中比在B2C中更为重要，它试图削减成本和采购。比如，通用电气开发了一个基于网络的交易处理网络（trading process network，TPN），允许供应商在部件的契约上投标。这个每年收入10亿美元的企业减少了一半的采购时间和至少三分之一的处理成本。

(5) **销售复杂性**。B2B中销售复杂性的等级比B2C中的要高。许多产品是作为一些产品的部分来购买的，这使得这种关系更像伙伴关系。越大的购买意味着越大的折扣而且价格几乎是可以谈判的。大的企业还使用先进的计算机系统来和那些网站被整合进来做生意的供应商交换发票。

表11-1   B2C和B2B之间的比较

	B2C	B2B
连接类型	客户对系统	企业对企业
	客户使用他们自己个人计算机的浏览器通过商家的网站订购产品	一个企业的代表使用他们公司的网络浏览器向另一家企业（比如，供应商）的网站订购产品或者询问
关系类型	(1) 下订单	(1) 在线采购
	(2) 执行付款	(2) 跟踪订货状态
	(3) 履行订单	(3) 执行付款
	(4) 浏览商家的目录	(4) 管理推广、退货、目录信息
	(5) 发送反馈邮件	(5) 履行订单

（续）

	B2C	B2B
控制特性	单方向的——由商家定义的关系	从单方向到企业间对等都有（双方约定）
等级或基于需求的分割特性	中等偏低	比B2C更受关注（比如，波音只买飞机部件而不是花园使用的拖拉机或汽车部件）
销售复杂性	中等	复杂

338

11.2.3　B2B的优点和缺点

B2B电子商务是企业间的电子商务。这是一个全球的集贸市场，你可以在那里买到任何东西，从回形针到油箱。目的是为了在采购上省钱，并且可以立即谈判好。供应商使用购买者的网站来响应投标并发送额外的产品目录。使用在线链接代替一个购买机构意味着省钱、在订购材料上的高效、更少的错误和使仓库产品库存最小化的即时环境。

分销商、供应商、零售商和其他合作伙伴所组成的电子联盟产生了有关客户、产品、供应商、运输、产品目录、竞争者、供应链联盟以及市场和销售的商业信息。企业可以了解客户的销售历史、产品销售历史、条款和折扣、产品供应以及促销、销售和市场信息，他们同样可以得到运送成本和条款、运送安排、存货位置、运输花费和存货补给的响应时间。他们也可以了解竞争者的产品和市场份额以及他们在供应链联盟中的角色和责任和拥有的合作伙伴。

B2B也有短处。B2B网站的数量早在2000年时就有了爆炸性增长。为了获得更便宜和快捷的供货，人们开办了数百个网站来支持汽车、化工、医药、零售等行业。不过，和其他一些新的过程一样，B2B有许多重要的障碍。尽管大肆宣传，B2B却进展缓慢。电子商务并不是适合每一个企业。

B2B的一个问题是这种类型的生意会导致可能的信用缺失。比如，大型电子市场的拥有者可能故意扼杀更小的竞争对手的交易。电子公开招标本身可能会导致可疑的价格信号。有这样一个场景：购买者A想要为一个房屋工程购买2 800米^{3}的木材。他在一个在线交易上贴出了需求。一个供应商为这个项目出了个价，而另一个竞争者看到了这个标以比其更低的价格出标。这个过程一直持续到购买者A接受了一个最低的价格。同时，购买者B和其他供应商看到了这个过程并会对这个竞标过程有了一个很好的认识。请看方框"没有信任就没有生意"。

这个过程曾经频繁地发生在报纸、电话和面对面会议上。价格信号可能是个出色的生意，但是它也被质疑违反了反垄断法。在一次关于交易的两天会议中，联邦交易委员会的官员和法律专家认为避免违背反垄断的问题的关键是允许一个开放的网络交易并且保守B2B系统中价格和所有供应商的贸易秘密。竞争者对于敏感的竞争性信息的访问应该既有机密的投标又有限制。

至今，没人给出保证B2B商业成功的模式。大多数网站收取每笔交易费用的一个很小的比例作为收入。为了赚钱，每个月都必须结算数十亿美元的业务，而这并不简单。其中一个原因是竞争。而且，垄断一个特殊服务的供应商和企业正在建立适合于他们自己的产品和行业的交易平台。

339

没有信任就没有生意

　　大多数B2B的目标是减少高达15%的行业费用。这笔节省可以通过削减业务成本、增大经济规模、改进库存管理以及由大量的买家和卖家促进的投标来实现。

　　对于所有的这些好处，B2B提出了反信用的责任问题。一个B2B交易平台的存在是为了将竞争者聚集在一起，因此具有消除竞争的潜力。美国司法部（department of justice，DOJ）和美国联邦贸易委员会（FTC）都展开了对这种B2B交易的调查。虽然政府官方和法律评论员都能分辨出这些安排的潜在的好处和问题，但是在这一领域，针对性的关于政府强制目的的清楚的指导方针，还没有出台。

　　一个由一群竞争者组成的B2B，以一个具有控制能力的参与者主导的集体行为为目的，将在遵从反垄断法方面尤其敏感。令人担忧的是一群购买者通过垄断的方式（当市场上只存在一个购买者时可以发挥的力量），将使得一个产品或服务的价格下降。

　　与公开的参与方式比较，在B2B中被直接或非直接地排除在外，也会引起违反垄断的担忧。这种情况通常发生在当B2B垄断了一个产品或一组产品的市场，或者B2B被将会成为参与者的企业拥有或控制的时候。

　　反垄断的问题并不会阻止企业对B2B提供的效率的增长和省钱的承诺的信任。然而，由于当前围绕反垄断的问题充满了不确定性，精明的管理者会将反垄断小组加入到早期的计划团队中。通过清楚地说明交易的目的以及在这个结构和运作中表明灵活性，管理层就会在反垄断法律方面遇到很少的障碍。

　　来源：摘选自Richard E.Donovan, flabusinessinsight.com/Articles/Features/B2B.htm。

11.3　供应链管理和B2B

　　当要进入一个从供应商到生产商到批发商到零售商最后到客户的过程时，供应链管理（supply-chain management，SCM）涉及审阅材料、信息以及财务。供应链管理包括了在企业之间和企业内部的协调以及将这些流程整合在一起，最终的目标是在需要时可以提供货物的基础上减少存货。作为一个解决方案，具有Web界面的精密的SCM系统正在和基于网络的应用程序服务提供商（ASP）竞争，ASP承诺对于那些租用他们服务的企业，他们会提供部分或所有的SCM服务。

　　有两种主要的SCM系统类型：使用先进算法来确定最佳填写订单的方法的计划应用程序和跟踪货物物理状态、材料管理和包括所有相关企业的财务信息的执行应用程序。

　　B2B传统模式正在让位给供应链对供应链的模式。现在成功是这样来衡量的，即要看是否聚集了一群公司，这些公司可以超越常规的贸易关系的成功/失败谈判。这个意味着要一起工作以最有吸引力的价格交付最好的产品。某种程度上，这是成为供应链竞争这个越来越流行游戏中一员的入场费用。这不再是一个令人激动的机会，而是一种生存技巧，请看方框"供应链对供应链"。

　　就企业中的关系来说，B2B可以被很好地解释为使用供应链的过程。**供应链**代表了所有与货物从原材料阶段到最终客户的转变与流程有关的事件。这是将货物从客户的订单开始通过原材料、零件供应商、生产商、批发商、零售商直至最终到客户手中的整个移动过程，这个过程包括了订单生成、订单获取、状态反馈以及货物和服务的及时交付。按传统的方法，这些过程都需要用文件完成，如采购订单和发票需要验证和签名。B2B正在开始取代这些耗时的活动。

供应链对供应链

关于电子商务中供应链的潜力，我们可以讲两个企业的故事——耐克和思科的曲折经历。在耐克这个案例中，危机在2001年5月来到，当时公司宣布由于在供应链上的混乱，前一季度的销售额比预期低了1亿美元。这个损失很快就被思科的公告超越了，思科宣布由于供应链的问题，该公司对22亿没有用的存货进行重估减值。这是商业历史上最大的存货销账。在耐克宣布供应链崩溃的那一天，公司的股票下跌了20%，这个数据大到令1亿美元的损失看起来像零花钱。12个月期间的总共的损失是极大的，估计18.5%的股东的损失的平均值大于3.5亿美元。

来源：Increasing Role of Supply Chain. 摘选自David A.Taylor, "Supply Chain vs. Supply Chain." *Computerworld*, November 10, 2003, 44-45。

11.3.1 B2B供应链协作

一个B2B供应链需要在一组生产商、零售商和供应商之间的协作，使用因特网来交换商业信息以及共同工作来预测他们产品的需求、发展产品计划和控制存货流。这样有许多好处：减少存货、提高销售、为不同的企业购买者定制产品能力的改进以及产品成本的减少。最大的挑战是建立合作伙伴间的信任，分享敏感商业信息，升级企业应用程序，推动协作。合作伙伴还会对于交流信息和交易有个共同的标准。请看方框"供应链协作的一个例子"。

[341]

11.3.2 供应链因素

多种因素使得供应链管理成为一个协作的努力。
- 生产：决定在一个专门的工厂里建造产品，决定给工厂提供服务的供应商，决定如何给产品找到最终的客户。
- 存货：为了保持供应链的运作秩序，供应链中的每一个环节都必须保持一定的原材料、零件和半成品作为避免不确定因素的措施。用这个方法，在任何环节上出现暂时的延时，这个过程都可以不被打断地继续下去。
- 位置：事先了解产品设备、仓库点和创始点是很重要的。一旦被了解和保证，供应链过程就开始不间断地可靠地运作。
- 传输：这一步简单地决定了材料、零件和产品通过物流系统从供应链的一个点到另一个点。确定如何运输经常是在运输成本和允许时间之间取得平衡。迫切需要的高优先级的零件更有可能使用空运而不是火车或汽车。

这些因素的连通性将销售连接到贸易，又将贸易连接到购买（电子采购），这些是伴随着物流、市场、计划、政府和财务机构一起实时运作的，这会给你留下一个在B2B环境中SCM复杂性的印象，请看图11-2。

另一种视角是从生命周期过程的角度来看SCM。
- 计划：SCM的策略部分。计划的一个主要部分是制定制度来监控SCM保证给客户有效的质量和价值。
- 来源：选择将生产或交付产品和服务的供应商。这一步包括了定制价格、决定交付时如何收款和建立改进和供应商关系的制度。
- 制作：生产阶段，在这一阶段，B2B安排了生产流程、检测和为即时交付做的准备。
- 交付：这一步涵盖了所有相关的物流，协调客户订单和拥有产品的仓库的网络，选择承运人将货物发送给客户，创建基础设施给客户开票和安全付款。
- 退货：SCM中重要的一部分，开发一个网络回收来自客户的有瑕疵的产品并处理客户的投诉。

供应链协作的一个例子

让我们看一下作为协作例子的客户货物包。如果要列出两家已经将供应链变成为一个很平常的单词的企业，那就是沃尔玛和宝洁。回溯到20世纪80年代，在这两家企业还没有开始协作之前，零售商只能和供应商分享非常少量的信息。但是这两个巨人建立了一个软件系统将宝洁连接到了沃尔玛的分销中心。当宝洁的产品在分销中心减少时，系统就会自动给宝洁发回一个警告，要求宝洁运送更多的产品。在某些情形下，系统能够深入到沃尔玛的每一个商店。它使宝洁能通过实时卫星监控货架，无论何时当一个宝洁的物品通过扫描仪注册时，卫星连接器就会给工厂发送一个消息。

使用这种每分钟发出的信息，宝洁会知道什么时候制造、运输和将产品展示在沃尔玛的店里，没有必要将产品堆积在仓库里等待沃尔玛的电话。开发票和付款也会自动进行。这个系统使得宝洁省下了许多时间、减少了库存、降低了订单处理的成本，这使宝洁能给沃尔玛提供"天天低价"而不至于让自己破产。

思科公司把设备连接到因特网，在供应链协作中也是很有名的。思科有一个由部件供应商、销售商和契约生产商组成的网络，通过思科的外联网形成了一个虚拟的即时供应链。当一个客户订购了一个典型的思科产品——比如，一个在公司网络上指引因特网流量的路由器——通过思科的网站，这个订单会触发一个急信到生产印刷电路板装配线的契约生产商。与此同时，分销商也被告知要提供路由器的普通部件，比如一个电源。思科的契约生产商，一些完成路由器底盘的配件装配，一些装配最后的成品，早已知道了接下来的订单线，那是因为它们登录了思科的外联网并且连接到了思科自己的生产执行系统。

现在你了解了整个过程。没有仓库，没有库存，没有发票，只有一个随时随地自动监控思科供应链的好管闲事的软件程序。思科的供应链自动、实时、随时随地工作。如果说这个协作系统有一个弱点，那就是至今它们还没有在很困难的时候经受过考验。思科的网络是设计用来处理公司的大规模增长，在2000年经济危机中完全没有保护能力。当对产品需求直线下降并且思科和它的供应链伙伴陷入一堆额外的存货时——就像其他许多高科技的生产商一样，思科花了好久才关闭了复杂网络中所有的功能。思科不得不认真观察供应链计划的能力。据发现，SCM软件在管理增长上方面比监控衰败并进行修正处理方面好很多。

来源：摘选自www.cio.com/research/scm/edit/012202_scm.html。

知识管理已经成为供应链系统中一个重要的因素。知识管理是将在企业中任何地方——文件上、文档中、数据库内（即显式知识）或在人们的脑袋中（即隐含知识）的集体性的知识，进行捕获和使用的过程。在供应链中，知识管理提供了管理需要专家知识的决策点和领域的能力。供应链的新的关注点是和所有涉及方的协作、协调和合作，这样企业的进程、技术和有经验的人才能保证有利于这个链的必要的整合。对于协作的强调包含了从供应商到零售商所有的合作伙伴。方框"知识管理和供应链"描述了二者的关系。

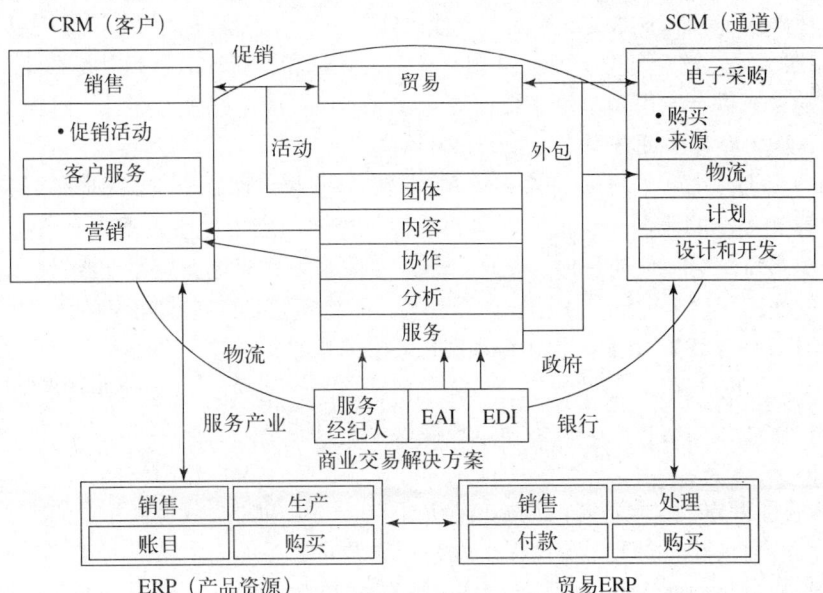

图11-2 供应链管理的例子

知识管理和供应链

如果没有有效的知识管理模型，对当前的正在进行的以及未来的供应链的成功都很关键的信息就会受到危害。如果没有信息，供应链就不可能成功地或有竞争力地发挥作用。

考虑一下显式信息和隐含知识之间的潜在价值。

- 显式供应管理信息是数据、报告和保留在信息系统内部的流程。
- 隐含的供应管理知识是更深的经验、专业技术和在组织中内部流程。这种知识是没有文档记载的，只存在于员工头脑。一个退休的高级供应管理人员可以演示如何分析多种报告来预测下一年的库存。如果他不与人分享他的知识，那么他所了解的知识也就没有什么用。

私下交易成为在供应链中共享和使用知识最有效的方法。最初，在线拍卖被期望来完成这项任务。然而，在在线拍卖环境中发生的更多是"电子交易"而不是知识共享。

为了成功地达到知识共享，供应管理组织和他们的提供商不得不适应当前的条件且为近期不可避免的变化作好准备。信任是一个有价值的组成部分，它对于供应管理组织进入知识创新的过程很有必要。还有，如果没有一个可信任的可协作的供应管理者或供应商的关系，几乎不可能在信息供应链的知识创新阶段取得成功。

通过认可和适应变化，供应管理者将他们自己放在了一条正确的道路上，一条在他们的组织和供应链中实现知识管理的路径。供应管理者他们自己可以引导他们的组织采取一些必要的行为来实现一个成功的知识管理模型。

来源：摘选自J.Yuva. "Knowledge Management: The Supply Chain Nerve Center", *Inside Supply Management*, July 2002, 34-43。

11.3.3　B2B组成

B2B电子商务是在一个基于技术的电子业务平台上运作。那些B2C的典型功能，比如个性化和内容管理，同样和B2B架构有关。一个为B2B服务的电子业务平台包括了5个关键部分：

应用服务器基础设施、B2B集成服务器、个性化软件、内容管理设施和电子商务包。

(1) 应用服务器：这个部分的功能是用来开发、管理和执行B2B服务以及高性能且没有停滞的服务的流量。这个应用管理程序服务器管理了连接和应用程序、在升级时提供服务、检测死连接、监控安全并保证有一个容错的B2B环境。

(2) B2B集成服务器：由于有许多系统和协议必须一起工作来支持B2B电子商务，为了追求快速、可靠和安全的服务，集成服务器将企业、外部和应用程序数据或文档连接在一起。比如，一个购买订单会被认为是输入文档，于是集成服务器会把文档处理器指引给一个订单台。一旦系统处理了这个订单，文档处理器就会在安排运货日期前询问库存数据库。

(3) 个性化软件：B2B中的个性化特性和B2C中的相似。这是一个公司向多个买家（称为合作伙伴）只展示或提供对合作伙伴独一无二的内容成为可能。这个软件考虑了下列因素，例如存储合作伙伴的档案、购买行为和用户特权等，目的是建立一个紧凑的B2B界面以及和每个合作者的交互。

(4) 内容管理设施：这个特殊的设施就是B2B电子商务的可交付性。综合的内容管理支持促进B2B内容审阅和批准的工作流过程。内容管理者的主要责任是保证内容可以到达指定用户或在线系统，它也促使个性化软件为适当的用户提供内容服务，无论是另一个服务器或是一个在线系统。

(5) 电子商务包：这个程序集扮演的角色和在B2C中相似。包括了客户服务和产品管理、直接交付的店面、购物车和履行订单的模块。

为了完成这个工作，电子业务平台必须运行在开放的标准上。这意味着当公司和买家和供应商整合时，B2B架构必须可运行在任何硬件或任何操作系统上。安全也是一个重要的事项。安全协议可能需要覆盖整个应用程序、一个应用程序的各部分甚至一个应用程序的特殊部分。

服务的质量是重要的需要考虑的事项。就像在传统商业中，评价很高的和长期的商业伙伴会获得特殊的待遇。一旦他们登录且被确认，B2B系统就将他们转向一个高级的服务器，但是其他合作者通向的则是常规服务器。当合作伙伴增加他们的生意时，服务质量也可能会提高。

最后，为了让电子业务获得最大的效率，它的基础设施必须满足一些标准。

- 技术必须适应业务发展的需要。这一点暗含了灵活性和可适应性。
- 在丰富和超常的用户体验方面必须保证性能。
- 基础设施必须可靠而且一整年的每天24小时都提供服务。就商业损失来说，停工期的成本将会大得惊人。
- 基础设施必须是可扩展的，意味着当前系统可以升级到可以适应电子业务变化和增长的标准。
- 由于电子业务是指全球性的业务，在技术上必须有能力在一年中的每个小时对付多达5.5亿位网络浏览者，12 000个ISP网络，覆盖几百个国家。
- 这个系统必须是简单易用而且稳定的。有时候需要通过一个可靠的第三方卖家来平衡得到。
- 这个系统必须安全，远离网络欺诈、远离拒绝服务的攻击、远离病毒。

为了跟踪供应链的运作，需要使用专门的工具。比如供应链事件管理（SCEM），这样的软件让用户可以在供应链中使用分析、监控和控制功能。就像图11-3描述的，一个零售商将订单发送给供货商，要500罐车道油漆。当订单在处理时，供应仓库发现缺货150罐。于是短缺信息就被反馈到连接在供应链服务器上的SCEM系统。SCEM就自动从一个另外的供应商那里订购了150罐，他直接将这些运送到零售商的仓库处。在这个案例中，SCEM就像是一只看门狗。

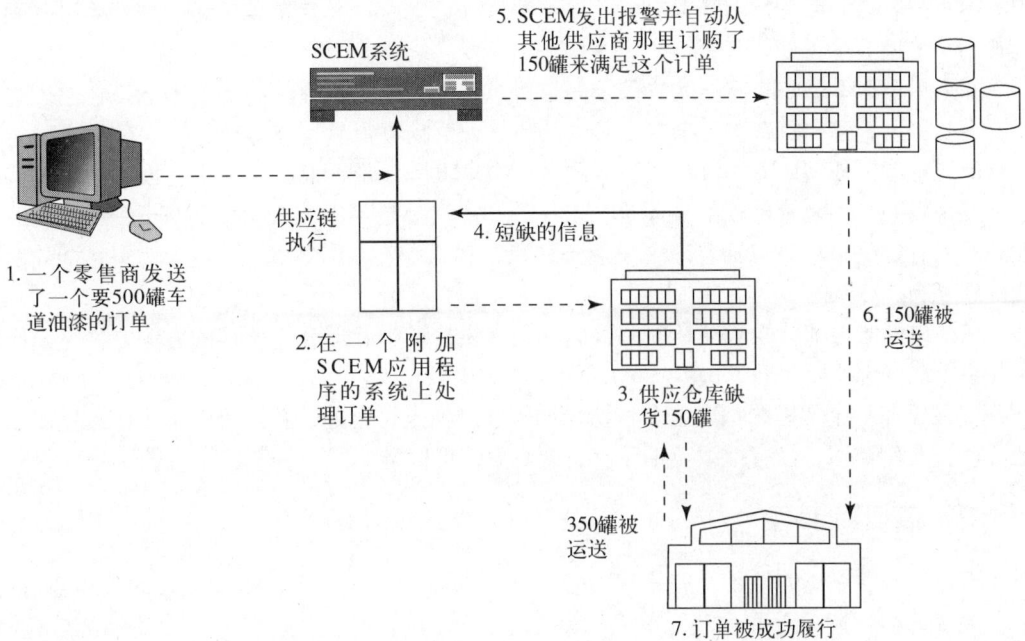

来源：改编自Marc L.Songini，"Policing the Supply Chain，"*Computerworld*，April 30，2001，55。

图11-3 供应链事件管理

11.3.4 B2B整合挑战

B2B整合有许多解释。一些技术人员把它是作为仅仅是电子数据交换（EDI），另一些把它看作是整合在企业组织外部的应用程序，第三种看法是把一个网络的前后端都放在应用程序上使得供应商、客户和企业买家可以共享交易的信息。每种看法都有意义但是却忽略了B2B整合的基本含义。

B2B整合意味着跨越了所有独立的企业，每一个都有自己的应用程序和用户。一些应用程序是在整合一个企业全部应用程序的企业资源规划（ERP）包；另一些是在大型机上运行的传统系统。在每个公司，业务处理都不同。处理定单、生产调度和其他内部过程也都是不同的。B2B整合意味着不用绑定某一种特定的系统技术而可以让这些异构系统进行交互。

也有其他的挑战。如果用户没有提供一个迅速且可靠的信息流给供应商，卖家就不可能用一种迅速的持续的方法生产需要的货物。供应商也有其他需要迎合的企业。更大更有利润的客户会第一个得到关注，即使对于一个买家的交货时间会有副作用。当一个SCM系统的灵活性不够来处理这些问题，就会阻止买家在市场中获得竞争优势。

为了回避供应商的独立性，买家就要依靠选择性。一个选择是选择那些周期和购买者生意需要更符合的供应商。当然，另一个选择是努力提高给供应商的信息流，仅仅那个就可以完全保证一个平稳的周期。

标准化是一个持续的话题。诸如TCP/IP、HTTP和EDI等标准的一个问题是它们需要花费时间和精力来制订。在合作伙伴之间，企业条件也在变化，许多企业发现在有标准之前建立一个协议是有必要的而且有吸引力的。在大多数情况下，在有高的需求和用处时，制订标准的成本也是容易判断的。对于长期稳定的产品和交互，标准是完美的，但是要找到这些候选就既不简单也不可预见。

346~347

那么用于B2B整合的标准就依赖于一个组织想和另一个建立的关系有多近，在它们之间需要多少协议，整合将有多复杂以及其中一个是否会威胁到另一个的自主权等问题。

最终，对于任何B2B协议，关键问题是一个B2B协议是否说明了一个交换协议。协议是全产业范围的，还是全国性的，还是全世界的？协议都是事先被认同还是基于一个随机的基础的？所有这些事项，包括管理电子业务联盟，都不得不在B2B整合被视为稳定且持续发展前得到解决。

在合作伙伴之间，嵌入在任何协议间的是在供应链中管理合作伙伴的方法，称为合作伙伴关系管理（partner relationship management，PRM），这个系统是B2B整合的一个新阶段。PRM专注于在一个常规的基础上合作伙伴如何互相投入。比如，我们可以有协作过程，如产品设计。没有PRM，没有组织能期望一个有效的价值链。

11.3.5 信任因素

不管一个供应链的设计、安排和可管理性，随着时间的过去，协作关系的核心是信任。一个关键的信任问题是和你连接的卖家是不是一个可信的同盟或者是一个商业间谍。随着时间的过去，通过等级和经验，很多关于卖家的关系就可以被了解。一种意见是卖家在生意中就是为了赚钱，他们会做任何在道德上可以接受的事情来帮助他们达到目的。如果他们在屋前随意晃荡并和人们说话，他们会了解到比他们应该了解的多得多的东西。这意味着卖家获得的内部消息越多，他们就可以利用这些消息获得的好处越多，尤其是在谈判时。请看方框"SCM中的信任因素"。

SCM中的信任因素

信任是培养供应链伙伴间契约的一个重要因素。信任的存在提高了可测定的供应链业绩的成功机会。信任的缺少常常会导致在业务成本（确认、调查和证实他们的贸易伙伴）上升时，业绩却没有效率和没有效果。

信息的共享减少了行为不确定性的等级，也就是提高了信任等级。一个和合作伙伴在市场中的名誉对于信任建立的过程有一个强烈的正面的影响，反之，一个合作伙伴可感知的矛盾会给信任创造出强烈的负面的影响。契约的等级和信任等级有很大关系。

底线是信任需要一个度量系统来支持，这个系统激发所有各方作为整体来做对于供应链有好处的事。度量需要时间和金钱。

来源：摘选自Brig Sarma，"Trust Factors in SCM." *Supply Chain Management Forum*，June 29，2004. 请看www.managementlogs.com/2004/06/trust-factors-in-scm.html。

348

每个卖家都想知道3件事：公司预算、具有最高优先权关键操作的地方以及在组织中做最后决定的人。这些因素中的任何一个都可以在采购过程中占上风（请看方框"SCM中的信任因素"中一个信任的关系的利弊）。是否合乎道德标准，卖家会小心处理。能和卖家共享快乐的媒介只限于与生意有关的东西，员工应该小心选择他们可不可以和卖家共享什么。每个项目还应该建立一个安全协议。一个人不是在10千米高处做安全检查，而是在起飞前就做好了。

在因特网的B2B关系中，信任有独一无二的含义。比如，你如何知道你正处理一个合法的值得信任的生意？又如，你如何知道电子交换是安全的并且在另一端和你进行交易的伙伴是他自称的那个人？信任的关系使得许多组织远离B2B贸易。B2B购买者担心他们不能收到好的产品、好的质量以及从一个得到认证的卖家那里在合适的时间以合适的价格买到合适的数量。卖家也有同样的感觉。卖家常常担心是否能及时获得付款以及将信用额度给了可疑的买家。

1. 信任因素

一种在供应链中考虑信任的方法是将它分为几个关键要素，包括竞争力、信誉和面对失败的脆弱性等。在SCM，竞争力是供应链中多方达成契约的能力，也是人和人基于事实和值得信任的过程工作和处理生意的能力。对于一个采购经理，这个意味着访问供应商并且看到那个供应商有履行合同的设施和专业知识。

相反，信誉是有感知的基于情感的信任，它向你保证卖家是好意的而且以他或她的名声作保障。脆弱性是指选择一个行动的方针，即使这个行动失败的概率大于50%。这意味着信任是一个风险关系，增加了被信任一方的脆弱性。

2. 如果供应链突然断了怎么办

这么多的供应商、商家、零售商、金融机构和中介构成了供应链，当其中一个环节突然断了或者暂时无效，那会发生什么呢？比如，在2001年9月11日恐怖组织袭击后，UPS物流集团被发现没有准备好而且面临着一个供应链灾难。该集团发现自己没有一个主要的配送中心可以将紧急的配件送向客户。那个离世贸大厦140米远的配送中心被毁灭了。由于考虑到在恐怖组织攻击后的安全因素，另一个在曼哈顿的UPS服务零件中心被取消了。由于道路被封闭，第三个中心也无法到达。这是一个企业真正处于危机状态的例子。

2001年9月11日的一个效果是防范恐怖组织的攻击的计划意识在不断增加，因此这个供应链就可以保持运行了。如果没有这样一个计划，仅是宣称生产或者运输过程的中断就会相当昂贵。根据佐治亚理工学院的研究，在如此声明的当天，公司的股票价格平均就会下降8.62个百分点，而在6个月里面，会下降20多个百分点。

防范灾难计划（disaster planning）意味着使用特殊的步骤来保证产品和服务在灾难期间继续流通。第一步是和高风险的客户一起工作并在紧急计划上协来来满足他们在灾难中的需要。在这样一个中断中，价格应该稳定，一个替代的库存源应该被确定，而且保证不需要任何运送费用。最后，给供应链上中断环节的员工授权，并有效地沟通减少不必要的延迟是很重要的。

11.4　B2B模型

对于B2B电子商务，根据谁来控制市场已经建立了许多模型：购买者、供应者或中介。每个模型在下面各节中都将被介绍。

11.4.1　面向购买者的B2B

在**面向购买者的B2B模型**中，一个购买者比如通用汽车一般每个月会购买成百上千的产品，它通过使用因特网在它自己的服务器上开设一个市场并开设让供应商竞标的窗口。如

图11-4，购买者在产品目录或手册加载产品，并提出一些特殊的要求比如牌子、车型、大小、价格等等。外面的供应商访问了目录，并决定他们要在哪个产品上投标，接着把信息发送给购买者并期待成为价格最低的竞标者。

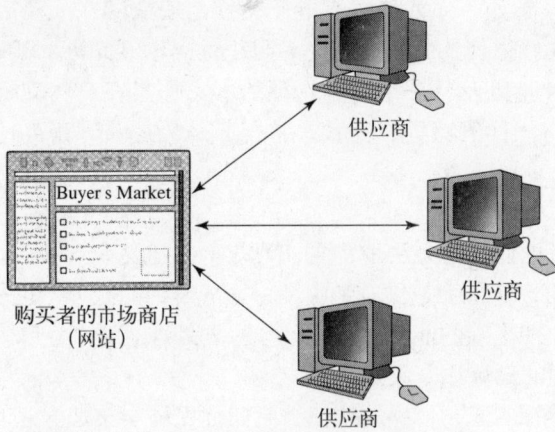

图11-4　面向购买者的B2B模型

11.4.2　面向供应者的B2B

面向供应者的B2B模型在设计上与B2C模型相近。一个生产商或一个供应商邀请个人客户和企业客户通过它的电子商店来订购产品（请看图11-5）。

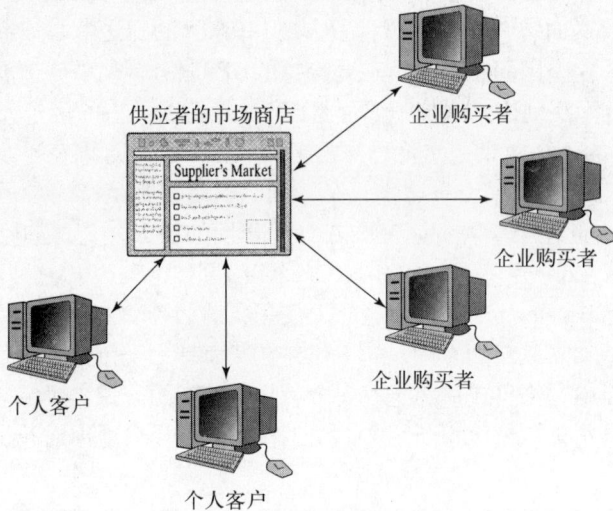

图11-5　面向供应者的B2B模型

面向供应者的B2B的有名的例子是戴尔和思科。戴尔对于企业购买者的销售占了它计算机销售的90%。同样，在2004年，思科通过公司网站销售给企业价值340多亿美元的路由器、交换器和其他网络设备。

11.4.3　电子拍卖

因特网的一个独一无二的特点是可以把在地域上分散的而具有相近兴趣的人集合在一

起。网络拍卖可以通过提供拍卖站点来迎合这一群人。

在拍卖中，一个卖家提供了一个要销售的产品或物品。由于卖家并没有给这个物品标上价格，这就叫做"无底价竞标"。感兴趣的购买者可以了解物品的信息并出价——他们愿意付的价钱。掌控这个过程的拍卖师将主持拍卖直到竞标结束。

面向供应者架构的一个极端例子就是电子拍卖。因特网上各种类型的拍卖正在急速发展，大到eBay，小到上百个信誉可疑的小型模仿者。有一些报道说由于欺诈，购买者获得的比他们成交的要少。在一些案例中，拍卖者没有如实描述产品，而另一些案例中则根本没有交付产品。

有多种机制来保证在线拍卖的完整性。最普遍的形式是有一个反馈论坛，这也是eBay的一个特色。一旦一个业务结束，成功的买家和卖家就被要求给对方一个反馈评价。反馈信息对所有用户都是开放的，除非他们选择不允许。反馈是保证在线拍卖安全和公平的一个有效方法。然而反馈敲诈也是有可能的（请看方框"可疑的拍卖网站的诚信"）。

可疑的拍卖网站的诚信

一个名叫Joan Spingelt的小学教师，在她第一次在拍卖网站eBay购物时，得到的东西要比购买的少。她从Tec Computer购买了一个掌中宝个人数字助手来管理她的通信录和行程，但公司从没有给她发送过这个货物。她曾收到解释信，然后她的邮箱就没收到任何回复了。

美国联邦贸易委员会对这个公司的拍卖欺诈提出起诉。总共有9万美元的货物没有被发送。根据和解协议，Spingelt可能仅仅收到40美元作为她3年前用361美元订购的东西的第一笔退款。

执法机构拥有从在线付款服务（money-wire service）和信用卡公司中提取信息的权力——这是受欺诈的用户无法单独做到的。然而，很多执法机构还没有经历过因特网的调查并且很多还不会去调查少量的损失。佛罗里达的执法部门只探查5万美元以上的诈骗，虽然这个机构的计算机犯罪中心最近降低门槛到1万美元以防一些可疑的因特网诈骗。

而且即使骗子被追捕到，受害人也不能获得全额赔偿，起诉几乎也没有很大帮助，最好的方法可能是雇用一个专业人员。专家强调说你不应该自己处理法律问题，交给专业人员来处理你的案子吧。

来源：摘选自Carl Bialik，"Getting Your Money Back"．*Wall Street Journal*，September 16，2002，R7。

其他处理不良交易行为的机制是购买一个保险项目或安装一个第三方保证项目。一个保险项目保护按约定将钱发送给卖家却没有收到货物或服务的买家。第三方保证项目是通过第三方接受买家的付款，并持有资金等到买家检查了所购物品并决定是否接受或拒绝。

电子拍卖有3种基本的类型：正向拍卖、反向拍卖、因特网交易。每一种都有独一无二的特点和承诺。

1. 正向拍卖

正向拍卖（forward auction）常常用来清算货物。卖家从购买者处接受出价。这种卖方控制的模型让卖家公布他想通过拍卖网站销售的产品和服务。购买者查看了所提供的货物并提交了竞争的出价。有时候，拍卖采用"暗标"形式，每个竞标都是封起来的。在有效期后，卖家查看了所有竞标并选出价格最高的，通过正常的电子渠道完成了支付和交货（请看图11-6）。

正向拍卖常常用来处理多余的货物、去年的型号的货物等等。在供需不可预测且有时间因素来迫使卖家撤下商品时，这是一个理想的状况。比传统的清货，卖家有更多的控制。

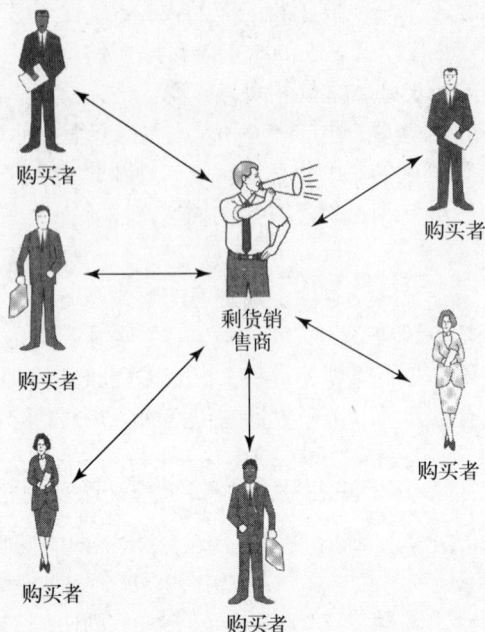

图11-6 正向拍卖模型

2. 反向拍卖

反向拍卖（reverse auction）常常用来招徕竞标的拍卖并且出价最低的获胜。这是购买者控制的。买家贴出他们想要买的物品，然后卖家竞相提供。购买者使得供应者们在竞标大战中互相争斗。买家查看了竞标并考虑了各类因素，如卖家的位置、交付成本以及卖价是否可以准时交付。当拍卖到期后，就选出出价最低的竞标者。买家交钱，卖家交货（请看图11-7）。

反向拍卖是典型的大型公司购买方式。比如，通用汽车购买后视镜或者John Deere购买割草机。这个模型是想削减价格并扩大购买者的选择范围。

3. 因特网交易拍卖

因特网交易拍卖（Internet exchange auction）涉及了许多买家和卖家，他们投标和出价直到达成协议，然后交换产品付款。有一个第三方在操作这个交易。所有类型的企业，产品从飞机到家畜都包括在内。一个企业首先给出投标买或卖一件产品。买家和卖家对于投标和出价进行交互。当达成一笔交易后，买家和卖家在一些变量上就得到匹配，如价格、数量和交付成本。第三方常常在交易过程中提供帮助，他们对于信用卡的认证、质量的保证和货物及时地交付都有责任（请看图11-8）。

在这个模型中涉及的另一个事项就是交易的所有权。有3种类型的所有权：一个生产商或经纪人可以建立交易并运作；一个第三方中介可以建立交易并承诺公平地运作；或多个产业领导者可以聚集在一起因此没有人来主导而所有人都可以受益。幻想家已经在吹捧链接交易的概念，即形成一个"真实的网络经济"。一种概念是将竞争交易融合为一，类似于由通用汽车和福特公司运作的交易。另一种概念是将不同的交易连接在一起因此B2B部分包括了许多通过桥连接在一起的相似的市场。无论哪种，存在的连接都将比我们现在拥有的多，这将为改造今天的经济做出贡献。

350
~
353

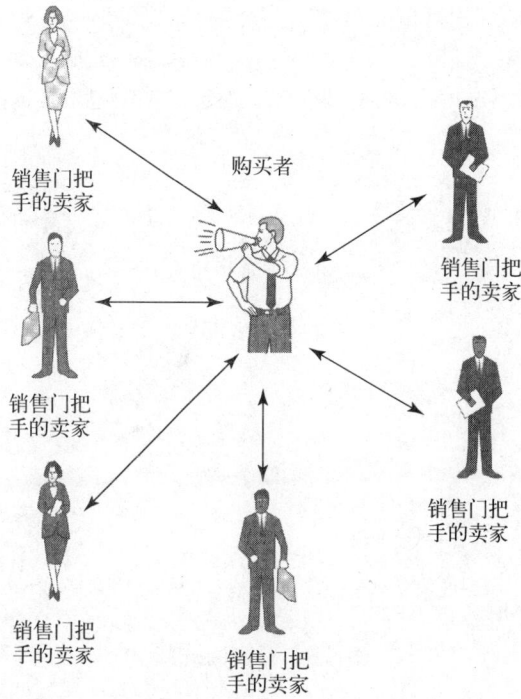

图11-7　反向拍卖模型

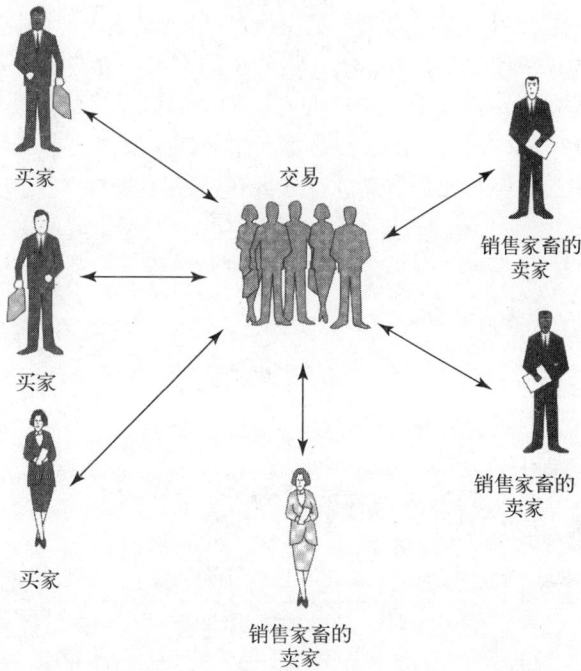

图11-8　因特网交易模型

354

11.4.4　面向中介的B2B

面向中介的B2B是围绕着一个电子中介公司建立一个交易市场，在那里买家和卖家可以进行交易（见图11-9）。这种类型的典型交易是中介大厅像www.Grainger.com和Procure.net，这是一个大型的处理维护、修理、运作（MRO）购买的行业配送商。这个网站有一个包括了100 000样产品和30个卖家站点的电子目录，平均每天有60 000次点击。

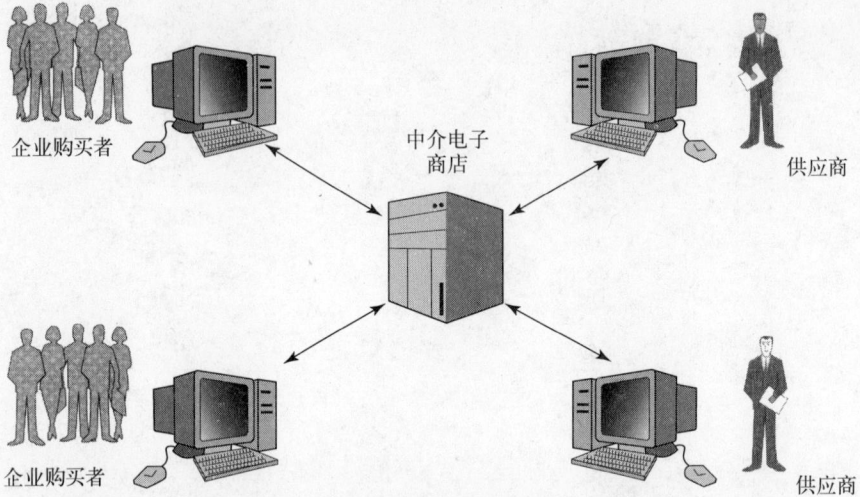

图11-9 面向中介的B2B

　　MRO是大多数B2B产品销售发生的地方。每个产业都有自己的MRO需要，购买量从1到100万件。一个企业购买者买得越多，在购买上实现的价值也就越多。在MRO业务中成功的公司专攻于一个专门的产业，最小化有潜力的竞争者并提供给客户对他们的企业成长和成功重要的信息。

　　这10年来，随着B2B和B2C业务激增，收入中的很大一部分很有可能被一种叫作信息中介的新型公司所得。信息中介促使传统产业经济向新的信息化经济转变。根据Glover等人的研究，**信息中介**（informediary）是一种主要工作是将大量消费者群体的需求和大量供应商群体进行配对的公司，需要对大量信息进行分析（见图11-10）。

355

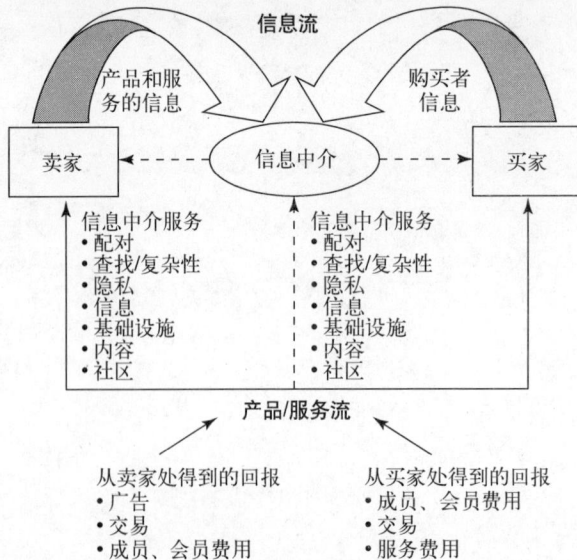

来源：改编自Varun Grover和James Teng，"E-commerce and the Information Market"，*Communication of the ACM*，April 2001，81。

图11-10 信息中介模型

11.5 B2B工具——EDI

大多数B2B流量是由叫做电子数据交换（EDI）的通信工具来处理的。EDI允许一台计算机系统和另一台计算机系统使用一种标准化的电子形式来通信。这是一种在企业间采取专门的标准格式利用计算机传输业务信息的方法。交换的信息可能是业务数据、报价请求（RFQ）、订单确认、运货状态或行程等等。这种数据类型代表了企业间所有EDI通信的75%以上。

EDI有4个部分。

(1) **企业间的**。企业间的数据传输，由于缺少标准，大多数使用EDI的公司采用第三方服务提供商或者增值网络（VAN）作为通信中介。

(2) **计算机对计算机**。从一台计算机到另一台计算机的数据通信，这意味着在买家和卖家的企业应用程序中提供在线连接，且在接收端没有人进行干涉。通过电子业务交付给接收者。

(3) **标准交易**。标准业务表格的电子版本。在EDI中，计算机程序处理所有的数据。EDI在贸易伙伴的计算机间使接收者处理一个可供计算机处理的（而不是可供人类处理的）形式中的一个标准的业务交易（如给客户开账单）。

(4) **标准格式**。业务必须按事先定义好的格式传输。

11.5.1 EDI是怎样工作的

在EDI出现之前，购买订单、确认、开票和购买订单变化都是依赖于贸易伙伴之间通过传真或电话，每天有限的几个小时的通信。如今，计算机加强了贸易伙伴之间的通信，忽略了时间、地点和距离。图11-11给出了没有EDI的信息流的普通配置。向采购部门发送了一个对产品的请求。采购部门给出了一张购买订单，通过邮件或者传真发送给销售者。购买订单另外复制一份发送到了财务部，在产品接收后付款。在销售方，购买订单会到销售部门，将通过生产产品或仓库库存产品来满足订单。接着，产品就会被发送到货运部门，货运部门将把产品交付给购买者的接收部门。产品一旦被接收，就将进入仓库。这将由财务部根据发票付款。

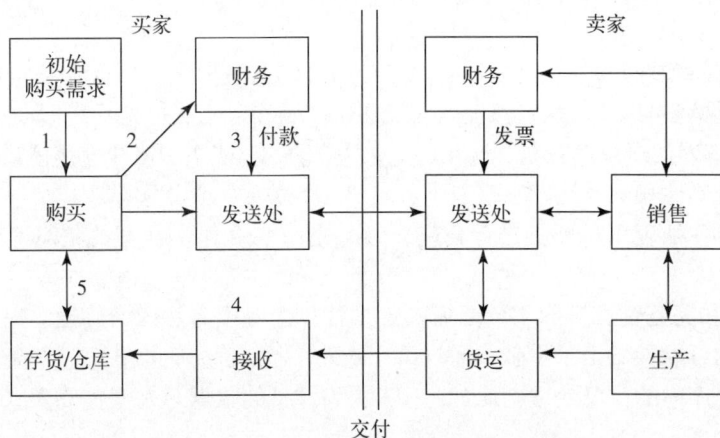

图11-11 买家和卖家之间的传统信息流

就像你看见的，这个过程是劳动密集型的。而且在整个购买周期中，延迟和浪费都很厉害。新的方式是EDI（请看图11-12）。购买者决定来订购一个产品。购买者的EDI计算机会在它的购买应用程序中产生购买订单业务（相同的步骤也发生在传统的方法中，请看图11-11），这个购买订单业务是同通过购买者EDI系统产生的可用计算机处理的EDI标准直接传输到销售者的EDI系统中的。

357

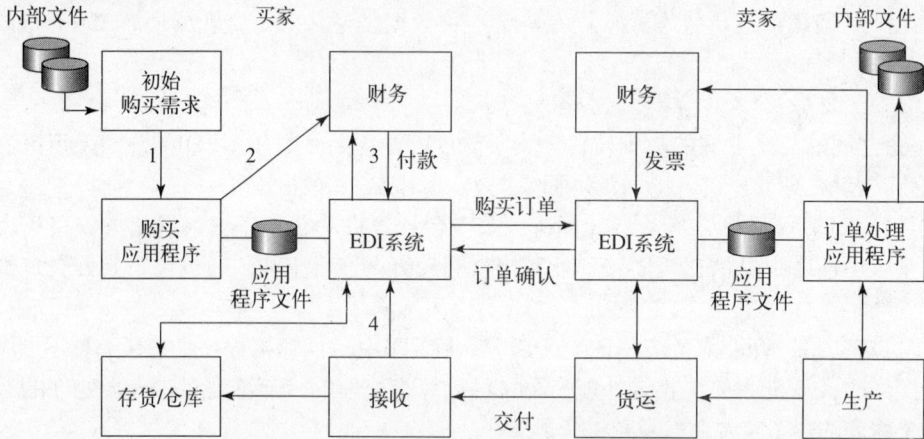

图11-12   买家和卖家之间使用EDI的信息流

销售者的EDI系统将订单信息发送给接收订单输入的应用程序处理后，再发送给购买者的EDI系统一个确认通知。这个过程与任何输入的购买订单一样处理。销售者的EDI系统和企业的网络进行通信来激活发货和开账单，也向销售者产生发货确认并且会发送一份副本给购买者。购买者的EDI系统给销售者的计算机发送了电子付款。

EDI是快速有效地处理诸如购买订单、发货通知、发票和其他文档的业务交易的方法。所有的通信通过买家和卖家的EDI服务器交互发生。EDI通过加速交易、信息流和付款的过程使企业获得竞争优势。EDI加快了买家和卖家之间以及卖家和卖家之间的商业交换，后者是B2B电子企业独有的好处。有名的零售商（如沃尔玛、宝洁和李维斯特劳斯）如果没有EDI提供的快速的响应、快速的产品交付、速度、数据完整以及标准化，就不会取得成功。

优点和缺点

EDI有3个切实的好处。

(1) **成本削减和时间的节省**。通过减少没有必要的文书工作，信息流变得更有效。比如，销售者的EDI计算机可以不使用纸张发票而发送确认函和电子账单。

(2) **改进的B2B问题解决方案**。EDI可以使用自动的查账索引来快速地响应企业咨询和文档传输来保证精确性和一致性。它改进了贸易伙伴的关系。在许多情况下，合作伙伴在如何建立EDI和它的各种应用程序上进行合作，结果是贸易合作伙伴间的信息共享和协作的提高。

358

(3) **精确性和完整性**。排除了数据输入意味着数据处理方法的精确性的提高。这对完整性和企业进程的可靠性做出了贡献。通过EDI得到的更精确的收据和完整的企业业务提高了受影响的应用程序中的信息处理。比如，EDI购买订单的收据总是会提高卖家订单输入程序的精确性。

尽管有这些好处，EDI一定也有缺点。

(1) EDI还不是信息流或做生意最完美的解决方法。在美国，有几百万个企业，不到200 000家采用了EDI。EDI花费昂贵而且需要很大的投资来运作和维护这个技术。

(2) EDI是点对点的。每个联系都需要特殊的硬件和软件。

(3) 在峰值，EDI需要昂贵的增值网络来运作。只有大规模的贸易合作伙伴可以承担这笔投资。

(4) 作为一个系统，EDI的使用、学习或实现并不简单。

11.5.2 判断EDI

在什么情况下，一个企业可以决定实现EDI？我们知道如果一个企业是文档密集型、人员密集型而且需要快速的信息处理或货物交付，就可以考虑使用EDI。

(1) **数据量**。经常需要处理大量数据的公司发现EDI是受人欢迎的方案。还有，如果存储的信息（比如一个目录）是大量的却需要频繁的访问，企业就需要使用EDI。EDI会减少目录的手动处理和更新它时的错误率。

(2) **文档传输和接收的频率**。由于安装和维护的费用很高，当文档需要频繁发送和接收时，才认为EDI是值得的。

(3) **内容敏感**。文档中包含国际性合同或订单的信息，内容精确性高度敏感时。

(4) **时间敏感**。如果公司内部信息处理快速而且精确，EDI就可以保证快速交付。

如果要做评级，评估全面的结果比单一的标准更重要。比如，存货查询的内容（多数是产品编码、质量和描述）可能很少，但是频率会很高。考虑一下长期目标并使用现实的标准和企业的经验作出最后的决定来使用EDI。

另一个方法是选择基于Web的EDI。作为一个开放的通信渠道和可公共访问的网络，因特网可以将在线的B2B贸易几乎带给每个组织。它可以削减一半的通信成本并且补足或代替存在的EDI应用程序。网络浏览器和搜索引擎也是用户友好的且不需要太多的训练（请看图11-13）。

359

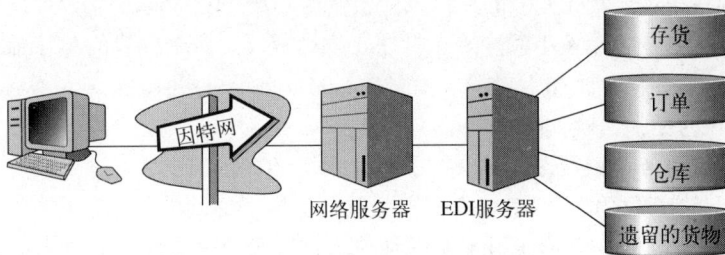

图11-13 基于Web的EDI

11.5.3 财务EDI

这个专用的EDI以收款人和付款人通过他们各自银行付款信息的电子传输为中心。财务EDI是B2B的一部分，因为它使用一个电子系统代替了收集、支付和处理付款的劳动力密集型活动，也能提高交易双方的银行账户间付款流的确定性。通过预先的协议，收款人的银行可以通过电子方式向收款人的账户存钱，而付款人的银行可以在预定的支付日从付款人的账户中取钱。

非现金支付过程的两种主要形式现在都在B2B的支付中使用：银行支票和电子资金转账（electronic funds transfer，EFT）。支票是用在全球范围内的，是支付的工具，收款人向付款人收钱。支票处理的生命周期是一个既定的规程。如果收款人和付款人在同一个银行都有一个账户，银行的支票处理系统就会简单地将付款人账户中的钱取出存入收款人的账户。这将立刻通过一个银行出纳员完成，这个叫做义务支票处理。如果收款人和付款人在不同的银行拥有账户，这个过程就会复杂很多。

付款人寄给收款人一张支票，是由银行A出具的。收款人在他的银行B存入这张支票。一旦收到，银行B就将支票送到IT部门，在那里，使用磁性墨水字符识别（magnetic ink character recognition，MICR）在支票的右下角输入支票的金额。这个过程使用了特殊的通过支票分类器/阅读器容易精确地阅读的墨水。这种支票是由一种电子的支票分类器/阅读器阅读的，它将辨认出支票是由银行A出具的。为了日后的结算，它将被堆在一个特殊的口袋里。

到了晚上，非义务支票就通过一个票据自动结算中心（ACH）处理——一个计算机系统用来结算来自别的银行的支票。ACH提醒支付者的银行电子认证支付者的账户以及从这个账户中取出的钱的数量。如果支付者的银行说这个账户的支票提取是无效的、关闭的或者透支了，ACH就会将这张支票退回给收款人的银行并标上"资金不足"，"账户关闭"等等。如果支付者的银行确认了这个账户并承认数额有效，ACH立刻会从支付者的账户中提出存款并存入收款人的账户。这个业务以及另外的数百万个业务都是在几分钟或几小时中处理好的。

EFT是银行间存款的汇划，在那里，付款以电子方式从付款人的银行流入收款人的银行。银行或者通过互相开设账户进行处理，或者通过被叫做FedWire的联邦储备银行制度进行处理，或通过银行清算支付系统（CHIPS）来解决他们的付款。FedWire是联邦储备系统和美国最大的资金传输系统。它通过银行将资金从一个银行汇划到另一个银行。CHIPS是一个大型的组织，处理因特网上90%的美金汇划。由于联邦储备局保证FedWire的资金，一旦接收银行受到提醒它的账户是通过储备银行存款的，汇划就不会被激活。

EFT是银行中最早的在线支付系统的例子。虽然资金汇划的笔数是所有非现金支付中很小一部分，但是其金额却占了所有非现金支付的85%。对于时间性和确定性有高优先级的支付，就要使用EFT。对于低优先级的支付，就常常使用ACH这个模式来处理支付。

不像EFT，ACH处理大量小额度的支付需要至少两天。两个主要的ACH服务是：

(1) 预先授权的存款，比如，大学给教职员工的各自银行中存放工资；

(2) 预先授权的提款，就如账单支付。

为了提供这些服务，银行之间共享ACH，如FedWire和CHIPS。

总之，可以认为EDI和SCM系统是推进企业和供应链之间的关系，但是它有成为单向关系的趋势。EDI是企业给供应商下订单的一种方法。供应商生产部件的能力被认为是一定的。SCM走得更远——它控制了快速消费品行业（FMCG）生产商的多个仓库中的存货。当确定了如何以及从哪里来满足每个客户的订单，SCM试图通过这个角色来保持所需的存货水平。

11.6   领导力的作用

所有证据都表明电子商务正在成熟。商业策略给电子业务策略做出了贡献，电子业务策略需要有长期的努力来进行产品的开发、创新以及对于产品、服务和合作伙伴之类信息的有效执行。要完成这个任务，需要有较好的纪律秩序以及企业和通信基础的密切融合。所谓的准备上网的领导者必须具有一系列品质、技巧和经验将电子业务的导航视作为供应链的一部分，并且保证其在价值链中的强度。

为了在B2B中新建业务，链中的每个电子企业都必须围绕着领导力、管理和技术来开发业务。这意味着领导者只能鼓励而不是代表，鼓励配合的好处而不是强制推行。思科、戴尔、亚马逊和Charles Schwab是经常出现在领先的电子企业排行榜上的。据了解，它们的成功不是因为出色的技术，而是因为它们使用技术来达到商业目的。

11.7　管理启示

B2B电子商务正在创造自从电话发明以来引起企业效率和业绩的最大变化的机会。基于网络的技术使得买家/卖家关系空前的提高。B2B也在影响所有类型的信息流（请看方框"电子商务趋势：管理电子商务联盟——一个清单"）。

电子商务趋势：管理电子商务联盟——一个清单

发展合作伙伴关系的10个成功因素

(1) **你有足够多的社会活动吗**？当你想吸引比你的公司大得多的合作伙伴，努力做好一切准备去接触他们。开始时，无论有多糟糕，都要愿意接受任何工作。

(2) **你与别人兼容吗**？合作伙伴需要有兼容性的企业来有效地进行销售和交付结果。这包括使用一个共同的约定好的方法，采取同样的技术定义。

(3) **你灵活吗**？在电子商务的快速发展和商业模式的迅速进化下，合作伙伴关系不能接受官僚作风。

(4) **你在控制某人吗**？选定一个合作伙伴作项目领导。通常，由直接接触客户的一方来唱主角，因为交付应该是一个销售周期的延续。

(5) **你在管理项目转换吗**？如果没有每个合作伙伴作用和责任的清晰结构图，那么你就可能处于一种电子混乱状态。这包括了当项目的一个阶段要融合到另一个阶段时，对于移交的管理。

(6) **你已经确定了付账方法了吗**？许多客户宁愿要一个独立的账单也不要多张发票。想想谁将这样做（主要的承包人是可能的选择）。

(7) **你电子链接了吗**？企业系统间的电子链接可以减轻行政负担。一些合作者选择为软件代码建立一个共同的库。要保证能够保护你的知识产权。

(8) **使合作者之间的重叠最小化了吗**？让你的技术服务以及你的合作伙伴的技术服务的重叠最小化。要选择那些具有你所没有的特点的合作伙伴，这样你们就不可能踩到对方的脚趾头。这也会减少你的雇员招聘。

(9) **你是在维护一个健康的结构吗**？不要毫无保留地相信你的合作伙伴。当遇到问题时，一个规模比你大的合作伙伴会选择你作为替罪羊。记录下每件事来防范这种情况。并且要保持密切沟通来保证每个人的期望都能够被理解和满足。

(10) **你有没有考虑过没有可能的来源**？如今，即使那些传统上忽视渠道的公司也在寻找合作伙伴。比如，VA Linux，通过网络销售它的大部分产品。但是这个公司也向网络集成商销售，并将在它自己成长到有服务提供时，就将需要合作伙伴。

来源：请见ecnow.com/top10checklist.htm和www.infomatika.com/consulting-top10.asp。

就像我们所看到的，有面向供应者的B2B、面向购买者的B2B和第三方中介B2B模型。目的是将合作伙伴连接在一起，和他们一起工作并允许他们为最低价格竞争以此来帮助购买者提高利润。购买者的力量是向供应者施加压力使他们更加面向客户，并且为了争夺购买者而展示出增值的服务。随着智能代理软件的出现，现在也开始随时提供定制以及个性化的信息来吸引和留住供应商。

　　B2B电子商务的变化是如此的强烈，技术仅仅是触发者而不是解决者。真实的情况是管理上的——如何处理隐私、税款和安全以及如何使得网络对于参与者更安全。从人类角度，对于B2B那样复杂和时限性强的系统，IT人员是使这个技术更加可靠的关键部分。

　　报酬成为一个主要的问题而且总是具有高优先级。雇员知道他们值多少钱以及竞争对手付出多少报酬。报酬之外是那些提升了专业人士的职业的内在因素，包括能力的使用、创新、安全、好的工作环境、称职的监督、自治、独立性和赏识。这些因素是员工感觉到与工作相关的全部。工作的忠诚度并不廉价：雇主必须看到使员工职业生涯丰富且对企业有利的因素，如可实施弹性的工作时间，或者开设西班牙语课程。

　　最终，IT雇员应该参与到决策过程中，尤其是影响到他们工作的项目。掌握自己的职业对每一个雇员都是有吸引力的。能主动决定自己做什么也是一个强有力的动力。在1999年，Allstate全力以赴直接通过呼叫中心或它的网站来推销它的政策，给员工提供了一系列的工作机会。根据一个高级官员的说法，Allstate.com是"最高优先级的，拥有最好的项目、最重点的关注"。很明显，这对于想知道这家公司在寻找什么的新雇员是有吸引力的。最后，成功、获利和成长将成为企业和管理企业的人之间的共同事业。处理B2B电子商务，还没有更好的组合方式。

小结

1. B2B包括了复杂的采购、制造、计划、协作、付款条款和全天候的执行协议。从某种角度，B2B是协作商务。公司着眼一个长期的联盟并减少业务的成本。

2. B2B和B2C有不同的特点。在B2C中，连接机制是人对人；在B2B中，是一个企业的网络浏览器和另一个企业的网络服务器应用程序交互。在B2C中，企业下订单；在B2B中，是在线采购和订单履行。在B2C中，控制机制是单方向的；在B2B中，控制范围从单边控制到对等都有。

3. B2B的优点之一是供应商使用购买者的网站在线响应投标并销售额外的存货。B2B同样允许商业公司和销售商、供应商、转售者和其他合作者形成电子联盟。另一方面，多数B2B网络交易还没开始赚钱。由企业的联盟形式引发的违反反垄断法的问题也会发生。

4. B2B是供应链过程的一部分。供应链协作包括了一组使用因特网络交换信息、开发产品安排和控制存货流的生产商、零售商和供应商。

5. B2B电子商业的模型是面向购买者的B2B、面向供应者的B2B和面向中介的B2B。

6. B2B集成是在合作伙伴和他们的信息系统基础设施间的协作信息。解决B2B集成的一个方法是通过网站。另一个是从合作者的应用程序中提取信息并转换成可以通过EDI、文件传送协议、电子邮件或HTTP传输的形式。第三种方法是两个企业使用共同的技术来写作数据交换。

7. 多数B2B通信是通过EDI完成的，它是两个企业间使用了一种专门标准进行的企业信息的计算机对计算机传输。EDI的一个特殊领域是围绕着收款人和付款人通过他们各自的银行进行付款的电子传输。如今B2B支付使用的非现金支付过程的3种主要形式是银行支票、EFT和ACH。

关键术语

- 面向购买者的B2B（buyer-oriented B2B）
- 防范灾难计划（disaster planning）
- 电子拍卖（electronic auction）
- 面向中介的B2B（intermediary-oriented B2B）
- 因特网交易拍卖（Internet exchange auction）
- 反向拍卖（reverse auction）

- 电子数据交换（electronic data interchange，EDI）
- 正向拍卖（forward auction）
- 信息中介（infomediary）
- 面向供应者的B2B（supplier-oriented B2B）
- 供应链（supply chain）
- 供应链管理（supply-chain management）

理解题

1. 什么是B2B电子商务？什么使得它如此独一无二？

2. 在哪一方面，B2B被视为是协作的商务？请详细说明。

3. B2B不仅仅是在线订购。你同意么？请解释。

4. 比较B2B和B2C电子商务的不同。

5. 引用B2B电子商务的利弊。你认为优点超过了缺点么？证明你的答案。

6. 什么是价格信号？给出一个你自己的例子。

7. 什么危险信号会使得B2B交易陷入违反信用的麻烦？请解释。

8. 分辨以下电子拍卖的不同特点并给出例子。

　a. 正向拍卖

　b. 反向拍卖

　c. 因特网交易拍卖

9. 应用程序服务器在哪方面不同于B2B集成服务器？请详细说明。

10. 哪种管理启示可以考虑为B2B电子商务使用？

讨论题

1. 在B2B电子商务所有的活动和开发中，陈述电子业务中职业的含义。

2. 在最近的10年中，B2B变化迅猛。阅读文献（通过因特网）并引出B2B部分对重要变化有贡献的5个因素。

3. 在你所在区域里找出一个主要组织并通过访问得出以下信息。

　a. 提供的电子业务环境的类型；

　b. B2B技术的复杂等级；

　c. 投资的回报。

4. 和你的团队一起工作并详细讨论B2B整合的挑战。尤其要分辨出B2B整合的概念和B2B整合的多种解决方法。

Web练习题

1. 访问www.fedex.com并调查提供给客户的支持类型（如查看交付状态）。

2. 访问www.dell.com并从企业购买者的角度评价这个网站。它是否有允许在面向供应者的市场中定购的过程？

3. 访问www.ibm.com并评价它提供的服务。对于一个因特网上的新生企业，你将向这个电子商家推荐哪一个服务？为什么？

4. 在B2B电子商务之上，可以预见什么？浏览因特网，陈述在这个领域的新事件或新发展。

5. 浏览因特网并选择一个软件代理应用程序或包。写一篇300字的报告总结它的特性，哪一方面你可以使用的很好以及若要最优的性能需要哪些技术。

第**12**章

电子化的核心价值：道德、法律、税务和国际化问题

学习目标
- 道德问题以及如何改进电子商务中的道德氛围。
- 在责任、担保、版权、商标和商号名称等方面的法律问题。
- 税务问题、法律冲突和域名冲突。
- 保密法律及其意义。
- 国际化问题，特别是涉及知识产权和发展中国家的问题。

12.1 简介

一个国际化的航空公司因其网站过失付出了14 000美元的罚金，原因是它在广告中列出了一项极其吸引人但从不提供的乘坐费用优惠，这违背了美国航空业相关条例。此事引来消费者抱怨不断，并导致了美国交通运输部对其进行罚款。当涉及因特网商业欺诈的法律问题时，美国交通运输部与FBI、联邦通信委员会和联邦商务委员会等部门一样，都是政府的监察者。甚至美国邮政局也监管网络欺诈行为，特别是发布度假、奖品或网上招商方面的虚假信息。

在进入这个话题时，要注意腐败问题无处不在是非常重要的。腐败存在于各种文化中，不管其地域、种族或是肤色。它的形式包括歧视、不平等和不公正。计算机并不需要道德，但它的使用者需要。计算机只是人们用于交流、做生意和处理繁杂工作事务的工具。儿童色情或洗钱犯罪并不能归咎于计算机，而是人们在美好与邪恶或廉洁与腐败中选择了错误的结果。

因特网因其牵涉到法律、道德和伦理问题而引起业界和各国政府的注意，同理也包括一些国际化问题。将某人的收入转移至海外银行账户以逃避税收是违法的；在因特网上传播儿童色情文学是邪恶的；一个雇员提交虚假的开支报告是不道德的。道德涉及诚信、可信度和公正。合法则是指"现有法律对某种行为的容忍"。

通信技术的快速发展和企业对因特网的大量使用，对世界各地的法律提出了诸多挑战。毫无疑问，因特网产生了快速、低成本和不受控制的逃税和隐私问题，这是法律的一个缺口。当国界存在的时候，人们需要越过边界以寻求最有利的法律环境。而无界的因特网使这一切变得更加快速。

这里有一个例子。一个专业人士称可以提供"主权服务"，他能把你的企业和个人事务置于全球司法系统的最佳组合中而让当局管不着，这种服务包括在不同的司法系统中制定不同的规则——一切为了利润。久而久之，所有这些边界之间的忙进忙出活动可能导致企业和

各级监管力量之间的危机。这是一个悬而未决的问题：200多个政府能否共同协调这一行动。无论如何，在如今开放的电子化边界下，这种可能性看来是很小的。正如一位律师所言："想要逮住一个电子罪犯是很难的。"

税务，特别是销售税，是另一个热点问题。因特网并非个别地方所有，但各地政府都想控制它。各国的版权和商标法都有所不同，甚至将一份加密信息传送至禁止加密的国度里的某人，也可能触犯法律。

正如各种商业行为一样，电子商务也运行在一个法律环境中。一些传统的法律可用，但其他法律需要改进，以适应在无边界的世界里电子商务的独特运行方式。本章为因特网商业解决各种实际的法律、道德和隐私问题，涉及了法律执行机构、企业和客户面临的主要问题——隐私权、税务政策、网络侵权法律和责任。

当我们从全球的角度来审视因特网，就会牵涉各种不同的文化和政府，而这些文化和政府在大部分事务上的意见并不统一，这使法律、道德和伦理环境变得令人担心。尽管有种种不同，法律冲突和案例诉讼开始浮出水面。作者并非一名律师，因此本书不能代替律师观点或陈述法律。本书仅总括了这一主题中的问题、过程和心得，以及它是如何影响企业和客户的等内容。

367

12.2　道德问题

IT业和其他学科（如医学和法律）一样，特定的道德准则指导着他们对待客户、消费者和公众的行为。信任源自人们对专业人士符合道德的行为的期望，这在商业中是不可或缺的，因为社会依靠于公平和良好的判断力而存在。商务人士应该说出事实真相，在发现产品缺陷时要及时告知消费者。

现今对美国各种组织的一个重大挑战就是如何处理道德在电子商务中的问题。我们很清楚商业是如何逐渐习惯于低标准的道德水平以及对IT中存在的问题漠不关心的。考虑在一个IT会议上提供如下课程：如何在行动时无视道德，如何将行为准则抛诸脑后，如何通过"嘴皮功夫"抓住未来并提高利润——每一项课程都是2 340美元。而众所周知的微软对抗美国司法部的案子又怎样了呢？1999年末在联邦法院判决前，一名著名的微软高层管理人员提供了一份关于Windows 98系统误导性的证据。又比如，美国在线发行了5.0版本软件，但并未通知用户该软件将妨碍因特网服务供应商并且将使其他竞争软件无法使用。

这种傲慢的做法证实了一个不断上升的趋势，即IT软件开发者沾沾自喜而无视影响商业行为和消费者的问题。科技进步的同时，用户和软件开发者有责任考虑将可能引起的道德问题。

12.2.1　定义

道德并不容易进行定义，但为讨论道德问题需要一个共同的定义。**道德**（ethics）意味着：正直、正义、公平、诚实、守信和平等。偷盗、作弊、说谎或者违背承诺都可称为缺乏道德。当某人直觉地认为某事正确时就是符合道德的，这是一种主观的判断，未必正确。例如，大多数人都尊奉圣经中的信条——"你们不可偷盗"，但一位父亲为了4个饥饿的孩子偷窃一块面包的行为往往是可以原谅的。

一个不符合道德规范的行为与违背道德或者违法行为并不是完全一致的，虽然其中一项可能导致另一项（见方框"一艘游艇的传奇故事"）。

(1) 在联邦个人所得税申报单中作弊，是不道德行为更是一种违法的行为，尽管它是一种隐蔽的不道德。

(2) 欺骗朋友是不一种不道德而非违法行为，尽管它是一种沉默式的不道德。

(3) 向客户发送一份虚假的账单是不道德的并且可能违法。

这些事件通常关系到价值体系、信仰和文化。更确切地说，许多因素影响到道德判断，如表12-1所示，有个人（家庭、同事）、社团、社会的（社会规范）、职业的（道德准则）、信仰体系（宗教或私人的）以及合法性。法律的产生是用于制止危害社会生存的不道德行为，亦用于强化现有的道德体系。道德准则也产生了一种强烈的职业意识。道德准则宣告了一个公司的职员或一个协会的行为所遵循的原则和信条。

表12-1　影响道德判断的因素

因　　素	描　　述
个人	重要人物，同龄人。妈妈或我的亲密朋友说些什么
信仰体系	来自于某人精神层面或宗教环境的价值和信仰。教堂或宗教说什么
社会的	社会/文化价值。社会说应该做什么
职业的	道德准则和职业预期。我的职业说什么
个人价值	某人内在的价值观和经历。我自己说什么
个性	性别、年龄、教育和经历等
结果的认知	一连串动作将产生的结果
道德问题（特定场景）	问题涉及隐私、所有权和信任等

来源：摘选自Jennifer Kreie and Paul Cronan，"How Men and Women View Ethics." *Communications of the ACM*，September 1998，70-76。

一艘游艇的传奇故事

在某个商业银行董事会会议期间，议程上第一个议题是银行上个月的财务状况的回顾（如费用、收入等）。约翰是这期会议的新成员，他注意到在"娱乐"项目下有一笔12 000美元的花费。他想：这是一个仅拥有140个员工的地方性银行，银行要进行怎样的娱乐活动才会使金额高达这个数目呢？

出于好奇，他在会议中提出了这个问题，他问道："主席先生，我想了解一下娱乐费用这一项目，这笔费用会不会是圣诞节晚会的费用，但是反映在了一月份的费用里呢？"坐在约翰旁边的该银行总裁回答道："嗯，正如你所知，约翰，银行发生各种各样的娱乐费用。你何不在会议后到我办公室小憩，我非常乐意更详细地向你解释这一情况。主席先生，我提议我们接着讨论下一个议题……"

会议结束后，总裁向约翰解释道："听着，约翰，娱乐费用这个项目是每个月银行给主席提供的娱乐经费，同时为银行的客户和职员提供娱乐费用。主席拥有优先权。"而后，约翰问道："这种情况持续多久了？"总裁气得满脸通红，说道："我不想再在这个问题上进行更深入的讨论了，不过记住，你是董事会的新人，我绝不建议你问主席关于这个问题的事。就让它过去吧，这个银行有足够的钱，主席的家族持有银行78%的权益。你还需要更多的解释吗？今天午餐去我打高尔夫的那个乡村俱乐部怎么样？这是完全免税的。"

不久约翰发现，这12 000美元的钱是用在主席的140码的游艇的船坞费上。作为董事会的成员，约翰有责任检查上报的信息的完整性和资金如何使用。此类费用是有疑问的，特别当在过去6年间，没有在船上举办过任何与银行有关的娱乐活动。现在，约翰对他应该继续留在董事会还是辞去董事会职务感到无所适从。

为了说明这个问题，以下面的事件为例：在一个商业银行的网站上加入贷款顾问功能，该功能使用17种标准来确定某一种贷款申请是否具备资格。几年来，州审计员一直批评该银行未提供足够的贷款给少数民族或居住于少数民族聚居区的人们。通过对软件包的审查揭露，银行贷款倾向于白人或已婚的申请者，而非单身的、离异或离婚的人。

当被指出这些歧视性规则时，网站的设计者说道："我们为副总裁做抵押贷款的工作，你们为什么不问他呢？"当问及副总裁时，他回答道："我只是执行董事会的决定，我并不处理这种调查，现在银行的工作一切正常。"

一则最近的调查质疑一些公司的道德观，这些公司在雇员死亡后利用他们的人寿保险来赚钱。数百家银行推出的雇员保险政策以雇员所在公司作为受益人，这个政策使一些公司从其所交纳的保险费的免税利息中取得了相当于公司15%净收入的金额。相关的道德问题是雇员的配偶及父母是否应该从中受益，以及在雇员死亡后银行是否需要参与利益分配。

商业中牵涉道德的问题之一是许多公司忽视了道德问题。从1988年到1993年，安达信（现在的埃森哲），作为美国最大的五个会计公司之一，邀请了10位知名的道德专家花费了500万美元开发一套道德程序。而实际的道德问题是，该公司应如何处理所受到的指控，指责其在安然公司倒闭案中因审计舞弊而妨碍司法公正。

你是否曾经被纠缠于一个网页不让你后退或退出，或是不知怎么就把你转到一个色情网站上？在网络上，肮脏的伎俩无所不在。网络冲浪最恼人的问题之一是你并不总是得到自己想要的，而且如果你想在一个你不想去的地方止步，要退出并不总是简单的事。网络道德问题集中体现在把人们困在某一处（特别是色情网站）是否道德。

12.2.2 什么是计算机伦理

计算机伦理有多方面内容，对它的解释取决于人们参与计算机、信息流或网络完整性的程度。毫无疑问，信息革命已经改变了生活的方方面面，无论是银行业、医疗护理还是国防。信息革命也开始影响到社区、家庭、生活和教育等。从广义的理解上，计算机伦理是研究信息技术对社会和道德冲击的应用伦理学的一个分支。表12-2概括了计算机伦理的历史发展过程。从20世纪40年代到60年代，并没有计算机伦理这一学科，70~80年代是大部分关于计算机伦理方面工作开展的时间。

370

表12-2 计算机伦理的简要历史

年代（20世纪）	事 件
40~50年代	维纳开创了被称为控制论的新研究领域——信息反馈科学。他利用该理论总结出了有关信息技术意义重大的道德结论
60年代	斯坦福国际研究院（SRI）的Donn Parker研究了计算机人员对计算机的不道德和非法使用行为。他出版了ACM的首期职业操守准则，于1973年正式被ACM采用
70年代	Bowling Green州立大学的Walter Maner创造了计算机伦理学一词来指由计算机技术引发的道德问题
80年代	信息技术的伦理学和社会影响、盗版泛滥、计算机犯罪和重大法律诉讼事件成为公众话题
90年代	第二代计算机伦理学的产生——详细阐述了它的概念基础，同时发展了指导实际行为的框架

道德在因特网上是否也有位置呢？一种说法暗示本质上因特网并不是价值真空区域，也不是与现实社会隔离的，它也接受道德准则。本着这种想法，我们努力将应用于现实社会的

法律扩展到网络，以处理儿童色情、诽谤、版权和消费者保护等问题。当然，要想把道德准则应用到网络，需要妥善地把它应用到因特网上170多个不同法律体系上去。同样地，一个组织如何才能立足于一个国家，将其为各个不同国家定制的产品、服务和文化推销出去呢？

　　有关计算机伦理学的话题例子包括计算机犯罪、隐私、知识产权、全球化和工作场所的计算机使用。由于病毒和黑客无处不在，安全在计算机伦理学中不可或缺，问题不是关于人身安全而是逻辑安全，包括隐私、完整性和保质的服务。知识产权是计算机伦理学中富有争议的领域，非法和不道德的盗版以及软件的复制是个严重的问题。全球信息伦理学正着力于建立在全球范围内相互承认的行为标准，努力保护人类的价值观。最后，工作场所的计算机涉及的问题有安全、健康、电脑减少人力需求、工作者变成"敲键者"而丧失劳动技能。

12.2.3　道德的主要威胁

　　与过去相比，电子商务中道德伦理作为当今深入关注的话题而得到更加开放的讨论，因为它的威胁在不断增加。如今的电子商务面临的多重道德困境是10年前不可想象的。主要的威胁如下：

　　(1) 更快的计算机和更先进的网络；

　　(2) 成熟的全球电信；

　　(3) 大量的分布式数据库；

　　(4) 访问信息和知识库更容易；

　　(5) 软件的透明度；

　　(6) 掌握信息可以提高竞争力。

　　技术的进步使得对道德标准以及对隐私、机密和完整性的含义要做出重新评估。侵犯软件版权、未授权访问电子邮件和出售重要数据给竞争对手都是严重的问题。高速、低成本的数据传输为版权、隐私和保护带来了新的问题。所有这些促使了对电子商务中商家道德准则的重新评估。

12.2.4　伪装成整天很忙的样子

　　当懒惰的白领有了电子邮件和因特网技术的帮助后，道德正在经受着严峻的考验。想象在深夜，一个经理闲坐于咖啡馆，吃着甜甜圈，他居然可以在手机屏幕上打开窗口操作文件，给他周围的人造成一种错觉，好像他一直工作到深夜。

　　文献Spencer (2003) 报道说，这样的伎俩并不是新的，但工具却是新的。以前有人将夹克披在座椅的靠背上或把灯一直开着以示还在加班。新的选择使人们能够通过远程控制来操作办公室的电脑。微软的Outlook软件的一个功能是，让人们可以在任何特定的时间发送邮件，无论是白天还是晚上。所以可以让系统在你设定的时间发送邮件。这是符合道德的吗？

12.2.5　改进道德氛围

　　电子商务公司可以通过一系列步骤改善其IT部门在网站更新和程序编写中的道德行为。

　　(1) 为了在整个组织中加强道德行为，高层经理们应起到模范作用。

　　(2) 公司应该根据技术状态来建立道德准则（内联网、外联网、局域网和广域网等）。目标应该切合实际、可付诸实施并且由全体员工同意。组织的每一层次都以公司的道德准则为框架，建立相应的道德程序。

(3) 不道德的行为要根据事先设定的标准和过程迅速地处理。

(4) 公司应该建立并支持一个强制的新员工道德培训计划，并定期地加强培训。

(5) 公司应该激励员工以诚实、正直、公平和公正作为目标，其重要性如同金钱或底线。

行为准则是因特网上由在线社区和特殊团体（如"网络礼节"）发展起来的非正式行为标准。网络礼节方面被引用最多的指南之一是Arlene H. Rinaldi的"网络用户指南和礼仪"（www.fau.edu/rinaldi/net/indes.html）。指南中包含了来自于计算机道德研究学会的10条戒律。

(1) 不得用计算机来伤害他人。

(2) 不得妨碍他人的计算机工作。

(3) 不得窥探他人的文件。

(4) 不得使用计算机进行盗窃。

(5) 不得使用计算机作伪证。

(6) 不得使用或复制你不曾付费的软件。

(7) 不得在未授权情况下使用他人的计算机资源。

(8) 不得窃用他人的脑力劳动成果。

(9) 必须考虑你所写的软件的社会影响。

(10) 必须以深思熟虑和敬重的方式来使用计算机。

一旦道德准则达成一致，接下来的步骤是决定谁来引领这一道德环境。一些组织开始使用一种从员工层面出发的自下至上道德行为引导方法，或是从CEO开始的以公司态度为基础的自上而下的方法。公司的上层管理人员用个人行为、决定和全面的行动来为企业的未来的愿景定调。

随着如今公司员工大量地使用因特网，产生了一个道德问题，即当员工将大量时间用在非业务相关的上网浏览时，公司应该怎么办。而公司跟踪员工的电子邮件是否道德呢？一个企业取得竞争对手的内幕信息又是否合乎道德？以上任何一个问题都是对道德的威胁，因为它们都涉及隐私。

公司都期望员工能认真地将8小时投入到工作中。当员工把时间花在与工作无关的上网上，将被视为对雇主的一种欺骗。同样也存在着责任问题，因为只要是在因特网上进行商业交易企业就要负责。企业拥有自己的因特网线路和设备，因此雇主有权决定因特网何时何故被使用多久。前面我们举过一个例子，那个经纪公司的代理人使用手提电话同一个公司客户谈业务的时候撞伤了行人，公司也须对此负责。

甚至在电子邮件兴起的20世纪90年代中期，公司都曾犹豫不决他们是否需要察看员工的电子邮件或监视访问公司文件的流量。许多公司正在加紧采取措施来监管，特别是当他们意识到可能要负法律责任。跟电话一样，用电子邮件处理一点儿个人私务是可以理解的，但也应加以控制。

经理们在如何控制与工作无关的网上冲浪时会遇到问题。理想的方式是既限制员工滥用电脑，同时又不冒犯他们。实行电子监控最好的方法是反馈和控制监察相结合。例如，公司可以监控所有的因特网使用并记录所有流量，但该记录只有当人力资源部门为调查某个员工的生产率问题时才能查阅。

一家企业侦察另一家的做法是否合法或合乎道德取决于它所采取的行动。公司通过网络匿名地骗取竞争者的专有信息是不可取的，替代的做法是通过合法的网站来收集有用的信息。

对含有敏感信息的电子邮件的发出，公司的电子监控正在加强，此举亦需要花费其大量的时间。例如，在2004年，高盛公司支付了200万美元给联邦调查机构，因其员工在2000年曾通过电子邮件将有价证券提供给机构客户。在2004年，美国在线的一名员工使用公司的电子邮件盗走了9 200万个用户的网名。

员工可能会惊奇地发现他们的电子邮件被监控了。但是公司有权这么做，因为公司拥有这些邮件账号。理论上，公司应该只在需要时使用这技术。人们要接受这样一种观念，即用于工作的电子邮件只能用来工作。

商业道德跟公司的文化和价值紧密联系在一起，这意味着道德准则应该是公司所要全力支持的，围绕着准则并使它随着时间的流逝而稳定下来。例如，每出现一个新的情况就修改准则，那么准则就是没有意义的。

道德准则又如何呢？网站上的道德准则和隐私政策公告可能是有问题的。这些公告可能很难找到、使用含糊不清的字眼或者并没有提供一个联系地址或处理投诉的途径。这些公告也可能没有声明网站对于数据安全的承诺或对于访问的明确要求。

一个良好的工作场所里，经理和员工都对自己的行为负责，是提升公司道德行为的最佳环境。要使道德氛围保持良好，一个组织必须强调自我评估并鼓励在工作场所进行开放性的讨论。**自我评估**（self-assessment）是个人进行评价和理解自己对于特定话题相关知识了解多少的一个问答过程。对于伦理道德而言，这并不是取悦他人的一个练习，其目标是思考道德和相应地矫正个人的行为，这是对参与者的一个教育经历。

在自我评估过程中，让一个参与者来估计一个场景并据此判断是否涉及道德问题。将其反应记录在特殊的表格中，然后与一系列专家的判断进行对比。下面是一个例子。

XYZ公司为计算机化投票机器开发了一套软件。生产这种机器的ABC公司说服了几个州和城市来购买此类机器。ABC公司计划大量从XYZ公司购买软件。某日，XYZ公司的软件工程师Smith访问ABC公司，发现在机器建造过程存在问题，使它在组装完成后10台中有1台可能会计数错误。Smith将此事通知了其主管，而主管认为这是ABC公司的问题。Smith便也没有再做什么。

问题：这是否牵扯道德问题？

意见：参与者几乎毫无异议地同意这种行为是不道德的。使用不准确的投票机器会使选举无效并可能伤害大众，负责任（道德）的行为和良好的商业活动并不矛盾。这位软件工程师应该继续追踪此事。

12.2.6 隐私因素

如今，隐私是计算机用户最关注、但在电子商务中没有得到适当处理的因素。网络，原本是为科学家设计的，现在被市场商家用来寻找信息——电子商务的血液。信息的价值之所以如此之高，是由于信息都被谨慎地收集着。电子商务公司利用自己能力的优势在消费者并不知情和未允许的情况下收集信息。这些私人信息被记录成文、拿来出售、用于提升业务。电子商务企业有责任告知用户，他们的哪些信息被收集并被如何使用。见方框"道德原则样本"。

道德原则样本

作为Hi-Ethics的成员，我们竭力提供反映高质量和道德标准的因特网健康服务。健康信息是值得信任和与时俱进的，同时根据道德原则帮助顾客分辨网上的健康与不健康信息。设定了这些目标，我们采用以下的道德原则：

- 积极承诺使用安全的过程来保护个人信息，而不是滥用；
- 提供顾客可以检查我们所保存的个人信息的过程；
- 在与第三方的关系中捍卫顾客的隐私；
- 明确声明我们所运作的健康网站的所有者；
- 健康网站所提供的任何促销、回扣、费用或折扣都按照美国联邦和州的法律执行；
- 确保网站上公布的任何信息的作者身份和责任；
- 设计因特网健康服务以确定专业人员能够坚持因特网环境的职业道德准则；
- 方便顾客为我们的健康网站提供反馈或评论。

来源：摘选自www.hiethics.com/Principles/index.asp。

想到正被监视会令人感到不安。隐藏的视频摄像机、电话窃听以及监视扰乱是那些不道德技术的例子，因为这些技术在当事者并不知情的情况下收集信息。一些网站开发的目的就是为了出售访问该网站的客户的信息。一些企业使用游戏网站来吸引儿童，借机从他们身上收集私人信息。

2002年美国颁布的网上个人隐私法（Online Personal Privacy Act），为在美国涉及的因特网隐私提供了统一的法律。其中包含两部分信息：敏感信息和非敏感信息。敏感信息指"任何关于财务、医疗、民族身份、宗教信仰和政治数据等的信息"。公司必须经一个被称为"主动参加"的过程，在用户同意的条件下收集敏感信息，公司同时必须允许用户"退出"所有非敏感材料的收集。他们必须告知用户其信息是如何被使用并有谁可以访问这些数据。美国联邦交易委员会（FTC）、各州总检察长和用户都可以通过美国联邦法院控告散布敏感信息的公司。

当因特网网上服务变得个性化时，隐私也会受到冲击。谷歌发布的"我的搜索历史"受到热烈的追捧，它可以让用户存储过往的搜索，雅虎也推出了类似的服务。最严重的隐私问题是在公用计算机上使用这种服务。因为你必须登录使用，可是如果你忘记了退出，下一个人就可以访问你的过往搜索。

FTC确定了以下隐私保护的5个原则，这些原则被美国、加拿大和欧洲国家广泛认可。

(1) 通知：消费者有权事先被告知有关任何私人信息的收集。

(2) 选择：除了这些信息的处理过程外，消费者有个人信息使用的最终决定权。

(3) 访问：消费者可以访问和修正在任何文件和数据库中关于其个人的信息。

(4) 安全/完整：消费者的个人信息应该以一种安全的方式来加工、存储和转移，以保证其完整性。

(5) 支持：当上述的原则被破坏时，法院应该支持消费者。

3类问题引起了对信息隐私的关注。第一类是企业所存储的消费者的电子数据所有权属谁？第二类是电子数据传输的安全性，加密已作为因特网上保证数据转移的安全方式。第三类是对私人文件未授权的访问，公钥体系（PKI）和其他技术被用于控制未授权访问。

FTC最近已开始关注一些电子商务公司，如亚马逊。在过去，FTC将这些企业放于一边，望其能根据立法自我管理，但因为公众担心网络上的个人数据的安全性，政府进行干涉以保护消费者的可能性在增加。隐私权调查机构、电子前线基金、隐私国际和网络隐私联盟等监察者正推进政府对网络进行监察以保护公众。另一方面，电子商家在继续根据立法来进行自我约束。

鉴于网络隐私正处于起步阶段，以下网站被建立起来，构筑起下一代隐私保护工程。

- www.spybot.com。此网站将帮助扫描你的电脑，告诉你是否潜伏着隐藏的程序而使电脑易受攻击。
- www.privacy.org。此网站从各大顶级新闻机构收集了与网络隐私相关的文章。
- www.junkbusters.com。帮助消费者对抗各种未经审查的广告，防止兜售信息和垃圾邮件进入cookie等行为的大型站点。
- www.freedom.net。这是一个用于保护你的个人信息的因特网隐私软件包。它可以抵制垃圾邮件和阻止网络攻击。这个软件包每份副本至少需要50美元。
- www.epic.org。这个网站包含大量的新闻、软件链接、指导和一份对美国顶尖的100家企业的隐私策略报告。

拍卖网（如eBay和雅虎）都意识到了隐私因素。eBay成功的关键在于买主、卖主和提供拍卖品公司之间的信任。eBay公布了其可信赖的隐私保护声明，明确描述了如何保护用户隐私（见www.ebay.com）。雅虎清楚地知道什么是卖主想卖的和不想卖的。相关条款的概述如方框"禁止拍卖物品的样本列表"所示。

12.2.7　职业道德家

随着因特网在电子商务、电子业务和社会中占据支配地位，使用技术来保护个人隐私的过程中催生了一类职业道德家来帮助企业度过网络道德的灰暗地带。越来越多的公司开始雇用正直的员工——拥有良好的教育背景、能够有道德地、客观地处理实际问题。

道德顾问需要履行许多职责。他们举办研讨会，建议管理人员为企业的日常工作设定道德指南。他们开展调查，通过与员工的谈话来发现道德漏洞并决定如何修正。这种想法在大多数企业是可行的，但不能保证公司在态度和行动上都变得有道德。前面已经提及，安达信公司在道德程序上500万美元的投资并没有阻止其在安然倒闭案中犯下的审计丑闻。一个道德程序是否有效取决于管理层的承诺和支持，以及日常工作中对道德准则的坚持。

禁止拍卖的物品的样本列表

不允许出售：

- 敏感交易商品，如私酒、CD-ROM或软件演示副本；
- 伪造商品，如假冒商标的产品；
- 非法药品，如可卡因、海洛因和合成类固醇；
- 处方药和医疗设备，如伟哥或百忧解；
- 身体部件或来自身体的流体，如器官、尿液或血液；
- 被盗商品，如被盗艺术品或撬锁工具；
- 易燃易爆危险品，如炸弹、手榴弹或炸药；
- 官方证件，如出生证明、护照或驾驶证；
- 警察物品，如徽章或警报器；
- 赌博项目，如乐透或彩票；
- 服务，如信息或法律服务；
- 武器及零配件，如弹簧小折刀、弹药或步枪等。

来源：摘选自help.yahoo.com/help/auct/asell/asell-21.html。

一位典型的道德家拥有人类学、心理学、行为科学、交流学或人力资源学的学位。一位道德家将其正直、信任和诚实等价值观融入到公司，特别是在他们与员工、社区和当地政府的关系中。交流技巧、培训和帮助技巧是非常重要的，同样商业知识和基本的法律常识也是有益的。

想到的一些公司核心价值包括：将资金和资源归还于社区，力争用双赢的模式来进行商业游戏，善待员工以增加归属感，给予荣誉感，与对公司生产力提高有帮助的员工分享财富。道德顾问每天在公司可以赚到多达9 000美元，或是作为全职人员，其年薪可以接近200 000美元。

12.2.8 CPO就位了吗

从2000年开始美国公司就面临来自各种隐私相关法规的沉重压力，包括健康保险转移和审计法案（Health Insurance Portability and Accountability Act，HIPAA）、金融现代法草案（Gramm-Leach-Bliley Act），萨班斯-奥克斯利法案（Sarbanes-Oxley Act）和公平信用报告法案（Fair Credit Reporting Act）等。众多隐私法规的出现，以及有限的资源，使得网上商务运行中最大的优先考虑因素是对法律的遵守。据此产生一种新的职位即CPO（首席隐私官，chief privacy officer）。一个例子是，HIPAA要求任何医疗护理相关的企业，特别是连锁医院，原则上都要设立一个全职的CPO。

结果是CPO需求的增长。如在2001年，至少100家企业聘请了CPO，在2003年，最大的两家CPO机构合并成国际隐私专业人员协会（International Association of Privacy Professionals），声称拥有1 000多名会员，在2004年，估计全美有2 000多名CPO。这一数量有望随着国内外的每个企业加强隐私保护而继续增长。

使隐私保护更具有强制力的是隐私提倡者正将目标转向大企业，他们推动着大公司避免自动地将顾客的敏感资料提供给政府。隐私活动家希望阻止美国政府收集大量有关平民的资料，但这与美国国土安全管理当局和《美国爱国法》的目标相冲突，它们的目的是保护美国免遭恐怖袭击和反对网上洗钱活动。

12.2.9 品德因素

当计算机技术不断地影响到公民隐私、价值观时，因特网使道德处于困境中。产品和服务的提供威胁着各处的道德观念——学校、家庭、企业和社会。《计算机净化法案》（Computer Decency Act，CDA）已经改变了因特网访问的许多方面。然而，大量直接传播成人色情的网站不断地涌向因特网。这些网站通常携带病毒、间谍软件、广告软件等；它们威胁着每个企业的道德构建，不管其大小或地域。如果放任不管，它们会造成麻烦或产生代价高昂的诉讼纠纷。

379

12.3 法律问题

任何合法企业，不管它是传统型的还是网络加传统型的，都运行在法律环境中。所面临的法律问题涉及合同、税务和版权等。许多由电子商务引起的法律问题并未有定论，但新的法律可以改变规则和填补漏洞。在一个诉讼频繁的时代，网上购物者和网上商家应该知晓电子商务的法律分歧。考虑下列情况。

（1）一个大型的计算机企业正准备通过网站将一台服务器以适当的配置卖给客户。当服务器安装完成后，用户才发现它配置有误，因而毫无价值。公司位于欧洲，高昂的运费使维修不可能。这同时也使用户的商务活动陷于停顿之中。

（2）一位建筑师所用的定制计算机系统错误地判断了一个耗资数百万美元的工程的压力要求。建筑师并不知道，他从因特网得到的这套软件存在明显的bug。结果使已完成的建筑物瞬间倒塌，伤亡惨重。

（3）一位年轻的医生通过因特网购买了一台放射性机器，用于治疗癌症病人。两年来有几百人经过治疗，其中有4人死于放射过量。问题出在机器的程序有误，但网上商家拒负任何责任。

（4）最近已有网上服务软件用于转移销售委托，使得由大型网站（如亚马逊和eToys）来代替原先应被支付的较小网络商家。由于用户同意转移，这一"窃取"是合法的。估计转移会涉及数十万美元并可能继续增加，原因是大多数用户不知道这一软件运行在他们的电脑上，或者提出异议代价将会非常大。

每一个例子都是真实的。在这些情况下谁有责任呢？有什么样的理由？

12.3.1   责任问题

当通过因特网购买一件商品并发现其有缺陷时，便出现了责任问题。过失可能是由网上商家或运送货物的商家造成的。依据签署的担保协议，责任可能落到制造商头上。民事侵权行为和合同法为机构和法律组织提出了具有挑战性的问题。如果一件产品出了问题，使他人受伤，所造成的损害往往导致诉讼。整个过程中参与的实体（网商、卖主、运货商和制造商）都可能成为法律起诉的目标。

因特网和技术并未发展到使电子商务需要新的立法补救措施。旧的问责作法仍旧适用。民事侵权法和**产品责任**①（product liability）是两个最主要的问题，前者主要涉及违反保证，后者主要包括**严格责任**②（strict liability）和疏忽大意。

移动电子商务中引人关注的一个领域是用移动电话进行商业活动。双向呼机、移动电话和其他移动通信工具的使用让业务可以随处进行，但如果有员工使用这些工具时出现意外（如交通事故），则公司将负有责任。

以Smith Barney公司为例，这家投资银行经纪公司支付了500 000美元来摆平一桩诉讼，因为其经纪人在宾夕法尼亚州驾车时，因为使用电话谈业务撞死了一名摩托车驾驶者。然而，在明尼苏达州，一名护士驾车回家时，因接听电话而撞上另一辆汽车，陪审团认为此时接电话并非她的工作要求。

雇主对于疏忽承担越来越多的责任，但如今的技术社会对于疏忽责任的使用还是相当新颖的。弗吉尼亚法院针对Cooley Godward（一个律师行的老板，其雇员在2000年夏天撞死了一位15岁女孩）的诉讼为这个混乱的领域开设了一个先例。驾驶者Jane Wagner承认犯有重罪，完成了一年的监外刑期。

12.3.2   因特网上的民事侵权法律

民事侵权（tort）行为是指民事诉讼法中认定的不当行为。**民事侵权法**（tort law）是补

---

① 指生产厂商对其产品缺陷给用户造成的损害负责。——编者注
② 指经销商也要对商品缺陷负责。——编者注

救当事人错误的一类法律。在电子商务中，可用于解决网商和ISP之间的合同问题。ISP至今仍未有任何美国州或联邦机构来进行管理，此即为何每一个ISP都可以自行确定价格、质量、可靠性及其他。针对企业和用户的因特网侵权案件已经出现，大部分的案件涉及欺诈、疏忽、虚假广告、误导和商标侵权。

欺诈（fraud）即以行骗为目的。如知道产品的实际材质，却在销售时加以掩盖。欺诈对于网商和消费者都同样适用。如果一名顾客通过因特网提供了一张未授权或盗用的信用卡号，这位顾客即涉嫌欺诈。如果一名商人在网站上的广告虚报产品的功能，则这名商人对此欺诈行为负有责任。在许多国家，监察机构和政府机关都严密地监视着因特网。

疏忽（negligence）是指未及时采取一定的措施，而导致其他人受伤或损失财产。一位农民从因特网上购买了受到感染的鸡，致使其他鸡的死亡，则可以起诉商人的疏忽过失。

虚假广告（false advertising）即指广告中宣扬某产品或服务，而实际上并没用。

误导（misrepresentation）属于另一种侵权行为。如有意做虚假广告，声称产品具有某种功能，但事实上却没有，这就属于误导。同样地，销售人员本人清楚却未向消费者透露产品的缺陷，也应该受到这类起诉。

与此相关的是2003年4月14日出现在MSN.com的一则报道，"一等兵Jessica Lynch是否对讲述她生平的电影拥有版权？"Jessica Lynch是在2003年的伊拉克战争期间获救的美军战俘。NBC计划拍摄一部关于她生活的电影。一方面，现有版权法规定只保护电影中关于某人的叙述的创造性部分，而不包括事实。然而，人们可以使用隐私权阻止发行关于其生活隐私细节的出版物。如果NBC弄错某些事实或是出现的错误致使Lynch的名誉受损，那么她可以起诉。

12.3.3 担保

美国统一商法典（Uniform Commercial Code，UCC）是除路易斯安那州以外各州商业合同法的基础。它以担保的方式对计算机合同作了规定。担保是指售货者对所售商品所做的保证。另一重保护是1975年颁布的美国联邦玛格努森-莫斯消费产品保修法（Magnuson-Moss Consumer Product Warranty Act），该法将与担保信息披露要求有关的问题分类，并对默认的担保进行控制。以上两个法案都识别了不同种类的担保（明确的和默认的），为这一方面提供了进一步的信息作为参考。

有两种担保，**明确担保**（express warranty）是指由产品制造商口头或书面提出并作为销售的一部分。买方购买商品可能因为销售者对质量、数量或其他特性的声明。明确担保并不需要特殊的声明，但应能在销售者引导下让顾客见到。

隐含担保（implied warranty）自动出现于买卖成交时和对产品应有功能的假设。如一般的网站应该具有使用时的普通功能，可销售的隐含担保意味着网站要有其所被预期的功能。隐含担保的另一方面是适用性。知识库应有购买者所需要的特别用途。对于担保原则的破坏虽然发生于网站设计者和软件开发者的可能性不大，但这在那些定制软件的公司却越来越普遍。

免责（disclaimer）和担保有着紧密的关系。免责是指销售者意图保护企业避免承担一些责任。许多软件包标有"as is"，指出售后无任何对于性能和准确性的担保。其他的免责声明无论是来自开发者、零售商还是任何其他隶属于开发之人员的，都不对造成的损坏负有责任，甚至是那些开发者事先已声明可能发生的损坏。

即使已经明确地声明免责了，它的法律状态还是模糊的。主要的问题集中于有问题的软件属于产品还是服务。在任一种情况下，法院都倾向于在最终判决中考虑担保放弃。明确担保放弃是有效的，声明通常采用显式的书面形式。

如果顾客通过公司网站所购买的产品在使用过程中造成伤害，为保护自己他可以查看网站的担保条款。想要找出担保条款不合理的理由是很困难的。实际上，美国两个州已经颁布了产品包装法，支持所有的包装内许可证上的担保和放弃都是合法和最终的声明。涉及担保的案件时，用户需说明是谁的错和原因，而这是很艰难的。

1. 设计者责任

在网站设计和软件开发中，设计者通常对系统准确性和可靠性负有责任。一系列错误可能潜伏于系统中：一些是非平凡错误，其他的是越界错误。**越界错误**（out-of-bounds error）指软件缺乏专业技术来解决某些问题或设计中精简了相关技术。**非平凡错误**（nontrivial error）指将触发其他领域导致软件故障却又难于改正。这类错误对电子商务有重大的财务影响，特别是产品如果已大幅地进行推广。结果将是系统的退役或面临起诉。

因为设计者依靠其经验来开发产品或软件，当故障发生时，设计者容易在上级负责制（一种雇主和员工之间的关系）教条下承担个人的责任。如果设计者是销售软件公司的员工，公司有责任在软件发布于公众使用之前进行修正（见方框"网页设计的法律问题"）。

2. 用户责任

即使是最终用户也难免卷入法律诉讼，他们有责任适当地使用产品。用户拒绝按照产品说明来使用可能导致问题。不恰当地利用已有资源，用户可能由于疏忽而遗漏（即*被动疏忽*）。例如，在医疗诊断中使用智能系统可能会将利用系统的责任看成是用户的正面责任。

12.3.4　版权、商标和商号

因特网版权和商标侵权领域隶属于知识产权法。**知识产权**（intellectual property）包括软件、书籍、音乐、视频、商标、版权和网页等。在域名、程序和网站方面的知识产权归属的争议不断升温，甚至是网站的HTML代码也处于问题之中。关于知识产权的更多内容将在本章后面讨论。

网页设计的法律问题
(1) 如果事先没有签署协议，那么网页设计者拥有作品的知识产权。
(2) 预雇用合同或知识产权协议可以限制网络设计者对网站所承担的责任。
(3) 如果一名网络设计者建立网站，但站点出现了问题，则设计者在上级负责制原则下应该承担个人责任。如果网站设计者是某机构的雇员，那么机构也牵涉到该疏忽行为。
(4) 如果网站是产品，那么开发者并不需要为造成的疏忽承担责任。UCC允许开发者通过合同中的放弃担保条款限制对于有缺陷产品的责任。对于这些责任，无论什么样的过错，由开发者承担损失，打入生意成本。
(5) 如果网站是一种服务，则适用州合同法，而不是UCC。
(6) 法院趋向于不愿排除软件公司所作的放弃担保或尝试，以避免他们的应用软件变得不受良心节制（堕落）。
(7) 涉及担保的案件要求用户说明是谁造成的错误和为什么。
(8) 正被诉讼的软件应该作为产品，适用与担保相关的UCC规则，或者应用严格责任的侵权行为理论。

版权（copyright）是作者对原创作品的所有权。这是知识产权保护的一种形式，包括视觉、感觉和印刷媒体的内容（如文章和课本），也包括软件程序和软件包。正是印刷机的传

播促使了**版权法**的诞生。版权法给予有形产品的作者或创造者权利，使其他人不能使用已完成的作品。这就是为何作者和出版商将版权声明放在首页之后。版权保护也迅速地应用到创作的书稿。

以下作品是受保护的：文字、音乐、戏剧、画报、图表和雕刻作品、网站、录音、人工作品。计算机程序和大多数应用软件可登记为文字作品。有几类材料不适宜进行版权保护，如纯粹为信息的作品，只含有普通的特性而没有作者的原创性，这是没有版权的。家族象征或设计，或仅仅是成分或内容的列表，亦是没有版权的。

版权是作者生前及死后70[①]年内所拥有的商品。对于联合作品，这个期限持续至最后一个存活者死后的70年。特殊情景和法律也保护人们在未授权情况下复制他人的作品。如一名作家可在未受允许情况下引用至多250个字，是对被引用作品作者的认可。同样的过程可应用到对他人网页材料的复制。除些之外，用户需要版权所有者的允许才能引用或复制。一份杂志曾复制美国前总统福特200 000字自传中的300字，造成侵犯版权行为而被定罪。

1998年美国国会通过的《千禧年版权法》（Digital Millennium Copyright Act，DMCA）是对版权法在数字化方面的扩展，旨在保护"满足所有者的技术壁垒可在保护其免受欺骗的情况下适应各种版权需要。"

在信息技术中，一个数据库或目录的编排方式被视为一种编辑并且具有版权。编辑的版权保护其中所有的部分。在公共域名中名字和地址的原创编辑方式如今也有版权，这同样可以应用到标识和商标。因特网上的版权保护有自身的局限性。按照国际惯例，只有表达才具有版权，而事实则没有版权。最大的问题不是网站的文章内容，而是图片和程序。因为JPEG格式的图片容易下载、剪切和粘贴于任何网页上，图片便难于保护。

商标

一幅可用于辨识产品或服务的字、图片或图形即是知识产权，受商标保护。它是"一个公司交易名称的注册，因此其他公司不能用"，也是一种产品区别于市场上其他产品的象征。这有利于企业建立联盟，因为企业之间的产品具有互补性。联合品牌协定加强市场营销活动。在因特网，商标（trademark）是强有力的市场工具。可以普遍看到网站上不同的商标、不同公司联合起来显示产品的互补性。利用商标结成联盟的策略如方框"英特尔内核（Intel Inside）"所示。

385

英特尔内核（Intel Inside）

英特尔公司是一家美国微处理器制造商，制造了相继几代的"X86"微芯片（8086、286、386和486）。然而，英特尔并没有为它的数字化系统提供商标保护。结果，它的竞争对手（如AMD、Chips and Technologies和Cyrix公司）都使用了X86作为它们处理器的名字。意识到这个失误，英特尔公司在1991年起开始鼓励计算机制造商，如IBM、Compaq、Gateway和Dell，将"Intel Inside™"标识放在计算计算机广告和软件包上。对计算机公司的激励方式，是英特尔会将所销售的处理器的3%收入作为合作广告的补贴（如果标识贴在软件包上，那比例将达到5%）。

此项活动致使在8个月里出现了90 000多页广告，带出了潜在的100亿美元市场。终端用户对英特尔品牌认可度从46%上升到80%。在历经一年的Intel Inside活动后，1992年英特尔的全球销量占到了63%。一些领先的计算机厂商使用显著的Intel Inside标识已经影响了顾客，使顾客认为英特尔的处理器一定是非常棒的。

来源：Chiranjeev Kohli and Mrugank Thakork，"Branding Consumer Goods: Insights fromTheory and Practice," *Journal of Consumer Marketing*，Spring 1997,12-13。

[①] 在中国以50年为限。——编者注

各大企业都清楚商标所连带的责任。通信净化法案（Communication Decency Act, CDA）使ISP免受诽谤和其他对其主站的侵权行为。然而，这种保护并不包括商标侵权。当涉及诉讼，控告ISP的商标侵权行为是一条棘手的道路。时尚公司Gucci的美国分公司起诉了Hall & Associates的www.goldhaus.com，声称网上珠宝零售商侵犯了Gucci的注册商标。根据法院文件记载，Gucci美国分公司曾两度警告亚特兰大的ISP运营商Mindspring，Hall & Associates的www.goldhaus.com非法使用了Gucci商标。Mindspring声称它对其客户的侵权行为不负有任何责任，因为它受CDA保护。法院反对了Mindspring的辩词，因为ISP在清楚客户行为的情况下依然让其运行，助长了商标侵权行为。

谁拥有商标（或版权）通常是一种合同事项。商标保护在美国联邦和州法律中不是很清晰，因此在进行安全保护前需要仔细确认。一些商标可能在一个州注册了，而在其他州没有注册，有些州在商标方面有独特的法律。版权和商标之间的区别如方框"版权和商标语言的例子"所示。

如果一个企业聘请了一个外部公司来开发网站，合同应该明确这个企业拥有所有的知识产权。网站设计者的合同是"为雇用而开发的作品"。如果设计是在家里完成，合同亦需要确定员工的所有创造性成果归公司所有。任何人可以用30美元从美国国会图书馆得到一份他（她）作品的副本，网址是www.loc.gov/copyright。

12.3.5　税收问题

一个电子商务和全球税务机构面临的最具争议性问题是税收，特别是销售税。在任何国家，商业企业都需要交税。在传统的商务中，计算机和电子仪器依据当地、州和联邦法律计算和统计税收。

在因特网上，收税并不简单，它取决于网上商家的位置、买家的位置、所售商品的性质等。每个州都有不同的销售税和不同的司法体系。如咳嗽药剂在马萨诸塞州是需要缴税的，而在马里兰州就不需要；在俄亥俄州虽然装有糖果的水晶碟需要缴税，但装水果的礼品篮却不需要；尿布在威斯康星州是免税的，但可重复使用的并不免税。各国的税收政策亦是不同的。

更糟的问题是很难估计税收损失。政府难于收到销售税，甚至是线下的购买。如果税收当局被困于这些税收问题，他们又如何能处理经由电子商务的税务呢？所有指标表明，除非采取有效措施，否则销售税收的损失将不断加大。

ITFA

直至今日，美国国会通过的关于因特网税务问题最重要的法律是因特网免税法（Internet Tax Freedom Act，ITFA），颁布于1998年10月21日，它确定了以下条款。

- 任何州或当地政府都需要为因特网上特殊的、多重的或有差别的税收提供一个3年的缓冲时间。不得将关于因特网交易新的或特别的税收，强加于因特网上销售的任何商品或服务。
- 成立一个咨询委员会研究与因特网税务相关的不同问题，管理因特网政策以及其对电子商务的作用。
- 禁止联邦政府向因特网或任何网上交易收税。

虽然有这些条款，但仍有许多问题有待解决。比如，什么应该纳税？谁来制定税率？谁来收缴因特网的税费？所收缴的费用是否足够弥补政府在销售税上的损失？谁来管理这一套系统，这样的管理机构如何做呢？税收会如何影响电子商务的盈利？这样的税收会影响消费者网上的购物习惯吗？

版权和商标语言的例子

欢迎来到亚马逊，亚马逊及其子公司根据以下注意事项、条款和条件为你提供服务。另外，当你使用亚马逊服务（如朋友＆最爱、电子卡和拍卖）时，你需要遵守相关规则、指南、管辖、条款和适用该服务的条件。

版权

本站点内的所有内容，如文本、图像、标识、按键图标、图形、声音片断和软件都是归亚马逊或其内容提供者所有，并受美国和国际版权法保护。站点内所有内容的编辑（如收集、安排和装配）都归亚马逊所有，受美国和国际版权法保护。本网站使用的所有软件归亚马逊或其软件供应商所有，受美国和国际版权法保护。本网站的内容和软件可能用于购买、销售和电子卡资源。任何其他针对网站上内容的使用都是禁止的，包括再现、修改、发布、传送、出版、显示或表演。

商标

AMAZON.COM、AMAZON.COM BOOKS、EARTH'S BIGGEST BOOKSTORE、IF IT'S IN PRINT、IT'S IN STOCK和1-CLICK都是亚马逊在美国或其他国家的注册商标。PURCHASE CIRCLES、SHOP THE WEB、ONE-CLICK SHOPPING、AMAZON.COM ASSOCIATES、AMAZON.COM MUSIC、AMAZON.COM VEDIO、AMAZON.COM TOYS、AMAZON.COM ELECTRONICS、AMAZON.COM e-CARDS、AMAZON._COM AUCTIONS、zSHOPS、CUSTOMER BUZZ、AMAZON.CO.UK、AMAZON.DE、BID-CLICK、GIFT-CLICK、AMAZON.COM ANYWHERE、AMAZON.COM OUTLET、BACK TO BASICS、BACK TO BASICS TOYS、NEW FOR YOU和其他亚马逊图形、标识和服务名称都是亚马逊公司的商标，亚马逊的商标不能用于任何非亚马逊公司的产品或服务，及可能引起顾客混淆，或贬损和侮辱亚马逊的情况下。网站上出现的所有其他非亚马逊及其子公司所有的商标，都归于各自的所有者，这些所有者可能是亦可能不是子公司、相联系的或由亚马逊或其子公司赞助的。

站点使用

未经亚马逊的特别允许，站点及部分都不能以任何商业为目的用于再现、重复、复制、出售、再出售或其他开发。亚马逊及其子公司保留拒绝服务、中断账户或根据判断（包括没有规定限制的，但亚马逊认为顾客的操作已违反相关法律，或有损亚马逊及其子公司的情况）取消定单的权利。

版权投诉

亚马逊及其子公司尊重其他所有者的知识产权。如果你认为对自己作品的复制构成了侵犯版权行为，请根据我们的提示和程序进行版权侵犯行为投诉。

免责

本站点由亚马逊以"as is"的基础提供。针对网站的运作或信息、内容、材料或产品，亚马逊并没有做任何明确或隐含的声明或担保。根据相关法律允许的所有范围，亚马逊放弃明确或隐含的担保，包括但又不限于商品的隐含担保和特殊目的的适用性。亚马逊对任何使用本站过程中造成的伤害不承担责任，包括但又不限于直接、非直接、偶然性地、惩罚性的和相应的损害。

2000年4月，咨询委员会向美国国会提交了一份正式报告，建议将针对特殊的和有差异的因特网税收政策再延期5年（至2006年）。2000年5月美国众议院通过的因特网非歧视法（Internet Nondiscrimination Act）将ITFA中设定的税收缓征期再延长5年。委员会还建议对因特网访问实行永久性的免税政策。

12.3.6   因特网上的法律冲突

在B2C中，有几类冲突具有法律含义。

(1) 顾客已为商品付过款，但网上商家没有发送货物。

(2) 顾客付了全额却只收到定单中一部分或是错误的商品。

(3) 顾客不喜欢商品，但网上商家却没有提供退货机制。

(4) 顾客不喜欢商品，但网上商家拒绝退货或不想解决这一冲突。

(5) 网上商家已发送货品，但顾客不承认已经收到。

(6) 网上商家已发送货品，但顾客拒绝付款。顾客的孩子在没有得到同意的情况下使用父母的VISA卡下定单。

(7) 顾客收到了货品，但已损坏。运送者拒负任何责任，网上商家坚称是运送者的责任，而卖方厂商却位于国外亦没有客户服务电话。

(8) 顾客收到了货品，但不能正常运行。网上商家让顾客将产品发送至制造商并承担运送费用。制造商却没有内部服务中心。

在资源方面，许多购物者依靠其居住地所在州的法律提供保护。有时也依靠网上商家所在地。法律费用通常超过了商品的实际价值，这使顾客不得不放弃产品。网络服务器或企业所在地决定了顾客所享有的权利。不幸的是，通常服务器所在地是不清楚的，特别是当网上商家在不同国家都拥有服务器。使实际情况更糟的是没有法律限制来决定顶级域名（如".uk"）何处可以使用，何处不能使用。唯一确定的是网上商家所在的国家，其所在地决定了因特网的司法体系。

已出现的一个法律问题是，产品在一个国家内是可用的，但在顾客下单时所在的国家是严格限制的。例如，亚马逊因销售"Mein Kampf"之类的书而被德国西蒙威森塔尔中心批评，因为这些书在德国是禁止的。虽然亚马逊的德国分公司网站上并不提供此类书，但美国网站上存在。如果这种产品在德国被没收，则顾客应该用什么资源来重新获得它？

这事件可以归结到**司法体系**的法律问题，或者说是政府权力的法制范畴。法院在确定一个案件的诉讼和索赔之前必须有司法体系。在因特网商业中，这个问题出现于各州之前发生的商业冲突。例如，一个企业起诉一名顾客违反销售协议，处于芝加哥的这名顾客要求到加利福尼亚进行辩护。除非是刑事案件，州和联邦法律都限制法院在其他州的权限。这意味着电子商务以及对电子业务安全性和完整性保证仍然为这些法律问题所困扰。

涉及国际层面的司法体系问题，诽谤法是一个里程碑。2002年澳大利亚最高法院判定一个墨尔本商人可以在澳大利亚起诉一家美国出版公司（道琼斯），因该公司在美国发表了一篇文章并发布到因特网上。法学专家预计，这个决定对于因特网上信息的传播具有深远的影响。

最后的法律冲突涉及购物助手。购物助手合法吗？购物助手是指一个软件包，它能遍历不同网站，访问与特定产品相关的信息，记录卖家的位置或是出售最低价商品的商店。

行为的合法性取决于人们对这一过程观察的角度。在一方面，网站应该向所有的网上冲浪者开放（顾客和竞争者），就像一个普通的传统商店。另一方面，网站访问这一行为能达成多少成交量呢？

12.3.7   Web链接和域名冲突

因特网的基础是按照**超链接**（hyperlink）设计的，即文章或图片的地址以引用的方式链

386～389

接到其他网页。当你点击链接，它将自动地跳到关联的位置和设计好的网页。从一个站点至另一站点的跳跃引起了以下的法律问题。

(1) 在没有征得所有者允许的情况下引用另一处站点。

(2) 没经引用或允许而从一个链接站点取得或下载信息。

(3) 对一个公司注册商标的未授权使用。

(4) 未征得允许而将一个网络程序增加到公司网站。

不恰当地引用一个网站是个不确定的问题，这取决于引用的目的。例如，一家银行的网站登出网上汽车贷款的广告。当一个访问者输入她想的借款数额（本案例中，一辆奔驰汽车是47 000美元），网站要求她点击提交按钮，以便让她的申请得到特别关注。这些完成后便进入另一个州的大银行的汽车贷款专用网站。访问者因这样的借口感到不高兴，迅速地关闭了这两个网站。

一家新泽西银行的主页上有这样的标语"想计算房子的按揭利率吗？请点击这里。"计算按揭的软件包是一家芝加哥银行注册的。网络算法监测到了新泽西银行对软件包非法使用，并为所遭受的损失提起诉讼。案件是在庭外解决的，新泽西银行必须删除按揭计算的链接。

当因特网商业出现的时候，域名冲突就存在了。在1992年，美国政府同NSI公司（InterNIC）签下合同，由该公司来管理顶级域名。在开始阶段，域名实行先来先服务原则，但这导致一些公司和个人注册他们实际并不使用的域名，以期日后高价出售。从1995年开始，政策进行了改变，虽然还是先来先服务原则，但提醒申请者必须保证不复制或替代其他团体的合法权益，如商标已被注册，却使用其名字。

注册两年仅70美元的低成本导致了不少个人为赚大钱持有许多知名的域名。一名偷猎者注册了两百个域名，包括其前雇主使用的域名。当这些企业开始以自身商标名进行维权后，他一直都在输掉官司。解决域名冲突的一般规则是比较冲突中原告第一次使用商标的日期或是合法商标注册的有效时间。如果注册域名所有者侵犯了原注册商标所有者，NSI为已注册者分配一个新的域名。法院只不过是另一个寻求调解的途径。

下面是关于域名和商标的一些方针。

(1) 查明被申请的域名是否侵犯了任何商标。事实上某人注册了并不属于他的域名却给了他正常使用的法律权利。

(2) 保护被申请域名的美国联邦商标注册。一旦域名有可能违反侵权声明，就应该通过美国专利和商标办公室注册商标。

(3) 从InterNIC（Internet network information center）申请注册域名，它是美国政府分配域名的代理机构。

(4) 在抢注域名事件中，诉讼要求InterNIC为原所有者重新分配域名——同样名称或商标的拥有者。

(5) 在链接至其他网站前需得到允许。

12.3.8 保密法律

保密在一些国家并不是一个令人愉快的词语。例如在一些中东国家，在其国内或边境上，针对商业和个人的任何形式的保密都是禁止的。保密是对许多政府权力的一种威胁，但因为给人深刻印象的因特网巨大流量，各国政府对安全性的感知在不断地增加。在1999年，法国政府放弃了禁止交易信息保密的政策。

密码学在过去的几十年里引起了人们的关注。但其中的问题是：什么可以出口而什么不可以出口？对于因特网犯罪来说计算机到底有多安全？在美国，人们认为对联邦机构（如FBI和一些大企业）的加密是不同的。可靠的电子化支付需要安全底线。

信任来自于加密使底线更安全。在1997年，FBI在美国参议院会议中，对针对电子加密进行更严格的控制表达了更强烈的态度。罪犯和恐怖分子利用加密来逃避法律的案件在不断增加。持续的争论还看不到终点。更多关于加密的内容将在第13章讨论。

12.4   在线赌博

发展最快的网上商业之一是在线赌博。这种商业的影响如此之大，以至于有些专家声称，它就是电子商务发展的最重要因素。法国的网上娱乐场已经运转了好几年。法国国内高速因特网连接的不断增加促使了网上娱乐场商业的蓬勃发展。一个顶住了这种发展趋势的国家是西班牙，该国是欧洲在线赌博税率最低的国家之一，尽管也提供了高速的因特网。

在美国，在线赌博一直是违法的。以司法部门的立场认为，在线赌博广告是非法的活动，任何推广的人都将被指控为协助和教唆，违反的法律是1964年的《州际电话法》（Interstate Telephone Act）和1961年的美国《联邦连线博弈法》（Federal Wire Wager Act）。

2005年4月建立的www.pokerRoom.com，无论如何，显示出了在线赌博的快速发展。美国的市场是世界最大的，虽然政府一直在坚决地反对在线下注。具有讽刺意义的是，政府一直没有显示曝光个人赌博者的意愿。对于美国管理者来说，执行禁令的另一个问题是，大多数在线赌博网站都位于美国以外，处于那些赌博合法的国家，制止恐怕要消耗不低的社会成本。如果允许在线赌博，便为那些犯瘾的问题赌博者提供了途径。

12.5   国际化问题

由于因特网跨越全球各个国家，最近关于网站内容和整体电子商务的控制产生了一些国际化问题。纵观国际化场景，出现了两个主要的问题：任何一个国家对于决定因特网上的内容有哪些权利？一个国家能管理整个网络吗，而不仅仅局限于本土？

为解决这个问题，我们以法国和雅虎为例。雅虎的法律委员会相信，因为雅虎是一家美国公司，归美国政府管辖，如果公司阻止法国用户访问一些材料则将违反美国的民主言论自由法。站在雅虎的角度，如果一个法国公民可以前去美国购买在法国视为非法的违禁物品，则这名公民就可以通过因特网购买。假定通过因特网购买类似于亲自购买，那么法国应该控制进入其边境的物品。这种想法与商品的发出地无关。

正如预期的那样，法国、雅虎和美国之间的问题并不是那么简单。雅虎似乎跳过了第二个重要问题——交易的发生地。雅虎假定交易一定在美国发生——但不需要具体位置。雅虎想让美国政府介入和应用法律而不是国际规章来保护它，但该公司并没有确认电子交易的发生地。没有这个信息，美国政府不可能依据当前与法国的贸易协定或条约的相关法条。除了司法审判，没有什么法律可以适用。

德国高等法院也面临一个相似的问题，但它是国内性的。德国禁止一些材料发布至因特网上，规定ISP不得支持网站公开"限制性材料"。任何不遵守这些规定的ISP都将被起诉。可以判断因为不存在关于因特网商务的国际性法律，所以针对个别国家及其ISP应有相关立法。

另一个问题与许多国家的不同法律有关。在一个不确定法律氛围下的电子商务，网上商务通常选择一些特定国家的顾客，而不是那些可能出现诽谤或产品责任伤害的国家。几年来的诉讼并没有建立一个国际化的法律标准来保护因特网上销售者和购买者的权利，亦包括阻止软件或数字产品示授权的复制。如今许多网上商家都拒绝将商品出售给邻近国家以外的顾客。

这里有主要国际化规则的部分摘要（通过的和未通过的）都与因特网相关。

- 世界知识产权组织（WIPO）成功签订了适应电子商务版权的两个条约。条约不仅包括物理复制和传播，也包括网上发布的书籍、音乐和电影。41个国家同意宣布CD和DVD的计算机盗版以及以黑客方式进入网上音乐和电影用户服务均为非法。条约于2002年生效。
- 欧盟的《电子商务指令》（Electronic Commerce Directive）在2000年为网上商务提供了保证，指出他们应该使用本地的法律，而不是欧盟以外的国家法律。
- 1998年的《千禧年版权法》（Digital Millennium Copyright Act）改变了美国的立法以适应WIPO条约。见copyright.gov/legislation/ dmca.pdf。
- 欧盟的《罗马二号指令》（Rome II Directive）希望允许顾客在自己的国家起诉电子商务问题。网上商务公司将会涉及关于产品责任和诽谤的15种不同的法律。
- 1992年海牙《民商事管辖权和外国判决公约（草案）》（The Hague Convention on International Jurisdiction and Foreign Judgments in Civil and Commercial Matters），旨在为因特网的诽谤、版权和侮辱设定全球标准。这种想法是如果某人在一个国家得到审判，便可以在另一个国家执行。

393

12.5.1　发展中国家问题

在第1章讨论了数字鸿沟和因特网访问在一些国家的可用与另一些国家的不可用。因特网是全球化的，发展中国家也从电子商务、电子邮件和因特网提供的其他服务中受益，存在的主要问题是通信和网络的一个合理价格。一些政府和政府间组织已经逐步为电子商务建立一个全球化的框架，优先的领域是海关、税务和市场接入，目标是防止政府针对电子商务的不恰当限制，避免竞争混乱。

电子商务虚拟商品（如信息和服务）与实体商品的税收是一个复杂问题。美国政府的立场是不应该给电子商务强加新的税收。发展中国家电子商务发展过程中对技术的获取是一个主要问题，包括投资、专家意见、政府政策和市场准入，等等。一个发展中国家支持电子商务并拥有有利于投资的政治氛围，便容易吸引信息技术发达地区的投资。大多数新兴的技术存在于北美的一些私有实验室中，尤其是美国。

无论人们怎么看，因特网是美国公共部门（学术和国防）的产品。它是建立于一个单独的因特网协议标准之上，并使美国人在网站数量、服务器数量和对电子商务的影响力上占有绝对的优势。同样，美国人的优势还体现在内容、语言和文化，以及运行于国家和全球范围内的租用电信线路上的无所有权的流量。不仅是这些基础设施价值昂贵，可能出现的技术也需要强大的财政支持。这些是发展中国家所没有的，这也是发展中国家采用电子商务的最大障碍。

12.5.2　知识产权

科学家阿尔伯特·爱因斯坦曾经说过："想象比知识更重要。"知识产权是基于想象的力量，是一种个人资源、文化和经济优势。世界创造者的想象使人类发展至如今的技术奇迹。

知识产权描述了创造出的无形的想法、发明、技术、音乐和文学并转换为可供市场消费的有形商品。知识产权意味着"所有权"。所有权是非常重要的，因为潜在的经济利益是创新的驱动力。

运用想象的力量创造产品和解决实际问题不是一个国家、人民或民族所能独立完成的。请见方框"改变历史进程的发明"列举了改变世界历史进程的一些发明。

改变历史进程的发明

发 明 者	国 家	发 明
康拉德·格斯纳	瑞士	铅笔，大约1560年
塞缪尔·摩斯	美国	电报，1840年
阿尔弗雷德·诺贝尔	瑞典	炸药，1863年
亚历山大·格雷厄姆·贝尔	英国	电话，1876年
莱特兄弟	美国	飞机，1903年
弗拉基米尔·兹沃雷金[①]	前苏联	电视机，1929年
格特鲁德·艾利昂	美国	对抗癌症与艾滋病的免疫系统药品，1956年
詹姆斯·拉塞尔	美国	压缩光盘，1965年

来源：Kamil Idris, *Intellectual Property: A Power Tool for Economic Growth*, World Intellectual Property Organization, 2003, Ch. 1。

有些人基本上不尊重其他人的权利，原因是贪婪、无情的犯罪意图或是缺乏认知甚至于天真的错误。不尊重的程度不同，从在某人家里复制受保护的作品到制作成千上万份副本的大规模的商业犯罪。一个例子是我在访问一所优秀的大学并教授电子商务课程时，使用本书作为教材。该班注册了41名学生，大学书店预订了45本书，却只卖出去一本。每一位来上课的学生都拿着一份由大学影印室复制的仅6美元一份的影印版。

典型的受影响产品包括计算机软件、音乐、奢侈品、运动服装、香水、玩具、汽车、飞机组件和药品。由于高利润和低成本，有组织的犯罪机构深深地卷入伪造和盗版。当犯罪组织基础变大以后，利润被用于资助其他犯罪活动。如此循环，通过洗钱或类似行为污染了银行系统。

社会和经济影响是具有破坏性的。医药、飞机和汽车组件的伪造对公众的健康和安全造成了严重威胁，每年从创造者和合法的市场营销者身上窃取了数十亿美元。

12.5.3 回顾

394
~
395

毫无疑问，电子商务为商业带来了革命性的变化，使市场扩展到全球范围。它对经济影响是巨大的，亦包括政治、法律和社会意义。当电子商务成为一个全球概念，政治和社会的障碍持续地阻止有效的网上交易和潜在的增长。安全是一个障碍。万维网固有的不安全性，使因特网产生一种新的犯罪：计算机犯罪，即一种社会病。随着因特网而来的是洗钱、劫持账户、病毒、蠕虫、间谍软件、广告软件和侵犯知识版权等问题。

因特网的独立性使追究责任在事实上变得不可能。在一个国家是社会和道德都可接受的事物在另一个国家可能是违法的。例如，澳大利亚的征税机关向香烟广告征收高额的罚金，

---

① 弗拉基米尔·兹沃雷金的国籍为美籍。——编者注

但这在美国是合法的。如果一个香烟公司用万维网来为它的香烟产品做广告，可能被澳大利亚观众所看到，但实际上并没有违反澳大利亚法律。

各国都加强了关于计算机犯罪的法律，但条文在这些国家之外是毫无用处的。新的法律应该确立起来以对抗网上犯罪，如通过因特网进行在线赌博和洗钱活动。

12.6 管理启示

我们对法律和道德问题讨论所得的一个结论是，定义因特网的法律规则有待阐明。不同的技术、学术和政府团体一直面对的有关网络的问题是：应该制定怎样的规则来管理因特网？谁来制定和执行这些规则？网络上的版权保护应该以什么样的形式出现——一种无成本、瞬间和无法觉察的副本？

通信网络本质上是由一系列规则定义的——网络协议阐明了所传送的信息的特性、传播的媒介、信息如何在媒介中路由并到达目的地。因为因特网是网络的一系列关系，网络协议可被视为部分的"网络法"。

切记因特网不是实物，但许多网络都已经采用了一系列协议使信息传播成为可能。物理位置和物理边界是无关紧要的，这意味着法律推断始终是个问题。每个国家都要管辖因特网流量中自己的部分，并用司法体系来执行法律。

另一个受关注的领域是因特网专利的长期效应，特别是那些被电子商务企业（如亚马逊）拥有的网上商业活动基础。专利成为每一个公司都不能忽略的事情。

迄今为止，电子商务使公司以独特的、竞争对手所不具备的优势来区分自己——知识、商业方法和使用方法的技巧。一个公司的竞争优势不在于其市场地位，而是难于复制的智力资产及对其的配置。以戴尔电脑为例，它的成功不在于其产品的技术优势（该公司的大多数配件都是现成组件），而是按单定制和直销模式。为保护这个优势，戴尔申请了42项专利，涵盖了其顾客下单系统以及商业方法。

如果不考虑法律，将确保完整性和保护顾客与商人，通过因特网进行商业活动的最终目的，是提升任何人都可以接受和适应的标准。进行因特网商业活动的公司有责任监察它们员工的行为和网站的流量，以确保与客户、厂商、访问者以及发行人之间一种稳定、持续和满意的关系。没有这种承诺，商业活动容易失败。

最后，管理层必须聚焦于围绕B2C电子商务的法律和消费者保护问题。道德是商业运作的准线，缺乏道德是对公司客户基础的严重腐蚀。就是这个问题决定了Value America公司（一家美国的网络零售商）的命运：破产。另外，道德在不同国家有不同的含义。公司需要开发出一套道德准则以适应它们运行所在的每一个国家和地区。最后，盗版问题持续困扰着网上消费者。由于网站收集关于访问者大量的信息，产生的压力呼吁着新法的诞生。当美国国会考虑法律途径时，一种新的软件，用于让消费者决定在网上商家面前对其自身信息的保护程度，已经出现了。门槛是很高的。消费者活动的信息是网上商家生存所必须的，但仍有消费者疾呼保护防止隐私入侵。

微软正在开发一套名为隐私保护选择（P3P）的软件包，能让消费者决定受保护的程度。当访问者查看一个网站时，他们的网页浏览器自动加载已嵌入的P3P隐私政策与访问者的选择作比较。如果站点不符合，浏览器将阻止发送个人信息。结果是访问者可能访问不到网站所提供的一些板块。表面上，P3P只在网站让隐私政策用P3P的特殊语言"交谈"时发挥功能。在新的法律或可靠的软件产生之前，这个软件可以暂时解决消费者隐私权利的敏感问题。

396

在无线终端，银行、航空和零售商面临的一个关键问题是消费者所处地理位置的隐私，因为它们发送广告至无线用户。特别是无线运营商，对地理位置的保密是一种商业责任。归根究底，消费者应该有对开始和结束服务的选择权。

小结

1. 因特网的法律和道德含义正引起业界和各国政府的注意。税务和销售税都是热点问题。法律冲突和案例法正快速地浮出水面。

2. 电子商务的道德问题是目前美国各种机构面临的挑战。道德是正直、公正、公平、诚实、守信和平等。不道德的行为不等同于非法行为，尽管可能两者会相互牵连。

3. 道德的几个威胁：更快速的计算机和先进的网络、大量的分布式数据库、信息访问的简易性、软件的透明性和捕获信息作为竞争武器的观念。

4. 隐私是一个基本的美国价值观。构成隐私的因素中，有5个被广泛认可的隐私保护原则值得牢记：通知、选择、访问、安全/完整和支持。有3类不同的关注点：企业关于顾客信息的收集、电子数据传输的安全和对私人文件的未授权阅读。

5. 由电子商务引起的许多问题都没有解决，因为缺乏相关的明确法律或法律指南。涉及产品导致错误解决方案的情况中，致使他人受伤的，可利用责任或过失法律。责任基础涉及产品责任和民事侵权。如果一个网商广告有缺陷或错误的产品，或顾客通过因特网使用未授权信用卡，他或她便对欺诈行为负有责任。欺诈、疏忽、虚假广告和误导都是起诉的根据。

6. 因特网版权和商标侵权都属于知识产权法。版权法给予实际产品的作者拒绝其他人使用已完成作品的权利。

7. 网站是产品还是服务的问题引出了不同的想法。如果网站为产品，则证明开发者不为疏忽担负责任。如果网站是服务，州合同法便可以适用。

8. 在因特网上，税收收取并不容易，这取决网上商家地理位置、购买者的位置、商品的种类等等。那些支持因特网商业税收的人群中，包括了许多州政府官员，他们关心针对网上购买的税务可能将网上商家推向不利位置。

9. 不考虑法律可能保证正直和保护消费者与商人，能过网上进行商务活动的最终目的是提升每个人都能接受和采用的标准。管理必须聚焦于围绕B2C电子商务的法律和消费者保护问题。

关键术语

- 道德准则（code of ethics）
- 版权（copyright）
- 版权法（copyright law）
- 免责（disclaimer）
- 道德（ethics）
- 明确担保（express warranty）
- 虚假广告（false advertising）
- 欺诈（fraud）
- 超链接（hyperlink）
- 隐含担保（implied warranty）
- 误导（misrepresentation）
- 疏忽（negligence）
- 非平凡错误（nontrivial error）
- 越界错误（out-of-bounds error）
- 产品责任（product liability）
- 自我评估（self-assessment）
- 严格责任（strict liability）
- 民事侵权（tort）
- 民事侵权法（tort law）
- 商标（trademark）

- 知识产权（intellectual property）
- 司法体系（jurisdiction）
- 担保（warranty）

理解题

1. 为什么因特网的法律和道德含义会引起业界和各国政府的注意？

2. 举出一个不道德行为的例子，不一定是非法的。

3. 详细描述一些围绕因特网的道德问题。你认为哪一个问题是最重要的？为什么？

4. 一个公司如何才能改善工作中的道德行为氛围？

5. FTC认定了隐私保护的五项原则。简要解释每一项。

6. 什么是因特网的民事侵权法？是什么让它如此地独特？

7. 欺诈和误导有哪些区别？尽可能详细。

8. 区别商标和版权。

9. 知识产权法确切地说是什么？举个例子。

10. 网站是一种产品还是服务？证明你的答案。

11. 简要地解释UCC。

12. 举个具有法律含义的有关你自身的因特网冲突。

讨论题

1. 你认为公司为什么采用道德准则？他们会像广告所说的那样付诸实施这些准则吗？

2. 国内税收服务要求纳税公民的人口统计数据，努力引出他们的退税关系。在你看来，这种努力是道德还是不道德行为？进行讨论。

3. 一个国家零售链的购物者在退出的过程中被要求提供邮政编码。这一信息用于确定来自社会不同区域的商业模式。结果是商店自行决定产品、价格和细节等以最大化销售量。购物者并不知为何需要邮政编码。那么商店的行为道德吗？这与在网络购物中使用cookie相比呢？

4. 电子商务在隐私方面产生了诸多争议。你认为这些为什么会发生？

5. 数年来，对网络购物者征收费用一直是具有争议性的话题。网络购物应该像传统商店一样征税吗？根据最新的证据讨论这一事物。

Web练习题

1. 关于网上购买者税务问题的辩论正在继续。查找网上关于Internet Tax Freedom Act的信息。学习该法案并写份报告。

2. 评论加利福尼亚网站的医疗版块（www.medbd.ca.gov），此处公布了医生的数据报告、医院的训诫行为、针对医生的法律案件和判决等等。你认为这些信息侵犯了医生的隐私权吗？而消费者呢？消费者在委托自己的身体进行诊断和治疗前是否有权了解医生的记录？

3. 评价你所选择的5个网站，查看他们的隐私政策。在这些政策中，你找到了哪些共同点？在每个政策中什么是独特的？如果有，那么什么重要条款被忽略了？

4. 访问联邦交易委员会网站（www.ftc.gov）或其他网站调查因特网上的骗局。向班级列出你的发现。

5. 访问计算机法律网站（www.cyberlaw.com），了解在你不触犯版权法的前提下，你所能够和不能代表网站的行为。向班级报告你的发现。

6. 访问消费者网站（www.consumers.com），该站点提供怎样的服务？写一个两页报告。

399 7. 查找一个解释如何阻止未审查的电子邮件的网站。概括你的发现并向全班报告。

8. 佐罗公司是电子商务市场的新进者，它的实体商店位于匹兹堡。公司在因特网上提供定制设计运动装，这使该公司可以以独特的产品在市场上建立一种令竞争者羡慕的地位。销售经理寻找一种快速访问顾客的方式，能够让公司出售定制设计概念和建立用户基础。他了解到一个新成立的公司具有相似的市场基础。他说服CEO购买新公司的数据库，价格占到了佐罗公司每年广告预算成本的75%。

新购买的客户列表在第一星期为公司增加了10%的顾客。但随之而来的是大量的投诉，人们想要从该名单上删除，想知道他们是如何被摆在列表的首位。当佐罗公司联系购买数据库的那些公司时，该公司已经破产，所有资产都已被出售。当顾客数据库作为可靠性样本时，发现列表上的顾客无一同意将他们的个人信息用于市场或销售目的。这个顾客数据库是通过无法起诉的非法跟踪机制收集的。

a. 佐罗公司应该继续使用列表吗，特别是公司正经历定制设计定单不断增加的阶段？

b. 佐罗公司在清楚已破产公司的欺骗行为之后，继续使用顾客数据库是否应负道德责任？请解释。

400 c. 你认为这件案子是有关丢失隐私权、安全、欺骗还是犯罪行为？

第四部分

安全威胁和支付体系

第 **13** 章

电子安全

学习目标
- 安全设计涉及的内容。
- 因特网上的各种病毒和其他感染源。
- 如何建立一个安全系统以及系统如何从灾难中恢复？
- 生物识别如何对安全起作用？
- 《美国爱国法》的构成及其通过因特网对安全所做的贡献。

13.1 简介

毫无疑问，电子商务已普遍使用。电子交易的一个最关键阶段是保证电子支付的安全以及执行支付过程时保护信息的隐私。但是交易内容可以被任何具有足够经验或善于钻研的人员阅读、修改或编辑。由于间谍软件、广告软件、病毒、蠕虫和其他的恶意威胁，现在，对于网络空间的安全和隐私的关注度越来越高。

这是电子商务面临的一个矛盾：电子商务公司必须开放共享信息给客户和厂商，而不开放给黑客和入侵者。解决这个矛盾的安全文化和过程是决定成败的关键。就电子商务的完整性而言，安全是一个企业必须完成的所有事情的底线。

因特网的安全不是保护硬件或物理环境，而是保护信息。电子商务的内在风险只有通过适当的安全措施以及商业和法律程序才能得到缓解，并以此确保网上交易的完整性和可靠性。安全问题的解决使得网上店铺成为现实。

电子安全领域侧重于筹划加强安全政策的措施，尤其是当恶意攻击发生时。电子商务的安全普遍采用像认证、确保机密性、在开放式系统上使用密码通信等等过程。在这一章中，我们的重点是电子安全、安全设计、服务器的安全问题和过程，以及如何实现应用安全等。我们的主题是安全——安全管理、安全更新和安全维护。没有一个常用程序来监控网站的安全状态和完整性，难以预料的问题就会随时发生（加密，作为安全的一部分，将在第14章中论述）。

当学者们建立因特网时，他们设想每个访问因特网的人都是"好人"，但是今天的因特网却受到各种安全威胁的困扰，并承受着超过10亿全球用户的压力。当你想到本章中涉及黑客、垃圾邮件、间谍软件、网络钓鱼和身份盗窃的问题时，对曾经安全、放心地传递你的电子邮件消息的"高速公路"的信任似乎是徒劳的。从防火墙到反间谍软件的多层次安全，已经耗尽了电脑性能周期，并正在快速地把因特网带向虚拟中断。

13.2 网络空间的安全

支持电子商务的电子系统在很多方面容易被滥用和遭到失败。

- 欺诈会造成直接经济损失。资金可能从一个账户转到另一个账户，或者财务记录可能被简单销毁。
- 盗窃属于公司或客户的机密、所有权、技术或市场信息。入侵者可能把这些信息透露给第三方，导致主要客户、顾客或公司本身的损失。
- 服务中断，导致企业的巨大损失或客户的不便。
- 客户信心的丧失，来源于对客户文件或公司业务的非法入侵、不诚实、人为错误或网络失效。

虽然电子商务正在蓬勃发展，但是各种障碍仍在阻碍着技术的普遍接受和网上购物的整个过程。最近因特网发展引起全世界的关注，除非安全标准得到正确的执行，否则焦点应放在日益严重的隐私、安全、潜在的欺诈和欺骗等问题上。对于电子贸易的各方，必须创造出一种验证身份和建立信任的方法。

有人曾说，"网络安全是这个星球上最重要的事"，然而当网络安全第一次阻碍性能的时候，安全就被懈怠了。因特网庞大的访问量和惊人的个人、商业、政府和军事信息量，给全世界网络基础设施造成了巨大风险。在大多数情况下，缺少的一步是把网络安全当作一个整体来规划。

402

13.2.1 为什么因特网不同

在传统的商业模式中，商家们期望现金支付。当他们接受信用支付时，他们要求个人签名的信用形式。每天下班锁门后，要设置警铃或派保安看守一夜，而且万一发生盗窃时警察会来。

实践和法律的差异存在于基于传统商店和纸质的商务与基于计算机的商务之间。签署的文件具有计算机文件所缺乏的固有安全属性。表13-1总结了这些差别。一些安全属性包括渗入纸张纤维中的墨迹、签名的生物识别（压力、倾斜、形状等）、独特的信笺、文件的修改或删除等等。基于计算机的消息由常驻在内存中的位串表示，使用区分0和1的标准分数电压。计算机记录可以被很快地修改而未被发现。有时候破坏一个记录就是一些简单的击键。安全工程的问题之一就是暗中遭到破坏的系统还经常运行正常。

表13-1 基于纸质的商务与电子商务的属性比较

基于纸质的商务	电子商务
签署的纸质文档	数字签名
人对人	通过网站的电子化
物理支付系统	电子支付系统
商家与客户面对面	没有面对面接触
修改易于检测	检测困难
文档易于谈判	可谈判的文档需要特殊的安全协议

不像传统的店铺早上10点到晚上6点为营业时间，网上店铺是每时每刻都营业的。除了

购物和支付过程的技术问题和通过800来电的客户服务，网上店铺是无人看管的。

记住，只要他们有密码，可以访问公共网络，我们允许任何人、任何地点、任何时间使用这些连接的计算机。如前所述，因特网是全世界最大的互连数据网络基础设施，没有中央控制，因此不是很安全。由于不太安全以及缺乏标准，因特网给了小偷和黑客引起各种问题的可乘之机。

没有好的安全措施，计算机欺诈实际上是难以追踪的。更糟的是，因特网通信双方通常相距遥远，不是面对面交流。那些缺乏知识的人可以鼓足余勇去欺骗一个商人、损坏一个网站或破坏一个数据库，但如果在商店里和商人当面相逢，他们是不敢这样做的。缺乏惩罚入侵者或保护无辜者的法律会使事情变得更糟。合法的系统依靠物理证据，例如一张取消的支票、一个人的原始签名、居住地以及相似的细节来决定原告是否有罪。在因特网上用什么来代替这些证据呢？数字签名识别个人（签名）就像用DNA识别在逃犯一样。

13.2.2 安全的概念化

无论我们怎么看待安全，它总是意味着解决风险和防止未知的破坏。风险是一个程度问题。例如，银行比商店对安全的要求更高，因为现金不可追踪，所以存在损失数百万美元的风险。在电子商务中，最大的风险是诈骗性信用卡的使用和不当的个人电子邮件信息。安全关注的是网络和交易安全。交易上缺乏安全使得很多客户对因特网支付存在戒心。网络安全意味着线路和网络免受非授权的第三方获取数据和信息的威胁。

安全中的第一个问题是识别责任主体（principal），这些主体是人、过程、机器和通过数据库、计算机和网络处理（发送、接收、访问、更新、删除）信息的密钥。安全问题一般涉及以下几个问题。

- 机密性。分辨谁可以读取数据和确保信息在网络中保持私有。这可以通过加密来实现（见第14章）。
- 认证。确保消息的发送者或责任主体的确如他们所自称的。
- 完整性。确保信息在传输过程中不被意外或恶意的修改或破坏。
- 访问控制。限制使用资源授权给责任主体。
- 不可抵赖性。确保责任主体不能否认他们发送的消息。
- 防火墙。在企业内联网和因特网之间的过滤器确保企业的信息和文件免受入侵，但允许授权的责任主体访问。

电子商务开始于20世纪80年代早期的电子数据交换（EDI），在那时，银行和企业之间进行电子化的资金转移，并通过账户间转账进行支付。EDI是很多行业的内部商业交易形式，这些行业包括制造业、零售业、汽车工业和政府——安全是一项附加的费用。网络是一个受控的数字基础设施。随着90年代企业对客户（B2C）电子商务和因特网的到来，信息安全变得极为重要。几个因素导致了这种变化：全球贸易远超EDI的范围（这受制于美国的产业）和在线实时交易。随着贸易伙伴的全球化，原因很明显，为保持谨慎，可以通过有效的安全措施使业务不受控于外国法律。在线实时交易意味着客户和商家只能在有限的时间里调查对方。延迟网上交易如同延迟了EDI商业，会使实时商业的整个目的失败。无论是什么规模和类型的业务，只要能够获得可靠的安全工具包，就没有理由不保障电子商务中的信息安全。在电子支付交易中更是如此。

在安全问题上的态度改变已经引发了对安全技术的深思。在电子商务中，安全决定生意的成败，它已经成为一种战略资产。最好的方法是保护信息流，确保完整性，增强客户信心。

安全电子商务的时代已经到来。安全的技术部分包括使用加密和数字签名，以此确保在不安全网络上交易的可靠性。

13.2.3   隐私因素

你能想象在一家商场中被一个调查者跟随，他试图记录你进入的每个店铺、你买的商品或者你进行的谈话。从手机到ATM取款和信用卡的使用，大部分美国人的日常活动被监视和记录，原因是需要跟踪各种可疑的使用和未经授权行为。不久，处理与隐私、机密性和自由问题相关的权力将被单独分开，以免被滥用。

相比在迄今为止人类发明的其他媒体中，缺乏隐私在因特网中变成了更为严重的问题。每天有令人无法相信的大量信息被收集和存储，没有人知道用它做了什么事情。今天，先进的新工具正在逐渐改变着这些。生物识别技术将在本章的后面做出详细介绍（见方框"即将启用的生物识别护照"）。

即将启用的生物识别护照

美国护照政策、计划和咨询服务部办公室最近宣布准备开始发行生物识别护照。这些护照带有一块RFID芯片，它使美国的出入境更加安全。RFID的含义是装备在微型天线中的射频识别芯片，存储传输到邻近接收器的数据。批评者说这项技术使个人隐私存在风险。美国计划在2005年中期发行首张带RFID芯片的护照。

芯片包括所有可以在现行护照信息页面中能够找到的个人数据。同时还包括一个生物识别部分——数字面部图像。RFID芯片将会包含一个芯片识别号和一个数字签名（当护照发行时一系列的数字被分配给这个芯片）。这两个数据连同信息页面上的个人信息将被存储在中央政府数据库中。

在新的系统下，从个人的信息改变一年内可以免费申请新护照。关键是护照的价格会上涨以支付新技术的成本。国会已经为新护照增加了12美元的费用，在未来10年，护照的费用会从85美元涨到97美元。

在新的护照中使用RFID芯片的一个主要原因是芯片可以在一定距离内读取。这就意味着某人使用合适的设备；如果实际距离合适，就可以访问你护照中的数据。至于距离多远还是一个问题。政府部门将要求所有的芯片读取器都进行电子保护，这样电子信号发送和接收信息将不会传送到接收器以外。每个护照将包含一个反浏览的功能，防止身份盗窃者从远距离激活和读取芯片。

来源：摘选自Erin Biba, "Biometric Passports Set to Take Flight." *Technology*——*PC World*, March 21, 2005。

每次出现安全问题都涉及隐私。一个安全的网站就是确保客户交易的隐私和机密性的网站。这意味着网站应该提供厂商的隐私政策，供消费者评估。

可以通过教育来解决大多数人对在线购物时个人信息共享的恐惧。公司应该复查商品购买后的回馈信息，观察好的信息处理手法，以及公开隐私政策让消费者信任他们。

在常规保护缺失的情况下，专家们力劝那些对隐私比较敏感的用户采取基本的步骤保护他们的在线隐私。

- 通过转发邮件者发送匿名电子邮件，这能减少电子邮件被黑客阅读的机会，黑客可能在监控像微软的Hotmail这样的网站流量。一个转发邮件的例子是www.gilc.org/speech/anonymous/remailer.html。通过这个网站，消息在一系列电脑之间跳跃转发，从而使它变得难以追踪。

- 通过你的Web浏览器提高安全性。一种方式是禁用cookie。你还可以在一个网站试图在你的机器上嵌入cookie时给出提醒。这么做缺点是在访问需要在个人计算机上安装cookie的网站时有困难。

- 使用次级免费电子邮件服务（像微软的Hotmail），来防止你的主要电子邮件账户（个人或商业）接收垃圾邮件。

- 远离任何表格或在线问卷的填写。特别是当需要提供个人信息如地址、年龄、年收入等时，要格外谨慎。应仔细调查这些网站，看你在多大程度上信任它们和这些信息。

- 考虑使用隐私软件来保护你的文件或计算机内容的隐私。例如Anonymizer@anonuymous.com提供付费服务，它对访问的网站的内容和地址进行加密，保护你逃离雇主的监视。一种叫做Window Washer（www.webroot.com）的软件可以删除所有的文件、cookie、临时网络文件和其他存在于你硬盘上的垃圾。这个软件有一个特殊的功能叫做"漂白"，它根据你设置的次数，重复地删除来"漂白"磁盘。

- 安装一个防火墙程序保护你的电脑免受黑客袭击，它可以过滤留在计算机中的特殊信息或是进入计算机的信息。防火墙的一个例子是因特网安全系统公司（ISS）的软件，这个软件售价40美元。

405
~
406

重视隐私的电子商务公司通常雇用一个全职的首席隐私官作为第一道防线。这样的人应有基本的道德观。隐私官把隐私看作是人权，对大多数国际公司来说，它涉及其全球信息基础设施。一旦有了首席隐私官，他的工作可以有许多内容，如建立隐私委员会，对所有产品和服务定期、一贯地进行隐私检查。

除了处理隐私，这个执行官也负责公司贸易秘密和即将发布产品的泄密问题。他可能实际负责威胁着公司的隐私和安全的黑客、垃圾邮件和间谍问题。见方框"间谍来了"。

间谍来了

SSF进口汽车零部件公司坐落于加州旧金山南部紧挨着某大型零售区的一座不起眼的大楼旁。在半个足球场大的空间中，放着几排铁架子，上面摆放着奥迪、奔驰、保时捷、绅宝和沃尔沃轿车的制动盘、发电机、水泵和其他部件。穿着蓝色工作服的工人动作轻快，通宵采集和包装零件交货给全国的修理商店和零售商。

从2001年初开始，SSF的计算机系统在7个月内被多次入侵。一名美国联邦调查局特工调查这件事情后说，他相信SSF的20000个汽车零部件的电子目录大部分被复制了，因此竞争对手能建立一个更好的目录。谁是疑犯呢？最后锁定了首席技术官、首席执行官和为对手服务的一位计算机顾问。这三人未经授权进入SSF的计算机且非法买卖SSF计算机密码。

当你信任的人攻击你的网络并做一些使你的组织负有重大责任的事情时，就悍然背叛了你的信任。通常公司技术人员不仅精通最新的电子入侵工具和黑客技术，而且一旦能访问某个系统，他们也知道去哪里寻找有价值的信息。如果一个国家的主要增值部分是关于设计、创造和营销商品（这些商品实际上在其他地方生产）的理念，危险就变得更加明显。

来源：摘选自John McCormick and Deborah Gage, "Wanted: Chief Espionage Officer." *Baseline*, December 2004, 33-35。

13.2.4 "精彩"密码的苦恼

密码几十年用于保护文件免受非授权的使用。密码安全是因特网上和组织内的一种基本用户授权形式。不幸的是，因为黑客和技术垄断，系统的用户名和密码越来越失效。一个韩国的安全分析者利用从对手手中盗窃的密码做了2 200万美元的非法交易。一个叫作Kinko的工具被发现有按键捕获软件，它发送了450多个用户名和密码给一个盗窃者，这个盗窃者随后使用这些用户名和密码进行银行欺诈。

如果黑客进入一个防御很差的文件服务器盗取密码，很明显他可以用密码进入一个安全程度更高的公司系统。这就产生了所谓的多米诺效应，对公司信息基础设施的扩大威胁将没有止境。

因此，有什么方案可以用来确保电子商务的安全、隐私以及数据和文件的完整性呢？一种方案是采用公开密钥加密（PKE），此时用户被授权用私有密钥加密一个消息，再送给服务器。私有密钥存储于客户端机器或智能卡里，用户无需记住编码。服务器通过解密客户端发送的特定信息（通过比较一个密码文件）来验证编码，并消除服务器端的任何密码存储。后面将会有独立章节来讲述加密。

另一种替代密码的方案是生物识别技术。在签署文档时使用用户生理特征的数据（扫描眼睛、指尖、面部、语音、笔迹或运动特征等）。这种形式可以看作是另一种密码形式，由用户和一个扫描设备交互产生。虽然方便，但这种模式容易受到网络分析者的攻击。一旦被盗取或丢失，它就不能被改变了。这就使得生物识别技术只能在网络和生物识别捕获设备安全的情况下使用。

这种新类型的指纹识别安全系统相对比较便宜，并能保护你最秘密的电子文件，它将你的指纹记录到一个小的用USB连接到计算机上的传感器。任何试图打开文件的人都必须把手指放到传感器上。至少，这种方法可以减少黑客入侵公司网络的危险，因为盗取指纹比盗取密码要困难。

第三种替代方案是智能卡，它可以在卡上存储一个执行复杂加密的密码。比此方案更好的一种新方案称为"双因子解决方案"，把密钥链令牌和密码段结合起来，不断地生成在每次交易或网络登录中只能使用一次的密码。在这种模式下，用户输入秘密的PIN，并按下一个按钮产生唯一的一次性密码。然后，他输入那个密码进入个人电脑。稍后登录就需要生成新的密码了。

可以看到，没有什么高明的方法来解决用户认证问题。但是，有些想法可以用来改善安全系统：

- 限制一个密码重复进入一个敏感系统的次数；
- 用更先进的方法培训员工、客户和社会大众，如生物识别、PKE和智能卡等，并且当这项技术可用时就使用它；
- 确保系统设计师和系统分析员熟悉安全问题和安全流程，并把它作为今后每项应用的一部分；
- 审查和评价客户和雇员当前使用的密码方案的可靠性。

13.2.5 身份盗窃和网络钓鱼现象

正如前面章节中提到的，身份盗窃（ID盗窃）已成为一种真实的滋扰。这是一种犯罪行为，就像痼疾一样反复发作。

举个试图进行身份盗窃的例子。作者在2005年10月收到如下的一封电子邮件：

　　摩根大通银行坚持在系统中定期查看账户以确保安全，我们最近检查了你的账户，并需要更多的信息来为你提供安全服务。在我们收集到这些信息之前，你访问敏感账户的功能将会受到限制。我们将尽快恢复你的访问权限，对此引起的不便向你表示道歉。你的案例编号是PCUI-410-320-3334。请在这里确认你的身份：[超链接]恢复我的网上银行并完成"删除限制的步骤"。完成所有的检查项后将自动恢复你的账户访问功能。

　　本作者从来没有直接或间接地与这家银行打过交道。所以这个核实银行信息的尝试是失败的。

　　像方框"ID盗窃受害者为修复由此引起的混乱而奋斗多年"中描述的，ID盗窃已经成为社会和政府的关注点。多年以来，传统的ID盗窃就是掠夺邮箱、抢皮包或者在垃圾堆里寻找丢弃的银行账单或信用卡收据。最近，ID盗窃已经转向电子式的。我们已经看到网络钓鱼正在大规模扫射——发送假的电子邮件来模仿那些合法的商业邮件，以请求丢失或过期的个人信息。现在已经不再是逐一地盗窃ID，这对今天的身份窃贼来说太慢了。罪犯持有大量的消费者个人信息，这些消费者每年大概花费530亿美元。ID盗窃覆盖6个主要领域：信用卡欺诈、电话或公用事业欺诈、银行欺诈、就业相关欺诈、政府文档/福利诈骗以及贷款欺诈（Levy & Stone 2005）。

ID盗窃受害者为修复由此引起的混乱而奋斗多年

　　自从4年前成为身份盗窃的受害者，John Harrison就一直处在噩梦之中。那个盗用他个人信息的人不仅获得了Harrison名下的存款，还开立了支票账户，以Harrison的名义签下了最少125个坏支票，其中有些是针对政府设施的。

　　最近，由客户数据收集公司（包括ChoicePoint 和LexisNexis以及美国银行）透露数以万计的客户敏感信息所导致的不安全引发了关注，越来越多的人可能像Harrison一样受害。

　　例如1月份，在美国伊利诺伊州的首府春田市，警员在例行交通检查时拦住了一名79岁妇女，她就是一名身份盗窃的受害者。警官在州罪犯数据库查询驾车者的名字时，找出了一份签发坏支票的案底。不过，那是身份窃贼干的。虽然身份盗窃发生在1996年，而且她已经向州执法官员报了案，但这位可怜的老太太还是被抓到了警察局。

　　你实际上无法控制其他人做什么或不做什么。身份盗窃发生时，你没有流血……也没有失去一只胳膊或一条腿，很难让人看到你承受的损失或伤害。

　　来源：摘选自Frank James，"ID-Theft Victims Fight for Years to Fix Mess." *Chicago Tribune Online Edition*, March 20, 2005。

409

　　携带特洛伊木马程序的病毒和蠕虫支持大量ID盗窃圈套。像www.mega-oem.biz 和www.atlantictrustbank.com这样的网站中，用户有机会以诱人的折扣购买到流行软件。网站要做的就是盗取你的ID，并卖给出价最高的人。ID盗窃和间谍软件开始引起了政府管理者的注意，针对公民隐私的威胁正开展各种行动和诉讼。例如，根据2005年10月的一份报告，美国联邦贸易委员会正在努力关闭Odysseus Marketing网站，它被指下载间谍软件到因特网用户的计算机上。但最后的行动仍然悬而未决。

　　今天的盗窃者用无线设备来模仿合法的因特网接入点，试图盗取信用卡号码和其他特权信息。不幸的是，任何人只要配备有无线的笔记本电脑和在因特网上广泛使用的软件，就可以播送无线信号和远程入侵硬盘上的数据。他们查看在热点周围100米范围内能够寻找到的信息。

最近正在掀起所谓的Evil-Twin的攻击浪潮堪比网络钓鱼——模仿由银行和信贷服务机构发出的具有欺诈性质的电子邮件消息,他们哄骗客户泄露个人信息(如本章前面提到的例子)。Wi-Fi(无线通信标准)通过无线电波发送Web页面。热点是Wi-Fi天线覆盖的范围。虽然萌发有点慢,但是网络钓鱼警告了那些过于依靠无线通信的商业系统。

- 网络钓鱼是一个新近现象,出现于过去两年中。它正在变成在线犯罪的有效工具。《金融现代法草案》要求所有的金融机构通过安全控制和严格限制数据访问来保护非公有的个人信息。
- 美国VISA卡持有者信息安全程序要求在公司的数据库中对持有者相关的个人信息进行加密。
- 《萨班斯－奥克斯利法案》要求执行者和审计者对金融报告内部控制的有效性作担保(Newman 2004)。

在线盗窃者正引诱越来越多的因特网银行客户到假的Web网站,以骗取他们的个人银行账号信息。仅在2003年就有190多万人报告他们的存款账户被盗,24亿美元被诈骗。同期有5 700多万的人收到网络钓鱼电子邮件。问题是银行不会报道所有的攻击,因为害怕破坏客户对在线银行的信心(Glanz 2004)。

网络钓鱼有以下几个特点:

- 把特洛伊木马安装到易受攻击的机器上来获取数据;
- 他们"收获"用户名和密码分配给攻击者;
- 用户的计算机在不知不觉中受到伤害;
- 软件脆弱性迫使电脑下载代码。

更应警惕的是,最近发现罪犯正和解密高手和病毒作者交换想法和违法计划。合作的模式是聪明和完美的。他们甚至通过共享代码合作。用户点击一个诈骗的网站就会被转到其他网站,在那里特洛伊木马程序会自动下载到用户的个人电脑上。他们同时提示你输入用户名和密码,而这能给窃贼带来不小的收获。

如果你的ID被电子盗取了你应该做什么? 首先,可以找有的公司(像加州的Gavin de Becker & Associates)和私人调查者跟踪记录和修复ID盗窃。其次,有网站提供关于如何保护你的隐私的情况说明书,例如www.privaterights.org。第三种方案是参加保险。例如,在2004年,Allstate公司开始在得克萨斯等州提供ID盗窃保险,为房主附加30美元的保险。据一家风险顾问公司介绍,所有的书面工作和跑腿工作都在保险范围内。

ID盗窃的受害者已经知道没有快速的方法来清除他们的名字。2005年7月,在全国范围内对1097起ID盗窃的受害者的调查发现,几乎三分之一的受害者都说他们在个人信息被盗后一年内,不能修复他们受损的信用或恢复他们良好的信誉。大多数受害者平均花费81小时尝试解决他们的案件。调查结果强调ID盗窃的财务损失和滋扰。典型的受害者是40多岁、白种、已婚、大学毕业、平均收入在50 000~75 000美元之间的人。

下面是一些保护自己免遭身份盗窃的基本方法。

- 保护你的身份证号码,只在绝对必要的时候才提交。
- 至少每年检查一次你的信用报告。检查费用无法解释的账单或银行账户异常的取款记录。
- 当心在电话里跟你说话的对象——电话销售员、ISP员工,甚至是政府机构职员都有可能是罪犯伪装的。

- 用碎纸机销毁你的账单或收据。当使用ATM时，千万不要扔掉你的收据。
- 如果携带笔记本电脑，使用"强"密码（大小写字母、符号、数字等的组合）。不要使用身份证号码后四位、生日或母亲结婚前的名字。
- 从你的邮箱中及时删除邮件，特别是在假期。因为盗窃者会习惯跟踪邮件而以你的邮件为基础掠夺资源。
- 在你的信用报告中发现问题就找Equifax（888-766-0008）或Experian（888-EXPERIAN）。

如果你的个人信息被盗或丢失，去当地警察机关备个案，以便为以后与债权人打交道保留一个副本。

13.3 为安全设计

黑客、网络间谍、解密、病毒、全球蠕虫、恶意员工、计算机恐怖主义和内部盗窃都只是今天的组织面对的安全挑战的一部分。黑客和恶意代码编写者主动操作因特网骗局，确保他们走在法律和安全警官的前面。见方框"黑客组织"。大家忙于修修补补地搞安全措施，而很少去规划完整的安全战略。没有战略的技术实际上使组织更易受到攻击。

411

科威特黑客组织

2004年3月8日，F-Secure分析家们收到一条来自俄罗斯的消息，说存在一个由Q8See制造的名为Slacke的特洛伊木马。使Slacke变得独特的是其作者隐藏得很深，而且组织的意图很神秘。

首先，从一个属于圣多美和普林西比的网站上下载代码，这是一个坐落在非洲的大西洋沿岸的小岛国。然而，F-Secure的分析显示这个网站的域权限已经卖给了一家瑞典的公司。但是注册信息列出公司的名字是JordanChat，位置是约旦的Irbid，合同名字是TeR0r。

数千台被感染的计算机从位于圣多美和普林西比的Web服务器下载恶意代码，然后这些计算机被链接到在亚特兰大的由CNN运营的因特网聊天系统。一旦登录CNN的IRC服务器，系统就连接到一个在墨西哥的叫做Noticias的IRC频道。当Hepponen和他的分析家研究了这个频道，他们对自己的结论感到非常惊奇。频道中有2万名客户坐着什么也不干，他们看上去像普通人，但是却是机器人——程序执行重复、自动的功能。

Hypponen发现，3名科威特用户（即Q8See的成员）给机器人发送命令扫描各种IP地址范围。然而当CNN最后关闭交谈服务器时，没有人知道黑客究竟做了什么。

来源：摘选自Dan Verton，"Organized Crime Invades Cyberspace." *Computerworld*, August 30, 2004, 19ff.

信息安全设计的一个主要的问题是：如何知道设计是安全的？答案在于有效的设计应该从开始就是企业对消费者设置的一部分。后期再加入安全机制通常花费比较高并且效率比较低。设计过程由一个首席安全官开始，涉及5个主要步骤：(1) 评估公司安全需求，(2) 建立一个好的政策，(3) 满足Web安全需求，(4) 构建安全环境，(5) 监控系统（见图13-1）。

13.3.1 评估安全需求

首席安全官负责总揽公司全部安全设置。这个人应该精通技术和业务本质，必须能指出哪个安全部分威胁到公司业务和公司如何遵从各种法律和规则。

常识告诉我们要未雨绸缪，提早谨慎地寻找安全弱点。把问题扼杀在摇篮中是最便宜和最有效的方法。正如图13-2中看到的，系统评估生命周期是从使用最佳安全实践的新系统的

412

开发开始的。然后应该在系统发布之前测试检测安全漏洞。最后，一个运行的系统总是应该被监控和维护着。

① 蜜罐系统设计用来吸引攻击者。任何对蜜罐系统的攻击都看似成功，给管理员时间移动、记日志，或者在不暴露产品系统的情况下跟踪和找到攻击者

② 基于网络的ID细查一个网段中所有的分组，标记那些可疑的分组。寻找攻击签名——代表入侵的分组的指示

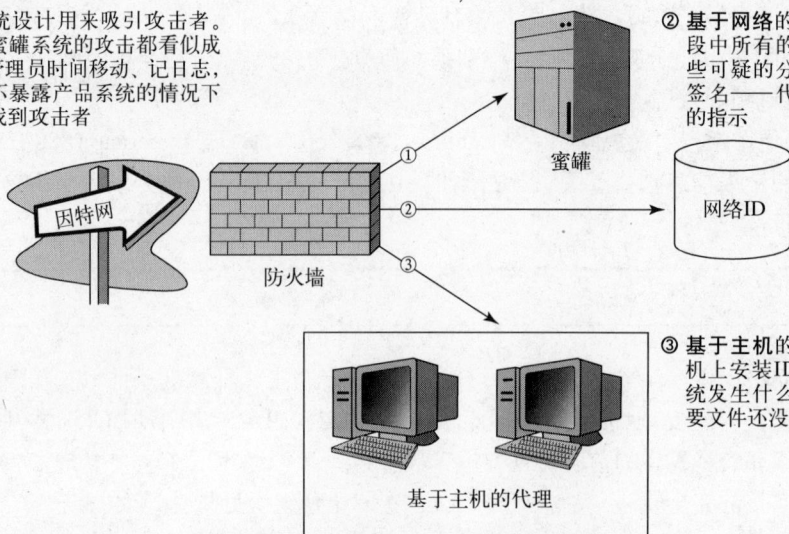

蜜罐

网络ID

防火墙

因特网

③ 基于主机的代理在一个主机上安装ID，然后检查系统发生什么变化，验证主要文件还没有被修改

基于主机的代理

图13-1　逻辑流程流图——一个例子

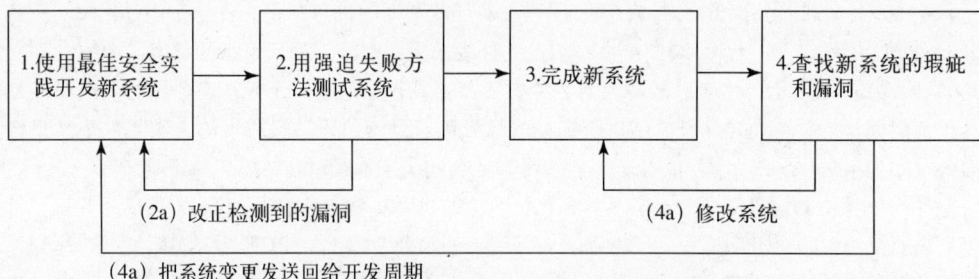

| 1.使用最佳安全实践开发新系统 | 2.用强迫失败方法测试系统 | 3.完成新系统 | 4.查找新系统的瑕疵和漏洞 |

（2a）改正检测到的漏洞　　　　　　　　　（4a）修改系统

（4a）把系统变更发送回给开发周期

来源：改编自Timothy Dycke，"A Vulnerability Scan Plan,"*eWeek LABS*，May 20，2002，43。

图13-2　安全评估生命周期

13.3.2　采用有意义的安全政策

从安全方面来讲，公司犯的严重错误之一是没有成功地建立一个良好的安全政策和确保这些政策的执行。政策应该包括攻击机密性、完整性和隐私的威胁。不幸的是，政策写起来容易，实施起来却要难很多。最坏的打算就是替换需要被替换的组件或流程——足够保证公司安全无损。例如，由于技术更新而更换路由器并没有多大用处，除非发现有大量的非授权访问流量或事件。整个电子商务的基础设施应该被重新评估，合适的安全软件应根据长期目标而更新。

安全政策应该涉及整个电子商务系统，包括贸易商的局域网、硬件、软件、防火墙、协议、标准、数据库和与电子商务过程直接有关的员工。政策应该清楚地说明因特网安全实践、风险本质和级别、保护级别、反威胁的流程和从失败中恢复的能力。总的来说，如果政策要成功，那么必须有高级管理层的支持。

13.3.3 考虑Web安全需求

第二步设计考虑是为公司列出主要的弱点和进一步观察关键的应用软件来决定风险级别。一个Web运营商需要的安全程度取决于它的数据的敏感性和对数据敏感性的需求。例如，如果你的网站收集访问者的信用卡号码，你就需要最高等级的Web服务器、网络和Web网站安全。你会想要咨询你的Web管理员或者外面的安全顾问，看看可以有哪些选择以及如何很好地使用它们。

13.3.4 设计安全环境

设计开始于勾画出基石，即基于安全政策和电子商务需求的安全网络的序列和参数。物理安全设计着眼于个人计算机、局域网、操作系统、防火墙、安全协议、其他网络、物理位置和布局、带宽、ISP安全协议和把商家与因特网服务提供商联系起来的电缆。见方框"可靠的操作系统"。

可靠的操作系统

美国国家安全局开发的Linux可扩展的安全模块SELinux，使得Linux变成了一个可靠的操作系统，特别是对于那些需要通过因特网提供服务而要受到潜在攻击的面向Web服务的主机系统非常好。这个可靠的软件证明了强制存取控制是怎么被整合到主流的操作系统中，并且成为一个核心的操作系统组件。

管理员可以把它安装在几乎所有Linux版本中，而且非常适合在服务器端安装。然而起草有效的应用安全文档是一件复杂的任务。要把系统的行为从广泛的许可的模式改变到每个行动都要经过特定的许可，可不是一个简单的过程。

SELinux是一套内核补丁和工具，能够增强Linux系统的安全，通过它能够提供强制存取控制措施。例如，我们能够配置一个Web服务器提供只读页面，而把需要产生和修改页面的权利下放给一个单独的角色。

策略定义了类型和角色的相互关系来决定一个机器的访问控制。写这种策略是一个棘手的事情，很可能写成有冲突的策略。创建一个新策略的第一步是在SELinux的允许模式下来运行一个应用程序。应用程序在SELinux的允许模式下运行会触发审计信息，一个叫audit2-allow的工具扫描这个审计信息，并且创建一个策略，使得应用程序在强制模式下可以正确运行。到这里，管理员可以察看和进一步裁剪这个策略了。

来源：摘选自Jason Brooks, "In Operating Systems We Trust." *eWeek*, September 6, 2004, 43-46。

系统需要的安全程度取决于公司愿意承担多大的风险、愿意采用的安全政策，以及当前工作中的安全状态。例如，如果一个电子应用程序是由已证实和授权的操作者使用一个强物理系统运行的，那么它对更深层的授权和访问控制的需求就不可能那么高了。而由分支机构或其他远程的操作员管理的同样的应用软件，将对安全有更迫切的需求，包括网络、界面和物理环境，在那里商业运作每天都在进行。

一个**安全范围**（security perimeter）通常包括防火墙、验证、虚拟专用网（VPN）和入侵检测设备。安装这样的软件和设备是物理设计的一部分。遇到的挑战是要管辖整个范围。

保护公司电子站点的第一道防线是**防火墙**（firewall）。传统的防火墙包括一些主应用程序和像文件传送协议（FTP）这类服务的支持。今天的专用防火墙工具专注于安全相关的功能。这是一种更好的途径，因为它减少了错误配置的机会。配置得越少，出错的机会越少。（防火墙将在本章稍后讲述。）

另外一种保护安全范围的技术是**验证**（authentication）。在旧的EDI系统下，发送者和接收者都不得不为服务而和增值网络（VAN）提供商签约，并且在实现交易前对使用形式达成协议。在因特网上，你不知道在和谁打交道。为了得到验证，一个硬件令牌每过若干秒就产生一个唯一的密码。这个密码必须跟与令牌同步的中央服务器的密码相匹配，并且VPN为网线中传输的数据提供加密，但是公司仍然担心数据库中的敏感数据，像信用卡号码和随时被查询的消费者档案等。

13.3.5　授权和监控安全系统

一旦范围是安全的，并且只有授权的用户才允许访问电子商务网站，那么下一步就是安装一个系统，为不同的用户处理不同的任务产生授权。大多数公司采取一项政策，即只有得到允许的人才可以访问。这项政策连同良好的安全设计，使网站保持一定的安全。然而，在客户经常下大订单的情况下，安全系统应该为这些订单提供强有力的授权和审计记录。你必须能证明在5月3日，X公司的客户A的确订购了一个价值113 000美元的钻石。这就叫做不可抵赖性，将在第14章中介绍。安全设计步骤见图13-3。

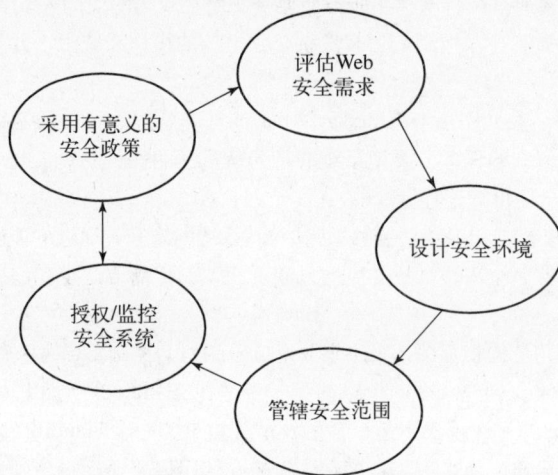

图13-3　安全系统设计过程

这些功能要求安全系统通过反馈机制被**监控**，以此来确保整个系统工作正常。监控意味着为证据捕获处理细节，检验电子商务的安全运行，并验证攻击是不成功的。这个系统不能取代人工保安，因为人可以检查门，巡视每层楼，并总是确保徽章和ID是有效的。保安和电子安全系统相互补充使得电子商务网站总是可靠的。

13.3.6　提高对可能的入侵的关注度

今天的公司越来越依赖因特网，因此面临着不断增长的一系列威胁，这意味着对计算机安全的保护已远远超过传统财产保险和意外保险的范围。拒绝服务攻击已经瞄准了一些企业，如亚马逊、Buy.com、CNN、eBay和E-Trade。攻击者试图使整个因特网减慢。

用户组织和因特网服务提供商（ISP）可以确保退出一个组织网站或从网站进入一个ISP

网络的流量携带一个源地址以及那个网站的一套地址。这将允许追踪攻击流量的来源网站，充分地协助找到和孤立攻击流量来源。

拨号用户是一些攻击的来源，因此防止被这些用户哄骗也是非常重要的一步。ISP、大学、实验室和其他服务于拨号用户的组织应该保证使用合适的过滤器来阻止来源于假地址的拨号连接。网络设备供应商应该保证：没有IP欺骗是拨号设备上的一项用户设置和默认设置。

13.4 你能承担多大程度的风险

关于公司安全以及安全与电子商务的关系，CIO们和其他高层经理人经常问的两个问题是：我们的安全性如何？保证我们的电子系统安全将花费多少？还有其他问题：我们需要怎样的安全性？我们要做什么来监控和提高安全性？有什么监视手段能提示我们是否被攻击，攻击强度有多大？安全级别可以由系统设计中固有的特定威胁来判定。

另一种处理风险因素的方法是估计公司和黑客双方能忍受的痛苦阀值。在这种情况下，网络管理员需要知道在保护什么，它对公司的价值以及对外界的价值。"当你一无所有的时候，你没有东西可失去"和"他们能偷的不多"这两句话在网络和因特网安全上不适用。安全战略、方法和流程的目的是提高黑客为了访问和破坏一个系统必须忍耐的痛苦阀值。

设计安全政策的一个主要问题是保护级别问题，用来对应商家愿意承担的风险。这就像是决定把现金放到百分百安全的储蓄账户中（达到100 000美元）还是购买价值会上下浮动的股票。总之，安全风险取决于能破坏电子商务业务的对手。职业攻击者可能视一个网站为挑战，并夜以继日地工作直到破译网站。而一个业余攻击者可能只是尽力地尝试破坏。从安全风险来看，重点要研究坚定的攻击者的意图和资源上。

13.4.1 威胁或犯罪的种类

有组织的病毒编写活动已经到处肆虐，没有什么能阻止它。它形成了一种地下经济，以ID盗窃和垃圾邮件为代表。地下经济的标志包括：

- 信用卡数据库买卖；
- 被黑的服务器买卖；
- 分布式拒绝服务的攻击网络买卖；
- Windows机器感染病毒，然后转向代理或攻击网络。

417

2004年7月，MyDoom.M的爆发提醒大家，垃圾邮件作者正在采取狡诈的威胁、混合垃圾邮件、病毒和拒绝服务攻击等多种手段。据一家市场研究公司报道，仅仅在那一个月有1 600多万的目录被攻击，垃圾邮件作者试图劫持公司全部的电子邮件目录，见方框"MyDoom和它的毒害"。

在促进安全之前，你必须知道你在试图阻止什么。Web商家必须考虑3种威胁或犯罪。

(1) 物理相关的。例如，一个黑客可能试图盗取或破坏目录。其他例子包括盗取信用卡记录、盗取计算机硬件或软件以及纯粹搞破坏的行为。经常猜测密码的攻击者可能可以成功地进入另一个用户的账户。攻击者甚至能宣扬未经授权的功能，如折扣券或特价商品，使他人免费获得商品。

(2) 订购相关的。例如，客户可能试图使用无效的或已被盗用的信用卡，或使用有效信用卡却收不到商品。孩子们可能未经允许就使用家长的信用卡。内部人员可以在很大程度上修改订单，因为他们能访问敏感系统和信息。仅仅只是一个不满或贪婪的员工为了一己私利就会破坏或转移一个订单。

(3) 电子相关的。黑客可能尝试获取电子邮件信息或试图盗取信用卡号码，以便以后非法使用。

MyDoom和它的毒害

MyDoom.M，目前最新的MyDoom电子邮件病毒版本，欺骗了数以万计的机智的计算机工作者触发中断，导致谷歌、雅虎、Lycos和AltaVista等因特网搜索网站在星期一离线几个小时。该病毒引诱办公室员工面对周末过后满满的收件箱，打开一个文件夹，查看一封未寄出的邮件的详细信息。那个动作把病毒的副本发送给受害者硬盘上的所有电子邮件地址。

当谷歌正设法尽最大努力进行首次公开招股时，巨大的流量导致它离线。在5月，由德国一个十几岁的少年建成的Sasser因特网程序，击溃了运输公司、银行和医院的计算机系统。去年8月，毁灭商业网络的MSBlaster蠕虫，加剧了大量的能源损耗，使美国的东北部陷入一片黑暗。

像MyDoom的作者一样，那些黑客寻找大量的被感染计算机，然后用它们来帮助传播其他病毒。很多间接损害都是意外发生的。如果某人有意做坏事，就很有可能成功。

最近的病毒越来越强调黑客攻击的变化的本质。过去，病毒用来破坏数据。现在病毒被设计成盗取数据或拿数据作威胁。

来源：摘选自Byron Acohido, and Jon Swartz ，"MyDoom.M Virus Slams Search Sites." *USA Today*， July 27, 2004, 1B。

418

嗅探器（sniffer）（也被叫做破译者或网络朋克）可能通过替换文件、删除文件或试图阻止和解密供应商与客户间的通信而破坏网站。破译者经常使用技术杂志中现成的攻击软件，而对该软件的使用或潜能只有很少的知识和经验。电子相关攻击的另一个例子是损害、丑化或摧毁一个网站，并用称作病毒的恶毒软件感染整个B2C界面。（本章稍后将介绍更多关于病毒的内容。）

其他潜在的攻击者或罪犯组织对电子商务环境构成威胁。从一个合法用户账户转账到一个未经授权的人的账户，这种支付如何完成？可能支付到错误方了，但真正的买主根本不知道发生了什么事。如果攻击者建立一个类似的网站来吸引那些无防范心的用户会怎么样？

最后，一些入侵者每次攻击网站一点点，这样就很难察觉系统的持续损耗。例如，一个攻击者成功地聚集了大量的信用卡号码，可能每次只选一张信用卡做很小的买卖、很小的购买，或者趁流量很大的时候使用，这样就不会引起怀疑。

13.4.2　客户端和服务器的安全威胁

两种类型的安全威胁影响着公司的因特网客户机/服务器环境：对客户计算机的攻击（所有个人计算机都和局域网服务器相连）和对服务器自身的攻击。无论在哪种情况下，我们都需要知道攻击的类型，攻击者如何闯入，以及一旦进入系统，攻击者会做什么。

1. 客户端计算机攻击

安全文献和安全领域的专家提到了3个主要原因来解释为什么客户端计算机被攻击。

(1) **纯粹的滋扰**。包括未经同意的邮件、网站上广告的显示，或者存在分裂或潜在破坏的匿名消息。不含恶意，但是这种类型的垃圾流会引起愤怒，还会装载到个人电脑硬盘中。

(2) **文件的故意破坏**。病毒能引起数据完整性的各种问题，这不是什么秘密。从20世纪90年代早期起，"Melissa"病毒、蠕虫和数以百计的其他病毒显示了个人电脑在电子商务环境中是何等脆弱。保护文件免受故意入侵意味着要经常备份文件，这样副本就可以用来更新或恢复那些可能已经丢失的内容。

(3) **掠夺存储的信息**。这是对客户端计算机（与服务器连接的机器）的直接攻击。在这种情况下，重要的信息，如信用卡号码文件、学校的学生成绩单文件或者精神病患者的心理健康史都会成为目标。考虑这样一种状况，一个程序或病毒进入你的计算机，盗取信息，然后通过电子邮件把信息任意地传播给大众。这种攻击显然有法律意味，在第12章中已经讲述。

下一个问题是，客户端计算机如何被攻击？这里有3种方式。

(1) **物理攻击**。第一层次的攻击是通过在办公时间内无人看管的计算机，那些计算机要么在晚上没有退出，要么使用很容易破解的密码。客户端计算机不应该无人看管，要经常进行适当的安全检查。

(2) **病毒**。用过Web电子邮件服务的人都知道病毒的力量。黑客和破译者很容易传播特洛伊木马或电子邮件病毒。所幸新的入侵检测系统和防火墙已经做了很多安全防范手段，可以识别未经授权的访问源。

(3) **计算机到计算机攻击**。随着客户计算机通过服务器链接，网络中的一台计算机输出或发布信息到其他计算机不再是不常见的事了。在一个公司环境中，安全协议和程序是松懈的，谚语"链条的整体强度等于最弱环节的强度"在这里得到了应用。一个不满的员工会发送垃圾邮件或哄骗（spoof）整个网络。

2. 服务器安全威胁

在电子商务中，在客户端和服务器端执行的软件对所有的交易安全构成真实的威胁。当安全手段非常弱时，系统总是从最薄弱的环节被攻破。良好的设计对软件质量是非常重要的。不把安全当作软件的一个附加部分，而是从一开始就当作安全系统的一部分，这也是非常重要的。

所有攻击客户端计算机的原因也会导致对服务器的攻击，除了一点不同，即对服务器的攻击会影响所有连接到它的计算机。服务中断、传输中的信息丢失、文件变得不完整，这些影响是无法估计的。而且，由于服务器保存了客户端计算机用户的安全证书，所以采用密码方案来保护这类信息免受攻击就更加有必要了。

服务器攻击是如何发起的？攻击范围有的限于某些对象，如对特定文件或应用软件的访问，有的则访问大型应用软件，目的是像合法用户一样运行它。最坏的是**拒绝服务**（denial of service，DOS）攻击，用户被数百或数千条阻塞因特网网站的消息攻击，以至于任何信息都不能输入或输出。

攻击的第一步是通过猜测密码登录。不幸的是，一般的密码都是某人的街道号码、社会安全号的后四位、电话号码或类似的号码，非常好猜。攻击者也可能使用嗅探器病毒进入客户机/服务器端的通信中，并获取密码。无人看管的终端是攻击者想要接管网络连接的现成对象。一旦用户特权受到危害，攻击者将访问所有的文件、应用软件等等。攻击者能轻易地嵌入病毒、传输文件到全世界任何地方的计算机，或仅仅让终端无法修复。三年的各种攻击之

419

420 后，DOS攻击仍然是一个威胁。

DOS攻击很难定性描述，因为它们的共同点就只有它们的最终效果，而不是它们所使用的方法。一些DOS攻击用大流量堵塞了网络或修改了路由器的配置。DOS攻击难以避免的一个主要原因是，从表面来看，它们似乎跟普通网站流量一样。但是，差别在于它们的意图，以及其数量、频率和流量来源。

保护电子邮件是服务器保护的另一方面。发送电子邮件是日常工作的一部分。电子邮件滥用也一样。不仅是电子邮件服务器，而且服务器之间的连接也必须被保护。在安全套接字层（SSL）的像S/SIME和SMTP这样的设备被用来对抗攻击者。S/MIME确保消息被加密，并且有客户的数字签名，然后还有要离开的Web服务器的签名。SMTP SSL安装在两个电子邮件服务器之间，确保所有的电子邮件包都是加密的。这些设备在第14章中将详细讲述。

13.4.3 黑客

在2000年2月初，一个创历史的攻击高潮使得像美国在线和雅虎这样的"顶级"网站都无从招架。就像一个恶作剧，有成千上万的人在全球各地每次连续几个小时地拨打你家的电话号码。实际上这就是eBay、E-Trade集团和雅虎面临的事。他们遭受了在因特网安全业务中大家熟知的拒绝服务攻击。顾名思义，这类攻击不同于病毒，它并不打算伤害任何人或任何文件。其目的是为了中断因特网的连接。这些攻击利用了因特网的开放性，而且没有什么有效的方法来抵御它们。

如果离开公司的官员可以自由地带走敏感的程序和数据，那么仅仅担心黑客和黑客攻击就没有什么意义了。在2005年年初的一次事件中，一位经理人的雇用合同包括一项条款，允许她保留她的笔记本电脑。问题是没有人会去想要删掉这种机器里的公司信息，其中有电子邮件信函、产品价格、合并或采集信息等。后来，当法院调查公司的合并进程时，该经理人迟迟不肯删除公司相关信息，拒绝交出她的笔记本。

拒绝服务被归入到计算机恐怖主义——如果对计算机、网络和存储在其中的信息的非法攻击和攻击威胁是为了胁迫公司或政府达到某种目的。针对雅虎、CNN、eBay等电子商务网站的拒绝服务攻击估计在2004年已造成超过10亿美元的损失。拒绝服务也动摇了商界和个人对电子商务的信心。

421 为了激活拒绝服务，黑客进入连接到高速带宽网络的大量不太安全的计算机和服务器，通常是企业或政府的机器。攻击者安装那些很难发现并充当电子士兵的隐形程序，潜伏在被劫持的计算机中，等待攻击某个网站。就其本身来说，隐形程序不伤害网站，但是由于程序本身复制数千次，所以黑客可以造成超出想象的网络流量。

在远处的黑客（称为一个远程黑客）指定一个像eBay或雅虎的目标网络，并用一个简单的指令通过因特网激活移植程序到大量的计算机中。命令用假信息请求触发计算机发起洪水般的攻击。受害人的网络是无法抵抗的。导致洪水般的网络流量的来源故意被掩盖，使攻击源难以追查。合法用户遇到相当一段持续忙信号，不能访问网站（见图13-4）。

这里有几种黑客进行攻击的方法。

- 社会工程。这种做法欺骗一个人说出他的密码。有时，它通过公司经理人的可信亲属来访问敏感信息。

- 黄雀在后。在这种方法中，黑客从雇员的肩膀上望过去偷看他正在输入的密码。
- 垃圾堆里寻宝。黑客只是等待公司的垃圾被倒到街道或胡同的垃圾箱里，然后趴在垃圾箱上查找敏感信息。这种尝试是合法的，除非是有"不可侵入"的标志。
- 无线黑客。黑客需要的只是在无线电传输范围内的好的无线通信。一旦接入一个无线网络，黑客可以轻易地访问有线和无线网络，除非数据被加密发送。

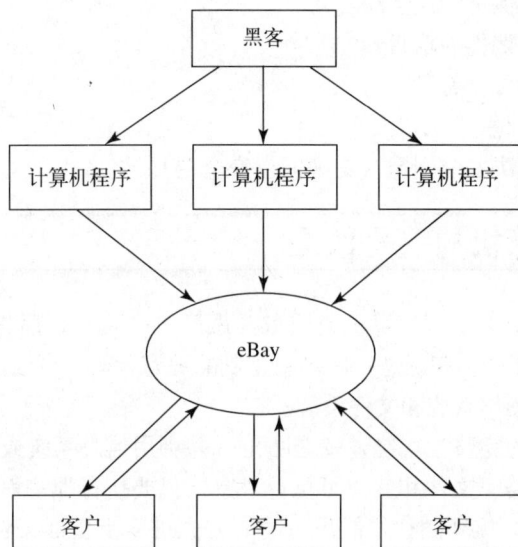

图13-4 黑客攻击过程

422

　　黑客和道德不能混淆。什么是补救措施？首先，网站工作者跟踪到一个特定计算机的信息洪流。一旦检测到来源，他们就阻止从那台计算机发出的任何进一步请求。当涉及较多计算机的时候是很有难度的。为了保护你的计算机免受黑客攻击，应该在你的计算机工作站上执行网上安全检查或安装防火墙。如果你正在运行一个商业网站，附带入侵者跟踪功能的商业防火墙软件可从不同厂家买到。

　　当系统未经授权就使用时，**入侵检测**（intrusion detection）就会发挥作用。入侵检测系统的目的是监控公司系统和网络活动。利用从这些活动中收集的信息，当入侵检测系统识别一个可能的入侵时，就会通报给当局（见图13-1）。

　　对付黑客的另一种方式是聘请一个人，专门从事阻止滋事者的滋扰。在某些情况下，最好是聘请盗贼而不是警察。黑客们比一般的IT经理人更懂得技术基础结构。有良知的或痛改前非的黑客通常愿意从事义务劳动，在客户的同意下进入客户的计算机网络，帮他们修补安全漏洞。

　　最近，网上法律调查已被用来打击网络犯罪。很多情况下，大型企业利用网上调查设置警报和陷阱来蹲守和捕捉入侵它们网络的罪犯。

　　现在的趋势是越来越多的政府机构和私营企业期待有良知的黑客的工作。举例来说，自从2001年的9·11悲剧发生后，出于对长期安全的顾虑，美国政府在2003年夏季让黑客帮助打击恐怖主义。白宫网络安全顾问鼓励黑客们参加那年夏季在Las Vegas举行的年度黑帽子大会，探讨流行的计算机程序，分享他们发现的任何弱点，让软件开发商加强安全。白宫官员还建议政府考虑对良性黑客的法律保护。

　　归根结底，没有一个单一实体要对组成计算空间的联网计算机、服务器、路由器、交换机和光纤电缆负责任。这就意味着每一个因特网利益相关者都必须为了计算安全而遵循严格的方针。2003年2月，布什总统发表了关于加强网络空间安全的国家战略（The National Strategy to Secure Cyberspace）的76页的最后草案。政策声明呼吁建立一个应急系统来对抗计算机攻击，改进面对这种威胁时的脆弱性，其5大措施包括：

- 创立一个网络空间保证响应系统；
- 建立威胁和减少脆弱性的项目；
- 提高安全培训和宣传教育；
- 保护政府自己的系统；
- 采取国际合作以解决安全问题（美国国土安全局）。

13.5　病毒：计算机的头号敌人

　　在因特网环境中，对客户端计算机或服务器最严重的攻击是**病毒**（virus）。就其性质而言，病毒容易迷惑普通用户。病毒是一段自我复制的恶意代码，可以用来破坏信息基础设施。它们可以感染计算机的操作系统和文件系统。

　　病毒通常危及系统的完整性，绕过安全防范，并利用信息系统或网络造成不良操作。病毒把自己嵌入计算机网络、文件和其他可执行对象，只要执行那些程序或是访问那些受感染的磁盘，它们就会复制。该复制往往能用不同的方式进一步蔓延，包括通过电子邮件附件。所幸的是，95%的病毒不包含损害系统的破坏性代码。它们做的只是复制自己，执行发出嘟嘟声的琐碎代码，显示一个消息框，或干脆什么也不做。表13-2是一份病毒的概要。

表13-2　病毒简要概述

年　份	病　毒	评　论
20世纪70年代	Hipboot	运行机制很像后来的引导扇区病毒
1981	Elk Cloner	在屏幕上显示一首诗（"它将存在于你所有的磁盘、渗入你的芯片。是的，这就是克隆！它像胶水一样地粘着你，将修改RAM并发送克隆的东西"）
1986	Brain，PC-Write Trojan，Virdem	Brain感染了一个磁盘的引导扇区，Virdem病毒是第一个文件病毒
1988	MacMag，Internet Worm	第一种苹果机病毒
1989	AIDS Trojan	由于使用数据进行威胁而出名
1991	Tequila	第一种多态的病毒，来自瑞士
1992	Michelangelo，DAME，VCL	Michelangelo（米开朗基罗）引起世界范围的警惕，声明大量的破坏将出现，但是几乎没有发生
1995	黑客年	黑客袭击了Griffith空军基地、Goddard太空飞行中心、喷气推进实验室
1996	Boza，Laroux，Staog	Boza是针对Windows 95文件设计的病毒，Laroux是第一种Excel宏病毒，Staog是第一种Linux病毒

（续）

年　份	病　　毒	评　　论
1999	Melissa, Corner, Bubbleboy	Melissa（美莉莎）是第一种word宏病毒和蠕虫，用Outlook Express里的地址把自己用电子邮件发送出去
2000	Love Letter, Timofonica, Liberty, Streams, Pirus	第一批主要的分布式拒绝服务攻击，它们使一些主要网站崩溃，像雅虎、亚马逊等等；Love Letter（爱虫）以最快扩散的方式工作，使全世界的电子邮件系统崩溃
2001	Gnuman, Winux, Windows/Linux Virus, Nimba	Gnuman是第一种攻击点对点通信系统的病毒
2002	Donut, SQLSpider, Benjamin, Scalper	Donut是第一种针对.NET服务的蠕虫
2003	Slammer, Sobig, Lovgate, Blaste	Slammer利用了SQL Server数据库软件中的安全缺陷，在全美橄榄球决赛当天爆发
2004	Trojan.Xombe, Bizex, Witty, Bofra/Iframe	Trojan.Xombe伪装成从微软Windows来的消息，目的是为了得到个人信息
2005	Bropia, Troj/BankAsh	Bropia蠕虫是以MSN Messenger为目标来传播的；Troj/BankAsh是第一种特洛伊木马，用来攻击新的微软反间谍软件产品

　　尽管人们在尽最大的努力发现并消除恶意代码，但暴露在这些恶意代码下将始终是个问题。病毒开发者具有创造性，并不断为各种不同的场合发明新病毒。因此，没有网络是免疫的。在不久的将来，公司将需要对付更具破坏性的隐形病毒。诡秘蠕虫预计蔓延比较缓慢，但是难以察觉其"传染"方式。

13.5.1　病毒种类

　　最常见的病毒的分类方法是通过它感染系统的方式，分为文件病毒、引导型病毒、宏病毒、隐形飞机式病毒、快与慢病毒感染源、加壳病毒、复合病毒（通过进入主引导记录，然后进入内存，感染不同类型的文件）、隧道病毒和伪装病毒。

　　文件病毒是攻击可执行文件的病毒，引导型病毒攻击硬盘和软盘的引导扇区。引导型病毒不会由于某人使用磁盘而简单地感染硬盘，但是如果用户忘记取出磁盘并重启计算机，那么病毒就会把自身复制到硬盘的引导扇区。一旦存在，它将会感染在这台计算机上使用的所有软盘。宏病毒在应用软件中使用宏命令，如微软的Word。

　　今天，有80%的病毒是宏病毒。由于越来越多的人连接到因特网，下载大容量文件，或执行网络新闻组，使得它们越来越普及。

　　宏病毒是由宏语言写的，用于微软的应用软件，如Office。写一个感染数据文件的程序，像Word文件和Excel文件，比写一个影响可执行文件的程序要容易得多。由于数据文件交换的次数往往比可执行文件要多，所以病毒蔓延得非常快。由于嵌入到数据文件并很好地伪装起来，病毒能够在目前所有的微软应用软件的任何地方运行。与平台无关的性质使病毒更加有效。

424 ～ 425

13.5.2　间谍软件和广告软件

　　一种新的、不请自来的、烦人的、隐藏的、浪费资源的、潜在的隐私威胁入侵者被称作**间谍软件**（spyware），它在用户不知情的情况下安装到计算机，并在用户不知道或未经用户许可的情况下就开始运行。一旦入住，它将用于多种目的，如搜集用户使用计算机的习惯的信息。间谍软件通常和其他软件安装包一起安装，例如共享应用程序或者甚至是商业购买软件包，如Turbo Tax。

广告软件（adware）是这样一种软件，它潜入你的硬盘，隐藏在后台，在未经授权的情况下，为外部人员提供弹出式广告和发布信息。以下是它的运作过程。

- 用户使用带有弹出式广告的免费软件。Gator的广告软件程序跟随免费软件潜入用户的硬盘。
- 广告软件跟踪用户访问的网页，并发送一份报告给Gator。
- Gator分析数据并面向用户发送广告。它也跟踪用户的反应。

一般来说，病毒感染系统、文件、宏、磁盘阵列、批文件和源代码。许多这些病毒都只在实验室里发现。当他们无意中传播出去，感染电脑并四处蔓延，就被称作"放虎归山"。

病毒是恶意的，又往往是显而易见的。用户知道中招时，通常为时过晚，但间谍软件能逃过杀毒软件和防火墙。病毒破坏数据；间谍软件盗取数据。

间谍软件可能一开始是你桌面上的一个新按钮，或者一个菜单的新选择条目。一旦间谍软件进入系统中，它将始终在后台运行，随机扫描硬盘，监控击键，刺探聊天应用软件，读取cookie，或修改主页。程序发送信息返回到"大本营"，在那里软件创作者能随意地利用这些信息，通常用于营销目的或出售。

更具体地说，以下为间谍软件的工作：

- 劫持你的电脑擅自使用；
- 受黑客控制一起窃取文件；
- 用拒绝服务（DOS）攻击来攻击第三方电脑，从而使你承担法律责任；
- 记录你的上网习惯（访问过的网站、下载过的图片、过去的购买活动等），并发布给第三方，以便今后发送垃圾邮件或弹出垃圾广告；
- 监控你输入的每个键、你的电子邮件流量、密码、银行信息，可能把信息给敲诈者；
- 改变你的电脑设置，设置默认的URL地址，让你无法移除，即使清除了，许多间谍程序还会自动重装。

在你意识到时，你的计算机已经变慢，从前花费2分钟完成的任务现在需要7分钟——巨大的生产力浪费。以前你访问的网页现在会把你带到你从来没有到过的网站。你最终将遭遇整个系统退化。

正如你想象的，间谍软件猖獗地入侵家庭和商业网络，给用户、公司和网络经济造成了极大的损失和深远的法律和金融影响。作者就是一个例子，平均每天收到25封垃圾电子邮件，花费2~20分钟清理收件箱。这样一年就达到40天——完全是浪费时间和精力。放在公司环境来说，浪费的员工时间、性能和存储空间是难以估量的。

用户对间谍软件对他们的效率、隐私和数据安全的威胁似乎无动于衷。想象一下，破坏性间谍软件在计算机循环时间内破坏系统并且以显著的方式占用大量的计算机资源（见www.iamnotageek.com/a/359-p1.php）。就算安装反间谍软件也会占用机器时间，造成昂贵的延迟。很明显，间谍软件对购买免费软件的用户来说是高昂的代价。

可能的解决方案

因为间谍软件入侵比常规的病毒更困难，所以有方法保护用户免受间谍软件的日益严重的威胁。首先，最明显的方法是避免下载。这样做的一个方法是登录到一个网站，如

www.spychecker.com，在那里有搜索所有软件（包括间谍软件）的数据库。另外一种方法是安装特殊的防火墙，如ZoneAlarm（www.zonelabs.com），一个阻止间谍软件上门骚扰的免费软件，解除它汇报用户的因特网使用情况的能力。

在www.lavasoft.de/software/adaware的另一个免费软件扫描内存、硬盘和寄存器，查找广告软件的同时也扫描病毒。当扫描结束时，它显示出一个列表，列出所有找到的文件，用户可以选择删除或保留这些可疑文件。

阻止间谍软件的其他技巧：

- 加强控制用户冲浪和下载活动的Web政策；
- 在每一台笔记本电脑和台式电脑上安装桌面防火墙；
- 不要给用户管理员特权；
- 配置电子邮件网关来阻止所有可执行电子邮件附件；
- 确保桌面杀毒软件是最新的；
- 使用商业反间谍软件检测和清除现有的间谍软件（Mitchell 2004）；
- 在因特网浏览器上强制使用高安全性设定，以防止站点感染间谍软件；
- 使用弹出式阻断会降低网站的可信度；
- 积极接触一些团体和组织，如反间谍软件技术联盟（Consortium of Anti-Spyware Technology，COAST），培训你的雇员和工作人员关于间谍软件的知识。

最后我们应该记住：广告软件、偷袭软件、调查软件、Web漏洞、关键记录、间谍机器人或恶意软件都是间谍软件的形式。法律正在处罚这些恶意行动，但是还不够快。2003年下半年，《反垃圾邮件法》（CAN-SPAM Act）已经通过，但对因特网上发送的垃圾邮件量没有显著的影响。见方框"跟上《反垃圾邮件法》"。2003年10月，美国参议院通过了一个相似的法案，禁止散播财务垃圾邮件信息、欺诈性的产品和不健康内容。计算机罪犯和黑客已经发明了很多的方法来绕过过滤器和防火墙，主要利用应用软件暴露在因特网上的漏洞。过度自信而举止失当为病毒打开了大门，从而突破公司的防御。那种情况下，已经清朗桌面又被重新感染，还遇上不断增加的疏忽。正如某人所说："像从泰坦尼克号中往外舀水。"

跟上《反垃圾邮件法》

《反垃圾邮件法》指的是2003年通过的Controlling the Assault of Non-Solicited Pornography and Marketing法案，已于2004年1月1日生效。公司违反法规将被罚款200万美元。根据这个法案，电子邮件必须满足5个基本要求来避免被标上"未经同意的广告"电子邮件：

- 电子邮件必须有正确的标题信息；
- 消息必须有一个正确的主题栏；
- 消息必须包含一个功能返回电子邮件地址；
- 发送者收到从邮件列表中删除的请求后，不要在10个工作日后继续发送电子邮件；
- 广告电子邮件必须清楚说明这个消息是广告，必须包含一个显式提醒使人有机会拒绝进一步的电子邮件，必须显示发送者的物理邮政地址。

这就意味着IT部门必须努力确保保存客户信息的数据库系统用这样一种方式维护，即取消订阅的请求能被很快地处理。

从1月1日法案生效开始，垃圾电子邮件的发送量还是和以前一样。一个原因是垃圾邮件作者越来越聪明，狂热到试图在法律范围内改进垃圾邮件。

来源：摘选自Cameron Sturdevant，"Keeping Up with CAN-SPAM Act." *eWeek*，February 2，2004，43。

从安全和守法方面来看，越来越多的规则使组织对信息管理实践负有责任。例如，下面的条例已经被采用和实施：

- 《金融现代法草案》要求所有的金融机构通过安全控制和限制数据访问来保护非公开的个人信息；
- 美国VISA持有者信息安全程序要求在公司数据库中加密与卡持有者相关的个人信息；
- 《萨班斯-奥克斯利法案》要求执行者和审计员保证经济报告的内部控制的有效性；
- 巴塞尔新资本协议（Basel II Capital Accords），由10多个国家（包括美国）组成的委员会制定，详细地说明了国际银行间应如何通报现金和信用风险，使大家免受由内部或外部原因造成的损失，要求在2006年底完全地遵守该协议。

13.5.3　病毒特征

根据特征，病毒大致可分为快、慢、隐形3类。快速病毒迅速蔓延。虽然清理有1 000个感染文件的电脑硬盘跟清理有10个感染文件的一样容易，但是快速感染电脑内存的可能性让人很头痛。如果病毒位于内存，杀毒软件打开文件进行扫描，快速病毒将很容易侵入和感染这些文件。慢性病毒和快速病毒一样危险，因为用户不太可能发现并摧毁它们。只有执行某些特殊行为时，例如复制磁盘，慢性病毒才会被复制。隐形病毒出现于1986年；第一个被叫做Brain。所有隐形病毒常驻于内存，并能操纵内存的执行来掩饰自己的存在。

病毒的另外一种分类方法是根据它的破坏能力，对主机的破坏程度，或者要花费多长时间来破坏和修复被损坏的主机。我们任意地将破坏规模分为6组，从轻微破坏到无限破坏。如表13-3所示。

表13-3　病毒破坏级别

破 坏 规 模	特　　　性
轻微破坏	由文件病毒引起。花费数秒时间删除和修复主机。例如，每个月的18号，文件病毒使扬声器嘟嘟响
小破坏	少量的破坏。病毒很容易移除，通过重装被破坏的应用程序来修复。例如，当Jerusalem病毒进入内存后，它将（在13日星期五）删除任何正在运行的程序
	病毒格式化、蔓延或写满硬盘。主机通过重装备份文件可以被修复。例如，Michelangelo病毒袭击硬盘和备份
中度破坏	病毒几周或几天后被发现。例如，Dark Avenger在硬盘的任意段中写入"Eddie曾经在某处……"这种短语消息。病毒逐步修改硬盘和备份
大破坏	用户忘了数据是否被感染，因为变化不明显
严重破坏 无限破坏	病毒允许第三方（通常是设计者）进入一个安全系统。例如，Cheeba会在系统中创建了一个有最大特权的新用户，有固定的用户名和密码。任何人使用这个用户名和密码可以登录这个系统

13.5.4　防止病毒

随着因特网和电子商务、电子邮件的流行，以及越来越多的先进的病毒，一个系统很难保持纯净。最好的保护是要懂得如何找到病毒以及如何通过建立和实施一套预防措施和政策来快速恢复。两种有用的方法是使用杀毒软件和防火墙（防火墙在本章稍后解释）。

这里有几个步骤，把反病毒策略做到位。

- 建立一套简单可执行的规则，供别人遵循。可以包括一些声明，例如，任何要保存到磁盘的内容必须检查病毒，不要从你不认识的人那里借应用程序或文件等。
- 教育和培训用户如何在磁盘上检查病毒，更好地了解病毒及其成因。用户经常被告知得很少，因为安全部门视他们为"天生不安全"。用户应该被告知如何使用实用并安全的密码。在密码创建过程中，他们也应该得到反馈来帮助他们选择安全的密码，并提高他们的系统安全意识。
- 通知用户该公司的系统和敏感信息已存在和潜在的威胁。用户应该得到指导，像哪个系统是敏感的，为什么等等。
- 定期更新最新的杀毒软件。一些公司已经达到每日更新了。

尽管采取了这些措施，但是病毒制造者和杀毒软件开发商之间的战争越演越烈。现在的大多数病毒制造者无休止地发明病毒，而且病毒变异得太快，即使是最好的系统，也不能检测出所有的病毒。一些病毒有能力自我更新，以穿透最新的杀毒软件。

许多研究者都预言正在出现一种新的电子邮件病毒，这次不是作为附件，而是作为邮件本身。因为很多最近的电子邮件读者都用HTML网页来显示电子邮件，他们为JavaScript病毒提供了一个绝好的藏身之地。某些病毒甚至会针对杀毒软件，造成更多的混乱和攻击。恶意代码传播的速度越来越快。就在几年前，一个新病毒的发现到它完全泛滥大概需要6~9个月。而在今天，这几乎是眨眼之间的事。

13.5.5 防止欺诈

安全旗帜下的另一个领域是欺诈或诈骗。每年，在全世界范围内，欺诈使公司损失数千亿。欺诈是一种故意欺骗行为，其目的是为了赚钱或获取商品。从事欺诈的人员是不道德的。他们经常使用非法的、总是不道德或不公平的手段欺骗目标组织。

欺诈管理意味着需要密切关注不平常的或不符合常规的账单、事件甚至与组织有财务往来的合作者的举止。欺诈管理涉及很多活动，包括产生用户记录；欺诈检测和防范；监视客户的不满；风险分析；监控计算机和网络安全；维持账单和账户完整；跟执法机构合作等。除了大量的数据，用户和员工行为的任何变化都必须被监控，根据情况作适当的调整。

根据想到的攻击，组织可以采取一些措施防止电子商务欺诈行为：

- 了解公司的重要资产以及觊觎这些资产的人；
- 调查那些会损害公司重要资产的一般攻击和电子欺诈行为；
- 安装强有力的加密技术，例如公开密钥基础设施（PKI）；
- 让一个专门的调查者开发一个用于证据收集（叫做取证）的程序；
- 维护可靠的交易、网络以及因特网服务提供商日志；
- 组织一个深入的测试以确定当前的安全机制的完整性；
- 调查如何获得计算机欺诈保险，以便于对今后可能的损失进行弥补。

13.6 安全保护和恢复

为了提高安全，当前的电子商务公司正在采取什么措施？遗憾的是，大多数公司并不知道他们的安全状态，直至其审计员或顾问提醒他们去注意这些问题。相关知识的缺乏以及对责任理解的匮乏导致其脆弱性和易于被攻击。现在已有自动检测软件来帮助公司确定其系统是否合理。

但是，好的工具是不够的。确保基本控制的一种方法是在安全资产和管理部门领域里训练系统和网络管理员。越来越多的安全机制会从机构组织内部衍生出来。尽管有一些诸如《经济间谍法案》（Economic Espionage Act）这样的美国联邦法律，但机构内部的一些弱点仍然会导致很大的问题。每个公司必须辨别窃贼，控制其重要数据，提取犯罪信息并付诸惩罚。

下面是公司职员通常可以采取的安全预防措施：
- 安装合适的防火墙来保护数据；
- 确保你的网络配置合理；
- 通过加密来保护你最敏感的数据；
- 维护和更新你的个人电脑或终端上所有的反病毒程序；
- 通过"须知"来限制对你的文件的访问；
- 为每个授权人分配一个唯一的ID，并且每天跟踪所有的ID；
- 确保你的系统管理员有最新的安全技能；
- 增强和更新公司信息安全政策，将每个变动都通知给员工。

13.6.1 因特网安全基本实践

1. 密码

选择密码是安全的第一准则。有多少次你听到人们记下他们的密码或者把它们挂在主机上？有多少次你知道人们选择最简单的密码来记忆，然后把它借给朋友或同事，让别人以他们的名义操作？大部分黑客能够进入客户端计算机就是因为这些简单的密码（姓氏、社会安全号的后四位、驾驶证号、宠物狗的名字等等）。

黑客可以十分方便地侵入网络的一个原因就是许多系统管理员并不去修改软件附带的、由供应商提供的初始密码。黑客们有这类供应商的名单。他们尝试的第一个密码是GUEST。其余流行的密码是ADMIN、SYSADM、VISITOR以及以前曾经流行的PASSWORD。如果这些都没用，他们就会尝试一些与站点相关的密码，诸如公司名、电子邮件地址以及生日。微软公司的网站上有一页专门阐述设置密码（见www.microsoft.com/security）。

下面是选择密码的一些基本要点：
- 密码中至少包含一个大写字母和一个小写字母；
- 将数字和字母混合使用。短密码并不安全；
- 不要使用你的生日、姓名、配偶的名字、太过显眼的名字、太过著名或者太普通的名字的密码；
- 不要使用字典名字，因为黑客们有这些字典；
- 经常性地修改你的密码，因为黑客最终都能破译任何密码，就像军方一样，你要根据你想要保护的信息或站点的敏感性来修改密码；
- 当一个员工离开时，禁用其密码。

网站的拥有者应该咨询安全专家，特别是在分配密码方面还是新手的情况下。如果你是第一次运行Web站点，请查看手册里的安全机制部分，遵循合理的步骤，提防任何没有厂商支持（如800服务号码）和安装前可参照检查的参考手册的安全软件。如果你在使用ISP，那么检查其安全机制，听取一些建议，并且考虑当站点受到攻击时它的流程是否得当。公司内部的某个人（Web站点管理员、IT人士或安全专家）应该时刻负责其电子商务环境的安全协议。

2. 加密

加密（encryption）是网站安全基础的一部分。消费者提交一个订单，输入其个人和信用卡信息，直到售货方网络处理订单，加密就是对这段时间内的通信消息进行编码。许多ISP有专门用于提供安全订单的服务器。加密应用于一个公司的服务器，也用于该公司的电子邮件流量。

加密电子邮件比较简单。大多数公司一开始是使用S/MIME兼容电子邮件客户端（像微软、网景或Eudora的产品）并从证书认证机构安装证书。尽管许多客户通过标准的、未经加密的电子邮件发送自己的信用卡信息，但还是应当向他们提供发送加密电子邮件的选择。加密是如此重要，所以我们将在下一章讨论其机制和实现的细节。

13.6.2 盯牢信用卡窃贼

如果你知道怎么找，那么信用卡窃贼将很容易被抓住。下面是一些基本的警示标志： 432
- 某客户在没有考虑大小、类型或价格的情况下下了一份大订单；
- 某新客户下了大订单后要求立即提货；
- 某客户用不同的电子邮件地址下订单；
- 居住在某个州的某客户下了一个订单将货物运往另一处，而他所用的银行卡是其他州的银行发行的；
- 某海外客户下了大订单想要将货物立即空运；
- 某客户坚持只用电话或电子邮件跟你联络；
- 某客户在同一天下了多张订单并要求将货物分开运送到相同地址；
- 某个小孩使用父母的信用卡下大订单。

毫无疑问，信用卡欺诈会影响到商家的收入。在商店里面允许使用盗来的信用卡就像酒后驾车被逮捕一样。这是个双输的情形。商家失去交易的资格（执照）和钱（罚款），客户要为交易付出更多（更高的汽车保率）。必须告诉客户如何保护自己的信用卡，并告知他们商家为保护他们的个人隐私而采取的安全措施。

考虑到银行系统对2003年的盗取逾800万信用卡账户号码的盗窃事件的处理，最有可能遭到损失的是客户（身份盗窃）和接受"不直接使用卡"交易的商家。卡联盟政策将继续不愿宣传信用卡失窃事件，不要求发卡行通知受影响的持卡人，除非他们咨询，并且不跟商家共享受影响的账号名单。

在一个信用卡被身份盗窃和欺诈包围的社会中，一旦欺诈被揭露，在道义上我们有义务将威胁透露给持卡人和商家。

13.6.3 防火墙和安全

如果比利小子[①]还活着的话，在考虑抢劫银行之前他可能会先侵入公司的网络和数据库。因为这样会更有利而且风险更小。网络罪犯、不满的员工、黑客、窃贼以及诸如此类的人物均是对电子商务的威胁。抵御这些的最好的方法之一就是构建防火墙——利用软、硬件工具

---

① 比利小子是19世纪70~80年代美国新墨西哥州的一个传奇罪犯，是个有名的快枪手。

定义、控制和限制对网络以及接入某个组织网络的电脑的访问。当连接到因特网或不可信网络时，防火墙可以保护组织网络免于暴露，并且可以阻止黑客访问一些公司数据。

利用防火墙来保护公司网络的方式有很多种。大多数防火墙被设置成阻止外界未经授权的登录，阻止未经授权的用户通过公司网络登录机器。我们也可以通过设置防火墙来阻止所有对内部网络的不安全访问，并且限制内部用户只连接允许的外部站点。最后，防火墙也可以用于在公司内部分组。例如，人力资源部门使用防火墙以将其保密的工资表和私人信息对公司的其他部门保密。

防火墙必须确保：(1) 数据完整性，没有人能从外部对数据进行修改；(2) 认证，保证数据发送者就是其本人；(3) 机密性，所有机密数据和信息都对入侵者保密。

有一种称为cyberwall的防火墙，是对传统防火墙技术的一种可靠的补充。虽然这种技术是基于软件的，但是它更具有硬件技术的特征。将cyberwall当作防火墙应用的软件版本。防火墙只是一块不大于小型个人桌面机的硬件，因此可以很快地接入小公司现有的在因特网接入设备（路由器、DSL调制解调器、调制解调器）和公司的集线器和交换机之间的网络基础设施。

cyberwall是一个多合一软件包。其开发是基于提高整个私有网络安全性这一终极目标的。因此，这种软件应该是共享网络的用户、虚拟专用网络消费者和供应者的不二选择。不同于以往的要求许多软件包协同处理网络边界安全问题的传统软件防火墙，cyberwall可以保护整个局域网范围内的应用、网络和系统。他们通过入主内部网络、应用程序和数据库服务器、客户机以及周边的内部连接等方式提供不同安全级别。

1. 防火墙如何工作

防火墙是一套软件系统，用于加强两个网络之间的访问控制策略。它检测入侵者，从入口阻止它们，跟踪它们做什么和从何处开始，向系统管理员通报欺骗行为，并生成报告。

虽然如何做到这件工作是变化的，但是大多数防火墙只做如下两件事之一：阻塞传输（称为默认拒绝）或许可传输（称为默认许可）。无论哪种情况，重点是访问控制。默认拒绝阻塞所有的传输，除了防火墙管理员明确允许的。只有说明是必要的传输才可以通过。默认许可证允许所有传输，除了防火墙管理员明确阻止的。默认许可，要求不断地更新每次协议或新应用有变时阻塞传输的详细名单。默认拒绝没有这样的规定。

2. 为什么需要防火墙

因特网到处都是这样的人，他们乐于在网上揭露别人的商业财产、撕毁文件、破坏记录、退化电子商务传输或者只是使业务瘫痪。防火墙的主要目的是要使这样的人远离公司的电子商务基础设施。它提供了真正的安全性，而且往往作为公司管理的安全防护罩起着重要作用。

防火墙防范以下几种情况：

- 众所周知的电子邮件服务问题；
- 来自外界的未经授权的交互式登录；
- 不受欢迎的材料，如色情图片、电影或文学；
- 未经许可的敏感信息带离公司。

当防火墙工作正常时，可以作为一个有效的窃听电话和跟踪工具。防火墙提供给管理员传输的类型和流量的概要、企图侵入公司网络的次数等等。

相反，防火墙不能阻止下列情况的发生。

- 不通过防火墙攻击。例如，通过磁带或磁盘向外界输出数据。

- 薄弱的安全政策或根本没有政策。在这种情况下，没有哪个防火墙能做得很好。正如有人说的"当你住在一个木屋里面，建造一个2米厚的铁门是非常愚蠢的"。
- 组织叛逆者或不满的员工。一个攻击者所需要的不过就是找到能帮忙的员工，从而访问公司网络。
- 数据驱动攻击，就是发送某些东西给因特网主机并执行它。

3. 设计和执行问题

防火墙设计者应该处理一系列的设计问题。第一是政策问题。公司要如何操作该系统？也就是防火墙是默认拒绝还是默认允许？防火墙设计是在更大的明确定义的网络安全访问保护伞策略下设计的。

第二个设计问题是监控和控制组织想要的级别。一旦风险级别被议定，应该起草一个检查列表，内容是什么应该被监控、被允许、被拒绝等等。

第三个设计问题是财务和管理方面。要使一个完整的防火墙产品可以运行，其成本可以从0美元到高达100 000美元。很多都依靠前两个问题的结果和长期的防火墙安全管理办法。良好而有效的防火墙管理实践可以实现真正的安全，而不是漏洞百出的安全。

第四个问题是公司是否需要安装内部防火墙。一些公司在内部把研究和开发网络与其他网络区分开来。内部防火墙对限制访问公司资源是很重要的。如果其中一个网络被攻击者侵入，其他网络不会被污染。

国际计算机安全协会（ICSA）确定了设计防火墙时应当考虑的详细性能，其主要的性能如下。

- 安全策略。一个强有力的安全策略应该指导防火墙设计，而不是倒过来。
- 拒绝能力。每个防火墙都应该有能力支持"默认拒绝"，这不应该通过编程来实现。
- 过滤能力。防火墙设计应该为组织内部的每个主机系统设置过滤技术（拒绝，许可）。过滤能力也应该具有灵活性，能过滤尽量多的属性。这些属性包括IP源和目的地址、源和目的TCP端口、用户友好进出界面。
- 可扩展性。防火墙的设计对响应网络环境变化应该足够灵活。
- 验证。防火墙设计应该为特殊的应用做好工作，允许拒绝/许可个性特权。
- 识别危险服务。一个好的防火墙应该可以识别潜在的危险服务，并及时禁用它们以减少损失。
- 有效的审计日志。一个好的防火墙系统应该记录当前流量和可疑的活动，生成易读格式的报告。这个性能也要求有良好的设计文档和执行过程。

435

4. 管理防火墙服务

很多公司没有技术经验来设计自己的防火墙系统，只能使用托管防火墙服务。ISP和远程防火墙拥有者往往是这种服务的主要提供者。他们在其数据总部或客户基地设置防火墙。无论是哪一种方法，他们都通过其网络操作中心远程监控客户安全（见图13-5）。遗憾的是，并不是所有的提供者都做得足够安全。

对一般的公司来说，问题是托管防火墙服务的提供者是否比内部作业更便宜、更可靠。这很大程度上依赖于某些因素，如，可获取的技术人才、重复性和一次性费用以及投资回报等。

13.6.4 攻击后的恢复

安全预防和检测得到了极大的关注，但是对保护一个网站来说恢复同等重要。撇开保护方法不谈，并非所有的攻击都是可以避免的。在电子商务中，商家必须预见攻击意图，阻止可能的攻击。安全系统必须检测入侵，提供对策减少损失，保持系统的可用性，并确保立即无延迟的全部恢复。如果预防方法得当，恢复周期包括如下几个方面。

- 攻击检测和脆弱性评估：企业监控软件的症状或文件问题，判断一个攻击是否正在进行。专用分析工具可以收集信息，诊断和确定一个攻击是否已经发起，并判定攻击的类型。
- 损失评估：一旦一个攻击被证实，企业应该评估损失的程度，如，破坏的数据或失效的软件功能等。
- 校正和恢复：在这一步中，企业必须决定用于校正损坏和重建正常系统功能的流程。通过提高侵入现有系统的难度来使风险最小。恢复方法有热启动、温启动或冷启动。热启动主要是一个错误迅速校正流程：攻击者对一个特殊的能够被现有安全系统及时检测和包含的网站的有限部分采用完整性攻击。反过来，系统在用户没有察觉到的延迟内，用一个未破坏的备份代替破坏的部分。温启动涉及完整性攻击，它促使从被限制的破坏中自动恢复。冷启动适合于服务器攻击，目的是使系统尽快恢复。
- 警惕和纠正反馈：一旦一个系统建立并运行，企业应该决定如何对当前的安全系统做出改进并确保在将来不会复发。

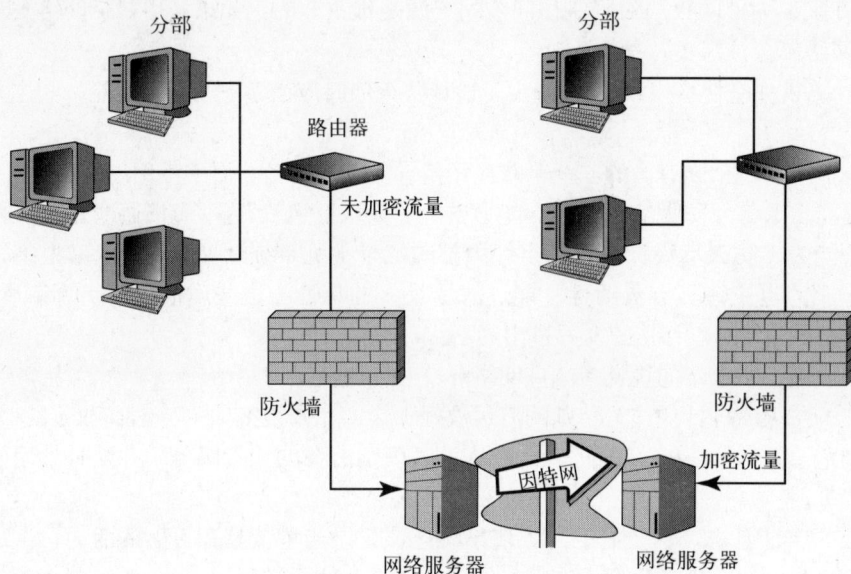

图13-5 公司网络和防火墙

对所有这些努力来说，可悲的是虽然企业建立防御措施并打击入侵，但是垃圾邮件仍然继续在反扑。国会和高科技公司在努力阻止垃圾电子邮件，而垃圾邮件发送者在变得更加积极和具有创造性。例如，垃圾邮件作者聘请黑客来攻破防御。他们已经知道伪造名字和地址，包括邮件中收件人的名字来迷惑邮件过滤器。他们还推出病毒来拆除防御。

13.7 生物识别对安全的作用

生物识别（biometrics）是量化并统计地细察生物数据的技术。一般指基于人的行为或生理特征识别人，主要用于验证目的，如根据视网膜、虹膜、语音模式、指纹等辨别身份。研究表明身体扫描仪、面型系统，以及其他生物识别系统将蓄势在未来替代电脑密码。

436
~
437

生物识别的概念不是新出现的。早在14世纪，中国就开始用指纹作为签名的一种方式（按手印）。整个19世纪90年代，侦探负责识别那些曾经在押的罪犯。侦探不得不用自己摄影机式的记忆，找出罪犯，这一直持续到19世纪末。1883年，当Alphonse Bertillon想出了一个叫做Bertillonage的生物识别系统时，这一切都改变了，这是一个被全世界警察都采用的身体测量的方法。然而后来发现了两个有同样名字的人无法用这个系统进行区分，这一系统很快就消失了。取而代之的是指纹识别，这基本上是供警察使用的最终工具。

直到1968年生物识别技术才在美国得到应用。研究表明，美国是这种安全技术的一个较晚的采用者。（见www.precisebiometrics.com/match/nr3/frontline.asp，2003年6月。）许多组织不知道生物识别带来的益处已超过PKI，而有些知道这种技术的组织也因为费用太高而没有能力投资。在1968年，生物识别技术应用成本约为20 000美元。现在，成本约1 700美元。很有可能最终的成本将下降到低于300美元。（见www.banking.com/aba/cover_0197.htm，2003年6月。）

目前，PKI有利于数据通过第三方网络安全传输。如前所述，PKI由一个基础设施和一套流程组成，用来管理公钥、私钥和数字证书的分发、存储以及撤回。PKI设置了一个认证过程，以核实发送者的身份。此外，它通过不可抵赖性确保发送者不能否认其信息。

一切看似都很好，直到检查出了一些漏洞，使PKI作为一种安全形式性能变弱了。说到验证，存在着一个潜在的风险，即个人的私钥可能被误用、放错地方或被盗。如果私钥只有PIN号码保护，那么罪犯可以通过观察轻易地发现另一个人的PIN。如果私钥存储在工作站的硬盘上，那么罪犯可以进入硬盘，并迅速复制密钥。同时，在通过第三方网络的交易中，罪犯可能假装成另一个人，并蓄意破坏那个人的账户和声誉。

生物识别技术可以加强验证。利用私钥进行加密和解密，使用生物识别技术可确保另一个人不可能有相同的私钥。在网络设置中，生物识别装置将确保加密数据的那个人将是唯一一个能解密和访问这些数据的人。生物识别技术最近被联邦政府用于出入境检查。

在智能卡上应用生物识别技术也将增加安全性。把私钥直接放在一张智能卡上，那么罪犯从一个工作站的硬盘中盗窃私钥的风险可以消除。用户使用智能卡将有利于移动，在旅行时能用它来鉴定，好像它就是一个普通的钥匙一样。如果智能卡丢失或被盗，那么除了初始用户外，谁都无法获得私钥或初始用户拥有的任何其他资料。智能卡将只对拥有密钥的用户有反应。

438

13.7.1 生物识别的形式

生物识别分为两类：生理上的和行为上的。生理类的有指纹验证、虹膜分析、面部分析、掌纹类型等。行为类由语音分析、手写签名验证和按键分析等组成。表13-4总结了分类和主要应用领域。表13-5显示了生物识别的好处和弊端。

表13-4 生物识别的类型和部分应用领域

生物识别的形式		应用领域
生理上的		
指纹验证	政府机构	银行业
	身份认证	信息安全
	机场交通安全	警察局

（续）

生物识别的形式		应用领域
虹膜分析	失踪孩子的ID	福利和失业救济者
	医疗和保险业	移民/归化服务
	校正设备	
	机动车管理部门	
面部分析	银行业	电话公司
	机场安全	医院/医疗机构
	大厦安全	驾照
	福利机构	警察局
	计算机设备	选民登记过程
	信用卡公司	
行为上的		
语音分析	车辆和门的防盗系统	护照管理
	个人电脑和计算机网络访问控制	监狱公用电话
	门禁系统	药房
	医院（进入育婴室）	航空航天公司
	大学（进入实验室、学生会）	监狱内的欺诈监控
	空军空中通信（飞行员身份）	
	电话网络	
手写签名验证	银行业	美国税务局
	邮局	社会医疗保险
	家庭购物	福利

表13-5 生物识别设备的好处和弊端

生物识别的类型	主要好处	主要弊端
生理上的		
指纹验证	无干扰	磨损手指
	出错率低	感觉上侵犯隐私
	对欺诈有威慑性的文档记录能力	
虹膜分析	低误差率（高准确度）	红外虹膜扫描被视为干扰
	可靠的	笔记本电脑用户产生携带问题
		摄像机使员工觉得被监视
面部分析	用户离开个人电脑时能识别	持续摄像监视可能胁迫用户
	无干扰，可以在微光或无光下使用	
	没有弱点伪装	
	更高的精确性、速度，比指纹更可靠	
	容易使用	
	可用性多（视频会议和安全性）	
行为上的		
语音分析	语音作为独特的识别标志	计算机系统难以分析语音特征
	大众可接受	声音的改变受情绪控制

（续）

生物识别的类型	主 要 好 处	主 要 弊 端
	适合免提环境	可接受性问题
	比较不易受到未经授权的访问	高复杂度
		系统缺乏辨别真实的和事前录音的声音
		之间的区别的能力
手写签名验证	使用快而容易	性能和可靠性比较低
	任何能写出清晰线条的笔都能使用	笔记本电脑用户可能会有携带问题
	容易融入现有设备	

来源：Heinzdell Conate, and Maria Hart, "Biometric Security: Retina Scan," unpublished research paper, University of Virginia, April 22, 2002, 19-20。

[440]

13.7.2 展望

生物识别技术大大地解决了忘记密码和身份被盗的问题。随着越来越多的电子交易的进行，保护和这些交易相关的私人和敏感信息的需求将会增加。一系列生物识别设备使用在从虹膜扫描到语音识别技术的主流安全领域。值得注意的是，竞争不存在于生物识别技术之间。这不是一场哪种生物识别技术将超过其他技术的比赛。对于高安全性场合，虹膜扫描将成为最流行和最可靠的手段。其他生物识别技术可望和密码一起使用。此外，一些分析家相信，输入密码的方式本身可能成为一种生物识别解决方案，或者可能连打字行为本身都将成为一个密码。

随着不断地发展，可以预见，生物识别欺诈将变得更为成熟完善，而作为个人计算机、金融网络、护照甚至边境通道，将更多地使用这项技术。为了确保安全，IBM研究者制作了一套生物识别设备，它以指纹的曲线部分或眼部位置的形式，将一个图像简化到由很多"细节特征点"组成的"模板"。然后，用一个数学公式将这些特征点转化成数字字符串并存储用于以后分析。这种数学模板，然后转化为变化的图像，所以，即使黑客攻破生物识别数据库，他们也只能窃取失真的脸或指纹，而不是原来的脸或指纹，见图13-6。

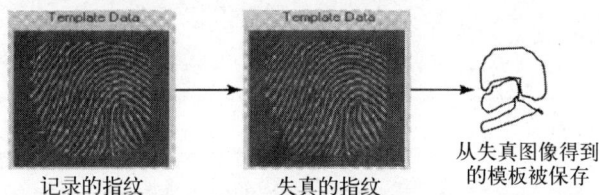

记录的指纹 → 失真的指纹 → 从失真图像得到的模板被保存

来源：IBM。

图13-6 生物识别模板样本

考虑到生物识别技术将来的使用时，管理层的确需要使用一种适合自己企业的特殊情况的合算的系统。每个企业分析自己的需求并确定在给定的环境中哪个系统工作得最好，这是非常重要的。目前，指纹识别设备在成本和可靠性方面起着示范性的作用。原因是两个人的指纹相同的机会只有一亿分之一。执法部门和其他机构依靠昂贵和易扩张的指纹识别系统，而廉价的小机器正在进入使用计算机的公司和金融机构。今天，生物识别系统被采用的步伐日益加快，主要用来控制受限设施的使用，如机场和实验室。

[441]

13.8　怎样保护系统

可以采取几个步骤来保护系统的安全。关掉不需要的或不必要的服务。Unix环境中，需求量不大的服务很容易关闭。在点对点共享中，要确保连接到因特网的机器上没有文件可以共享。任何共享文件应设置密码保护。在你的网络和因特网之间安装防火墙，这样防火墙只允许你的网络连接到因特网，禁止因特网连接到你的网络，除了服务器的选择设置（默认拒绝）。对一个基本的网络互联环境来说，廉价的路由器提供简单的防火墙过滤和其他防火墙功能。

监控和了解你的系统。大多数网络管理员从未意识到他们的系统已经被攻击了。成功的攻击定会留下痕迹。如果你查看日志，他们会提醒你使用一个流程来防范再次攻击。自动日志分析器可用于标志可疑活动。

了解你的系统的一个方法是熟练掌握那些保持你的系统安全的基本特性。例如，安装和运行了病毒检查包。如果你的系统被攻破，需要重建，确保你能找到在最少的延迟内重建系统的方法。

13.9　洗钱与因特网

比用高速船或喷气飞机运输赃款的功能更加强大，通过利用合法的商业银行，赃款移到了一个地方。洗钱就是隐瞒或掩饰非法取得收入，使这些收入看起来都是合法所得的任何行为。非法资金被放入一个交易周期——进行清洗——它从另一端（目的地）合法地出来，成为干净的钱（见www.laundryman.u-net.com/page1hist.html）。

洗钱活动包括两个阶段：
(1) 现金存入银行和用于购买高价值的商品、财产等。
(2) 最初交易的几天后，现金被转到海外，被同伙"干净地"取出。

洗钱是全球性的，理解这一点很重要。金钱通过地下路线被电子化地转移，并在因特网的所有地方以假名或假账户的形式持续不断地转移着。在美国国会创建《美国爱国法》后不久，人们开发了专用技术来打击世界范围内的清洗黑钱活动。进展是缓慢的，但已经开始见成效了。

13.10　管理启示

眼下，因特网正疯狂地运行着。它正日益成为一个通信过滤渠道。本章应该向管理当局发出警告：公司的信息基础设施正在遭受日益严重的攻击威胁。由于更多的人开始使用因特网，所以计算机被攻击的机会已经大大增加了。基于2005年的卡内基梅隆大学CERT协调中心研究，现在全世界有9.45亿因特网用户，而在2000年只有4亿。同样地，2004年有378万个攻击被报告，而2000年是100万个。这一切都更加证实了一个结论，即塑造一个信息安全防御体系的第一要求是了解敌人。当到下一代因特网时，安全也必须优先考虑。

尽管有这些警告，信息安全仍然不被组织各级管理者重视。结果是脆弱的系统容易从公司外部被攻破。为了扭转这种局面，那些负责人必须首先了解信息系统所面临的威胁，有条不紊地检验漏洞，并及时改正。一旦发现漏洞或威胁应优先研究并立即采取行动。

威胁鉴别手段的变化，日益进步的技术，新的威胁的识别将继续使组织安全成为焦点。

自2000年以来进行的各种研究表明，今天的组织面临的5大威胁是蓄意软件攻击、技术软件故障、人为失误或失败、蓄意侵入和蓄意破坏行为。头号威胁仍然是恶意代码。

任何重要的构思都应该从一个有效的安全政策开始，然后把它变为一个有效的安全计划，重点放在预防、检测和校正威胁。此外，每家公司应实施员工安全教育和宣传方案，要向员工灌输安全和整个公司的信息保护的重要性。有员工的支持和已制定的公司安全政策，安全人员不必做其他事，只要等待事件的发生，然后处理就行了。

442 ~ 446

小结

1. 欺诈、机密资料的窃取、中断服务或客户信心的丧失会导致支持电子商务的电子系统的失败。网络安全就是研究如何保护信息。
2. 纸质商务包括签署文档、人际交往、物理支付系统和易谈判的文档。相比之下，电子商务涉及数字签名、电子支付系统、非面对面的交互、难以侦查的修改和需要特殊安全协议的可谈判文档。
3. 近期强调信息安全的几个原因：全球贸易，在线实时交易，可靠安全包的实用性，以及对安全态度的改变。
4. 设计电子安全涉及5个步骤：采用有效的安全政策，考虑Web安全需求，设计安全环境，管辖安全范围，并授权和监控安全体系。
5. 网上商家必须考虑3种威胁：物理相关内容，订购相关内容和电子相关内容。
6. 没有网络是完全对病毒免疫的。病毒按感染系统的方式分类。像文件病毒、引导型病毒和宏病毒。根据特性，病毒可以是快速病毒、慢性病毒或隐形病毒。
7. 安装反病毒策略，你需要建立可执行规则，教导使用者如何检查病毒，并定期更新杀毒软件。
8. 防火墙是一套软件系统，检测入侵者，从入口阻止它们，跟踪他们在做什么和从何处开始。大多数防火墙要么阻止不要的传输（默认拒绝），要么只允许需要的传输（默认许可）。无论哪种情况，重点都是访问控制。
9. 黑客、垃圾邮件、间谍软件、网络钓鱼和身份盗窃已经感染了因特网，并且几乎把因特网带入一个虚拟中断。这意味着由学术界创立的因特网为了商业和私人流量必须重新发明、重新生成和重新设计出更好的安全性和更高的隐私级别。
10. 间谍软件和身份盗窃正开始得到政府管理者的重视，他们正在试图制定法律，以杜绝不应该产生的威胁，以免危害企业信息和个人隐私在因特网上的传输。
11. 关于用户如何保护自己免受身份盗窃的准则已公布在各项技术杂志和报纸中。本章中的准则是一个概述。
12. 说到非法使用因特网，洗钱是一项主要活动，而且在继续恶化。《美国爱国法》的目的之一是打击洗钱犯罪。

关键术语

- 广告软件（adware）
- cyberwall
- 加密术（encryption）
- 验证（authentication）
- 拒绝服务（denial of service，DOS）
- 监控（monitoring）
- 嗅探器（sniffer）
- 病毒（virus）
- 隐私（privacy）
- 哄骗（spoof）

- 防火墙（firewall）
- 生物识别（biometrics）
- 入侵检测（intrusion detection）
- 安全范围（security perimeter）
- 间谍软件（spyware）

理解题

1. 支持电子商务的电子系统在多方面容易被滥用并遭到失败。你是否同意这个说法？
2. 因特网商业如何不同于传统的商业模式？
3. 详细描述安全设计过程，它包括什么步骤？每一步对有效安全有怎样的贡献？
4. 什么威胁或犯罪是网上商家必须考虑的？为什么？具体说明。
5. 客户端计算机如何被攻击？简要解释。
6. 服务器攻击如何发起？给出一个例子。
7. 什么是病毒？公司如何知道它的计算机或文件有病毒？
8. 列出选择一个密码的基本要素。
9. 防火墙设计时，有什么设计和实施问题应该要解决？
10. ICSA列举了防火墙设计时需要考虑的具体功能。简单地解释每个功能。

讨论题

1. 企业如何确定它能负担的风险？
2. 已知因特网商业的要素，是否有理由担心网络空间的安全？为什么？
3. 假设你的电子商务服务器受到至少一个恶意源的攻击。可能是什么类型的威胁？你会倾向于如何处理这种威胁？

Web练习题

1. 与另一位同学合作，就企业对客户（B2C）业务中的安全模式问题访问一个本地网上商家。在课堂上报告你的结果。
2. 假定你已要求为当地有兴趣开展网上业务的食品店担任顾问。制定一份安全计划，把它作为技术基础的一部分。
3. 万事达、维萨和美国运通为保护信用卡交易而对SET协议感兴趣。联络其中一个机构，找出安全协议的最新进展以及如何使SET得到更好的支持。
4. 查看因特网上的3个网站：一个大型电子业务网站（例如Dell.com），一个大型银行网站（例如BankofAmerica.com）和一个门户网站（例如Yahoo.com）。查看每个网站的安全措施，把它们进行比较。每个站点的安全协议的特点是什么？写一个300字的报告。

第 14 章

加密：事关信任

学习目标

- 了解用于加密的基本算法。
- 公钥密码中的若干问题。
- 认证和信任的工具。
- 主要的因特网安全协议和标准简述。
- 电子商务中加密的启示和未来。

14.1 简介

确保电子数据的安全是一件严肃的事。购买信息、信用卡号码和其他交易信息的传送必须安全，能让客户和商家有信心在因特网上进行交易。安全传送的一种方法是用密码进行**加密**或对数据进行编码，使得只有交易方才能读取数据。

在希腊语中，密码的意思是"秘密书写"，它是穿越不可信通信渠道进行通信的学问。**加密术**（encryption）是一种密码技术，它对数据进行编码使得数据需要一个密钥才能读取。古埃及人发明了象形文字来隐藏他们的信息（www.computerworld.com），尤利乌斯·恺撒（Julius Caesar）用字母密码和他的战地指挥官们联系。自古至今，加密技术取得了显著的进步，到了现在，我们已经拥有了许多精密的加密工具。

没有了加密术，电子商务几乎是不可能开展的。在进行在线购物或操作网上银行时，加密使得支付或财务信息的传送变得安全。加密术在防盗自动警铃、收款机、邮资机、自动柜员机（ATM）、电子货币传送、交易秘密、健康记录、人员档案和网上信用卡交易等方面都十分重要。同样，加密术对国家安全来说也是必不可少的。由于好的加密术价值连城，美国政府已经为密码系统制定了严厉的条例。一些机构，像国家安全委员会、国家计算机安全中心和国家标准与技术研究所，就是专门来管理加密术的使用并防止它成为社会威胁的。

本章论述密码系统的基本原理，为什么它必不可少，它如何运用于电子商务交易。请记住支付系统（第15章）和安全措施（第13章）都依赖于加密术。我们还会放眼未来。现在，加密协议主要使用公开密钥基础设施（PKI）软件。然而在将来，加密主要是运用椭圆曲线密码系统（elliptic-curve cryptography），并且最终会使用量子计算机。量子计算远远领先于我们现在所熟悉的任何方法，而且将会使当前的所有密码系统都过时。

14.2　什么是加密术

　　加密术是一种转换消息的方法，使得只有消息的发送者和接收者才能读、看和理解消息。这个机制使用数学方法打乱数据，使得除了授权的接收者外，其他人极难来恢复原始消息（**明文或原文**）。公式或算法把原始数据（信用卡号码、社会安全号、医疗记录等等）转变为编码消息，然后用密钥来破解或破译消息。**密钥**（key）是指存储在个人电脑硬盘中或作为数据点在传输线上传输的一连串电子信号。一个专门的密钥可以将消息解密到它的初始状态。

　　如果信息在传输前就被扰乱，那么偷听者就不能读懂所写的内容，除非他们下苦功去破译密码。令人欣慰的是，经过多年努力，美国终于允许加密术的使用了。政府对加密术管理的重点不在于利益，而在于危险——担心恐怖分子、针对儿童的色情作品作者或毒品贩卖者会利用密码系统来推广他们的生意。然而，即使在今天大力使用密码系统的情况下，还是有数百万条医疗记录、信用卡数据库信息等被攻击。

　　把密码算法看作是家里前门上的锁。大部分的门锁有一根主心轴，包括4个销钉，每个销钉有10个可能的位置。当你插入正确的钥匙时，会把这些销钉置于一个与钥匙的齿轮相匹配的格局。都吻合上时，门就开了。由于存在10^4即10 000种可能的钥匙，所以夜贼不得不尝试所有可能性才能破门。想象一把经过改进的有1亿（10^8）种可能钥匙的锁。遗憾的是，当不容易开锁时，夜贼可能就会用蛮力通过窗户或侧门进入，或是用枪械威胁进入。同样的事情也会发生在加密上。电脑黑客首先会利用那些已经在低安全性的个人电脑上试用的通用软件，如果不行，他们会输入一个又一个的组合，直到成功地进入个人电脑或破译消息。由于有很多经验，他们经常能得手。

　　今天，强大的个人电脑和密码算法，使任何人都能使用身份验证和加密术。那么你怎么知道你的浏览器是否加密了信息呢？如果你用网景公司的浏览器在线购买一件商品，告诉你是否加密的一种办法是：如果画面中左下角的锁的图案在锁定位置闪光，那么你极有可能在使用加密。另一种方法是观察你正在访问的因特网地址。如果它是以https开头的，那么"s"就意味着安全，也就是说你正在使用一个加密的安全服务器。

　　加密术改进的历史很悠久，可以追溯到20世纪70年代初，那时刚刚开始成功地创造出用于隐私的新工具。如方框"加密术发展简史"中总结的，最近的事件发生在1999年，美国的前任副总统戈尔签法规允许出口安全性很高的密码系统。

　　公开密钥基础设施（PKI）创建了验证用户、维护隐私、确保数据完整性和处理交易无抵赖风险这些功能。它满足了电子安全的4个需求。

　　(1) **验证**。辨别或核实信息的发送者是否就是他们事实上自称的那个人。例如，一个电子客户Jane想要确定她是和一个合法的卖家在交易。同样的，卖家也想要核实Jane的确是真正的Jane。骗子发送一条错误消息就是进行**哄骗**。例如，黑客能编造一个假网站，然后通过真网站的安全漏洞，允许他的网站IP地址来替换真正的那个。因此，那些到合法网站的无辜浏览者的通信流量就会流向假网站了。当命令或查询到来时，黑客能做各种各样的改变——把通信流量引导到第三网站，改变命令的性质，等等。

　　(2) **完整性**。核实在传输过程中无论是购买数量还是买卖货物都没有被改变。完整性也意味着消息不会两次到达接收者。在Jane的例子上，她和卖家都想要保证攻击者不能更改价格、购买数量或数额。完整性的一个非电子例子是：不褪色墨水或信用卡上的全息防伪图。

(3) **不可抵赖性**。防止交易或通信活动中的发件人和供应商在事后无端地否认交易的发生。**不可抵赖性**就像是通过美国邮政系统发送一封附带回执的证明信。就像收据附随在挂号信里，由于数据的传递附带着数字签名，因此始发者不能否认曾经发送过消息。在我们的例子中，卖家要核实Jane不能否认下过订单。不可抵赖性的一个非电子例子是：母亲的娘家姓或带照片的身份证。

(4) **保护隐私**。保护通信免遭非法观看或获取。Jane可能不希望她的丈夫或其他人知道她在交易什么，同样，卖家也不想公开他给某个特殊客户的折扣优惠。隐私保护意味着机密性和匿名。机密性，或消息内容安全，意味着在从发送者到接收者的传输中，没有第三方能获取消息的内容或识别发送者和接收者。匿名性意味着外人无法追查、链接或观察消息的内容。一条匿名记录是指它不能和一条特定记录联系起来，要么数据本身不一致，要么它是和其他记录组合起来的。

加密术发展简史

1971：在美国国家安全管理局（NSA）的监督下，数学天才Whit Diffie开始穿梭于各地学习如何创造用于隐私的新工具。

1974：Berkeley大学生Ralph Merkle找到一种方法，即两个人没有事先约定也能秘密通信。他的老师建议他写得更细致些。

1976：Diffie 和Martin Hellman发表了"密码学的新方向"一文，介绍了使大规模隐私和电子商务成为可能的公钥概念。

1977：MIT的3个教授（Ron Rivest、Adi Shamir和Len Adleman）创建了RSA，公钥的一种绝妙实现。

1979：NSA向大众公开使用权，此举警示大家：密码的散布不在他们的控制之内了。

1983：RSA数据安全公司成立，这是第一家商业化公钥密码的公司。

1986：Lotus公司把RSA用到它计划开发的Notes软件中，然后向NSA争取出口许可。

1991：Phil Zimmermann放弃了强大的加密程序PGP。令联邦政府沮丧的是，它得到了全球人的喜爱。

1993：克林顿当局支持命运多舛的Clipper Chip。

1995：网景公司上市，它的有密码功能的浏览器满足了安全电子商务的需要。

1999：美国联邦政府妥协，戈尔签署法规，最后允许功能强大的密码系统出口。

来源：摘选自Steven Levy，"Crypto," *Newsweek*，January 15，2001，48–49。

14.3　基本算法系统

密码技术是因特网应用中安全传递数据的一种方法，它是一门应用复杂数学来提高电子交易安全性的科学，这项技术保证数据只有预期的几方才能看到。基本加密术依赖于两部分：算法和密钥。加密信息很简单：执行一个有加密算法的计算机程序，算法利用密钥把数据、文档、信用卡号码等信息转变为编码信息。

为了使加密奏效，发送者和接收者都要知道将原始消息或交易转化为编码形式的规则。编码和解码的一组规则叫做**密码**（cipher）（或译码），被编码的消息叫做**密文**（ciphertext），只有当**破译**（decrypt）密钥和加密密钥相匹配时，消息才能被破译。对大多数算法来说，密钥是相同的。

每种算法支持多少可能的密钥？这取决于密钥的位数。例如，一个6位的密钥只支持64个可能的数字组合（2^6），每个组合就是一个密钥。可能的密钥数量越多，密钥就变得越复杂，而且破译加密消息就越困难。黑客用蛮力的话，那么他在找到正确的密钥前不得不尝试每一个组合。当然，也可能在第一次尝试就猜对了。

标准的56位DES加密码在高速的计算机上几个小时就可以破译。即使是Certicom公司的密码，它用10 000台计算机连续运行549天来保护数字化数据，也被圣母大学的研究员Chris Monico在2000年破译了。一个100位（2^{100}）的密钥，可以让一台每秒猜测一百万个密钥的计算机花好几年时间才得到正确的密钥。所以，加密算法的安全和密钥的长度相关。知道密钥的长度就可以知道破解密码需要多长的时间。

2002年末，美国西北大学两位教授研发了一个量子加密原型来编码整个速度为250 Mbit/s的高速数据流。Prem Kumar和Horace Yuen教授用量子码来加密发送到因特网光纤主干的信号。

14.3.1　算法的类别

基于密钥的算法有两种：**密钥（对称钥）**、**公钥（非对称钥）**。在密钥或对称加密中，发送者和接收者拥有相同的单一的密钥，双方能用这相同的密钥来加密和破译消息（见图14-1）。这会造成两个问题：第一个是密钥必须在双方间安全地传递。手动传递或产生一个复杂的基于网络的方案使得密钥的发送处于一个棘手的境地。第二个问题是如果一次交易有10个卖家，那么就需要把10个不同的密钥分配给每个卖家。多重密钥的密钥分配将会是件麻烦事。

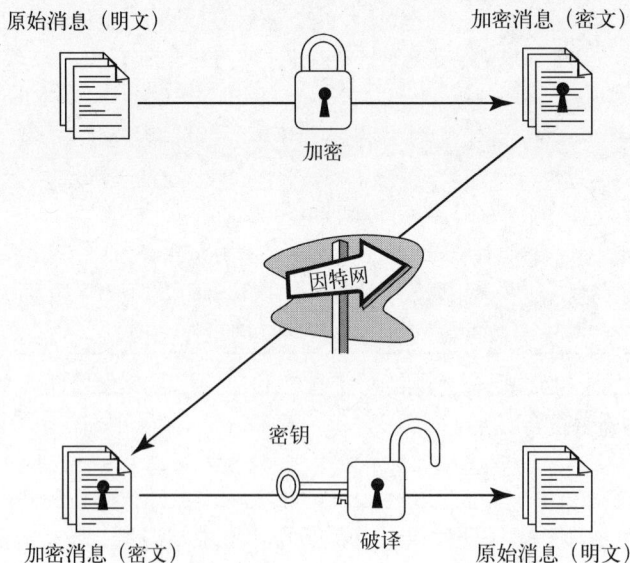

图14-1　利用单一密钥来加密和破译消息的对称加密

然而，对称加密满足消息内容安全的需求，因为没有共享的密钥就不能读取内容。为创建和传递密钥提供安全机制的过程称为密钥管理。这方面内容将会包括在本章的后面部分。

对称算法可以分为流密码和块密码。**流密码**每次加密明文的1位，而**块密码**加密几位

（一般是64）作为一个单位。

公钥加密包括两个相关的密钥，叫做密钥对或双密钥。一个公钥是任何人都知道的，一个私钥只有拥有者知道。其中一半（公钥）能加密信息，只有另一半（私钥或秘密密钥）能破译（见图14-2）。私钥分配给一个指定的拥有者，而公钥可以公诸于世。公钥可以出现在报纸上、服务器上、网站上或经由一个服务提供者提供，任何人都可以用公钥来加密。

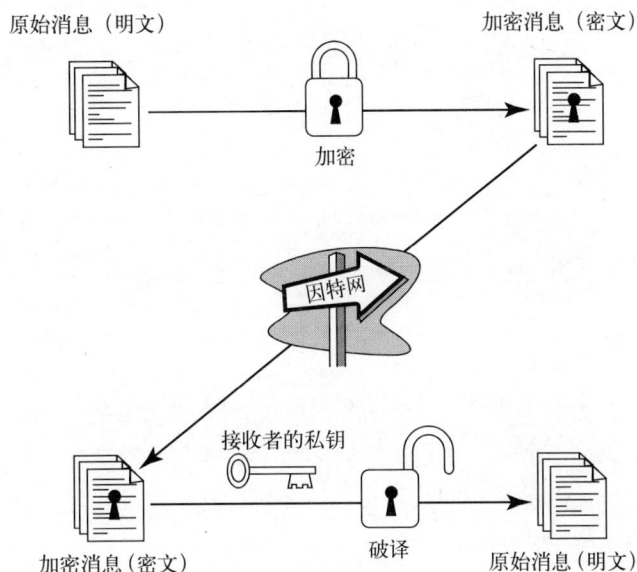

图14-2　公钥密码

密钥对有两个不同的用途。

（1）**提供消息机密性**。发送者用接收者的公钥加密一个消息来保持机密，直到被接收者用私钥破译。假设Jay想发送一个秘密的消息给Ellen。他首先获得Ellen的公钥。然后，他会用这个密钥来加密消息并把它发给Ellen。如果第三方截取了这个消息，然后试着用Ellen的公钥来解码，是没用的。因为只有Ellen才有私钥，只有她才能破译消息。Ellen会发送一个答复，她会用Jay的公钥，然后Jay用他的私钥破译这条回复消息（见图14-3）。

（2）**证明消息始发者的真实性**。发送者用私钥加密一个消息，这个密钥只有他或她自己才能获取。用私钥来加密就像是在文档上签名，因为你是唯一一个能用你的私钥来加密电子文档的人，任何使用你的公钥来破译消息的人都确信消息来自于你。

原始的对称加密技术问世已经2000多年了；而非对称模型发明于20世纪70年代中期。非对称密钥速度很快，而且可以在大多数硬件上轻松地执行。对称加密的问题是两个密钥是相同的，分配密钥不是一个直截了当的过程，而且对称方法不支持数字签名（稍后在本章中会解释）。对称加密也不足以应付不可抵赖性的需求，因为双方是一样的密钥。

公钥是一个更安全的方法。它有两个明显的优点：只有一方需要知道私钥，还有，如果第三方知道了公钥，不会危及消息的安全。解密密钥不需要在拥有者之外的任何人手上，分发密钥就很容易了。这个方法也满足了完整性、验证和不可抵赖性的需求。主要的缺点是需要花费时间来计算。现在，为了安全，1 024位的非对称密钥长度是必需的。这就需要很强的处理能力，要不然当大量的信息发送时会导致延迟。

原始消息（明文）   加密消息（密文）

加密

因特网

Jay的私钥

加密消息（密文）   加密消息（密文）   原始消息（明文）

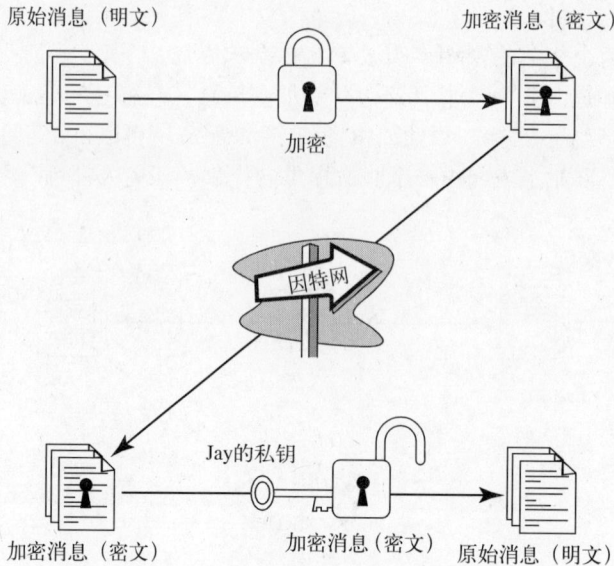

图14-3 利用密钥对保证消息机密性

加密方法的选择取决于被保护数据的敏感度和保护期限。通常情况下，加密方法和密钥的长度选择应该满足数据的破译时间比数据停留在敏感时段的时间要长。表14-1总结了用蛮力攻击的一部分密钥长度和破译密钥所需的时间。

表14-1 破译不同的密钥长度所需的时间和成本估计

破译密钥的估计成本	密钥长度（位）			
	40	64	80	128
10万美元	2秒	1年	7万年	10^{19}年
100万美元	0.2秒	37天	7 000年	10^{18}年
1亿美元	2毫秒	9小时	70年	10^{16}年
10亿美元	0.2毫秒	1小时	7年	10^{15}年

来源：Bruce Schneier, *Applied Cryptography* (2nd ed.), New York: John Wiley & Sons，1997，153。

14.3.2 共同加密系统

对称算法对加密和解密使用相同的密钥。密钥不能泄露给外人，而且为了保证安全还要经常改变密钥。这意味着密钥越长越安全。对称算法一般比非对称算法要快，而且所用的密钥要短。在这一节中，我们来看看公钥和秘密密钥算法。到现在为止，没有比这些更好或更强大的算法了。

1. RSA算法

RSA是最普遍使用的公钥算法，虽然它比较容易被攻击。RSA以它的发明者——麻省理工学院的Ron Rivest、Adi Shamir和Len Adleman的名字命名，最初发表于1978年。它不仅用于电子签名，也用于加密。RSA允许你选择公钥的大小。512位的密钥被视为不安全的或弱的。768位的密钥不用担心受到除了国家安全管理（NSA）外的其他事物的危害。1 024位的密钥几乎是安全的。这项算法的美国专利在2000年就到期了。RSA在一些主要产品内都有嵌入，像Windows、网景Navigator、Intuit公司的 Quicken和Lotus Notes。

RSA有多强大？它的强度取决于完成解密的设备所需的时间和成本。有这样一个例子，在1994年，一个国际科学家团队被请来破译一个129数位的RSA块密码，总的处理能力相当于一台Pentium100-MHz计算机不停地运转46年。随着计算能力和成本的提高，RSA的脆弱性增加了。据估计，花费2万美元的攻击者可以破译一个425位的块密码。

457

2. 数据加密标准（data encryption standards，DES）

DES是由IBM响应美国商务部的公开征求在1974年开发的。DES在1977年被美国联邦标准采纳，在1981年成为金融行业标准。

DES是第一个在商业上被广泛采用的对称系统。任何经DES加密改变的消息会把消息变成一大堆难以理解的字符。作为64位大小的块密码，DES用一个56位的密钥把一篇64位的明文块加密成一篇64位的密文。56位密钥可能看上去容易被破译，但是它足够让很多来访的黑客不能轻易取胜。

DES消息可以用一台巨大的计算机主机或数千台一起工作的小型机来解密。DES以一个优良的块密码设计著称，因为没有已知的实用的攻击比穷举密钥搜索更能有效地威胁算法的完整性。在穷举密钥搜索中，攻击者会有系统地尝试所有可能的密钥值来破译密文块，直到找到能解密消息的密钥值。做这类搜索要求强大的计算资源。

3. 3DES

DES的增强版本，称为三重DES（3DES），用3个56位密钥来加密每个块。第一个密钥加密数据块，第二个密钥解密数据块，然后，第三个密钥再次加密相同的数据块。3DES版本要求168位的密钥，使得处理过程非常安全，比普通的DES要安全。它能保护大公司最有价值的数据。

4. RC4

RC4是由RSA数据安全公司的Ron Rivest设计的。这个变长密码作为加密套接字协议层（SSL）协议中的批量加密密码广泛应用于因特网，它的密钥长度范围是40-128位。RC4以快速出名，尽管它的安全性是未知的。美国政府例行公事地批准40位密钥的RC4出口，但是这么小的密钥很容易被犯罪分子、业余爱好者和政府破译。（SSL稍后在本章中解释。）

5. 国际数据加密算法（IDEA）

IDEA是1991年在瑞士创建的。它提供了强大的加密系统，运用一个128位的密钥加密64位的块，来抵抗蛮力攻击。这个系统作为PGP系统旧版本中的批量加密密码被广泛地应用着，本章稍后会讲到。

14.3.3 公钥密码中的若干问题

由谁生成密钥对是让安全行业头痛的一件事。可以是密钥拥有者、拥有者选择的服务组织或政府机构。如果是拥有者，那么私钥就永远不会走出拥有者的计算机，而且拥有者必须有技术能力来执行那些必要的数学函数运算。如果是一个服务组织，那么私钥由服务组织产生并且必须传给拥有者。拥有者要相信这个组织没有留下密钥的副本。

458

如果是一个政府机构生成密钥对，那么私钥就要被传递，这时信任必须存在，同时，政府机构知道所有私钥的位置。如果个别的组织丢失了私钥，那么他们将不能用私钥加密消息，或读取发送给他们的由他们自己的公钥加密的消息。

任何系统，特别是涉及客户的私人信息、商家的重要客户资料和对成功的电子商务至关紧要的金融交易的系统，必须要安全，清楚的文档记录和定期升级都是必要的。理论上，任何有密钥的加密方法都是能被破译的，只要通过顺次尝试可能的密钥。如果蛮力方法是唯一的选择，那么破译系统的可能性就取决于密钥的长度了。例如，一个32位的密钥可以在任何家用计算机上被破译。相反，一个用56位密钥的系统（像DES）就需要专门的硬件来破译了。虽然比较贵，但这些硬件大部分公司和大多数政府还是有财力购买的。目前，128位的密钥要用蛮力破译是不可能的。

14.3.4 对加密系统的主要攻击形式

密码分析学（cryptoanalysis）是在不知道正确的密钥的情况下，破译加密消息的一门科学。这里有几种常见的密码分析攻击。

(1) **选择明文攻击**。攻击者用一个未知的密钥来加密任何正文或文档。难题是要找到只有攻击者才知道的密钥。一个电子支付系统必须要设计成攻击者永远不能加密选择明文。

(2) **已知明文攻击**。在这项技术中，攻击者知道一部分密文的明文。他用这些信息来破译密文的剩下部分。

(3) **唯密文攻击**。在这个方法中，攻击者不知道消息包含了什么，只能从密文出发来猜测明文。一些密文数据可能在一开头包含了一个常用词。一些文档会以可预测的方式开头，这样经常会泄露消息的内容。

(4) **第三方攻击**。在这项技术中，敌人会介入到双方的通信线（例如，客户和卖家）。他与单方进行单独的密钥交换。每一方用的不同的密钥很容易被敌人知道。敌人依次用正确的密钥解密传输的文档，然后在发给接收者前再用其他的密钥加密它。通信的双方都不知道他们的通信系统已经在中途被截获了。

如需了解更多关于密码攻击的知识，请登录www.ssh.fi/tech/crypto/intro.html。

14.4 验证和信任

14.4.1 数字签名

在每条消息基础上实现公钥验证的一种方法是发送每条消息时附带**数字签名**（digital signature）。如图14-4所示，当你在信上签名时，可以在消息末尾附加你的签名来证明它。

```
1. 发送者生成一条消息。
2. 发送者创建消息的"摘要"。
3. 为了证明，发送者用他的私钥加密消息摘要。
   这是数字签名。
4. 发送者在消息的末尾附上数字签名。
5. 发送者用接收者的公钥同时加密消息和签名。
6. 接收者用他的私钥解密整个消息。
7. 接收者核实摘要准确性。
```

图14-4 数字签名过程

数字签名附加在你发送的每条消息的末尾。现在，美国邮政局在全国范围内通过邮局发行在智能卡上的数字签名，并把"直接校对"作为这个过程的一部分。由斯坦福大学的Whitfield Diffie在1976年首先提出的数字签名技术改变签过名的消息，让所有阅读的人都能确定真正的发送者。这消息是象征私钥的一个数据块或消息内容的一部分（称为**消息摘要**）。

用私钥加密消息摘要引起了数字签名的问世。公钥能用来核实签名是否真是使用相应的私钥而产生的。如果John用他自己的私钥加密了一条消息给Hillary，那么Hillary用John的公钥解密消息，就知道是John发送这条消息的。

数字签名的主要功能是核实一条消息或一个文档是否真的来自于声称的发送者，这叫做**身份验证**（authentication）。它也能用于时间戳文档，当可信任的一方用他的秘密密钥来签署文档和时间戳。这个步骤能证明文档在规定的时间内。

当制作数字签名时，密码系统的**散列函数**（hash function）通常被用来构造消息摘要。散列函数是把一个给定长度的消息转化为一串数字（128或更多）的公式，这串数据叫做消息摘要。一旦用发送者的密钥加密了消息摘要，它就成为数字签名了（见方框"散列法"）。

散列法

散列法产生散列值用于存取数据或保障安全。散列值（或简单的hash）是由一串文本产生的一个数字。散列比文本本身要小得多，而且它是由一个公式产生的，这种方式使得几乎不可能有其他的文本会产生相同的散列值。

散列在安全系统中扮演角色，它们被用来确保传输的消息没有被篡改。发送者生成消息的散列，加密，把散列和消息本身一起发送出去。然后，接收者同时解密消息和散列，从收到的消息中再生成另一个散列，接着比较这两个散列。如果它们是相同的，那么消息被篡改的可能性是很低的。

散列法也是存取数据记录的一个常用方法。比如，我们来看一个名单：

• John Smith；

• Sarah Jones；

• Roger Adams。

为这些记录创建一个索引，叫做散列表，需要用一个公式给每个名字产生一个唯一的数值。所以你可能得到一些像这样的数值：

• 1345873 John Smith；

• 3097905 Sarah Jones；

• 4060964 Roger Adams。

然后搜索包含有Sarah Jones的记录，你只需要重新用这个公式，就会直接产生索引键指向那条记录了。这比搜索所有记录直到找到相匹配的记录要有效很多。

来源：摘选自www.webopedia.com/TERM/h/hashing.html。

假设Jay（发送者）为他给Ellen的消息生成了一个消息摘要，是用他的私钥加密的，然后附随明文消息发送了那个数字签名，然后，Ellen用Jay的公钥解密数字签名，得到Jay编码的消息的副本。由于Jay的公钥解密了他的数字签名，她确信消息是Jay的。这就验证了发送者是真实的。接着，Ellen用同一个散列函数（她和Jay都预先知道了的）来编码Jay的明文消息的消息摘要。如果编码后的消息摘要和Jay发送的一模一样，那么数字签名是可信的，消息没有被篡改过（见图14-5）。

14.4.2 数字证书

在许多方面，数字证书是安全网上交易的心脏。在因特网上购物，客户需要能相信卖家的证据。有些基础设施使用数字签名，而其他的使用数字证书来确定商家的身份。一张数字证书就是一张电子"信用卡"，用来建立一个人在网上做生意时的信用。

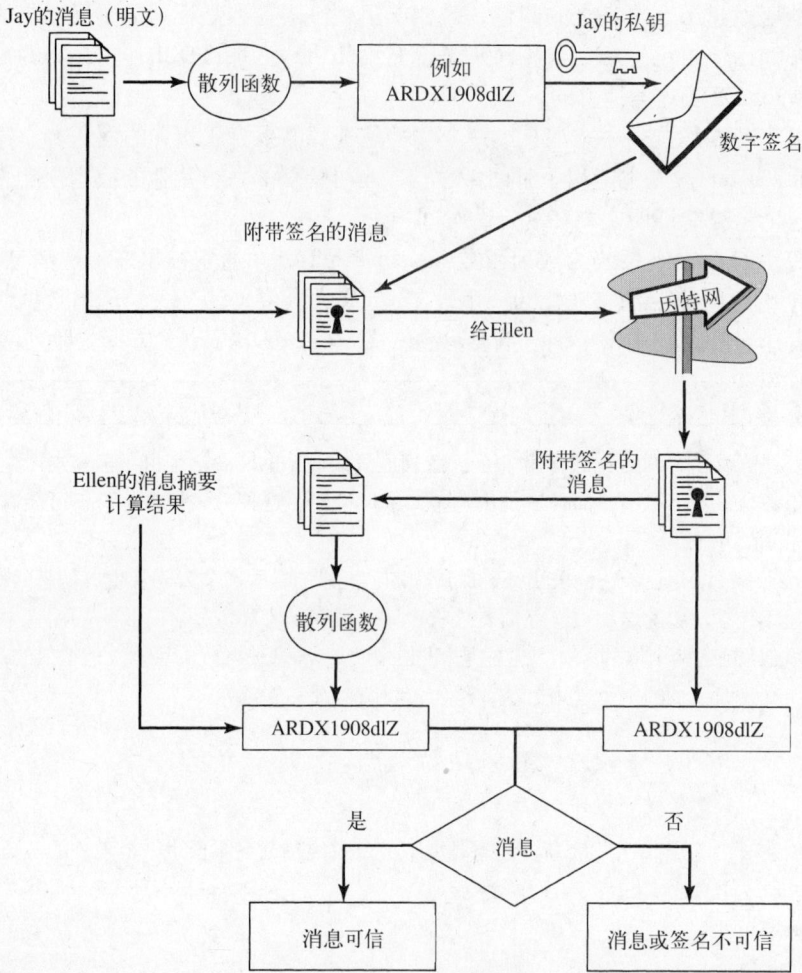

图14-5 验证数字签名

数字证书是一个软件程序，能安装在浏览器上。一旦登录，你的数字证书就会在网站设备上自动检查。这样一个工具有与众不同的好处，它能够消除多重密码、加强安全性，因为你的证书不可能被猜到、遗忘、伪造或被中途截取。同样，它也允许你使用几乎所有的电子邮件程序来发送和接收安全的电子邮。（见home.netscape.com/ security/ basics/getperscert.html。）

数字签名和数字证书是相互联系的。像前面提到的，数字签名是一个签署电子信件的特殊签名，通过使用客户的私钥加密消息摘要而产生。**数字证书**（digital certificate）是一个电子文档，由**认证机构**（certificate authority，CA）颁发，通过核实用户名和公钥来建立商家的身份。它比较像驾照的电子版本（见方框"安全购物的关键"）。

一旦你产生了一个公钥和一个私钥，你的工作就是保证私钥的安全和分发你的公钥给那些你要通信的人。由于发送密钥给每个通信者（比如说通过电子邮件）耗费时间，一个更有效、更可信的方法是利用一个像Verisign、Cybertrust或美国邮政服务这样的认证机构，让这些认证机构来管理你的公钥的可用性和使用。这些机构也同样提供丢失或被盗的证书的相关信息，如果雇员使用已发行的证书来代表雇主经营生意，那么证书一旦属于雇员后就与公司无关了。

安全购物的关键

数字证书提供了一个简易且便捷的方法来确保电子商务交易的参与者能彼此相信。这种信任是通过一个共同的第三方建立的,像维萨。例如,维萨会把数字证书提供给发卡金融机构,接着这个机构会把数字证书提供给持卡人。而商家方面也是类似的过程。

在交易时,任何信息交换之前,每一方支持SET的软件会验证商家和持卡人。验证的过程是核对数字证书,两者都是由一个经授权的可信的第三方发行的。

数字证书的基础是秘密代码。……流程很简单。消息通过使用一个"密钥"转变为代码,密钥是一种把消息的字符转化为其他字符的方法,使得未经许可的截取者看不懂代码是什么意思。……一个简单的例子可能就是把每个字母用字母表中的下一个字母代替。从而,维萨就变成了WJTB。为了解密消息,或"破译"它,接收者只需知道秘密密钥。

来源:摘选自维萨的 "The Keys to Safe Shopping",www.visa.com/nt/ecomm/set/setsafe.html。

数字证书包括持有者的名字、认证机构的名字、密码系统使用的公钥、证书的有效期(一般是6个月到1年)、证书类别和证书ID号等信息(见图14-6)。

```
用户的基本ID信息(名字、地址、SSN等)
颁发机构的数字签名和ID信息
用户的公钥
有效期和数字ID的期限
证书级别(1~4级)
数字ID的证书号码
```

图14-6 数字证书的内容

证书可以用以下4种级别发行(与费用相关)。级别越高,获得证书的费用越高。

(1) 1级证书的发行最快最简单,因为它对用户背景的检查最少。只有用户的名字、地址和电子邮件地址要核对。可以把它看成是一张借书证。

(2) 2级证书要核对的信息有真实姓名、社会安全号和出生日期。同样,它还要求实际地址、场所和电子邮件的证明。这更像是一张信用卡,因为公司分发了证书后会相应地建立信用数据库,以便第三方查证。

(3) 3级证书在细节方面是最多的。它就像是一本驾照:为了得到它,你要确切地证明你是谁以及你是负责任的。一些专门从事安全事务的组织预测3级证书将被用来处理在线贷款需求和其他的敏感交易。

(4) 4级证书是最周详的。除了3级的要求,认证机构还要核对类似用户的工作职位这类信息。

对电子商务来说,数字证书的电子ID可能很快就会被整合得足够安全,以加强ID下一代的功能。这些凭据开始出现在Web浏览器和PKI软件上,用来针对数据敏感部门,像银行和政府。例如,在Windows 2000操作系统中就嵌入了数字证书和PKI。这个属性使Windows 2000服务器成为验证机构,登记用户以及颁布和撤销证书。事实上,数字证书变得方便了:现在,他们能被移到智能卡内,而不是被储存在硬盘上。

14.5 密钥的管理

密钥的管理对确保电子商务交易过程的安全性是至关重要的。**密钥管理**(key management)

包括把密钥告知给需要它们的系统，以及确保密钥一直被很好地保护使其免遭泄露或替代。换句话说，密码系统的固有强度是寄望于没有人知道密钥值的这个事实，而不是基于算法的复杂性。如何管理密钥取决于密钥是对称密码系统还是公钥密码系统。

14.5.1 密钥生命周期

像密码口令一样，所有的密钥的生命周期都是有限的。密钥的生命有两个限制因素：密钥用得越多，攻击者就越有机会收集对他们有用的密文。因为随着时间的过去，大多数密钥的安全受到威胁，因此限制密钥的生命期就意味着限制损害的发生。

从产生到终止，密钥的生命周期包括了以下几个阶段：密钥生成和注册、密钥分配、密钥备份/恢复/托管以及密钥撤销和销毁。

1. 密钥生成和注册

这一步包括为密钥对选择一个随机数字源和密钥长度，这个密钥长度使密钥不能被攻击者用穷举的方法猜到。注册部分涉及把产生的密钥跟它的特殊用途链接起来。例如，如果密钥是用来验证一个数字签名的，那么这个链接就是把它注册到一个验证机构。

2. 密钥分配

这一步通过密钥分配中心操作，主要用于两个或两个以上的远距离的人之间交换密钥的情况。例如，当系统X需要和系统Y建立一个密钥时，系统X向密钥分配中心请求密钥。中心生成密钥，然后以两种形式返回给系统X。一种是系统X和中心之间的共享主密钥，另一种是系统Y和中心之间的共享主密钥。系统X保留第一种形式供自己使用，把第二种形式传递给系统Y，供系统Y使用。

3. 密钥备份和恢复

密钥管理的一个重要方面是密钥失败后的恢复能力。例如，如果一条加密消息储存在磁盘上，需要一个密钥来解密它，那么密钥的丢失就意味着消息的遗失。如果秘密密钥或私钥的原件不小心丢失了，或者配有专门密钥的雇员突然离开公司了，或者密钥毁坏了，那么密钥或私钥的备份就要被恢复。必须要有人持有敏感密钥的备份，能在需要的时候拿出来。如果密钥是在被托管的第三方手里，那么密钥所在的地方就叫**密钥托管**（key escrow）。

可信信息系统公司（TIS，www.tis.com）有一个密钥托管系统，它获取交易的密钥后把这些密钥存入托管系统中。执法机构可以用搜查证来获取密钥。公司（也叫**公证服务机构**（notary service））提供一种保险：如果你遗失了一个加密文件的密钥，你能把它拿回来；或者，如果一个雇员忘记了密钥，能通过托管中介重新得到。

4. 密钥撤销和销毁

有时，密钥必须被撤销。可能是一个信息系统必须被代替，或者是密钥的安全级别发生了变化，或者是危及密钥安全的怀疑出现。在所有的这些可能性中，最好的方法就是撤换密钥。在密钥销毁中，所有关于密钥的一切都被处理掉了。撤销清单由认证机构维护，包括撤销的日期和原因。

一个PKI必须提供证书撤销的方法。一旦撤销了，证书必须被加到所有用户可查看的撤销清单中。同时也必须提供一个专门的机制，用来核实撤销清单，以及在任何时候都拒绝使用撤销了的证书。

通常，在密钥的生命周期中，保证适当和有效地保护密钥是很重要的。其重点在于安全的完整性和加密过程。除了公钥加密系统中的公钥，所有密钥都应该被保护，从而保证电子商务通信的隐私和机密性。

14.5.2　第三方服务

通观整章，我们多次提及了"第三方"。这是个认证机构，作用是通过其他不同的法人实体来核实即将投入使用的证书。第三方服务包含了两个主要部分：认证机构和目录服务。认证机构（CA）是一个可信赖的独立的法人实体。它颁发和撤销公钥证书并管理密钥对。密钥所属的个人或实体的实际核查在密钥申请的时候就已经完成了。这就是说，CA和金融机构（像信用卡公司）有正式合作，向其提供判断个人是否与所声称身份相符的信息。本质上，CA保证交换信息的双方的确如他们所声称的一样。

|465|

CA也提供政策、实践和流程来认证密钥。**认证政策**（certificate policy）是指定的组织内的一组规则，它们用于鉴别如何、何时以及因为什么理由需要使用证书。

CA也提供不同级别的证书，取决于个人提供的初步证明的类型。证书撤销清单，随同颁布的有效证书一起，显示于**目录服务**（directory service）中，即应消息生成者的请求来分发证书的储藏室。

14.6　因特网安全协议和标准

就像本章所强调的，一个成功的电子商务环境，是建立在对链接客户和商家的通信网络完整性的信任上的。很多类型的威胁都会危及商业过程的安全。由于因特网上公开的信息交换，需要更多的安全措施来使弱点降到最小。在这些措施中有Web应用安全（SSL和S-HTTP）、电子商务交易安全（SET）和电子邮件安全（PGP和S/MIME）。

14.6.1　SSL：Web应用

交易安全已成为一项挑战。大部分浏览器和计算机已经能通过因特网交换安全事务，使未经授权的人难以在中途截取像信用卡号码这类数据。即使一个传输在中途被截获了，加密的消息也没法读懂。安全万维网交易的两个关键的协议是**安全套接字层**（secure socket layer，SSL）协议和S-HTTP。

SSL最初由网景公司开发，是因特网上最广泛应用的加密数据的标准。它运用于网景公司的所有浏览器产品，同样也运用于微软的IE3.0或更高版本。此外，它还嵌入到一些产品中，像Apache和因特网信息服务器。从技术上来说，SSL协议有它自己的操作层，在应用层和传输层之间（详见第3章），这表示它和HTTP是能共处的，见developer.netscape.com/docs/manuals/security/sslin。

合理利用SSL，要求商家的Web服务器和客户的Web浏览器必须使用相同的安全系统。因为SSL被所有的以http开头的URL使用，所以网上接口连接应该没有问题。对Netscape2.0或更高版本、IE3.0或更高版本和美国在线3.0或更高版本来说，SSL都是免费的。

|466|

SSL提供3项基本服务：服务器验证、客户端验证和加密SSL连接。SSL服务器验证使用公钥密码系统来验证服务器的数字证书和客户机器上的公开密钥，见"How SSL Works"，developer.netscape.com/tech/security/ssl/howitworks.html。

客户端验证是在服务器上以相同的方式执行的。验证过程中，SSL允许客户端和服务器共同选择一个加密算法，用于安全连接。这个算法的密钥利用公钥密码系统传输，这以后，客户和服务器就能用密钥通信了。虽然这项技术还没有成熟，但网景公司把它交给了因特网工程任务组（Internet Engineering Task Force，IETF），让它成为其他应用软件的一个标准。IETF负责整理因特网设计、因特网标准和短期工程问题。委员会早已重新命名了技术传输层安全协议（TLS），并计划标准化和改进协议。网景公司的所有浏览器都支持国内版本的128位加密系统，也支持国际/出口版本的40位加密系统。当前，在Java浏览器的小应用程序（applet）上，网景公司不支持SSL。微软的版本3（和更高版本）浏览器也使用这项技术。

14.6.2　S-HTTP：Web应用

HTTP是一种"请求应答"类型语言，用于连接在因特网上的Web浏览器（客户端软件）和Web服务器（服务器端软件）之间的对话，通过对话使得它们能互相通信和交换文件。S-HTTP（安全HTTP）的功能仅仅为了保护Web交易的安全。它保护交易机密性和真实性/完整性，并且保证来源的不可否认性。在很多方面，这个协议比SSL更加完善，但由于网景公司的市场渗透率，它没有得到很广泛的应用。你可以把S-HTTP跟SSL一起使用来增加保护。一个加密的S-HTTP交易到达后，能在另一台通过防火墙跟你的Web服务器分开的计算机上解密。

S-HTTP的实力取决于它和HTTP的兼容性以及它结合HTTP应用程序的能力。它提供了应用层安全，并且主要运用于内联网通信。S-HTTP使得客户机和服务器在因特网上能利用HTTP安全通信以及提供安全数据的即时传输。（见ftp.ietf.org/rfc/rfc2660.txt。）协议只支持对称密钥密码系统，因此，不需要数字证书或公开密钥。此外，因为它是在应用层的，所以S-HTTP提供了用户身份验证，还能保护部分文档的安全。

电子商务的最新安全标准是**安全电子交易**（SET）规范，由维萨、万事达和Europay一起开发的。SET的用途是操作资金从信用卡发行机构转移到商家的银行账户。这是一种公认的大家熟知的支付模式，基于签名，并且使用现有的银行基础设施。SET的目标是提供支付卡传输的机密性、认证性和完整性。为了做到这些，它使用了多种加密技术、数字签名和证书。

从1970年开始，维萨就与银行业合作，使维萨卡成为在世界上任何地方购买商品和服务最安全的方法。20世纪70年代，维萨引进了磁条用来快速授权。80年代，它创立了国际标准组织（ISO）消息格式，为处理购买和支付提供了一种有效的方法。1996年2月1日，维萨和万事达跟一些公司合作，像微软、IBM、网景、RSA和VeriSign，创立了一个技术标准，用以维护公开网络包括因特网上的支付卡购买，惠及了真实世界中的1300万个信任维萨的商家。

这项标准称为SET规范，利用数字证书来认证购买过程中涉及的所有购买方。SET要求客户在发卡机构注册一次账户，以便它提供合适的数字证书。

客户使用SET需要两样东西。

（1）一张数字证书，客户可以向他们的发卡银行索取，只需在银行的网站上填写一张表格即可。

（2）一个**数字钱包**（digital wallet）（也叫加密信封），用来封存个人信息，像银行账号、信用卡号码和到期日期、运输和管理细节、账单地址和数字ID。钱包是一个免费的插件程序，可以从Web上下载，或者已经包含在现在的网景Navigator或IE中了。当进行购买时，客户调用这个插件。那么在将来的交易中，客户就不必再重新输入信用卡信息了。由于卡号和地址储存在钱包中，因此客户只需轻轻一击就可以选择支付方式和运输地址来完成购买。

假设你决定要购买，而且你的软件已经通过了一轮证书交换。从证书交换中，你会得到电子商家的公钥、支付处理者的密钥和一个由商家发布的唯一的交易标识符。SET如何安全地传递你的购买过程呢？

第一步，创建必要命令信息以及支付指令。每个都要包括电子商家分配的交易标识符。下一步，你执行一个单向散列函数，得到这两项（命令信息[OI]和支付指令[PI]）的摘要。一旦做完，你就生成了一个"双签名"，这允许商家和支付处理者独立核实你的命令信息和支付指令是否联系在一起。SET的双签名用来链接以你的私钥加密的命令信息和支付指令消息摘要。当完成时，你得到了包含下面内容的一个消息：

(1) OI，包括商家的交易标识符；

(2) 命令信息的摘要；

(3) PI，包括商家的交易标识符，用一个随机对称密钥加密；

(4) 支付指令的摘要；

(5) 用你的私钥加密的一个双签名摘要（OI摘要＋PI摘要）；

(6) 你的账号，还有用支付处理者的公钥加密的随机对称密钥。

理论上，SET经过长期努力已经使支付卡购买比以前更安全。

管理电子邮件安全通信的主要协议有3个：PGP、安全多用途网际邮件扩充协议（S/MIME）和消息安全协议（MSP）。**相当好的隐私保护**（pretty good privacy，PGP）是一个基于文件的产品，由软件工程师Phil Zimmerman于1991年开发。Zimmerman用它来加密自己和其朋友的消息（pgpi.org/doc/overview）。

令Zimmerman成名的是，他把这个工具包开放在因特网上（web.mit.edu/network/pgp.html），允许任何人创建密钥和加密他们自己的消息。当PGP刚出来时，引起了网上争议，因为它用了128位加密术并在因特网上使用，而这种行为是美国政府不赞成的。1996年，在政府决定对他起诉后，他在加利福尼亚州的San Mateo成立了PGP公司，使这项技术商业化。一年后，该公司卖给了Network Associates。

PGP跟像S/MIME这样的协议竞争非常激烈，但是它主要用于个人邮件安全。PGP支持公钥和对称密钥加密，像数字签名。它的运作是这样的：用一个一次性算法加密数据，然后再用公钥密码系统加密这个算法的密钥。PGP也支持其他标准，像SSL和轻量级目录访问协议（LDAP）。LDAP是一个标准，用于访问特殊的信息，包括储存的公钥证书。

安全多用途因特网邮件扩充协议（S/MIME）是在1996年由RSA开发的，作为对因特网邮件旧的MIME标准的安全加强。它的建立基于公钥密码标准。S/MIME被认为是很强大的，因为它为不同的数据类型和电子邮件附件提供安全。S/MIME有两个主要的属性：数字签名和数字信封。签名通过用散列算法构成一个消息摘要来创建。

然后，消息摘要再用公钥密码系统来加密。签名保证消息在传输过程中没有被动手脚。数字钱包保证消息的秘密性。S/MIME用了一个像DES、3DES或RC4这样的算法来加密消息。然后，密钥用公钥密码系统来加密。除了这两个功能，S/MIME也执行认证。

消息安全协议（message security protocol，MSP）是一个主要被美国政府用来提供电子邮件安全的协议。它的作用是保护电子邮件附件越过多重平台。MSP在因特网的应用层操作，不包括中间消息传输系统。一个MSP消息包括原始消息内容和接收者要求的用于解密或验证收到的消息的特殊安全参数。

14.7　其他加密问题

政府规定

美国一些政府组织被授权来管理加密实施。最著名的是国家安全局（NSA），它有监控、截取和保留任何可能会损害国家安全的信息的权利。这个机构也对密码系统进行研究，有对保护美国通信的算法设计的研究，也有对监听非美国通信的密码分析学技术的研究。据了解，它是在美国的数学家的最大雇主，也是计算机硬件和软件的最大买主。

国家计算机安全中心（NCSC）是NSA的一个分支，负责列出政府信任的计算机程序名单。这个中心评价产品和推荐标准。该中心的桔皮书（Orange Book）提供了评价可信计算机系统的准则。该中心还出版了许多这方面的其他书籍，通常叫"彩虹书"。

第三个政府机构，国家标准和技术研究所（NIST），是商业部用来促进不同商业体系的标准的一个部门。这个机构开发和颁发标准，包括那些为密码函数和出口规则制定的标准。

美国出口规则把密码技术与军需品并列，并把该技术当作是一个导弹或坦克。国防贸易管理（DTC）办公室，由来自于国务院的国际军火交易条例（ITAR）办公室授权，并得到NSA的推荐，推荐的依据是可以出口的加密系统水平。

虽然加密领域充满了由最有头脑的人们设计的优秀解决方案，但它的进步却受到了国家利益和政府控制的阻碍，同样也受到了应用计算能力的阻碍。

随着当今商业的安全风险上升，对安全专家有很高的需求。许多IT顾问仅仅靠一张名片来证明他们的专业；好的安全专家需要的是特长，而不是纯粹的证书。你要看他们的经验（好的和不好的）、他们工作的技术和他们解决的问题。换句话说，候选人必须与真实世界的经验相平衡。

任何在安全商业界打拼长时间的人都需要经常地了解新病毒、评价新产品以及出席会议和培训。真实世界的技能、艺术培训和基于厂商的证书，像思科证书，这三者结合起来才能得出对一个安全性候选人能力和潜能的真实评价。

大多数成功的安全专家都是从IT专业人员做起的，他们了解如何设计和管理网络、如何认证网络、如何监控电子邮件和其他信息流量、使用什么工具来对付病毒和其他对公司重要资产的威胁，以及如何驾驭路由器和防火墙以得到最大的安全和保护。现在，一个安全专家需要精通与协议分析器和无线网络发明工具相关的算法，并且在网上要进行犯罪调查——一个很高的要求。

所有这些条件产生的问题是如何使得经验这么多的人乐于去中小型公司工作。他们中的大多数人拿着十万年薪的薪水，这超出了小公司的承受能力。小企业还可以有另一种选择，指定一个有能力的具有IT背景的人在知名的厂商进行培训，希望能处理公司面临的安全挑战。

470

14.8　电子商务启示

开发强大和可信赖的加密方法是很多组织的最优先课题。这也给社会造成了严重的问题。试想一下，如果航空公司保存的乘客数据落入坏人的手中有多危险。想象如果美国总统的行程记载于一个不安全的计算机文档中将会有多危险。医院搜集和保护敏感病人的信息，而病人相信他们的医生会保持记录的机密。试想一下这种伤害，如果病人的雇主或健康保险提供商获取了病人的文件和找到了机密数据，并以此来勒索或胁迫病人。

大部分加密系统的预防措施是防御盗窃、欺骗或滥用中的一种，但是迟早每个系统都会被成功击破。一个好的系统必须要保护它成功抵御每种可能的攻击。

随着这些弱点的存在和在线信息量的增加，内联网和加密术变得必不可少了，即使没有涉及金融交易的时候也一样。根据在线交易安全性，任何信用卡信息必须是经过小心保护的。因特网和电子邮件消息也必须要安全。否则可以控告企业疏忽或妨碍客户-商家之间的信任。

商家在考虑加密方法时面临很多选择。消息或交易要加密到一定程度，也就是使罪犯入侵系统所花的成本要比他从那个系统中获得信息所得到的好处要多得多。一个跨国银行机构必须有不可攻破的加密系统，因为罪犯会竭尽全力来获得信息。

我们主要关心的是不同的加密方法所需的费用：方法越强，费用就越高。越强的方法也通常需要越高的能力。对商家来说，在选择加密方法时，要考虑企业大小、交易信息的敏感度、自身技术实力以及财务预算。

政府法规也提出了企业值得考虑的问题。直到1998年9月，政府才允许很多有效加密软件出口。1999年年底，政府放宽了限制，开始允许56位的加密方法在海外使用。这是企业界的一次重要胜利。在过去，国际公司要尽力保护他们交易的安全。由于美国法规，国内版本的软件包的加密系统很差。公司不得不把不同类型的加密系统合在一起以达到安全级别的要求。

未来

当前加密术的公钥模型很适合因特网的公开性特点，使用像SSL和SET这些技术的应用软件的成长是最快的。许多新近的密码革新都涉及加强公钥密码系统或破解其安全性。密钥将来的发展方向是椭圆曲线密码系统和量子计算。

471

PKI的将来依赖于多个因素。技术依然由于缺少互操作性而受到批评。来自于不同供应商的PKI产品还不能互相兼容，因为PKI没有一个通用的标准。此外，无论你有没有给公司外购像VeriSign的服务，PKI系统的成本和复杂性一直非常高。这是PKI技术在全世界的应用那么缓慢的部分原因。

椭圆曲线密码系统

这个密码技术使用大量的素数来生成密钥。椭圆曲线是简单的函数，它可以被看作是一张简单的图表上的逐渐弯曲的线条（不是椭圆）。目的是用椭圆曲线来定义专门的数学运算（像加法或乘法），用来生成公钥。这种方法的提出者表示它能在较短时间内提供较小密钥，却有着相同的安全级别。如图14-7所示，椭圆曲线是能在 (x, y) 平面内以环状线条画出的函数。有趣的事情发生了，当研究这些点时，我们发现曲线刚好穿过 (x, y) 平面的整数坐标。

椭圆曲线密码系统的相关数学知识太高

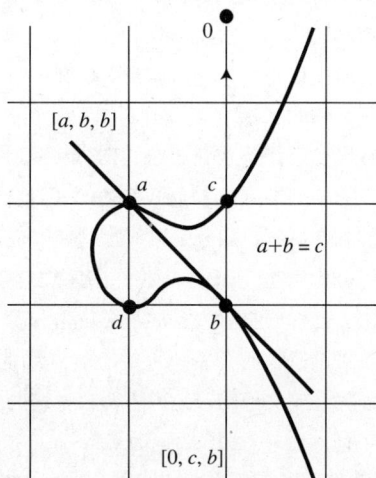

图14-7 量子计算

深了，所以没有包括在本节中。为了从公钥得到私钥，必须要弄懂椭圆曲线背后所用的数学知识。被称为"椭圆曲线群离散对数技术"的破译椭圆曲线加密术的数学知识不是很多研究的关注点，而且在过去20年中也没有什么改进。这和为了打破流行的RSA模式的不断努力形成了鲜明的对比。然而，支持者承认随着椭圆曲线密码体系越来越受欢迎，也有可能会发现新的技术而打破它当前的优势。

量子信息理论是20世纪90年代刚出现的一个全新的科学研究领域。从本质上来说，它是量子物理学到信息理论的应用，并最终演变为密码系统。Benjamin Schumacher新造了一个词汇叫做量子比特（qubit），是量子信息的一个单位。qubit的最重要的特征是它们能存储很多级别的信息，另一个独特的特征是能自动销毁它的信息。因此，量子信息不能被复制。

假设一名男子把他的包放在某幢大楼的某个地方。假设计算机能用某种方法电子化地在每个房间搜索这个包。一台普通的计算机会一个个房间地搜索，只有当发现包时才停下来。量子计算有一个更有效的搜索方法。它能把任务分解，所有的房间都同时搜索，所以它几乎立刻就找到包了。

Peter Shor当时在AT&T贝尔实验室工作，发现量子计算能用来执行一些数学运算，而且速度比一般的计算机要快得惊人。他把这一发现应用于公钥加密系统，确定量子计算机能轻易地破译流行的公钥加密方法，像RSA。但是同时，量子密码系统通过利用量子信息能够销毁信息的特性解决了它自己的问题。偷听者只有在看到密钥的情况下才能破译公钥加密系统。如果一个量子编码的公钥被偷听者掠夺，这个入侵就可以检测到，因为公钥会被毁掉，而且量子编码的公钥会重新传输直到它安全传到。

现在，量子计算更多的还只是一个理论体系。系统的工作模型已经由MagiQ技术公司开发了。这个系统允许代码的密钥通过光纤电缆以光子流的形式传输。由于量子物理学原理的缘故，观察传输过程的行为将会改变光子，因此对偷听者来说，得到的信息是完全没用的。现在，这个方法只有在专用光缆上才会起作用，因为在那里面光子传输能被控制。要更多地了解这项技术，可以访问www.vnunet.com。

小结

1. 加密术解决了消息传输的安全需求。一个算法把数据转变为一个编码消息，用一个密钥来解码或解密消息。

2. 除了确保私密性之外，加密满足其他电子安全需求：验证、完整性和不可抵赖性。

3. 基于密钥的算法有两类：密钥和公钥。对于公钥算法，RSA是最常使用的，虽然对于选择明文攻击比较脆弱。作为密钥系统，DES和RC4是最流行的。DES是第一个被商界广泛采用的对称密码系统。DES的一个增强版本是3DES——因为使用DES三次。RC4的密钥长度是40～128位。IDEA提供了强大的加密系统，用一个128位的密钥来加密64位的块，使得它对蛮力攻击有一定的抵抗力。

4. 密码分析学是一门在不知道正确的密钥的前提下解密加密消息的科学。密码分析攻击包括选择明文攻击、已知明文攻击、唯密文攻击和第三方攻击。

5. 对每条消息执行公钥认证的一种方法是发送每条消息时附带发送数字签名。数字签名的主要作用是验证消息或文档的确是由声明人发送的。这叫做认证。

6. 数字证书是一个由认证机构（CA）颁布的电子文档，通过核实用户名和公钥来建立商家的身份。CA管理公钥的可用性和使用情况，并提供证书丢失或被盗的信息。证书可以用四个级别之一发布。

7. 因特网依赖公开的标准和公开的信息交换，很多安全措施已经设置，用来应对信息交换的脆弱性。它们包括SSL和SHTTP、SET和S/MIME，其全部的目的都是为了从机密性、验证性、完整性和始发者的不可抵赖性这些方面来保护Web交易的安全。

关键术语

- 验证（authentication）
- 散列函数（hash function）
- 量子比特（qubit）
- 块密码（block cipher）
- 国际数据加密算法（International Data Encryption Algorithm，IDEA）
- RC4
- 认证机构（certificate authority，CA）
- RSA
- 认证政策（certificate policy）
- 密钥（key）
- 密钥（对称加密）(secret key，symmetric encryption)
- 密码（cipher）
- 密钥托管（key escrow）
- 安全电子交易（secure electronic transaction，SET）
- 密文（ciphertext）
- 密钥管理（key management）
- 密码分析学（cryptoanalysis）
- 消息摘要（message digest）
- 安全HTTP（secure HTTP，S-HTTP）

- 数据加密标准（data encryption standards，DES）
- 消息安全协议（message security protocol，MSP）
- 解密（decrypt）
- 不可抵赖性（nonrepudiation）
- 安全套接字层（secure socket layer，SSL）
- 数字证书（digital certificate）
- 公证服务机构（notary service）
- 安全多用途因特网邮件扩充协议（multipurpose Internet mail extension，S/MIME）
- 数字签名（digital signature）
- 明文（原文）(plaintext，cleartext)
- 数字钱包（digital wallet）
- 相当好的隐私保护（pretty good privacy，PGP）
- 目录服务（directory service）
- 哄骗（spoofing）
- 加密（译码）(encrypt，encipher)
- 公钥（非对称加密）(public key，asymmetric encryption)
- 流密码（stream cipher）
- 加密术（encryption）
- 三重DES（triple DES，3DES）

理解题

1. 根据本章的内容，加密术是为了满足一些电子商务的安全需求。列出并简要地解释每种需求。

2. 区分下列概念。

   a. 认证性和不可抵赖性

   b. 完整性和私密性

   c. 不可抵赖性和完整性

   d. 密码和密文

   e. 流密码和块密码

3. 解释信息加密过程的基本概念。

4. 什么是私钥的特别之处？什么是公钥的特别之处？一个密钥比另一个更安全吗？具体说明。

5. 简要说明下列密码系统的密钥特征。

a. RSA算法

b. DES和3DES

c. IDEA

6. 什么是数字签名？它如何工作？它和数字证书有什么区别？具体说明。

7. 简要回顾一些电子商家在日常电子通信中可以预料到的密码分析攻击。

8. 认证机构在密码系统中怎样起到一个重要作用？

9. 什么对于密钥备份、恢复和托管非常重要？

10. 列举并简要描述三种主要的第三方服务。

11. 详细描述SSL的主要服务。

12. 在电子邮件技术中，有3种主要的协议用于管理电子邮件的安全通信。简要解释每种协议。

讨论题

1. 用你自己的话来说，对于管理电子商务通信，加密术意味着什么？

2. 你认为电子通信已经严重地影响了消息的完整性了吗？查阅因特网上的材料，把相关信息带到课堂上来。

3. 你认为哪个是更好的合法证据——一个有数字签名的电子合法文档还是一个手写签名？换句话说，知道了数字签名的合法性，哪个在法庭上会被认为更有效？为什么？

4. 在什么条件下或者是由于什么原因，一个公司会选择内部管理自己的密钥和证书，而不是用一个公开认证机构？

5. 由于认证机构的目的是为了鉴别个人和组织的身份，那么谁来保证认证机构呢？在因特网上看一下"认证机构"、"加密规则"等等，并且看一下对这个题目有用的内容。

Web练习题

1. 用Web浏览器来搜索数字证书的内容。找出这个领域有什么本章中没有提到的新进展。关于这个课题写一张两页纸的报告。

2. 用Web浏览器获取关于散列算法的信息——它的函数、它如何工作和它如何不同于私钥或公钥加密术。在课堂上报告你找到的内容。

3. 一个简单的密码用A代替B，用B代替C，用C代替D等等，直到用Y代替Z。记住这些，解密下面的句子：BMM NFO BSF DSFBUFE FRVBM。

4. 访问 www.amazon.com，www.fedex.com和 www.ibm.com。调查研究以下内容：

a. 每个网站使用的服务器的类型（例如，HTTPS）；

b. SSL密码类型；

c. 有效期；

d. 认证机构的名字。

第 15 章

赚　钱

学习目标

- 现实世界的货币与电子货币以及它们的特点和使用。
- 基于网络支付的主要要求。
- 人们在网上购买商品和服务的多种支付方式。
- B2B的支付方式。
- 通过手机购买商品和服务。
- 电子货币交易和支付背后的问题和启示。

15.1　简介

　　发货前的最后步骤是支付，即赚到钱。企业可能只是一个卖糖果的小店，也可能是卖电脑、房产或汽车的拥有数十亿资产的大公司。企业可能只有一个基于家庭数据库的用以推广产品的简单网页，也可能拥有一个连接着世界各地厂商和供应商的数据库所支持的B2C环境。除了系统安装，要使电子商务能够发生，客户必须有一种方式去点击购买按钮，然后付钱。

　　在现实世界中，有3种付款的方式：现金、支票或信用卡。卡可分为智能卡、借记卡、自动柜员机（ATM）卡和其他任何形式的信用卡，它们都是为一种特殊的目的服务的：让客户不用现金付款。它们都是在线电子支付媒介。

　　任何带有支付系统的电子商务环境都需要有复杂的设计。一个支付系统意味着要确保支付的安全性、交易的隐私性、系统的完整性、客户的真实性和购买者的付款承诺，这些系统已在第13章和第14章中描述。在本章中，我们要讨论现实世界中的付款方式和它们是如何在网上的电子支付系统中得到模拟的。最后，讨论几宗微型交易及其付款过程是如何进行的。

476

15.2　现实世界的现金

　　几个世纪以来，我们都把钱作为一种简化交易的交换媒介，一种较易于确定商品价值的价值标准，一种促进储蓄概念的价值存储。在电子商务中，电子货币必须实现第一种功能。除了转账速度快、易于处理和无需携带现金的安全性这几方面外，网上支付（使用信用卡和其他类似方式）与现实世界中的现金交易并没有多大的不同。

　　因特网以外，现金依然是使用最为广泛的支付方式，它有以下几个特点。

　　(1) 方便：易于使用、易于携带和易于小额处理。

　　(2) 广泛的接受性：因为美元的稳定性和持久性，它是全世界最被广泛接受的纸币。

　　(3) 匿名性：支付现金无需身份证件。

(4) 无使用成本：对于使用现金的客户而言，它没有隐性成本，没有管理费用，也没有处理费用。对商家而言，则意味着为安全保存而需每天将现金存入银行。

(5) 无稽核痕迹：缺乏可追踪性意味着你可以用现金做任何你想做的事。在那些对货币、银行系统或政府的信任存有疑问的国家，现金被用来购买所有产品，包括房产、汽车以及其他大宗货品。信任是电子支付系统的基础。

尽管现金有这些优点，在现实世界中，信用系统对做生意而言更具吸引力，因为现金容易丢失，难以追踪，携带麻烦，计算、组织和管理都很费时。

15.3 电子货币

电子货币（e-money）是一种用以支付的电子媒介，今天已成为一种趋势。它包括信用卡、智能卡、借记卡、电子资金转账和自动票据结算中心系统（ACH）。（这些系统将会在以后的章节中讨论。）电子货币是一种标记型货币系统，可以在线也可以离线，可以被识别也可以匿名。**可识别电子货币/数字现金**（identified e-money, digital cash）包含着一些信息，能据此识别谁从银行取款。它产生一种稽核痕迹。**匿名电子货币**（anonymous e-money）的功能如同一般的纸币，它不留下痕迹。在在线支付方式中，每笔交易在付款之前都会被发行机构（比如银行）审核和批准。离线电子货币则无需确认。

电子货币有4种形式。

(1) 可识别且在线（+I+L）。只适用于信用卡和借记卡交易。买方很清楚地被识别而且在付款之前支付卡需被发行银行的电脑确认。在银行的出纳窗口办理存款是可识别且在线交易的另一个例子。出纳员要求提供带有照片的身份证以识别客户，使用工作站在线存入（或取出）客户的账户。

(2) 可识别且离线（+I−L）。通过支票、旅行支票或邮政汇票进行购物。商家要求身份证以确认购买者的身份，但不对该账户进行核实。假如支票被退票，商家就要通知购买者，追溯到发行银行，从而向购买者讨回应付款项，这是一个烦琐的流程。

(3) 匿名且在线（−I+L）。在购买者的身份未知而购买需要当场付款的情况下的现金支付。它同样适用于诸如取款、查询等的自动柜员机（ATM）交易或其他特殊账户。但是，在存款这种情况下，交易是离线的。账户只记录下存款的数额，在存款核查清楚之前，银行不会让这些钱可用。

(4) 匿名且离线（−I−L）。即电子现金，包括通过ATM对一个账户进行存款，对没有和维萨/万事达网络在线连接的商家使用信用卡等交易。

现金、支票和信用卡的分析

无论货币的形式如何，有两组截然不同的属性是在货币交换中必须考虑的：ACID测试（原子性、一致性、隔离性和持久性）和ICES测试（互操作性、保存性、经济性和**可扩展性**）。

1. ACID测试

(1) 原子性（atomicity）：一宗交易要么完全发生要么完全不发生。当你将100美元从存款转换为支票时，只有全部的数额从存款账户借记出来并付到支票账户，这次转换才能算是成功。

(2) 一致性（consistency）：参与交易的所用成员必须同意交换。在涉及购买的客户-零售商关系中，客户必须同意以一定的价格购买商品，而商家必须同意以这一价格出售该商品；

否则，将失去交换的基础。

(3) 隔离性（isolation）：任何一宗交易必须独立于其他交易而且要作为单独的事件对待。

(4) 持久性（durability）：恢复最后的一致状态或者取消交易在任何时候都必须是可能的。这意味着如果客户中途改变主意，就要退回一笔费用。

2. ICES测试

ICES测试阐述了货币转移4个方面的重要属性。

(1) 互操作性（interoperability）：能在不同的系统中来回转移的能力。

(2) 保存性（conservation）：货币如何在一定的时间内保持它的价值（时间一致性）以及如何使货币的存储和获得变得更容易（时间持久性）。

(3) 经济性（economy）：处理一宗交易应该价格合理。这个特性同交易的大小有直接的关系。只花费0.90美元去处理一宗10 000美元的购买是合算的。假如花费同样的钱只处理5美元的事情，那就显得比较昂贵了。在银行业中，不管资金转移的数量，从一家银行向另一家转移资金通常需要一笔费用（如25美元）。

(4) 可扩展性（scalability）：这个测试指的是系统在同一时间处理多个用户的能力。

现金具有除保存性之外所有ICES特征；而支票和信用卡以及电子支付方式都没有。支票交易并不是孤立的，因为支票在兑付之前，任何人都能填写支票并进而从银行中取款；支票的填写人也可以停止支票的使用。支票的资金转移是原子性的，尽管兑付支票通常需要1~3天的延时。

对现金而言，它具有ACID的所有特性。现金的问题是大额的运输和存储。信用卡对卖方好像是原子的，但实际上不是。卖方是被确保支付的，但是如果卡被偷或被欺诈使用，信用卡的发卡机构就可能要承担损失了。同样的道理，存和取的价值问题在基于信用的系统中就不实用了。

现金是最为匿名的支付方式。任何人都能走进商店，购买物品，在无需出示身份证件的情况下用现金付款。虽然有一些电子交易的方式可以对卖方掩饰买方的身份或与之相反，但支票和信用卡交易在匿名性方面弱于现金。

15.4 基于因特网支付的需求

电子支付（electronic payment）是不使用诸如现金或支票等纸质文档完成的财务交易。将你的薪水直接存入你的支票或储蓄账户，由电子设备自动地缴纳电话费，通过贩售店或借记卡处理交易等都是电子支付的形式。

15.4.1 基于因特网支付体系的模型

有4种主要的模型用以阐述基于因特网的支付体系：电子货币、信用卡、借记卡和智能卡。**电子货币**（electronic currency）是现金的网络替代物。举个例子，电子资金转账（EFT）将现金从一个账户（如雇主的薪水支付账户）转移到另一个账户（如员工的支票账户），而无需考虑银行的种类或位置。信用卡和**借记卡**（debit card）是支票的电子替代物；它们要求使用者在服务器或者具备一定上网能力的发行银行上有一个账户。智能卡是一种安装了存储芯片的卡。

除了ACID和ICES测试外，电子支付系统还有其他一些重要性质。

(1) 可接受性：要使电子支付系统工作，系统必须要被商家广泛地接受。商家必须有技术能力和加速销售的过程。

(2) 易于整合：网站的交互界面必须富有效率且能够和整个网络环境很好地整合。同时它要独立于其他任何支付手段。

(3) 客户基础：必须有足够的用户和足够的流量以支持对电子支付机制的投资。

(4) 便于使用和接入：没有用户喜欢等待。使用支付系统必须像在电脑屏幕上点击按钮那样简单。

15.4.2 电子交易体系

电子交易体系使得在因特网上处理交易变得可能，而不管客户使用的是维萨、万事达、Discover、美国运通或其他任何形式的卡。就如第9章所提到的，在因特网上做生意所要求的基本要素是店面、购物车、商家账户和用以处理客户通过信用卡或借记卡支付商家的电子交易处理系统。有一些系统可以完成这个任务，以下的例子说明了大多数因特网支付系统是如何工作的。

1. CyberCash

Bill Melton和Dan Lynch在1994年创建了CyberCash公司，现在它是VeriSign的一部分。这个公司提供了一系列的电子商务解决方案，从信用卡支付系统到安全的微小额度支付系统。还有一项独有的服务是一种可以把因特网商家连接到现有电子支付系统的网关。另外就是旨在支持在线微型支付（少于1美元）而设计的CyberCoin机制。CyberCash交易系统的重点在于安全的信用卡支付。

CyberCash服务器起着网关的作用，它连接着因特网上的商家和银行的安全金融网络。使用专用的安全线路、通过商家网站的销售交易通常包含以下的几个步骤。

(1) 客户在商家的网站上下订单，接着输入支付和送货信息以启动购买过程。

(2) 客户确认信息并点击适当的按钮，提交信息给商家。

(3) 商家发送订单（信息包）并且转寄已经被数字签名和加密的支付信息给CyberCash服务器。

(4) CyberCash服务器接受信息包，将交易移动到防火墙之后并脱离因特网，用硬件解密箱解开信息包（银行用同样的技术处理从ATM网络传来的PIN码），重组交易内容，并通过安全的、专门的线路转寄给商家的银行。

(5) 商家的银行通过处理信用卡交易的卡联盟转寄授权的请求给发行银行（或者直接给维萨、美国运通、Discover等）以征求许可。最终决定被送回CyberCash服务器。

(6) CyberCash将许可或否定的码传输给商家，再由商家提供给客户。商家再处理最后的履行阶段（按订单发货）。

一般而言，一宗交易需要在少于15秒的时间内完成支付循环过程。因为CyberCash使用电子钱包，除了客户和银行外没人看到客户的信用卡号码。电子钱包是一种电子支付系统，它就像真实世界的钱包一样，用作电子现金和信息的载体。CyberCash仅作为一种媒介，因为商家是按每宗交易缴费的，所以这套系统对于小额支付并不划算（见图15-1）。

2. NETBILL

这项产品是通过因特网购买数字商品和服务的安全而经济的支付手段。Netbill服务器保存着客户和商家的账户，允许客户支付商家所要交付的商品的费用。商品以加密的形式传送到客户的机器中。Money Tool（客户软件）证实接收后，商品被自动地展示在客户面前。

Netbill协议使Money Tool、商家服务器和NetBill服务器之间能够相互通信，其目的就是确保所有的交易都被成功地完成。

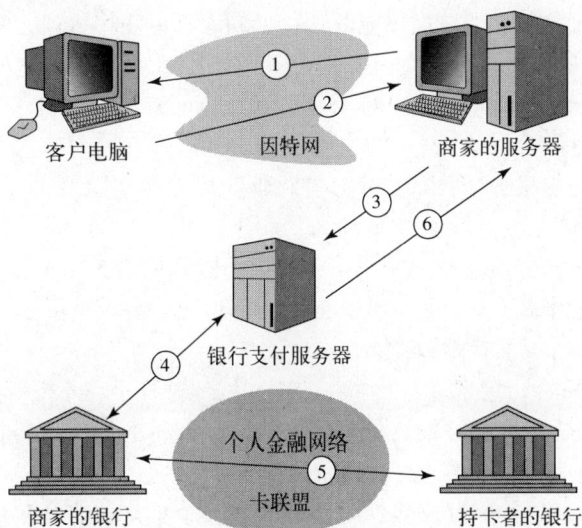

图15-1 安全因特网信用卡支付过程

图15-2展示了NetBill运作的总体结构。它的8个主要步骤如下：

(1) 客户通过在他的浏览器中点击URL来请求报价；

(2) 商家用报价回复给客户；

(3) 客户通过一个Money Tool的弹出窗口接受（或拒绝）商家的报价；

(4) 商家以加密方式传送商品；

(5) Money Tool确认商品的接收；

(6) 商家联系NetBill的交易服务器以记录交易并转移资金；

(7) NetBill交易服务器证实资金已被转移并储存密码；

(8) 商家将密码发送给Money Tool，由它将商品展示在客户的浏览器中。

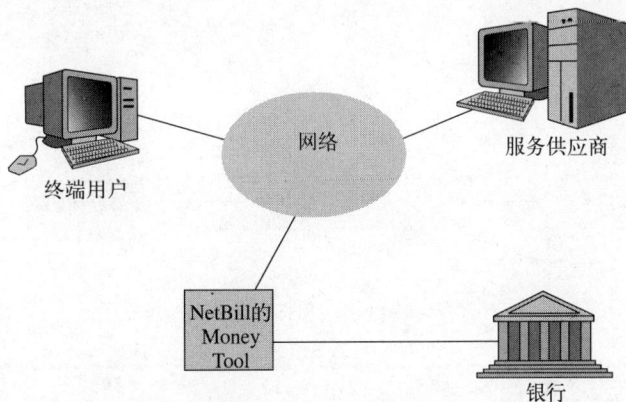

图15-2 NetBill支付系统

NetBill服务器上的账户被连接到金融机构（银行）。客户可使用信用卡或银行账户向他们的NetBill账户充值。同样，商家也能在每次卖出中将资金从它的NetBill账户转移到它的银行账户中。当客户开设一个NetBill账户时，他们会收到唯一的用户ID并产生一个与该ID相联系的公钥对，在NetBill系统内部被用于签名和**验证**。就像第14章解释过的一样，这些电子签名可证明订购商品的人实际上是被授权能做这件事的人（见图15-2）。

3. 安全电子交易（SET）

安全电子交易协议是在因特网上处理交易的被认可的标准。这套系统由维萨和万事达联合管理以确保电子支付媒介中的可靠、安全的交易过程。它涵盖了在线商务的各个方面，从持卡者在在线机构的最初注册到实际支付的各个细节。

其中的服务内容包括持卡者和商家的注册、购买请求、支付认证、支付获取、购买通告、认证撤销以及信用撤销。它通过使用密码系统的组合以及一种表示诚信等级的数字证书来完成对参与交易的各方身份的认证。安全电子交易（SET）是朝着4个重要目标来开发的。

（1）支付处理电子化的同时保持机密性。

（2）数据传输的完整性。这意味着数据在传输和处理过程中将不受损坏。

（3）认证持卡者就是事实上被授权使用该卡的人，同时它证实进行销售的商家可以通过开户银行（acquiring bank）接受被授权的卡。

（4）不同网络提供商之间的互操作性。这意味着一个更加包容和广泛的方式，得以使电子支付能够在因特网上一天24小时、一周7天没有延时地得到处理。

SET所定义的协议彻底而复杂。比如，每宗购买请求交易都要求客户和商家之间交换4条信息。图15-3给出了经典的SET交易。

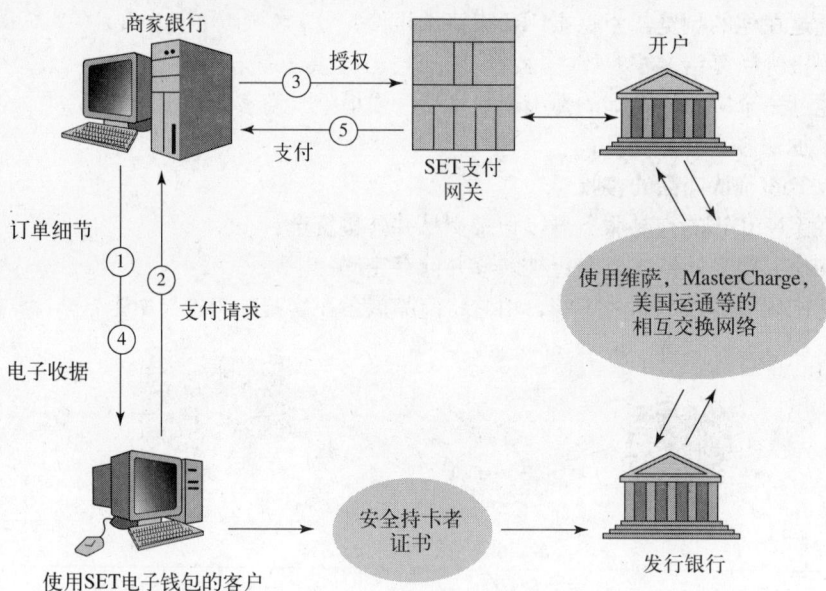

图15-3 经典的SET交易流程

15.5 你愿意怎么支付

15.5.1 电子支付介质的类型

已经有数十种电子支付介质在使用。根据在线传输的信息，电子支付介质可以被归为

3类。

(1) 可信赖的第三方类型：这种类型保留了所有的敏感信息。银行为客户保留银行账户和信用卡号，客户可以是买方或卖方。因为金融交易完全是离线更新的，所以实际上信息也不需要被加密。

(2) 标记型资金转移相关的类型：这是基于维萨/万事达 SET的交易。客户为支付将信用卡交给商家，商家通过电话线将信用卡号传输给发行银行以求得确认，发行银行反过来相应地调整客户和商家的账户。因为全部是在线完成的，为安全起见，信息的传输是加密的。不过，黑客仍然可以通过截取信息或信用卡号来入侵账户并且在电子系统察觉前获取账户中的钱。

尽管有这些问题，多年来这种介质已经成为在线支付系统的核心了，而且现在它正延伸到因特网。更加成熟的协议正在测试以确保交易的完整性。

(3) 数字现金或电子货币：这种类型允许钱本身的转移。在这种情况下，代表钱款数额的数字串在到达它们目的地的所有路径上都被加密，然后被转换成实际的钱，如美元。

人们花了许多年的时间接受纸币；人们接受数字经济替代基于纸张的经济这个过程也需要花一段时间。从长远来看，假如我们要在数字市场中更有效地工作，数字货币就十分有必要。数字货币之所以有效，是因为它有很强的适应性，并且能够根据不同的情况，像电子支票或匿名现金一样使用，而无需考虑地点和距离。

15.5.2 信用卡

为了在网络上销售东西，商家必须接受信用卡。存在着一个庞大的处理产业处理信用卡产生的每年数十亿美元的数据流量。有些公司，如美国银行（Bank of America），第一数据公司（First Data Corporation）和国家数据公司（National Data Corporation）为数以百计的银行、它们的商家和信用卡的持卡者全天24小时处理技术上的基础工作。这使客户能够在遍布全国的商店中刷信用卡，键入密码，获得收据，快速高效地拿走商品，而无需实际现金的交换，见方框"信用卡/借记卡在青少年中使用增加"。

信用卡/借记卡在青少年中使用增加

最近一项对参与青年成长计划（junior achievement program）的青少年的调查表明，有超过11%受访者使用信用卡，其中有些人的年龄只有13或14岁。另外，三成的青少年有支票账户，而且很多账户同借记卡一起被连接到自动柜员机上。

有82%的青少年信用卡使用者说他们每月都全额支付自己的账单，有18%的人说他们入不敷出，这给他们的父母带来了许多麻烦。给孩子一张信用卡或借记卡的行为并不是给他们良好的理财习惯。他们还需教导和实践。

First Heritage的商业开发负责人Myron Pristino说，那些负责地处理他们账户的青少年"开始建立像他们父母一样的自信心。"他指出，当他们为自动贷款或学校的理财寻求父母帮助时，他们需要这种自信心。

来源：摘选自Eileen Alt Powell, "More Teens Carrying Credit, Debit Cards." *Yahoo!*, April 13, 2005, Business-APConsumer Columns。

为了在因特网上接受信用卡支付，首先必须在银行里开设一个商家账户。你可以同银行咨询或者在雅虎上搜索信用卡商家服务。商家账户允许卖方接受并处理信用卡交易。在这些交易中，卡号和交易细节在没有买方身份证件的情况下仍被处理，因为客户到时必须亲自签订支付单据。

商家支付在线交易的费用等同于交易中支付电话的通信费用。交易从开始到结束所收取的平均费用不管在何地都是从2美分到5美分不等，这取决于商家每个时间段内产生交易的数量。费用包括了数百美元的初创费以及每宗信用卡交易的2%~4%的处理费用。有些银行可能还要收取对账费和每月最少20~50美元的费用。

为了在因特网上接受信用卡支付，网络商家需要一些安全的加密线路形式，通常是租用安全套接字层（SSL）（一种网景和微软浏览器使用的标准）。所有商家服务器所需要的就是一个密码密钥。

为了完成整个过程，商家需要购物车程序以便使用户能够收集他们所购买的商品。购物车界面带有诸如CyberCash的支付处理系统，它计算价格和税费，交付完整的账单以求得客户的批准。为了提高检测欺诈的水平，CyberCash为它的在线商家客户提供了实时的欺诈检测服务，当客户用信用卡去做欺诈性的在线购买的时候，就会被发现。

因为信用卡使用非常广泛，你可能会得到一个错误的印象，以为账单处理是直截了当的。实际上，信用卡只是在线支付最为方便的一种方式，它可以在全球范围内使用而不管发行银行的国家和位置，还能通过一系列的票据清算中心或联办机构处理多种货币并结清交易。

然而，信用卡的处理并不简单。

(1) 大多数的发卡方会在没有按月足额支付的情况下，从钱存入账户的这天起收取利息。有些则从发生购买的这个日期开始，甚至在它们已经以你的名义付款给商店的几天之前。

(2) 对商家而言，信用卡交易的结果是向商家的银行账户即时存款。它们同现金有着同样的效果。

(3) 法律规定，持卡者遗失信用卡的风险总计50美元。持卡者有义务在发现信用卡遗失后及时通知发行银行。

(4) 持卡者可以向发卡方对收费或购买提出争议。在这种情况下，只要情况合理，商家的开户银可以取消或调整支付。

尽管信用卡在电子商务中被广泛使用，但它留有一种完全的稽核痕迹而且仍然是一种非常不安全的支付形式。签名得不到证实，也没有可供解释的面对面的线索。商家不能分辨卡是在真正的持卡者手里，还是在一个10岁小孩、持卡者配偶或者是窃贼的手里。获取一个商家账户也不是一个直截了当的流程。假如你的在线店面是你在网络上的第一份事业，银行总是要检查你公司的财务记录和商业历史。他们会试图弄清你对网络商店的承诺是否严肃，以及在开局不利情况下你会坚持多久，等等。

假如商家得不到一个商家账户，信用卡还能以其他方式被接受。最普遍的方式是找一家作为第三方的公司来转包支付收取过程。在使用信用卡购买的处理机制方面，图15-3阐明了在因特网上与购买相关的5个步骤。

15.5.3　信用卡洗钱

作为一个商家，你会愿意把不安全的信用延伸到另一个不能自己从金融机构那里获取信用的商家吗？假如你同意将另一个商家的信用卡销售额存入你的商家账户，你将承担的风险就不止金融风险了。虽然你可以收取费用，但这种类型的信用卡洗钱违背了你与银行或信用卡公司之间的商家协议。赚取外快看上去像是个简单流程，但反过来它也能成为一个噩梦。那些被保证的容易赚取的收入经常会转变成超过所有佣金的损失。那些因为信用而被拒绝的商家通常有不良的信用记录或不善的管理。

许多声誉不佳的电话推销员利用有信用卡处理能力的商家给客户开账单。一旦从商家那接收到付款，他们就立刻关闭他们的公司，或者搬到一个新的地点，而不将商品送到客户那里去。当客户发现这种情况的时候，他们就会联系信用卡公司，并对费用提出争议。这种情况下，每一方都有损失。客户损失时间去追讨被骗的费用，信用卡公司可能不得不将这笔钱记入坏账，而电话推销员的手上则沾满了鲜血。

15.5.4 借记卡

在网络上完成支付有两种方式：借记卡和信用卡。大部分的ATM卡是带有维萨或万事达标记的借记卡。在每次购买商品或撤销的时候，它都会直接访问支付账户，除此之外，它非常像信用卡，但更简单、更方便，而且相比于支票、ATM和信用卡，提供了更多的存取钱的机会。借记卡是20世纪80年代初开始流行的ATM卡的后代。

即便这样，借记卡还是与众不同的，因为交易是通过发行银行的信用卡网络进行处理的。借记卡可以同个人身份号（PIN）一起使用，也可单独使用，而且它的使用范围几乎是任何地方——零售店、加油站、餐厅、电话亭等。当它不与PIN一起使用时（所谓的离线交易），整个程序十分简单。商家的终端进行读卡并且识别它为一张借记卡，它能够从持卡者的银行账户里取款。因为交易是离线的，不同于立刻从账户里借记，等待最终处理还要有2到3天的时间。

当借记卡用于离线交易的时候，比如在零售商店购买商品的情况下，盗贼只要拿到收据就能轻易地盗取账户里的钱。盗贼不需要拿到卡，卡号对于实现欺诈已经足够了。与信用卡不同，法律规定信用卡的持卡者需为卡被偷而承担50美元的责任，而因借记卡欺诈需负的责任会更高些。假如能在两天内通知银行发现了欺诈，责任是50美元，而两天后就会是500美元或者更高，具体数额取决于特定环境下被盗的钱的总数。

更糟的是，不考虑责任，盗贼拿着受害者的钱，而受害者将不得不从银行那里争取拿回自己的钱。在信用卡欺诈的情况下，受害者只是从银行那里讨得到因取消账单产生的有争议的费用。

当借记卡同PIN一起使用时，比如在使用ATM机的情况下，被称作在线交易。持卡者只需将卡插入机器，键入PIN号，就能像使用ATM卡一样进行处理了。

今天银行正努力推行用借记卡替代ATM卡而不问客户是否需要。理由是显而易见的，更多的商家拥有信用卡读取器而非基于PIN的读取器，银行也通过对离线借记卡业务向商家收取一定比例费用或者折扣来赚取更多的钱。比起客户填写支票，银行和商家用借记卡能赚更多的钱，承担更小的风险，因为没有支票兑付的成本，浮动时间更少，而且也不会有支票退回。

所有的使用借记卡的购买都会在银行每月寄给客户的对账单中得到反映，以便客户进行对账。

依据美国全国消费者协会（National Consumers' League）的说法，下面是消费者需要了解的有关借记卡的内容。

（1）使用借记卡使你免于携带现金或支票本。你不必在交易的时候携带旅行支票、出示

487 身份证件或给出个人信息。

(2) 相对于支票，商家更乐于接受借记卡，特别是在那些支票兑换和处理没有广泛应用的国家。

(3) 总的来说，获取借记卡比起信用卡要容易。一旦有个支票或储蓄账户，你就能得到一张借记卡。

(4) 退货就像用现金和支票购买产生的退货一样处理。

(5) 借记卡是个快速的立即支付过程。与信用卡支付不同，没有免息期。

(6) 目前的主要问题是使用借记卡可能意味着对出现那些不被邮递的物品、有缺陷的物品和被搞错的物品的情况缺少保护。而在信用卡购买中，你可以对费用提出争议，并且能在60天不予支付。

(7) 持卡者可能在发现之前就已经超支。零售商并没有验证机器用以在卖出之前查看一下银行账户是否还有余额。在繁忙时段，多数零售商只凭信任处理小额销售。

15.5.5 智能卡

想象一下丢弃你塞满了塑料卡片的钱包——信用卡、借记卡、飞行常客卡、煤气卡和进入公司要用的门禁卡，其实只需一张智能卡，就能一举完成所有的功能。**智能卡**（smart card）在1977年由摩托罗拉首先制造出来，它是一张薄薄的、信用卡尺寸的塑料卡，含有一块半平方英寸大小的区域作为卡的输入/输出系统。

这是它与外部世界的接口，而且它处理一系列的应用。智能卡包含了一张可编程的芯片、一种RAM和ROM存储组合和各种各样的操作系统，全部嵌入在塑料卡片中。它对芯片上的数字现金加密而且能通过连接到银行进行充值。相比于那些用磁条来容纳信息的卡，智能卡能携带更多的信息。芯片存储信息的能力使得卡变得智能。由于拥有相对强大的处理能力，它可以做出决定。表15-1给出了智能卡演化过程的简单概括。

表15-1　智能卡演化的概括

日　　期	技　　术	结　　构	应用内存	编程内存
20世纪70年代晚期	存储器	状态机*	100比特	序列号
20世纪80年代	存储器	状态机	最多到1 KB	序列号
20世纪90年代初	微处理器和安全微处理器	8比特	1~16 KB	8~32 KB
20世纪90年代晚期	带有用密码写的协处理器的微处理器	16比特	256字节~64 KB	8~136 KB
今天	带有用密码写的协处理器的微处理器	32比特（RISC）	80~512 KB	240~512 KB

年份**	事　　件
1968	两个德国人发明了智能卡
1970	日本的Arimura发明
1974	法国的Roland Moreno发明
1976	Bull（法国）首先注册了智能卡
1980	在3个法国城市首次出现
1982	在美国北达科他州和新泽西州首次出现
1996	首次部署在大学校园里

　*状态机是一种执行单一功能的设备。

　** Shelter和Procaccino，2002，84。

　来源：Nancy Gohring，"Get Smart," *Interactive Week*，January 14, 2001, 45。

它的众多用法和应用如下所示。

(1) 为使用者提供了购买的能力。它包含有储值，供持卡者在零售商那里使用。

(2) 保存有现金、身份识别信息以及家里或办公室的钥匙。

(3) 提供了3种类型的应用。第一种是提供信息用以鉴定某人对其个人身份的声明，它使用基于令牌的（如护照、驾驶证和信用卡）或基于知识的（如PIN序列号或密码）鉴定方法。第二种是对某些事情进行授权，如购买药方和投票选举。第三种是交易的处理。智能卡能在ATM机上被载入现金而且能像信用卡一样使用。在智能卡设计上的最新进展是获取指纹以改进身份鉴定。

(4) 对信息进行加密和解密以确保它的安全性、完整性和机密性。虽然不是原本就是匿名的，但智能卡可被设计为不共享交易信息。

(5) 作为一种价值载体在系统中使用，类似于被称为电子钱包的东西。比如，维萨 Cash 允许客户使用智能卡进行小额购买，客户可向智能卡中存入具体的现金数额，用完后还能继续充值。标准技术允许从智能卡向被授权的商家转移资金。

已知的智能卡应用如下所示。

(1) 政府。智能卡在世界各地的政府机构中正显得越来越重要。它们通常被用于控制政府雇员所能进出的范围（见方框"智能卡在美国国防上的应用"）。在法国，邮递员携带智能卡才能进入公寓，卡每天都会按照邮递员预先确定的行程来编程。卡只允许邮递员在特定的时间进入公寓，为合适的人提供方便的进出，防止入侵者。

488
～
489

(2) 身份识别。身份识别市场从与智能卡相联系获得了极大的安全性，如司机的驾驶执照、移民卡和校园身份证。佛罗里达州立大学用智能卡作为它的正式学生的身份识别卡。它是一种多用途的卡，为大学学生提供了一系列的方便和服务。学生使用这张卡可以进入某些设施，参与某些活动。假如学生想激活这些特征，这张卡可以作为在校园内外都能使用的借记卡、预付费的购物卡以及长途电话卡使用。

(3) 卫生保健。具有全国卫生保健系统的国家，如德国和法国，已经使用智能卡来减少与卫生保健行业相关的服务费用。为了方便支付，德国和法国已经发行了全国性的智能卡。在法国，智能卡着重用于保险支付系统，包括的特征有电子签名的能力和内置的加密功能。这些智能卡确保了机密性、安全性、验证、完整性，正在4个法国主要城市试用。

(4) 忠诚。零售业广泛使用了智能卡的这个应用；更具体地说，去识别和回馈客户。英国的Boots优先卡就是忠诚卡的一个例子，零售商使用它获取客户的信息并针对他们更好地开展推广促销活动。目前，英国已经发行了500多万张Boots优先卡。客户在Boots便利店每花一英镑就能在优先卡上获得4点积分。每点积分在任何的Boots连锁店中都能当作一便士使用。商店还经常为购买特定的商品提供额外的积分，这使得客户能够更快地收集积分。

(5) 通信。智能卡在通信业中被广泛地使用。移动通信设备全球标准（GSM）已经被广泛采用，比如中国香港、新加坡、澳大利亚、新西兰、印度、南非和波斯湾沿岸国家等。SIM卡保存了进入这个网络需要的信息。这种卡能够插入任何的GSM手机，而且用户会被自动记账。一旦用户的位置被发现，任何打进的电话都会被导入那个电话。

(6) 运输。非接触式智能卡技术迅速在全世界的交通业得到了认可。中国香港在大部分的公共交通系统中使用统一的八达通智能卡（Octopus Card）。八达通设备安装在市内的所用公交车中，在香港的专用电车、长途汽车和火车上，乘客同样可以使用八达通卡。

(7) 金融。金融机构是最先推行智能卡的多种应用的机构之一。智能卡在业内有几种普遍的应用，包括电子钱包、信用卡和借记卡，以及支付联盟。电子钱包用于消除在销售点的小额收费产生的费用。电子美分钱包是最大能够存储99美分的智能卡。当客户在销售点出示这张卡时，交易的数额能被取到最近的整数，而差额则被存入或借记到这张卡的账户中。

智能卡在美国国防上的应用

美国国防部的共同接入门禁卡（common access card，CAC）计划是目前正在进行的最大的智能卡工程。在这项计划中，智能卡将被发放到4百多万的军人、国防部雇员和承包商手里。

2004年3月配发了32 KB芯片的卡，它与Java技术相结合将作为军事ID卡使用，并凭此进入物理设施和政府网络。除了标准的证明信息外，每张ID卡最多有7 KB的保留空间，如有需要可被军事服务使用，比如可用于跟踪部队配置的准备情况或者在补给库中购买食品。

这种卡的基本构造是根据来自Axalto和Oberthur卡系统公司的技术，而且它已经成为五角大楼倡导电子业务的关键推动因素，包括在电子文件上使用数字签名。到目前为止，已经有350万张卡在全球900个中心以每天1万多张的速度配发。

美国国防部的努力是智能卡工业发展的强大催化剂。在过去3年中，出货到团体和政府计划的智能卡数量有了明显的增长。最显著的就是国防部的努力。我们希望将来能在其他机构看到相似的动力，包括美国国土安全部和美国交通安全局，它们估计能发出1 000万张卡。

来源：摘选自Jaikumar Vijayan "Defense Leads the Way."，*Computerworld*，February 9日，2004，31。

正如我们所看到的，智能卡能在许多方面让客户受益。总的说来，客户的生活和商务习惯与支付处理技术相结合，使客户受益匪浅。这包括更有效地管理支出，减少书面工作以及能够进入多种服务和因特网。多用途卡可以支持诸如卫生保健、旅行和金融数据读取等服务。有些智能卡也直接和因特网相连。

1. 智能卡的工作原理

要使智能卡正常运作，需要一台特殊的读卡机连接卡和电脑系统，该电脑系统要为此编程。智能卡被插入读卡机的读卡槽，智能卡具有与读卡机相匹配的特殊接触。最新的智能卡是"非接触的"，红外通信技术使读卡机能够与智能卡交换数据。在零售商店中，读卡机通常与收银机相连接。在建筑物中，读卡机被装在门上并且受控于电脑识别系统，用户可用智能卡刷过读卡机从而让卡得到扫描。有了遥控的非接触卡，它们就能在一定的距离内被读取。这就是高速路收费亭的电子支付读卡机的工作原理。

智能卡的安全性和保密性如何？比起市场上人任何的金融或交易储蓄卡，智能卡具有更好的安全性和保密性。它可以安全地存储敏感信息（密钥与口令）和个人信息。

智能卡也有一定问题。其中首要的是，它容易受到硬件黑客的攻击，这意味着存储在卡中的数据可能被更改或损坏。如果这些更改或损坏长期没有被发现，就可能导致持卡人破产。根据一份调查报告，尽管智能卡享有目前为止最安全的处理器的声誉，但却经常被破坏。

2. 智能卡如何与因特网相联系

智能卡能以多种方式在因特网中使用。第一，它可以帮助因特网用户支持既有的协议，如SSL或SET。比如，智能卡可以鉴别对加密交易或存储在个人电脑上资料的访问。智能卡同样可以使用在加密功能上，如数字签名，并且它还能存储特定协议的密钥和证书。密钥存储是能交付给智能卡的一项重要功能。同样，芯片中的密钥能让卡鉴定出它与其他有着相同密钥的设备间的通信。在没有可用读卡机的情况下，因特网系统中的智能卡被限制在某些特定目的的处理中，如用于小额支付的"电子现金"、电脑化银行业务以及交易的鉴定。

3. 智能卡的未来

智能卡的未来是很有前途的。预计世界范围内会有95%的无线数字电话服务会使用智能卡。未来5年，亚洲、拉丁美洲以及北美地区将成为智能卡潜力最大的市场。目前，智能卡主要应用在付费电话、无线电话、因特网接入、银行服务以及付费电视上。

随着智能卡和其他电子商务支付媒介的使用增加，客户将会遇到一个令人头疼的大问题，那就是要记住每张卡的密码以及对密码的更改。

有一张卡能够取代所有的这些的密码，只需简单地将拇指按在卡上，它就能被激活。这被称为**生物识别**（见第13章），或者说是使用身体的某一部分，如拇指，去鉴别身份。这张卡带有数字指纹。许多ATM机已经用扫描客户的视网膜来取代传统的密码了。

视网膜扫描的问题是需要将客户的生理特征存储到一个数据库中，这就引起了隐私问题。但是有了指纹，这种特征就只有客户才知道，而且只有当指纹所有者按下去的时候，这种特征才被激活。这减轻了人们对隐私的担心，最终可能会更加廉价，特别是零售商不再需要精细的设备去核对指纹的时候。

智能卡的下一个浪潮是作为开门钥匙的使用。现在它已经可以编程使邮递员能在一天中的某个时刻或一年中的某个时期进入大楼。在实验室中，科学家正在尝试着将集成有微电脑的屏幕嵌入智能卡中。他们甚至希望这种钱包大小的电脑能够处理语音指令。

在面临的障碍这方面，智能卡在美国的使用正遇到隐私问题的阻碍。除了将所有的居家应用放在一张卡上之外，智能卡的基础设施必须同时实现互操作性。尽管那样，因为有大量的个人信息在一张卡上，人们已经关注到有些企业获取这些信息是为了达到营销目的。而在使用智能卡为雇员提供访问控制的同时，智能卡记录了雇员在所有时间内的去向。对于很多美国人来说，这是对他们隐私的明显侵犯。

另外一方面的障碍是文化。因为美国人并未感觉到必须使用智能卡，所以也就没有使用它们的动机。相比于世界其他地方，在美国个人更强调隐私权。归根结底是只有足够的隐私保护和安全特征被嵌入到智能卡的基础构造中，消费者才会情愿去买它。

15.5.6　数字现金、电子现金和电子钱包

信用卡留有完全的稽核痕迹，这使它比起邮件或电话网络更容易被侵入性地窃取。信用卡还有其他的缺点。它不适合于冲动性的购买，因为刷卡前还需要考虑再三。另外，信用卡对于小额交易也不是很方便。

一些技术设计者发现了用数字现金这个解决方法。与信用卡交易不同，数字现金并不留下稽核痕迹。数字现金提供了真正的数字经济，在此之中，任何人可以直接支付5～5 000美元，就如同亲自用真的现金支付一样。

CyberCoin就是这样的一个数字现金系统。为了使用数字现金，你首先要在那些能够处理电子现金的银行开设一个账户（密苏里州圣路易斯市的马克吐温银行是全美第一家电子现金银行）。然后，你能以电子现金硬币（e-cash coin）的形式来取回存款，而这些电子现金硬币存储在数字钱包或者电脑硬盘上的电子钱包里。你就能在那些同样在银行有电子现金账户的商家那使用电子现金购买商品了。

492

电子现金在2002年被InfoSpace Technology公司推出作为一种电子货币服务。这项服务要求有客户机/服务器的交互，在这个交互中，客户用安全的信用卡交易购买电子现金，无需拥有电子现金的公开账户。虽然这项服务要求有中间媒介，但它在防止欺诈方面仍是最安全的。

从制度方面看，电子现金与其他形式的电子金融支付媒介没有任何的不同。如同税务局会经常不信任独立承包商的报告，担心有逃税行为一样，财政部也会鉴于早期美国各家银行自行印刷纸币而带来的混乱，抵制电子现金的发行者。

在2000年初有一项新的发展是将电子邮件和信用卡网络相结合来发送真实的现金。有个称作PayPal.com的新的在线支付系统允许注册用户向任何拥有电子邮件地址的人付款，而用户只需以在线形式填写数额。当这封电子邮件被发送时，支付就从发送者的信用卡或银行账户扣除了。注册所花的时间不到5分钟。假如另一方的人没有注册，发送者需要简单地填写一张表格粘贴在电子支付上以"标"上钱，这些钱在PayPal.com的接受者名下的账户就可以用了。这被称作**病毒产品**（viral product），见方框"PayPal一直在推进"。

PayPal一直在推进

Cybersource和PayPal的组合推动了PayPal的服务，它使零售商在信用卡外，还能让人们使用支付系统进行在线购买。PayPal是消费者不使用信用卡进行在线支付的领先服务，它由eBay所有。第三季度末PayPal在全球范围内有3 500万账户，相比于一年前的不到2 000万有大幅的提高。Cybersource帮助零售商管理几种不同的支付服务，其中包括信用卡和电子支付。

PayPal用户的增长使它自然地被添加到Cybersource处理的支付服务列表中。Cybersource计划将PayPal和其他的支付方法打包，诸如信用卡和电子借记服务。合作伙伴也希望零售商留意这样一个事实，那就是很多消费者对在线使用信用卡持谨慎的态度，是因为他们害怕个人信息被窃取。

当进行购买的时候，PayPal让用户提交一份个人身份识别号和他们PayPal账户的余额。PayPal为消费者提供多种支付方法。用户可以不需要在交易过程中输入账户号就能用信用卡支付。消费者也可以创建PayPal服务用以直接从银行账户中获取资金。

每笔交易，PayPal都向卖方收取交易额的2.9%作为费用。但是像Home Depot这样的公司，每天都要处理数以千计的交易，它们就能从信用卡公司那里得到更好的比例。问题是，PayPal是否有足够的价值，是否PayPal会变得更加便宜。

来源：摘选自Pete Barlas，"PayPal Pushes for Business Use." *Yahoo! News*，October 27，2003，Business。

电子钱包（e-wallet）

电子钱包是另一种支付方案，它就像携带真实现金和各种身份证件的钱包一样，是电子现金和其他信息的携带者。使用电子钱包的目的是给购物者一种单一、简便、安全的方式电子化地携带现金。信任是电子钱包作为电子支付方式的基础。使用电子钱包的步骤很简单。

(1) 确定一个你想购物的在线站点。

(2) 从你想购物的商家的网页中下载钱包。有一张特殊的表格要求购买者填写一些个人信息。

(3) 填写个人信息，如你的信用卡号、姓名、住址和电话等，还有商品的发送地址。

(4) 当你准备购买的时候，点击钱包按钮购买程序就被完全执行了。账单信息被自动填写。其他的选项是将信息从钱包中拖出并放到在线表格中。

假如有个折扣股票经纪人（discount stockbroker）用现金或空账户为客户提供电子贸易（electronic trade）。为了在网络上电子化地进行交易（买/卖），第一次会要求你在屏幕上填写一张简短的表格，写入你的姓名、账户号码、住址、电话号码等等，而且要输入一个预先分配的密码。一旦系统接受了这张表格，它会问你是否想用自己的密码取代原先分配的密码。这就完成了你的电子交易资料的创建。你的现金或空账户就是电子钱包。它携带了现金的价值。你做的每笔交易都将影响电子钱包的存货，不是将电子现金拿出你的电子钱包就是将它放入。

为了保护隐私有些钱包放在你的电脑硬盘中，有些则放在作为把管主机的电脑中，你可以从几个不同的地点访问你的钱包。大的在线购物站点（如亚马逊）有他们自己内部的钱包。你只要简单点击鼠标就能购买和支付了。其他的有些站点会存储你的姓名、住址、信用卡号，因此你不用再次输入这些资料。有些银行，如MBNA、NextCard和First USA已经在为他们的客户提供数字钱包了。微软公司提供Passport，而IBM有它的客户钱包。

亚马逊的1-Click系统是一个颇受欢迎的基于站点的钱包，它建立在和客户的既有信任关系上。如今电子钱包的问题是它都与具体的零售商捆绑在一起。你能想象对于每个与你有往来的零售商，你都要有他们的电子钱包吗？最终，人们会设计出一种方法让一个钱包能在不同的零售商之间使用。目前最普遍的钱包在图15-4中列出。

493
～
494

钱包卖主	服务内容
美国在线	仅用于在美国在线购物
Brodia.com	直接营销工具：消费者能在不同的站点使用
CyberCash	面向CyberCash商家消费者的附加服务
eWallet	基于客户的桌面应用：购物助理
Galtor.com	直接买卖工具：配有一个"在线伙伴"用以存储密码和信用卡号
IBM	为企业客户设计的IBM支付套装的一部分
Trintech	放在桌面的一张卡或一个工具条；放在服务器或桌面的多卡服务
雅虎	仅在雅虎内购物

图15-4 最普遍的电子钱包

为了更容易建立多站点的电子钱包，最近人们设计了一种被称作电子通用建模语言（Electronic Common Modeling Language，ECML）的联合协议，于1998发布。美国运通、IBM、微软、Sun公司、维萨、SETCo，以及万事达都支持由ECML编译的电子钱包。ECML被设计用于填写表格，读取域名字的列表并填入客户之前提供的信息。因为该规范没有考虑安全机制，所以不知道还要多久它才会被采用。现实中的钱包放在你的身上。你信任你自己，而且经验告诉你你能够保护它。而要让人们信任电子钱包，设计电子钱包的公司需要同银行一起协同工作，赢得大家的信任，建立可靠的保护。

15.5.7 电子资金转账和自动票据结算中心

电子资金转账（EFT）是一个基于电脑的系统，它加速了资金的交换和金融机构间当天或隔夜金融交易的处理。银行间的交换是专用网上最早的电子支付系统之一。

自动票据结算中心（ACH）在金融机构间发送银行的交易，使得金融机构各自所有的账户能被借记或贷记。假如你目前在银行A的支票账户有100美元的结余。有天早晨你到银行柜

495

台往你的支票账户中存入280美元的薪水支票，它由你雇主的银行B开出。柜员将"不是我们"的支票存入你的支票账户中，并且给你一张显示总的结余为380美元的收据，但是此时账户中可用余额仍是100美元。柜员要"冻结"薪水支票，因为在这些钱能为你所用之前，它必需与ACH结算。以下是结算支票的一般处理过程。

- 你的银行（A）发送薪水支票到ACH，支票分类/读取器扫描支票并根据银行的代码判断它是要从银行B的一个账户中取钱。
- ACH向银行B的网络询问，决定它是否认同这张数额为280美元的薪水支票。
- 与ACH相连接的银行B的电脑系统检查这张支票和对应的要取钱的支票账户。假如检查通过，280美元就被贷记到银行A。
- 银行A把这些钱转到你的银行账户（见图15-5）。

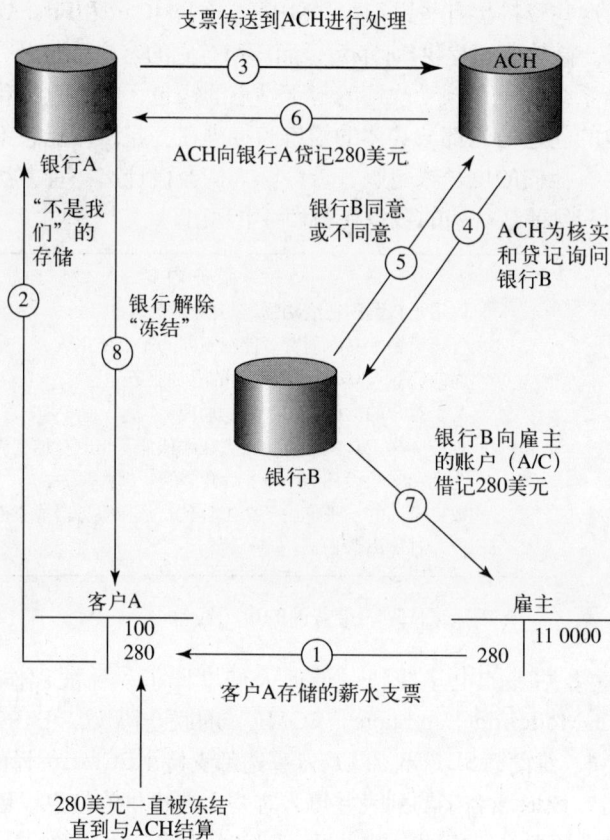

图15-5　ACH的支票结算周期

15.6　B2B和电子支付

B2B（企业对企业）电子支付系统的诞生正在成为吸引人们眼球的领域，它能够节省处理开支，提高企业间金融交易的整体效率。该领域是电子开票和支付（EIPP）系统的一部分。这个系统的目的是将事情自动化，从卖方如何出示发票到买方企业如何支付发票。EIPP最显著的优点是节省了人员、邮资和处理成本。据估计有85%以上的节省在于省去了人工对发票的处理，减少了账单纠纷，以及不必写退款支票。

位于康涅狄格州的Gartner公司估计大企业发送的发票中最多有15%会引起纠纷，而处理每张这样的发票需要花费20~40美元。有了EIPP，客户能够在他们的屏幕上浏览账单的细节，提交争议，能选择只在线支付部分账单。

每次提起电子支付这个话题，就一定会提起人们对欺诈性订单的关注。在期待在线电子支付（其实是任何支付手段）最终完备之前，在线商家应该要留意以下几种情形。

- 昂贵商品。小心大订单，尤其是那些购买高价的名牌商品的订单。
- 订购多种商品并要求将其发送到多个的可证实地址。
- 提供不同的地址，一个地址留作发送货品，另一个地址用作发送账单。后者就非常可疑。
- 提供难以追踪的电子邮件地址。通常免费电子邮件账号就属于难以追踪的电子邮箱。
- 海外地址。有些国家欺诈案件高发，欺诈者会提供不可证实地址和完全不存在姓名等。
- 要求电子商家将昂贵的订货放在门边或指定的商店前面。

总之，EIPP最明显的优点是更有效的货品计价、更快的支付接收、更方便的收据处理，而且能够减轻那些曾经用于处理发票和抱怨的客户服务工作。目睹未来2~5年这项技术如何帮助企业发展是一件十分有趣的事情。

15.7 移动商务和移动支付

今天，移动商务和移动支付所关注的焦点是在像移动电话和PDA这样的无线设备上进行安全的支付。移动商务的成败取决于它的支付基础设施以及能否安全可靠地传递机密数据。随着世界范围内消费者移动性的增加，移动商务的基础设施也必需能够在任意位置的授权交易方之间，以及在任何时刻以一致的、能共同使用的方式来处理支付。

万事达公司在这方面处在了领先的位置，它同金融机构和技术公司合作创建了移动交易的标准。通过全球移动商务互操作集团（见www.gmcig.org）为演变中的移动商务市场建立安全的支付标准。

安全和方便是使用移动设备进行交易的两个重要动机。电子化意味着授权是基于支付系统对账户所有者的鉴定，但它可能因各种原因不能成功。现有的系统无法识别使用者的欺诈行为。由欺诈所造成的损失要通过法律或行政手段解决，而不是通过技术手段。因为银行无法证实真正的持卡者就是实际上购买的人，所以必须取消信用卡购买和电子货币转账。

从方便这个角度说，不管行走在路上，还是在汽车上，或是在飞机和火车上，手机都能被用于购买商品和服务。使用者可以查看账户余额和交易的记录。用手机支持其他的一些应用同样十分简单，如投资、零售支付、小额支付和普通的银行业务。

图15-6是通过手机进行交易的体系结构图。其中关键的成员是用户、移动设备以及移动交易的提供者——银行和移动运营商。每笔交易都有3个独立的过程：

- 通过密码与生物特征等对用户进行识别；
- 通过加密机制（如数字签名）对交易进行鉴定；
- 通过安全支付协议，如安全电子交易（SET），整个交易过程安全地运行。

497

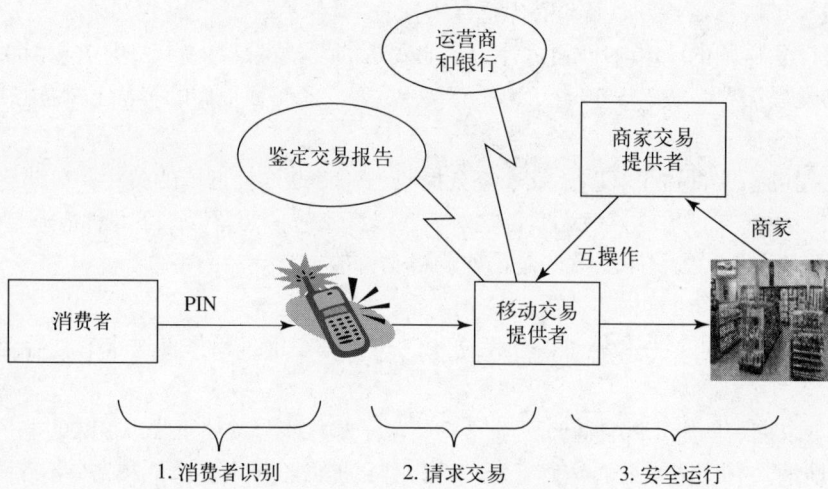

来源：改编自Amir Herzberg，"Payments and Banking with Mobile Personal Devices." *Communications of the ACM*，May 2003，54。

图15-6 移动交易的体系结构

15.8 电子支付的一般准则

尽管有许多的选择、流程和可用的技术支持，但在网上支付商品和服务之前，要先学会一些一般准则。

- **使用安全的网络浏览器。**在今天的充满安全威胁的因特网中，浏览器必须有最新加密功能。当提交支付信息时，要保证"锁定"图标在浏览器的状态条上可见。
- **认真阅读网站的隐私政策。**具体地说，要了解网站会如何使用你所提供的个人信息。
- **在最终决定购买之前，要知道商家的退款和退货政策。**要求退款和退货通常是比较烦琐的。
- **在初次购买之前要调查商家是否值得信赖。**你要知道到目前为止，并不是所有的网络商家都是可靠而长期运营的。
- **记录所有的在线交易并经常检查电子邮箱和其他的联系方式。**在最终决定购买后，大部分的商家会发电子邮件给你以确认具体的信息，就像给你发收据一样。
- **仔细检查信用卡的财务记录以确保其真实性。**确保将任何未授权的购买行为和账户中的不规范的记录及时告知发行银行。

除了FTC之外，还有其他的一些机构帮助处理欺诈和不诚实的交易，包括金融机构、当地的消费者保护协会和法律执行机构，如你所在州的司法部长办公室。你需要记住一个重要的电话：1-877-FTC-HELP（382-4357）。

15.9 问题和启示

伴随着由电子商务增长而产生的网络流量的增加，你应该知道一些关于电子支付方法的问题。这些问题可按如下归类。

（1）消费者的需求。什么特征可以让电子支付对消费者和商家来说都更加便宜和安全？

(2) 公司流程。今天不断增长的电子商务企业将如何影响未来企业在市场上的运行模式？中小规模的企业将从电子支付系统中受益还是受损？

(3) 公司战略。电子支付系统会最终掌握在少数金融机构手里，还是会产生一些小的银行专门迎合这种需求去结算和处理数字商业交易？

(4) 竞争管制。政府如何保证网络上公司间的公平竞争？人们期待什么样的标准？我们如何确保金融服务提供商会以公众的最大利益行事？政府如何在像因特网这样的开放网络上向电子资金流通征税，尤其在加密技术越来越成熟的情况下？

499

(5) 经济和社会发展。政府是否会取消用现金做生意？如果会，它对商业和社会会有怎样的影响？假如在因特网上向商品和服务收税最终成为难以控制的大问题，政府是否会找到新的方式收税？

大体上，现在的技术似乎完成了在网络上进行安全电子支付的工作。微型支付（如前所述，少于1美元）和高额支付有不同的安全和花费要求。所有的迹象表明，智能卡读取器将被广泛地用于加快小额支付的速度。最终，智能卡和电子钱包会提供更好的安全性，允许用户在交易安全的情况下使用陌生的工作站。

15.10 结束语

将在数字世界中应用于电子商务的支付系统事实上与现实世界中的支付系统是同一类型。它同样包含现金（用于小额和匿名支付）、支票、信用卡，以及含有优惠购物券和有价券的系统。它与现实中基于纸质的支付系统有同样的一个商业模型，不管是看上去还是感觉起来，至少一样划算和安全。而执行却完全不同。

在客户、商家和支付系统的完整性方面，如果没有授权，则一切都免谈。而如果没有明确的协议阐述所有必要的支付细节，没有人会愿意付钱。任何情况发生都会留下蛛丝马迹。也就是说，假如某人A接收到钱，A就能证明这一点。假如没人给A钱，就不可能证明A得到了钱。用于处理纠纷的规则和技术流程也是支付系统的一部分。

在隐私方面，外人不可能知道支付的细节（客户、商家、账户号码、数量、日期和时间、支付信息，等等）。同样地，支付的匿名性要被保护。客户应该是匿名的，而商家不应该能够将同一客户的任何两宗支付相联系。同时，支付系统也不应该追踪支付到客户。

最后，隐私、货币、银行业务、金融在未来都是加密的。但是因为加密使得它们的通信能够避开合法的监测，这威胁到了一个重要的法律执行工具的使用。现在，银行间的电子支付信息为了防止被非法监测大部分都是加密的。当然，嵌入交易的安全措施越多，信息到达目的地花费的时间就越长。这与电子支付的高速和高效率特征是相矛盾的。但是，这就是今天电子支付行业的运作方式。

500

小结

1. 现金有着独特的方便特性，如广泛的接受性、匿名性、无使用成本，而且没有稽核痕迹。但在现实世界中，电子货币在支付和开展贸易方面正变得越来越有吸引力。从消极的角度看，现金容易丢失；难以追踪；携带麻烦；而且计算、组织、管理都很耗时间。

2. 电子货币有4种类型：(1)可识别且在线，信用卡和借记卡交易；(2)可识别且离线，用支票、旅行支票或邮政汇票进行的购买；(3)匿名且在线，现金支付；(4)匿名且离线，电子现金，如通过ATM机向某人的账户存款。

3. 不管货币的类别和形式如何，在货币转移中需要考虑有两组截然不同的特性：ACID测试（原子性、一致性、隔离性和持久性）和ICES测试（互操作性、保存性、经济性和可扩展性）。

4. 电子货币、信用卡、借记卡和智能卡是基于网络支付系统的4种主要模型。除了有ACID和ICES的特性之外，还有一些与电子支付系统相关的非技术特性：可接受性、易于整合、客户基础，以及便于使用和接入。

5. 通过因特网的支付系统包括CyberCash和First Virtual。安全电子交易是在因特网上处理交易的标准，它是基于4个主要的目的开发的：支付的机密性、传输数据的完整性、对持卡人的认证，以及跨越不同网络供应商的互操作性。

6. 电子支付介质可以根据信息在线传输的类型归为3类：(1)由可信赖的第三方（比如银行）保存所有的敏感信息；(2)标记型资金转移的相关类型，如维萨卡/万事达卡的基于SET的交易，在这种交易中，客户向商家提交信用卡用于支付；(3)数字现金或电子货币，允许具有价值的货币本身进行转移。

7. 借记卡和信用卡是在线支付的两种方式。借记卡直接将资金从客户的银行账户中转移到商家的银行账户。信用卡留有完全的稽核痕迹，它不适合冲动性的购买，对于小额购买也不方便。

8. 智能卡是内置了存储芯片的卡。它含有持卡者存入的价值，并能在零售商店中使用，它还能够提供对持卡者的身份识别。同时它的数据能够携带，并且能帮助企业扩展它们的产品和服务。

9. 数字现金是可选的另一种支付方法。它没有稽核痕迹，代表一种真正的数字经济。从法规管理的角度看，数字现金在传输中与其他任何种类的电子金融支付媒介没有任何的不同。电子钱包给了购物者一种简单、方便而且安全的携带现金的方式。

10. EFT是一个基于电脑的系统，它使资金的电子转账和金融机构间金融交易的处理变得更加容易。ACH是一个自动结算中心，银行的交易在此借记或贷记到正确的金融机构和正确的账户。

11. 加密技术是隐私保护的未来，同时也代表了货币、银行业务、金融业的未来。货币是数字信息，隐藏数字信息的方法就是通过加密技术。

关键术语

- ACID测试（ACID test）
- 匿名电子货币（anonymous e-money）
- 验证（authentication）
- 自动票据结算中心（automated clearinghouse，ACH）
- 生物识别（biometrics）
- 机密性（confidentiality）
- 借记卡（debit card）
- 电子货币（electronic currency）
- 电子资金转账（electronic funds transfer，EFT）
- 电子支付（e-payment）

- 电子货币（e-money）
- 电子钱包（e-wallet）
- ICES测试（ICES test）
- 可识别的电子货币（数字现金）（identified e-money，digital cash）
- 完整性（integrity）
- 可扩展性（scalability）
- 安全电子交易（secure electronic transaction，SET）
- 智能卡（smart card）
- 病毒产品（viral product）

理解题

1. 列出现金独有的特性并加以解释。

2. 解释电子货币重要的特点。

3. 说出两者之间的区别。

    a. 原子性和隔离性   b. 可扩展性和互操作性

    c. 一致性和持久性   d. 验证和互操作性

4. 假如你要指出现金的两个问题，那会是什么？请具体说明。

5. 基于因特网的支付有何要求？请简单解释每条要求。

6. 信用卡和借记卡有什么主要的区别？为什么有人更爱用信用卡/借记卡？

7. 什么是信用卡洗钱？你认为怎样才能阻止它的发生？

8. 解释智能卡的特性和它的使用。

9. 电子钱包有什么独特之处？它与真实的钱包有何区别？它的工作原理是什么？

讨论题

1. 为什么有信用卡的人想在网络上使用电子现金系统？

2. 对于安全电子支付系统，它有哪些对安全的要求？你认为这个系统目前够安全吗？

3. 你为何认为传统的支付系统不适用于电子商务？

4. 在本章所提到的电子支付系统中，你认为哪个比较适合于B2B的交易？说明你的答案。

502

Web练习题

1. 访问亚马逊和戴尔的主页。辨别每个电子商家的支付方法和每个站点安全措施的种类。

2. 浏览美国银行（www.bankamerica.com），Wells Fargo银行（www.wellsfargo.com）和Wachovia银行（www.wachovia.com）的主页。比较并评价每个站点的支付系统。

3. John想用电子现金为住在另一个城市的妈妈Jean付款。他该怎么做？

4. 要求你用15分钟的时间来介绍电子支付系统的结构和在小商店中使用它们的流程。准备一下你计划要说的大概内容。你将会把重点放在哪里？

5. 访问CyberCash的网站（www.cybercash.com），写一篇关于这个公司的报告，要涉及该公司的电子支付系统、基础设施、价格等。

503

第五部分

管理问题和客户相关问题

第 16 章

走向在线

学习目标
- 怎样在因特网上建立一个企业——从始到终？
- 如何进行有效规划？
- 电子商务基础设施中的硬件、软件、安全性和装配的考虑。
- 电子业务设计中的主要因素。
- 怎样在因特网上树立形象？
- 怎样管理客户反馈？

16.1 简介

在因特网上建立一个企业需要仔细规划，了解目标客户群，选择正确的产品和服务。规划意味着解决IT基础设施问题，并在上线之前链接到因特网服务提供商。站点应该使得电子商务市场刮过一阵微风，抓住客户的注意力，留住他们足够长的时间以产生销售，最终目标是培养一些回头客。

产品交付是关键。整个过程应该包括一个跟踪系统让店家知道什么时候谁收到了产品，紧随其后的确认出售的电子邮件是一个机敏的方式去感谢客户并确认承诺。

客户服务对建立客户忠诚度有很大贡献。购物体验应该对商家和客户都是没有风险的，那意味着必须为网站和服务器采取强有力的安全措施加以保护，使交易免受黑客的攻击。

电子业务不再是一个替代模式，它正在成为必不可少的商务模式。成千上万的个人和企业都在网上树立形象，从个人网页到店面，形式多种多样。新的网上参与者包括已经成名的大公司比如通用汽车和从零开始进行在线邮购业务的个人，都希望挣到钱。现在已经几乎不可能数清因特网业务的种类了，不管你是从事拍卖，还是卖棒球帽，还是卖杂货，或是卖股票，在试图上线前都需要遵从一个流程。

规划新站点，对企业做些市场营销，提供很好的服务，保持安全性，这些在电子商务面前都需要赋予新的意义。本章我们将把重点放在这些问题上。

16.2 生命周期方法

我们在这里和在全书中，都遵从一种生命周期方法（请看图16-1），每一个阶段都已在前面各章中详细论述。

(1) 业务规划和战略定位阶段：拥有一个愿景，准备一个业务规划，定义目标市场，设定当前目标和长远目标。

(2) 网上基础设施、安全性和设置阶段：确定怎样上线。

(3) 设计阶段：建立站点，并将它部署到因特网上。

(4) 营销阶段：做广告宣传站点，建立反馈机制，提供客户服务。

(5) 履行阶段：出售和运送产品。

(6) 维护和提升阶段：让业务保持增长。

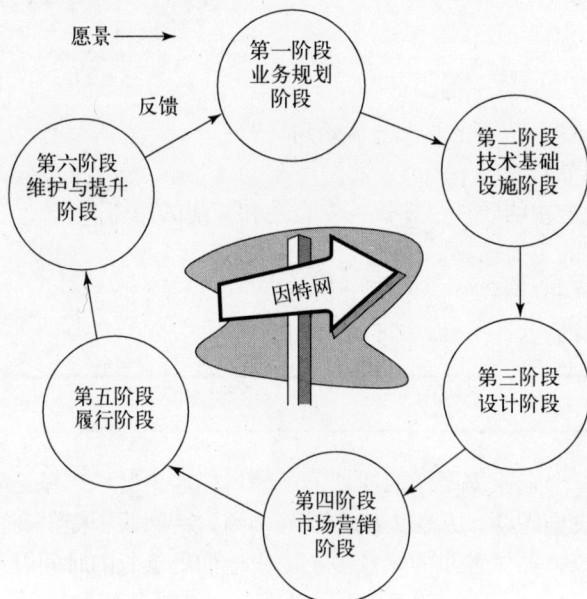

图16-1 构建因特网企业——生命周期

当要上线时，有大量的事情需要考虑，这可能会使人畏惧，但是首要的问题是要规划和事先考虑好整个过程，而且必须在资源投入启动之前。

下面是一些决定电子商务事业成败的具体目标：

• 创立和维持一个竞争的锋芒；

• 减少运行成本；

• 改进员工之间的交流，提高他们的满意度；

• 为产品或服务找到新市场；

• 改善与提供商品（电子业务）的伙伴之间的关系；

• 建立独特的分销渠道；

• 保证客户满意（客户关系管理）；

• 改进供应链管理。

16.3 业务规划和战略制定阶段

在因特网上做生意的新公司必须进行规划、拥有愿景和得到财务上的支持。小商家每年只投入500美元就可以在线销售商品，但是要取得成功，你需要在这之前做仔细的规划（请看方框"启动一个电子商务站点真便宜"）。

启动一个电子商务站点真便宜

当Leslie Gordon开始寻找一条途径从赫德逊山谷在线销售她的产品的时候，她没有多少钱，也没有多少时间和计算机知识。她所有的只是对电子商务网站的高度期望，相信它是时髦的、强大的、很有适应性的。31岁的Gordon说，"对我们来说最重要的是找到一个低成本的解决方案而不牺牲质量、精密性和灵活性。"

Gordon在Homestead.com上找到了她的低成本电子商务网站解决方案，网站每月向她收取150美元费用托管Madeinthehudsonvalley.com网站。她用Homestead提供的网页设计工具创立了自己的站点，又利用了托管者提供的市场营销服务的优势。

研究公司In-Star MDR的商务基础设施和服务总裁Kneko Burney说，寻找一个低成本的电子商务网站进行创业不像三年之前有那么多选择了。但是这并不一定是坏事。Burney说，那些留下来的网站服务提供商应该是更大型更强大的公司，它们提供很好的服务，并且很可能将长期为你提供服务。

除了节省了她估计原来要花在请一位程序员定制她的站点方面的1万美元，Gordon对于结果也很高兴。她说，"它们的功能方面模仿了亚马逊上的功能，在形象和感觉上都一样。"对许多小企业来说，在线销售仍然是一个极好的点子，很便宜地建立自己的在线店面的机会是大量的，而且立竿见影。为了帮助你决策，我们调查了5个很有知名度的低成本电子商务网站解决方案。

来源：摘选自Mark Henricks，"How Low？" *Entrepreneur's Be Your Own Boss Magazine*，June 17，2003。

规划指的是评价公司的定位和竞争对手情况，设定今后几年的目标，以及找出如何实现这些目标的途径。这个过程在电子商务中尤其重要。拥有网站并不就能使得一个传统的公司变成了一个电子商务公司。不像传统公司的运作方式由企业控制着渠道，在电子商务中客户控制着渠道、要求产品创新和期望个性化的一对一服务。任何的战略规划都只能在一个很短的时间内管用，传统的战略规划方法，包括设计任务口号、确定目标和制定实现这些目标的策略，太过烦琐。当一个企业完全经过这些阶段的时候，已经有竞争对手捷足先登。表16-1总结了传统的企业和电子商务企业的战略制定过程的不同。

表16-1 传统业务与电子业务战略制定过程比较

因　素	传统业务	电子业务
进入障碍	位置要求（也就是说，建在原材料和市场所在的地方）	时间和空间的限制，有限的财力，独特的产品和特别的技能
竞争基础	改进的产品，更大的产品	更智能化的产品；产品和服务上的创新，比如有人在销售小船上的远航仪
控制基础	制造商	客户
组织	层次化的部门	连到网上的专业性小组

（续）

因　素	传统业务	电子业务
市场营销与销售	大众广告投放	大众个性化
定价	根据原材料的价格	交易成本直线下降，例如股票由零售经纪商销售的价格是35美元，由折扣商销售则为23美元，在因特网销售仅为6美元

正在上线的公司需要努力解决几个基本的问题。首先，在因特网上开展业务的最好方式是什么？其次，公司的多少业务应该放在因特网上？把网站部署到网上就能吸引一些客户来购买你的产品这样的事情并不会简单地发生，必须进行战略规划。这种规划包括最高管理层的支持，并在那个层次上任命一位主管，他将承担和支持这个推动到因特网的行动。正像国家半导体公司的Jim Gibson所说，"必须要有来自高层的管理负责人才能形成电子业务的良好氛围。"

首次进入者面对的另外一个问题是"什么时候"的因素：什么时候企业应该上网？许多人可能赞成等等再看，但是如果亨利·福特等待气囊开发出来后再去制造汽车，他就不会被称为"汽车之父"了。在因特网上开展业务的关键点之一是竞争优势，即你在竞争中棋高一招。仔细规划、一开始就了解涉及其中的所有东西、保证管理层的支持和充足的资金应该能降低进入风险。

直到现在我们一直在强调的是电子商务建立的最终目标是把用户与内容连接起来。所以，审阅一下你的网站上的用户的需求信息，盘点一下你希望提供服务的内容资源——文本、应用、数据库等，都是非常重要的。对驱动项目的模型类型没有一个清晰的构想是要出问题的。在下列领域内制定战略规划之前就贸然前进会冒很大风险。

- 愿景：什么是企业努力想要实现的？这些目标怎样达到？网站将怎样来实现这些目标？你怎样衡量成功？
- 资源：你的企业能承受多少负担去建立一个合适的网站？公司内部有没有人能够把愿景转变为现实？
- 文化：你的公司政策上是否适合于协调各方力量支持这个销售新方法？谁最终对网站的内容和用户反馈有控制权？

我们也对新手们提出一些问题：

- 准备的主要产品或服务是什么？
- 上线的主要目标是什么？是得到新的客户吗？是帮助现有的客户吗？还是推广现有的传统业务？请看方框"规划的作用"。

规划的作用

……我所为之工作的客户是一家在线结婚注册网站，公司叫做1000Mabrouk.com，线上线下都有企业，与在黎巴嫩的最有名的商店网络做生意，并为将要结婚的新人们提供服务。通过在网站上注册结婚，这些夫妇可以从由不同商店提供的物品中选择一些组成他们的"祝福礼品单"。受邀参加这些夫妇结婚仪式的嘉宾可以从"祝福礼品单"中选购一件作为礼品送给新人，或者也可以从网站上选购其他礼品，或者简单地就送些钱作为"购物礼品券"。

在这个项目的分析过程中，我发现新婚夫妇、嘉宾和订单的数量都相当大，从而需要做一个SQL数据库连接到这个电子商务站点。

一开始就建立流程图，就可以为后面节省很多金钱和时间，当开发已经取得进展时就来不及了。流程图通常由主页开始，包括所有最终都将挂在站点上的不同的内容。

来源：Shireen Halawani, "Going Online", 部分引用于一个实际的网站项目，2003年春季，第3期。

除了这些领域，考虑一下领导的作用和有愿景的领导者怎样把可能变成实践是很重要的。杰出的组织都有远大理想，能够从组织的迷津中识别和引导出很好的想法。

16.3.1 规划过程：战略

1. 规划

上线的最关键的部分是规划——蓝图。对于投资你的企业的人来说，他们在关注你的概念或产品之前需要相信你的商业模型和你的管理团队。商业模型应该显示一个可靠的和较大的利润流、一个可持续的专卖优势、一个设计合理的增长策略和一个可靠的财务支柱来支持增长和赢利。

什么内容要包含在蓝图中呢？下面是一些可供实践的想法。

- 在线业务是一些什么内容？做些什么事情？要走向哪里？
- 企业怎样运作？计划从哪里产生利润？
- 公司怎样同竞争对手比较？
- 公司想要进入什么样的市场？
- 在执行宏伟规划时准备花多少钱？

正像你所看到的那样，在线规划是一个包含沟通、管理和计划的工具，也是你公司的简历。作为一个沟通工具，它可能吸引投资、保证贷款、鼓动员工们加入，以及吸引战略商业伙伴，一般地，这也是吸引生意的前置条件。作为一个管理工具，规划帮助你跟踪、监控和评估你的进展，规划是个活文件，具有内在灵活性，可供将来修正而反映变化、进步和潜力。作为计划工具，规划带你通过不同的业务阶段，帮助你识别路障和障碍，从而能够避免它们，并建立替代的途径。

2. 过程

电子商务给一个组织提供了绝好的机会可以从任何地方在任何时候做生意。公司可以扩展客户群、获得增长、提升赢利能力。由于潜力无穷，建立一个电子商务业务可能是公司所能做的商业运动中最重要的一个。这就是为什么第一步应该做好战略规划。

想成为一名在线零售商，该怎么去做呢？第一步是决定在一个给定的时间区间内要做些什么事情。你还需要考虑你想卖什么，目标受众是谁，访客一旦接入你的网站想干些什么，等等。一些产品或服务并不适合在传统世界销售，可能正好适合在网上销售——例如，稀有书籍和旧书。你必须选取那些满足新生的网上客户的需求和充满独特机会的产品和服务。这样，规划步骤就是关于你所卖的产品或服务的所有一切，以及你如何解决购买那些产品或服务的客户的需求。

下面是一些在线商家应该考虑的战略规划问题。

509

(1) **你在多大程度上熟悉因特网**？网上的不确定性和无纪律性使得新的事业遇到挑战。减少风险的关键是把关注点放在你所知道的东西以及访问你的站点的客户的类型上。因特网产生了新生的客户，越来越多的访客在购买之前都对产品进行广泛的研究，你应该与访客们一样充分掌握竞争对手的知识。失去客户给竞争对手意味着客户们跟你说再见了。

(2) **谁将买这些产品**？了解你的市场是很关键的。一个在线零售商必须了解产品能吸引哪部分网上市场和产品多少程度上满足了客户的特殊需求。一旦市场找到了，你就可以一天24小时专心做好服务。

(3) **你是打算短期存在还是长期存在**？你进入因特网只是宰一刀就跑还是谋求持续增

长？日用品比如T恤或袜子是很适合网上销售的物品，因为客户每天都需要购买而无需试穿，信息密集的产品（股票、证券交易、旅行服务）也是很适合长期销售的物品。短期物品比如棒球帽可以是时效性的业务，但你应有足够的定力熬过淡季。

(4) **谁是你的竞争对手**？一个产品很少被遗忘在一边而没有竞争对手经营。以因特网上卖书为例，书可能是旧书和稀有书籍，网络也是一种理想的载体，但是亚马逊或Barnesandnoble.com将找到一条途径克服挑战，分化你的网站流量。

(5) **你的产品看上去有多好**？在今天的多媒体世界，形象很重要，因为客户不能感觉或触摸产品，它在显示器上陈列的方式是关键性的。例如，如果你卖衣服，当给衣服拍照时你可以使用真人模特，然后把模特的头部和身体部分剪辑掉使得产品看上去更加真实。

(6) **如何提交产品**？这个问题涉及计划交付的产品的范围、定价、替换（如果物品缺货的话），并建立客户的订单。你会根据客户要求定制产品吗？你能根据你的客户所期望的知识来处理发来的电子邮件吗？记住你必须遵从广告真实性要求，它要求你绝对不能在广告中进行误导。

(7) **你将如何管理和处理交易**？所有物品都缴税了吗？税费和运费应该自动地加到客户所接受的订单的总价内吗？在什么状态下销售额含税？你将接受什么类型的支付方式（信用卡、数字现金）？

(8) **产品如何运送**？产品付款后现在准备运送给客户，怎么打包并运走？例如，卖鸟听起来好像是不错的主意，但是你需要找出方法把它发送到全国各地。尺寸、重量、产品期限、运送速度和成本都是需要在规划阶段考虑的因素。记住美国联邦贸易委员会1975年通过了一个法规要求你必须在收款30天内把货物送出。

(9) **你如何对付不可预计的变化**？不可预计的在线变化是生活中常有的事情。技术、用户、竞争和购物趋向经常在变。进入网上商务后而把它想象成只有一次性的开发成本是错误的，你需要每时每刻规划维护、升级和提升站点性能的问题。到时候应该准备好资金去实现那些变化。

(10) **你怎么处理客户关系管理**？网站拥有者应该为用户反馈调整好交流渠道。客户关系管理对于保证回头客户群正变得极其关键，还有重要的一点是要从客户的冲浪模式中学习利用客户所做和所学。

容量规划（capacity planning）与关于反馈的战略规划有关。想象你已经在因特网上了，所有事情都看上去运行得很好。你的客户很兴奋，业务开始滚雪球。突然，你的网站开始慢下来，响应速度现在是20秒而不是1~2秒。站点功能还在，但是事实上已不能运行。

美国在线花了很大力气才发现这个问题。在提供每月无限制的接入到它的在线服务后，系统的过载导致了上百万客户很不高兴。经过加班加点工作进行系统升级后美国在线才恢复正常的服务，它付出了几百万的赔偿才恢复与客户群的完整关系。

诸如此类的例子都展示了规划可扩展性的重要性，亡羊补牢是很困难的。本阶段的目标是保证你的客户不去另外的地方。在满足每时每刻可用的要求后，你的企业必须确保流量不间断地通行在可靠的网络上。如果网络不能迅速扩张满足突然上涨的流量情况，客户是不会傻傻地等待的。对于任务关键型的电子商务应用，任何崩溃或速度减慢都是不可接受的。

16.3.2　走向全球化

战略规划意味着要考虑走向全球的政治因素。追求全球策略意味着对信息技术提出了更高的要求，它不仅仅是设立国外分部或在国外雇用信息技术专家，最重要的是研究那些国家的习俗、交付成本和雇用法律。

在充满走向全球的兴奋劲的同时，许多疑问都提了出来，而且必须在进入下一步之前给予解决。最后，网上内容必须定制以免与当地国家的习俗和认识相冲突，甚至网上的营销也必须考虑当地的假期和大型活动。

采用全球化策略意味着要设立国外的分部，雇用国外IT人才。树立国际化形象要做的首要事情是研究那些国家的习俗、交付成本和雇用法律，否则全球化扩张可能变成全球性灾难。

[511]

需要记住的重要一点是要用新的方式担当一个国际化的角色。你的网页的内容在每个国家将如何翻译？送货成本会抵消你的赢利吗？你能部署自己的工作流程而不违反所在国家的法律吗？

像本地人一样去思考是很重要的。如果你的网上内容没有翻译错误的话，国际化的市场营销能起巨大的作用。考虑一幅显示在墨西哥搭顺风车的网页广告，在那里搭顺风车的人被看成是买不起汽车的穷人。文化的敏感性应该在确定市场营销策略时小心掂量。

与全球化问题相关的还有供应链因素要考虑。你应该早一点考虑电子商务基础设施是否能应付你的国际化通行，你还需要了解世界各地通过网上订购的商品的真正的运送成本。经常有这样的情况，当地的送货费用使得在线产品购买根本不可行，这就提出了是否电子商务在一些国家根本就不可能赢利的问题。

16.3.3 确定网站类型

规划阶段的一个重要步骤是确定电子商务模型的类型，以适合你将在因特网上进行销售的产品或服务。可以把电子商务商业模式分为社区型、内容型和商务型。消息板和聊天室是社区类型网站的例子。信息内容网站提供了广泛的数据种类比如股票指数。商务型网站涉及客户或组织在线付钱购买广告上的物理商品、信息或服务，所有带因特网地址.com的组织都是商务类站点。

表16-2按照产品类别（商务或内容）和市场类别（B2C、B2B或C2C）列出了代表性站点。在B2C商务中，网站是销售产品和服务的商家和通过网站订购这些产品和服务的客户之间的界面。在B2B商务中，一家公司从另一家公司订购供货是为了制造一个产品卖给客户。C2C商务是像拍卖场一样的市场，一个客户与另一个客户接触并达成交易。

表16-2 电子商务战略的类型

电子商务站点	市 场 类 别	信息或产品类别	内　　　容
亚马逊	B2C	物理商品：书籍、音乐、日用品	文章、聊天、客户反馈
Barnesandnoble.com	B2C	物理商品：书籍、音乐、杂志	文章、聊天
Cisco.com	B2B	物理商品：网络产品、基于Web的服务	公司相关的内容
Dell.com	B2C、B2B	物理商品：硬件、软件、应用	聊天、公司相关的内容

（续）

电子商务站点	市 场 类 别	信息或产品类别	内 容
eBay.com	C2C、B2C	服务：广告、在线拍卖	
TDWaterhouse.com	B2C、B2B	服务：折扣经纪商、财务信息	股票指数、投资信息、服务

不管你用什么方式看，要保证站点对你的企业和客户有好处，一开始你就需要清晰地定义站点的目标。把关注点放在主要的功能上，按照交付货物给你的客户的要求来开发你的站点。当树立在线形象的时候，清晰地定义目标总能帮助你在某些方面保持优先。一些主要的网站目标有以下几种。

- 营销。如果你的主要业务是交付一种线下的服务，那么你应该有一本在线的小册子描述这种服务。
- 在线销售和服务。如果你的主要业务是销售物理商品，那么把注意力放在创立一个在线店面，给客户有一个地方的感觉，使购买简单方便。
- 信息交付。如果你的主要业务是出版和传播信息，那么站点应该提供某种形式的在线出版物。你应该说明怎样为内容付一点费用，通过征订或按使用付费的方式。
- 客户支持。你应该提供如何使用你的产品的小帖子和小窍门，提供一页常见问题（FAQ）列表使得客户易于找到他们需要的信息。这些功能很容易自动化。

一旦你对在线业务的目标有了清晰的认识——你的客户是谁，你要宣传推广什么产品，竞争特点如何——你就需要组织一个网站并决定是否要分期开发或者一次性搞定。你还需要决定是自己开发站点（用你自己的工作人员）还是外包这个项目。

规划的另外一个方面是列出几个解决方案制作一个详细的需求对照表。一种方法是提交方法：建立一个委员会召开战略会议产生宏伟规划。一个用Web Strategy Pro制作的网站样板开发规划已经由Palo Alto Software公司出版发行，参看www.paloalto.com。

16.4 硬件、软件、安全和设置阶段

没有合适的工具就不能驶上信息高速公路。在因特网上树立形象这个阶段，必须决定网上浏览所要的硬件、所用的软件和用来保证客户与企业之间可靠交换的安全设施。第一组问题要解决买什么样的硬件。它应该要多快？质量、可靠性和持久性怎样？需要什么类型的调制解调器？你应该买什么牌子？你通过杂志买还是从商店里买？你从大公司买还是从小公司买？

512 ≀ 513

16.4.1 硬件

计算机硬件一直在变得更快、更聪明、更小、更便宜。对于因特网来说有一些部件必须考虑。首先，你需要一台具有很多存储空间、一个强大的中央处理器（CPU）和一条到因特网的快速连线。不管你的计算机运行在什么平台，你都能找到适合它的一个浏览器。Web浏览器使你在任何地方都可以连接到因特网上的Web服务器。浏览器存储图像，因此需要很多存放空间。当浏览器接入一个页面时，它把图像存储在访客硬盘上的暂时目录（**快速存储**）下。当一个请求提交上去要求接入或读取图像时，浏览器就从快速存储那里取到它而不是再从网络上去取。当你退出或一个预先设定的时间段过后，浏览器将清空快速存储。要得到充分的快速存取，应该有至少60 GB的硬盘存储空间。磁盘空间越大，接入到已存储的数据的

速度就越快。

处理器的速度是以MHz来度量的。在今天的因特网上，使用处理速度小于1 GHz的机器是不够的。图像占据了大量的存储空间，花费比文本更长的时间下载。Web浏览器程序也需要大量的随机存取存储（RAM）。由于大多数个人计算机使用Windows操作系统，RAM存储量越大，处理就越快。要在网上进行浏览最小512 MB的RAM是需要的。

其他硬件包括显示器、鼠标和调制解调器。在挑选显示器时，色彩是一个基本要求。你应该注意要保证明亮、清洁的色彩和显示信息的清晰度。对于个人电脑，显示器应该是Super VGA以充分利用色彩的广泛组合。

鼠标（mouse）让你很容易地在网站上遨游，你几乎可以不用键盘。**调制解调器**（modem）是一个翻译器，有不同的速度。它的速度越快，它能提供的带宽（速度）就越宽。

16.4.2 软件

要使在线业务有竞争力，必须找到能管理产品、宣传、客户和订单的软件。程序可用来处理税费计算（税务软件）、送货和付款处理（Cybercash或OpenMarket）。你是要找一种设计方法把你的产品插进去，还是要定制店面的感观？你是想要一个模板而让你只做一些填充工作，还是想要像微软的Site Server Enterprise或者IBM的NET.Commerce那样的程序？

在因特网上冲浪需要一些基本的软件。

- FTP：与远程计算机交换文件。
- Telnet：让你登录到一台远程计算机接入远程账号。
- Archie：根据你所提供的搜索关键字在网上找到文件的一个程序。
- NetNews：让你浏览因特网上成千上万个特别兴趣新闻小组的一个新闻阅读器。
- 电子邮件：收发电子邮件给任何人、从任何地方、在任何时间。
- 串行线路接口协议（SLIP）：连接你的调制解调器接入到因特网的一个程序。
- 浏览器：让你在因特网上冲浪。

514

16.4.3 寻找因特网服务提供商

找到一个因特网服务提供商可能是很困难的，这依赖于企业坐落在哪里，网站上的业务的性质和数量，等等。因特网服务提供商不会积极地做广告，你必须寻找他们、评价他们的服务、确定费用，以及约定最后的连接情况。InterNIC是一个因特网组织，它保存着一个全国各地的因特网服务提供商名单。其他的也有，比如美国在线也保存了一个，尽管他们只提供一定程度上有限的接入。

16.4.4 安全

如果要讨论上线的构建阶段的核心部分，那么有4个精华部分：安全、购物车、支付系统和市场营销。**安全**是关键的支撑，必须在每一个步骤中都起作用。从战略规划到履行，从商家开始想象网站的样子的时刻起直到开始处理交易，网站必须是绝对安全的。**购物车**（shopping cart）把产品从虚拟的货架上取下，并把它们放在一个虚拟等待区域。为了在网上售物必须使用电子支付单（主要是信用卡）。

谈到安全，网站规划师需要看一下3种重叠的风险：文档安全、隐私和系统安全。文档安全制定了网站及其信息的完整性，网站设计中的安全特征保证没有人能破坏站点本身的完整性，何况是在它的内容或结果中的信息。客户隐私与访客硬盘中的嵌入式设备追踪站点使用情况有关。访客应该小心这种营销战术，应该能选择决定商家是否允许保留这样的链接。系统安全处理网络、Web服务器和电子商务基础设施避免没有授权的访问和阻塞电子商务流量的方式。系统安全已经在第13章进行了详细阐述，加密在第14章中讲述。

在线业务提高安全性意味着遵从几条简单的规则：

- 控制接入到Web服务器；
- 更新服务器软件，制定安全措施保证服务器和网站的完整性；
- 使用**防火墙**保护商家的内联网；
- 监控流量，及时检测不正常现象，把损失减到最小；
- 把Web安全交给合格的**网站管理员**；
- 保证每一个硬件和软件都有热备份。每一个路由器、程序、Web应用和防火墙随时都必须有备份。如果一个站点最终用户任何时间都不能用了，那么公司不仅失去了生意，也会失去信誉。

16.4.5　专家知识

知道要做什么去保证网络的性能远比知道怎么做重要。为了保证技术的先进性，越来越多的企业把网络解决方案外包出去，而不是依靠自己的力量来解决，这已成为趋势。在这个意义上说，外包具有很高的性价比，因为外包帮助电子商务企业把注意力集中在它们懂得最多的地方。

为了保证可靠性和完整性，专用的工作人员必须要有实践知识。要现场解决问题，电子商务需要安全专家、网络和通信专家，以及服务器软件和架构方面的高手。当为电子商务网络流量问题选择一位提供商时，企业必须把专家放在最优先的位置来考虑。设计很好的网络基础设施很快就会崩溃，如果没有所要求的工作人员随时对它进行维护和升级的话。

16.5　设计阶段

本阶段的重点是放在设计网站，把你的产品或服务以最好的方式表达出来。站点也把你的公司推介给了通常不来访问你的店面的客户。作为一名网上商店的经理，你应该考虑你需要多少技术，你的站点适合谁，以及谁制作站点。一旦建起来运行，你将需要一位网站管理员保持站点更新和一位网络管理员保持硬件和软件正常运行。

为了熟悉网站设计，你必须接入因特网上的资源，通过咨询专家帮助做好规划。大多数的资源网站是隔一段时间进行更新的，一些搜索服务也会有感兴趣的话题。规划内容和导航系统应该考虑以下几点：

- 限制垂直下拉范围为一个到一个半页面；
- 当使用很长的文本密集的页面时提供链接（锚）到同一页中的子节，在每一个子节的结尾提供链接回到页面的顶端；
- 建立有用的组织结构帮助用户定位信息；
- 使用结构化的导航帮手，理清组织结构，并使它易于接入到主页和站点内的其他主要区域。

16.5.1　网上店面

网上**店面**的目的是实现销售。网站应该快速载入、简单导航，应该提供你的企业的大量信息，应该包括你的物理地址、电话和传真号码，应该在VeriSign的安全站点程序或InterNIC（两个都是非赢利的私人组织）处注册。除了在很多**搜索引擎**（雅虎、谷歌等）注册外，你可以通过在列出网站、在线新闻小组和新闻简报等内容的杂志和书籍上发布新的在线商店的方式来产生流量。**广告**交换服务也是一种低成本的产生站点流量的方法，并使你的站点看上去更专业。一个店面应该具有4个属性。

(1) 客户应该能够快速找到产品，有一个8秒准则：不能在8秒的时间内找到他所要找的东西的客户将离开这个站点而到另一个站点去找了；

(2) 站点应该有机制来处理订单，并发到履行中心以便快速安全地打包和运送；

(3) 站点应该有机制生成订单的总结，并给出一张可打印的收据；

(4) 站点应该有机制发送一个确认电子邮件给客户。

每一个网站后面都有一组程序存储在服务器上，把你的应用提交给客户和托管服务器和应用的硬件设备。下面是一些包含在程序组中的程序。

- 数据库服务器。为客户应用提供安全接入到共享数据。
- 店面管理程序。确定以下事项：商店怎样开门和关门，管理产品信息和站点外形，配置运送选项，增加和编辑产品信息，修改定价，以及建立产品推广策略。
- 商品目录制作程序。提交客户必须看到的产品信息，这一特征应该允许客户搜索产品。
- 购物车。与物理上的购物车相似，让客户收集和存放他们正在购买的货品直到实际购买功能被执行完。当客户浏览产品目录或数据库时可以根据意愿增减物品。
- 订单处理系统。处理采购订单，包括订单结算、税费计算、运送成本计算和运送信息处理，它也确定付款方式（信用卡或数字现金），生成详细的销售报告和客户报告。

对于第一次在因特网上开设店面的中小企业来说，最容易的选择是做一个像微软Commerce一样的预先打包的电子商务系统。更大的公司，比如全国性的邮购商店Crutchfeild公司（www.crutchfield.com）或者Dell（www.dell.com）从头开始设计它们的店面。你自己设计的优点是对站点有完全的控制权。

517

16.5.2 自建或外包

规划阶段引出的问题之一是网站是应该由企业的IT部门来设计，还是应该让一个外面的网站设计者来设计。自己部门来做的优点是能够对整个项目进行控制，而承担这个项目的公司工作人员对所要表示的公司形象和产品比较熟悉。缺点是有效的网站设计需要有经验和专业知识，而这个公司内部人员往往比较缺乏。

把网站设计任务交给外面的咨询公司有明显的优点。咨询师可以帮助你确定受众，选定合适的因特网服务提供商，设置网站，设计和部署网页，宣传页面，提供一系列处理物流和流量阻塞的解决方案，以及Web性能监控等。

是要在内部进行设计还是外包项目很大程度上与你要花费多长时间做好这个事情和多快才能完成有关。如果这个项目将被安排为分批完成而你已经拥有一些受众，那么你需要考虑客户在你网站的建设过程中流向其他竞争对手的机会成本。专业性的公司可以评估你的站点，帮助你做出必要的改变来改善总体性能（参见方框"网站测试、交付和跟踪"）。

如果你想要站点吸引用户并在竞争中胜出，想要一个圆滑、热闹的站点，那就要费点钱了。设计的成本只是开始，根据企业选择的方式，你需要考虑设置费用，建立商家的银行账号以供购买后进行付款，信用卡验证服务和软件，按月支付的站点托管费用，站点设计师和支持人员的费用等。

网站测试、交付和跟踪

　　Webking是一个自动的网站测试产品，它把最重要的网站验证工作都自动化了，包括静态测试、功能回归测试和负载测试。产品改进了功能性、安全性、性能、可靠性和可接入性，以及Web应用的提交。为了验证功能性，Webking让用户记录关键用户的点击路径，通过在浏览器中跟踪这些路径，然后它自动配置和执行功能和回归测试来验证路径和页面内容，对微小差异忽略不计。

　　为了验证应用程序如何处理实际的流量级别、模式和组合，Webking提供了智能化的虚拟用户和精密的准备运行的负载测试场景。用户可以很容易地定制这些初始的测试成为不同的路径、工具、交通组合、负载分布等等。为了验证应用的前后端是否构建合理，Webking的静态测试识别出客户端一边不遵从可以避免功能性、安全性、提交和可移植性等问题的开发规则的代码，识别出不遵从项目或组织品牌、内容和设计规则的页面，识别出不遵从Section 508[①]的可接入性规则的页面，以及带有断开的链接和拼写错误的页面。对于安全性验证，Webking的安全模块静态地分析了代码，从客户端一边加强了组织的安全政策，然后进行渗透测试确认这一政策被正确地实现，并在服务器端合理地运行。

　　来源：摘选自www.parasoft.com/webking。

16.5.3　你将提供什么服务

　　一个网站的基本基础设施由文本、图形、音频等页面和与其他页面的链接组成，其入口称为**主页**（homepage），这是用户首先看到的东西，将建立对网站内容的第一印象也是持久性的印象。主页决定访客是否浏览进入后续的页面或者只是离开并转向竞争对手。主页应该简单，使用合适的色彩，并具有组织良好的**按钮**（button）和最少的文字。

　　网站的下一个层次是把数据输入到系统的能力。例如，填写一张表格，发送一条关于产品的电子邮件消息到公司，或者发送关于产品或站点的意见。要做到这些，你必须有能够接收并进行处理的一台服务器。网站设计这个方面的其他考虑有以下几点。

- 用户控制和自由。用户应该能够取消和重做他们错误选择的路径，重新回到站点内的出发点。所有页面应该允许客户在站点内从任一页面到另一个页面进行导航。
- 一致性和标准。不应该让用户搞不清楚是否不同的单词或行动就意味着不同网页上的不同事情。
- 识别而不是记忆。对象和选项应该是可见的，不需要记忆或解释。
- 高效设计。对话不应该有无关当前阶段的信息或者很少需要的信息。
- 出错恢复。错误信息应该用简单语句显示，表明问题的来源，并描述改正错误的方法。
- 帮助台。网站应该有一个特征，用户可以去那里就相关于产品、服务、如何订购等等活动寻求帮助。

　　设计阶段的结果是设计师的创新思想和用户的期望之间的折中（网站设计已在第8章中讲述）。

　　一旦已决定要在网站包含什么内容和采用什么格式，下一步就是页面到哪里存储了。如

---

　　① Section 508是美国政府基于互联网协会的网页内容无障碍指导原则所制定的强制性法案。——编者注

果你是一个小企业，并且你只有有限的网络技术，你可以让因特网服务提供商把网站载入到它的服务器，并让它更新站点，管理站点产生的流量。这个方法的主要缺点是对敏感数据缺少控制。由于因特网服务提供商还要管理其他企业，你的业务数据可能变得很脆弱。另外一方面，如果你把网站建在自己的服务器上，你需要考虑维护、监控和更新站点的成本。

16.6 市场营销阶段

通用术语**电子营销**（e-marketing）用来描述所有Web适用的营销渠道，它正在以极高的速度增长。网上销售产品或服务完全不同于店内销售，因为客户可能只有几秒钟时间来看一下你提供的东西。物理位置的重要性几乎消失了。然而，应该注意当在不同国家销售物品时的文化差异，以及一些国家对某些物品的限制。例如，通用汽车的诺瓦（Nova）在拉丁美洲卖得不好，因为在西班牙语中"诺瓦"的意思是"它不走"。一个美国公司在非洲卖的婴儿奶瓶上画有可爱的婴儿的照片，但卖得并不好，因为在非洲食物产品总是带着容器的照片。

尽管传统商店与电子商务店面有很大不同，许多店内销售的重要因素对于网上创业也是重要的。精确的信息，好的信誉和形象，服务的稳定性，好的广告，以及对客户的了解都能帮助在线店面的成功。营销阶段的本质是提供好的服务，有诱人的广告，了解客户，出售产品或服务，以及售后跟进。存货问题和备货控制也是本阶段的相关话题（见图16-2）。

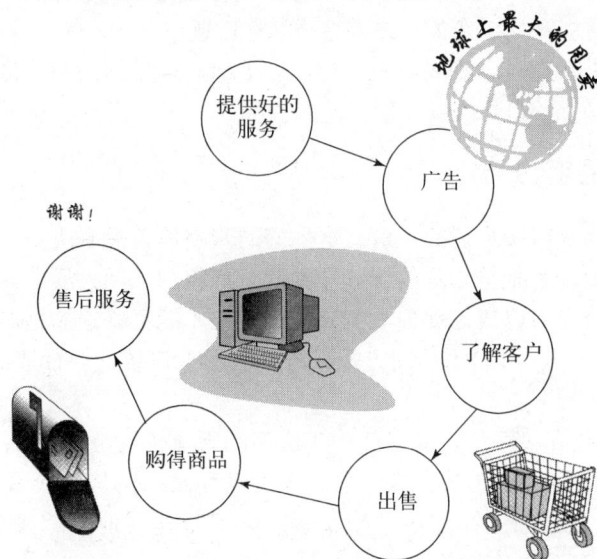

图16-2 营销阶段

16.6.1 提供好的站点服务

维持精准的信息是营销中的一个主要步骤。太多的企业建立了网站但没有完全估计要求保持信息最新的维护工作。过时的信息可以引起潜在的客户失去对站点和产品的兴趣和信任。客户经常特别希望好的服务，似乎带着要证明某些事情是怎么回事或者在不同的情形下会怎么样的心情，因为在许多他们要在线采购的情况下他们却不能触摸或实际看一看物品。你所提供的服务和产品在价格上必须一致。无法满足客户的期望则是营销失败的开始。

16.6.2 广告

把新的网上公司放到市场上的一个重要方面是广告计划。网站应该是实际企业的一面镜子。以下是推广网上企业的几点技巧：

- 通过因特网搜索引擎像雅虎和网景来发布网站；
- 发布一个新闻通报；
- 获得从其他网站的链接；
- 从其他网站处购买广告标题；
- 在新闻小组内发布新站点消息；
- 通过电子邮件做广告。

当客户以前从来没有接触过你们公司的时候，因特网搜索引擎提供最方便的接入到你的站点。通过向引擎注册并让你的站点在它们的搜索表上置顶，你可以极大地增加受到客户青睐的机会。由于万维网很大使得随机相遇的机会很小，搜索引擎提供了你的企业与正在寻找相关产品或服务的客户之间的联系。

通过新闻通报、电子邮件和新闻小组的广告也可以产生效果。把公司名称和网上地址放出去是很有效的。通过电子邮件进行直接营销的新技术正在得到关注，比如电子邮件营销工具Broadc@st。Broadc@st和其他类似的产品利用你数据库中的客户信息，不管是购买的还是收集的，通过电子邮件发送客户定制的广告。尽管这样的技术可能很管用，营销员们应该小心**垃圾邮件**，这可能吓走潜在的客户并造成法律问题。

除了这些媒介外，你可以利用电视、广播和平面广告。你公司选择的渠道应该适合于你公司的需求，接触到你的目标受众，而且不超预算。

16.6.3 了解你的客户

部分营销功能涉及对客户群的了解。这个好的营销信条没有改变，即使你的企业移到电子化的环境。它的目标是把符合你的统计准则的目标客户一网打尽。熟知谁在购买产品或服务、谁在看网站的公司可以决定如何改变公司的业务才能更好地满足客户的需求。要了解谁构成你的客户群的信息，可以用不同方式获得，包括人口统计、计数器、电子邮件、表格，或者使用cookie。

当有人访问你的站点时，数据库自动在访客的硬盘上建立一个很小的文本文件，成为cookie，让公司获得客户访问站点的信息。你可以存储采购信息或者存储区域性的人口统计式的采购资料，然后细化你对客户的了解。cookie和其他跟踪设施已在第10章中详细论述。

扩大你的客户群的第一步是找出在给定的某一天、某一个星期或某一个月你的站点得到了多少次点击，这可以通过被称为点击计数器的方法达到。点击计数器通常由因特网服务提供商提供。许多公司通过在站点上开展调查活动实行更加具体的客户研究，要么是放上与数据库连接的表格要么就让参与者从站点发送电子邮件给公司负责分析数据的员工。这些调研可以带一点激励，所以客户很愿意来填一些表格。

不管一个企业多么了解客户，为客户建档和跟踪他们的数据是在线营销的基本工具。这是决定提供什么样的产品，保持多少库存，监控销售而不管流量情况，以及更新网站的前提。

518
~
521

16.6.4 把东西卖出去

为了留住买家让他下一个订单，网站必须提供易于使用的采购功能。这意味着要装配一个购物车，设定自动的税费和送货计费软件。商家也可能要给网上买家提供特别折扣和产品包装，让客户确定送货和付款方式。另外，尽管在销售之前保护隐私是重要的，但在把东西卖出去时加密技术也很关键。

简化订购过程与卖东西密切相关。理想的订购过程是尽可能快速地让客户进入购买流程并把他们采购的商品放入购物车。调出客户以前的订购单和收据可以增值，因为这能帮助买家不用重填信息，不用追问家庭与朋友的地址。例如，亚马逊和Virtual Vinyards能提醒客户以前曾经买过什么产品。尽管这个追踪系统不太容易实现，但其好处则是不可估量的。客户感到有价值，将来必有回报。营销功能已在第11章中更完整地论述。

安全地存放用户的地址和信用卡数据可以加速采购过程。依靠产品选择的深度，弹出的菜单可以用来帮助产品选择。L.L.Bean网站采用下拉式菜单提供立即接入到同一个页面中几百个产品名称来加速客户的浏览过程。另一方面，许多站点只是简单地给出很长的文本表单，让客户点击多层来看完整的产品线。

1. 备货控制

备货控制在卖东西的过程中也很重要，而且在复杂的订购（比如戴尔在线出售定制式的计算机）中尤其关键。即使备货的状况正常更新，客户也可能找不到他们想要的货物。商家为了能提供替代品，网站服务器需要知道这些产品是如何相关的。例如，如果商家椒盐饼干缺货，买家愿意接受薯片作为替代品。不幸地，这种特征并没有做到大多数数据库结构里面。一个设计很好的电子商务结构应该让公司把这样的属性加到每个产品中。

一旦客户把货物放到购物车内，简单的存货检查是不够的。一些客户可能在某一天把某些东西放进购物车而以后再回来订购。如果该产品那时正好缺货公司该怎么办？一个好的策略是当客户把货物放进购物车时就用一个cookie或者用用户名和口令来跟踪。如果客户离开站点超过几个小时，公司可以检查一下确保客户回来时选择还是有效的。

2. 收钱

电子商务网站应该尽可能多地接受信用卡。许多站点要求传真订购，800电话订购，或其他形式的线下处理以完成销售。这些方式无疑更容易实现，但是并没有满足客户的网上购物的期望。如果客户断开网络链接去写订单并抓起电话去买产品的时候，这笔业务就会丢掉。正像在第15章中讨论的那样，万事达卡和维萨卡是两种购物者用的最多的卡，但是聪明的站点将提供尽可能多的选择，包括美国运通、Discover和数字现金。

在接受信用卡之前，在线商家需要一个开户银行处理信用卡结算。一个正规的商业银行都可以做，尽管商家需要一个中介公司像CyberCash来做卡的验证和交易的认证，把合适的款项打入商家在指定银行中的账号中。存放信用卡的数据使得购物对电子商务站点和客户更容易。为了做到这一点，企业需要一个周全的计划和一个安全的通信线路，采用比如安全电子交易（SET）的软件。这些安全措施已在第14章中详述。

16.6.5 交付货物及跟进

买家作出选择和付款以后，商家必须及时交付商品。交付的速度是很重要的。如果产品是一种通过因特网下载的软商品，像音乐或软件包，买家希望立即交付。如果产品是硬商品

（如衣服、书籍等），买家则希望至少同电话订购一样快地送货。这意味着商家的备货场和供货商之间要紧密同步。商家与供货商之间的电子化关系落在B2B的模式之中。不管哪种情况，对于客户关于订单状态的任何询问，商家的网站都应该识别出客户并提供迅速的回复。

在这个营销步骤，重点要放在紧跟客户保证客户对产品和订单处理的满意度。与传统的营销一样，说话的方式可以造成很大的不同。时间一长，商家就能与网上的客户建立亲密的私人关系。

最后，营销职能的目标是给站点访客一个高质量的体验。技术支持可以决定任何业务的B2C的界面的成败。当你分析电子市场时，你需要考虑对任何在线业务都适合的几点市场营销的基本因素：

- 有一个市场重点，缩小你的目标客户；
- 了解你的访客，问他们正在寻找什么东西；
- 整合在线销售和其他销售渠道；
- 提供快速容易的付款过程，加上便利性和自发性，一个可以信任的支付环境保证安全和隐私。

16.7   履行阶段

所有电子商务公司都必须面对一个简单的事实——你不能在因特网上发送包裹。送货问题（履行）决定电子业务的成败。在线购物者希望快速及时地交付，**履行**就是在销售确定后发生的，一般包括以下几点：

- 把商品打包；
- 运送商品；
- 回答关于订单的问题；
- 发出账单或验证电子付款；
- 紧跟着看一看客户是否满意。

大多数电子业务商家正在向厂商和送货商施加超常的压力，要他们及时把货发出。客户也要求能够在线发出、跟踪和查看他们的订单。今天越来越多的履行努力成为整合供应链的一部分，如客户、仓储、供应商、司机和火车——那些合作伙伴使得几秒钟就得到在线的送货信息。

履行阶段的关键方面是要有人在实体仓库取得产品送到客户手中。好的计算机可以提供帮助，因为协调一个电子商务企业要比经营实体商店复杂得多。电子商家有许多压力，随着越来越多的企业争相上线，竞争也更加激烈，每个失败的订单都会引起客户的抱怨。例如，Toys R Us没能交付为1999年圣诞节订购的货物，毁坏了公司在线零售付出的努力，最终成为一个代价巨大的错误。

从客户的观点来看，订单的履行是所有商务活动中最重要的商务活动。关于交付延迟的担忧使得一些最大的电子商务公司投入巨资建立物流系统。例如，在1999年亚马逊花费3亿美元建设2.8万平方米的仓储空间。Shipper.com正在9个城市建设仓储电子零售商品的物流中心。客户也应该有尽可能多的选择，而且这些选择都应该详细解释，包括每个选择的成本和将要花多长时间。

税费也是履行阶段的一部分。特别的软件应该提供税务规则和例外，知道要收取多少税费。例如，新泽西州不向衣服课税，但加利福尼亚州却要；加利福尼亚州不向食物课税，但弗吉尼亚州却要。州税、市税和县税也必须考虑。自动进行税费计算的服务，像税务软件或CyberSource是必需的。履行阶段的另外一部分包括整合履行与存货。这一类别里有许多问题要解决。

- 产品可用性：待销售的产品仅仅是当前库存有的货物吗？
- 匹配待销售的产品到库存中的产品：后端的库存系统与网站有合适的链接吗？
- 缺货通知：什么时候客户应该被通知他们所选的物品缺货，无法立即送货，可以以后再订购吗？
- 再订购：什么时候应该通知客户可以重订？
- 处理订单：订单应该被发送到订单处理入口几次？
- 控制：当存货数已经达到最小或当仓库中备货已经没有时才应该通知客户重新下订单吗？

16.8 维护和提升阶段

维护（maintenance）意味着根据最初的设计或规划保持系统或业务一直在运作。**提升**（enhancement）意味着实现升级或变化以提高系统的生产率。本阶段的重点是管理电子业务。当客户的问题摆起来无人回答时，就出问题了。摆起来的原因可能是糟糕的网站、阻塞的通信线路或者商家缺少人手。

不管是什么原因或什么情形，维护的目标是保证网站的可用性，而提升的目标则是使网站和B2C的连接升级以满足最新的标准和客户的期望，底线是能吸引并留住客户。

大家都知道的事实是当人们在一个房间内呆一段时间后，他们就想出去见一下光。人是生物学上向光的，所以他们想要把自己放在有光的地方。还有，如果他们在一个房间呆了一段时间，他们就想坐下来使自己舒服点。你可以想见同样的事情发生当客户点击站点的时候。如果有用的话，他们就开始下拉、冲浪和搜索要买的东西。商家可根据网站上得到的反馈维护和提升与客户的界面。

隐含在术语维护和提升中的是网站的管理。管理过程部分是建立在线客户支持，能帮助因特网客户保持忠诚，也能使得他们少去拿电话机。许多公司把他们的客户服务作为网上的卖点。客户的电子邮件查询应该根据业务和产品的时间敏感性在几小时而不是几天内得到回答。比如亚马逊这样的公司有一组考核指标，以客户服务代表必须回答的电子邮件查询的数量来衡量。

16.8.1 管理客户反馈

在管理客户反馈方面有一些重要的忠告：
- 建立一个常见问题的列表，张贴在主页的突出位置；
- 确定信息能被很容易很快地接入；
- 确认任何一个页面能在8秒钟内下载，在慢而旧的计算机上进行测试并确认站点在所有品牌和型号上都能快速载入；
- 避免不必要的大图像或占据大量带宽的东西；
- 回答电子邮件，小心不合适的内容：任何电子邮件都是一个确凿的法律文档。

525

16.8.2 管理客户服务

就客户服务来说，需要考虑以下几点。

- 更新订单。履行中心怎么让系统知道订单已经起运了？
- 订单状态。客户将能够在线查询他们的订单的运送状态吗？你一接受订单就要给客户发送通知吗？
- 技术支持。对你销售的产品将有在线支持吗？
- 本地化。你计划在网站上提供多种语言和多种货币的支持吗？
- 对付客户的期望。关于履行的情况你想告诉客户什么？你能当天交货吗？两天呢？你对这样的服务将收取保险费吗？收多少？

16.8.3 网站管理员的作用

最后，我们需要考虑网站管理员的作用。网站管理员的实际作用是建立、实现和管理网站，他也充当预言家、业务战略家和实现商家期望的经理。网站管理员的关键作用之一是帮助公司管理层理解什么是有可能做的，什么是已经可以做的，以及当与公司产品和服务相关的时候电子商务能够做什么和不能做什么。

网站管理员经常不得不引导公司为网站运行设立现实的目标，在衡量资源需求、做预算、了解可接受的实际的成本和机会成本，以及公司可以预期的回报等方面，这是很关键的。这些工作开始于设定一般的目标和决定网站在哪些方面怎样能够实现一些具体的目标——通知、促销、直接销售、发布某些产品信息和分销产品。管理也涉及把目标进行优先级分类保证为了组织的利益而及时实现这些目标。管理预期并不容易。站点的目标必须支持公司的目标，而后者在电子业务还未考虑的时候就已经设定。

小结

1. 在因特网上开展业务涉及一个生命周期，包括业务规划和战略制定阶段，硬件、软件、安全和设置阶段，设计阶段，营销阶段，履行阶段和维护与提升阶段。

2. 战略制定指评估公司的定位和竞争情况，设定今后几年的发展方向，并找出实现这一目标的途径。

3. 当规划电子业务时要考虑具体的目标：创立并维持竞争的锋芒，减少运行成本，改进员工之间的交流和满意度，为产品或服务找到新市场，与提供商品的伙伴改善关系，创建独特的分销渠道，保证客户的满意度，以及改进供应链管理。

4. 硬件、软件、安全和设置阶段重点考虑以下问题：需要采购的硬件，是通过杂志购买还是从商店里购买，以及要买什么软件。所要的软件包括FTP、Telnet、Archie、NetNews、电子邮件、SLIP和网上浏览器，加上安全程序。

5. 因特网上开展业务的4个基本点是：安全性、购物车、支付系统和市场营销。

6. 每一个网站的背后，是存放在Web服务器上的程序把你的任务提交给站点访客和托管服务器和应用的硬件。这些程序包括数据库服务器、存储管理程序、商品目录制作程序、购物车和订单处理系统。

7. 网站设计中的重点要放在用户的控制和自由、一致性和标准、识别而不是记忆、美化设计、出错恢复和处理客户查询和投诉的帮助台。

8. 营销阶段包括做广告、了解客户、把东西卖出去、获得商品和售后的跟进流程，关键方面是了解客户，找到办法使他们在站点停留足够长的时间并购买一样东西。最好是培养回头客而不是一锤子买卖的客户。

9. 履行阶段一般包括把商品打包、商品运送、回答关于订单的疑问，以及发出账单或账单的复印件。还有紧跟后面的步骤去看一看客户是否满意。从客户的观点来看，这个阶段是最重要的商务活动。 |527|

10. 维护和提升阶段解决保持网上店面更新和作出将提升网站使用有效性的任何改变的需要。管理B2C环境是最基本的，值得全身心投入。

关键术语

- 广告（banner）
- 防火墙（firewall）
- 安全（security）
- 按钮（button）
- 履行（fulfillment）
- 购物车（shopping cart）
- 快速存储（cache memory）
- 主页（homepage）
- 垃圾邮件（spamming）
- 容量规划（capacity planning）

- 维护（maintenance）
- 店面（storefront）
- cookie
- 调制解调器（modem）
- 网站管理员（webmaster）
- 电子市场营销（e-marketing）
- 鼠标（mouse）
- 提升（enhancement）
- 搜索引擎（search engine）

理解题

1. 在愿景与使命之间有不同吗？请描述。它们是如何与开始一个在线业务相关的？请具体说明。

2. 找出因特网企业生命周期的关键步骤。什么步骤最重要？为什么？

3. 什么时候你听到有人在谈论战略规划，那人把重点放在什么地方？就电子商务来说，一个在线商家在制定战略的时候需要考虑什么问题？请解释。

4. 本章引出了商家在规划电子业务时应该考虑的具体目标，请描述这些具体目标。

5. 请描述因特网上开展电子业务必需的各种硬件和软件。

6. 区分以下概念。

    a. 浏览器和Web服务器   b. 鼠标和调制解调器

    c. Telnet和FTP   d. 营销阶段和履行阶段

7. 在哪一种方式下安全在电子商务中是很关键的？请解释。

8. 讨论在在线业务中宣传安全性的基本规则。

9. 如果你要设计一个网上店面，你将考虑什么因素、限制和参数？请解释。

10. 怎样决定是公司内部设计网站还是外包给一个外面的单位？

11. 如果让你找网站开发人员，你会考虑什么因素？请解释。

12. 请描述网站设计中的关键考虑因素。

13. 在对客户通过商家的网站订购的产品收取费用中需要考虑什么？具体说明。

14. 解释履行阶段的关键步骤。这个阶段有多么重要？为什么？

15. 请区分维护和提升。哪一个与原来的规划保持一致？ |528|

讨论题

1. 如果你被邀请向本地的小型企业和商家做一个关于因特网上开展业务的5分钟发言，你会讲些什么？

2. 就近观察一下像你所在社区的银行大小的企业的营销阶段。假设要在因特网上为银行树立形象，应该如何推进市场营销的计划？

3. 在网上做广告树立形象是首次出现在因特网上的商家市场营销职能的一部分。在网上如何为这样的商家树立形象？为银行做一个1分钟的网上宣传。参见讨论题2。

4. 如果你正在寻找一个因特网服务提供商，你希望它能提供哪一种服务？如果你不是很确定，用一个搜索引擎，键入主题"因特网服务提供商"。根据你的发现写一个两页纸的报告。

5. 一个企业在电子商务业务规划中获得什么益处？

6. 为什么你认为一些投入到电子商务的公司不考虑投资回报？请讨论。

Web练习题

1. Aunt Sarah's Glendora Candy是位于宾夕法尼亚西部的一家家族制的糖果制造厂。尽管糖果制作是全自动的，公司还是全职雇用了96人，加上21个销售人员。公司制造60多个品牌的巧克力、巧克力蛋糕、糖果条，以及为万圣节、圣诞节和其他节日生产专门的巧克力产品。自从1945年创建以来，公司一直把产品直接卖给零售商，从西至科罗拉多和东到大西洋沿岸的客户那里填写电话订单。

   你是Aunt Sarah的咨询顾问。CEO在商务杂志上一直看到无法忽视的煽动性的标题——"到2007年电子商务将达到320亿美元"，"到2008年美国在线业务交易量将升至1万9千亿美元"。竞争对手正在赶上Aunt Sarah，更小型的糖果制造商正在缓慢地进入电子业务。董事长告诉你，他们要在两个月内打开Aunt Sarah的数字化大门，他坚持说这些时间足够了，毕竟他女儿（一个大学一年级学生）用微软的FrontPage作为网页设计工具只用三天时间就建立了她自己的在线店面。她正在卖棒球帽以挣得足够的钱来付学费。

   你能说些什么呢？你如何开始？你将遵循什么流程？制定一个反击计划并向董事长解释"从愿景到实现"还有一段很长的路要走。考虑一下规划。记住在因特网上开展这一业务的生命周期。

2. 伊尔伍德市的第一国民银行是一家小型的地区性家族拥有的银行，成立于1947年，资产4 600万美元，43名全职员工，9 000个支票账户，6 400个存款账号，拥有完全的服务业务包括商务和私人贷款、信托、安全保管箱、记账和分期付款等。在20世纪90年代初，城市扩大吸引了更大的银行进入社区。随着网上银行业务的兴起，几乎所有大银行都有一个交互式的网站，两个在线银行甚至发行贷款，只要客户在屏幕上简单地填完一张表格并点一下"提交"按钮，信息就直接传输到银行的数据库进行处理。获得的贷款数要么在第二天以支票的形式直接寄给客户，要么电子转账给客户选定的目的地账号。

   银行行长打电话给你，邀请你参加评估银行上线的准备情况的会议。在高管们简要介绍了情况以后，你发现了以下情况：(a) 银行员工中很少有人懂得计算机；(b) 银行只在贷款部门有一个小型的局域网，42台没有联网的个人计算机主要使用Word和Excel；(c) 没有电子邮件系统。

   a. 你能引入什么样的一般规划展示银行如何上线？

   b. 如果你要给高级管理人员做一个30分钟的报告，说明上线时必须做些什么，你将讲些什么？

   c. 提交一份简要的建立网站的生命周期的总结，解释管理层应该在什么地方以什么方式投入进来以保证网站建设成功。